Böhmische Bürgertestamente des 15. Jahrhunderts

QUELLEN
zur Geschichte und Landeskunde Ostmitteleuropas

Herausgegeben vom
Herder-Institut für historische Ostmitteleuropaforschung –
Institut der Leibniz-Gemeinschaft

9

Böhmische Bürgertestamente des 15. Jahrhunderts

Herausgegeben von
Thomas Krzenck

VERLAG HERDER-INSTITUT · Marburg · 2017

Bibliografische Information der Deutschen Nationalbibliothek

Die Deutsche Nationalbibliothek verzeichnet diese
Publikation in der Deutschen Nationalbibliografie;
detaillierte bibliografische Daten sind im Internet über
<http://dnb.ddb.de> abrufbar

Printed in Germany
Finanziert mit Mitteln des Herder-Instituts für historische Ostmitteleuropaforschung, gefördert durch die Beauftragte der Bundesregierung für Kultur und Medien sowie durch das Hessische Ministerium für Wissenschaft und Kunst

Satz: Herder-Institut für historische Ostmitteleuropaforschung –
Institut der Leibniz-Gemeinschaft, 35037 Marburg
Druck: KN Digital Printforce GmbH, Ferdinand-Jühlke-Straße 7, 99095 Erfurt
Umschlagbild: Testamentum Iohannis Stebler – 1446, April 21.
Quelle: Archiv města Brna, Hdschr. 48, fol. 357r.

ISBN 978-3-87969-422-8

Inhalt

Vorwort

Die vorliegende Edition besitzt eine lange Vorgeschichte. Bereits vor einem Vierteljahrhundert hat sich der Autor im Rahmen eines achtzehnmonatigen Studienaufenthaltes in Prag am Historischen Institut der Tschechischen Akademie der Wissenschaften erstmals intensiv mit spätmittelalterlichen Bürgertestamenten des 15. Jahrhunderts befasst, wobei der Blick zunächst ausschließlich auf die böhmische Landesmetropole fokussiert war. Aus der Beschäftigung mit diesem Quellenmaterial sind mehrere Aufsätze entstanden, die in deutschen und tschechischen Zeitschriften sowie Sammelbänden veröffentlicht werden konnten. Schrittweise wurde dabei der Blick auch auf letztwillige Verfügungen in anderen böhmischen und mährischen Archiven zu komparativen Zwecken gelenkt.

Schon damals entstand allmählich die Idee, hier eine zweisprachige Auswahledition von Bürgertestamenten vorzubereiten, doch wurde dieses Projekt durch eine allmähliche Interessenverlagerung hin zu anderen Aspekten der tschechischen Geschichte – wenn auch stets schwerpunktmäßig im Spätmittelalter angesiedelt – in den Hintergrund gedrängt und schließlich ganz fallengelassen.

Die Forschung zu spätmittelalterlichen Bürgertestamenten ist natürlich seit den neunziger Jahren des 20. Jahrhunderts inhaltlich wie methodologisch weiter vorangeschritten. Darüber hinaus sind auch einige verdienstvolle Editionen in der Tschechischen Republik erschienen, die diese Quellengruppe mit berücksichtigen. Dessen ungeachtet verhindern sprachliche Barrieren noch immer den Zugang zu letztwilligen Verfügungen in (alt)tschechischer Sprache.

Der Autor hat sich, nicht zuletzt durch stadtgeschichtlich ausgerichtete Forschungsvorhaben sowie daraus erwachsene Vorträge, nunmehr nach einer gründlichen Durchsicht des zusammengetragenen Materials entschlossen, das Projekt einer Auswahledition wieder aufzugreifen. Der Autor ist dem Herder-Institut für historische Ostmitteleuropaforschung – Institut der Leibniz-Gemeinschaft in Marburg und vor allem Herrn Dr. Norbert Kersken außerordentlich dankbar, dass sich die Möglichkeit gefunden hat, diese Auswahledition einem breiteren Interessentenkreis zugänglich zu machen.

Leipzig, im Sommer 2016 Thomas Krzenck

Einleitung

Seit dem späten Mittelalter fanden Testamente als Einrichtung des römischen Rechts in Mitteleuropa eine immer größer werdende Verbreitung, vor allem im städtischen Milieu. Insbesondere seit dem 14. Jahrhundert erfolgte – im Zusammenhang mit der notwendig gewordenen Ausformung und Differenzierung der städtischen Jurisdiktion – eine verstärkte Einflussnahme der Ratsorgane auf die Errichtung, Eröffnung und Vollstreckung letztwilliger Verfügungen. Letztere bilden eine vielschichtige Quelle, so u. a. zur Mentalitäts-, Alltags-, Rechts-, Stadt- und Wirtschaftsgeschichte, die seit den bahnbrechenden Studien der Annales-Schule in den siebziger Jahren des 20. Jahrhunderts verstärkt in den Fokus der historischen Forschung gerückt sind, zumal sie – wenngleich nur in Ausnahmefällen als serielle Quelle nutzbar – oft Informationen über den Testierer und ein Netzwerk sozialer Kontakte bieten, das ansonsten nur schwer rekonstruierbar scheint.[1]

Die mediävistische Forschung ist sich – in Deutschland ausgehend von Ahasver von Brandts wegweisender Studie zu mittelalterlichen Bürgertestamenten[2] – dieser Tatsache in den zurückliegenden vier Jahrzehnten erfreulicherweise bewusst geworden, wovon mittlerweile zahlreiche monografische Untersuchungen zu inhaltlichen und formalen Fragen der Bürgertestamente im deutschsprachigen Raum, die sowohl rechts- und wirtschafts- als auch kirchen-, mentalitäts- wie geschlechtsspezifische Fragestellungen in den Mittelpunkt rücken, Zeugnis ablegen.[3] Mit dem Fokus Ostmitteleuropa muss an dieser Stelle – die Arbeiten tschechischer Historiker werden im Folgenden nur kurz erwähnt und im Abschnitt über die Überlieferungssituation im Zusammenhang mit den einzelnen Städten separat behandelt – zumindest auf die Arbeiten estnischer, polni-

---

1 Vgl. Guzzetti, Testamentsforschung. Die Autorin hebt besonders die inhaltlichen Schwerpunkte in den Aussagen der Testamente zu Memoria, materieller Kultur, Frauen- und Geschlechterstudien sowie Fragen des Seelenheils, aber auch zu Demografie, Wirtschafts- und Sozialgeschichte und genealogischen Rekonstruktionen der Testierer hervor. Guzzetti hat sich selbst intensiv mit venezianischen Testamenten beschäftigt. Vgl. dies., Venezianische Vermächtnisse. Eine wertvolle bibliografische Übersicht bietet zudem Kline Cohn.

2 Brandt, Mittelalterliche Bürgertestamente.

3 Exemplarisch verwiesen sei an dieser Stelle auf nachfolgende Arbeiten: Baur; Jaritz, Die realienkundliche Aussage; ders., Österreichische Bürgertestamente; ders., A végrendeletek; ders., Arme Jungfrauen; Zahnd; Klosterberg; Pohl-Resl, Rechnen mit der Ewigkeit; dies., Vorsorge; Schildhauer; Rüther; Meyer; Weglage; Pajcic; Steinführer.

scher, slowakischer, ungarischer, rumänischer und kroatischer bzw. serbischer Historiker verwiesen werden.[4]

In diesem Kontext ist darüber hinaus auf wertvolle Quelleneditionen zu verweisen. Aus dem deutschsprachigen Raum betrifft dies die noch nicht abgeschlossene Edition der sog. „Wiener Testamentsbücher" für die Jahre 1395-1430[5], die Edition mittelalterlicher Lüneburger Testamente[6], diejenige der Testamente der Stadt Braunschweig im Spätmittelalter[7] sowie das älteste Korneuburger Stadtbuch, das fast ausschließlich Testamente aus der ersten Hälfte des 15. Jahrhunderts enthält.[8] Aus dem böhmisch-mährisch-slowakisch(-ungarisch)en Raum ist zu verweisen auf die Edition des ältesten Olmützer Stadtbuches Ms 166 (*Liber actuum notabilium*, 1343-1420)[9] sowie des Olmützer Memorialbuches aus den Jahren 1430-1492, 1528 Ms 164 (*Liber memorialis* – Ratsmanual des Wenzel von Iglau)[10], die beide letztwillige Verfügungen der Bürger der mittelmährischen Bischofsstadt enthalten, das Brünner Memorialbuch aus den Jahren 1343-1376 (1379) Ms 39[11] sowie das Memorialbuch Ms 48 (1391-1515)[12], das älteste

4 Für Estland vgl. Allik.
Grundlegende Impulse zur Erforschung spätmittelalterlicher Testamente nicht allein in Ungarn, sondern im gesamten Donauraum kommen seit den 1990er Jahren von der an der Budapester Central European University lehrenden und forschenden Katalin Szende, die sich – ausgehend vom Beispiel Sopron (Ödenburg) – immer wieder mit diesem Quellenmaterial befasst hat. Vgl. Szende, A magyarországi városi végrendeletek helye; dies., Testaments; dies, ‚Nemzedékröl nemzedékre'; dies., Otthon a városban; dies., Gemainer Stadt Nutz; dies., Ital vagy pénzpótlék?.
Seit dem 10. Jahrhundert gelangte die heutige Slowakei unter die Herrschaft des entstehenden ungarischen Staates, insofern fallen auch aus der Slowakei überlieferte mittelalterliche Testamente unter Ungarn. Vgl. Domenová. Im Rahmen eines längerfristig angelegten Forschungsprojektes zum religiösen Stadtleben im spätmittelalterlichen Pressburg (Bratislava) hat Judith Majorossy neben ihrer Dissertation zum Thema „Church in Town. Urban Religious Life in Late Medieval Pressburg in the Mirror of Last Wills" mehrere grundlegende Studien vorgelegt, vgl. hierzu dies., Archives; dies., Gender Differences; dies., ‚I wish, my body to hallowed ground'.
Auch für Polen liegen mittlerweile wichtige Untersuchungen zu verschiedenen Städten vor. Vgl. Olszewski; Możejko, Gdański mieszcanin; dies., Rozrachunek; Szymczak/Szymczak; Sowina; Piwowarczyk/Tyszka; Czyżak; Bartoszewicz/Karpiński; Kubicki. Vgl. des Weiteren die Dissertation von Iwona Grzelczak-Miłoś. Zuletzt vgl. Tandecki. Für Krakau vgl. zuletzt auch Wysmułek, sowie Zachara-Związek.
Für Rumänien ist insbesondere zu verweisen auf Lupescu-Makó, „Item lego"; dies., Spoken and Written Words; dies., Zis şi scris.
Für Kroatien wiederum vgl. Ladić, Neki aspekti; ders., Last Will, ders., O procesu.
Für Serbien vgl. Žifković. Es handelt sich um im Internet abrufbare Ergebnisse eines Forschungsprojektes am Institut für Balkanstudien der Serbischen Akademie der Wissenschaften. Online abrufbar unter https://www.academia.edu/2612406/Medieval_Concerns_for_Soul_Salvation.Testamentary_Bequests_to_the_Franciscan_Order_in_Kotor_Cattaro_(05.09.2017).

5 Brauneder/Jaritz, Die Wiener Stadtbücher, Teil 1; dies., Die Wiener Stadtbücher, Teil 2; Jaritz/Neschwara, Die Wiener Stadtbücher, Teil 3; dies., Die Wiener Stadtbücher, Teil 4. Online abrufbar ist hierzu auch ein Register, das sich aus Personen- und Ortsregister sowie einem rechtshistorischen und einem realienkundlichen Register zusammensetzt, unter http://www.imareal.sbg.ac.at/wtb/wtb.html (05.09.2017).

6 Reinhardt.

7 Mack.

8 Holzner-Tobisch. Die die Basis dieser Edition bildende Dissertation der Autorin aus dem Jahre 2011 ist online abrufbar unter http://othes.univie.ac.at/17209/ (05.09.2017).

9 Spáčil.

10 Vgl. Spáčilová/Spáčil.

11 Flodr, Pamětní kniha, 2005.

12 Ders., Pamětní kniha, 2010.

Prager Stadtbuch Ms 986 (1310-1518)[13] und das Pressburger Protocollum Testamentorum 1410-1529.[14]

Eine systematische, kontinuierliche und darüber hinaus komparativ ausgerichtete Auswertung böhmischer Bürgertestamente stellt hingegen, trotz erfreulicher Beschäftigung mit Einzelfragen bzw. mittlerweile vorliegender Editionen zu einzelnen Städten im Untersuchungszeitraum, noch immer ein nicht zu übersehendes Desiderat dar.[15] Dafür sind mehrere Gründe ausschlaggebend. Zunächst muss auf die bislang lediglich in Ansätzen erfolgte Erschließung des in zahlreichen Archiven lagernden Quellenmaterials verwiesen werden.[16] Von den erwähnten modernen Quelleneditionen für Prag, Brünn und Olmütz einmal abgesehen, waren es in erster Linie tschechische Historiker und Archivare, die im ausgehenden 19. und zu Beginn des 20. Jahrhunderts – vor dem Hintergrund eines wachsenden Rückbesinnens auf die eigene nationale Geschichte und immer stärker sich artikulierender Forderungen nach einem eigenen Staat – in Quellensammlungen Bürgertestamente böhmischer und mährischer Provenienz erfassten und edierten. Dies gilt insbesondere für Prag[17] und Pilsen[18], darüber hinaus haben Testamente auch Aufnahme im Archiv český gefunden[19], sodass die Forschung heute noch immer bei der Beschäftigung mit letztwilligen Verfügungen auf diese Quellenwerke zurückgreifen kann. Einschränkend muss freilich hinzugefügt werden, dass die aufgenommenen Geschäfte mitunter nur unvollständig wiedergegeben sind. Erst in den zurückliegenden Jahren sind – wie bereits erwähnt – für Prag, Brünn und Olmütz moderne Editionen einzelner Stadtbücher vorgelegt worden, die auch Testamente enthalten, sodass sich unser Wissen um die Problematik, flankiert von thematischen Einzeluntersuchungen, erheblich erweitert hat.

Der Autor der vorliegenden Edition hat sich bereits seit mehr als zwei Dezennien immer wieder mit dem Untersuchungsgegenstand beschäftigt und zahlreiche Einzeluntersuchungen zu böhmischen und mährischen Bürgertestamenten des Spätmittelalters vorgelegt, jedoch in seinen Forschungen thematisch in den zurückliegenden Jahren andere Akzente gesetzt, sich aber nunmehr entschlossen, das Quellenmaterial noch einmal zu sichten und eine Auswahledition letztwilliger Verfügungen böhmischer und mährischer Provenienz vorzulegen.[20]

Böhmen und Mähren sind eine nahe und ferne Testierlandschaft zugleich, wobei zu beachten ist, dass das Königreich Böhmen trotz aller machtpolitischen, wirtschaftlichen, religiös-mentalen und sprachlich-kulturellen Umwälzungen im 15. Jahrhundert und den daraus erwachsenen innen- wie außenpolitischen Konflikten im Gefolge der hussitischen Revolution *de jure* noch immer zum Heiligen Römischen Reich gehörte,

---

13 PÁTKOVÁ, Liber vetustissimus.

14 MAJOROSSY/SZENDE. Zu Pressburger Bürgertestamenten vgl. darüber hinaus die Diplomarbeit von PROKOSCH.

15 Vgl. JIŠOVÁ/DOLEŽALOVÁ.

16 Vgl. hierzu u. a. BOROVSKÝ, „Zu der Ere Gots und meiner Sele zu Selikeit"; SPÁČILOVÁ; TLAPÁKOVÁ; MALANÍKOVÁ.

17 Für Prag vgl. TEIGE.

18 Für Pilsen vgl. STRNAD.

19 Archiv český.

20 KRZENCK, Böhmische Testamente; DERS., Böhmische Bürgertestamente; DERS., Prager und Pilsener Frauentestamente; DERS., Gottesfürchtig; DERS., Böhmische Bürgertestamente, Regestenverzeichnis; DERS., Books; DERS., Bücher; DERS., Methodische und methodologische Probleme.

wenn auch in einer traditionellen Sonderstellung.[21] In der tschechischen Mediävistik findet nicht zu Unrecht der Terminus „hussitisches Jahrhundert“ (*husitské století*) Anwendung, um die vielfältigen, mitunter konträren gesellschaftlichen Wandlungsprozesse und Krisenerscheinungen in den böhmischen Ländern zum Ausdruck zu bringen.[22] Vor diesem Hintergrund liefern die in die Edition aufgenommenen 200 Bürgertestamente gleichsam ein Spiegelbild von Vielfalt und Kontinuität.[23] Sprachlich zeigen sie eine Wandlung von lateinisch- zu deutsch- und tschechischsprachigen letztwilligen Verfügungen.[24] Letztere werden in der vorliegenden Auswahledition zugleich in deutscher Übersetzung präsentiert, um die immer wieder ins Feld geführte Sprachbarriere bei der Beschäftigung mit dem Quellenmaterial überwinden zu helfen. Bei der getroffenen Auswahl von 200 Bürgertestamenten männlicher wie weiblicher Erblasser aus verschiedenen, in ihrer politisch-verfassungsrechtlichen, wirtschaftlichen sowie konfessionellen Stellung differenziert zu betrachtenden böhmischen und mährischen Städten des 15. Jahrhunderts sind wir uns natürlich der Tatsache bewusst, dass wir mit den aufgenommenen Testamenten gleichsam nur einen Bruchteil des überlieferten Quellenmaterials erfasst haben: Allein für die Prager Neustadt enthalten zwei eigenständige Testamentsbücher für den Zeitraum 1434-1494 mehr als 1200 Geschäfte! Andererseits bietet die getroffene Auswahl die Möglichkeit, das unbearbeitete oder aber sehr versteckt veröffentlichte Quellenmaterial aus einigen die böhmische Geschichte des 15. Jahrhunderts mitgestaltenden Kommunen vor dem jeweiligen stadtgeschichtlichen Hintergrund einem Vergleich zu unterziehen, um Gemeinsamkeiten, aber auch Besonderheiten aufzuzeigen. Die ausgewählten Beispiele dürfen, dies hat die intensive Beschäftigung mit letztwilligen Verfügungen in den einzelnen Stadtarchiven ergeben, als charakteristisch für das entsprechende Quellenmaterial angesehen werden. Dies gilt in besonderem Maße für Prag (Alt- und Neustadt), Pilsen (Plzeň) und Budweis (České Budějovice) auf böhmischer sowie Brünn, Iglau (Jihlava), Znaim (Znojmo) und Olmütz (Olomouc) auf mährischer Seite. Partiell wird dabei auch der landes- bzw. konfessionspolitische Hintergrund im „hussitischen Jahrhundert“ gestreift.

Besonderer Wert wird auf die Einbeziehung von Originalurkunden gelegt, die bislang nicht ediert worden sind. Die Auswertung, dies sei bereits vorweggenommen, ergibt zahlreiche Übereinstimmungen in Aufbau und Inhalt, zeigt aber zugleich auch räumliche Besonderheiten auf. Mit Blick auf die historische Entwicklung des Testamentsrechtes im Untersuchungsgebiet soll an dieser Stelle nur auf folgenden Umstand verwiesen werden: Von ausschlaggebender Bedeutung für die Kodifizierung von Testamenten in alttschechischer Sprache erwies sich das deutschsprachige Prager Stadtrecht aus dem 14. Jahrhundert, in dem bereits zahlreiche Vorschriften erscheinen, die die Errichtung eines Geschäfts bzw. den Testiervorgang selbst detaillierter beschreiben.[25] Die jüngeren alttschechischen Bestimmungen stellen dabei eine wortwörtliche Übertragung aus dem Deutschen dar.[26] Überhaupt nimmt Prag aufgrund seiner historischen, wirtschaftlichen,

21 Vgl. hierzu BEGERT.

22 CERMANOVÁ/NOVOTNÝ.

23 Zum gesellschaftlichen Kontext vgl. ŠMAHEL, Die hussitische Revolution.

24 Zum sprachnationalen Wandel vgl. DERS., Idea národa.

25 RÖSSLER.

26 ŠIMEČEK.

politisch-administrativen und kulturellen Führungsposition als unangefochtene Landeshauptstadt in der quantitativen Überlieferung von Testamenten den führenden Platz in Böhmen ein. In seiner Darstellung des Wiener Testamentsrechts im Mittelalter – und hier dürften sich unserer Auffassung nach vor allem für Prag bestimmte Parallelen andeuten – konstatierte Hans Lentze, dass es wohl keine Vorschrift für eine gesetzliche Form bei der Errichtung der Testamente gegeben habe und sich demnach in der Donaumetropole hinsichtlich der historischen Entwicklung Siegelurkunden, mündlich vor dem Rat vorgetragene Testamente, Notariats- und Offizialatsurkunde sowie kanonische Testamente unterscheiden lassen.[27] Bevor in Böhmen Testamente ihren Eintrag in das Stadtbuch bzw. seit dem ausgehenden 14. Jahrhundert in ein spezielles Testamentsbuch fanden, wurden letztwillige Verfügungen als selbständige Urkunden ausgefertigt, wie zahlreiche für Prag, Pilsen, Krumau (Český Krumlov), Budweis (České Budějovice) und andere böhmische Städte überlieferte Testamente in Urkundenform bezeugen.

Was nun die testamentarischen Vorschriften in der Hussitenzeit anbetrifft, darf auf folgende Entscheidung der Senior communitas der Prager Alt- und Neustadt vom 23. Januar 1426 hinsichtlich einer Vereinheitlichung bei der Ausfertigung letztwilliger Verfügungen verwiesen werden. Die schriftliche Aufzeichnung sollte im Krankheitsfalle dem Bürgermeister angezeigt werden, der daraufhin zwei Schöffen und einen Schreiber zum Lager des Testators entsenden musste. War der Erstgenannte nicht in der Lage, die geforderten Personen für diesen Auftrag benennen zu können, mussten zwei andere „vereidete Personen" hiermit betraut werden. Diesen oblag sodann, innerhalb einer Frist von sechs Wochen Bürgermeister und Ratsherren von der Erfüllung ihres Auftrags in Kenntnis zu setzen. In der sog. „Kleineren Stadt" Prags wohnten gewöhnlich der Bürgermeister oder ein Richter zusammen mit zwei Ratsherren dem Testiervorgang bei.

Die übergroße Mehrzahl der überlieferten Testamente wurde im Untersuchungszeitraum, d. h. im 15. Jahrhundert, in Alttschechisch aufgezeichnet, ein Zeugnis für das rasche Vordringen der tschechischen Sprache. Zu beachten gilt, dass dies vor dem Hintergrund gravierender gesellschaftlicher Umbrüche und Verschiebungen im Gefolge der hussitischen Revolution geschah. Deutlich wird dies insbesondere in der böhmischen Landesmetropole, wo bis 1418 die einheimischen Bürger deutscher Zunge ihre letztwilligen Verfügungen natürlich in ihrer Muttersprache verfassten bzw. aufzeichnen ließen. Mit dem Ausbruch gewaltsamer Unruhen und der Vertreibung deutscher Bürger änderte sich dies schlagartig. Aufgrund der politisch-territorialen Verhältnisse gestaltete sich die Situation hingegen in Eger (Cheb) anders, sodass hier auch nach 1419 Deutsch eine „Testamentssprache" blieb.

In den berücksichtigten Testamenten erscheint lediglich in Ausnahmefällen ein Hinweis auf die konfessionellen und militärischen Auswirkungen des Hussitismus, etwa wenn der Pilsener Bürger Ondřej Strhla (Nr. 45) in seinem Testament 1430 *expressis verbis* hervorhebt, dass eine bestimmte Geldsumme Verwandte nur erben sollten, „wenn diese zum christlichen Glauben zurückkehren und von diesem ketzerischen wyclifitischen und taboritischen Bekenntnis Abstand nehmen würden". Darüber hinaus finden die hussitischen Unruhen im Lande nur indirekt Erwähnung, wenn – als Grund

---

27 Lentze, S. 119.

für die Aufsetzung eines Testaments im Zeitraum bis 1436 – die „unruhigen, kriegerischen Zeiten" genannt werden.

Eine gewisse Sonderstellung nehmen die überlieferten Testamente vertriebener Kuttenberger Katholiken deutscher Zunge ein, die vornehmlich in ihrem Exilort, dem mährischen Iglau, Zuflucht fanden und dort ihren letzten Willen aufsetzten.[28] Im sog. „Iglauer Ratsbuch" III finden sich für den Zeitraum 1421-1437 Kuttenberger Deutsche in insgesamt 65 Eintragungen.[29] Ihren in ihrer Heimatstadt zurückgelassenen Besitz, der der Konfiskation durch die neuen hussitischen Machthaber anheimfiel, betrachteten sie dennoch trotzig auch weiterhin als ihr Eigentum. Einige letztwillige Verfügungen bestimmen z. B., dass die Testamente erst nach der Vertreibung der Hussiten aus Kuttenberg (Kutná Hora) in Kraft treten sollen. So lesen wir im Testament des Johann Enderlin (Nr. 15), dass der Erbe das Haus des Testators in der böhmischen Bergstadt in Besitz nehmen solle, *dum et quando ad eadem possuit pervenire*. Das Iglauer Testament des Kuttenberger Bürgers Wenzel Goppold (Nr. 24) vermacht ein Haus in seiner Heimatstadt *iuratis consulibus, qui futirum christianae religionis et catholicae fidei ibidem fuerint*.

Der formale Aufbau der böhmischen und mährischen Bürgertestamente unterscheidet sich nicht wesentlich von demjenigen aus anderen Landschaften, was exemplarisch das nachfolgende Beispiel verdeutlicht.

Testamentseintrag im Liber civitatis der Stadt Brünn (1391-1515)[30]

Textteil	**Strukturelement**	**Inhalt**
I. Protokoll	Invocatio	*In dem nomen gottes amen.*
	Intitulatio	*hab ich Wolffgang Pienk, mitburger zu Brünn,*
	Inscriptio	–
II. Substantia	Arenga	*ein geschefft gethan mit gesuntem leyb, mit wolbedachtem mut, mit guetem freyen willen vnd mit guter vornüfft, dyweil ich das wol thun hab mögen.*
	Narratio	*Und auch als ich mir fürgeseczt hab vnd in willen pin zugeen auff dem weg vorschid vnd abgieng mit tod, ader dahaymet, wann mich der allmechtig got erfordert, domit kain vnwillen Krieg, Zwitracht noch awfstoss von solichem meinen gelassen güetl enntstuend, dadurich mein sel in beswarung kumben mocht nemlich zwischen meinen bruedern vnd freünten in aller mass vnd furmen, als hernach geschriben ist.*

28 Noch immer grundlegend Kejř.

29 Online abrufbar unter http://www.manuscriptorium.com/apps/index.php?direct=record&pid=AIPDIG-SOAJ__ARCHIVMESTAJ3UQOW6D-cs#search (05.09.2017).

30 Nach Flodr, Pamětní kniha, 2010, S. 506.

	Dispositio[31]	*Item von erssten schaff ich meinem Hawsffrawen Katherina das Haws, da ich ynnen won in der Rennergassen am egk gelegen mit allem Hawsrat vnd mit ganczer wirtschafft, das darynn ist. Vnd alle klaynet, farund vnd vnfarund guets, es sey in beraitschafft ader an schuld, es sey vil ader wenig, daz sy das einfadern schol vnd der geniessen, als dann yr aigen guet, yedoch so schol sie meiner sel vnd der yren nicht vorgessen, als ich yr getraw. Auch so schaff ich yr dy dyben viertl weingarten zu Awspecz gelegen, ffünff viertl obn awsz in Satczen, vnd dy zway virtl im Veylperg gelegen, gancz frey vnd ledig. Vnd ir darynn nyemant kayn irrung noch ynfal thuen schol, wedr brueder noch yndert ein freunt. Davan sol mein Hasfraw Katherina alle schuld beczalen. Item schaff in dy Bruderschafft der Goldsmid ffunff schokch. Davan mein Hawsfraw yerlich geben vnd raichen sol in dy bruderschafft ½ sexag. Solang, vnczt dy V sexag. Wern. Item ich schaff auch des gleichen in dy bruderschafft der Weinschennken fünff sexag., das man die auch geb vnd raich in aller mass, als in dy bruderschafft der goltsmid. Das ist mein gescheft vnd mein leczter willen, als oben begriffen vnd geschrib*en ist.
III. Eschatokoll	Corrobatio	–
	(Zeugen)	*Dorumb hab ich obgenanter Wolffhang Pienk zu warer Vrkund durich gots willen vleissig gepeten dy ersamen weisen Herrn Wenczlaw von Telcz des sitzunden Raths vnd Laurencium Hynku, diczeit des alten Raths der Stat Brünn, dazu sie zu Zeugnüss meines leczten willen ire Insigel angedrukt vnd vorslossen haben, doch in, iren erben vnd nachkomen an schad*en.
	Datierung	*Nach Crists gepurt M^{o}CCCC^o vnd in dem LXXXVIIII yar, den freytag vor sand Peters tag Kethenfeyr*
	(Actum-Vermerk)	*Actum feria VI^a vt supra.*

31 In zahlreichen letztwilligen Verfügungen werden darüber hinaus noch – neben den anwesenden Zeugen – die Testamentsvollstrecker genannt, so beispielsweise im 1493 errichteten Testament der Witwe Anna aus Brünn, wo es heißt: „*Vnd besunderlich mir erwelt hab die ersamen weisen Herren Casper Schneider, Hinko von Newsedlicz, beide Burger zu Brünn, vnd auch dem fürsichtigen Cristoff Schneyder, meinen liben gefatteren, das sy meines gescheffts verfolger vnd vorweser sein sullen, auch yn gancz veertraw, vnd keiner wider sein sol sunder was sy thuen, das ist mein guetter willen vnd vngestrafft vor allermeniklich sein sullen yn aller mass vnd furmen, als hernach geschriben stet*“ (ebenda, Nr. 931, S. 522).

Generell gilt: Die Arenga, die die Motive des Erblassers für die Abfassung seines letzten Willens zum Ausdruck bringt, nennt in erster Linie solche Gründe wie Krankheit, die Bedingtheit und Ungewissheit des Lebens, die Konstellation fortgeschrittenen Alters und menschliche Physis. Der Testator verkündet seinen letzten Willen, damit um seine Habe, die ihm „Gott der Allmächtige in seiner Weisheit anzuvertrauen geruhte", unter Verwandten und Freunden kein Streit ausbreche. In der sog. „Sana-mente-Formel" verweist der häufig erkrankte oder auf dem Sterbebett liegende Testator zugleich aber auf seine geistige Zurechnungsfähigkeit. In der Intitulatio erscheint sehr häufig neben dem Namen des Erblassers auch dessen Berufsbezeichnung. Zum Vergleich: Allein für das Testamentsbuch der Prager Neustadt aus den Jahren 1445-1494 haben z. B. nähere Untersuchungen ergeben, dass von den ermittelten 948 Testamenten 319 eine Berufsbezeichnung aufweisen, die sich 82 Berufsgruppen zuordnen lassen. Die Palette der identifizierten Berufe reicht von Mälzern, Fleischern, Kürschnern, Bäckern, Geistlichen, Töpfern und Tuchmachern bis hin zu Goldschmieden, Ärzten und Schustern.[32]

Der Testamentserklärung, die Aussagen über den Vorgang der Testamentserrichtung beinhaltet, schließt sich die Dispositio als Kern des Vermächtnisses an. Diese enthält die einzelnen testamentarischen Verfügungen, die, abhängig von Besitz- und Familienstand, unterschiedlich lang ausfallen. Sehr häufig vererben die mehrheitlich der bürgerlichen Mittelschicht zuzurechnenden Testierer männlichen wie weiblichen Geschlechts Landbesitz größeren und kleineren Umfangs und damit verbundene Rechte und Einnahmen. Erwähnung verdient, dass neben den materiellen und finanziellen Übereignungen an Verwandte und Freunde fromme und karitative Stiftungen augenscheinlich in den Vordergrund treten. Besonders reich fallen diesbezügliche Bestimmungen in der katholischen Hochburg Westböhmens, Pilsen, aus. Legate für geistliche Institutionen nehmen aber auch in Prag einen festen Platz ein.

Auch unter realienkundlichen Aspekten vermögen die erfassten böhmischen und mährischen Bürgertestamente aufschlussreiche Informationen zutage zu fördern. An erster Stelle fallen Kleider und andere Textilien auf, denen Mobiliar, vor allem Betten, Truhen und Stühle, Schmuck u. Ä. folgen. Den Abschluss im Aufbau der Testamente bilden die Ernennung und Bevollmächtigung der Testamentsvollstrecker, die Erwähnung der Zeugen, die dem Akt der Ausfertigung des Testaments beiwohnten und die Rechtsgültigkeit zumeist mit ihrem Siegel bestätigten, sowie die Datierung des Geschäfts. Eine genaue zeitliche Zuordnung konnte dabei, sofern sich entsprechende Angaben aus der Quelle selbst entnehmen ließen, häufig mit entsprechenden Berechnungsmöglichkeiten vorgenommen werden.[33]

Testamente können, abhängig von Überlieferungszahl und -dichte, durchaus als serielle Quelle interpretiert werden, die bei aller Normierung und Unvollständigkeit wichtige Hinweise zur materiellen Sachkultur bietet, was auch für den böhmischen und mährischen Untersuchungsraum gilt. Natürlich mussten in Testamenten nicht zwangsläufig alle Sachen Erwähnung finden, die für die Testierenden und ihre Angehörigen schon geregelt oder selbstverständlich waren. Zum Beispiel wurden Schenkungen zu Lebzeiten nicht immer im Testament aufgeführt, auch wenn die testierende Per-

32 Vgl. hierzu Krzenck, Böhmische Bürgertestamente, S. 633.

33 Grotefend.

son das Nutzrecht des geschenkten Gutes bis zum Tod behielt. Die Vorkehrungen für das Seelenheil konnten auch stillschweigend den Angehörigen überlassen werden. Zudem konnten die Testierenden entscheiden, wen und was sie erwähnten. Mit Blick auf die gesellschaftlichen Wandlungsprozesse sind böhmische und mährische Testamente ebenfalls eine wichtige (wenn auch zuweilen nur indirekt aussagefähige) Quelle mit konkretem Zeitbezug. Dies gilt insbesondere dann, wenn sich konkrete Hinweise auf den Grund der Abfassung eines Testaments finden oder aber die spezielle Situation der Testierer (etwa der Kuttenberger Exulanten) erkennbar wird. Eingeordnet werden können Testamente auch in die als Langzeitprozess zu betrachtende Emanzipation der einheimischen Tschechen, die sich politisch-administrativ anhand der Ratslisten, aber auch in einem wachsenden Auftreten tschechischsprachiger Quellen unterschiedlicher Provenienz und Gattung artikuliert, zu denen eben auch Bürgertestamente gehören. Dies zeigt im Überlieferungskontext auch die vorliegende Edition.

Der Stellenwert spätmittelalterlicher Bürgertestamente ist unbestritten. Auch im böhmisch-mährischen Kontext lassen sich, um die Testierer und die in den letztwilligen Verfügungen auftauchenden Personengruppen sozialgeschichtlich und in ihrem persönlichen Beziehungsgeflecht besser verorten zu können, weitere Quellengruppen heranziehen, insbesondere – soweit vorhanden – Steuerbücher (Losungsbücher) bzw. Steuerregister.[34] Für Prag hat Hana Pátková 1996 die Handschrift Ms 20[35], die die Steuerbücher der Prager Altstadt für die Jahre 1427-1434 enthält, in einer kritischen Edition herausgegeben.[36] So taucht beispielsweise die in unserer Edition (Nr. 55) als Gemahlin des Testierers Ondášek Helm erwähnte Klara (Helmová) 1434 unter der Bezeichnung „relicta Andree Helm" als Steuerzahlerin auf.[37] Dies geschieht im Kontext der Erwähnung eines im Testament genannten Schuldbriefes eines gewissen Jan von Bechyně, der im Losungsbuch von 1434 als „Iohannes Bechynie" ebenfalls als Steuerzahler erscheint.[38] Darüber hinaus wird im Testament selbst als Vormund Jan Velvar genannt[39], der sich als Ratsherr und „Magister civium" sowie mehrfach als Steuerzahler nachweisen lässt und darüber hinaus eine beachtliche politische Karriere durchlief.[40] Ähnliches gilt für Janek, den Sohn des Ješek Pehem, der im Oktober 1434 sein Testament errichte-

34 Zu deren Bedeutung bereits grundlegend mit einer Übersicht über die Losungsbücher und das Losungswesen in böhmischen Städten im Mittelalter: Beer.

35 Die Handschrift liegt mittlerweile in digitalisierter Form vor. Online abrufbar unter http://katalog.ahmp.cz/pragapublica/permalink?xid=E1BD2DF4B72711DF820F00166F1163D4&scan=1#scan1 (05.09.2017).

36 Pátková, Berní knihy (hier auch eine deutschsprachige Einleitung S. XXVII-XLVIII). Die Herausgeberin reflektiert zugleich die tschechische Forschung und ältere Editionen.

37 Archiv hlavního města Prahy, Ms 20, fol. 16r. Online abrufbar unter http://katalog.ahmp.cz/pragapublica/permalink?xid=E1BD2DF4B72711DF820F00166F1163D4&scan=30#scan29 (05.09.2017).

38 Ebenda, fol. 16r.

39 Dessen Testament vom 25. September 1451 in unserer Edition Nr. 82.

40 Zu dem hinter der Teinkirche ansässigen Jan Velvar und dessen bedeutenden politischen Aktivitäten seit 1429 ausführlich bereits Tomek, S. 415 ff. Velvars politische Rolle reichte dabei weit über die böhmische Landeshauptstadt hinaus. Er gehörte u. a. der böhmischen Delegation an, die zum Basler Konzil reiste. Vgl. hierzu Šmahel, Basilejská kompaktáta, S. 63-65. Zur Biografie des „Diplomaten der hussitischen Revolution" vgl. auch die Diplomarbeit von Franěk. Zu Velvars Testament in diesem Zusammenhang ebenda, S. 120 f.

te (Nr. 56). In besagtem Steuerregister der Prager Altstadt erscheint das mit 40 Schock Groschen erwähnte „*domus Iesskonis pehm*".[41]

Für Brünn wiederum erscheint im *Liber memorialis* für das Jahr 1432 als Testierer ein gewisser Johannes Egidii als Bürger der Stadt mit seiner Gemahlin Gunegunde.[42] Im Steuerregister aus dem gleichen Jahr heißt es: „*Ibidem relicta Egidii carnificis dedit ½ sex. 7 lot.*"[43] Auch für weitere in unserer Edition vertretene Städte in Böhmen und Mähren liegen mehrheitlich ungedruckte Steuerregister vor, die in Kombination mit letztwilligen Verfügungen das soziale Umfeld der Testierer mitunter näher beleuchten.[44]

Die Frage, wie sich im überlieferten Quellenmaterial konkret gesellschaftliche Wandlungsprozesse ablesen lassen, soll an Testamenten aus vier Städten kurz aufgezeigt werden. Dabei geht es vordergründig um die politisch-gesellschaftlichen Rahmenbedingungen, die im Untersuchungsgebiet einen besonderen Charakter besaßen. Bereits verwiesen wurde auf die Tatsache, dass sich das Königreich Böhmen in einem gesamtgesellschaftlichen Umbruchprozess befand, den die erste Prager Defenestration am 30. Juli 1419 in seine revolutionäre Phase mit all ihren politischen, wirtschaftlichen, kulturellen, aber auch mentalen Brüchen und Verwerfungen eintreten ließ.[45] Spiegelte sich dies auch in den Prager Testamenten aus jener Zeit wider? Nur bedingt, muss die Antwort lauten. Immerhin gibt es aber einige wenige letztwillige Verfügungen mit konkreten (oder konkreteren) Reflexionen:

Das Beispiel Prag

Am 6. Dezember 1428 verfasste Anna, die Gemahlin des Prokop von Olšany, ihren letzten Willen. Sie betonte eingangs, dass sie zwar „*nicht körperlich krank sei, sich aber dennoch in diesen kriegerischen und unsicheren Zeiten*" fürchte und daher ihren letzten Willen zu Papier bringen wolle.[46] Wenn wir das Zeitkolorit nachzuzeichnen versuchen, erscheint die Angst vor dem Krieg verständlich. Die Schlacht bei Aussig im Juni 1426 hatte maßgeblichen Einfluss auf das weitere Kriegsgeschehen, gingen doch nunmehr die hussitischen Verbände unter Prokop dem Kahlen zu militärischen Gegenoffensiven gegen die vom Reich für sie ausgehende Bedrohung über und trugen die Fackel des Krieges in den sog. „Hussenreyszen" in angrenzende deutsche Länder.[47] Am 26. Oktober 1425 ließ in Prag Tomášek von Hlohovice seinen letzten Willen aufsetzen.[48] Aus dem Testament geht hervor, dass der Testator, offenbar Kaufmann, zuvor mit seinem Bruder Niklas in Handelsgeschäften stand und diesem eine größere Geldsumme

41 Archiv hlavního města Prahy, Ms 20, fol. 25r. Online abrufbar unter_http://katalog.ahmp.cz/pragapublica/permalink?xid=E1BD2DF4B72711DF820F00166F1163D4&scan=48#scan47 (05.09.2017).

42 Archiv města Brna, Ms 48, fol. 338v. Vgl. Flodr, Pamětní kniha, 2010, S. 197.

43 Archiv města Brna, Ms 21, fol. 21v. Vgl. Urbánková/Wihodová, S. 665.

44 Exemplarisch für Iglau vgl. diesbezüglich Hoffmann, Rejstříky.

45 Grundlegend hierzu Šmahel, Die hussitische Revolution, Bd. 1, Kap. II-IV, Bd. 2, Kap. V, sowie Čornej.

46 Archiv český, Bd. 26, S. 8.

47 Zum Kriegsgeschehen ausführlich Šmahel, Die hussitische Revolution, Bd. 2, Kap. VI und VII. Zur Reflexion der Schlacht bei Aussig 1426 aus sächsischer Perspektive und die ältere Literatur resümierend vgl. Krzenck, Die Hussitenkriege.

48 Archiv český, Bd. 26, S. 431.

schuldig geblieben war. Für dieses Geld – so heißt es im Testament – „*bat er mich, ihm Salz und andere Speisen zu schicken*".[49] Weiter lesen wir: „*Dieses Salz hat mir, als ich es ihm sandte, Herr Hanuš auf Žebrák während des Waffenstillstands zusammen mit Wagen und Pferden beschlagnahmt.*"[50] Auch hier erfahren wir also unmittelbar etwas vom Kriegsgeschehen bzw. einem der wiederholt abgeschlossenen Waffenstillstände zwischen den politischen und militärischen Kontrahenten. Das ist zugegeben im Gesamtkontext der überlieferten Testamente recht wenig. Im Gegensatz hierzu finden wir, freilich aus der katholischen Gegenposition heraus, in Wiener Bürgertestamenten im gleichen Zeitraum mehrere Hinweise auf konkrete Geldlegate für den Kampf gegen die Hussiten![51]

Mit den Testamenten wird – unabhängig davon, wie man diese in der Einzelanalyse bzw. im Gesamtkontext betrachtet – zweifellos nur eine Seite, gewissermaßen ein Ausschnitt der Lebenswirklichkeit im hussitischen 15. Jahrhundert in Böhmen, reflektiert. Gesellschaftliche Wandlungsprozesse lassen sich für Böhmen aber noch auf einer anderen Ebene ausmachen, die ebenfalls in den Testamenten, auch und gerade in Prag, ihre Reflexion finden. Es geht hierbei um die Sprache (*lingua*, *jazyk*) der Testamente als Ausdruck sich verändernder politischer oder besser: machtpolitischer Verhältnisse in einem Land, das sich seit der hochmittelalterlichen Kolonisation durch einen Sprachdualismus (*pueri Bohemi* auf der einen, Böhmen deutscher Zunge auf der anderen Seite) mit all seinen Langzeitfolgen auszeichnete.[52] Nehmen wir ein „klassisches" Testament. Hensil Gundeker, Bürger der „*Grossern Stat czu prage*" und Hausbesitzer, errichtete im November 1413 sein Testament in deutscher Sprache[53], das u. a. – neben der Sorge um das Wohl der drei noch minderjährigen Kinder des Erblassers – ein weitgeflochtenes kaufmännisches Netzwerk zeigt, in dem auch ein in anderen letztwilligen Verfügungen immer wieder auftauchender Mann erscheint, Heinrich Sachsenfeld(t), den der Testierer einen besonders lieben Freund nennt und der als Vertriebener im Wiener Exil 1422 sein eigenes Testament errichtete.[54] Die drei Zeugen der Testamentserrichtung, alle „*gesworen burger vnd schefen*", scheinen dabei mit Blick auf die Namen aus beiden ethnischen Gruppen gekommen zu sein. Das Testament stammt aus dem Jahre 1413, als die Welt der Prager Deutschen scheinbar noch halbwegs in Ordnung war. Aber eben nur scheinbar, da allein die Ratsverzeichnisse, wie Jaroslav Mezník 1990 bereits in seiner grundlegenden Arbeit über Prag vor der hussitischen Revolution aufgezeigt hat, deutlich machen, dass in der Prager Altstadt 1413 dreimal der Stadtrat erneuert wurde, und zwar keineswegs unblutig, wobei es um einen Konflikt zwischen der deutschen und der tschechischen Partei, mehr noch freilich um den Richtungskampf zwischen hussitischer und antihussitischer Partei ging.[55]

Sechs Jahre später war dieser Richtungskampf weitgehend entschieden, und zwar mit Ausbruch der hussitischen Revolution. Dies ist allein schon an der Sprache der

49 Ebenda, S. 431.

50 Ebenda.

51 Vgl. Krzenck, Geldlegate.

52 Vgl. hierzu grundlegend Šmahel, Idea národa, sowie ders., Husitské Čechy, S. 54-63.

53 Vgl. Nr. 8 in dieser Edition.

54 Zu dessen eigenem Testament vgl. Nr. 23 in dieser Edition.

55 Mezník (hier v. a. Kap. V).

Testamente erkennbar: Nunmehr ist die Testiersprache nämlich Tschechisch, was zum einen indirekt die veränderten Machtverhältnisse in der einst konservativen Altstadt belegt, aus der die Deutschen, wie der Chronist Laurentius von Březová in seiner „Hussitenchronik" berichtet, nach Absetzung der alten Ratsherren als Kelchgegner vertrieben wurden, zum anderen aber auch das Resultat eines bereits seit längerer Zeit auch in Quellen unterschiedlicher Provenienz fassbaren Trends des Vordringens der tschechischen Sprache darstellt, was wiederum mit einer auch politisch-administrativen Emanzipation der Tschechen einherging.[56] Bereits Ernst Schwarz hat beispielsweise aufgezeigt, dass mehr als ein Drittel (39) von 99 untersuchten Städten ihre deutsche Mehrheit bereits vor 1421 einbüßte[57], auch wenn František Šmahel zu bedenken gibt, dass die Repräsentanz im Rat – nicht selten die einzige mögliche Grundlage der Forschung – bei weitem nicht der proportionalen Vertretung der beiden nationalen Gruppen der Bevölkerung entsprechen muss.[58] 16 Jahre später finden wir, mit Blick auf die Testamente, eine „tschechisierte" Stadt, die sich nach dem Ende der Hussitenkriege in ihren Strukturen grundlegend geändert hatte, wie im Übrigen auch die erhaltenen und edierten Losungsbücher der Prager Altstadt aus den Jahren 1427-1434 erkennen lassen.[59]

Besondere Bedeutung kommt natürlich denjenigen Testamenten zu, die über die übliche Stiftungspraxis – also z. B. Legate für kirchliche Institutionen in der Stadt – bleibende Bedeutung für die Stadt und ihre repräsentativen Einrichtungen erlangt haben, beispielsweise die von Karl IV. gegründete Carolina, die, wie das überlieferte Quellenmaterial im Untersuchungszeitraum erkennen lässt, mehrfach von bürgerlichen Testierern mit Legaten unterschiedlicher Art bedacht worden ist und die deren Stellung in der Stadt dokumentiert. Dies geschah vor einem sich radikal wandelnden gesellschaftlichen Umfeld, wenn wir berücksichtigen, dass die Prager Hohe Schule nach dem Kuttenberger Dekret König Wenzels IV. vom Januar 1409 – erlassen in einer sowohl durch das Kirchenschisma als auch die national-emanzipatorischen Bestrebungen einer jungen Generation von reformorientierten, einheimischen Universitätsmagistern geprägten Situation – und dem Auszug der deutschen Magister und Scholaren aus Prag zu einer (zumindest in gewissem Sinne) nationalen Hochschule herabsank, die freilich als Legitimationsorgan innerhalb der sich radikalisierenden Reformbewegung in Böhmen dennoch hohes Ansehen im Lande genoss.[60]

Fünf Jahre nach Lipany, Anfang November 1439, stiftete ein Bürger der Prager Altstadt, Jan Reček von Ledeč, wenige Tage, nachdem er sein Testament errichtet hatte, in dem bereits wesentliche Bestimmungen der Stiftung vorweggenommen sind, mit königlicher Zustimmung das Kollegium der Jungfrau Maria der böhmischen Universitätsnation, das für 12 tschechische utraquistische Studenten der freien Künste bestimmt war, und vermachte diesem zwei Dörfer, gleichsam als materielle Einnahmequelle.[61] Das Leben und (Nach-)Wirken des Prager Bürgers Jan Reček lässt sich auf der Grund-

56 Zur Chronik des Laurentius von Březová vgl. Emler, S. 361. Vgl. auch Bujnoch, S. 72.

57 Schwarz, II. Teil, S. 447-467 (Zusammenfassung).

58 Vgl. Šmahel, Idea národa, S. 30. Hier auch S. 64-89 weitere Literaturhinweise.

59 Vgl. Pátková, Berní knihy.

60 Zum Kuttenberger Dekret in seinem zeitgeschichtlichen Kontext und seinen Auswirkungen vgl. Nodl. Zu dessen Folgen vgl. den Tagungsband Zilynská.

61 Zu Reček grundlegend Svatoš.

lage eines umfangreichen Konvoluts von insgesamt 19 Urkunden, die den Zeitraum 1398-1438 erfassen, relativ gut dokumentieren.[62] Seit 1416 finden wir Reček im Amt eines Ratsherrn der Prager Altstadt, 1416 und 1420 bekleidete er das Amt des Bürgermeisters. 1419 finden wir Reček in der Position eines Schreibers des königlichen Unterkämmerers.[63] Bereits zu Beginn des Jahres wurde Reček zum Sprecher der Repräsentanten aller drei Prager Städte während der Verhandlungen mit dem königlichen Rat gewählt, in denen es um die Freiheit des Kelches in der bald darauf ausbrechenden Revolution ging. In den Revolutionsjahren finden wir den überzeugten Kelchanhänger 1425 in einem 12-köpfigen Gremium, das in Wrschowitz (heute Prager Stadtteil) mit den Taboriten und Waisen einen Frieden schloss.[64] 1435 setzte König Sigismund Jan Reček als Bürgermeister des Altstädter Rates ein.[65]

In seinem tschechischsprachigen Testament hatte der erkrankte Testierer nur wenige Tage zuvor sein Haus in der Prager Altstadt eben als „Stiftungsgrundlage“ für die bislang im Haus der böhmischen Universitätsnation lebenden Studenten vermacht.[66] Wie weitreichend die Beziehungen Jan Rečeks waren, unterstreicht die Wahl der Testamentsvollstrecker, zu denen Magister Jan von Příbram (Priester und gemäßigter hussitischer Theologe) und Magister Peter von Mladoniowitz (dem Hus-Vertrauten und späteren Rektor der Karlsuniversität verdanken wir als Augenzeugen den Bericht über Hussens Konstanzer Aufenthalt bis zur Verbrennung als Ketzer am 6. Juli 1415) gehörten.[67] Das neue Universitätskollegium sollte den Namen „Collegium sanctissime Marie virginis nacionis Bohemorum“ tragen. Die nachfolgenden Bestimmungen und Legate zeigen einen zu Wohlstand gelangten und gut vernetzten Stifter mit einem entsprechenden Bekannten- und Freundeskreis.[68]

Das Beispiel Kuttenberg

Die böhmische Silbertruhe stellt, um es vorweg zu nehmen, mit Blick auf die Testamente (vor 1450) einen Sonderfall dar, und zwar dergestalt, dass wir es hier mit in nicht geringem Umfang letztwilligen Verfügungen Kuttenberger Böhmen deutscher Zunge zu tun haben, die sich außerhalb ihres Geburts- bzw. Aufenthaltsortes ihr Testament zu errichten gezwungen sahen.[69] Als der Kuttenberger Bürger Paul Meiler im Jahre 1422 beispielsweise in der Bergstadt Iglau aus nicht näher überlieferten Gründen

---

62 Ebenda, S. 127-159.

63 Ebenda, S. 122.

64 Ebenda, S. 123.

65 Ebenda.

66 Ebenda, S. 154-156. Online abrufbar unter http://monasterium.net/mom/CZ-UKP/AUKP/sign_I%7C77/charter (05.09.2017). Anfang September 1439 erscheint Ledeč noch als Testamentsvollstrecker im letzten Willen des gemeinschaftlich errichteten Geschäfts von Janek und Martha, den schwer erkrankten Kindern des Apothekers Jan. Vgl. dazu Nr. 63 in unserer Edition.

67 Zum Testament des Jan Přibram vgl. in dieser Edition Nr. 77. Zu Mladoniowitz als Testamentsvollstrecker vgl. Svatoš, S. 155.

68 Ebenda, S. 155.

69 Grundlegend zum Kontext wiederum Šmahel, Die hussitische Revolution, Bd. 2, Kap. VI. Zur Geschichte Kuttenbergs im Untersuchungszeitraum vgl. auch Štroblová/Altová.

seinen letzten Willen aufsetzen ließ, ging er mit keinem Wort auf die gravierenden politischen Umwälzungen ein, die seine Vaterstadt (?) Kuttenberg in den zurückliegenden Monaten im Gefolge der hussitischen Revolution erlebte hatte.[70] Das Hin und Her in den Jahren 1420-1422 – zweimal siegten (nach Vorgeplänkeln vor Ausbruch der Revolution) die Altgläubigen mit Unterstützung König Sigismunds von Luxemburg, am Ende freilich triumphierten die hussitischen Kräfte mit Unterstützung der Taboriten und Waisen – hatte die Sozialstruktur der Stadt nachhaltig verändert – eben durch Flucht oder Vertreibung der Kuttenberger Deutschen, deren Besitz in der Stadt nun in die Hände ihrer Glaubensfeinde gelangte.[71] Aus der von katholischen Bewohnern beherrschten „Silberschatztruhe" des Königreichs Böhmen war binnen kurzer Zeit eine nunmehr ausschließlich von Tschechen bewohnte Stadt bzw. das, was in Folge kriegerischer Zerstörung noch davon übriggeblieben war, geworden. Meiler verbrachte seinen Lebensabend im rund 80 Kilometer von Kuttenberg gelegenen, katholischen Iglau auf relativ sicherem mährischem Boden in einer gut befestigten Stadt, und zwar keineswegs allein. Die weitaus größte Zahl an Testamenten findet sich diesbezüglich im sog. „Iglauer Stadtbuch" III, das 65 Eintragungen Kuttenberger Exulanten enthält, die ausschließlich aus den Jahren 1421-1437 stammen.[72] Es handelt sich dabei zumeist um Namen, die aus den Kuttenberger Quellen der vorhussitischen Zeit bekannt sind, worauf – neben der Studie Augustin Neumanns von 1930[73] – der 2015 verstorbene Nestor der Hussitismus- und Hus-Forschung, Jiří Kejř, 1958 in seiner Monografie über das Rechtsleben im hussitischen Kuttenberg hingewiesen hat.[74] František Hoffmann wiederum hat in seiner Geschichte Iglaus in der Hussitenzeit auf den in den Quellen fassbaren Zuzug von Neubürgern verwiesen, der gerade im Betrachtungszeitraum 1420-1434 laut Steuerregistern und Stadtbüchern das jährliche Normalmaß überstieg, wobei es sich bei den zugewanderten Kuttenbergern mehrheitlich vor allem um Kaufleute und Angehörige der Oberschicht handelte, die sicherlich ein weitverzweigtes Handelskontaktenetz unterhielten, das ihnen die Emigration etwas erleichtert haben dürfte.[75] Möglicherweise hatten die Kuttenberger Testierer in der mährischen Bergstadt auch Freunde oder gar Verwandte. Womöglich – dies bleibt jedoch (eine sicherlich nicht von der Hand zu weisende) Spekulation – fiel die Wahl auch auf Iglau, weil man sich hier in Sicherheit wähnen durfte, gleichzeitig jedoch die relativ geringe Entfernung nach Kuttenberg die Möglichkeit einräumte, bei einer Änderung der machtpolitischen Verhältnisse rascher in die Heimatstadt zurückkehren zu können.[76]

In den entsprechenden Testamenten spiegelt sich natürlich die Situation im Lande im Allgemeinen und jene in Kuttenberg im Besonderen, insbesondere wenn im Testament davon die Rede ist, dass Bestimmungen in Kraft treten sollen, *„qui futurum chris-*

70 Státní okresní archiv Jihlava, Ratsbuch Nr. III, fol. 68r.

71 Vgl. hierzu auch Borovský, Kutná Hora. Der Autor dankt dem Verfasser für die Bereitstellung einer Kopie seines Beitrages.

72 Vgl. hierzu auch die Anmerkungen im Abschnitt zum Überlieferungsstand in dieser Edition.

73 Neumann.

74 Vgl. Kejř, S. 147.

75 Hoffmann, Jihlava.

76 Vgl. demnächst Thomas Krzenck: Mähren als Exilland und Durchgangsstation. Kuttenberger Deutsche und deren Schicksal auf der Grundlage überlieferter Bürgertestamente (1421-1437), in: ZfO (in Vorbereitung).

tiane religionis et katholice fidei ibidem fuerint".[77] Die neue Realität in der nunmehr von radikalen Hussiten in Besitz genommenen Bergstadt Kuttenberg wird reflektiert, wenn z. B. der 1421 in Iglau testierende Johann Enderlin seinem Bruder Wenzel sein Haus „*in montibus Chutnis*" mit dem Zusatz vermacht „*est quando ad eadem possint pervenire*".[78] Im gleichen Jahr ließ vermutlich auch ein gewisser Peter Klein aus Kuttenberg in der mährischen Exilstadt seinen letzten Willen zu Papier bringen, wobei auffällt, dass als Zeugen der Testamentserrichtung drei Kuttenberger auftreten, was sich dahingehend interpretieren ließe, dass geschäftliche oder freundschaftliche Bindungen unter den nunmehrigen Exulanten weiterwirkten, ja gerade in der Ferne eine besondere Bedeutung besaßen und das Gefühl der Zusammengehörigkeit gestärkt haben dürften.[79]

Der offenbar im Bergbau tätig gewesene Nicolaus Knaff aus Kuttenberg bestimmte in seinem ebenfalls in Iglau errichteten letzten Willen u. a., dass sechs Schock Groschen an das Dominikanerkloster zum Heiligen Kreuz in Iglau, vier Schock für einen neuen Turm der dortigen Pfarrkirche sowie ein Schock an arme Priester fallen sollten.[80] Was eigentlich wohl für geistliche Institutionen in Kuttenberg bestimmt war, sollte nun – gleichsam aus der Not heraus – ebenbürtigen Institutionen in der Exilstadt zugute kommen! Die vorgenommenen Legate *ad pias causas* lassen aber darauf schließen, dass der Testierer eine gewisse Barschaft über die Flucht hinweg hatte retten können oder aber bereits aufgrund seiner beruflichen Stellung wirtschaftlich wieder Fuß gefasst hatte. Andere Testierer operierten im Übrigen mit ihrem Besitz in Kuttenberg, als ob dieser nie verloren gegangen wäre.

Die Gefühlswelt der Testierer hinsichtlich des eigenen Schicksals eröffnet sich uns nur bedingt, zumal Testamente hier generell nur sehr bedingt aussagefähig sind. Wir dürfen aber durchaus vermuten, dass ähnliche Gedanken und Vorstellungen die Exulanten bewegten, wie wir sie aus einem Zirkularbrief des Hus-Gegners Andreas de Broda (gest. 1427) ersehen können, der als Exulant an der Leipziger Universität lehrte und seinen Gefühlen in dem Schreiben als „Leidensgefährte" freien Lauf ließ.[81] Für einige der aus Kuttenberg geflohenen Deutschen bildete Iglau nur eine Durchgangsstation, etwa auf dem Weg nach Wien. Neben Iglau wäre als Exilort geflohener bzw. vertriebener Kuttenberger noch Brünn zu nennen. Das erhaltene und mittlerweile – zusammen mit anderen Quellen dieser Art – edierte Steuerregister aus dem Jahre 1432 (also mit einem Abstand von zehn Jahren zur Vertreibung) lässt dies vermuten, erscheinen hier doch als Steuerzahler mehrere Handwerker, die neben dem Namen den Zusatz führen „*de Montibus*", was freilich nicht automatisch auf einen Vertriebenenstatus schließen lässt.[82]

Der machtpolitisch-soziale und zugleich ethnisch-nationale Umschichtungsprozess in Kuttenberg selbst fand seinen Widerhall auch in der Sprache der Testamente der neu-

77 Státní okresní archiv Jihlava, Ratsbuch Nr. III, fol. 70v.

78 Ebenda, fol. 63v.

79 Ebenda, fol. 64v.

80 Ebenda, fol. 68v.

81 Zu Andreas de Broda vgl. Kadlec.

82 Vgl. Urbánková/Wihodová. Ohne direkte Reflektion der Vertriebenensituation bleibt das 1425 im Exil in Zittau aufgesetzte Testament des Küsters auf dem Prager Wyschehrad, Wenzel Ortl (vgl. Nr. 35 in dieser Edition).

en Einwohner bzw. Bürger, wenngleich hier nur sehr wenige letztwillige Verfügungen in tschechischer Sprache zur Verfügung stehen.[83]

Pilsen und Brünn als katholische Bastionen

Mit Ausnahme einer kurzen Zeitspanne am Beginn der revolutionären Phase des Hussitismus 1419/20 blieb das westböhmische Pilsen fest dem katholischen Glauben verhaftet.[84] In den Testamenten aus der Hussitenzeit dominiert eine katholisch geprägte Frömmigkeit, die in einer Vielzahl entsprechender Legate ihren Niederschlag findet und in auffälliger Weise neben der Hauptkirche St. Bartholomäus weitere geistliche Institutionen und Personen geistlichen Standes berücksichtigt.[85] Lediglich ein einziges Mal wird dagegen die Situation im konfessionell gespaltenen Land unmittelbar reflektiert: In seinem 1430 aufgesetzten letzten Willen, der sich durch eine Fülle an Einzellegaten auszeichnet, bestimmt der Testierer Ondřej Strhla aus Přivětice: *„Item dem Kind Andreas aus Přivětice vermache ich zehn Schock Groschen, wenn es wieder zum christlichen Glauben zurückkehrt und von dem ketzerischen wyclifitischen und taboritischen Glauben abrückt; und solange es in diesem Glauben verharrt oder aber darin sterben sollte, soll man ihm nichts geben.“*[86]

Im Vergleich zur Situation in der Landeshauptstadt Prag und den Kuttenberger Exulanten gestaltete sich die Situation im mährischen Brünn weitaus weniger dramatisch, was sicherlich nicht unwesentlich auf die stabilen (katholischen) Machtverhältnisse in der südmährischen Stadt im Betrachtungszeitraum zurückzuführen sein dürfte, an der sich die Hussiten, grob gesagt, vergeblich die Zähne ausbissen.[87] Die ältesten Testamente sind in lateinischer Sprache verfasst; aus dem Jahre 1446 liegt der erste deutsch zu Papier gebrachte letzte Wille vor, Deutsch als Testiersprache setzt sich dann seit Beginn der sechziger Jahre des 15. Jahrhunderts nahezu ungehindert durch. Das älteste tschechischsprachige Testament stammt aus dem Jahre 1462, wobei tschechischsprachige Testamente in der Folge aber lediglich etwa zwei Prozent des überlieferten Quellenmaterials ausmachen. Ein Zusammenhang zwischen Testamentserrichtung und Kriegsereignissen in der Umgebung Brünns findet sich, worauf Tomáš Borovský verwiesen hat, leider nicht.[88]

Für die vorliegende Edition wurden bewusst 200 letztwillige Verfügungen aus böhmischen und mährischen Städten ausgewählt. Insgesamt werden Testamente aus 27 einst königlichen bzw. Untertanenstädten berücksichtigt (137 Abschriften, 63 Siegelurkunden). Insgesamt handelt es sich um 19 in lateinischer, 41 in deutscher und 140

---

83 Vgl. die entsprechenden Ausführungen im Abschnitt über die konkrete Überlieferungssituation in dieser Edition (exemplarisch hierzu Nr. 41).

84 Hejnic/Polívka; Polívka; Bystřický.

85 Vgl. exemplarisch Nr. 59 in dieser Edition.

86 Archiv města Plzně, Hdschr. 22 468, fol. C 19 (Abschrift). Vgl. Nr. 45 in unserer Edition.

87 Zum genauen Hintergrund vgl. Elbel, Brno.

88 Borovský, „Zu der Ere Gots und meiner Sele zu Selikeit“. Dass viele Brünner Testierer, unter ihnen 75 % Männer, den kirchlichen Institutionen innerhalb der Stadtmauern – hier dominierte die Pfarrkirche St. Jakob – und außerhalb dieser (hier ging es um Gotteshäuser in den Herkunftsorten der Erblasser im Umland der Stadt) umfangreiche Legate widmeten, überrascht bei der spätmittelalterlichen Frömmigkeit keineswegs, stellt aber – auf Brünn bezogen – keine Ausnahme dar, auch nicht mit Blick auf Umfang und Inhalt der Gaben.

in tschechischer Sprache verfasste und hier zugleich in deutscher Übersetzung präsentierte letztwillige Verfügungen, wobei 136 Testamente von Männern und 60 Geschäfte von Frauen stammen. Zwei Testamente wurden gemeinschaftlich verfasst (Nr. 63 und Nr. 163).[89] Von den Nummern 1-100 wurden 51 Geschäfte bereits (z. T. unvollständig) ediert, 48 Testamente sind zudem online abrufbar – entweder die digitalisierte Originalquelle oder als Quellenedition durch das Prager Zentrum für mediävistische Studien im Internet zugänglich gemacht. Von den Nummern 101-200 wiederum liegen 50 Testamente bereits in edierter Form vor, 19 Geschäfte stehen digitalisiert online zur Verfügung. Abschließend sei noch auf einige Besonderheiten verwiesen. Bei Nr. 6 handelt es sich nicht um ein klassisches Testament, sondern um das sog. „Buch der frommen Stiftungen" der Stadt Königgrätz (Hradec Králové), das – gleichsam als Ersatz – testamentarische Verfügungen *ad pias causas* enthält. Zwei Testamente, die heute in Wien aufbewahrt werden, entstanden ursprünglich in Prag (Nr. 9 und Nr. 12). Bei Nr. 10 handelt es sich um einen im Zusammenhang mit einem Testament ausgebrochenen Erbstreit. Andere Testamente wurden, wie bereits beschrieben, im Exil verfasst (u. a. Nr. 19 und Nr. 35), bei Nr. 61 wiederum handelt es sich um einen im Gefängnis verfassten letzten Willen. Von einigen Testatoren liegen zwei (in einem Fall sogar drei) Testamente vor, sodass hier Veränderungen nachvollziehbar sind (Nr. 78, Nr. 79 und Nr. 101). Prominenteste Testierer sind der hussitische Theologe Jan von Příbram (Nr. 77) und der „Diplomat der hussitischen Revolution" Jan Velvar (Nr. 82), die Masse der Erblasser bleibt hingegen weitgehend im Dunkel der Geschichte verborgen.

Zum Überlieferungsstand böhmischer und mährischer Bürgertestamente in den untersuchten Städten

Bürgertestamente repräsentieren eine einzigartige Quelle für die Erforschung zahlreicher Bereiche des Lebens der Bewohner mittelalterlicher Städte. Dies gilt selbstverständlich auch für Böhmen und Mähren. Letztwillige Verfügungen ermöglichen auch hier grundsätzliche Aussagen zur Sozialgeschichte (Familie, Eliten, Gender Studies), zur Sozialanthropologie, Ethnologie, Wirtschaftsgeschichte (Eigentumsverhältnisse, Familienangelegenheiten, Zinswirtschaft), zur Mikrohistorie, materiellen Kultur und Alltagsgeschichte. Darüber hinaus gewähren Testamente Einblicke in die Mentalitätsgeschichte (Legate *ad pias causas*, Buchlegate, Stiftungen zur schulischen Bildung bzw. karitative Vermächtnisse). Aus dem Spätmittelalter sind Testamente in Böhmen und Mähren für annähernd immerhin 42 Städte überliefert, darunter für Brünn, Böhmisch Krumau (Český Krumlov), Iglau, Kuttenberg, Olmütz, Pilsen und Kaaden. Für Prag als der historisch gewachsenen Landesmetropole – genauer gesagt: der Prager Agglomeration – steht dabei fast zwangsläufig die quantitativ größte Zahl an letztwilligen Verfügungen zur Disposition.

Trotz einer zunehmenden, mitunter systematischen Beschäftigung mit dem Quellenkorpus Testamente – in den zurückliegenden Jahren sind beispielsweise mehrere Dissertationen bzw. Magister- und Diplomarbeiten in der Tschechischen Republik hierzu

[89] Insgesamt handelt es sich in beiden Fällen somit um vier Testierer.

erschienen – erweist sich der Überlieferungs- und Bearbeitungsstand letztwilliger Verfügungen für die einzelnen in die Edition einbezogenen Städte in Böhmen und Mähren als sehr unterschiedlich. Im Großen und Ganzen gilt hier noch immer die bereits 2005 auf einem Prager Kolloquium gezogene Zwischenbilanz, der zufolge zwar einzelne Projekte zur Erfassung und Auswertung spätmittelalterlicher Bürgertestamente an akademischen Institutionen wie Archiven in der Tschechischen Republik existieren, eine systematische Bestandsübersicht freilich noch immer zu den Desiderata gehört.[90]

Die nachfolgende Auswahl-Übersicht zu spätmittelalterlich-frühneuzeitlichen Testamentsforschungen in Europa soll – anknüpfend an die bereits von Paul Baur 1989 vorgelegte Synopse[91] – zunächst verdeutlichen, wie der Bestand an böhmischen und mährischen Bürgertestamenten quantitativ im Vergleich zu anderen Testierlandschaften einzuordnen ist. Nachfolgend geht es um die konkrete Überlieferungs- und Erfassungssituation in den für die vorliegende Edition aufgenommenen Städten.

Synopse spätmittelalterlich-frühneuzeitlicher Testamentsforschungen
(Auswahl – die Städte in Böhmen und Mähren sind hierbei besonders hervorgehoben)

Überlieferungsort	Zeitraum	Anzahl der Testamente	Vorlage	Editor/Autor
Basel	1450-1500	ca. 70	Archiv, Publ.	SIGNORI[92]
Bratislava (Pressburg)	1414-1529	843	Archiv, Edition	MAJOROSSY/SZENDE[93]
Braunschweig	1289-1517	ca. 3000	Archiv, Publ.	STEINFÜHRER[94]; MACK[95]
Brno (Brünn)	**1346-1515**	**280**	**Archiv, Edition**	**FLODR, Pamětní kniha, 2010**[96]
Chrudim	**1440-1504**	**230**	**Archiv, Publ.**	**KOSAŘOVÁ**[97]
Douai	14./15. Jh.	ca. 2000	Archiv, Publ.	HOWELL[98]
Hamburg	1310-1400	203	Archiv, Publ.	LOOSE[99]; RIETHMÜLLER[100]
Italien (Assisi, Florenz, Perugia, Pisa, Siena)	14./15. Jh.	3389	Archiv, Publ.	COHN[101]
Jihlava (Iglau)	**14. Jh.-1514**	**ca. 600**	**Archiv, Publ.**	**NEUMANN**[102]

90 Vgl. JIŠOVÁ/DOLEŽALOVÁ.
91 Vgl. BAUR, S. 30 f.
92 SIGNORI.
93 MAJOROSSY/SZENDE.
94 STEINFÜHRER.
95 MACK.
96 FLODR, Pamětní kniha, 2010.
97 KOŠAROVÁ.
98 HOWELL.
99 LOOSE.
100 RIETHMÜLLER.
101 COHN.
102 NEUMANN.

Kadaň (Kaaden)	**1465-1502**	**382**	**Archiv, Publ.**	**RAK**[103]
Köln	1362-1525	1775	Archiv, Publ.	KLOSTERBERG[104]
Krakau	1427-1532	219	Archiv, Publ.	SOWINA[105]
Kutná Hora (Kuttenberg)	**1428-1544**	**ca. 650**	**Archiv, Publ.**	**BISINGEROVÁ**[106]; **KEJŘ**[107]
Lübeck	1278-1500	6400	Archiv, Publ.	BRANDT[108]; MEYER[109]
Lüneburg	1323-1500	293	Archiv, Edition	REINHARDT[110]
Olomouc (Olmütz)	**1416-1566**	**ca. 400**	**Archiv, Publ.**	**SPÁČILOVÁ**[111]
Plzeň (Pilsen)	**1344-1526**	**211**	**Archiv, Publ.**	**STRNAD**[112]; **KLASSEN**[113]
Prag (Prager Agglomeration)	**ab 1360**	**mehr als 2000**	**Archiv, Publ., Edition**	**TEIGE**[114]; **PÁTKOVÁ**[115]; **KRZENCK**[116]
Reval	14./15. Jh.	100	Archiv, Regesten	ALLIK[117]
Sitten	13.-15. Jh.	290	Archiv, Publ.	ZEHNHÄUSERN[118]
Stralsund	1302-1599	1213	Archiv, Regesten, Publ.	SCHILDHAUER[119]
Tábor (Soběslav)	**1455-1523**	**56**	**Archiv, Publ.**	**HRADILOVÁ**[120]
Transsilvanien	1413-1537	ca. 50	Archiv, Publ.	MAKO[121]
Venedig	14. Jh.	ca. 1000	Archiv, Publ.	GUZZETTI[122]
Wien	1395-1430	ca. 4500	Archiv, Edition (bislang 4 Bde. bis 1417)	BRAUNEDER/JARITZ[123]
Znojmo (Znaim)	**1421-1513**	270	**Archiv, Publ.**	**MALANÍKOVÁ**[124]

103 RAK.
104 KLOSTERBERG.
105 SOWINA.
106 BISINGEROVÁ/VANĚK.
107 KEJŘ.
108 BRANDT, Regesten.
109 MEYER.
110 REINHARDT.
111 SPÁČILOVÁ.
112 STRNAD.
113 KLASSEN, Gifts.
114 TEIGE.
115 PÁTKOVÁ, Liber vetustissimus.
116 KRZENCK, Prager und Pilsener Frauentestamente.
117 ALLIK.
118 ZEHNHÄUSERN.
119 SCHILDHAUER.
120 HRADILOVÁ.
121 LUPESCU-MAKÓ.
122 GUZZETTI, Venezianische Vermächtnisse.
123 BRAUNEDER/JARITZ, Die Wiener Stadtbücher, Teil 1.
124 MALANÍKOVÁ.

Dass sich die Überlieferung für die böhmische Landesmetropole *Prag* als am günstigsten erweist, dürfte angesichts der administrativ-politischen, wirtschaftlichen und kulturellen Bedeutung der Stadt kaum verwundern, wobei zu berücksichtigen gilt, dass es sich im Falle Prags um eine Agglomeration lange Zeit rechtlich eigenständiger Städte – Alt- und Neustadt, Kleinseite bzw. Burgbezirk[125] – handelt, was auch in den entsprechenden Quellen seine Reflektion findet. Mit Blick auf die Bearbeitung des Prager Quellenmaterials unter historisch-topografischen Aspekten kommt – neben der vereinzelten Aufnahme von Testamenten in der 1840 von František Palacký begründeten, mittlerweile auf 39 Bände angewachsenen Quellensammlung der „alten böhmischen und mährischen Schriftdenkmäler" (Archiv český) – der verdienstvollen Edition *Základy starého místopisu Pražského (1437-1620)*, die der Prager Historiker und Archivar

[125] Die größte Bedeutung kommt in diesem Zusammenhang der 1222 erstmals als „civitas Pragensis" erwähnten, seit 1287 auch rechtlich dauerhaft die sog. „Gallus-Stadt" einbeziehenden Prager Altstadt zu, die nur wenig später (nach 1230) mit einer Mauer umgeben wurde. Der große Einfluss des deutschen Patriziats spiegelte sich dabei in der Anwendung des Nürnberger Rechtes wider. 1257 gründete König Přemysl Ottokar II. auf dem Areal der vormaligen Siedlung am linken Moldauufer unterhalb der Prager Burg die „Nova civitas sub castro Pragensi", die dann seit dem 14. Jahrhundert den Namen „Minor civitas Pragensis" (Kleinere Stadt bzw. Kleinseite) trug und unter Magdeburger Recht stand. Insbesondere die Prager Altstadt wurde von den böhmischen Landesherren immer wieder mit zahlreichen Privilegien ausgestattet, die Wirtschaft und Handel förderten. Im sich nach 1250 allmählich konstituierenden Rat finden sich anfänglich fast ausschließlich deutsche Namen, erst 1326 tauchen die ersten tschechischen Namen auf. Die rechtliche Autonomie wurde vor allem durch die königliche Befreiung der Altstädter von der Aufsicht des königlichen Unterkämmerers und die Verleihung der Halsgerichtsbarkeit garantiert, zudem durch die Zustimmung des Königs zur Abfassung eines städtischen Rechtsbuches, das für die Rechtsbelehrung aller böhmischen Städte mit süddeutschem Recht verbindlich sein sollte; hinzu kam die Befreiung der Kleineren Stadt aus der Rechtsabhängigkeit vom Berufungsstuhl Magdeburger Rechtes in Leitmeritz (1338). Der an die Burg angrenzende Stadtteil Hradčany wurde wahrscheinlich 1320 von dem Burggrafen Hynek Berka von Duba als dritte Prager Stadt nach Altstadt und Kleinseite gegründet. Im Unterschied zu diesen handelte es sich jedoch bei der Burgstadt nicht um eine freie Stadt, vielmehr unterstand diese bis 1598 den Burggrafen. Anfangs hatte die Ansiedlung nur den Raum um den Hradschiner Platz (Hradčanské náměstí) eingenommen, unter Karl IV. freilich wurde die Stadtanlage erweitert und in den gemeinsamen Mauerring mit der Kleinseite einbezogen. Karl IV. war es auch, der 1348 die Prager Neustadt gründete und mit eigenen Rechten sowie Verwaltungsorganen nach Altstädter Vorbild ausstattete. Nach der Jahrzehnte währenden Blütezeit unter Karl IV., der Prag planmäßig als Residenz- und Universitätsstadt sowie als kirchliche Metropole ausbauen ließ, geriet die Prager Agglomeration unter seinem Sohn und Nachfolger Wenzel IV. immer mehr in den Strudel politischer, wirtschaftlicher und ethnisch-nationaler Umbrüche, die schließlich im Sommer 1419 zum Ausbruch der hussitischen Revolution führten. Prag stieg zu einem entscheidenden Machtfaktor im Lande aus, die vorübergehende Einheit der Prager Städte zerfiel freilich 1424 bereits wieder: Während sich die Altstadt, aus der 1419 die einheimischen Deutschen vertrieben worden waren, mit ihrem Städtebund in den Kämpfen zwischen den einzelnen Machtgruppen im Lande auf die Seite der gemäßigten Utraquisten schlug, erwies sich die Neustadt als treue Verbündete des Feldheeres der radikalen „Waisen". 1434 nahmen die Altstädter und die Herrenliga die Neustadt ein. Erst 1518 schlossen sich Alt- und Neustadt angesichts der politischen Offensive des Adels zu einer Großen Gemeinde zusammen.

Die überragende Bedeutung von Alt- und Neustadt zeigt sich auch im überlieferten Quellenmaterial. Für die Prager Altstadt besitzen mit Blick auf Testamente insbesondere der *Liber vetustissimus statutorum et aliarum rerum memorabilium* (Ms 986) sowie die beiden Memorialbücher Ms 992 und Ms 993 große Bedeutung, während das Testamentsbuch Ms 2119 leider bei einem Bombenangriff 1945 verbrannte. Innerhalb des überlieferten Quellenmaterials aus der Prager Neustadt wiederum nehmen das wiederholt für Einzeluntersuchungen herangezogene Testamentsbuch Ms 2094 (1455-1494) sowie die Handschrift Ms 2096 (*kniha útrpných vyznání a testamentů*) für die Jahre 1421, 1434-1455 eine herausragende Stellung ein. Für die Kleinseite hingegen zählt das fragmentarisch überlieferte Buch der Testamente 1422-1426 zu den Deperdita, für die Burgstadt Hradčany bietet das erhaltene Testamentsbuch letztwillige Verfügungen erst ab 1518!

Josef Teige (1862-1921) in den Jahren 1910 und 1915 in zwei Bänden herausgab[126], große und bleibende Bedeutung zu, nicht zuletzt weil hier letztwillige Verfügungen und damit in Zusammenhang stehende Rechtsgeschäfte aus Quellen Aufnahme fanden, die – wie exemplarisch das Beispiel der Handschrift Ms 2119 (Testamentsbuch der Prager Altstadt 1448-1484) zeigt – bei Kriegsende 1945 der Zerstörung anheim fielen und zu den als schmerzlich empfundenen Deperdita im Prager Quellenkorpus gehören.[127] Mehrere so glücklicherweise überlieferte Testamente haben in unserer Edition Aufnahme gefunden. Ich verweise exemplarisch auf das 1448 errichtete Testament des Magisters Jan von Příbram (Nr. 77).

Die Testierpraxis erfolgte dabei in den Prager Städten nach fest fixierten Regeln, wie dies dezidiert in einer eigenständigen, die rechtliche Praxis beim Abfassen von letztwilligen Verfügungen resümierenden Abhandlung – nämlich im *Praxis cancellariae* des Neustädter Schreibers Prokop – zum Ausdruck kommt, der 1410 unter Johannes Hus die Würde eines Bakkalar erreichte.[128] In dieser Schrift analysierte der mit Rechtsgeschäften in der Kanzlei des Rathauses der Prager Neustadt vertraute Prokop die in drei Varianten geübte Testierpraxis in den böhmischen Städten: 1. Der Bürgermeister entsandte auf Bitten der Freunde des Testierers zwei Ratsmitglieder und den Schreiber, wobei Letzterer das Testament auf Papier bzw. in sein Manual in Regestenform eintrug. 2. Nach Einhaltung einer gewissen Frist, in der mögliche Einsprüche vorgetragen werden konnten, wurde das Testament in ein Stadtbuch ein- bzw. übertragen. 3. Das Testament wurde von einer schriftlichen Vorlage auf die Originalurkunde übertragen, die wiederum der Richter und zwei Schöffen besiegelten (für Prag nicht bezeugt, wohl aber für Brünn).[129] Angesichts der zeitlichen Entstehung der beiden Stadtbücher Ms 2094 (ab 1455) und Ms 2096 (ab 1402/1421 bzw. 1434) ist davon auszugehen, dass Prokop als oberster, 1439-1467 bezeugter Schreiber an der Entstehung beider Testamentsbücher beteiligt war und die Aufnahme von Testamenten zu seinem Tagesgeschäft gehörte.

Systematisch ist in den zurückliegenden Jahren der im Prager Stadtarchiv aufbewahrte Handschriftenbestand digitalisiert worden, wodurch die wissenschaftliche Erforschung des in Quellen unterschiedlicher Provenienz überlieferten Schriftguts an letztwilligen Verfügungen wesentlich erleichtert wurde.[130] Insbesondere die Handschriften Ms 992[131], Ms 2094 und Ms 2096 können somit systematisch ausgewertet und

---

126 Der erste, 1910 erschienene Band ist mittlerweile im Rahmen eines Digitalisierungsprojektes auch im Internet einsehbar: http://kramerius.mlp.cz/kramerius/MShowMonograph.do;jsessionid=680260815787C-FEDDD27951BFE6A6371?id=490&author=Teige_Josef (06.09.2017).

127 Vgl. Nový, S. 153.

128 Zu Prokop vgl. Jíšová, Novoměstský písař (hier auch weitere Literatur- und Quellenhinweise). Zur Schrift bzw. deren Edition wiederum Mareš.

129 Vgl. Mareš, S. 19-25.

130 Vgl. http://katalog.ahmp.cz/pragapublica/searchlink?patternTxt=&searchAsPhrase=&xid=4DA97FF26A78-11E4A062001636935581&fcDb=&modeView=LIST&onlyDigi=true (06.09.2017).

131 Bereits 1992 hatte Bohdan Zilynskyj auf die Problematik des editorischen Zugangs des Memorialbuches Ms 992 (*Liber Tertius Veteris Urbis Prage[n]sis 1417-1480*) aufmerksam gemacht. Vgl. Zilynsky. Der *Liber memorialis* ist online abrufbar unter http://katalog.ahmp.cz/pragapublica/Zoomify.action?xid=E1BD-3C13B72711DF820F00166F1163D4&entityType=10092&entityRef=%28%5En%29%28%28%28localArchiv%2C%5En%2Chot_%29%28unidata%29%29%28118266%29%29&scanIndex=0 (06.09.2017).

einem komparativen Vergleich unterzogen werden.[132] Darüber hinaus ist jüngst mit der Handschrift Ms 986 das älteste Stadtbuch der Prager Altstadt aus den Jahren 1310-1518 (zugleich das älteste erhaltene Stadtbuch von Böhmen und Mähren!), das auch mehrere vor 1419 errichtete Testamente enthält, in einer modernen Edition der Forschung zugänglich gemacht worden.[133] Des Weiteren stehen in Form von Siegelurkunden einige weitere Testamente im Zentralen Staatsarchiv, im Archiv des Prager Metropolitankapitels, im Archiv des Nationalmuseums oder – wie im Falle von Kouřim – in der Staatsbibliothek zur Disposition. Was die Zahl der überlieferten Testamente anbetrifft, die sich bei etwa 2000 bewegen dürfte, kann darauf verwiesen werden, dass allein die Handschrift Ms 2094 (*Liber testamentorum 1455-1494*) 948 letztwillige Verfügungen enthält, die als *kšaft* (Geschäft) oder als *testamentum* gekennzeichnet sind.[134]

männliche Testierer	716 Geschäfte	= 75,5 %
weibliche Testierer	232 Geschäfte	= 24,5 %

Für *Brünn* als Residenz der luxemburgischen Sekundogenitur (bis 1411) und neben Olmütz als eine der beiden katholischen mährischen Landesmetropolen mit klarer Dominanz der deutschen Namen im Rat[135] sind aus dem Zeitraum 1346-1515 280 letzt-

132 Als besonders günstig erweist sich die Überlieferungssituation für die Prager Neustadt, wo ab 1421/1434 immerhin gut 2000 Testamente einen Eintrag gefunden haben, davon mehr als die Hälfte für das 15. Jahrhundert! Daraus geht u. a. hervor, dass das überlieferte Material annähernd ein Siebentel der in dieser Stadt lebenden Bevölkerung erfasst.

133 Vgl. Pátková, Liber vetustissimus. Eine genaue Inhaltsübersicht zum *Liber vetustissimus* findet sich auf den Seiten 194-209. Das älteste, in Latein verfasste Testament des Nicolaus de Lobcz stammt aus dem Jahre 1360 (fol. 169v), aus den Jahren 1390-1418 folgen insgesamt 12 Testamente, die fast ausschließlich in deutscher Sprache abgefasst wurden.
fol. 187v: 1403, Juli 8 – Testament des Leuthil Czwirner. Edition: Mourek, S. 23
fol. 188r: 1404, August 18 – Testament des Tuchschneiders Johann Henslini
fol. 188r: 1405, Mai 6 – Testament des Tuchschneiders Veit Henslini
fol. 188v: 1405, April 6 – Testament der Anna, Tochter des Procop Lang Nickel und Ehefrau des Sigmund Clementer. Edition: Mourek, S. 23 f.
fol. 189r: 1393, Oktober 18 – Testament des Hensl Eyban. Edition: Mourek, S. 16 f.
fol. 191v: 1415, April 15 – Testament des Peter von Lanckron und Greymel Sneyder, Altstädter Bürgern. Edition: Mourek, S. 28
fol. 192v: 1409, Juli 19 – Testament des Messerschmieds Hans Sachs. Edition. Mourek, S. 24 ff.
fol. 193v: 1414, Dezember 1 – Testament des Apothekers Ludweyg. Edition: Mourek, S. 27
fol. 194r-194v: 1390, November 27 – Testament des Heinrich Nass von Strassnycz. Edition: Mourek, S. 14 ff.
fol. 197r: 1418, Februar 20 – Testament des Johannes Künigswerder gen. Lancman. Edition: AČ 26, Nr. 1, S. 227. Mourek, S. 28-31
fol. 198r: 1418, November 8 – Testament des Andreas gen. Mraczek Pistor (Latein)
fol. 198r-198v: 1419, Juli 7 – Testament des Goldschmieds Heinrich von der Neissen. Edition: Mourek, S. 31 f.
Die Testamente sind damit auf ihre Art ein Beweis für die – trotz mancher politischer Umbrüche – weitestgehend deutschsprachige Dominanz in der Prager Altstadt vor Ausbruch der hussitischen Revolution. Zu den ethnisch-nationalen Verhältnissen vgl. hierzu grundlegend Mezník, sowie Šmahel, Die hussitische Revolution, hier Bd. 1, S. 305 ff. Im Unterschied hierzu besaß die Prager Neustadt seit ihrer Gründung 1348 durch Karl IV. einen vorwiegend tschechischen Charakter, wenngleich sich auch hier Deutsche in nicht unerheblicher Zahl niedergelassen hatten.

134 Zu Testamenten aus der Prager Neustadt mit Blick auf die Testierpraxis, fromme Vermächtnisse, Armenhilfe und soziale Schichtung der Testatoren jetzt grundlegend die Dissertation von Jíšová, Testamenty.

135 Vgl. Schwarz, II. Teil, S. 19-22.

willige Verfügungen überliefert, womit dieser Quellenkorpus im Vergleich zur Prager Agglomeration deutlich geringer ausfällt.[136] Die ältesten Testamente sind in lateinischer Sprache verfasst, im Jahre 1446 (also wesentlich später als in Prag) stoßen wir auf den ersten deutsch zu Papier gebrachten letzten Willen (*Testamentum Iohannis Stebler*)[137], Deutsch als Testiersprache setzt sich dann seit Beginn der sechziger Jahre des 15. Jahrhunderts nahezu ungehindert durch. Das älteste tschechischsprachige Testament stammt aus dem Jahre 1462[138], als die kinderlose Dorota, die Witwe des Bürgers Jakub Holub, in Anwesenheit zweier tschechischer und zweier deutscher Zeugen (darunter der Stadtschreiber Sigismund) ihren letzten Willen verkündete – insgesamt machen tschechischsprachige Testamente etwa zwei Prozent aus. *Summa summarum* sind aus dem Zeitraum 1410-1530 für Brünn, das zum Geltungsbereich süddeutscher Rechte gehörte, 251 Testamente überliefert.[139] Tabellarisch lässt sich dies wie folgt verdeutlichen[140]:

		A		**B**		**Gesamt**	
		Zahl	**%**	**Zahl**	**%**	**Zahl**	**%**
Männer		138	73	51	81	189	75
Frauen	Witwen	18	10	5	8	23	9
	Übrige	32	17	7	11	39	16
Insgesamt		188	100	63	100	251	100
%			75		25		100

A – Testamente ohne Legate an kirchliche Institutionen
B – Testamente mit Legaten an kirchliche Institutionen

Mittlerweile sind die Brünner Testamente aus dem Untersuchungszeitraum von Miroslav Flodr ediert worden.[141]

136 Erstmals auf den Gesamtbestand der Brünner Testamente aus den Jahren 1412-1783 hingewiesen hat 1902 Stoklaska. Neben der jetzt vorliegenden Edition der Brünner Bürgertestamente im *Liber memorialis* (Hdschr. Nr. 48) durch Miloslav Flodr ist auf mehrere Aufsätze zu verweisen, die speziellen Schwerpunkten dieser Quellengruppe gewidmet sind. Zu nennen ist hier vor allem die Studie von Tomáš Borovský, die sich den Legaten Brünner Bürger an kirchliche Institutionen in den Jahren 1410-1530 widmet. Ausgehend von der Tatsache, dass wir die ältesten (Grund-)Regeln der Testierpraxis bereits im sog. – auch in der Ausstellung in Kopie gezeigten – „Kleinen Privileg" König Wenzels I. für Brünn aus dem Jahre 1243 finden (u. a. gibt es hier die Bestimmungen, dass den Besitz eines verstorbenen Bürgers dessen Gemahlin/Witwe und die Kinder erben sollten bzw. dass auch Fremde in der Stadt testieren konnten), wird die Entwicklung des Testierrechts in der Stadt skizziert – bei Streitigkeiten sollten ein Vertreter des Rates und einer der klagenden Partei gemeinsam entscheiden! –, wobei die ältesten überlieferten Testamente in Brünn aus der ersten Hälfte des 14. Jahrhunderts stammen. Zu den Wurzeln der normativen Testierpraxis im Brünner Recht vgl. Flodr, Právní kniha, hier insbesondere S. 360-372. Zu den Grundsätzen der Testierpraxis jetzt auch Jordánková/Sulitková.

137 Vgl. Flodr, Pamětní kniha, 2010, Nr. 569, S. 222 f.

138 Ebenda, Nr. 662, S. 284 f.

139 Die in der Synopse genannte Zahl von 280 Testamenten bezieht sich auf den Zeitraum 1346-1550.

140 Zur Vorlage vgl. Borovský, „Zu der Ere Gots und meiner Sele zu Selikeit", hier S. 83.

141 Flodr, Pamětní kniha, 2005. Hierbei handelt es sich um die Handschrift Ms 39. Die meisten Testamente finden sich freilich in der Handschrift Ms 48. Vgl. hierzu Flodr, Pamětní kniha, 2010.

Ähnlich präsentiert sich die Situation im mittelmährischen *Olmütz*. Unter König Wenzel I. (um 1205-1253) erfolgte zwischen 1239 und 1248 die Lokation der Stadt zu Magdeburger Recht. 1352 bestätigte Markgraf Johann Heinrich von Mähren die Stellung von Olmütz als Oberhof für die Städte Magdeburger Rechtes in Mähren. Letzteres wurde erst um 1709 durch böhmisches Stadtrecht abgelöst. Im 1271 genannten Rat erscheinen fast ausschließlich Bürger mit deutschen Namen (in vorhussitischer Zeit ¾-Mehrheit). Aus Sachsen ist wohl die ansonsten in Böhmen und Mähren einzigartige Bestimmung übernommen, dass nur Deutsche in den Rat gewählt werden sollen. Erst für 1343 tritt uns in den Quellen der erste tschechische Ratsherr mit Namen Milota entgegen.[142] Für den Zeitraum 1416-1566 stehen annähernd 400 Testamente zur Verfügung, mehr als die Hälfte der letztwilligen Verfügungen wurde vor 1500 zunächst als Urkunde aufgesetzt und dann in verschiedene Stadtbücher übertragen.[143] Zwei letztwillige Verfügungen enthaltende Memorialbücher sind bislang ediert worden.[144] Die dominierenden deutschsprachigen Testamente Olmützer Bürger hat dabei Libuše Spáčilová in einer eigenständigen Monografie erfasst.[145] Fragen der Reflektion der Frömmigkeit in den Olmützer Testamenten haben sich zuletzt Martin Veselý und Anna Vrtálková gewidmet.[146] Eine besondere Bedeutung kommt den überlieferten Testamenten und Nachlassverzeichnissen von Geistlichen des Olmützer Domkapitels zu, die Petr Elbel für den Zeitraum 1300-1526 untersucht hat (fünf stammen aus den Jahren 1423-1471).[147]

Für das mährische *Znaim* wiederum liegen für den Zeitraum 1421-1513 insgesamt 270 letztwillige Verfügungen vor, die in einem speziellen Testamentsbuch verzeichnet sind.[148] Die königliche Stadt Znaim – 1226 durch König Přemysl Ottokar I. als solche privilegiert – lag an der Sprachgrenze, sodass von Beginn an Deutsche und Tschechen in der Stadt lebten, wobei im Rat für die Zeit 1285-1434 deutsche Namen überwiegen. 1278 erteilte König Rudolf von Habsburg Znaim das älteste Stadtrecht, 1307 bestätigte König Heinrich von Böhmen und Polen der Stadt ihre Rechte und gewährte ihr zugleich alle vergleichbaren Privilegien der Prager Altstadt, d. h. Znaim gehörte zum süddeutschen Rechtskreis. Bereits zu Beginn des 14. Jahrhunderts orientierte sich die Stadt dabei an den in Brünn[149] angewandten Rechtspraktiken. Mit Blick auf das Erb-

[142] Schwarz, II. Teil, S. 425 f.

[143] Konkret betrifft dies folgende Handschriften im Státní okresní archiv Olomouc – Fond archivu města Olomouce: Ms 166 (*Liber memorialis*) 1430-1492, Ms 164 (*Liber secundus civitatis Olumucensis*) 1424-ca. 1480, Ms 7 (*Liber antiquus contractuum et testamentorum*) 1495-1534 sowie Ms 65 (*Liber debitorum et testamentorum*) 1495-1534. Aus der Zeit um 1500 kommt noch ein Ensemble von Originaltestamenten in den Fragmenten der Registraturen (Inv.-Nr. 4037, Karton 137) hinzu. Ein eigenständiges Testamentsbuch wurde erst 1511 angelegt.

[144] Vgl. Spáčil, sowie Spáčilová/Spáčil. Allein in letzterem Memorialbuch sind 143 Testamente enthalten.

[145] Vgl. Spáčilová.

[146] Veselý, sowie Vrtálková. Des Weiteren vgl. Elbel, Zbožné odkazy. Elbel verweist hier auf die Tatsache, dass sich für den Zeitraum 1421-1510 insgesamt 250 Testamente in den Stadtbüchern sowie den Fragmenten der Registraturen des Stadtarchivs Olmütz finden lassen, was im Durchschnitt nicht einmal drei *per anno* verfassten letztwilligen Verfügungen entspricht. Angesichts der Tatsache, dass die Einwohnerzahl der mittelmährischen Bischofsstadt bei etwa 6000 Personen lag, würde dies einer jährlichen Sterberate von 300 Personen entsprechen, darunter mindestens 60 testierfähige Steuerzahler (ebenda, S. 253).

[147] Vgl. Elbel, Testamenty olomouckého kapitulního. Des Weiteren ders., Testament.

[148] Vgl. Malaníková.

[149] Ebenda.

recht kommt zahlreichen landesherrlichen Konfirmationen entscheidende Bedeutung zu – Markgraf Johann Heinrich von Luxemburg beispielsweise bestätigte den Znaimern 1360 das ungehinderte Testieren mit verliehenem Besitz.[150]

Aus dem südmährischen *Iglau* wurden in die vorliegende Edition ausschließlich Testamente aufgenommen, die Kuttenberger katholische Deutsche nach ihrer Flucht aus der böhmischen Bergstadt als Folge der hussitischen Eroberung 1422 im Exil verfassten. In die um 1245 auf Initiative des böhmischen Königs Wenzel I. angelegte, an ältere Vorgängersiedlungen anknüpfende und zügig ausgebaute, von den Silberfunden in der Umgebung profitierende Stadt strömten Bergleute vor allem aus Sachsen und Handwerker aus Bayern, sodass in der Bevölkerung und im Rat rasch Deutsche dominierten, die in der hussitischen Revolution dem katholischen Glauben treu blieben. Im sog. „Iglauer Stadtbuch“ III finden sich insgesamt 65 Einträge aus dem Zeitraum 1421-1437, die Kuttenberger Bürger betreffen.[151] Für Iglau und seine Bürger bzw. Einwohner selbst besitzt darüber das Stadtbuch A V (Gerichtsbuch 1473-1514) große Bedeutung, da es 509 in deutscher und lateinischer Sprache verfasste letztwillige Verfügungen enthält, die einleitend in einem Sachregister alphabetisch aufgeführt sind. Innerhalb der „Bibliothek des schriftlichen Welterbes“ steht diese Quelle in digitalisierter Form zur Verfügung.[152]

Eine gewisse Sonderrolle nimmt die böhmische Bergstadt *Kuttenberg* ein, wobei die Anfänge der Testierfreiheit in der 1310 als „civitas“ quellenmäßig erwähnten und 1318 erstmals als königliche Stadt bezeichneten „Silberschatztruhe“ des Königreichs Böhmen in die vorhussitische Zeit zurückreichen.[153] Die städtische Führungsschicht, anfänglich überwiegend deutsch, war bis zum Mai 1421, als sich Kuttenberg den Prager Truppen ergeben musste, antihussitisch eingestellt, was letztlich zur Vertreibung der Katholiken sowie zu einer sozialen, nationalen und religiösen Umschichtung der Einwohnerschaft führte und sich u. a. auch in den wenigen aus dieser Zeit erhaltenen Testamenten widerspiegelt. Lediglich drei letztwillige Verfügungen in tschechischer Sprache haben sich im *Liber hereditatum antiquus* (1424-1501) erhalten, und zwar aus dem Zeitraum 1428-1435. Ein Teil der geflohenen deutschen Bürger fand, u. a. über wohl bestehende Geschäftsbeziehungen, Zuflucht in Mähren, speziell in Iglau.[154] Manche Exulanten kehrten nach dem Ende der Hussitenkriege in ihre zerstörte Heimatstadt zurück.[155] Die Quellensituation beginnt sich seit den sechziger Jahren zu verbessern. Das Staatliche Bezirksarchiv Kuttenberg bewahrt mit dem *Registrum rubeum parvum*

---

150 Vgl. Tlapáková, S. 19. Auch die Znaimer Testamente können mit Blick auf eine soziale Verortung der Testierer mit Steuerregistern verglichen werden. Vgl. hierzu Polesný.

151 Vgl. Kejř, S. 147.

152 Online abrufbar unter http://v2.manuscriptorium.com/apps/main/index.php?request=show_tei_digidoc&docId=rec1297174264_6&client= (06.09.2017).

153 Bisingerová/Vaněk. Zur Frömmigkeit im spätmittelalterlichen Kuttenberg auch mit Blick auf Testamente in vorhussitischer Zeit vgl. Vaněk.

154 Zu diesem Aspekt zuletzt auch Borovský, Kutná Hora, S. 17-36. Der Autor, der hypothetisch die Zahl der geflohenen Kuttenberger auf 600-750 schätzt, was einen Gesamtanteil von 7,5-9,4 % der vermutlich etwa 8000 Personen umfassenden Einwohnerzahl der Stadt ausmacht, hat bei seinen Untersuchungen insgesamt 25 Städte unterschiedlicher Größe ermittelt, in denen Kuttenberger zumindest vorübergehend Exil fanden. Die Orte mit den meisten Personen waren dabei Iglau (92), Brünn (10) und Wien (10). Vgl. ebenda, S. 36.

155 Vgl. Kejř, S. 149.

(1462-1478), dem *Registrum flaveum minus* (1480-1494) sowie dem ersten – erhaltenen – selbständigen Testamentsbuch (1488-1544) gleich drei Stadtbücher auf, die 115, 54 bzw. 449 Testamente Kuttenberger Bürger – einschließlich geistlicher Personen, Stollen- und Münzschreiber bis hin zu in der Stadt niedergelassenen Kleinadeligen – enthalten. Hinzu kommen fünf letztwillige Verfügungen aus dem *Liber memoriabilium* 1495-1515. Siegelurkunden, deren Text nachfolgend einen Eintrag im Stadtbuch fand, tauchen erst im 16. Jahrhundert auf.

Für das 1260 durch Přemysl Ottokar II. zur Königsstadt erhobene und unweit von Kuttenberg gelegene *Tschaslau* (Čáslav) – hier tagte 1421 der hussitische Landtag, der die Vier Prager Artikel bestätigte – erweist sich die Quellenüberlieferung als weitaus bescheidener, was nicht zuletzt der Situation geschuldet ist, dass beim großen Brand von 1522 nahezu die gesamte Schriftagenda verloren ging. Lediglich ein Stadtbuch ist überliefert: der heute in Kuttenberg aufbewahrte *Liber manualis*, der den Zeitraum 1497-1501 erfasst und lediglich zehn Testamente enthält. Erst 1552 erfolgte die Einrichtung eines eigenständigen Testamentsbuches.[156]

Die Überlieferungssituation für das westböhmische *Pilsen* (Plzeň) darf demgegenüber als befriedigend bezeichnet werden, auch wenn die Zahl der überlieferten Testamente mit 211 insgesamt scheinbar bescheiden ausfällt, zumal damit nur ein kleiner Teil der städtischen Bevölkerung *quasi* als Ausschnitt präsentiert wird.[157] Zur Verfügung stehen hier sowohl einige Siegelurkunden als auch Einträge in verschiedene Stadtbücher aus dem Untersuchungszeitraum. Darüber hinaus ist die weitaus größte Zahl an Testamenten durch den Pilsener Mittelschulprofessor, Historiker und Stadtarchivar Josef Strnad (1852-1930) in einer Edition bereits vor dem Ersten Weltkrieg zugänglich gemacht worden.[158] Mit mehr als 3500 Einwohnern zählte die westböhmische Handelsmetropole, 1295 von Wenzel II. als königliche Siedlung mit regelmäßigem Grundriss und ummauert als Neu-Pilsen neun Kilometer von einer älteren Vorgängersiedlung entfernt durch den Lokator Heinrich gegründet, zu den größeren Städten Böhmens. Die Bürger der Gründungsstadt waren, wie die Ratszusammensetzung zeigt, deutsch, seit dem letzten Drittel des 14. Jahrhunderts mehren sich allerdings tschechische Namen und seit 1379 dominieren diese dauerhaft. Pilsen blieb – bis auf einen kurzen Abschnitt am Beginn der revolutionären Phase des Hussitismus 1419/20 – fest dem katholischen Glauben verhaftet.[159] Im Hinblick auf die Rechtsprechung orientierte sich Pilsen an der Prager Altstadt, auf Pilsen wiederum beriefen sich Städte wie Tepl (Teplá) und Plan (Planá). Folglich galten für die Testamentserrichtung ähnliche Vorschriften wie in Prag, allerdings gaben in Pilsen der Bürgermeister bzw. der königliche Richter sowie zwei beisitzende Schöffen die Kodifizierung der letztwilligen Verfügungen des Erblassers bekannt. Zunächst als Urkunde verfasst, fand das Testament später seinen Eintrag im Stadt- oder aber in einem speziellen Testamentsbuch. Zu verweisen ist hier auf Ms 22 468 (Privilegien- und Testamentsbuch 1319/1420-1476) sowie das eigenständige Testamentsbuch Ms 223 (1468-

156 Bisingerová/Vaněk, S. 218 f.

157 Zur Geschichte der Stadt Pilsen in Mittelalter und früher Neuzeit vgl. jetzt auch Douša/Malivánková-Wasková.

158 Strnad. Zum Pilsener Quellenmaterial unter inhaltlichen Aspekten (Seelgerätschaften, Stiftungen *ad pias causas* etc.) grundlegend Klassen, Gifts; des Weiteren ders., Warring Maidens.

159 Vgl. Karlová.

1565), in denen sich die meisten letztwilligen Verfügungen finden, aber auch auf Ms 212 (*Liber emptionum et venditionum* 1459-1532). Hinzu kommen in Urkundenform im Stadtarchiv Pilsen aufbewahrte Testamente in tschechischer Sprache.[160]

Für *Sobieslau* (Soběslav) liegen 56 Testamente aus dem Zeitraum 1455-1523 vor, 32 letztwillige Verfügungen stammen dabei aus der Zeit vor 1500. Der erstmals 1293 als Besitz der südböhmischen Herren von Rosenberg erwähnte und unweit von Tábor gelegene Ort erhielt 1390 Stadtrecht und wurde als Untertanenstadt von seinen Besitzern wiederholt privilegiert, in den Hussitenkriegen freilich zweimal niedergebrannt. Sobieslau verblieb bis 1611 im Besitz der Rosenberger. Das uneingeschränkte Recht freier Verfügung ihres Besitzes hatten die Bürger bereits im Zuge der Erhebung zur Stadt erhalten, an der Spitze der Erben standen bei Testamentserrichtung stets die nächsten Verwandten, lediglich der Besitz bei geflohenen Mördern fiel an die herrschaftliche Obrigkeit. Die mit dem Stadtsiegel versehenen Testamente wurden vom Stadtschreiber im Beisein des Bürgermeisters, mindestens zwei Schöffen sowie des Stadtrichters als Siegelurkunde ausgefertigt und auf dem Rathaus hinterlegt. Zumeist werden darüber hinaus weitere Zeugen genannt. Die Testamente sind ausschließlich in tschechischer Sprache verfasst, sie stehen außerdem ediert der Forschung zur Verfügung.[161]

Für *Melnik* (Mělník) steht für die Jahre 1491-1536 das sog. „registrum kšaftovní" zur Verfügung, das im Staatlichen Bezirksarchiv Melnik aufbewahrt wird.[162] Die 1274 von König Přemysl Ottokar II. gegründete und nach Magdeburger Recht organisierte Stadt erhielt im 14. Jahrhundert, als neben ursprünglich ausschließlich deutschen auch tschechische Namen im Rat erscheinen, durch Karl IV. zahlreiche Privilegien; 1374 gehörte sie zu jenen 25 königlichen Städten, die das Recht des freien Testierens nach den Grundsätzen der Prager Altstadt erhielten. Anfänglich erfolgte die Testamentserrichtung wohl in Form einer Urkundenausfertigung, deren Text in nicht mehr erhaltene Stadtbücher übertragen wurde. Das erwähnte Testamentsregister der böhmischen Leibgedingestadt, in der zahlreiche böhmische Königinnen (unter ihnen Barbara von Cilli) ihren Witwensitz nahmen, enthält ausschließlich tschechische Einträge, wobei das Gros der Testamente aus der Zeit nach 1500 stammt (insgesamt 159 Testamente – 100 von Männern, 59 von Frauen).[163]

Der Forschungsstand für weitere, in die vorliegende Edition aufgenommene Städte erweist sich bezüglich der überlieferten Testamente als noch mitunter ungenügend fortgeschritten, sodass quantifizierende Aussagen *de facto* nicht möglich sind. Dies gilt u. a. für das nordböhmische, 1249 erstmals als königliche Stadt erwähnte und nach Magdeburger Recht ausgesetzte *Aussig* (Ústí nad Labem). Karl IV. hatte den Bürgern der Stadt 1372 das gleiche Erbrecht verliehen, wie bereits die Bürger der Prager Altstadt besaßen.[164] Am gleichen Tage gewährte der Luxemburger den Aussiger Bürgern

---

160 Eine Übersicht nicht allein für Pilsen in Beneš/Beránek.

161 Vgl. Hradilová (hier auch weitere Literaturhinweise). Zum Sobieslauer Quellenbestand an Testamenten jetzt auch Vandrovcová. Eine genaues Verzeichnis der Testamente aus dem Untersuchungszeitraum auf S. 61-64. Online abrufbar unter https://is.cuni.cz/webapps/zzp/download/120078276 (06.09.2017).

162 Vgl. hierzu Kilián.

163 Ebenda, S. 235 f.

164 Vgl. Hieke/Hořička, S. 46, Nr. 80. Dem kaiserlichen Mandat zufolge sollte bei Abgang direkter Nachkommen das gesamte Vermögen „*intra et extra civitatem Ausk*" an die nächsten Verwandten fallen.

und anderen Bewohnern der Stadt (*cives et incole, fideles nostri*) in einem weiteren Privileg das Recht, ihr Vermögen an weltliche Personen nach freiem Willen zu veräußern oder zu vererben.[165] Im Stadtarchiv liegt mit dem *Liber civitatis* (Ms I, Inv.-Nr. 470) eine Quelle vor, in der sich auch der Charakter Aussigs als Sprachgrenzstadt widerspiegelt: Bis in die 1390er Jahre des 14. Jahrhunderts finden sich im Rat fast ausschließlich deutsche Namen, erst in der zweiten Hälfte des 15. Jahrhunderts lässt sich hier ein tschechisches Übergewicht konstatieren.[166] Den in ethnisch-nationaler Hinsicht vorherrschenden Mischcharakter der Stadt reflektiert auch das im Jahre 1500 verfasste Testament des Aussiger Bürgermeisters Johann Pasca (Nr. 199), das in tschechischer Sprache eingeleitet wird, während der eigentliche Text in Deutsch abgefasst ist.

Für das nordwestböhmische *Saaz* (Žatec) liegt lediglich ein 1383 einsetzendes Memorialbuch vor, das heute im Archiv Laun (Louny) aufbewahrt wird und bereits 1892 von dem deutschböhmischen Historiker Ludwig Schlesinger (1838-1899) unter dem Titel *Das Urkundenbuch der Stadt Saaz bis zum Jahre 1526* ediert wurde.[167] Es enthält 53 Testamente oder mit der Errichtung, Eintragung sowie Umsetzung letztwilliger Verfügungen verbundene Rechtshandlungen (Konfirmierung durch den Rat, Schiedssprüche, Nachlassverzeichnisse, Schenkungen und Durchführungsbestimmungen), wobei die Überlieferung fragmentarisch bleibt. Auch in Saaz wurden Testamente zunächst in Urkundenform errichtet und nachfolgend in ein Stadtbuch übertragen. 1372 hatte Karl IV. der 1248 erstmals als „civitas“ erwähnten und dem Nürnberger Rechtskreis zugehörigen Stadt das freie Verfügungsrecht über ihr Eigentum gewährt und für Todesfälle ohne Testament die Erbfolge nach den in der Altstadt Prag geltenden Bestimmungen geregelt.[168] Auf Anfrage des Saazer Rates erteilte zudem der Rat der Prager Altstadt 1387 eine Rechtsbelehrung über die Form der Testamente in tschechischer Sprache, wenngleich im Rat des Adressaten fast ausschließlich Deutsche saßen und erst im 15. Jahrhundert eine politisch-administrative Umschichtung einsetzte, die neben anderen Ursachen mit dazu beigetragen haben mag, dass große Teile der Bevölkerung zum Hussitismus übertraten.[169]

Für die eine Sonderstellung einnehmende Stadt *Eger* (Cheb) – im Mittelalter bedeutendes Handelszentrum und viertgrößte Stadt der Böhmischen Krone sowie Zentrum

---

165 Ebenda, S. 46, Nr. 81. Im Quellenbuch der Stadt Aussig finden sich für die Jahre 1473-1500 einige wenige Beispiele für testamentarische Verfügungen in deutscher, lateinischer und tschechischer Sprache. Vgl. exemplarisch die Bestimmungen einer gewissen Katharina, die 1475 der Aussiger Kirche ihr gesamtes Vermögen bis auf 50 Schock Groschen, die ihr Gemahl Urban erhalten soll, vermacht (ebenda, S. 126, Nr. 274). In allen überlieferten Bestimmungen stehen Legate an kirchliche Institutionen in der Stadt an erster Stelle.

166 Vgl. Schwarz, I. Teil, S. 229.

167 Zur Situation in Saaz kurz Hrubá. Das Urkundenbuch ist online abrufbar unter http://147.231.53.91/src/index.php?s=v&cat=18&bookid=151 (06.09.2017).

168 Vgl. Schlesinger, Urkundenbuch, S. 37.

169 Vgl. ebenda, S. 69 f. Konkret ging es um einen Fall, in dem ein Testierer vor zwei Schöffen und einem Bürger der Gemeinde auf dem Sterbebett seinen letzten Willen errichtet hatte. Das Testament war innerhalb von acht Tagen im Rat verlesen und die Urkunde besiegelt worden. Freilich kannte die Witwe des in der Zwischenzeit verstorbenen Testierers den Inhalt nicht und hatte verlangt, zuerst den Inhalt des Notariatsinstruments vorgelesen zu bekommen, bevor die Urkunde petschiert wurde, was die Freunde des Testierers so ablehnten. Die Prager antworteten und sprachen Recht, indem sie bestätigten, dass zuerst die Urkunde gesiegelt und dann von der Frau verlesen werden solle. Vgl. ebenda, S. 69 f. Online abrufbar unter http://147.231.53.91/src/index.php?s=v&cat=18&bookid=151&page=80 (06.09.2017).

eines eigenen Rechtskreises, der sich an das Nürnberger Recht anlehnte – liegen aus dem Staatlichen Bezirksarchiv elf pergamentene Testamente als Siegelurkunden vor (neben einer Vielzahl letztwilliger Verfügungen auf Papier), die den Zeitraum 1419-1433 umfassen und die in der Stadt geltende Testierpraxis reflektieren.[170] Der Bestand an Testamenten in Gestalt der Siegelurkunden – ein eigenes Testamentsbuch wurde offenkundig nicht angelegt – ist bislang noch nicht systematisch erfasst worden. Die letztwilligen Verfügungen zeigen die besondere Stellung der Stadt sowie die Außenbeziehungen ihrer Bürger zu den benachbarten weltlichen und geistlichen Obrigkeiten.[171] Die Stadt Eger, Zentrum der 1218 als „Provincia Egrensis" bezeichneten Region, erlangte bereits unter den Staufern große strategische Bedeutung. 1203 erscheint Eger erstmals als Stadt, rasch bildete sich eine eigene, von den ansässigen Deutschen beherrschte Stadtverwaltung heraus. 1277 wird Eger als „civitas imperii" bezeichnet. 1322 gewann König Johann von Luxemburg von Kaiser Ludwig dem Bayern das Egerland als ständige Reichspfandschaft für die böhmische Krone, die Stadt selbst stieg früh zu einem Stadtstaat auf, was auch in den inhaltlichen Bestimmungen der ausschließlich in Deutsch verfassten Testamente seinen Niederschlag findet.

Für das unweit von Komotau (Chomutov) zwischen den Duppauer Bergen und dem Erzgebirge gelegene, 1183 erstmals erwähnte und vor 1261 durch Přemysl Ottokar II. zur königlichen Stadt erhobene *Kaaden* (Kadaň), vornehmlich von sächsischen und fränkischen Kolonisten besiedelt, steht – nach der Vernichtung der Stadtbücher am Beginn der hussitischen Revolution 1421 – als Quelle das sog. „vierte Marktbuch" für die Jahre 1465-1517 zur Verfügung, das u. a. zahlreiche Testamente enthält, während ein eigentliches Testamentsbuch erst 1516 einsetzt.[172] Petr Rak hat bereits vor fast zwei Jahrzehnten für die Zeitspanne 1465-1603 1590 Testamente ermittelt (davon 382 für die Jahre 1465-1502) und dabei in Sonderheit auch die testamentarische Praxis in Kaaden im Untersuchungszeitraum genau beleuchtet.[173] Die Zahl der für Kaaden im gesamten Betrachtungszeitraum überlieferten Testamente gehört zu den höchsten in ganz Böhmen, auch wenn diese auf der anderen Seite lediglich die Hälfte bis ein Drittel aller in der Stadt getätigten Hinterlassenschaftsübertragungen der Liegenschaften erfassen. Lediglich fünf Prozent der Testamente machen dabei selbständige Urkunden aus, die Masse wurde hingegen aus einer schriftlichen Manualvorlage (Konzeptvorlage) abgeschrieben, die der Notar in Anwesenheit zweier Zeugen – anfänglich Angehörige des Rates, später auch andere Bürger der Stadt – angefertigt hatte.[174]

In der um 1250 gegründeten und wohl von sächsischen Kolonisten besiedelten königlichen Stadt *Laun* (Louny) wurden mitunter als Siegelurkunden erhaltene Testamente (vgl. Nr. 26) sowie mit Besitzübertragungen zusammenhängende Quellen nach Vorsprache vor dem Stadtgericht in die überlieferten Gerichtsbücher übertragen, wobei

---

170 Vgl. Siegl.

171 Zur Rolle Egers in der Hussitenzeit vgl. Kubů, Cheb; ders., Chebský městský stát.

172 Státní okresní archiv Kadaň – archiv města Kadaně, Inv.-Nr. 626, Buch 567a (1465-1522).

173 Vgl. Rak.

174 Bis 1550 blieb die Formulierung der Büchereintragung des Testaments fest. Sie bestand aus dem protokollarischen Vermerk über die Ausfertigung des Testaments, aus dem Verzeichnis der Zeugen, der Datierung der Ausfertigung, der Disposition, der Datierung der Einlage und dem Verzeichnis der Vormünder. Vgl. ebenda, S. 105.

hier weitere Forschungen Klarheit hinsichtlich des genauen – auch zeitlichen – Vorgehens schaffen müssen.[175] Zwar sind für Laun etwa 550 Testamente überliefert, die ältesten stammen aus dem ausgehenden 15. Jahrhundert, doch erst nach 1500 setzt eine kontinuierliche Überlieferung ein.[176] Als wesentlich günstiger erweist sich die Situation für das mittelböhmische *Chrudim*, früh ein Handwerks- und Marktzentrum, das König Přemysl Ottokar II. zwischen 1250-1276 unter Beteiligung eines Lokators rechtlich zur Stadt erhob, die Anfang des 14. Jahrhunderts den Status einer Leibgedingestadt böhmischer Königinnen erhielt und sich nach 1419 zu einem bedeutenden militärischen und politischen Zentrum der Hussiten entwickelte. 230 tschechischsprachige Testamente liegen hier aus der Zeit zwischen 1440-1504 vor[177], sie fanden einen entsprechenden Eintrag in ein Stadtbuch.[178]

Nicht systematisch erfasst sind bislang die aus *Budweis* (České Budějovice) – als königliche Stadt planmäßig nach 1250 zur Eindämmung der Macht der südböhmischen Witigonen mit einem königlichen Erbrichter und einem vorwiegend deutschen Patriziat an der Spitze der Verwaltung gegründet – stammenden und als Siegelurkunden überlieferten Testamente, die im Verzeichnis der in tschechischer Sprache verfassten Urkunden und Briefe als Regesten Aufnahme gefunden haben.[179] Hier konnten 20 derartige letztwillige Verfügungen ermittelt werden, die im Staatlichen Bezirksarchiv Budweis aufbewahrt werden. Das „Verzeichnis der tschechisch verfassten Urkunden und Briefe bis 1526" bildete denn auch die entscheidende Orientierungshilfe, um tschechischsprachige Testamente in Gestalt von Siegelurkunden aus anderen Archiven zu erfassen und in die vorliegende Edition mit aufzunehmen. Dies gilt für

175 Vgl. Hrubá (wie Anm. 167), S. 32.

176 Ebenda, S. 32 f. Nur indirekt wiederum lassen sich die Verhältnisse im nordböhmischen Brüx – nach 1227 unweit einer älteren Marktsiedlung durch König Wenzel I. unter Hinzuziehung sächsischer Kolonisten gegründet – rekonstruieren, zumal das Gerichtsbuch 1419-1487 zu den Deperdita gehört, vgl. Nový, S. 119. 1371 hatte Karl IV. in einem Mandat bestimmt, die Güter der verstorbenen Brüxer sollten ausschließlich an die nächsten Blutsverwandten fallen (Schlesinger, Stadtbuch von Brüx, S. 43). Im darauffolgenden Jahr gewährte der Kaiser den Brüxern zudem die vollkommene Freiheit in der Verfügung über ihre Güter. Bei Todesfällen ohne Testament sollte das Erbe an die nächsten Verwandten fallen, und zwar entsprechend jenen Bestimmungen, wie sie in der Prager Altstadt galten (ebenda, S. 44). 1416 schließlich bestimmte Wenzel IV. in einer umfangreichen deutschsprachigen Urkunde u. a.: „*Czum ersten so seczen und wollen wir, das noch tode und abgange einer iglichen frawen in der egenanten unser stat czu Bruchs gesessen und wonhaftig alle gerad und alles das, das sich zu gerade cziehen mage und dorczu gehoret, wie man das mit sunderlichen worten benennen mage, kumen und gefallen so an iren eelichen man* [...]." Des Weiteren wird verfügt, dass keine Frau in ihrem Sterbebett etwas ohne Wissen ihres Gemahls verfügen solle. Witwen erhielten ihre im Stadtbuch verzeichnete Morgengabe bzw. ein Drittel des Erbes. Dem schließen sich umfangreiche Regelungen für verschiedene Szenarien an (Kinder, Jungen und Mädchen, Freunde etc.), vgl. ebenda, S. 71 f.

177 Vgl. Košarová.

178 Státní okresní archiv Chrudim – archiv města Chrudim: Liber contractum 1439-1505, Inv.-Nr. 360. Michaela Kosařová verweist in ihrer Arbeit auf die Tatsache, dass sich in Chrudim im Untersuchungszeitraum mit Blick auf die Art der Testamentserrichtung mündlich in Anwesenheit von Zeugen verkündete, als Urkunde durch einen Schreiber bzw. Notar verfasste sowie vor dem Rat (städtisches Gericht) verlesene Testamente (insgesamt 160) finden. Vgl. Košarová, S. 48 f. Der Verfasser dankt Herrn Mgr. Petr Boček und Herrn Mgr. David Novotný, PhD, für wertvolle Hinweise.

179 Vgl. Beneš/Beránek.

- zwei Siegelurkunden aus Horažďowitz (Horažďovice) (Staatliches Bezirksarchiv Klattau)[180],
- drei Siegelurkunden aus Wodnian (Vodňany) (Staatliches Bezirksarchiv Strakonitz)[181],
- drei Siegelurkunden aus Krumau (Český Krumlov) (Staatliches Bezirksarchiv Krumau; Staatliches Gebietsarchiv Wittingau)[182] sowie
- sechs (acht) Siegelurkunden aus Schlan (Slaný) (Staatliches Bezirksarchiv Kladno)[183].

Hinzu kommen noch ein Testamentseintrag im Graupener Gerichtsbuch von 1479[184] sowie drei Einträge im Testamentsbuch der Stadt Böhmisch Brod 1444-1597[185]. Insgesamt bietet sich somit ein sehr differenziertes Bild hinsichtlich des Überlieferungsstandes – und dies in einer von unterschiedlichen Einflüssen (Rechtskreisen) geprägten Testierlandschaft, die politisch, sozial-religiös, ethnisch-national und kulturell-mental einen grundlegenden, mit der hussitischen Revolution verbundenen Wandel im 15. Jahrhundert erlebte.

Editionsgrundsätze

Eine grundlegende Orientierung für die Transkription spätmittelalterlicher Texte bieten in unserem Falle die Edition des Pressburger Protocollum Testamentorum[186] und des Korneuburger Stadtbuches[187] für vorliegende deutschsprachige Editionen, während auf tschechischer Seite die entsprechenden Anmerkungen in der Edition des ältesten Prager Stadtbuches sowie des Olmützer Memorialbuches (Codex des Wenzel von Iglau)

180 Die 1251 erstmals urkundlich belegte Stadt im Südwesten Böhmens fiel nach 1409 an die Herren von Neuhaus und Welhartitz und später (ab 1477) an die Herren Schwihau von Riesenburg, die sich um den wirtschaftlichen Aufschwung verdient machten und mehrfach privilegierten (u. a. 1497 Erbrecht und freies Umzugsrecht für alle Einwohner).

181 Wodnian, in der zweiten Hälfte des 13. Jahrhunderts als königliches Bollwerk gegen die Rosenberger angelegt und 1336 durch Johann von Luxemburg zur Stadt erhoben, profitierte lange Zeit als Durchgangsort wichtiger Handelsstraßen von seiner günstigen Lage.

182 (Böhmisch) Krumau, das nach 1240 unterhalb der gleichnamigen Burg der Herren von Rosenberg an einer Flussschleife der oberen Moldau durch Kolonisten aus Österreich und Bayern entstand, wurde administrativ früh durch einen deutschen Rat geprägt und erlebte als Residenz, lokales Marktzentrum und Transitort im Fernhandel bald eine Blüte, wobei sich in der Stadt zahlreiche kirchliche Orden niederließen, die in den Legaten Krumauer Bürger eine wichtige Rolle spielen. Der deutsche Bevölkerungsanteil sank im 15. Jahrhundert rasch, 1439 wurden in der katholischen Stadt ein deutscher und ein tschechischer Prediger ernannt.

183 1305 wurde der mittelböhmische Marktort durch König Wenzel II. zur Stadt erhoben, die in der hussitischen Revolution ein bedeutendes Zentrum der Prager und Taboriten verkörperte.

184 Státní okresní Archiv Teplice – Archiv horního města Krupka, Ms 119, fol. 316r. Innerhalb des von August Müller edierten Quellen- und Urkundenbuches des Bezirkes Teplitz-Schönau (Prag 1929) finden sich in dessen zweitem Teil, der Stadt und Herrschaft Graupen betrifft, drei weitere Testamente aus dem Zeitraum 1444-1485 sowie ein Seelgerät. Vgl. ebenda, S. 222, Nr. 462 (1444, Hanusch Glatczen), S. 243, Nr. 541 (1474, Ursula Kölblin) sowie S. 285, Nr. 658 (1485, Jörg Glatczen).

185 Státní okresní archiv Kolín – Archiv města Český Brod, Liber testamentorum 1444-1597, Ms III/2. Aufgenommen wurde in die Edition freilich nur ein Testament (Nr. 144).

186 Vgl. Majorossy/Szende, Teil 2, S. 10-13. Diese wiederum orientieren sich an der Edition der Wiener Stadtbücher.

187 Holzner-Tobisch, S. 68-70.

herangezogen werden können.[188] Angestrebt wurde für die vorliegende Edition böhmischer Bürgertestamente ein Höchstmaß an buchstabengetreuer Wiedergabe der lateinischen, deutschen und tschechischen Originalquellen. Das bedeutet beispielsweise, dass die im Tschechischen auf den ersten Blick verwirrende Zusammenschreibung wie *bezodpory anesnazye wsselikaky*, *pogiegiem stawu* oder *ywesskeren statek* beibehalten wurde, zumal sich für den Benutzer der tschechischen Vorlage jeweils eine deutsche Übersetzung anschließt, die kursiv gekennzeichnet ist.

Beibehalten wurden auch Abkürzungen, etwa bei der Angabe von Währungen wie Groschen oder Gulden oder bei Datumsangaben (z. B. a. d. für anno domini oder fer. V. für feria quinta oder ante festum s[ancti]. Galli). Zahlen werden der Vorlage gemäß übernommen – entweder ausgeschrieben (z. B. *geden pancierz*) oder als römische Zahlen (z. B. *vij mis czinowych welikych*). Sofern das Testament nicht vollständig überliefert ist, was insbesondere etwa für von Teige in seiner Edition Prager Quellen aufgenommene Testamente gilt, die nicht mehr als Original oder Abschrift erhalten sind, werden fehlende Satzteile mit eckigen Klammern und darin mit Punkten gekennzeichnet.

Die Großschreibung beschränkt sich auf den Satzanfang sowie Personen- und Ortsnamen, des Weiteren Ausdrücke, die Ortsnamen enthalten (z. B. *Achfart*, *Romfart*), Namen von Heiligen, kirchliche Institutionen oder Festtage. Klein geschrieben sind hingegen sämtliche Berufsbezeichnungen. Die Interpunktion orientiert sich an der modernen Praxis, wobei versucht wurde, eine subjektive Interpretation des Textes gering zu halten. Bei der näheren Bestimmung von Namen durch Bezüge zu anderen Personen oder Institutionen werden in der Edition Beistriche vor bzw. nach dem Namen gesetzt, z. B. *die ich dem Jacobo, meinem son, geschrieben geben hab*, *Hannusco von Laczan, meinen oheim, vnd den Andres, meinen son*, oder *Janowi, sinu memu milemu, ku poziwani, mieti a k diedicznemu drzeni*. Die gilt auch für Aufzählungen. Vokalbuchstaben wie ü oder ö werden als ue bzw. oe wiedergegeben. Bei Unleserlichkeit des Originals wurde ein Fragezeichen in Klammern eingefügt bzw. „unleserlich" oder „nicht entzifferbar". Beispiel: Item die drey morgen ackers gelegen bey den siben morgen Freytag ... [*beschädigt, nicht entzifferbar*!].

Die Datierung erfolgt immer nach der Vorlage. In den Kopfregesten der einzelnen Testamente findet sich das aufgelöste und nach Grotefend ermittelte Datum des verzeichneten letzten Willens in Fettdruck (z. B. **1418, Februar 20**). Der Regestentext selbst vor dem eigentlichen letzten Willen nennt den Namen des Testierers sowie wichtige Einzel- oder Besonderheiten des jeweiligen Testaments. Es folgen der Aufbewahrungsort des letzten Willens (Archivname) mit dem Namen der Handschrift sowie der Folienangabe. In Kurzform folgt, soweit möglich, der Hinweis auf die Edition des Testaments. Dazu ein Beispiel[189]:

---

[188] Vgl. Pátková, Liber vetustissimus, S. 211 f., sowie Spáčilová/Spáčil, S. 55 ff. Zu Richtlinien für die Herausgabe älterer tschechischer Texte vgl. darüber hinaus Daňhelka. Zur Herausgabe lateinischer Texte tschechischer Provenienz wiederum vgl. Vidmanová.

[189] Der Autor hat erst nach Fertigstellung der Edition vom Bestand an letztwilligen Verfügungen im Staatlichen Bezirksarchiv Kenntnis erhalten und die im Internet zugängliche Arbeit von Michaela Kosařová gelesen (vgl. Anm. 97). Das hier zusätzlich präsentierte Beispieltestament weist einige Besonderheiten auf und weicht

[1478][190]
Der Bürger Jan Hlinský vermacht der Stadt Chrudim einen Kelch und verbindet mit diesem Legat konkrete Forderungen hinsichtlich Aufbewahrung und Verwendung desselben.
Staatliches Bezirksarchiv Chrudim, Hdschr. 362 (Liber Contractuum I), fol. 297r-v.

Ja, Jan Hlinsky, kalich swuoy wlastni, ktery mam y spatenu strziebrny a pozlaceny, ten dawam swu dobru swobodni woli do miesta Chrudimie na prziekaz ke czti pav Bohu y geo mile matky pan[n]y Marige y wssie[m] swatym. A take ke czti panom y wssij obczi miesta Chrudimie takto gey mocznie dawam a poruczym k winu zadussy nynie y na budiczi czsy, nez pro zachowanie w kalicha takowym to rzadem toho zadam, aby sie stal zapisowan na Rathuze w knihach miestskych toho meho danie takto, aby ten kalich od toho zadussy nebyl nikam zastawowan ani prodawan ani na rathuze chowan, nez aby tiem kalichem na kazdy den wzdiczky bylo posluhowano w tom kostele tu w Chrudimie, yakoz gest wlozeni matky Bozii na buduczi czasy dokudz koliwiek toho kalicha stawa naydele. Pakli by to kym koliwiek gynak bylo zmienieno nez tak yakoz gey tuto dawam tobiet to, panie Buozie wssemohuczy poruczim genz prawiss mnie pomsta a ya odplatim.[191]

Ich, Jan Hlinský, gebe meinen eigenen silbernen und vergoldeten Messkelch, den ich mit Patene besitze, aus freiem Willen der Stadt Chrudim, die ihn zur Ehre Gottes und seiner lieben Mutter, der Jungfrau Maria, und aller Heiligen verwenden soll. Und ebenfalls zur Ehre der Herren und der ganzen Gemeinde der Stadt Chrudim gebe ich diesen [Kelch] und gebiete, ihn für Seelenmessen [für mich] jetzt und in künftigen Zeiten zu benutzen; und hinsichtlich der Aufbewahrung des Kelches gebiete ich, dass man im Rathaus in den Stadtbüchern dieses mein Geschenk verzeichne, und zwar dergestalt, dass er ausschließlich für Seelenmessen[192] Verwendung finde und nicht irgendwohin ausgeliehen noch verkauft noch im Rathaus aufbewahrt werde, sondern dass dieser Kelch tagtäglich in der Kirche hier zu Chrudim in der Kirche der Gottesmutter jetzt und für immer aufbewahrt werde. Sollte hier in irgendeiner Weise eine Veränderung gegenüber meiner Schenkung eintreten, dann schenke ich ihn [den Kelch – Th. K.] *Gott dem Herrn, der da spricht: Die Rache ist mein; ich will vergelten.*[193]

---

inhaltlich wie formal stark von den übrigen „klassischen“ Testamenten ab, da es ausschließlich aus einem einzigen Legat, einem Kelch, besteht.

190 Eine genaue Datierung fehlt.

191 Nach Röm 12,19 („Die Rache ist mein; ich will vergelten, spricht der Herr“).

192 Vgl. zum Kontext Vavra.

193 Jan Hlinský gehörte zu den offenkundig vermögendsten Bürgern in Chrudim, dem ein gewisser Vitek Hrdy für einen Hof mit Boden immerhin 200 Schock Groschen schuldig blieb. Státní okresní archiv Chrudim, Liber Contractuum 1, fol. 183r. In einer anderen (eigenen) Verfügung vermachte Hlinský eine ganze Bettausstattung einem Bedürftigen. Vgl. ebenda, fol. 171r.

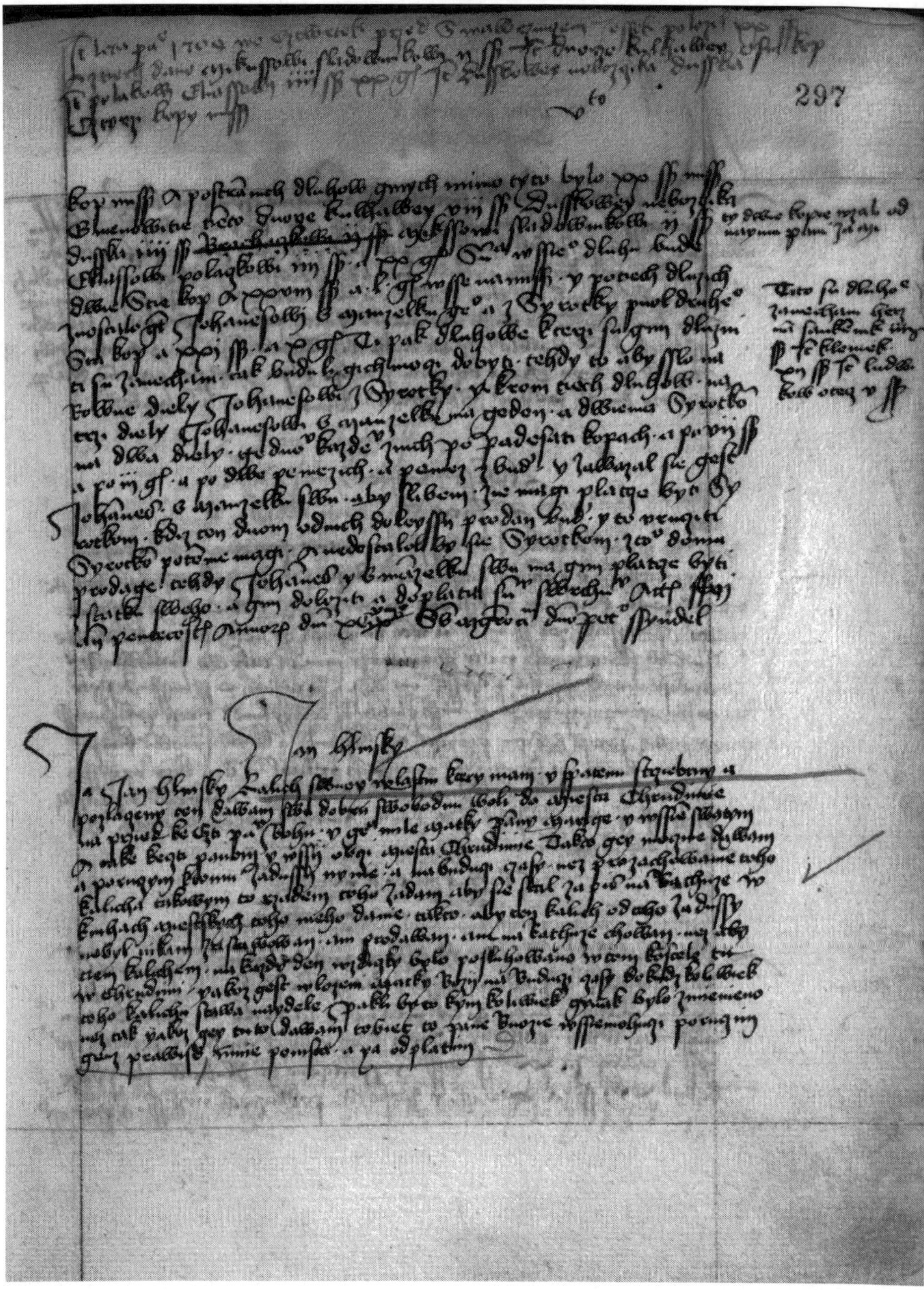
297

Testament des Chrudimer Bürgers Jan Hlínský – 1478. Quelle: Státní okresní archiv Chrudim, Ms 362 (Liber contractuum I), fol. 297r

Edition

1. [1401, Oktober 18]
Hensel Weyswasser, „burger der Grössern Stat zu Prage“, verfasst sein Testament, in dem er seinem Stiefsohn Hanusch vier Schock Groschen Zins sowie einem gewissen Sigmund Rokczaner sein Altarlehen vermacht.
Libri Erect. VII, fol. 177 (Abschrift).
Edition: Teige, Základy 1, S. 759-760.[1]

In Gottes namen amen. Ich Hensel Weyswasser, burger der Groͤsseren stat zu Prage, bekenne offenlichen und thun kund mit disem briff allen den, dy in sehen adir horen lesen, dass ich mit kranken leibe, doch mit guter redlicher vernunft und mit wolbedachten mute tun ich mein letztes gescheffte von meyne gutten und schicke in aller der weis, als hernach geschrieben stet: Ich schicke, gib und schaffe nach meynen tode dem Hanussken, meynen stiffsone, schreiber, die vier schok gr. czins ewiges und jeriges, die ich uff des Franczen von Kbellhawse habe, also dass er denselben czinse nach meynen tode haben sall und besiczen an aller meyner erben und frewnden hindernusse und widerrede. Dornach so schaffe ich, abtritte und aufgibe ich nach meynen tode dem Sigmund Rokczaner alle mein alterlehen, die ich allein oder mit andern leuten habe, also dass er die halden und besiczen sal und die verleihen mechtiklichen, als offte des not sein wirt, doran in mein erben noch keiner meiner freunde nicht hindern sullen in keiner weisse. Des czu geczeugnusse so haben die weisen mannen Frana Hawer richter, Sulko von Babicz und Heinrich von Eger goltssmid, gesworen buͤrger und schepffen der oben genannten statt zu Prage, ire sigille durch meiner bette willen an disen briff gehangen. Der geben ist czu Prage, do man czalt noch Christ gepurt vierzehenhundirt jar und dornach in dem ersten jare am nechsten duͤnestage vor der heil. Eylftausent meyden tage.

[1] Online abrufbar unter http://kramerius.mlp.cz/kramerius/MShowPageDoc.do?id=57952&mcp=&idpi=104473&author=Teige_Josef (06.09.2017).

2. [1403, März 13]*

Agnes, Witwe des Johan Pfüntlin aus Prag, liegt auf dem Siechbett und errichtet ihr „lestes geschoft". Sie verfügt u. a., sechs Schock Groschen für eine tägliche Messe in der Katharinenkapelle zu St. Gilgen in Prag zu verwenden, und bestimmt, dass die Messe keinen Tag versäumt werden dürfe.

Libri Erect. 1, 576 (Abschrift – Auszüge).[2]

Wyzzen schullen alle leute [...], daz ich Agnes, etzuͤn des Johans Pfuͤntlins purger zu Prag wytwe, bechenne offenleich, daz ich an dem syechpette gelegn vnd doch by guter vernunft [...], mein lestes geschoft aller meyner hab varnder vnd vnuarnder, die ich noch meym tode bynder myr lazze, [...] schaff ich in aller weis als hernach geschriben ist: Des ersten so schaff der aynlesthalp schok cinses, dy ich auff dem Grozzendorff, Jezznik genant, habe sechs schok grosser cinses zu einer teglichen messe [...] in Sant Kathreyn chapellen der chyrchen zu Sant Gylgen su Prag. Der messen schullen alle wochen czwo von den selen vnd alle freytag eyn messe von gotes marter mit dem passion gehalten werden; dy andern vyer messe mag der, wye in seyn andacht lautet, halten von wem vnd von welhen heyligen er wil durch meyner vnd meynes worgenanten wirtes vnd aller vnsern wouordern selen willen. Vnd diselben sechs schok grosser czinses sullen di gescheftleut innemen vnd sullen den cyns fürbaz geben eym priester, wen sy zu der messe seczen alle jar. Dyselbe messe sol auch chainen tag wersaumet werden; hat der chapplan denn nicht nötigs zu schaphen, so sol er einen andern priester an sein stat zu der messe gewynne; vnd dy geschaftleut mügen alle zeit eynen priester von der messe abseczen, ob er vnordentleich wolt leben, mit vollem rechten [...] vnd wolt sy ymant daran hyndern, ez si der pharrer czu Sant Gylgen oder der ertzbysschof zu Prag oder in anwalt, we lich zu der czeit seyn oder wer daz were, so mügen dy geschefftleute dy messe mit vollem rechte legen vnd cheren auff ein ander gotshaus, ez sy ein chyrchs oder ein chloster, wo vnd wye sye wellen mit vollem rechten. Acta sunt haec a. D. 1403 die 13. m. Martii.

* Text nicht vollständig überliefert.

3. [1405, Oktober 6]

Agnes von Nürnberg, Bürgerin der „Grossern Stat czu Prage", errichtet ihr Testament. Sie vermacht u. a. dem Kloster zu St. Anna, in dem ihre Tochter Anna lebt, verschiedene Geldlegate (Zinsen). Die „silberein gevese" gehen ebenfalls an ihre Tochter, ihr übriges Gut an die Testamentsvollstrecker.

Národní Archiv Praha, AZK ŘD sv. Anna 52 (n. i. 1124). Siegelurkunde.[3]
Regest: Schubert, Urkunden-Regesten aus den ehem. Archiven, 198, Nr. 1478.[4]

2 Online abrufbar unter http://kramerius.mlp.cz/kramerius/MShowPageDoc.do?id=914116&mcp=&idpi=1817121&author= (06.09.2017).

3 Online abrufbar unter http://monasterium.net/mom/CZ-NA/AZK%7CAnna/1124/charter (06.09.2017). Den Hinweis auf dieses digitalisierte Testament verdankt der Autor Dr. Jan Hrdina, Prag.

4 Online abrufbar unter http://bildsuche.digitale-sammlungen.de/index.html?c=viewer&bandnummer=bsb00069382&pimage=234&v=100&nav=&l=de (06.09.2017).

In Gotes namen Amen. Ich Agnes von Nu^{e}remberg, mitburgerin der Grossern Stat czu Prage, bekenne offenlichen vnd tun kunt mit diesem briffe allen, den die yn sehen oder horen lesen, das ich mit gesunde leibe guter redlicher vornunfft vnd mit wolbedachtem mute mein letztes gescheffte von allen meinen gutern, varunde vnd vnuarende, die mir der almechtige got von seine gnaden vorlihen hat, den worte, das czwischen meinen freunden vnd nachkomen dorumb kein krige noch widerwertikeit nach meinem tode nicht geschehe noch entstee, tun ich schicke vnd schaffe in dermasse, als hernach geschribe stet. Von erste so mache ich meines geschefftes vorweser den erbaren hern Frantzen von der Gewitz, probst der kyrche czu dem Boleslaw, vnd die ersamen mannen Lenthil Czwirn vnd Henreich Sachsenfelt, burger der eynen Stat czu Prage, mein besundere freunde, das sie ditz mein gescheffte also volende als ich yn des synderliche wol getrawe. Item so schicke ich vnd wil das mein geschefftleute nach meinem tode der Anna, meiner tochter, die do ist in dem closter czu send Anna, mit der propstin rate aldo in dem closter kauffen sulle acht schok gross Czinses, viere leibczins vnd vier ewiges czinses, vnd wenn dieselb mein tochter stirbet, so sulle die vier schok gross ewiges czinses aldo dem closter beleibe in der gemein, vnd darzu alles mein silberein gevese sal man auch mein vorgenanter tochter geben. Nach dem alle anderen meine vbrige guter, sie sein varunde oder vnuarunde, wo oder woran ich die habe, wo auch die gelegen vnd gefunden werden, die schicke ich meinen obegenanten geschefftleute, damit sie tun sulle als ich yn das vff ire trewe enpholhe vnd auch geschriben geben habe, doran sie nymant hyndern noch irren sal weder in geistliche noch in werntliche gerichte in keyner weis, des czu eine geczeugnusse so habe die weise manne Wenczlaw von Ro^{e}ssel, Richter, Leb von Prachaticz vnd Hanuschco Proplinge, gesworne burger vnd schephen der obegenanten Stat czu Prage, ire Sigele durch meiner bote willen an den briffe gehangen, der geben ist czu Prage nach Christ geburt vierczehen hundert Jar darnach in dem funfften Jare am nesten dinstage nach send Francisti tage.

4. [1409, Juli 16]

Hannus Sachs, Mitbürger der „Grossen Stat zu Prage“, legt in seinem letzten Willen u. a. fest, dass nach seinem Tode alle seine Schulden beglichen werden; seine Gemahlin Ella Geld und der Sohn seines Bruders einen Teil seiner Kleider erhalten.

Archiv hlavního města Prahy, Hdschr. 986, fol. 192v (Abschrift).[5]

Edition: Pátková, Liber vetustissimus, S. 380-381.

In gotes namen amen. Ich Hannus Sachs, mesrer, mitburger der Grossen Stat zu Prage, bekenne offenlichen vnd tu^{e}n kunt mit disem briffe allen denn, die in sehen oder horen lesen, das ich allein mit krankem leibe doch mit guter reddlicher vornuft vnd wolbedachtem mute mein lecztes gescheffte von allen meinen gutern, varunde vnd vnuarunde, die mir der almechtig got von seinen gnaden vorlihen hat, den worten, das

[5] Online abrufbar unter http://katalog.ahmp.cz/pragapublica/permalink?xid=E1BD2A7FB72711DF820F00166F1163D4&scan=265#scan264 (06.09.2017).

czwisschen meinen freunden vnd nachkomen darumb nach meynem tode kein krige noch widerwertikeit icht geschehe oder entstee, tu^e^n, ich schicke vnd schaffe in der masse, als her nach geschriben stet: Von ersten so mache ich meines gescheftes vorweser vnd volender die erbern manne Iorg Waltfogil, Thomil mesrer von Newnhaws vnd Ieschken Reychenstein mesrer, auch burgere der egenanten stat zu Prage, mein besundere libe freunde, das sie dicz mein geschefte also volfuren vnd volenden, als ich in des sunderlichen woltrawe vnd gelaube, doch mit solicher kraft vnd macht, das ir iczlicher bey seinem gesunden leibe oder an seinem totbette ein andern gescheftman an sein stat seczen vnd kysen mag. Gi^e^nge aber ir einer also abe von dieser werlde vnd hette kein andern gescheftman an sein stat nicht gekoren, denne so mo^e^gen die andern lebendigen an des toden stat ein andern gescheftman zu yn seczen vnd kysen, vnd das sal sein, als ofte des not geschiecht. Noch dem so wil ich vnd schichke, das man alle mein schuld, die ich schuldig beleibe, die man doch recht vnd redlichen noch der stat recht beweisen mag, zu voraus richten sal vnd beczalen. Nach dem so schicke ich vnd schaffe, als ich mein hause, gelegen in der goltsmydgasse zu nechgst neben dem hawse etwen des Pesolt goltsmides, dem Vla von Pazil vorkauft habe, darauff ich mir behalden habe vi^e^r schok grosser ewigs czinses vnd darczu sal er mi^e^r noch geben funffczik schok grosser bereytes geldes, dieselben vier schok grosser czinses schaffe ich dem Dyetreich, meinem bruder, vnd Vlreich, seynem sun, zu gleichem teile, also doch das sie von denselben vier schok grosser czinses dem Gyrko, meinem bruder, ffvnff schok grosser bereites geldes geben sullen. Item so schaffe ich von den vbrigen funfczig schok grosser, das man davon beczale dreyssig schok grosser dem vorgenanten Iorgen Waltfogil von schult wegen, als ich im vnd andern seinen gesellen von des haws twegen etwenn der Trewslin, das ich wider sie gekawft habe, noch schuldig beleibe. Item die vbrigen czwainczik schok grosser schaffe ich der Ela, meiner hawsfrawen,in solicher masse, das sie davon der Freyensteynyn czweliff schok grosser vnd achczehen gross beczalen schol. Item so schaffe ich der egenanten meiner hawsfrawen allen puchspawm vnd alle messer, die ich habe, vnd darzu^e^e sol si^e^ auch haben von meinen cleydern den swarczen rok mit einem fuchszen pellicz vnderczogen, vnd was vberiger meiner cleider sein mit sampt allen werckczeug vnd auch mein czaichen, die schicke ich dem vorgenanten Ulreich, meines bruders sun. Nach dem so schicke vnd schaffe ich, das die selb mein hawsfrawe in dem hawse, das ich gekaufft habe wider die geschefftlewte ettwen der Anna Trewslin, die, weil sy lebet, darynne wonen sal vnd des genyessen, als sy pest mag, vnd nach irem tode so schullen mein geschefftlewte das selbe haws verkauffen. Also das sie yn dorauff vier schock grosser czinses behalden sullen vnd sullen vmb denselben czinse alle iare gewant kawffen vnd das vnder arme lewt teilen. Auch so mag die selb mein hawsfrawe von dem yeczund genanten hawse czwainczik schok grosser schichken vnd schaffen, wem sy^e^ will. Auch so schaffe ich von dem selben hawsse czweinczik schok grosser zu den Cartusern. Item schicke ich auch czehen schok grosser dauon czu dem claster, vnser frawen genant, auff der Gru^e^n vnder Wyscherrad gelegen. Auch so secze vnd kyse ich an meyner stat zu den zwy^e^en gescheften zu vorweseren, das ist czu dem geschefte etwenn des Ffridil goltslahers vnd auch zu dem geschefte twenn des Herman Poppil, den vorgenanten Thomil die zu volfuren in der masse, als mir die enpfolhen sein worden. Des zu eynem vrkvnde hab ich, obgenanter Hannus Sachs, mein eigen sigel vnd zu einem geczeugnusse so haben die weisen manne Duchco rymer vnd Ieschko Dupowecz, geswaren burg[er] vnd scheppfen der obgenanten stat zu Prage, ire sigele durch meiner bete willen an denn briffe gehangen. Der geben ist zu Prage nach Cristi gepurt vierczehenhundert iar vnd darnach in dem newnten iare am nechsten dinstage nach send Margarethen tage der heiligen junckfrawen.

5. [1411, Januar 26]

Der Brünner Bürger Ulrich Hupfenbach errichtet sein Testament, in dem er an erster Stelle dem Barbara-Altar im Brünner Herburg-Kloster einen Jahreszins in Höhe von sieben Mark stiftet. Sein Besitz soll zwischen seiner Frau Dorothea, seiner gleichnamigen Tochter sowie den beiden Söhnen aufgeteilt werden.

Archiv města Brna, Hdschr. 48, fol. 313v-314r.

Edition: Ztschr. des dt. Vereins für die Geschichte Mährens und Schlesiens 6 (1902), S. 128-130; Flodr, Pamětní kniha, S. 97-99.

Ego Ulricus Huppfenbach, Civis Brunnensis, volens diem extreme messionis pietatum operibus prevenire et de bonis per me reliquendis ordine, qui sequitur, litium amphe actus amputare, anno deliberato propriaque et libera voluntate meum legitimum cum racione debita facio Testamentum. Inprimis quidem do, lego, testor et dispono septem mar. census annui de septuaginta mar. gr. denariorum Pragensium, Moravici numeri et pagamenti super certis venditoribus meis legitime comparatis ad altare sancte Barbare virginis in monasterio beate Marie virginis ad Herburgas in Brunna, illud dotando cum premissis. Item dispono duas mar. census annui super domo mea censuandas, unam videlicet mar. ad lampadem cremandam ante altare suprascriptum et alteram ad hospitale sancti Iohannis in Antiqua Brunna pro uno prandio ipsis pauperibus preparando in die mee annue commemoracionis. Item do et lego XXX mar. parate pecunie pauperibus pro panno aut ordine, qui meis inferius nominatis testamentariis videbitur conveniencius expedire dispensandas. Item quod liber missalis per Iohannem illuminatorem iuxta contractum inter me et eum interventum scribendus cum calice et novo ornamento eciam decenter debeat expediri. Item omnes vestes et omnia arma mea vendantur; et omnia inde proveniencia taliter infrascriptis ecclesiis dividantur, videlicet ecclesiae sancti Iacobi, ad beatam virginem ad Herburgas, ad Sanctum Iohannem uni ecclesie tantum, sicut alteri, et ad sanctum Michaelem per medium tantum, quantum uni ecclesie de premissis. Item frater meus cum filio suo secundum testamentariorum meorum estimacionem competenter premeditentur et id, quod ipsis visum fuerit, eisdem tribuatur. Item patruus meus in voratis cum X sexagenis debedit expediri. Cetera omnia et singula bona mea mobilia et immobilia in quibuscumque consistencia, quocumque nomine designentur, in quatuor equales partes et equaliter dividantur, videlicet Dorothee, uxori mee, una pars, Dorothee filie mee pars altera et aliis duobus pueris meis cuilibet pars una tribuatur. Casu itaque mortalitatis emergente, ubi aliquem ex eis, sive pueris, sive uxore, aut proles ex eis contingeret migrare ab hac luce, quod extunc et statim illius aut illorum pars media ad superstites et altera pars media eorum aut illius ad pauperes omnimode devolvatur. In meam, parentum meorum et illorum omnium, a quibus dicta bona devenerunt salutem animarum iuxta industriam et fidem meorum testamentariorum pro pauperum usibus aut prout ipsis placuerit impendendas. Volo eciam, quod ipsi pueri mei, dum tempus nubendi exegerit et eciam uxor mea honeste ac decenter quemadmodum ad probi viri pueros decet emancipentur. In eventum quoque ubi aliquis ex eis aut plures ipsorum meorum testamentariorum excederet consilium et voluntatem et non obediendo ipsis se ipsos emanciparent, quod ad statim et ipso facto illius aut illorum pars media, ad pauperes modo premisso in toto devolvatur, debetitque absque cuiuslibet hominis impeticione et reclamacione apud usus pauperum permanere iuxta testamentariorum meorum conscienciam atque fidem. Et ut presens testamentum meum et ultima voluntas mea per me libera voluntate et animo deliberato conditum atque factum habeat persecucionem de mee uxoris connivencia et voluntate, illud sapientibus et honestis viris Nicolao Krossin, Iohanni Feiol, Wenceslao in Turri, Pesconi Tandler et Iohanni, notarii civitatis, civibus premisse civitatis Brunnensis, ut amicis meis et ad me singulariter vocatis et rogatis, commendavi ipsos in dicti testamenti mei et ultime voluntatis executores et legitimos testamentarios constituendo, ipsis attencius supplicavi, ut ipsi dei intuitu de disposicione mea sicuti premittitur disposita se intromittant, eam modo superius descripto ex equentes secundum confidenciam per me habitam de eisdem. Actum coram domino Nicolao, capellano meo et uxore mea feria quinta in vigilia sanctorum Simonis et Iude apostolorum anno M°CCCC^mo^XI^mo^. Quibus ita, ut prescriptum est, ad consilium iuratorum deductis, domini Iurati anni iliius ea pensantes mature condita libro civitatis eorum inscribi mandaverunt feria secunda ante Purificacionem Marie.

6. [1411, April 27]
„Buch der frommen Stiftungen der Stadtgemeinde von Königgrätz aus dem Jahre 1411“ (Inc.: Anno domini M°CCCC°XI° feria tercia ante Georgii, Fridericus, notarius Crecensis, ex antiquo libro civitatis omnia testamenta congregans in hunc librum scripsit et in quo folio continentur et debeant inveniri). – Teil 1 enthält Vermächtnisse aus den Jahren 1310-1411 (Auszug).[6]
Nicht im Original erhalten.

[6] Das verloren gegangene Königgrätzer Testamentsbuch „pro anima“ wurde im Jahre 1411 angelegt, sein Inhalt ist ausschließlich durch die 1780 erfolgte Edition Karl Josef Bieners von Bienenberg innerhalb seiner *Geschichte der Stadt Königgrätz* überliefert. Vermächtnisse „pro anima“ der Königgrätzer Bürger übertrug der Ratsschreiber Fridericus aus einem (älteren?) Stadtbuch in dieses neue Buch, wobei das Verzeichnis offenkundig dem Rat für die Ausübung des Patronats- und Dispositionsrechtes dienen sollte. Das Testamentsbuch „pro anima“ liefert vielfältige Informationen, u. a. zu den sozialen und ethnisch-nationalen Verhältnissen in Königgrätz. Im ersten, hier wiedergegebenen Teil finden sich Vermächtnisse an die Armen in der Stadt, wobei stets vermerkt wird, aus welchem Jahr das entsprechende Legat stammt und aus welcher Urkunde des ursprünglichen Stadtbuches der Eintrag übertragen wurde (z. B. XXXVIII. Fol. IIII = 1337, Urkunde 4). Damit wird in diesem Fall in das 14. Jahrhundert – also vor unseren zeitlichen Rahmen – zurückgegriffen, was freilich durch die Bedeutung der Quelle (auch als Ersatz für fehlende „klassische“ Testamente) legitimiert erscheint.

Edition: Karl Josef Biener von Bienenberg, Geschichte der Stadt Königgratz, Erster Teil, Prag 1780, S. 248-250; Pavel Bělina, Kniha zádušních odkazů městské obce královéhradské z roku 1411, in: Folia Historica Bohemica 3, 1981, S. 88-89.

Primo testamenta pauperum

Quidam Jaroslaus dedit unum scampnum panum cuidam Polono, ut ex sex halenses pauperibus pro pane omni ebdomada distribueret atque daret. X. Fol. III.

Qualiter de tribus scampnis panum pauperibus omni ebdomada sex halenses pro pane distribui debent. XIIII. Fol. IIII.

Testamentum pro pauperibus balneandis super balneo Hermanni prope molendinum regine; sed iam illud balneum non est. XXX. Fol. V.

Testamentum leprosum super domo Hermanni de 12 gross. census Pasche persolvendum. XXXVII. Fol. IIII.

Testamentum Henslini Meindlini super medio scampno panum de tribus halensibus pauperibus pro pane omni ebdomada persolvendis. XLVIII. Fol. I.

Novum balneum in Orlicz cum testamento, sed iam est inmutatum per Wencyeslaum Policzer, ut infra patebit. XLVIII. Fol. III.

Qualiter Johannes Ross resignavit Elizabeth, uxori sue, unae sexag. [gross.] census super orto in Plotiss ad faciendum et dimittendum. LX. Fol. II.

Qualiter Anna, antiqui Rebellini filia de Jermer, de bonis in Rozbierzitz quatuor stamina panni pauperibus ad dividendum dedit. LXXVI. Fol. V. Sed iam aliter est mutatum.

Qualiter Hensel Luda super hereditate sua in Predmierzicz et super pratis et omnibus mobilibus et immobilibus bonis suis ibidem testamentum fecit in hunc modum, quod semper omni anno circa festum S. Galli sex stamina panni cuiuspiam grisei coloris pauperibus domesticis deberent dari atque scindi; hereditatis prehabite posessores et perpetue [?] quibuslibet quatuor temporibus balneum pro pauperibus [ad] balneandis procurarent cum scitu et consensu consilii iuratorum.

Testamentum, quod super balneo Orlicensi per Wenczeslaum Policzer taliter institutum est et imutatum, quod omnibus quatuor temporibus cuiuslibet anni tercia feria possit, si festum non impediret, sed si festum fuerit, secunda feria ante pauperes omnes, qui advenerint in dicto balneo balneari, et iudex et consules debent aspicere, ut hoc fiat. LXXX. Fol. IIII.

Qualiter Iohannes Fidelis est Kacza, uxor, eciam translatum censum duarum sexagenas gross. ab Oticone super eorum hereditatem in Strebel receperunt, pro quo censu semper, quousque ad alia bona non transtulerint, omni anno unum stamen grisei coloris circa festum Purificacionis Marie emere debent et distribuere pauperibus obligantur secundum consilii Grecensis scienciam atque scitum. XCIII. Fol. I.

Item Hensel Wilkus legavit trium sexag. octo gross. census super bonis suis omnibus in Plotiss, ut pro eisdem duo stamina pannorum grisei coloris omni anno emerentur et pauperibus circa festum Nativitatis Marie distribuerentur; et hoc adhuc in libro civitatis non est scriptum, sed scribi debet. Actum in vigilia Georgii, anno domini M°CCCC°XI°.

7. [1413, September 12]
Margreth, „etwan des Andres gewantsneiders Burgers der Grossern Stat zu Prage witibe", setzt ihren letzten Willen auf. Einer der Testamentsvollstrecker ist Heinrich Saxenfeld (siehe auch Nr. 23). Sollte einer der Testamentsvollstrecker sterben, möge ein anderer an dessen Stelle treten. Vor allem sollen die ausstehenden Schulden getilgt werden.
Archiv hlavního města Prahy, Hdschr. 992 (Liber tertius veteris urbis Pragensis 1417-1480), fol. 242r (Abschrift).[7]
Edition: Teige, Základy 1, S. 582 (Auszug).[8]

In gotes namen amen. Ich Margreth, etwan des Andres gewantsneiders, burgers der Grossern Stat zu Prage, witibe, bekenne offenlich und tun kunt mit diesem brieve allen den, die In sehen, hoͤren oder lesen, das ich mit krankem leibe, doch mit guter redlicher vornunft mein lecztes gescheffte von allen meinen gutern, varnden vnd vnvarenden, die mir der almechtige got von seinen gnaden vorliehen hat, den worten, das daruͤmb kein krieg oder widerwertikeit werde oder enstee czwischen meinen freunden vnd nachkomen, tun ich, schicke vnd schaffe in aller der weise, als hernach geschriben steet. Von ersten so mache vnd wele ich deselben meines gescheftes worweser, volender vnd fuͤrmuͤnde die erbern manne Jan von Sacz, Martein von Ach, Heinrich Sachsenfeld vnd Procop von Ach, auch burgere der genanten Stat zu Prage, meine besundere lieben freunde, vnd biete sie mit fleis, das sie dasselbe mein gescheffte also volfuͤren vnd volenden, als ich in des sunderlichen wol getrawe vnd glawbe, mit sulicher crafft vnd macht, das sie iczlichen bei gesundem leibe oder an seinem todbette einen andern erbern man an sein stat kiesen sal vnd machen zu einem fuͤrmuͤnde. Stuͤrbe oder ir einer vnd hette nicht ein anderer an sein stat gekoren zu einem fuͤrmuͤnde, denne so wil ich, das die anderen meine lebendige fuͤrmuͤnde ein andern erbern man an des toten stat zu in kiesen sullen. Vnd das sol gescheen, als offte als des not geschiet. Darnach so ist mein meinunge vnd ganczer wille, das man alle mein schuld, die ich den lewten schuldig bleiben werde vnd die man recht vnd redlichen nach den statrechten wirt muͤgen beweisen, zu woraws us meinen gutern richten sal vnd beczalen. Vnd besunders sulche anderthaw hundert schock groschen der Brigitta, meiner lieben subr, die sie nach des Sigmundes, meines sones, ires eemannes, tode, dem got gnade, zu morgengabe angehoͤren. Darnach so schicke ich vnd schaffe alle meine andre guͤter, varnde vnd vnvarnde, wo oder woran ich die habe, wo die gelegen sein vnd gefunden werden, es sei an hewsern, erbe, czinsen, schulden, gewanthuͤtten mit alle gewande, oder wie die gut mit suͤnderlichen worten muͤgen benant werden, den egenanten meinen geschefftlewten, das sie davon meine schulde beczalen sullen vnd mit dem vbrigen vs die schulde vberbleiben wirt, tun sullen, als ich in sundlichen empholLen habe vnd in des genczliche wol getrawe vnd glawbe, dovon sie keinen menschen keinerlei antwort oder rechnung tun sullen, in keinen rechten geistlichen oder wertlichen noch sunst in keinerweise, an alles gewerde. Des zu einem geczeugnuͤsse so haben die weisen manne Juͤrge Synie Richter,

[7] Online abrufbar unter http://katalog.ahmp.cz/pragapublica/permalink?xid=E1BD3C13B72711DF820F00166F1163D4&scan=475 (07.09.2017).

[8] Online abrufbar unter http://kramerius.mlp.cz/kramerius/MShowPageDoc.do?id=57785&mcp=&idpi=104139 &author=Teige_Josef (07.09.2017).

Jan Wlcziehrdlo vnd Stephan von Diedicz, gesworne burger vnd scheffen der eynen stat zu Prage, ire sigele durch meine bete willen an diesen brieff gehangen, der geben ist zu Prage nach Christ geburt vierczehenhundert Jar, darnach in dem dreiczehenden Jare am nechsten dinstage vor des heiligen Crewcz tage, als es erhaben ward.

8. [1413, November 2]

Hensil Gundeker, „Burger der Grossern Stat czu prage", errichtet sein Testament. Die ernannten Testamentsvollstrecker mögen den Kindern des Erblassers „mit hulffe vnd rate trewlichen beysteen". Vermacht werden vornehmlich verschiedene Zinsen auf mehreren Häusern. Die Gemahlin Barbara, die bereits einmal verheiratet war, soll bei den Kindern bleiben, für diese sorgen und sie erziehen.

Archiv hlavního města Prahy, Hdschr. 992, fol. 142v-143r (Abschrift).[9]
Edition: Teige, Základy 1, S. 201 (Auszug).[10]

In gotes namen amen. Ich Hensil Gundeker, burger der Grossern Stat czu Prage, bekenne offenlichen vnd tu kunt mit diesem briffe allen den, die in sehen oder horen lesen, das ich allein mit cranckem leibe, doch mit guter redlicher vornunfft vnd rechter wissen mein lecztes geschefte von allen meinen guteern, varnden vnd vnuarnden, die mir der almechtig got von seinen gnaden vorlihen hat, den worten, das czwischen meinen freunden vnd nachkomen dorumb noch meinem tode kein krige oder widerwertikeit nicht geschee noch entstee, tun ich schicke vnd schaffe in der masse, als hernach begriffen ist. Von ersten so mache vnd secze ich meines gescheftes vorweser vnd furmunde meiner kinder die erberen manne Leutl Czwirner, Henreich Sachsenfelt vnd Ludwig Schrol, auch burger der egenanten Stat czu Prage, mein besunders liben freunde, das sie dicz mein geschefte also volenden vnd volfuren und auch meinen kyndern mit hulffe vnd rate trewlichen beysteen vnd geholffen sein, als ich ymdes sunderlichen wol trawe vnd gelaube. Doch mit sulcher crafft vnd macht, das ir iczlicher bey seinem gesunden leibe oder an seinem todbette ein andern gescheftman an sein stat seczen vnd kysen mag. Vnd wer sache, das ir eyner also abging von diser werlde, also das er kein anderen gescheftman an sein stat nicht gekoren hette, denne so mugen die anderen lebendigen geschefftleute ein anderen geschefftman an des toden stat zu in seczen vnd kysen, als offte des not geschicht. Noch dem so schaffe ich noch meinem tode dem Niclas, meinem sun, zu den hundert vnd czweynczig schok grosser, die ich im vor zu seinem erbteyle geben habe, sechs schok grosser czinses, die ich habe auff den nachgeschriben hewsern, doch mit sulcher underscheidenheit, als hernach begriffen ist. Item auff dem hawse des Lysken mesrers drey schok grosser, das gelegen ist in der mesrer gasse czwischen den hewsern des Vasolt mesrer von einem teile vnd des Cunczen Hertenfels von dem anderen teile. Item eyn schok grosser auff desselben

---

9 Online abrufbar unter http://katalog.ahmp.cz/pragapublica/permalink?xid=E1BD3C13B72711DF820 F00166 F1163D4&scan=278#scan277 (07.09.2017).

10 Online abrufbar unter http://kramerius.mlp.cz/kramerius/MShowPageDoc.do?id=57392&mcp=&idpi=103 353&author=Teige_Josef (07.09.2017).

Vasolt haws. Item eyn schok gr. auff dem hawse des Thomel mesrers von Newenhaus, das gelegen ist aldo bey des Vasolcz haws in der mesrer gasse. Vnd eyn schok grosser auff dem hawse des Elbil Kaczenjeger, das gelegen ist czwischen den hewsern etwenn des Herman Poppls von einem teile vnd des Cunczen Fichtenstein von dem anderen teyle. Vnd domit sal denne derselb Niclas, mein sun, von andern meinen kynderen vnd gutern ganz vnd gar gesundert vnd geteilt sein. Doch sunderlichen wil ich vnd schaffe, das derselb Niclas, mein sun, keinen gewalt noch macht haben sal die egenanten sechs schok grosser czinses vortkauffen oder die enpfremden in keinerweys. Sunder diselben czinse sullen noch seinem tode auff seine kynder, die er lassen wurde, gevallen. Lyes er aber kein kynde noch im, so sullen diselbe czinse wider auff die andern meine kynder gevallen. Dornach so schicke vnd schaffe ich noch meinem tode den andern meinen dreyen kyndern, die nicht ir jare haben, Mathes, Vrsula vnd Barbara, mein haws, do ich ynnen wone, gelegen auff dem Krenczl markt, auch alle meine czinse, die ich habe. Auch dorczu schaffe ich yn alle andere meine guter, sie sein varnde oder vnuarnde, die noch meinem tode gefunden werden, es were an bereitem gelde, an silberein gevese, an hawsrat, an petgwant, an cleydern, wie auch sulche guter mit sunderlichen worten mugen benant werden, nichcz ausgennumen, czu gleichem teyle under sie czu teylen. Also das diselben meine drey kynder alle sulche guter noch meinem tode haben vnd die besiczen sullen an alle hindernisse desselbe Niclas meines sunes vnd aller ander meiner freunde. Vnd sunderlichen wil ich vnd ist mein meynunge, das disselben meine drey kynder fraw Barbara, etwenn des Reichil Cramers witeb, bey ir halden sal in den kesten, bys das sie czu iren jaren komen vnd sal die trewlichen czyhen czu den pesten als ich ir trawe vnd gelaube. Dovon sullen ir mein geschefftleute tun, was czimleich vnd pilleich ist vnd das noch iren trewen erkennen werden. Vnd wenn das were, das dieselb frawe Barbara abging von diser werlde, ee das diselben meine kynder czu iren jaren komen weren, oder das sie dieselben meine kynder nicht lenger bey ir halden wolde, denne so sullen mein obgenannte gescheftleute sich derselben meiner dreyer kynder eyns, das nicht sein jare hat, eer abging von diser werlde, denn es czu seinen eelichen jaren komen were, denne so wil ich vnd schaffe, das sein teyl an die anderen mein czwey lebendige kynder, die nicht ire jare haben, mit vollem rechten sal gevallen. Auch wil ich vnd schaffe, wer sache, das derselben meiner dreyer kynder czweye eer abgingen von diser werlde, denne sie czu iren eelichen jaren komen weren, denne so wil ich vnd schaffe, das mein gescheftleute von derselben czweyer kynder toden teyle czehen schok grosser czinses kauffen sullen, domit sie denne tun sullen, als ych yn das auff ire trewe vnd gewissen sunderlichen enpfolhen habe vnd des genczlichen wol trawe vnd glaube. Gyngen aber dieselben meine dreye kynder alle eer abe von diser werlde, denn sie czu iren eelichen jaren komen weren, denn so wil ich, das von sulchen gutern, die mein kynder angepuret haben, funffczig schok grosser auff die kinder des vorgenanten Niclas, meines sunes, gevallen sullen. Dorumb sullen in mein gescheftleute czins gauffen vnd derselb Niclas, ir vater, sal kein crafft, noch macht haben, sulche czinse vorkauffen oder die enpfremden in keinerweys. Wer aber sache, das er denne czu derselben czeyt kein kynde hette, denne so sullen dieselben funffczig schok gr. mit sampt allen andern uberigen gutern, die noch tode derselben meiner kynder beliben weren, an mein gescheftleute mit vollen rechten gevalen, domit sie denne tun sullen, als ich in das auff ire trewe vnd gewisen sunderlichen empfolhen habe vnd des genczlichen wol trawe vnd gelaube. Czum lezten wil ich vnd ist mein gancze meynunge vnd willen, das mein gescheftleute denselben meinen kyndern, wenn sie czu iren jaren komen, noch keinen andern meinen freunde von aller sulcher guter wegen, die ich meinen kyndern lassen werde, wie sie die handeln oder domit tun werden, dovon keinerley rechnunge tun, noch halden sullen, werder in geistlichem noch in werntlichem gerichte in keinerweis. Wenn auch dis mein gescheffte in iren erben vnd gutern gancz vnd gar unschedlich sein sal vnd keinen schaden bryngen, wann ich yn genczlichen wol trawe vnd gelaube. Des czu einem geczeugnusse so haben die weysen manne Jurg Sinye, Rychter, Veyt Rakonyk vnd Wenczlaw Stupa, gesworen burger vnd schefen der obgenanten Stat czu Prage, ire Sigele durch meiner bete villen an den briffe gehangen. Der geben ist czu Prage nach Cristi gepurt vierczehenhundert jar vnd dornach in dem dreyczehendem jare am nechsten donerstage noch allerheiligen Tage.

9. [1413, Dezember 15]

Heinrich Kaufman, „burger der grössern stat zu Prage“, verfügt seinen letzten Willen. Seine Schulden sollen bezahlt werden. Erbin ist seine Gemahlin Dorothea, die Haus und Geld bekommt. Danach erhalten das Haus seine Enkel Sigmund und Dorothea.

Stadtarchiv Wien, Hauptarchiv – Urkunden, Nr. 1973 (Siegelurkunde).
Regest: Uhlirz, Quellen zur Geschichte Wiens, Bd. 2, 1900, S. 14, Nr. 1973.

In gotes namen amen. Ich Heinrich Kawffman, gesessen in dem hawse zu sand Helena, burger der Groͤssern Stat zu Prage, bekenne offenlich vnd tun kunt mit diesem brieue allen den, die in sehen, hoͤren oder lesen, das ich mit krankem leibe, doch mit guter redlicher vornunfft vnd mit wolbedachtem mute mein lecztes gescheffte von allen meinen guͤtern, varenden vnd vnuarenden, die mir der almechtige got von seinen gnaden vorliehen hat, den worten, das kein krieg oder widerwertikeit darumb werde oder entsteen muͤge czwischen meinen freunden vnd nachkomen, tun ich schicke vnd schaffe in aller der weise als hernach geschrieben steet. Von ersten mache ich vnd kyese desselben meines geschefftes vorweser, volender vnd fuͤrmuͤnde, die ersame frawe Dorothea, mein eewirtinne vnd die erbern manne Heinrich Sachsenfelt, meinen eydem, vnd Renhart Geisler, auch burger der egenanten Stat zu Prage, vnd biete sie, das sie dasselbe mein gescheffte also volenden vnd volfuͤren, als ich in des sunderlichen wol getrawe vnd glawbe mit sulcher crafft vnd macht, wenn der egenanten czweyer menner furmuͤnde eyner abegeen wirt von dieser werlte, vnd das er nicht ein andern an sein stat gekoren hette, denne so wil ich, das der ander mein lebendiger fuͤrmuͤnde ein andern erbern man an des toden stat zu im kyesen vnd seczen sal zu einem fuͤrmuͤnd, vnd das sal gescheen als offte als des not sein wirt. Oder an meiner hawsffrawen stat sal man keynen andern fuͤrmuͤnde kyesen. Darnach wil ich mit namen, das man alle meine schult, die ich den lewten schuldig bleibe vnd die man recht vnd redlich wirt mugen beweisen nach dem statrechten, zu voraws von meinen guͤtern richten sal vnd beczalen, darnach so schicke ich vnd schaffe der vorgenanten Dorothea, meiner eewirtinne, alle meine andre guͤter, varende vnd vnvarende, wo oder woran ich die habe, wo die gelegen sein vnd gefunden werden, es sei hewser oder czinse oder wie die guͤter mit suͤnderlichen worten muͤgen benant werden vnd mit namen die czweinczig schok grosser, die mir der Sigmund, des Otten goltsmides son, mein eydem, schuldig bleibet, das sie mit denselben guͤtern allen tun vnd lassen mag, als mit iren eygen guͤtern vnd derselben guͤter genyesen sal an alles hindernuͤsse vnd widerrede. Vnd wenne sie denne abegeen wirt von dieser werlde, wuͤrde denne mein haws, do ich inne wone, überbleiben, also das sie das nicht vortan oder vorkuͤmmert hette, denne so wil ich, das dasselbe mein haws vff den Sigmund, des vorgenanten Sigmundes son, vnd vff die Dorothea, des egenanten Heinrich Sachsenfeldes tochter, meine enyklein, geuallen sal mit vollem rechten zu gleichem teyle, wer oder sache, das derselbe Sigmund abgienge von dieser werlde, ee er zu seinen eelichen jaren komen were, denne so wil ich, das sein teyl, der in an dem egenanten meinem hawse angebuͤret, an die vorgenante Dorothea, auch mein enykel, geuallen sal mit vollem rechten ab sie lebet. Wer sie aber tod vnd hette keyn kind nach ir gelassen oder ab sie nach im stuͤrbe an kinder, so wil ich, das das egenante mein haws, vff die vorgenante meine geschefftlewte geuallen sal mit vollem rechten, mitsampt irem teyle, der sie an demselben meinem hawse angebuͤret. Vnd ab nach der vorgenanten meiner geschefftlewte tode nicht mee meiner guͤter überbleibe denn mein haws, so wil ich, das dieselben guͤter alle, sie sein varende oder vnvarende, vff die egenanten meine geschefftlewte geuallen suͤllen mit vollem rechten, vnd die suͤllen denne mit denselben meinen guͤtern vnd auch mit dem obgenanten meinem hawse, ab das an sie komen wirt, tun, als ich in empholhen habe vnd in des auch genczlichen wol getrawe vnd glawbe, douon sie auch nyemande lebendiges keine antwort noch rechnungen tun suͤllen in keinem rechten, weder in geystlichem noch in werltlichen, sunder was sie da mitte tun werden, das ist mein wort vnd ganczer wille, als ich das selber getan hette. Des zu einem geczewgnuͤsse so haben die weisen manne Juͤrge Synye, Richter, Cuncz fleyschhacker vnd Mertem von Ach, gesworne Burger vnd Schepphen der egenanten Stat zu Prage, ir sigele durch meiner bete willen an diesen brieff gehangen, der geben ist zu Prage nach Crists geburt vierczehenhundert jar darnach in dem dreiczehenden jare am nehsten freitage vor send Thomas tage.

10. [1412, Februar 29]

Im Erbstreit um die Güter des verstorbenen Jekl Schneider stehen sich vor dem Olmützer Rat Hannus Grapler, Vormund der „waysen kynder" des Verstorbenen, und Jakob, der mit der Witwe Jekls, Cäcilia, verheiratet ist, gegenüber. Der Rat fällt ein Urteil zugunsten der Kinder.

Státní okresní archiv Olomouc, Liber actuum notabilium 1343-1420, fol. 42r.
Edition: Spáčil, Nejstarší městská kniha olomoucká, S. 106-107.

Nach Kristi geburde vierczehundert [!] dornach in dem czwelften jare an dem nechsten mantage nach sand Mathias tage sein kumen in einen vollen rate der erber man Hannus Grapler, vormunde der waysen kynder ettwenn Jekl sneyders dem got genad, von derselben waysen wegen an einem teyl und Jacoben, der frawen Czeczilien elicher man, ettwenn desselben Jekl sneyders hawsfraw, von der Czeczilien, seiner hawsfraw, wegen an dem andern teyl vnd vorczalten namhaftige und merkliche bruche dye sy kegeneinander hatten von der erben und guter wegen dye dy vorgenannte Czecilia eliche hawsfraw und dy kynder ettwenn desselben Jekl sneyders seind an derstorben und angevallen und do sy sulcher bruche und sachen selber nicht kunden ein werden, so baten sy den rate an beyden teilen, das er sulche sachen bruche und czweitracht czu in geruchten mochtiklich czu nemen diselben ausszusprechen einmachen vnd vorrichten, das sach der rat ire gebete an und nam sulche sachen und bruche dy czwischen den vorgenanten teylen was mechtiklich czu henden und allczuhant, als der rat dy sachen czu im nam in sulcher weise als vor gesprochen ist. Do gelobten beyde teyl mit guten wissen rechter vernuft unbetwungen und bey guten trewen, das sy wellen den ausspruch und verrichtunge und artikeln als sy in aussprechen loben, beweren und halden an alle widerrede. Auch gelobten sy an beyden teilen also sulchen ausspruch und verrichtunge des rates nicht halden, loben und beweren wurde und in keinerley weise heymlich ader offenbar selber ader durch ander lewte widerspreche und dorwiderczukumen wurde, desselbe teyl sol sechczik mark grossen Prager muncze und Merherischer czal dreissik czu dem gepewde czu der kirchen des heiligen sand Mawriczien und dy andern dreyssik dem teyle, das den ausspruch und dye verrichtunge helt sein vervallen. Und also der rat sulche gelubde von beiden teilen aufgenommen hatte, do beschiden sy denselben Hannus Grapler und Jacoben an beyden teilen, das sy des nechsten donerstags czu der horen den sulche ausspruch und verrichtunge entlich und unverczogenlich solden in den rat kumen. Das czu peiderseyt gelobten czu tun bey gutten trewen. Desselben donerstages als bescheiden ward kwamen die vorgenante beude teyl czuhoren den ausspruch und verrichtunge in den rate und allczuhandes der rat in kegenwurtikeit beyder teyle tat einen ausspruch und macht ein verrichtunge czwische [!] in in aller weise als hernach geschriben stet. Czum ersten male das haws das Jekl sneyders gewest ist, das do gelegen ist czwischen dem alden statschreiber an einem und Paul smyd an dem andern teyl, und das ander hewsel gelegen am ekke in der Polczgassen gegen Pawl Smyde uber und dy fleyschapank am gesslein, do ein mark czyns czu sand Mawriczen aufstet, czu nechste Hochprangers pank und dy sibenczik mark uff dem rathaws dye sullen dy vier kynder haben und Grapler an irer stat als ein vormunde vor czweyhundert mark grossen. Item vmb dye andern czweihundert mark, als das vierhundert mark dye kinder sullen haben, also sich beide teyl vormals vor erbern lewten selber voreinet haben, dy sol der egenante Jacobus denselben kindern und dem egenanten irem frunde und vormunde an irer stat mit bereytem gelde ausrichten und beczahlen, als er am allerbekwelichs an in kan gehaben. Des geczewgen sein Marcus burgermeister, der Lang Philipp, Silbrein Niczcz [!] und Rarussco, ratlewt, und Jacob Ketenreiter, Kuncz Kursner, Pawl Cyotl, Peter Hufnagl, Hansman, Mertl von Biskowicz, new schoppfen, und Metl Prager, Hannus Stahler, Michel Polcz, Petr Schreiber und andere erbere lewt.*

* Nachfolgende Eintragungen im *Liber actuum notabilium* dokumentieren u. a., dass die genannte Cäcilia ihrem Gemahl Jacob ihren Besitz für den Fall ihres Todes verschrieben (1413) und dass Jacob seiner Stieftochter Barbara 400 Mark ausgezahlt hat (1413).

11. [1418, Februar 20]

Johannes Künigswerder gen. Lancman, Stadtschreiber, verfasst sein Testament, wonach sein Besitz zwischen der Gemahlin Dorothea, seinen Kindern und weiteren Familienangehörigen aufgeteilt werden soll.

Archiv hlavního města Prahy, Hdschr. 986, fol. 197-198 (Abschrift).[11]

Edition: AČ 26, S. 227 (Auszug); Mourek, S. 28-31; Pátková, Liber vetustissimus, S. 383-384.

In gotes namen amen. Ich Iohannes Kuͤnigswerder genant Lancman, schreiber vff dem Rathaws der Grossern Stat zu Prage, bekenne offenlich vnd tun kunt mit diesem brieue allen den, die in hoͤren, sehen oder lesen, das ich mit guͤter redlicher vornufft, wolbedachtem muͤte vnd rechtem wissen mein lecztes gescheffte von allen meinen gutern, varenden vnd vnvarenden, die mir der almechtige got von seinen gnaden vorliehen hat, den worten, das kein krieg oder widerwertikeit nicht enstee noch geschee czwischen meinen freunden vnd nachkomen, tun ich, schicke vnd schaffe in aller der masze, als hernach geschrieben steet: Von ersten so mache ich meines geschefftes vorweser vnd volender die erbern manne Hanussco Lang Nikel, Heinrich Sachsenfelt vnd Heinrich Falkenawer, buͤrger der Groͤssern Stat zu Prage, meine besunder lieben freunde, vnd biete sie mit fleisse, das sie dasselbe mein gescheft also volenden vnd volfuͤren, als ich in des sunderlichen wol getrawe vnd glawbe mit sulch[12] crafft vnd macht, das ir iczlich bey seinem gesunden leybe oder an seinem todbette ein andern erbern man an sein stat zu einem fuͤrmunde kyesen mag, wenne im das fuͤgleich ist, stuͤrbe oder ir einer, vnd hette nicht ein andern an sein stat gekoren, denne so wil ich, das die andern meine gescheftlewte ein andern erbern man an des todes stat zu in kyesen suͤllen zu einem fuͤrmunde vnd das sal geschehen als offte als das not geschiet. Darnach wil ich vnd ist mein gancze meinunge, das man alle mein schult, die ich nach meinem tode schuldig bleiben werde, die ich dem Jacobo, meinem son, geschrieben geben hab vnd darczu alle die schult, die man nach der statrecht beweisen mag zu voraws von allen meinen guͤtern richten sal vnd beczalen. Nach dem wil ich vnd schaffe, das man der Dorothea, meiner hawsfrawen, die sechczig schok grosser prager muͤncze margengabe, die ich ir in einem briue off den czehen schok grosser czins, die sie mir vffgeben hat, vorschrieben hab, richten sal vnd beczalen vnd wolde sie vff die sechs schok grosser czinses treten, die do sein vff des Waczlaw melczers haws, gelegen bey den fleischbenken, so sal man ir die abtreten, wolde sie aber dorvff nicht treten, so sal man denselben czins vorkawffen vnd was an dem sechczig schok grosser abginge, das sal man ir derfuͤllen mit anderm gelde, also das sie ir sechczig schok grosser margengabe gar habe. Auch sal dieselbe mein hawsfrawe haben vnd ir wolgen das bettegewand, das sie zu mir pracht hat, darzu sal sie auch haben truͤhen vnd die tissche, die sie zu mir pracht; darzu sal man ir geben von meinem bettegewand ein dechbette vnd ein hawptpoͤlster, vier kussen, czwey gute leylach, ein weysen golter, darzu sal man ir geben eyn zilbereynne schal; auch sal man ir geben vier guͤte czynein schuͤsseln, auch vier hulczeynne

---

[11] Online abrufbar unter http://katalog.ahmp.cz/pragapublica/permalink?xid=E1BD2A7FB72711DF820F00166F1163D4&scan=272#scan271 (07.09.2017).

[12] bis scribitur.

schusseln vnd vier czynein teler vnd czwey salsen schu^{e}sselein vnd auch czwey tischtucher vnd czwey hantetucher; vnd auch geb man ir ein eychein tissch. Auch wil ich vnd schaffe, das dieselb mein hawsfrawe nach meinen tode zu rechen ein vierteyl eines iares in meinem haws mit meinen kindern wonen vnd man sal ir geben ein czymliche notdorfft von essen vnd trinken; vnd was man ir gibt, daran sal sie sich lassen genugen, vnd die weille sal man ir die margengabe nicht geben. Item so schicke und schaffe ich dem Waczlaw, meinem son, vnd der Margarethen, meiner tochter, von ersten die czehen schok grosser ewiges czinses, die ich habe vff dem ho^{e}fe vnd erbe des iungen Marcus Schotter gelegen zu Hostiwicz; vnd darzu schaffe ich in auch die vier schok grosser ewiges czinses, die ich habe vff dem haws des Iohannes von der Miz, genant vnder der stuben, das gelegen ist bey send Merteins tor, zu gleichem teyle vnder sie zu teylen. Vnd sunderlich wil ich vnd schaffe, were sache, das dieselb Margreth, mein tochter, ee abginge von dieser werlde, denne sie zu iren eelichen iaren komen were, denne so sal ir teyl vff den Iacob, meinen son,[13] allein gefallen: do von sal er geben dem Daniel, meines bruders son, dreissig schok grosser, wenne er zu seinen eelichen iaren kumpt; volde aber die mutter die selben dreissig schok grosser vorpurgen, das sie sich do mite neret, so sal man ir dieselben dreissig schok grosser awsgeben. Wer aber sache, das derselb Daniel, meines bruders son, ee abginge von dieser werlde, ee er zu seinen eelichen iaren komen were, so su^{e}llen dieselben dreissig schok grosser vff die Katherina, der Agnesen meiner swester tochter, vnd vff ire kinder mit wollem rechten geuallen; mit demselben sal ir man kein gewalt haben, dieselben zu vortun oder enpfrenden in keiner weyse. Auch were es sache, das der Waczlaw, mein son, auch ee abginge von dieser werlde, ee er zu seinen eelich iaren komen were, denne so wil ich, das von den gu^{e}tern, die in angepu^{e}ret haben, vff die vorgenante Dorothea, mein hawsfrawe, czweinczig schok grosser geuallen su^{e}llen vnd vff denselben Daniel, meines bruders son, auch czweinczig schok grosser vnd das uberige sal vff den Jacub, mein son, geuallen mit wollem rechten. Darnach so schicke ich vnd schaffe demselben Iakubo, meinem son, mein haws mit aller seiner zuhorunge. Darzu schaffe ich im auch die eylff schok grosser ewiges czinses, die ich habe vff dem erbe vnd hofe zum Seczhorn, gelegen bey Coln vff der Elbe, darzu schaffe ich im alle anderen vnd u^{e}berige meine gu^{e}ter varende habe die in meinem hawse gefunden wirt, es sey an cleynaten oder an anderm gerete, nichtesnicht awsgenomen; vnd darzu schaffe ich im meine czwen weyngarten in allem rechten, also ich die gehabt habe, derselben einer gelegen ist von dem Rosto^{e}r, der andere gelegen ist vber Wrsowicz; darzu schaffe ich im auch die vier schok grosser ewiges czinses desselben czinses[14] sein drey[15] schok grosser vff den Oraczken gewantscheres hawse vnd das vierde schok grosser ist vff des Peschil pinters haws; also das er mit denselben weyngarten vnd mit den czinsen tun sal, als ich im vff sein trewe enpholhen habe, als er das an dem leczten strengen gerichte vorantworten wil. Czum leczte schicke ich im vnd schaffe alle meine altarlehen, die ich habe zu send Michel vnd zu send Gallen vnd[16] anderswo, das er die haben sal in allem rechten als ich die gehabt haben. Auch wele

---

13 sequitur „guallen" deletum.

14 sequitur „send" deletum.

15 praecedit „czwey" deletum.

16 emendatum ex „ander" erronee scripto et etiam per scroptorem intellecto pro recto „vnd".

ich vnd kyese denselben Iacob, meinen son, zu einem gescheffltmanne vnd fuͤrmunde in alle die gescheffte, do ich gescheffltman inne bin, vnd besunder in das gescheffl das Peter Czasslawers, das er die also wolfuͤre vnd volende, als ich das selber getan solde haben. Des zu einem geczewgnuͤsse so haben die weisen manne Iuͤrg Synye richter, Andres Kreyssa vnd Sigmund Taschner, gesworne buͤrger vnd schepphen der egenanten stat zu Prage, ire sigele durch meiner bete an diesen brieff gehangen. Der geben ist zu Prage nach Crists gepuͤrt vierczehen hundert iar darnach in dem achczehenden iare am suntage, als man singet Reminiscere in der vasten.

12. [1418, Februar 27]

Albrecht von Brünn, „buerger der grossern stat zu Prage", beurkundet seinen letzten Willen. Sein Oheim Hannus sowie seine vier Kinder Andrea, Katharina, Albert und Sigmund erhalten je (!) 400 Schock Groschen.

Stadtarchiv Wien, Hauptarchiv – Urkunden, Nr. 2078 (Siegelurkunde).
Regest: Uhlirz, Quellen zur Geschichte Wiens, Bd. 2, 1900, S. 35, Nr. 2078.

In gotes namen Amen. Ich Albrecht von Bruͤnn, bürger der groͤssern Stat zu Prage, bekenne offenlich vnd tun kunt mit diesem brieue allen den, die In hoͤren, sehen oder lesen, das ich mit krankem leibe, doch mit guter redlicher vornunfft mein lecztes gescheffte von allen meinen guͤtern, varenden vnd vnvarenden, wo oder woran ich die habe, die mir der almechtige got von seinen gnaden vorliehen hat, den worten, das kein krieg oder widerwertikeit nach meinem tode czwischen meinen freunden vnd nachkomen nicht enstee, tun ich schicke vnd schaffe in aller der maz, als hernach geschriben steet. Von ersten mache ich, kyese vnd secze desselben meines gescheffltes vorweser, volender vnd fuͤrmunder den Hannusco von Laczan, meinen oheim, vnd den Andres, meinen son, oder ich wil mit namen, das der Hannus, mein oheim, oberster gescheffltman sein sal vnd wil auch, das im der vorgenante Andres, mein sone, volgen sal vnd sal im gehorsam sein in allen sachen, die meine kinder nucz vnd fromen antreten werden. Wuͤrde er im oder nicht gehorsam zu meiner kinder nucz, so wil ich, das er denne kein gescheffltman fuͤrbas mer sein sal; sunder der egenante Hannusco sal ein andern erbern man an meines sones stat zu im kiesen vnd welen zu einem fuͤrmunde, der mitsampt im meinen kindern also getrewlichen fuͤr sey mit huͤlffe, rate vnd tat, als ich in des sunderlichen wol getrawe vnd glawbe mit sulcher crafft vnd macht, daz ir iczlich an seinem todbette oder wenne im das fuͤget, ein andern erbern man an sein stat kyesen oder welen mag zu einem fürmund, darnach wil ich vnd ist mein meynunge, das man alle die schult, die ich den lewten nach meinem tode schuldig bleiben werde vnd die man recht vnd redlichen nach der statrecht wirt muͤgen beweisen, zu voraws von meinen guͤtern richten sal vnd beczalen; darnach schicke ich vnd schaffe dem Niclas, meinem bruder, dreissig schok grosser; darnach schaffe ich dem vorgenanten Hannusco, meinem oheim; vnd meinen vier kindern Andree, Katherine, Alberto vnd Sigismund iczlichen vierhundert schok grosser vnd die vberigen meine meine guͤter, varende vnd vnvarende, wo oder woran ich die habe, wie die mit sunderlichen worten muͤgen benant werden, nichtesnicht awsgenomen; dieselben alczumal schicke ich vnd schaffe dem vorgenanten Hannusco, meinem oheimen, vnd meinen vier kundern zu gleichem teile vnder sie zu teylen einem, also vil als dem andern. Wer oder sache, das derselben meiner kinder eins abeginge von dieser werlde, ee den es zu seinen eelichen iaren komen were, denne so wil ich, das desselben toden kindes teyl vff die andern lebendige meine kinder mit vollem rechten geuallen sal. Stuͤrbe oder die vorgenanten meine kinder alle, ee sie zu iren eelichen iaren komen weren, denne so wil ich, das derselben toden kinder guͤter vff den vorgenanten Hannusco, meinen oheim, geuallen sullen mit vollem rechten, do mite zu tun vnd zu lassen, als mit seinen eygen guͤtern an allerlewte hindernuͤsse vnd widerrede. Czum leczten wil ich mit namen, das meine geschefftlewte meinen kindern nach frist nymande lebendiges von allen meinen guter wegen kein rechnung oder antwort tun oder halden suͤllen in keinerweise, wann ich In meine guͤter vnd meiner kinder genczlichen wol getrawe. Des zu einem vrkunde vnd meiner sicherheit, so hab ich mein eygen sigel vnd zu einem geczewgnuͤsse so haben die weisen manne Andres Kraissa vnd Sigmund taschner, gesworne buͤrger vnd schepphen der egenanten Stat zu Prage, ire sigele durch meiner bete willen an diesen brieff gehangen. Der geben ist nach Crists gepuͤrt vierczehenhundert iar darnach in dem achtczehenden iare am suntage, als man singet Oculi mei in der vasten.

13. [1418, Oktober 13]
Johannes Trefant, Bürger der Größeren Stadt Prag, vermacht in seinem lateinischen Testament sein Haus in der Prager Altstadt seiner Gemahlin Dalida.
Archiv hlavního města Prahy, Hdschr. 992, fol. 78v (Abschrift).[17]
Edition: Teige, Základy 2, S. 171 (Auszug).

In nomine domini amen. Ego Johannes Trefant, civis Maioris Civitates [Pragensis], tenore presencium publice recognosco, quod debilis quidem corpore, bona tamen perfruens racione, testamentum meum ultimum de omnibus bonis meis, mobilitas et immobilitas, me a deo altissimo collatis et concessis, ne de aliqua oriatur litis materia me defuncto condo et facio per omnia in hunc modum: Primo enim volo et intencionis mee existit, ut omnia debita mea, in quibus post mortem meam hominibus obligatus remansero heredibus, et que secundum ius et consuetudinem predicte civitatis pragensis litis demonstrare poterint de bonis meis primo et principaliter persolvantur. Deinde lego, dono atque tribuo omnia bona mea, mobilia et immobilia, vbicumque sita ut repeta fuerint seu quibuscumque nominibus etiam poterint designari et notanter domum meam, sitam in acie retro domum Johannis Czelny et ex opposito domus olim Ade, notarii ungelti, Dalide, conthorali mee legittime, ut ipsa cum eadem domo mea nec non cum omnibus aliis bonis meis agere et facere poterit, sicut cum bonis suis propriis quidquid sue placuerit voluntati, prout sibi melius et utilius expedire videbitur contradiccione omnium amicorum meorum seu quorumlibet aliorum hominum qualibet non

17 Online abrufbar unter http://katalog.ahmp.cz/pragapublica/permalink?xid=E1BD3C13B72711DF820F00166F1163D4&scan=152#scan151 (07.09.2017).

obstante; nec alicui homini viventi de talibus bonis sibi per me legatis aliquam facere debet nec tenetur racionem. Nam quidquid de talibus bonis fecerit, hoc ita ratum et firmum esse debebit, ac si hoc per me ipsum factum fuisset. In cuius testimonium sigilla prudentum virorum Georgii Synye, Judicis, Cunczonis carnificis et Wenczeslai Libochleb, iuratores civitatis pragensis, ad preces meas presentibus sunt appensa. Datum Prage a.d. MIIII^{c}XVIII, fer. V. ante festum s. Galli.[*]

---

[*] Am 9. April 1423 ließ Dalida, die Gemahlin des inzwischen verstorbenen Johannes Trefant, in lateinischer Sprache ihren letzten Willen zu Papier bringen (vgl. Nr. 27).

14. [1418, November 4]
Erhard Rudusch, Bürger der Stadt Eger, errichtet seinen letzten Willen. Sein Sohn Hensel erhält Geld und Lehen, seine Gemahlin das Haus „mit ... preihaws", Kleinode und allen Hausrat. Der Erblasser wünscht zudem eine Ewigmesse, die Armen und Siechen im Spital mögen mit 100 Gulden bedacht werden. Das übrige Gut soll zwischen seinem Sohn Hensel, seiner Gemahlin Barbara und den beiden Töchtern Otilia und Käthe aufgeteilt werden.

Státní okresní archiv Cheb, Urkunden – Nr. 341 (Siegelurkunde).

Wir, der burg[er]meister vnd rate der Stat czu Eger, bekennen o^{e}ffenlich mit dysem brife vnd tun kunt allen, die In sehen, ho^{e}ren oder lesen, das für vns in vnserm rate sint kummen vnser freint vnd ratesgenossen Ru^{e}diger goltsmidt vnd Cunrat Meynl, vnd haben vor vns gelautmert vnd dorauf erweiset als recht ist, das wir in wol gelauben, wie das Erhart Rudusch, vnser mitburger, sein lecztes geschefte getun hat mit sein selbes hantschrift auf papir meinem ledlen beslossen vnd in das czu halten geben hat, wenne er abginge, das sie das scho^{e}lten fu^{e}rbringen für den rate, das es gelawtmert wu^{e}rde. Vnd dieselbige schrift lawt von wort czu worte als hernach geschriben stet. Item zu dem ersten schicke ich meinem sun, dem Henslen Enphorauss sein hawse, dorinnen er siczet, scholl man im die zweihundert guldein, die dorauf sein ledigen, vnd munchrews sein lebtage, vnd des Grelpeken hofe, vnd die herberge czu Trebendorf vnd alle meine lehen, vnd wenne mein weip abgeet, so schol das haws von meinem weibe wider auff in vnd auf sein erben erbeiglich wider treten vnd gevallen. Item ich schicke meinem weibe czu voraus mein hawse vorn vnd hinten mit dem preivhaws ir lebtage, vnd schicke ir alle ire kleynode, vnd allen hawsrate, on getreide, pferd, vnd was zum swert gehört, denn meiner trinckfas, vnd löffel scholl sie mechtig sein czu verkawffen, vnd die mein vnd meiner eltern selen guetleich dauon tun, mit gotzpaden vnd ander dingen. Item so schicke ich meiner swester suenen vnd meines bruders suen den teich czu Syrmicz mit des Kappenhein reichs hofe vnd dorczu alle mein czinse vnd czebent czu beiden foder freint czu gleichem teile. Item ich schicke dem Thomas Schro^{e}tel mein vischweide czu firban, vnd den garten, der des Ingrams was bey dem wisprunnen. Item Ich schicke dreissig gu^{e}ldein beimisch czu der messe hinten auf dem altare in der pfarre, scholl man ewigleich vermachen czu geben einem priester von der Reichen mu^{e}le, die messe scholl ewiglich der rate verleihen einem frummen priester. Item ich schicke ein czentner vnslicz czinses auff des Peschlens haws vnd Pencken czu Sant Erhart aufs haws czu stewer czu einer ewigen messe richt der rate awßs. Item ich schicke czu dem heiligen Crewcz den armen siechen dreissig schock grosser pehmisch oder ein erbel dofu^e^r, ist ires gelts ein teile bey het, ich wir Innen. Item ich schicke czu bestellen drey gedechtnu^e^ss ewiger czu machen mir vnd alle meinen vorfarn, czu der pfarre predigern vnd parfusen mit namen Paul Hu^e^lers, seiner wirtin, meiner swester Anna, Heinreich Hwters. Item ich schicke den armen siechen im spitale hundert gu^e^ldein, oder ein erbell dofür, czu stewr am mitwoch vnd am sunabent eir czukauffen. Item ich schicke meinem kelner zweinczig gu^e^ldein, dem Knypentel fu^e^nf vnd zweinczig gu^e^ldein mit lon vberall, dem Hensel Knewsell zweinczig gu^e^ldein vberall, dem Endres vnd Ru^e^del Knewsell Sechczig gu^e^ldein. In meinem selhawse czehen gu^e^ldein czu vnpawen, Marlen dorinnen fünf gu^e^ldein in die hant, vnd meine kleider das Medren geho^e^rt meinen to^e^chterlein. So die andern gebe mein weip durch gote, wo sie hin gnade hat. Item ich schicke die flwrwisen, die des Ro^e^ders was, vnd haws vnd stadell einseit, der pru^e^cken czu verkawffen vnd das anczulegen an ewige czinse bey der widen czum libenstein einem pfarrer ewigleich czu bleiben. Item so schicke ich den anfale vom Podmer Meczelspach gancz vnd gar dem rate sich des czu vnterczihen, wenn der Podmer abget, vnd ewigleich wege vnd stege dauon pessern, wo sie duncket, das am nuczen ist einer gemeine. Item alles das, das ich vbrigs hab vnd lasse, on das ich da verschicket habe, gebe vnd lasse ich alles czu gleichem teile meinem sun Hensel, Barbara meiner wirtin, vnd Otilia vnd Ka^e^terlen, meinen to^e^chtern, denn wer sach, das die Otilia abginge, ee man sie eleich czugelegt het oder in dem ersten iare der hochzeit, scholl ir teile halber treten vnd gevallen awf meinen sun Hensell vnd auf meine swester vnd bru^e^der su^e^ne czu gleichem teile. Auch wer sache, das die Keterll abginge vnter iren iarn, oder das man sie eleich bestalt als gewoenleich ist, so scholl ire Erbteile treten vnd gevallen halp auf mein sun Hensell vnd meiner swester bede bru^e^der su^e^n czu gleichem teile. So der ander teile czu Goczhewsern, armen freinden vnd an gotz dinste, wo inen fu^e^rmu^e^nden bey iren trewen erkennen, das am pesten bestat ist vnd mein weip scholl ire to^e^chter bey ire haben, vnd awsrichten, alcz ich ir gelawbe. Item vnd mein fu^e^rmu^e^nde schu^e^llen sich vnterczihen meiner geltschulde, was ich schuld lasse vnd dauon mein leipding vnd schulde bestellen vnd awsrichten noch iren trewen. Item auch secze ich czu fu^e^rmu^e^nden, was aufs czurichten ist in dem gescheffte meinen sweher, hern Hannsen von Sparneck, mit weip Barbaran, Sigmund vnd Erhart die junckern, vnd des alles czu warem bekentnis vnd czu geczeugnu^e^s, habe wir obgenanter burgermeister vnd der rate geheissen den Francz Jo^e^hell bede, Hanns Hirnlos, bede gesworn des Rates, das sie Ire insigell haben gehangen an dysen offenbrife ingegenwertigkeit hern Hansen von Sparneck vnd frawen Barbara, des Erhart Ruduschen ewirtin seligen, vnd Hensell Ruduschen seins suns, vnd Sigmunden vnd Erharten die junckern, die auch all gebeten haben, den Francz Jo^e^hell, vnd Hansen Hirnlos, das sie beide ire insigell haben gehangen an dysen offen gescheffl brife in on schaden. Der geben ist am nehsten freitage nach aller heiligen tage, do man czalt von Cristes gepu^e^rte virczehen hundert iare, vnd dornach in dem achtczehendem Jare...

15. [1419, September 25]
Sazama, Bürger der Prager Altstadt, verfasst sein Testament, in dem er sein gesamtes Vermögen (u. a. je ein Haus in der Alt- und Neustadt) sowie alle Forderungen seiner lieben Gemahlin Ludmila vermacht.
Archiv hlavního města Prahy, Hdschr. 992, fol. 139v (Abschrift).[18]
Edition: AČ 26, S. 221.[19]

In nomine domini amen. Ego Sazama, civis Maioris Civitatis Pragensis, evidencia presencium cunctis notum facio et publice protestor, quod quamvis circumplexus corporis egritudine, sana tamen mente et perfruens omnimoda racione, testamentum meum ultimum et finale de et ex omnibus bonis meis, mobilibus et immobilibus, a Deo altissimo michi datis et concessis, ne de hiis meam post mortem inter posteros seu amicos meos quoscunque aliqua litis suboriatur materia, condo, facio et dispono per omnia hunc modum: Lego siquidem et dono domum meam, quam inhabito retro Bethleem in acie, et aliam meam domum cum curia et orto, quas habeo in Nova Civitate Pragensi, nec non alia omnia bona mea, mobilia et immobilia, intra et extra civitatem Pragensem ubicunque locorum reperta, quibuscumque nominibus possint designari, nichil penitus eximendo, et presertim decem sexag. gr. census annui et perpetui in hereditatibus Sazame in Horzessowicz, Ludmille, conthorali mee carissime, ad habendum, tenendum hereditarie et pacifice possidentum, sic, quod ipsa, me defuncto, cum eisdem singulis bonis per me derelictis faciendi, dimittendi et disponendi abs quolibet impedimento plenariam obtineat potestatem iuxta libitum voluntatis sue. Ceterum lego atque dono omnia et singula debita michi per infrascriptas personas contracta et debitorie obligata Ludmille conthorali mee prefate, ab eisdem repetendum, exigendum, percipiendum et in usus proprios convertendum; videlicet Chwal de Dokez dimidiam sextam gr., dominus Mysska miles triginta sexag. gr., Coyata viginti sexag. gr., super quo dedit septem sexag., Przibico de Zwiestowa tres sexag. gr. pro fideiussoria caucione fratris sui de Odlochowicz. Horum in evidencia sigilla prudentum virorum Petri iudicis, Wenceslai Straboch et Johannis de Zacz, consulum iuratorum, civium Maioris Civitatis Pragensis, ad speciales preces meas presentibus sunt appensa. Datum feria secunda ante festum s. Wenceslai anno domini MCCCCXIX.*

* Für den 6. November 1423 bezeugt dieselbe Handschrift (fol. 53r-v), dass die Witwe des inzwischen verstorbenen Sazema vor dem „Rat der Großen Stadt zu Prag" erschienen ist und bekundet hat, sie habe den ihr von ihrem verstorbenen Gemahl in dessen Geschäft vermachten Betrag von 10 Schock Groschen jährlichen Zinses, den dieser aus zwei Wiesen bei Prag bezog, für 100 Schock Groschen an einen gewissen Jindřich von Zvoliněves und dessen Erben verkauft.[20]

18 Online abrufbar unter http://katalog.ahmp.cz/pragapublica/permalink?xid=E1BD3C13B72711DF820F00166F1163D4&scan=272#scan271 (07.09.2017).

19 Online abrufbar unter http://147.231.53.91/src/index.php?s=v&action=jdi&cat=10&bookid=144&page=221&action_button.x=0&action_button.y=0 (07.09.2017).

20 Online abrufbar unter http://katalog.ahmp.cz/pragapublica/permalink?xid=E1BD3C13B72711DF820F00166F1163D4&scan=102#scan103 (07.09.2017). Zum Eintrag im Archiv český, Bd. 26 vgl. http://147.231.53.91/src/index.php?s=v&action=jdi&cat=10&bookid=144&page=221&action_button.x=0&action_button.y=0 (07.09.2017).

16. [1419, September 27]
Ješek, Prager Goldschmied, errichtet seinen letzten Willen, in dem er seinen Besitz seinem Sohn Jan sowie darüber hinaus eine jährliche Zahlung von 5 Schock Groschen an seine Gemahlin Dorotha vermacht.
Archiv hlavního města Prahy, Hdschr. 992, fol. 99v (Abschrift).[21]
Edition: Teige, Základy 1, 2.[22]

Wejmeno Bozie amen. Ja Jessek rzeczeny Pehem, zlatnik, miesstienin welikeho miesta Prazskcho, wyznawam obecznie listem tiemto wssiem, ktoz jej vzrzie nebo cztucze vslyssie, ze zdrawym tielem, dobrym rozmyslem a dobru pamietij spatrziw a znamenaw neustawicznost swieta tohoto mylneho a minuleho, tak ze y jedne hodiny czlowiek swym zdrawim bezpeczen nenie, y vczinil jsem a moczi listu tohoto czinim poruczenstwie swe poslednie zewsseho zbozie meho mowiteho y nemowiteho, kterez mam anebo mi pan Buoh z swe milosti pojczi, aby oto zboze pome smrti mezy przately mymi, kterymizkoliwiek sye nizadne roznicze nedaly, ani kterzi swarowe byli a zdwihli. Najprwe chczi a jest vmysl moy plny, aby dluhowe moji, kterez bych wierzitelom swym dluzen zuostal, a ti dluhowe wedle prawa, rzadu a obyczeje miestskeho byli dokazani, naprzed przedewssiemi wieczmi byli zpraweni a zaplaczeni bezodpory anesnazye wsselikaky; a zwlasstie sto kop gr. pocztiwemu muzi Pessicowi Ssatkowi ze wsseho zbozie meho, mowiteho y nemowiteho, a druhych sto kop gr. za ten dluh, jessto zena ma dobrze wie, aby tiech ona zaplatila; a tiech sto kop gr. odkazuji ji natom druhem domu, jessto lezi mezy domem Prewsowym s strany jedne a domem Darmapychowym s druhe strany proti swatemu Climentu, aby ten prodaduczi y zaplatila a czozby sie ji nedostalo na tom domu, alle ma strziebra za ctyrzidczeti kop, a to striebro, aby ji dano bylo ihned w mocz jejie a to naprzed rozdaducz, ostatek, czoz by po domu a potrziebru zuostalo potiech sto kopach gr. swrchupsanych, aby to bylo dano napomocz ku placzeni druhych sto kop gr. swrchujmenowanych panu Pessikowi. Potom porucziem, dawam y odkazuji wssechno zbozie me mowite y nemowite, kterez nenie mam a nebo mieti budu, Janowi, sinu memu milemu, ku poziwani, mieti a k diedicznemu drzeni bezprzekazky wssyech przatel mych. Take dawam a odkazuji pani Dorothie, manzelcze me, materzi Janowie swrchupsaneho, pyet kop gr. platu rocznieho a wiecznieho na domu Hylbrantowie konwarze proti zabie po smrti me, aby tiech pyet kop gr. platu mohla prodati, zastawiti a stiem vcziniti, czoz sye ji libiti bude bez zmatku wsselikterakeho. A to chczi, aby ona, manzelka ma swrchupsana, po smrti me mocna hospodynie byla s Janem, synem mym, w domu mem, w kteremz nynie bydlim, bydlela do smrti swe. A pakliby s nym zbyti nemohla, tehda chczi a jest vmysl moy, aby Jan, syn moy, ji dwadczeti kop gr. platu rocznieho z komory do ziwota jejieho s zbozie meho wsseho platil a wydawal rocznie na kazde leto bezmesskanie wsselikakeho, a ktomu ji dal rucho to, kterehoz jest sama poziwala, chodieczi neb postelnie. A wiecze chtielali by sama byti, aby ji postupil swietnicze a komory, a czozby jej potrzebie bylo zde nahorze w domu, vkteremz ja bydlim beznesnaze wssieliky. To najistotu swu jsem

21 Online abrufbar unter http://katalog.ahmp.cz/pragapublica/permalink?xid=E1BD3C13B72711DF820F00166F1163D4&scan=194#scan193 (07.09.2017).

22 Online abrufbar unter http://kramerius.mlp.cz/kramerius/MShowPageDoc.do?id=57193&mcp=&idpi=102955 &author=Teige_Josef (07.09.2017).

peczet wlastni ktomuto listu prziwiesil a na swiedomie mudrzi muzowe Duchek rimer a Wwaczlaw Sstraboch, przisezni miesstiane a consselie Welikeho Myesta Prazskeho swrchupsaneho, swe jsu take peczeti k me prosbie k tomuto listu prziwiesili. Jenz dan v Praze tu ctrzedu przed swatym Waczlawem leta od narozenie bozieho Tisicz ctyrzsta w dewatenadcztem letie.

Im Namen Gottes Amen. Ich Ješek, gen. „Pehem“ [der Böhme], *Goldschmied, Bürger der Großen Stadt zu Prag, bekenne öffentlich mit diesem Brief allen, die diesen sehen oder lesen hören, dass ich mit gesundem Leibe, gutem Verstand und gutem Gedächtnis, die Unbeständigkeit dieser irrenden und vergehenden Welt wahrnehmend und feststellend, dass der Mensch mit seiner Gesundheit zu keiner Stunde sicher sein darf, mit Kraft dieses Briefes mein letztes Geschäft von allen meinen Gütern, fahrenden und unfahrenden, die ich besitze oder die mir Gott der Herr aus seiner Gnade heraus anvertraut hat, tätige und betone, damit über diese Güter nach meinem Tode zwischen meinen Freunden weder Streit noch Hader entstehe noch sich entzünde. Zuvörderst will ich und ist es meine volle Absicht, dass meine Schulden, die ich meinen Gläubigern noch schuldig geblieben bin, sowie die Schulden gemäß Recht, Ordnung und Gewohnheit der Stadt angezeigt werden mögen. Zuerst mögen vor allen anderen Dingen diese ohne Einwände und mancherlei Hindernisse aufgezeigt und bezahlt werden, und insbesondere 100 Schock Groschen dem ehrwürdigen Mann Pešík Šatek aus meinem Besitz, sei er fahrend oder unfahrend, und* [des Weiteren] *jene 100 Schock Groschen für die Schuld, über die meine Gemahlin gut informiert ist, damit sie diese begleichen könne. Und jene 100 Schock Groschen vermache ich ihr auf jenem zweiten Haus, welches zwischen den Häusern des Prewes von der einen und dem des Darmopych von der anderen Seite, gegenüber von St. Klement, liegt, dass sie dieses verkaufen und bezahlen möge; und* sollte *sie nichts für das Haus bekommen, dann hat sie aber Silber im Wert von 40 Schock Groschen, und dieses Silber soll man ihr sofort aushändigen und zubilligen; der Rest, sollte etwas neben dem Haus und dem Silber übrigbleiben, nach jenen oben genannten 100 Schock Groschen, dies möge zur Hilfe für die Bezahlung der 100 Schock Groschen dem oben genannten Herrn Pešík gegeben werden. Weiterhin empfehle, gebe und vermache ich mein gesamtes fahrendes und unfahrendes Gut, das ich jetzt besitze oder besitzen werde, Jan, meinem lieben Sohn, zur Verwendung und zu erblichem Besitz, ohne Hindernis durch meine sämtlichen Freunde. Auch gebe und vermache ich Frau Dorotha, meinem Eheweib, der Mutter des oben genannten Jan, fünf Schock Groschen Jahres- und Ewigzins auf das Haus des Hylbrant Kannengießer, gegenüber dem „Haus zum Frosch“, nach meinem Tode, auf dass sie diese fünf Schock Groschen verkaufen, verpfänden und damit machen könne, wie ihr beliebe, ohne jegliche Behinderung. Und sodann will ich, dass sie, meine oben genannte Gemahlin, nach meinem Tode eine mächtige Wirtin für Jan, meinen Sohn, in meinem Hause sei, in welchem ich jetzt wohne, und sie dort bis zu ihrem Tode wohnen bleibe. Und sollte sie nicht bei ihm bleiben können, dann will ich und ist mein Wille, dass Jan, mein Sohn, ihr 20 Schock Groschen Jahreszins aus der Kammer bis zu ihrem Lebensende aus meinem oben genannten Gut bezahlen und ihr jährlich jeden Sommer ohne jegliches Säumen aushändigen möge und dazu die Wäsche, die sie selbst genutzt hat, Bettzeug und Bettwäsche. Und sollte sie allein bleiben mögen, dann trete er ihr Zimmer und*

*Kammern ab, und was sie benötigen würde, wäre hier oben im Haus, in dem ich wohne, ohne alle Hindernisse. Und zu meiner Sicherheit habe ich mein eigenes Siegel diesem Brief beigegeben und zum Zeugnis die ehrenwerten Männer Duchek Rimer und Václav Štraboch, beisitzende Bürger und Ratsherren der oben genanten Großen Stadt zu Prag [gerufen], die auf meine Bitte hin diesem Brief ihre eigenen Siegel beigefügt haben. Dieser ist gegeben zu Prag am Mittwoch vor St. Wenzel im Jahre seit der Geburt des Herrn Eintausend vierhundert im neunzehnten Jahre.**

* Am 22. September 1421 errichtete Dorotha, die Gemahlin des wohl bereits verstorbenen Jan, des Sohnes Pešeks des „Böhmen", freiwillig ihr Testament aus Krankheitsgründen (Liber contract. Nr. 2102, fol. 422). – Am 6. August 1425 wiederum ließ Dorotha, die Gemahlin des verstorbenen Goldschmieds Pešek und Bürgerin der Prager Altstadt, ihren letzten Willen kodifizieren. Als Haupterben erscheinen hier der Enkel Janek sowie die Enkelin Dorotha. Weitere Personen werden mit Geldlegaten bedacht, u. a. auch der Diener Jan (Liber tertius Hdschr. 992, fol. 99v – vgl. Nr. 32).[23]

17. [1419, Oktober 6]
Bürgermeister und Rat der Stadt Eger bekennen, dass ihr Mitbürger Niclas Jür sein letztes Geschäft vor ihnen errichtet habe. Die Schulden des Testierers sollen beglichen werden. Der Sohn Michel soll 100 Gulden erhalten, auch die Gemahlin Anna und die Töchter werden mit Geldlegaten bedacht. Ein Bewohner seines Hauses mit Namen „Rybstein" möge für ein Jahr dort kostenlos logieren. Der Vetter Jobst erhält ein Messbuch und ein Gewand.
Státní okresní archiv Cheb, Urkunden – Nr. 345 (Siegelurkunde).

Wir, der burgermeister vnd rat der stat czu Eger bekennen offenlich an diesem briefe allen, die in sehen oder horen lesen, daz für vns in vnsern rat komen sein vnser freunde, der Hanus Kotenplaner, vnser ratisgenos, vnd Niclas Rybsteyn, die tzeit Scheppf bey vns, vnd haben vor vns geoffenbart vnd gelawtmeret vnd darüber erweiset als recht ist, wie daz Niclas Ju^e^r, vor tzeiten vnser mitpurger, dem got gnade, nach in gesandt vnd mit guter vernvnfft vnd mit bedachten mvte vnd willen, sein letztes gescheffte vor in getan hett, als hernach stet geschrieben. Czum ersten hat er geschickt, daz man alle seine geschulde, die er schuldig ist, tzu voraws von seinem gute schol gelien vnd hat darnach geschafft seinem sone, dem Michel, hvndert guldein tzu voraws hindan. Vnd hat auch geschafft seinen to^e^chtern ytzlicher su^e^nderlicher tzwayhvndert gu^e^ldein, daz sie damit von den andern iren geswist gesundert vnd getault sein schu^e^llen. Vnd er hat auch geschickt seiner ehlichen hawsfrawen Annen funfftzig schock behemischen groschen vnd dartzu alles, daz sie tzu im harbracht vnd alle ire klaynod vnd plvndern. Vnd er hat auch geschafft hern Jobst, seinem vettern, ayn mespuch vnd ayn gewantt, daz schol man im geben nach seiner verschiedung. Vnd er hat geschafft seiner tochter

23 Der *Liber contractum* der Prager Altstadt (Hdschr. 2102) zählt leider zu den seit 1945 zu verzeichnenden Deperdita! Der Eintrag ist durch Teige, Základy, Bd. 1, überliefert. Online abrufbar unter http://kramerius.mlp.cz/kramerius/MShowPageDoc.do?id=57193&mcp=&idpi=102955&author=Teige_Josef (07.09.2017). Zum letzten Willen der Witwe Dorotha im *Liber tertius* vgl. http://katalog.ahmp.cz/pragapublica/permalink?xid=E1BD3C13B72711DF820F00166F1163D4&scan=194#scan193 (07.09.2017).

Barbaren tzehen schock behemischer groschen von seinem gute tzu geben vnd hat auch geschickt, daz man den Rybsteyn ayn gantz iar in seinem hawse sol frey sitzen lassen. Vnd was er dau^{e}ber mer hat gelassen an erbe vnd gute, varenten oder vndvarenten, gute kaynerlay awsgenommen, daz hat er alles geschafft vnd geben allen seinen so^{e}nen tzugleichen tayl, ye aynen als vil als dem andern awsgesatzt ab Erhart, sein svn, seine junckfraw, dez Heintz Possecken tochter, beslefft, so schol im für seinen erbtayl gefaln vnd volgen, watz im geredt ist worden. Vnd auch hat er geschickt, ob der kinder ayns oder mer obgingen, ee dann sie tzu iren rechten tagen sein komen, als der stat hie tzu Eger recht ist, so schol ye desselben vorschieden kindes gut treten vnd geschen auf die andern geswistreyden, die dann noch leben, auch tzugleichen tayle angeneide. Vnd ob die kinder gut abgingen, da got vor sey, so scho^{e}lde ir gut treten vnd gefallen auf die nechsten freinde. So hat er auch geschafft, daz sich die vier fu^{e}rmu^{e}nden seiner vier knaben mit iren tayl gutes vnterwinden vnd die tziehen vnd in vorsteen schu^{e}llen, als er in getrawtt vnd gelawbt. Vnd des vorgeschriben geschefftes alles hat er tzu fu^{e}rmu^{e}nden gekorn vnd gemacht seinen son, den Michel Ju^{e}ren, seinen vettern, den Peter Kloppfer, vnd seine tzween sweher vnd auch fraw Annen, sein eliche hawsfraw, ditze gescheffte awstzurichten vnd dem vortzusteen nach iren trewen, als er in gelawbt vnd getrawt hat. Vnd datz ditz geschefte also sta^{e}te bleibe vnd krafft hab vnd gehalten bleibe, als vor geschriben stet, des haben wir der burgermaister vnd Rat gehaissen vnser freunde vnd ratsgenossen, den Sigmund Ruduschen vnd Niclasen Freytag, daz sie von uns gehaysses wegen des alles tzu getzewknisse vnd bedechtnisse In on schaden vnd entgelt ire insigel haben gehangen an diesen brieff. Der geben ist des nehsten freytags vor sand Dyonisus tage, als man tzalte nach Crists gepu^{e}rte virtzenhundert vnd in dem newntzenden iare.

18. [1420, Juni 15]

Georg Deumlin errichtet in Znaim sein Testament, in dem er an erster Stelle zum Bau des Klosters zum hl. Kreuz 8 Schock Groschen stiftet; weitere Legate an kirchliche Einrichtungen folgen. Das Haus soll seine Gemahlin Elisabeth gemeinsam mit seiner Enkeltochter erben. Auch an die Ausbesserung von Wegen und Stegen wird gedacht. Zwei Wallfahrten nach Rom und Aachen.

Státní okresní archiv Znojmo – fond nejstarší knihy und Hdschr. (Sign. AMZ – II/96, fol. 3r).

Testamentum Georgii Dewmlini conscriptum Anno domini M°CCCC°XX° sabato in die sancte Viti prudentibus prudentibus [*sic!*] viris Petro Plumel moderno et Martino Plümel seniore iurati Znoymensis civitatis.
Primo ich schaff zum paw zum heiligen krewcz acht schok groschen.
Item zum paw zu vnser frawen acht schok groschen.
Item zum paw zu sand Niklas acht schok groschen.
Item ich schaff meinem freund vnd knecht Stislaben V schok groschen.
Item Hans Dewmlein zu Hostradicz V schok groschen.

Item mein haws, mein weingarten, den Bennpuhl vnd den weingarten vnder den hoefen schaf ich mein hawsfrawn Elyzabethen vnd meinem enenklein Andlein in gleicher teilung. Vnd ob mein enenkl Andel abgieng mit dem tod, do got vor sey, vor iren vornueftigen iaren vnd ee, das sy ein man nem, so schol der selbig halb teil halber meinen negsten vnd armen freunden gevallit vnd der ander halbteil des selbigen halben teils schol angelegt werden zu kyrchen vnd klostern, zu wegen vnd zu stegen, nach des rates vnderweysung; vnd nach oder vor der frawn tod wenn sy wär an irem todpet, so hat sy mit iren halben teil volle macht zu tun vnd zu lassen zu schaffen vnd zu geben, wem sy will, awsgenommen XX schok groschen, dy schollen von der hab gevallen X ß meinen armen freunden vnd X ß zu kyrchen zu klostern, zu wegen vnd zu stegen nach des rates vnderweysung.
Item mein wiertin schol lassen geen ein Romfart.
Item ein Achfart.
Item zu awsrichtung des vnd anders geltes schol mein wiertin ein frist haben ein iar oder mer vnd nicht so gahligen darczu genoett werden.
Item das halb lehen czu Lewrnigk schol die fraw vskauffen, das sy das gelt alcz ich geschaft hab mag awsgerichten.
Item dy wiertschaft vnd alles hawsgerät schaf ich mein wyertin.

19. [1421, Oktober 29]
Johann Enderlin aus Kuttenberg vermacht in seinem in Latein aufgesetzten Testament dem Bruder Wenczeslaus 4 Schock Groschen sowie ein Haus in Kuttenberg „dum et quando ad eadem possint pervenire“.
Státní okresní archiv Jihlava – archiv města Jihlavy, Stadtbuch Nr. III, fol. 63v (Abschrift).[24]
Regest: Neumann, Nové prameny, S. 213.[25]

Johannes Enderlini, licet eger corpore sana tamen mente, testamentum sue vltime voluntatis faciens, testamentarios constituendo Iohannes Ebmer et Petrus Vorndl, piscatores huios, testamentum disposuit in hunc modum. Primo legauit Nicolao, nato suo, vnam tunicam fla. co. vulpibus pellibus subduetam, vnum nigrum palium, duo nigra capucia, et vnum bricetum grisenum. Item xxij centenaria arnine circa Petrum Vorndl piscatorem tollendum est, Anne, sue conthorali, eciam legauit xxij centenaria arnine circa Petrum Vorndl piscatores tollendos et partipiendos cum eisdem faciendi et dimittendi; sicut placet eadem Anne, conthorali sue, legauit arninam, quam licet in montibus Chutten ipsum pro sua parte defunctem de qua Wenczesslao, fratri suo, iiij^{or} sex. gr. dare debet deinde domum suam, quam habet in montibus Chutten, dum et quando ad eandem possint pervenire commisit vendendi et pecunia; postquam fuit vendita medite Nicolaus, filius suus supradictus, propriat aliam voluptem pecunie domo memo-

24 Online abrufbar unter http://www.manuscriptorium.com/apps/index.php?direct=record&pid=AIPDIG-SOAJ__ARCHIVMESTAJ3UQOW6D-cs#search (07.09.2017).

25 Online abrufbar unter http://147.231.53.91/src/index.php?s=v&action=jdi&cat=19&bookid=607&page=213&action_button.x=0&action_button.y=0 (07.09.2017).

rata Anna, conthoralis ipius predicta, propiat omnis sine im. peticione et faciat cum eadem sicut ei placit. Item legavit Wenczesslao, sorario suo, tunicas flaveas tunicam subductam cum una iapula nigra eralia spissa et vnam tunicam gr. coloris. Si enim idem Wenczesslaws decessit tria illa sibi legata ad Annam, vxorem Iohannis Enderlini supradicti, devoluens. Item Nicolao, filio suo supradicto, legavit vnam loricam. Item Johannes Enderlini dixit se Petro Vorndl piscatoris oblegavit in v sexagenis grossos cum xij gr. quas ipse Vorndl habet et tollere debet de armia Petrum Vtrasicz predictum que ita ipsum Vorndl reporta existit. Iucasu vero si Nicolaus Enderlini supradicti decessit eodem tunc omnia bona sibi perquirens inter se equaliter dividenda devoluent, exclusa tunica et palio predicto, de quibus iter dicti Nicolai ad liminam sanctorum Petri et Pauli pagi debent. Si autem omnis pueri decesserint, tunc bona omnia puerorum eorum ad Annam, contoralis Johannis Enderlini supradicti, debet devolui pleno iure. Actis et registratum feria quarta post Simonis et Iude ap. Anno domini M°CCCC°XXI°.

20. [1421, März 23]
Diepoldus Sellator, Bürger der Größeren Stadt Prag, vermacht in seinem lateinischen Testament u. a. seiner Tochter Makussa 20 ungarische Goldgulden, Kleidung und Möbel. Der Sohn Valentin soll 9 ungarische Gulden erhalten. Auch die Gemahlin Clara, die schwanger ist, und die Tochter Dorothea werden mit Geld bedacht; sie erben zugleich die beiden Häuser des Testierers.
Archiv hlavního města Prahy, Hdschr. 2102, fol. 422 (Abschrift).[26]
Edition: Teige, Základy 2, S. 66.

In nomine domini amen. Ego Diepoldus sellator, civis Maioris Civitates Pragensis, tenore presencium publice recognosco universis, quod licet languens corpore, bona tamen et matura deliberacione prehabita, testamentum meum ultimum de omnibus bonus meis – dispono per omnia in hunc modum: Primo enim facio et constituo eiusdem mei testamenti executores et tutores discretos viros Mathiam Porybny et Marzikonem Sellatorem, cives predicte civitatis Pragensis, amicos meos, petens eos, ut presens meum testamentum sic exequantur, prout de ipsorum honestate confidenciam indubie gero singularem. Post hoc volo et intencionis mee existit, ut omnia debita mea, in quibus obligatus remansero et que secundum ius consvetudinem dicte civitatis Pragensis demonstrari poterint, de bonis meis principaliter et ante omnia persolvantur. Itaque Makussi, filie mee, viginti florenos ungaros, duo plumalia cum duobus lintheaminibus, quatuor pulvinaria, duo subcapitalia et duo, in quibus solent sedere, duos cingulos argenteos muliebres, tunicam griseam, pallium muliebre tincture flavee, cistam alias truhlam magnam, pelium et equilum ereum. Valentino, filio meo, novem florenos ungaros cum uno nobili. Residuum autem florenorum cum anulo aureo et uno nobili Clare, conthorali mee, Dorothee, filie nostre, et puero, quem adhuc ventre gestat, si in lucem vivens pervenerit. Margarethe, orphano cuiusdam Iacobi, scultellam argenteam et tres

[26] Deperditum.

s. gr. Marussi, sorori mee, parate pecunie domo. Residuum autem bonorum meorum – videlicet duas domos, unam, quam inhabito, et alteram in foro pullorum sitam, ortum sub claustro Slavorum in Nova Civitatis Pragensis, et omnes et singulas res mechanie artis mee cum eo iure circa laborem ahın me quomodolibet spectante et concernente Clare, conthorali mee, et pueris nostris Valentino filio et Makussi predictis lego et assigno inter se equali partimine dividenda demptis parafarnaliis debitis et consvetis, que conthoralis mea predicta pro se recipere debet. Horum in testimonium sigilla prudencium virorum Alssonis iudicis, Martini Zumbergerz et Wenceslai a Carponibus, consulum iuratorum predicte Civitatis Pragensis, ad preces meas presentibus sunt appensa. Actum et datum anno domini MCCCCXXI ipso die Pasche.

21. [1421, Dezember 22]
Testament des Georg Walfogl. Sein Sohn soll 30 Schock Groschen erhalten. Seine Gemahlin bekommt u. a. einen vergoldeten Kelch, die Magd Barbara 1 Schock Groschen.
Státní okresní archiv Jihlava – archiv města Jihlavy, Stadtbuch Nr. III, fol. 64r (Abschrift).[27]
Edition: Neumann, Nové prameny, S. 213-214.[28]

Er hat zum ersten geschaft der Dorotheam, seiner eelichen hawsfrawen, alles sein gut, varund vnd vnvarund, wo vnd an welich stat er das vnder im hat gelassen; von dem gut allem sol sy dem Procop, seinem sun, geben 30 ß gr., ab man dorzu kumen mag, wer des aber nicht, so sey mynner auch, so schaft er ir sein haws vnd dorzu alle seine czinse, die er do hat, davon sie sich mit iren kindlein genern sol. Wer aber, daz sie iren witeb stul vorrukt, dennoch sol sie die kindlein von dem gute genern vncz zu irn vornunftign iarn; auch wer ez sache, dacz sie adir ir man den kindlein nicht vor sein wolten, so sol man sie mit irem tail von den kindlein tailen vnd sol die kinder befehlen dem Michel vom halben Rad, seinen swager. Item so schaft er seiner hawsfrawn ein vbergolten kelichlein. Item der Barbara, seiner mayd, 1 ß gr. Item ein czechtuch der mesrer vom Prag sol der Hannus Musl, mesrer vom Prag, zu im loczen vnd ledigen vmb 2 ß. gr. vnd dasselbe furbas reichen in die czech der mesrer ken Prag; vnd die czwei ß. gr. sol man im wider geben. Item er sagt ledig al seine schuldiger vnd was er schuldig ist, des man sein hawsfraw vnderweisen kan, die selbe schult schol sie beczalen mit gutem gewissen. Item zu gescheftlewte hat er im gekorn die erbern Stephlsmid vnser ay^{e}tgenos Hensel Marquart vnd Hierssel mesrer, die das geschefte fur vns in vnsern rat in vnser register haben lassen schreiben am nechsten montag vor Weinachten anno Domini M°CCCC°XXI°.

[27] Online abrufbar unter http://www.manuscriptorium.com/apps/index.php?direct=record&pid=AIPDIG-SOAJ__ARCHIVMESTAJ3UQOW6D-cs#search (07.09.2017).

[28] Online abrufbar unter http://147.231.53.91/src/index.php?s=v&action=jdi&cat=19&bookid=607&page=213&action_button.x=0&action_button.y=0 (07.09.2017).

22. [1421, Dezember 21]
Testament des Niclas Sokol, Messerschmied aus Prag, in deutscher Sprache. Krank darniederliegend errichtet er sein Testament. Er vermacht mehreren Personen verschiedene Gegenstände, u. a. Rock, Pelz, Mantel und ein Schwert. Hinzu treten verschiedene Geldlegate.
Státní okresní archiv Jihlava – archiv města Jihlavy, Stadtbuch Nr. III, fol. 64r (Abschrift).[29]
Regest: Neumann, Nové prameny, S. 214.

Ich Niclas Sokol, mesrer von Prag, bekenne offenlichen, do ich zu der Igla krank lag vnd derkant, daz mein lebtag nicht me seint, do besant Ich die erbern lewte, den Stephan Sanik, ein gesworn schephen, vnd der Cristian Hackensnad, ein gemeiner mann vnd schuster, dar vor in mein ding mit guter vernuft vnd mit bedachten mut. Von ersten xxij ß gr. bereites geldes die mein bruder inne hat, daz er die der Ursula, meiner hausfrawn, geben schol; vnd iij ß stein stohls [?] y ein stein für xv gr. So hab ich dem Jessko, kurzner zu Lewtmericz, czu vbgolte schal vnd fast ein silbrein schal vnobrgolt. Item ein silbrein pecher. Item leffl mit silber beslagen. Item ein silbrein gurtl vbergolt vnd ein silbrein vnuorgolt. Item ein rok mit [?]wein pellicz vnd ein mantl mit einem vndertzug. Item ein swarcz mantl der frawen vnd einen roten rok. Item ein plaben golt. Item ein swarze hawb eyn Czabl vnd ein par hozen. Item ein swert, daz ist vordem gehulcze vorgolt. Item ij schok pereites geltes miner v gr., daz Peter Kuchensmid, mein bruder, alles ab er daz eingemanen hette der Ursula, meiner hawsfrawen, geben sol als ich im des gelawb vnd getraw vnd er mir das gelobt hat zu tun. Item so hab ich schult gelassen, die man mir schuldig ist. Czum ersten der Greiffs [?], mesrer, 1 ß gr. dy ym perait gelihen han. Item Fasolt, messersmid von Prag, ij ß gr. Item Waldfogl, Mesrer, j ß gr. Item Hanus Glaczer, mesrer, j ß gr. vnd j ß an dem czinse. Item Bernhart von der Nysse, des Jostes swager von der Nysse, tenen ij ß Item der Newman, mesrer, ter j ß. Item hern Ulrich, priesther von sant Apollinarij von prag, tene ij ß dieselbe geschult alle schaffe ich der Vrsula, mein eelichen hawsfrawen, vnd wo ir mein egenanter bruder in dem obgeschriben gescheffte ein ainfal machen wurde, do got vor sey. So tet er meiner zelen einen grossen slag. Actum sig. datum feria prima ante festum Natalis Cristi Anno domini m cccc°xxprimo.

23. [1422, Februar 18]
Heinrich Saxenfeld, Bürger in der „grossern stat zu Prag“ und weitvernetzter Handelskaufmann, beurkundet in Znaim seinen letzten Willen. Seine ausständigen Gelder in Böhmen, Mähren und Deutschland etc. sollen eingebracht werden. Sein Bruder Hermann erhält die Habe, u. a. gehören hierzu Tücher und Fässer mit Kleidung.
Stadtarchiv Wien, Hauptarchiv – Urkunden, Nr. 2189 (Siegelurkunde).
Regest: Uhlirz, Quellen zur Geschichte Wiens, Bd. 2, 1900, S. 59-60, Nr. 2189.

---

[29] Online abrufbar unter http://www.manuscriptorium.com/apps/index.php?direct=record&pid=AIPDIG-SOAJ__ARCHIVMESTAJ3UQOW6D-cs#search (07.09.2017).

In gotes namen amen. Ich Henreich Saxenveld, mitburger in der grossern stat zu Prag, tun kund vnd offenbar mit dem brief fur allen lewten, dy in sehen oder horen lesen, das ich vor den erbaren weysen mannen Paulen von Schotaw, des newen rates vnd Sczepan von Jermeritz, des alden rates, bayde mitburger zu Zneym, dy ych dy czeyt darczu geruffet hab vnd fleyzziklich gebeten, mit wolbedachtem mut vnd mit guter vornuft mein lecztes geschaft getan vnd gemacht hab, czu der czeyt, als ich das rechtlich vnd wolgetun macht, von aller meiner hab vnd gut, varund vnd vnbarund, die mir der almechtig got von seinen genaden hat vorlihen, das nach meinem tod von des wegen kein krieg schol geschehen. Czum ersten ich schaff all mein hab, varund vnd vnbarund, meinem Bruder Hermanus, vnd namlich all, dy hab dy ich hab zu Prag vnd auf dem land, dy ich mit dem rechten statbu^e^chern vnd handvesten mag beweysen. Item Ich mach mechtig Hermannum, meinen bruder, vnd Mathesen von Chölln am Rein, das sy volle macht haben einczuvordern all mein geldschuld vnd all mein czins, dy sy aus briefen vnd büchern wissen vnd werden geschriben vinden; vnd dovon schollen sy hinwider beczalen all mein geldschuld, dy ich schuldig bin, vnd dy man mag rechtlich beweisen. Item ich schaff, das dy vorgenanten czwen, Hermannus vnd Mathes, vnd auch Erasmus Bietenburg zu Prag, mitburger, das sy schollen einbrengen vnd einnemen all mein geltschuld, dy man mir schuldig ist in Behmen, in Merhern, in Dewczenlanden, auf dem Marichveld vnd anderswo, an allen enden, oder wye dy schuld mit sunderlichen nomen sein beschriben, oder wer mir dy schuldig ist, nymanczs ausgenumen, das man in dy alczumal schol ausrichten vnd beczalen. Item ich schaff ob mein obgenannte drey freunden icht ein vberlauf wird vber schuld, do mit schollen sy mein zel bedenken vnd das secz ich czu irer gewissen. Item dy vorgenannten drey mann schollen meines geschafftes gancz gewaltig sein vnd schollen einnemen vnd ausgeben, alz ich in wol getraw, vnd schollen auch dovon nymanczs kein rechnung geben, geistlich oder weiltlich. Item dy nachgeschriben maynung hat der vorgenant erber man Henricus Saxenveld selber lassen beschreiben aus seinem mund vnd hat alzo gesprochen. Item wir haben geret mit meynem bruder von der hoffrichterin wegen, vor auff vmb den priff, den er yme hait von dem Lewtel der lawt: v ß gr. dar an hait er von dem Lewtel gein gelt nicht auf gehaben, dorvmb, wan sey beczalt de xxxj ß 19 gr., so sal man ir den priff geben, anders nicht; vort den anderen priff, da meine bruders segel an henget, da sol man sein segel abe thun, das sein segel frey sey, so sal man ir den brif auch weder geben, das hat mein bruder gesprochen vor Erassme vnd Mathys vnd mir. Item, was ich auf gehaben habe von des Lewtels kindern, von der Smytten, dor vor sal man in geben de vij ß czyns auff Leyttewicz. Item auff des Schawffelers hoffe ist viij ß czyns, de hab wir ynen von dem Lewtel, de sol man vkaufen vnd beczalen de scholt damit. Item des Gundackers kindern pin ich schuldig j ß, was ich in daran geben habe, das sol man abeslahen. Item der Barbaren kinder pin ich schuldig xxx ß, was mir der Endel vnd Barbara schuldig sein, das sol man abeslahen. Item der Richartin sol man obeslahen, was ich ir besunder geben hab. Item was sey sust vczert, do ich nicht pey ir gewest pin, das sol man ir halb rechen vnd der manden halb. Item so hait ir mein bruder geschaft de Rucken kurffen, de sey gedragen hait. Item den mandel, den roden mantel und den grawen mantel, vnden plauen vnd gronen mantel. Item Merme Swigen de arrt mantel. Item vij Franczen meynen langen grauen rock. Item mit des Lucas son thut das pest, vnd helft ym etwas, das er küm, das er etwas lere, want ich en hab seyns gelts nichcz.

Item dem Hans gebt ij ß. Item der Angnesen ij ß. Item der Katrinen i ß. Item mein bruder hait geschafft sein gross myss gewant, das sol man geben in de kirchen, da man in legen wirt. Item das new myss gewant, vnd das ander sol man senten vnd geben in de kirche, da ich geporen pin. Item meyne swiger myssgewant sol man ir weder geben vnd ir agnus dei. Item das myss gewant von send Leynhart, das gebt, wo das hin gehoret. Item das myssgewant von plays gebt auch, wo es hin gehoret; vnd nempt da von was es czu furen kost. Item auch schaff ich Herman, meinem bruder, besunder alle mein silber drinckfas oder gurtel vnd sust, was des ist vnd bort alle mein kleider vnd hawsgerede, da sol er weder von geben vnd thun, als ich ym das emfolen vnd gehaissen hab. Item so hab ich hie lygen czu Znoym mit den irsten. Item vj tuch von Bruxsel. Item vbn tuch von loffen. Item xv. tuch von sandtrwten. Item xxxij tuch von Kolln vnd von Aiche. Item iij harras. Item dande vmbslege, dor das gewant in beslage ist. Item viij gancze vorstete vnd ij halb vorstete. Item noch hab ich ligen zu Eger hondert harras. Item ein fas mit hawben, da ist yn xxij tusm hawben. Item noch hab ich lygen czu der Yglaw ij tusin hawben vnd v par hosen. Item noch hab ich ligen czu hoffe viij tuch von Kolln vnd j tuch von Aichen vnd stucker von tuchen von Kollen, dys gewant vnd hawben vnd harras schaff ich, das de vorgenannten drey Herman Mathes vnd Erassyme, de scholt davon beczalen sullen, de ich schuldig pin; vnd des czu einer ganczen sicherheit hab ich gebeten dy erbaren weysen mann den Rat zu Znoym, das sy ir stat insigel mit irem guten wissen vnd willen an den brief haben gehangen. Der gegeben ist nach cristi gepurd viiij hundert vnd dornach Im xxij iaren des mitwochens nach dem Suntag, alz man In der heyligen cristenheit singt Exsurge.

24. [1422, März 3]

Testament des Paul Meiler aus Kuttenberg. Zunächst sollen seine Schulden, über die die Gemahlin unterrichtet ist, bezahlt werden.

Státní okresní archiv Jihlava – archiv města Jihlavy, Stadtbuch Nr. III, fol. 68r (Abschrift).[30]

Ich Paul Meiler, mitburger des Berges czum Chuttn, bekenne offnilichin mit diser schrift, das ich mit wolbedachten mut vnd mit guter vernunfft ein sulich gescheft getan hab. Czum erstin so schaffe ich, das all mein geltschult, die ich schuldig pin, von allen meinen gutern, varund vnd vnvarunden, wo ich dy hab ob der erdin vnd vnder der erdin, beczalt werde, die der Anna, meiner hausfFrawen, wol wissentlich sein; vnd in nemlichin dem Heinrich Saxenfelt, mitpurger von Prag, Herman, seinem pruder, vnd ir beiden erben lxxxj schock gr. vnd x gr., dy auch in des bergspuch czum Chutten sein beschribin, vnd wanne ich in ader mein hausfraw suliche geltschult beczalt habin So sullen sy mich denne vnd mein hausfraw der selbin mit der von Chutten Sygil vnd brive vnd auch mit der von der Igla sigl vnd brive kvitt ledig vnd loz sagm. Auch so schaffe ich von dem egenannten gut allen dem Pawlo, Jeronimes sun vom Piesk, meinem

30 Online abrufbar unter http://www.manuscriptorium.com/apps/index.php?direct=record&pid=AIPDIG-SOAJ__ARCHIVMESTAJ3UQOW6D-cs#search (07.09.2017).

eniklein, y^{ȼ} schock gr.; vnd was darnach das vberigen in gutis ist, das schaffe ich alles der Anna, meiner eelichen hausfrawn, erblichin czu besitzen vor aller menschlichen vngehindert, do mite czu tuen vnd czu lassin als ich ir des getraw vnd gelaub sy, doch mit sulicher vnderscheid, das ich das kegenwürtig gescheft, ab ich des hernachen czu rat wurde vorkern mag. Testatores Johannes Ebrl et Chuncz Messer. Actum feria tertia proxima post Invocavit. Anno domini m°ccccxxij°.

25. [1422, Juli 29]

Der Egerer Bürger Conrad Kabeys verfasst sein Testament. Seine Gemahlin Kathrein sowie seine beiden Töchter Margreth und Kunna erhalten alle seine Habe zu gleichen Teilen.

Státní okresní archiv Cheb: Urkunden, Nr. 349 (Siegelurkunde).

Ich Conrad Kabeys, vorczeyten czu Nielsaw gesessen, yeczund purger czu Eger, bekenne offenleich an diesem briefe vnd thun kunt, allen, die in sehen hören oder lesen, daz ich bey gesundem leybe mit guter vernvnfft vnd guten augen wolvorbedachtem mute vnd willen, meyn lechtes gescheffte hab getan vnd thu, daz mit diesem briefe nach meynem tode daz czuhalten, als hernach geschriben stet. Mit namen schaff ich meyner eleichen hawsfrawen Kathrein vnd vnseren czwayen to^{e}chtern, der Margarethen vnd Kunnen, alle meine habe, erbe vnd gute, varentes vnd vnvarentes gut, wo ich daz hab vnd lasse vnd wie daz genannt ist kaynerley awsgenomen, nach meiner verschiedung czu gleichem tayle, ye aynem als vil als dem andern vngeverde; vnd welichs ye vnter in abging, so dann die kinder czu iren tagen weren komen, so scholt ye desselben verschieden tayl auf die andern, die dann noch leben, treten vnd gefallen on alle hindernisse. Vnd der egenannten meiner to^{e}chter vnd ires gutes schullen gewaltige fu^{e}rmu^{e}nden sein die egenannte mein eleiche hawsfraw Kathrein vnd der ersame weise man Thomas Schroetel, auch purger czu Eger, meinen kindern vnd irem gute vorczusteen nach iren trewen, als ich In getraw vnd gelawbe; vnd daz sie weder mein svn, der Haynrich Kabeys, noch nymants anders an den guten noch der fu^{e}rmu^{e}ndschafft nicht hindern, noch in darein sprechen schol, mit kaynem gaistlichen noch werltlichen rechten noch in kaynerweise, on alles geverde. Vnd des czu vrkunde vnd steter warer sicherhayt, hab ich egenanter Conrad Kabeys gepeten die erbern herren den Niclas Freytag vnd den Allexen Kornawer, die czeyt payde des ynnern rates czu Eger, das sie von keiner pete wegen des czugeczewknusse in on schaden ire Insigel haben gehangen an diesen brief. Der geben ist am nehsten mitwochen nach sand Iacobs des heiligen czwelffboten tage, als man czalt nach Cristi vnsers herren gepurte viertczehen hundert vnd in dem czwayvndczwanczigsten Iare.

26. [1422, August 11]
Der Rat der Stadt Saaz bestätigt das Testament des Bürgers Jiřík von Hořetice. Dieser vermacht der Stadt einen Zins im unweit gelegenen Dorf Košetice (im 30-jährigen Krieg untergegangen), daneben einen Garten sowie weiteren Besitz in der Vorstadt Mlynáře seiner Gemahlin Wanka, die hiervon dem Schwager Jiříks, Ješek, 10 Schock Groschen geben soll.
Státní okresní archiv Louny, Urkunden (Siegelurkunde).

Nos Hana longus, magister civium, Hermannus de Chban, Nikolaus Lipoldi, Petrus Sav, Henricus Buzko junior, Gregorius Niger, Wenceslaus Duchzowsky, Hana Span, Nicolaus Groskopff, Johannes Balneator, Petrus Nastrowsky et Andreas Jachanth, iurati consules civitatis Zacensis, evidencia praesenti cunctis notum facimus et testamur quia constituti coram nobis in pleno legittime vigorata et iuridice contestato consilio Nicolaus Wlczna et Jacobus Waczonis, concives nostri, de consilio quod nos immediate precessit vnanimiter et concorditer retulerunt, se interfuisse testamento Gregorii de Horzieticz, concivis nostri, ad hoc vocati et iuridice postulati, qui Gregorius coram ipsis testamentum suum vltimum constituit in hunc modum. Legavit siquidem et donavit census suos in Cossyeticz pro communitate civitatis nostre pacifice et quiete possidendum, ortus vero et hereditates suas in lineo. Gregorius idem Wancze conthorali, advite ipsius dimetavit temporalia tribuit et legavit post cuius obitum ortus et hereditates prescriptas ad communitatem civitatis nostre simul debent devolvi, de quibus orto et hereditatibus Gregorius iamdictus Jesskoni, assini suo, decem sexagenas grossorum dare mandavit, cui eciam Jesskoni vnum plumale et vnum pulvinar de et vbonis se mortuo relicte dari procuravit. Tandem Gregorius idem debitum quod sibi in Horzieticz obligavit Wancze, conthorali sue, legavit tres vero sexagenas grossorum, in quibus sibi Johannes Czepek obligat pro pauperibus donat residuum vero omnes debitos suos Gregorius predictus Johannem Nechwile potenter depuravit postremo Gregorius sepesatus significavit, quod sibi Laurencius Sartor, quondam concivis noster, quinquaginta sexagenas grossorum debito sic mansit obligationis super quo debito filio eiusdem Laurencii sibi vnam cum dimidia sexagenas grossorum census perpetui tantummodo condestenderunt nos quondam magister civium et consules prescripti testamentum hoc sicut permittum tempore consilii nos in medietate procedentis factum et coram nobis relatum testimonium et roboramen horum, quibus maius nostre civitatis sigillum est appensum testimonio literarum datum ipso die Laurenciii martyris Anno domini millesimo quadringentesimo vicesimo secundo.

27. [1423, April 9]
Dalida Trefanová bestimmt in ihrem letzten Willen Petrus und Paulus Pellificus (= Kürschner) zu Testamentsvollstreckern. Ihr Haus soll der Bruder Johannes de Utery erben.
Archiv hlavního města Prahy, Hdschr. 992, fol. 79r (Abschrift).[31]
Edition: Teige, Základy 2, S. 172.

In nomine domini amen. Ego Dalida dicta Trefanova, civis Maioris Civitates Pragensis, ad universorum noticiam presentibus cupio devenire, quod quamquis perplexa corporis, egra in valitudine, sana tamen mente et compos existens plenissime racionis, non denique per errorem aut inprovide, sed deliberate et voluntarie testamentum meum ultimum de et ex omnibus bonis meis, mobilibis et immobilibis, mihi de manu dei in hac vita umbratica donatis et concessis facio, ordino et dispono, ne me mortua inter posteros meos et amicos lites et discordie oriantur. Primo itaque constituo eiusdem testamenti mei testamentarios seu commissarios providos et discretos viros Petrum et Paulum Pellificem, cives predicte civitatis Pragensis. Post volo et intencionis mee existit, ut omnia debita mea per me debitoribus meis quomodolibet contracta, que secundum ius et consvetudinem dicte civitatis Pragensis demonstrari poterint, de bonis meis primo et principaliter persolvantur. Deinde lego, dono, tribuo atque deputo domum meam, quam inhabiteo, nec non omnia bona mea mobilia et immobilia – discreto Johanni de Utery, consanguineo mihi dilecto, mihi per omnia bene conservato, et Margarethe orphano, filie olim Marquardi Carnificis, sub equali porcione – dividenda –. Si autem predicta Margaretha infra annos etatis legittime decederit vitalibus ab humanis, ex tunc prefatus Johannes, consanguineus ac sororinus meus, porci nem suam distribuere et errogare debet in nomine Jesu Christi, prout consciencie ipsius melius et salubrius videbitur expediri, ob salutem mee et predecessorum meorum nec non omnium Christi fidelium animarum. In quorum evidenciam sygilla prudentum virorum Wenceslai Rab, iudicis, Pechonis Waldarz et Wenzeslaus de Hrobek, consules, iuratores et cives predicte civitatis Pragensis ad preces meas presentibus sunt appensa. Datum et actum fer. VI. ante Conductum pasche a. etc. XXIII.

28. [1424, Januar 31]
Bürgermeister und Rat der Stadt Eger bekennen, dass ihr Mitbürger Nikel Symon seine Hinterlassenschaft seiner Ehefrau und seinen Kindern zu gleichen Teilen vermacht habe. Der Gemahlin wird zugleich auferlegt, sich um die Erziehung der Kinder zu kümmern.
Státní okresní archiv Cheb, Urkunden – Nr. 359 (Siegelurkunde).

Wir, der purgermaister vnd rat der Stat tzu Eger bekennen offenbar an diesem briefe aller menyclichen, die in sehen ho^e^ren oder lesen, das vnser freunde vnd ratisgenossen

[31] Online abrufbar unter http://katalog.ahmp.cz/pragapublica/permalink?xid=E1BD3C13B72711DF820F00166F1163D4&scan=153#scan152 (07.09.2017).

Hanns Smydel vnd Bernhard Puͤchelperger vns fuͤrbracht, vnd wir vns in vnserm rate gelawtmeret vnd darauff erweyst haben als recht ist, daz wir in wol gelawben. Wie das der Nikel Symon, tzu den tzeiten auch vnser mitpurger, dem got gnedig sey, sein letztes gescheffte vor in getan vnd bestalt hat, nach seinem tode daz tzuhalten vnd awßtzurichten, als hernach stet geschrieben; vnd also czum ersten hat er geschickt vnd geschafft alle seyne habe vnd gut, die er vber seine schulde hat, vnd lest woran er die hat vnd wie die genannt ist, kaynerley awßgenommen, seiner elichen havsfrawen vnd seinen kindern tzugleichem tayle angenerde. Vnd die muter scholl die kinder mit irer habe bey ir haben vnd die tziehen nach iren trewen, alle die weile sie iren wittiben stul nicht verruket. Vnd schol daz halten nach der hernach gena[nn]ten fuͤrmunden rat, vnd schol den fuͤrmunden von der kinder wegen alle iar rechenunge thun; vnd ob sache wer, daz die muter iren wittiben stul verkerte, so schol man sie von den kinden taylen, vnd man schol ir ire kinder vnd der kinder gut dennoch ynne lassen, pis die kinder tzu Iren aygen prote kummen; doch also, das sie daz halde nach der fuͤrmunden rat vnd den kinden der urhabe nicht nimmer mache. Vnd welchs kint vnter sein iaren abging, ee denn man es tzu seinem aygen prot bestatt hat, so schol ye desselben tayl treten, halp auff die muter vnd halp auff die andern kinder, die dann noch leben. Wer aber, daz die kinder alle abgingen, ee dann man sie tzu iren avgen prote bestatt heit, so schol der muter der kinder tail ayns werden vnd gefallen, ob sie dann noch lebt; vnd daz ander alles schol auf seins pruders des Albrecht Symons kinder gefallen vnd treten. Vnd des obgenannten seins gescheffites hat er gewaltige fuͤrmunden gekorn vnd geseczt seine freunde, auch vnsre mitpurger, den Niclas Gumerawer, den Hans Ruduschen den Jungen, den Peter Kloppfer vnd den Albrecht Symon, sein pruder, dem gescheffte vor tzusteen vnd daz awßtzurichten, als er in des gelawbt vnd getrawt hat, on alle hindernisse oder irrunge, on alles generde. Vnd daz ditzs gescheffte also gehalten vnd awßgerichtet werde als oben stet geschrieben haben wir der purgermayster vnd rat gehaissen vnsre frevnde vnd ratisgenossen den Rudiger Junckhern vnd den Niclasen Freytag, daz sie von vnsr gehayßet wegen in on schaden vnd on entgelt des tzugetzewgnis ire insigel haben gehangen an diesen briff. Der geben ist am nechsten montage vor vnsr lieben frawen tzu lichtmess tage nach Crists gepurt tzale viertzenhundert vnd in dem viervndtzwenczigsten iare.

29. [1424, Juli 31]
Žofka Maršová, Pilsener Bürgerin, errichtet ihr Geschäft, wie der Richter Václav, Bürgermeister Mikuláš Koranda sowie Petr Hnilice, Ratsherren der Stadt Pilsen, bestätigen. Unter anderem werden auch Hausrat und Kleidung vermacht sowie Stiftungen *ad pias causas* getätigt.
Archiv města Plzně, Hdschr. 22 468, fol. 52 (Abschrift).
Edition: Strnad, Listář král. města Plzně 1, S. 306-308, Nr. 276.[32]

32 Online abrufbar unter http://147.231.53.91/src/index.php?s=v&action=jdi&cat=18&bookid=398&page=306 &action_button.x=0&action_button.y=0 (07.09.2017).

My Waczlaw, rychtarz, Mikulass Coranda, toho czasu purkmistr, a Petr Hnilice, conssele, przisezníj a miesstienee z Noweho Plznie, wyznawame tiemto listem obecznie a swiedczecze przedewssem, ze pocztiwa zena pani Zoffka Marssowa, nassie spolumiestska, wnemoczy lezeczy, aczkoliwiek na tiele nemoczna, alle gsuczy proto przy dobriem rozumu, a przyciele pamieti, przednami nas k sobie przywolawssy a przyprosiwciy poslednie swe wzkazanie gessto gest tomu chtiela, aby pogegie Smrti plnu mocz mielo, a zadnij swarowc ani sudowe mezy gegimi przatiely, aby sie nedieli, vczinila gest tuto mieru. Nayprwe gest vczinila a posadila moczneho porucznika wsseho sweho zbozie, domu kteryz zdc v miestie gma, na rohu lezením wedle Waczlawa Kostralowa domu z gedne strany, i gineho zbozie mowiteho y nemowiteho, na hotowiznie na dluziech, kterym koliwiek gmenem moz gmenowano byti, bud mnoho nebo malo, opatrneho muze Olbrama, suseda nasseho mileho, gemu toho nad gine dovffagicz a poruczugicz wedle rozkazanie k geho swiedomi y k geho dussi. Z kterehozto statku rozkazaníe takto gest vczinila a przykazala, aby przedepsany Olbram porucznik na kazde suche dnij chuddym lidem w sspitale zde v miestie obied podobny dal a ten den na wssake suche dnij lazny chudym zgednal, aby sie zmyli a ktomu na kazdy rok geden slad tym chudym do sspitala, aby dal ku piwu. A to wiecznie, aby Olbram y geho diediczy y buduciy geho tu pamatku czinil na ty czasy bez obmesskanie na wssaky rok wiecznie za gegie dussy y gegie przedkuow dussy, a ktomu take gednu w rocze na kazde leto ten den przed swatym Girzym mssy zpiewanu zadussnij, a u weczer wigilie za gegie dussy y gegich przedkuow wiecznie w sserem classterze porucznikу byla czyniena bez obmesskawanie; a gestby zeby Olbram zssel z tohoto swieta, tehdy ty sluzby a pamatku wiecznu geho diediczowe magi naplniti. Pakliby diediczy wssichni geho ssessly alle magi to obgednati, aby poniech tij, ktoz wtom domu sedu, to rozkazaníe wzdy wiecznie czynili a toho neopusstieli, dale gest rozkazala, aby Marzyk, pekarz nasseho miesta, wzdy nakazde leto weprs kupil, a toho chowal do czasu kdyzby czas byl zabiti, a ten weprz chudim do spitalu zde v miestie dal. A to tak dluho czinil s swiedomim, azby ten dluh, kteryz gest gie dluzen vplnie splnil. Toto swrchupsany Olbram gegieho rucha ma rozdati, nayprwe kaczy diewcze postelnie rucho, na kteremz gest diewka, taz lehala, a ktomu plasst czrny. Item kniezy Gyndrzichowj sukni czrnu mechelsku. Item Skrzeklowe wssiedni plasst, a druhy swateczny czrny. Item kniezy Molesskowj koziech beranczij. Item Maretie Ownierzie sukni czrnu. Item deset kop gross. dluhu v Sigmunda sukennika, to gma Olbram wzieti a vcziniti s tiem iakoz mu gest poruczila, kterehozto porucznika nyzadny ziwy czlowiek ni swieczky ani duchowni nema wnieczemz hyndrowati ani gemv prziekazati, nebo zadne moczy nema proti niemu mieti wswietskem ani duchownim prawie. Toho na swiedecztwie wieczne peczeti nassie kuprosbie pani Zoffky Marossowe ktomuto listu gsu prziwiesseni. Genz gest dan po Bozim narozenie leta tisiczeho a cztrmeczietnieho ten pondieli po S. Jacubu.

Wir Václav, Richter, Mikuláš Koranda, derzeit Bürgermeister, sowie Petr Hnilice, beisitzende Ratsherren und Bürger von Neu-Pilsen, bekennen mit diesem Schreiben allgemein und legen vor allem Zeugnis ab, dass die ehrenwerte Frau Žofka Maršová, unsere Mitbürgerin, krank darniederliegt; wenngleich sie körperlich krank, doch vor uns bei gesundem Verstand sowie bei vollem Bewusstsein ist, hat sie uns zu sich gerufen und gebeten, um ihren letzten Willen zu errichten, damit nach ihrem Tode darum kein Zweifel entstünde und keinerlei Zwist und Streit unter ihren Freunden ausbreche; und zwar soll Folgendes bedacht werden. Zuvorderst hat sie den ehrenwerten Olbram, unseren lieben Nachbarn, dem sie vor allen anderen Menschen besonderes Vertrauen schenkt, zu ihrem rechtmäßigen Testamentsvollstrecker all ihrer Güter bestimmt, nämlich des Hauses, welches ihr hier in der Stadt gehört, gelegen an der Ecke neben demjenigen Václav Kostrats, sowie des Weiteren ihrer übrigen beweglichen und unbeweglichen Sachen, an Bargeld oder Schulden, wo auch immer dies aufgeführt werden könnte, egal, ob es viel oder wenig sei. Von diesem Besitz hat sie bestimmt und geboten, dass der genannte Olbram, ihr Testamentsvollstrecker, zu allen Fastentagen armen Leuten im städtischen Spital ein Essen reiche sowie an diesem Tag den Armen ein Bad ermögliche, damit sie sich reinigen könnten; dazu sollen diese Armen im Spital auch Malz für die Bierherstellung erhalten. Fortan sollen Olbram und seine Nachfahren ihr, Žofka, dadurch gedenken, ohne Versäumnis auf ewige Zeiten für ihre Seele und diejenige ihrer Vorfahren beten und dazu einmal im Jahr am Vortag zu St. Georg eine Seelenmesse lesen; und am Abend sollen die Testamentsvollstrecker fortan für ihre Seele und diejenigen ihrer Vorfahren eine Vigil im Grauen Kloster abhalten, und zwar ohne Versäumnis. Und sollte Olbram von dieser Welt gehen, dann mögen seine Nachfahren diese Dienste verrichten und ihr, Žofka, ein bleibendes Andenken wahren. Für den Fall, dass alle seine Nachfahren versterben, ihre Aufgaben freilich erledigt haben, dann mögen diejenigen, die dann in ihrem Haus wohnen werden, dieses Gebot fortan erfüllen und nicht davon Abstand nehmen; des Weiteren hat Žofka geboten, dass der Bäcker Mařík in Pilsen jeden Sommer ein Schwein kaufe, dieses füttere bis die Zeit des Schlachtens herannahe, um es dann den Armen im Spital hier zu Pilsen zukommen zu lassen. Und dies soll er solange tun, bis die Schulden, die er bei Žofka hat, vollständig beglichen seien. Der erwähnte Olbram soll ihre Wäsche verteilen; zunächst erhalte die Magd Kača das Bettzeug, auf dem sie geschlafen hat, sowie den schwarzen Mantel. Item dem Priester Jindřich den schwarzen Mechelner Rock. Item der Skřeklová den Alltagsmantel sowie einen zweiten, den schwarzen Hochzeitsmantel. Item dem Priester Moleš den Lammpelz. Item Mareta Owněř einen schwarzen Rock. Item zehn Schock Schuld bei Sigismund dem Tuchmacher, die soll Olbram nehmen und sie dergestalt verwenden, wie ich ihm dies aufgetragen habe; diesen Testamentsvollstrecker soll kein lebendiger Mensch, weder Laie noch Geistlicher, daran hindern noch ihm Befehle erteilen, da niemand dazu ein Recht besitzt, weder nach weltlichem noch nach kirchlichem Recht. Zu ewigem Zeugnis haben wir auf Bitten von Frau Žofka Maršová unser Siegel an diesen Brief angefügt. Dies ist geschehen im Jahre Eintausendvierhundertvierundzwanzig nach Christi Geburt, am Montag nach St. Jacobi.

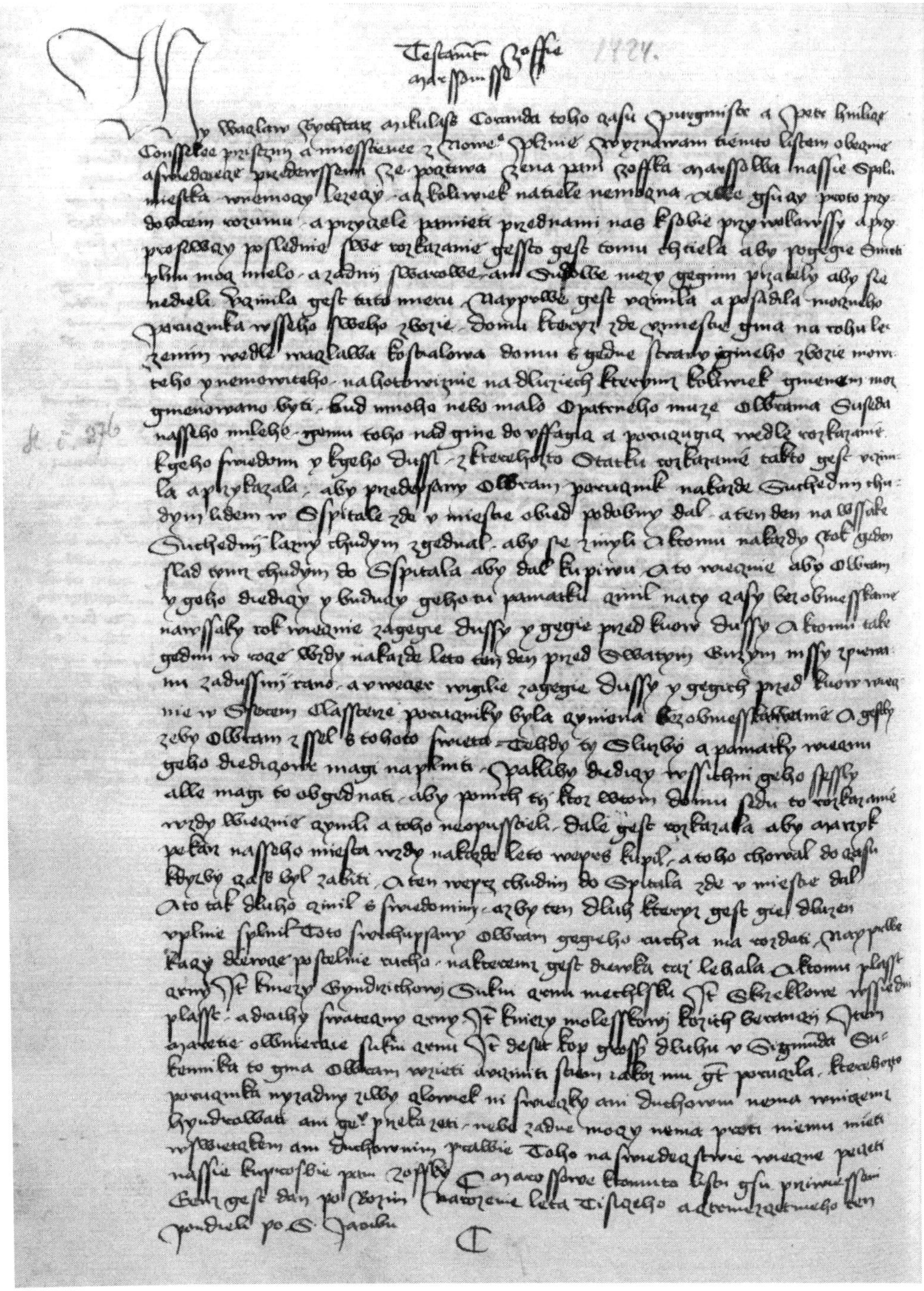

Testament der Pilsener Bürgerin Žofka Maršová – 1424, Juli 31. Quelle: Archiv města Plzně, Hdschr. 22 468 (Buch der Testamente und Privilegien der königlichen Stadt Pilsen), fol. 52v

30. [1425, Mai 30]
Testament des Altstädter Bürgers Gira gen. Oremus, der sich in diesen „gefährlichen Zeiten“ fürchtet. Alle ausstehenden Schulden sollen zunächst aus seinem Besitz beglichen werden. Die Gemahlin Anička wird gebeten, die aufgeführten Armenspenden zu realisieren.
Archiv hlavního města Prahy, Hdschr. 992, fol. 59r (Abschrift).[33]
Regest: J. Pelikán, Čechtice, ČSPS 58 (1950), S. 189.

We gmeno bozie amen. Ja Gira rzeczeny Oremus, miesstienin Stareho miesta prazskeho, s tiemto listem oznamugi wssiem a nawiedomie dawam, ze aczkoliwiek gsa zdraw na tiele a poziwage swobody zdraweho rozumu, awssak obawage sye tyto czassy nebezpeczne rozlicznich przihod a sskodliwosti, poniewadz czlowiek nenie sebu gist a bezpeczen y zadne hodiny, toto swe poslednie poruczenstwie zewsseho sbozie meho, mowiteho y nemowiteho, kterehoz mi gest pan buoh wssemohuczi z swe sstiedroty pouczititi raczil, aby sie onie po smrti mee mezi przately a przibuznymi mymi swarowe wdali y zadny, zgednawam, czinim a spuosobugi obyczegem tiemto. Najprwe chczi a smisl moi gest, aby wssichni dluhowe mogi gimiz bych dluzen zuostal, gesstoby te rziadnie dobrim swiedomim wedle miestskeho prawa mohli dokazani byti, z statku meho byti splnien a zaplaceni; potom odkazugi po smrti swe a dawam wesskeren statek swoi mowity y nemowity, kterimz by ten koliwiek gmenen mohl gmenowan byti, budto geho mnoho nebo malo, y take tiedi cztrnadste kop platu na Czechtiezich, kterez sem kupil v slowutneho Waczlawa Ssoserz z Hlawatecz y w deskach zemskych mam zapsano Aniczcze, manzelcze mee mile, a dietem, gestli zebychom ktere spolu mieli a ziwi zuostali k mieny k drzeny a k diedicznemu poziwany; a w tom aby yie nebylo prziekazieno obiczegem y zadnim. Take odkazugi Matiegiowi, bratru swemu naistarssiemu, dessiet kop grossuow z sweho statku a na chude piet postawuow sukna ato, aby spuosobila manzelka ma swrchupsana. Take prosym manzelky swe swrchupsane, aby po smrti mee pomahala czoz bude moczi z swe dobre wuole na przikrywanie klasstera swat[eh]o Jakubskeho a na chudych almuzny za mee dussi a za mee prziessie, iakoz ia gie mimo ginee lidi swierzugi a douffam. Toho na swiedeczstwie prosil gsem mudrich a opatrnich Wanka, rczieczeneho tak richtarze, Janka z Podgisthie a Zdenka swiecznika, spoluprzisiieznich consseluow nadepsaneho miesta prazskeho, ze gsu swe peczeti wlastnie s dobrim wiedomim prziwiesili ktomuto listu. Genz gest dan leta od narozenie syna bozieho tisyczieho cztirsteho dwadczatehopateho tu strziedu przed swatu Trogiczy.

Im Namen Gottes Amen. Ich, Gira gen. Oremus, Bürger der Prager Altstadt, gebe mit diesem Schreiben allen Menschen bekannt, dass ich, wenngleich ich mich körperlicher Gesundheit erfreue und die Freiheit eines gesunden Verstandes genieße, dennoch diese gefährlichen Zeiten mit mannigfaltigen Ereignissen und Gefahren fürchte, wo kein Mensch seiner sicher sein kann zu keiner Stunde; deshalb habe ich meinen letzten Willen hinsichtlich aller meiner beweglichen und unbeweglichen Güter, die mir der all-

[33] Online abrufbar unter http://katalog.ahmp.cz/pragapublica/permalink?xid=E1BD3C13B72711DF820F00166F1163D4&scan=113#scan112 (07.09.2017).

höret, auch zu gleichen teil, eynen als vil als dem andern, doch als von des haws wegen hernach vnterschiden ist. Vnd was ich daruber mer hab vnd lasse zu Erbe oder guten varenten vnd vnuarenten guten an czinsen, parschafften, pfennigwerten vnd geschulde oder wo ich daz hab vnd lasse vnd wie daz genant ist, das schaff vnd geb ich alles der egenannten meiner elichen hawsfrawen Lucien vnd mein kinden, dem Nickel, Jeronim, Elsen, Annen, Barbaren, Agnesen in allen zu gleichen teil eynem als vil als dem andern; vnd dauon schullen sy mein geltschult, dy ich zu Nüremberg, zu Eger oder anderswo schuldig bleib, wo sie die wissen vnd sy in meinem puch beschriben vinden zuvoraws gelten. Vnd schaff auch, das sy meiner swester, der Kathrein Maureing, fünfftzig guldein dauon geben schullen; vnd welchs ye vnter den egenannen mein eliche hausfraw oder der kinder ayns oder mer abgingen, ee denn sy elichen ausgeben weren, desselben teil scholds ye auff die andern, die dann noch leben, erben vnd gefallen Auch wenn ye meiner kinder ayns zu seinen redlichen iaren kumet, der son zu czwenczig iaren vnd dy tochter zu sechtzehen iaren, vnd daz kint ye seinen teil fordert, oder wenn die furmu^e^nden ye ein kint elichen ausgehen, es sey son oder tochter, so schullen die furmu^e^nden der kinder hab selber ye schatzen als offt sich das gepüret, vnd schu^e^llen ye demselben kinde sein anczal seins erbteils geben nach iren trewen vnd gewissen, was im dann ye die furmünden nach iren erkentnu^e^ss fur seinen erbteil geben, daran schal es sich ye genvgen lassen, vnd dasselbe kint schol dann darüber die furmünden nicht höher nöten drungen noch ausprechen, weder mit recht noch on recht noch an keinerleiweise. Vnd ob sich meiner kinder ayns oder mer verelichten an der furmu^e^nden rat vnd willen, es weren knecht oder meyd, so schullen die furmu^e^nden demselben kinde nichts geben denn was sy im von gnaden vnd guten willen selber gern geben wollten. Vnd daruber schol dasselbe kint die furmu^e^nden auch nicht haben ayden noch dingen in keinerleyweise an alles geuerde, weder mit gaystlichen noch werltlichen rechten. Auch schick ich, das meine so^e^ne die egenannte mein eliche hausfraw Lucia mit iren kinden, die sie dann nicht hat, aufgeben in dem hawse lassen vnd so des gebrauches lassen schullen, vnd schull so furbas auch darynn lassen, dieweil sy lebt, auch on alle hindernu^e^ss; denn ob sach wer, das sy ir ein andern man neme vnd iren wittibstul verkerte, so scholt sie sich aus dem hawse cziehen mit irem teil vnd schold dennoch der kinder vnd ire guts gewaltiger fu^e^rmund mit sein als vor ongeuerde. Wer aber, das mein hausfraw Lucia vnd dy kinder alle abgingen, da got noch lange vor sey, so scholden die andern furmu^e^nden das gut geben aynsteils mein nehsten armen freunden, vnd daz übrige zu wegen vnd zu stegen vnd zu gotishewsern nach Iien gewissen vnd trewen, wo das am notdurftigsten wer. Vnd des alles secze ich vnd gib meinen kinden vnd allen irem gute zu gewaltige fu^e^rmu^e^nden die obgenannte mein Eliche hausfraw vnd mein Swester, die Kathrein Maureing, das sie des alles gange vollemacht vnd gewalt haben vnd handeln schu^e^llen damit zuthun vnd zu lassen vnd mein kinden vnd iren guten vorczusteen vnd daz ausczurichten als oben stet geschriben, als ich yn getraw vnd gelawb, vnd das sy nymants daran hindern irren noch in darein sprechen schol, weder mit geistlichen noch werltlichen rechten noch in keinerleiweise on alles geuerde. Vnd ob sach wer, das derselben fu^e^rmu^e^nden einer mein hausfraw oder mein swester abginge, welche ee abget die schol an irem todpett nach iren gewissen vnd trewen ein anderen fu^e^rmu^e^nden kysen, der mein kinden vnd irem gute getrewlichen vorstee vnd gewaltiger fu^e^rmund sey in allen dem rechten als der vorige fu^e^rmund ist gewesen. Vnd des alles zu verku^e^nde vnd stetikeit, hab ich obgenant Niclas Czichner gepeten, die erbaren weisen Ffrantzen Jöhel vnd Hansen Ayngil, diezeit peyde des ynnern rates hier zu Eger, das sy ob meiner fleissigen pete wegen in on schaden Iie insigel gehangen haben an disen brife. Der geben ist an sand pauls bekerung tag nach Cristi buss lieben guten gepurte tzale tausent vierhundert vnd in dem sechsvndczweinczigsten iare.

34. [1426, Februar 6]

Janek von Podgistbie, Bürger der Prager Altstadt, der zwar gesund ist, sich aber „*in diesen stürmischen und gefährlichen Zeiten*" fürchtet, errichtet sein Testament, in dem er bestimmt, zunächst mögen seine Schulden beglichen werden. Die Gemahlin Anička und die beiden Kinder Janek und Anička, um deren Erziehung sich seine Frau kümmern soll, erben den gesamten Besitz.

Archiv hlavního města Prahy, Hdschr. 992, fol. 70r (Abschrift).[36]

Wegmeno Bozie amen. Ja Janek z Podgistbie, myesstienin Stareho myesta prazskeho, oznamugi tiemto listem wssiem lidem a na wiedomie dawam, ze aczkoliwiek gsa zdraw na tyele a poziwage swobody zdraweho rozumu, wssak obawage sye tyto czasy burzawe anebezpeczne rozlicznych przihod, poniawadz sebu wnich czlowiek przed smrti nenye gist v gedne hodiny, ze wssieho zbozie meho, mowiteho y nemowiteho, kterehoz mi gest pan Buoh wssiemohuczi z swe sstiedrosti poyczititi raczil, aby sie onye pome smrti mezy przately a przibuznymi mymi nedali swarowe y zadni, toto swe poslednie poruczentstwie zposobugi czinim a zgednawam obyczegem tyemto. Nayprwe chczi a vmysla meho gest, aby dluhowe mogi, gimiz gsem dluznikom swym winowat a dluzen zuostal, gesstobyti rzadnie a dobrym swiedomym, wedle mesczkeho prawa mohli dokazani byti, z statku meho naprzed byli zaplaczeni; potom zgednawam a vstanowugi tohoto poslednieho poruczenstwie y diety swych, Janka a Aniczky, pocztiwu pani Aniczku, manzelku swu milu, mocznu a naywyssij poruczniczi; prosye take mudrych a opatrnych muzuow Ssimona od byeleho lwa a Jana Reczka, myesstian nadepsaneho myesta prazskeho, kczemuzby gich swrchupsana manzelka ma potrzebowala, aby gi ktomu radni a pomoczni byli, yakoz ya gim toho nadjine lidi plnye dovfam. Dale a potom odkazugi a mocznie dawam wesskeren statek swoy mowity y nemowity ynapad, kdezbylokoliwiek mohl nalezen neb optan byti, nicz nepoostawuge, swrchupsane manzelcze swe s syetmi nadepsanymi k gmieni, k drzeni a k diediecznimi poziwani, kterymzto wssem statkem tudiez y dietmi, aby giz gmenowana manzelka ma mocznie wladla a ge v sebe, dokudzby k letom rozumym neprzissli chowala. A take ge zprawowala, yakoz ya gi toho vplnye swierzugi a doufam. A w tom we wssiem, aby ge od przatel y ginych lidi nebylo prziekazieno obyczegem y zadnij. Toho znamenitie przidawage gestli, zeby gie ktere z swrchupsanych dyetij posluchati nechtieho gehoz Boze neday s takowym, aby vczinila yakoz naneposlusnie zalezi takowie budeli

[36] Online abrufbar unter http://katalog.ahmp.cz/pragapublica/permalink?xid=E1BD3C13B72711DF820F00166F1163D4&scan=135#scan134 (07.09.2017).

gemu, czo chtieti dati z swe dobre wole, aby za dobre przigelo pakli nebude chtieti, aby nam nemohlo sahnuti zadnu moczij ani kterym prawem budto duchownim neboli swietskym a gestli zeby swrchupsane dyeti me zemrzeli przed lety swymi rozumnymi, tehdy aby wesskeren statek spadl na manzelku mu zastopsanu plnym prawem. A wto, aby gi od zadneho nebylo sahano obyczegem y zadnym. Dale naposledy oznamugi, ze mistr Neustup ma otemne nyekteraby list, genz swiedovi na sto a nadwaczeti kop gr., kteryzto list vczinil gsem pronyektere prziczíny w ta doby ninye potrebne a zwlasstie proto gesto mie maczecha ma tyskla od statku meho bezprawnye proztraczenie listu od Lanczmana wienneho, genz gest swiedczil na dwie stye kop gr.; a ten list toliko swiedczil a mocz miel do diety a dyeti byli, protoz gestli zeby kdy po me smrti ten gisty list wyssiel nagiewo a na swietlo, aby zadne wiecze moczi nemiel kdoupominaty swrchupsanych peniez, neb sem gemu nebyl wniczemz winowat aniz gest mne, kdy z nich zadneho zdraweho ziwota vpominal, poniewadz gest prawa nemiel y zadneho. Toho wssiecko na potwrzenie peczet ma wlastnie s dobrym wiedomim prziwiessenie gest ktomuto listu a na swiedectwie prosil gsem mudrych a opatrnych lidi a muzuow Michala zlatnika a Janka zeleznika, conssielow prziseznych swrchupsaneho miesta prazskeho, ze su take swe peczeti prziwiesili k tomuto listu. Genz gest dan leta od narozenye syna Bozieho tisiczieho cztyrsteho a ssestmiazczietnieho w strzedu den swate Doroty.

Im Namen Gottes Amen. Ich, Janek von Podgistbie, Bürger der Prager Altstadt, gebe mit diesem Brief allen Menschen bekannt, dass, wenngleich ich mich körperlicher Gesundheit erfreue und die Freiheit eines gesunden Verstandes nutze, ich dennoch diese stürmischen Zeiten und mannigfaltigen Geschehnisse fürchte, wo kein Mensch zu keiner Stunde vor dem Tode sicher sein kann, und ich deshalb mein letztes Geschäft errichte von allen meinen beweglichen und unbeweglichen Gütern, die mir der allmächtige Gott in seiner Freigebigkeit verliehen hat, damit nach meinem Tode zwischen meinen Freunden und Verwandten keinerlei Zwist entstehe; dies tue ich in folgender Weise. Zuvorderst will ich und ist es meine Absicht, dass meine Schulden, die ich meinen Gläubigern schuldig geblieben bin und die gemäß städtischem Recht aufgezeigt werden können, aus meiner Hinterlassenschaft bezahlt werden; sodann bestimme ich mit diesem meinem letzten Geschäft die ehrenwerte Frau Anička, meine liebe Gemahlin, zum rechtmäßigen und obersten Vormund meiner Kinder Janek und Anička, wobei ich die weisen und ehrenwerten Männer Simon vom Weißen Löwen und Jan Reček, Bürger der Stadt Prag, bitte, dass sie meiner genannten Gemahlin mit Rat und Tat zur Seite stehen, da ich ihnen vor allen anderen Menschen vertraue. Des Weiteren vermache ich meinen gesamten beweglichen und unbeweglichen Besitz, wo immer sich dieser befindet und erfragt werden kann, nichts auslassend, meiner oben genannten Gemahlin und den Kindern zu rechtmäßigem Besitz und erblicher Nutzung, wobei meine bereits ewähnte Gemahlin rechtmäßig den Besitz verwalten möge, bis die Kinder volljährig werden. Und sie soll Letztere erziehen, da ich ihr vor allen anderen vollstens vertraue. Und hierbei möge sie weder von den Freunden noch von anderen Menschen in keinerlei Weise gehindert werden. Und keines der oben genannten Kinder soll, was Gott verhindern möge, ihr den Gehorsam verweigern, sondern folgsam sein, wobei keinerlei weltliches noch geistliches Recht hier eingreifen soll. Und sollten die oben genannten Kinder vor Erreichen der Volljährigkeit sterben, dann soll mein gesamter Besitz an meine wiederholt genannte Gemahlin mit vollem Recht fallen. Darin möge sie von niemandem gehindert werden. Weiterhin und zuletzt gebe ich bekannt, dass Magister Neustup von mir einen Brief besitzt, der 120 Schock Groschen Schuld bezeugt; diesen Brief habe ich aus mehreren Gründen, die in der jetzigen Zeit notwendig sind, ausgefertigt, und zwar vor allem deswegen, weil mich Mačech ungerechtfertigt von meinem Besitz verdrängte, wegen des Verlusts eines Lehnsbriefes von Lančman, der über 200 Schock Groschen zeugt; und sollte dieser gewisse Brief nach meinem Tode bekannt werden, so möge er keinerlei Recht besitzen, irgendjemanden an die aufgeführte Summe zu erinnern, da ich ihm in nichts schuldig war zu Lebzeiten und er keinerlei Rechte besitzt. Dies alles zur Bestätigung habe ich mein eigenes Siegel mit gutem Gewissen diesem Briefe angehängt und zu Zeugnis habe ich die weisen und ehrenwerten Menschen und Männer Michal Zlátník und Janek Železník, beisitzende Schöffen der oben genannten Stadt Prag, gebeten, dass sie ihre Siegel diesem Briefe anhängen mögen. Dies ist geschehen im Jahre Eintausendvierhundertsechsundzwanzig nach Christi Geburt, am Mittwoch, dem Tag der hl. Dorothea.

35. [1426, März 13]

Wenzel Ortl, „*custer off Wissehrad*“, errichtet im Exilort Zittau sein Testament. Seine Einnahmen, beruhend auf Zinsen aus Hausanteilen und anderen Besitzungen, sollen zur Tilgung ausstehender Schulden benutzt werden, der Rest möge an Arme verteilt werden.

Libri confirmationum VIII, 166 (Abschrift).[37]

In gotes namen. Amen. Ich Wenczlaw Ortl, custer off Wissehrad vnd tumber off dem hawse czu Prage, etwen des erbern mannes Johanko Ortl, burgers der Grosern Stat czu Prag, sone, bekenne vnd thu kunt offenlich mit disem briffe allen den, di yn sehen ader horen lezen, das ich mit guter vornunft vnd mit wolbedochtem mute mein lecztes gescheffte von allen mein guttern, farenden vnd vnfarenden, di mier der almechtige gote von seinen gnaden vorlihen hat, gemacht habe, das noch meinem tode kein krige mochte dorumme werden. Ich schikke vnd schaffe in aller weise alz hernoch geschriben stet: Von ersten mache ich meines gescheffies vorwesere vnd vormunden meiner gutter di erber manne mit namen: meister Johannes Cralowicz, thechant czu Prage off dem hawse, meister Niclas Czeislmeistr von Prage, doctor in dem rechten vnd off dem hawse czu Prage vnd off Wissehrad tumherre, Sigmund Heinrichz son von Prage, thumherre off Wissehrad, Bernhart Falkenawer, burger der Grosern Stat czu Prage, Sigmund Bertholdi der Kleinern Stat czu Prage, meine besunder vnd liben frunt vnd gunner, mit sulcher gewalt vnd macht, das si mechtig sein sullen noch meinem tode aller meiner gutter vnd des alczumol czu vorbrengen, alz hie in meinem gescheffte begriffen ist, sullen sie gancze macht haben an alles hindernus, vnd dorczu das ein iczlicher bei seinem gesunden leibe ader an seinem todbette einen andern vormunden an seine stat kisen vnd

[37] Online abrufbar unter http://147.231.53.91/src/index.php?s=v&cat=14&bookid=135&page=172 (07.09.2017).

seczen muge, das si mein gescheffte also volenden, alz ich yn des sunderlichen wol getrawe vnd gelawbe; vnd schikke yn den egenanten meinen vormunden auz meinem gutte hundert schok grossen an hindernus, also das iczlichen besunder czweinczig schok grossen an seinem teile werde vmb ir mue umb des willen, das si meines geschefftes noch meinem tode dester fleisiger sein sullen. Dornach schikke ich funfczehen schok czins, di ich off Mugliczerz burger czu Prage hawss habe, das gelegen ist czwischen der 'Weissen Glokken' vnd dem 'Alden Wechsel', vnd funf schik czins, di ich hab off dem hawse czu dem 'Silberein Stern' czu Prage an der ekken, alz man get in di 'Langen gassen' neben des Dchmyes [*sic*] hawse, das mit den di egenanten vorweser ein altar und ein ewige messe sullen stifften czu Prage off dem hawse czu Sent Wenczlaw; vnd von den funfcyehen schok czins, di ich hab off Kunschen Appotekerz haws an der ekken bei den „Dreien Kungen", vnd von den czwe schok cyins, di ich hab in dem dorff czu Kleinen Prasdym, aber ein altar vnd ein ewige messe sullen stiften in der kirchen off Wissehrad. Vnd das lehen aller beider altar sullen die egnanten vormunden haben, diweil si leben, vnd noch irem tode di, di si an ire stat seczen werden. Auch schikke ich, das di egenanten vorweser mein haws, das do genant ist ‚zu der weisse glokken', vnd den weingarten gelegen hinder dem Rosmarktthor, vnd den hoff Byechowyczie genant Runpolth [?] off dem lande gelegen wrkewffen sullen, vnd von sulchem gelde alle meine schulde schulen si beczalen, nemlich dem meister Niclas Czeislmeistr dresig vngerisch gulden, dem Bernharth Falkenawer von Prage czwelf schok gr., vnd czwen reinisch gulden, dem Fewrnyk czu Zittaw czwe schok grossen, Wedelich czu Baudisin ein schok vnd acht grossen. Vnd was dornach van meinen vorkawften guttern vberbleibet, das schullen die offt genanten vorweser vnder arme leuthe teilen vnd geben vmb gotes willen vnd durch meiner sele vnd aller meiner vorfordern selen willen. Czu leczten ist meine ernste mevnunge vnd ganczer vnwiderrufender wille, das mein obgenanten geschefftlewte von allem dem, vas ich yn befolhen hab, nymandes, wi si das halden werden, antworten sullen in geistleichen vnd wertlichem gerichte, noch rechnunge [?] dovon halden sullen, auch di handlung deselben geschefftes yn noch iren erben keynen schaden sol brengen nu vnd czu ewigen czeiten. Des czu geczeuknus so haben die ersamen vnd veyssen rathmanne czu de Zittaw irer stat ingesigl, darczu di erbern vnd vorsichtigen manne Francz Swarcz vnd Niclas Nuremberger, gesworen schepfen vnd burger der iczund genanten stat ir iczleicher sein ingesigel durch meiner fleisiger bete willen an disen briff gehangen. Der geben ist czu der Zittaw an dem suntag noch Sent Francisken tag noch Crists geburt viczehenhunderth jar vnd darnoch in dem sechs vnd czwenczigisten jare. – Acta sunt hec Zitauie a.D. MCCCCXXXI°, die XIII mensis Marcii.

36. [1426, Juli 27]
Bürgermeister und Geschworene der Stadt Saaz bestätigen die testamentarischen Verfügungen der Magdalena Pitterkauf, die ihrem Sohn Johannes ihr Haus vermacht hat unter der Voraussetzung „si et inquantum idem Iohannes ad legem divinam accesserit [...]“. Verschiedene Personen erhalten Geldlegate. Auch Arme werden bedacht.
Státní okresní archiv Louny, fond archiv města Žatec, Liber memorialis 1, fol. 34v (Abschrift).
Edition: UB Saaz, S. 178-179.[38]

Nos Wenceslaus Purkardi, magister civium, Iohannes Rus, Hanussius Hrach, Mauricius de Petrsburg, Miksso Laurencii filius, Iohannes Plzensky, Jeklinus Carnifex, Paulus Sartor, Nicolaus Tonsor, Blazko de Stankowicz, Frenclinus Braseator et Mathias Shrabal, iurati consules civitatis Zacensis, evidencia presenti notum facimus universis et testamur: quia constituti coram nobis in pleno legittime vigorato et iuridice contestato consilio Iohannes Rus et Miksso Laurencii filius, coniurati nostri pretacti, vnanimiter et concorditer retullerunt, se interfuisse testamento Magdalene Pitterkaufi, filie concivis nostre, ad hoc vocati et iuridice postulati, que Magdalena coram ipsis testamentum suum ultimum fecit et ordinavit in hunc modum. Legavit siquidem et donavit Iohanni, filio suo, Bytczicz villam suam, si et inquantum idem Iohannes ad legem divinam accesserit et in civitatem nostram Zacensem per totam communitatem reassumptus fuerit, pacifice possidendum. Si vero Iohannes, filius eius prescriptus, ad legem divinam non accesserit vel in civitatem nostram prescriptam reassumptus non fuerit, extunc Byttczicz villa prescripta Katharine, filie Magdalene predicte, remanebit. Cui eciam Katherine Magdalena prescripta domum suam et omnia in ea contenta necnon omnia bona sua mobilia et immobilia ubicumque quibuscunque rebus existencia qualitercumque nominata tribuit et donavit hereditarie, pacifice et quiete possidendum. Legavit insuper Magdalena predicta orfanis Stachonis de Czieradicz duodecim sexagenas grossorum eis in spacio duorum a die obitus ipsius dandas, Anne, conthorali Philippi Uborkonis, et pueris ipsius decem sexagenas grossorum. Magdalene, conthorali Martini Paldre, decem sexagenas grossorum et Ance, coce sue, quinque sexagenas grossorum, omnibus in spacio quinque annorum a die obitus ipsius decursorum dandas. Eidem eciam Ancze tunicam nigram meliorem et pelles regulinas alias kralikowe Magdalena antedicta mox post obitum suum dare mandavit. Voluit eciam Magdalena prefata, quod honesta matrona domina Clara Ziffridi, concivis nostra, Katherinam, filiam ipsius Magdalene precriptam, erga se fovere et servare debeat, quamdiu reseidenciam in civitate nostra habuerit. Tutoresque subscripti ei sex sexagenas grossorum quolibet anno, quamdiu Katherina circa se servaverit, in subsidium, ut ipsam eo melius educare valeat, dare sunt astricti. Cumque domina Clara prefata se de civitate nostra alias seu alibi causa mansionis transferre vellet, extunc Katherinam prescriptam circa tutores subscriptos debet relinquere. Disposuit tandem Magdalena prenominata, quod de bonis ipsius pretactis unum stamen integrum panni pro tribus sexagenis grossorum perpetue

[38] Online abrufbar unter http://147.231.53.91/src/index.php?s=v&action=jdi&cat=18&bookid=151&page=178&action_button.x=0&action_button.y=0 (07.09.2017).

anno quolibet die beati Galli distribuendum pauperibus necnon quolibet anno balneum commune apud nostram civitatem perpetue pro pauperibus tutores et omnes possessores bonorum prescriptorum procurare perpetue astringuntur ob Magdalene pretacte et generacionis ipsius animarum pium et salubre consolamen. Eciam Magdalena eadem ordinavit, quod singulis annis die dominico proximo post diem beati Laurencii martiris viginti pauperes prandio competenti de bonis ipsa mortua relictis debeant perpetue procurari. Tandem Magdalena prefata voluit, si Katherina, filia ipsius prescripta, infra annos discrecionis legittime morietur, extunc de bonis Katherine prescripte Philippo Uborkonis et pueris ipsius quinquaginta sexagenas grossorum, Magdalene, conthorali Martini Paldre, et pueris ipsius triginta sexagenas grossorum ultra eis superius legata, domine Clare Ziffridi quadraginta sexagenas grossorum et Iohanni, fratri Philipponisse, decem sexagenas grossorum debent dare. Residuum vero omnium bonorum Katherine sepetacte mobilium et immobilium Philippo Wruteczky, concivi nostro, debent potenter remanere. Postremo Magdalena sepetacta constituit Philippum Wruteczky pretactum et Petrum Sax, concives nostros, veros et potentes tutores omnium in presentibus contentorum. In horum robur maius nostre civitatis sigillum presentibus est appensum. Datum sabbato post diem beati Iacobi maioris apostoli, anno domini millesimo quadringentesimo vecesimo sexto.

37. [1426, Oktober 9]
Testament des Büchsenmachers Mikuláš aus Prag, der u. a. – nach Begleichung seiner Schulden – sein Haus an seine Gemahlin Barbora und seine Töchter Anna und Dorotha sowie darüber hinaus „4 Büchsen für 30 Schock Groschen“ vermacht.
Archiv hlavního města Prahy, Hdschr. 992, fol. 92r (Abschrift).[39]

Wegmeno Bozie amen. Ja Mikulass, puskarz z Prahy, oznamugi tiemto listem wssiem lidem a na wiedomie dawam, ze aczkoliwiek gsa nemoczen a neduziw na tyele, wssak proto s dobrym rozmyslem a poziwage swobody zdraweho rozumu tudiez y pamieti, ze wsseho zbozie sweho, mowiteho y nemowiteho, kterehoz mi gest pan Buoh wssiemohuczi z swe sstiedrosti poycziti raczil, nechtie by sye onye pome smrti mezy przately a przibuznymi mymi kterzi swarowe dali, toto swe poslednie poruczentstwie zgednawam, czinim a zposobugi obyczegem tiemto. Nayprwe chczi a vmysla meho gest, aby dluhowe gimiz sem dluznikem swym winowat zuostal, gestliby ti rzadnie a dobrym swiedomym wedle miestskeho prawa mohli dokazani byti, z statku meho naprzedbyli zaplaczeni; potom odkazugi duom swoy wniemz przebywam desset kop gr. hotowych, trzi pussky za trzidczeti kop y gini statek, kteryz w domu mam, kterehoz ssaczugi naymenie za desset kop gr.; y take dluhy, gimiz gsu ninye kterekoliwiek ossoby zuostaly winowaty, Barborze, manzelcze me mile, Annye a Dorothie, dyetem swym, k gmieni, k drzeni a k diedecznemu poziwani; a kdyzby toho potrzebie bylo

39 Online abrufbar unter http://katalog.ahmp.cz/pragapublica/permalink?xid=E1BD3C13B72711DF820F00166F1163D4&scan=179#scan180 (07.09.2017)

mezy nyenarowny dyel k rozdieleni, a dokudz na sepsana manzelka ma wstawu swem wdowskem trwati bude, dokud, aby wssim swrchupsanym y dyetmi mocznie wladla tak, aby dyetem statku neutraczela, nez kdyzby staw wdowsky promienila, tehdy aby gij trzetina ze wssieho statku byla dana a dyetem nadepsanym dwye czesti kterezto dyeti; prosim, aby v sebe chowala s gich statkem pani Elsska, kteraz bydli v Stana z Trzebrze przietelkynie ma dokudzby k letom swym rozumnym neprzissli; pakliby gich ona chowati nechtiela anebo nemohla, tehda aby gje chowal Pawel Wuznik s gich dyely a gestli, zeby ktere z swrchupsanych dyetij vmrzelo, aby spadl naziwe zuostale plnym prawem y take na manzelku mu swrchupsanu, acz wswem stawu wdowskem zuostane; pakliby obu dyetij pan Buoh przed gich lety rozumnymi neuchowal, tehda gich dyelowe aby spadli na manzielku mu swrchupsanu plnym prawem; acz wsem wdowskem zuostane a zasye teez, gestli zeby manzelka ma prwe vmrzela nezli dyeti swrchupsani trwagiczi w stawu wdowskem tehda gegij dyel, aby nanie spadl narowny dyel; pakliby dyeti zemrzeli przed lety swymi rozumnymi gsucze s manzelku mu o statek pogiegiem stawu wdowskem zmienienij wzdieleni, tehda polowicze gich delow, aby spadla na Pawla Wuznika nadepsaneho a nebo na Elssku swrchupsanu, ktozby z nich swrchupsanych dieti chowal a polowiczi na manzelku mu swrchupsanu; a potom odkazugi a mocznie dawam Jacubowi, sluzebniku swemu, dwa myechy a kel dale wyznawam, ze mam prsten zlaty w zastawie od Ssimona rzeznika we cztrniecziétma grossich, a k tomu gest mi gesstie cztyrzi grossie dluczen; a od zetie Jakssowe mam strziebrniczi w zastawie we cztyrzidczeti grossich; a dale Martin Jakubinowe s Hradisska ten mi gest dluzen zuostal kopu grossuow penyez hotowych. Toho wssieho na swiedecztwie prosil sem mudrych a opatrnych muzuow Wanka Rak, rychtarzie, a Miksse Bysseweho a Janka od Strziebrne Hwezdy, conssielow przisieznich Stareho miesta prazskeho, ze su swe peczeti wlastnie s dobrym wiedomim prziwiesili ktomuto listu. Genz gest dan leta od narozenie Syna Bozieho m° iiij° xxvj° w strzedu den swateho dionisie.

Im Namen Gottes Amen. Ich, Mikuláš der Büchsenmacher aus Prag, gebe mit diesem Brief allen Menschen bekannt und lasse wissen, dass, wenngleich ich erkrankt bin, ich dennoch mit gutem Vorbedacht und die Freiheit eines gesunden Verstandes und Gedächtnisses nutzend, von allen meinen beweglichen und unbeweglichen Gütern, die mir der allmächtige Gott in seiner Freigebigkeit verliehen hat, diesen meinen letzten Willen in folgender Weise errichte und bestimme, damit nach meinem Tode zwischen meinen Freunden und Bekannten keinerlei Zwist entstehe. Zuvorderst will ich und ist es mein Wille, dass meine Schulden, die ich meinen Gläubigern schuldig geblieben bin, sofern diese ordentlich und mit gutem Gewissen entsprechend städtischem Recht aufgezeigt werden, aus meinem Besitz bezahlt werden. Sodann vermache ich mein Haus, in dem ich wohne, zehn Schock Groschen Bargeld, drei Büchsen für 30 Schock sowie den übrigen Besitz, den ich im Haus habe und den ich auf mindestens zehn Schock Groschen schätze sowie darüber hinaus Schulden, die einige Personen bei mir haben, meiner lieben Gemahlin Barbora sowie meinen Kindern Anna und Dorotha zu Besitz, Haltung und erblicher Nutzung; und sollte das Bedürfnis zwischen ihnen bestehen, möge dieser Besitz zu gleichen Teilen aufgeteilt werden; und solange meine Gemahlin ihren Witwenstand beibehält, soll sie den Besitz rechtmäßig verwalten und darüber wachen, dass den Kindern nichts verloren geht. Wenn sie ihren Witwenstand aufgibt, möge sie ein Drittel des Besitzes erhalten und die Kinder die beiden anderen Drittel. Und ich bitte sie, dass sie auf die Jungfer Elška, die bei Stana aus Třebeč wohnt, und auf deren Besitz aufpasst, solange die genannte Elška, meine Freundin, noch nicht volljährig ist. Sollte meine Gemahlin Elška nicht erziehen wollen oder können, dann möge dies Pavel Wuznik tun. Und sollte eines der beiden Kinder versterben, dann fiele dessen Besitzanteil auf das noch lebende Kind mit vollem Recht und das andere Drittel auf meine zuvor genannte Gemahlin, sofern sie ihren Witwenstand beibehält. Sollten beide Kinder vor Erreichen ihrer Volljährigkeit versterben, dann gehen deren Besitzanteile auf meine oben genannte Gemahlin mit vollem Recht über, wenn sie ihren Witwenstand beibehält. Und sollte meine Gemahlin im Witwenstand vor den Kindern sterben, ginge ihr Besitzanteil an Letztere über. Sollten die Kinder vor Erreichen der Volljährigkeit sterben und meine Frau zugleich ihren Witwenstand ändern, dann soll die Hälfte meines Besitzes an Pavel Wuznik oder an die oben genannte Elška übergehen, die andere Hälfte an meine Gemahlin. Sodann vermache ich meinem Diener Jakub zwei [Schlaf-?]*Säcke und einen ‚Kel'. Des Weiteren bekenne ich, dass ich einen goldenen Ring als Pfand von Šimon dem Fleischer im Wert von 40 Groschen habe, und dazu ist mir dieser Simon auch noch vier Groschen schuldig; und vom Schwiegersohn des Jakeš habe ich ein silbernes Kästchen als Pfand und Martin, Sohn der* [?] *Jakubinová aus Hradištie schuldet mir einen Schock Groschen Bargeld. Dies alles zu Zeugnis habe ich die weisen und geachteten Männer Vaniek Rak, Richter, und Mikeš Byševý sowie Janek vom Silbernen Stern, beisitzende Schöffen der Prager Altstadt, gebeten, dass sie ihre eigenen Siegel diesem Briefe mit gutem Gewissen beifügen. Dies ist geschehen im Jahre 1426 nach Christi Geburt, am Mittwoch, dem Tag des hl. Dionysos.*

38. [1427, April 8]
Testament des Baders Matěj Czwanyak, Bürger der Prager Altstadt. Haupterbin ist seine Gemahlin Marza, die u. a. „sein eigenes Bad" erbt. Seine beiden Schwestern Bětka und Margaretha, die in Mähren leben, erhalten jeweils 10 Schock Groschen.
Archiv hlavního města Prahy, Hdschr. 992, fol. 220v (Abschrift).[40]

Wegmeno Bozie Amen. Ja Matiej, rzeczeny Czwanyak, lazebnik, miesstienin Stareho miesta prazskeho, oznamugi tiemto listem wssem lidem a nawiedomie dawam, ze aczkoliwiek gsa nemoczen na tiele, wssak proto s dobrym rozmyslem a poziwage swobody zdraweho rozumu tudiez y pamieti, ze wsseho zbozie sweho, mowiteho y nemowiteho, kterehoz mi gest pan Buoh wssemohuczi z swe sstiedrotij pojcziti reczil, nechtie by sie onie po me smrti mezi przately a przibuznymi mymi kterzi swarowe dali, toto swe poslednie poruczenstwie zgednawam, czinim a zposobugi obyczegem tiemto. Najprwe ustanowugi tehoz sweho poruczenstwie mudre a opatrne muze Jana Teczka a Duchka z domu Hostoloprtskeho, miestiany miesta nadepsaneho prazskeho, prawe a

40 Online abrufbar unter http://katalog.ahmp.cz/pragapublica/permalink?xid=E1BD3C13B72711DF820F00166F1163D4&scan=433#scan432 (07.09.2017).

zwlasstie poruczniky prosse gich, aby toto me poruczenstwie tak zprawowali. Marzi, manzelcze me, kozemuzby gich potrzebowala a pozadala radni a pomoczni gsucze, iakoz ia gim toho pilnie wierzim a douffam. Potom odkazugi lazni swu wlastni wniz przebywam, y s winniczi, y take wesskeren statek giny swoj, mowity y nemowity, kdezbykoliwiek ten mohl nalezen a nebo optan byti, nicz neprostawuge ani wynimage, swrchupsane Marzi, manzelcze swe, k gmieni, drzeni a k diedicznemu poziwani; a w tom, aby gij odzadneho czlowieka nebylo przekazano obyczegem y zadnym, nez toho chcz,i aby taz manzelka ma z toho ze wsseho statku wydala a splnila deset kop grossow wiennych Vrssile, dcerzi me. A gestli, zeby giz gmenowana manzelka ma prwe vmrzela nezli Vrssila swrchupsana, tehdy czozbykoliwiek sbozie zuostalo po gegie statku odkazugi Bietcze a Margretie, sestram swym, genz gsa v Morawie, deset kop grossow na rowny diel; a ty giste penieze, aby gim wydala a splnila manzelka ma czastopsana a nebo dietem gich, aczby samy zemrzely pakliby a samy zemrzely y dieti gich tehda ti gisti peniezi przy manzelcze me zuostali. A dale gestli z platv we obecznie przed sie puojdu a propusstieni budu, tehda ty trzi kopy grossow platu roczneho, kterez mam na Holbowie lazni, odkazugi czastopsane Vrssile, dczerzi swe, ku prawemu a diedicznemu poziwani. Na swiedecztwie toho prosil sem mudrych a opatrnych muzow Wanka Rak, rychtarze, Marzika sedlarze a Jana rczeczeneho Wandrowecz, consselow przisieznych nadepsaneho miesta prazskeho, ze su swe peczeti wlastnie prziwiesili ktomuto listu. Genz dan leta od narozenie syna Bozieho tissiczieho cztyrsteho dwadczateho sedmeho w utery przed kwietnu nedieli.

Im Namen Gottes Amen. Ich, Matěj Czwanyak, Bader und Bürger der Prager Altstadt, gebe mit diesem Brief allen Menschen bekannt und lasse wissen, dass, wenngleich ich erkrankt bin, ich dennoch mit gutem Vorbedacht und die Freiheit eines gesunden Verstandes und Gedächtnisses nutzend, mein letztes Geschäft von allen meinen beweglichen und unbeweglichen Gütern errichte, die mir der allmächtige Gott in seiner Freigebigkeit verliehen hat, damit nach meinem Tode zwischen meinen Freunden und Verwandten keinerlei Zwist entstehe; dies geschehe auf folgende Weise. Zuvorderst bestimme ich die weisen und ehrenwerten Männer Jan Teček und Duchek aus dem Hause Hostoloprtský, Bürger der oben genannten Stadt Prag, zu rechtmäßigen Testamentsvollstreckern und bitte sie, dass sie meinen letzten Willen ausführen und meiner Gemahlin Marza, wo immer sie dies benötigen sollte, mit Rat und Tat zur Seite stehen, da ich ihnen diesbezüglich voll glaube und vertraue. Sodann vermache ich meine eigene Badestube, in der ich wohne, zusammen mit dem Weingarten und auch meinen weiteren beweglichen und unbeweglichen Besitz, wo immer sich dieser befinden möge und auch nachgefragt werden kann, nichts auslassend, meiner zuvorgenannten Gemahlin Marza zu Besitz, Eigentum und erblicher Nutzung, worin sie von keinem Menschen in irgendeiner Weise gehindert werden soll; ich will aber, dass meine Gemahlin aus diesem ganzen Vermögen zehn Schock Groschen Morgengabe meiner Tochter Uršula auszahlt. Und sollte diese meine Gemahlin vor der zuvorgenannten Uršula versterben, dann soll der nach ihrem Tode übriggebliebene Besitz an Uršula fallen; an meine Schwestern Bětka und Margretha, die in Mähren leben, vermache ich zehn Schock Groschen zu gleichen Teilen, und diese Summe soll ihnen meine wiederholt genannte Gemahlin auszahlen oder aber ihren Kindern, wenn sie [meine Schwestern – Th. K.]

selbst nicht mehr am Leben sein sollten; und sollten auch deren Kinder nicht mehr am Leben sein, dann möge meine Gemahlin dieses Geld behalten. Und des Weiteren vermache ich die drei Schock Groschen jährlichen Zinses, die ich auf der Badestube des Holeb ruhen habe, meiner mehrfach erwähnten Tochter Uršula zu rechtmäßiger Nutzung. Dies zu bezeugen habe ich die weisen und achtbaren Männer Vaněk Rak, Richter, Mařik Sedlář und Jan gen. Vandrovec, beisitzende Schöffen der genannten Stadt Prag, gebeten, dass sie ihre eigenen Siegel diesem Briefe anhängen mögen. Dies ist geschehen im Jahre Eintausendvierhundertsiebenundzwanzig nach Christi Geburt, am Dienstag vor Palmarum.

39. [1427, Juni 1421]
Der Egerer Bürger Hans Wenig, „gesessen bei dem oberen Tor", errichtet sein Testament. Seine beiden Söhne Ludil und Erhard erben sein Haus (der eine soll unten, der andere oben wohnen). 10 Groschen sind für die Pfarrkirche St. Niclas für Wein bestimmt. Die Ehefrau Sophia, die 50 Schock alte Meißnische Groschen erhält und Möbel erbt, hat im Haus Nießbrauchrecht.
Státní okresní archiv Cheb, Urkunden – Nr. 383 (Siegelurkunde).

Ich Hans Wenig, gesessen bei dem oberen tor, bekenne vnd thu kunt mit disem meinem offen brife vor allen, den dy in sehen, horen adir lesen, das ich van gottlicher ermanung vnd einbeflissung gottlicher gnad, eigentlich vnd fleissik hab bedacht vnd betracht, das ein iczlicher menssch nach der natur lawff wol weiss, das er sterben mus vnd doch nymant dy czeit noch Stunde des tades kan gewissen, vnd darum hab ich bey gesundem leibe mit guter vernunpht vnd wolbedachten mute mein lecztes geschefft gethan vnd thu das mit disem briffe, das es nach meinem tad gehalden vnd aufgerecht sol werden alz hernach geschriben stet. Czum ersten schik vnd schaff ich mein haws, gelegen czwischen dem Perren vnd dem Futrer bei dem genanten obiren tor, meinen beden sunen mit namen Ludil vnd Erharhart [*sic!*], das ir iczlicher ein iar vnden in dem hawss vnd der ander oben in dem hawss alle iar jerlichen czu geleichem wechsil sein sullen vnd sich darin neren; vnd schik in auch alle mein erbe an eckern vnd wissen, ausgesaczt ein halbs tagwerk wizmat, das gelegen ist bei Coczwicz czwischen des Wagens wizmat vnd des Schneiders, der czu Koczwicz gesessen ist; auff das selbig ergenant halb tagwerk wizmat schick ich auff czehen new grosschen ffreiberger müncz alle iar jerlich ewigs czinss, dy man geben vnd reichen sol, ein iczlicher, der das genant tagwerk wizmat inne hat, dem kirchen fatir dy czehen grosschen auff czu heben czu der phar czu send Niclas czu wein, damit man alle cristenmensch am grundanstag, carfreitag ader czu anderen heiligen czeitten bedorffeude ist vnd damit berichten sal. Auch so hab ich meinem elichen weib mit namen Zophia geschickt ffirczig schok alder meissner; vnd dy obgenantn firczig schok sullen ir meine obgenanten sune Ludil und Erhart czu stundan an aufrichten vnd beczalen mit bewitten gelde, alz pald si sich in das genante haws czihen. Auch so sol sy aus der kemnat, da sy iczunde in ist, vnd auch aus dem winkil in der stuben vnden in dem haws vnvertriben sein ire lebtag ader alz lang sy darin beleiben wil. Auch so schik meinem genanten weib czwei pet czwei kuff, czwei leilach, czwe kandil, ein truhen, ein kleins tisschil, dy ir for gewesen sein, an geferde. Auch so sullen meine obgenante sune dem genanten meinem weibe alle iar jerlich geben ire lebtag ein kar kornß, das sol sy haben auf allen meinem obgenantem erbe, eckern vnd wissen, das ich den genanten meinen sunen geschikt hab. Auch schik ich herren Lorenczen, meins pruders des Rupen sun, der ein pristir ist, czehen reinissch gulden, dy im nach meinem tade meine sune ausrichten sullen czu stundan. Auch so schik ich ein Achfart, dy dy genanten meine sune czu stundan nach meinem tade ausrichten sulle mit gewissen meines frundes. Auch so ist ein tuch kornplum Nürnberger for augen, den schik ich meinem weib, ein dritteil vnd dy czwei teil sullen meine sune behalden; auch so schik ich meinen genanten sunen alle mein farende vnd vnfarende hab, nichts ausgeschlossen, sundir was oben in dem priffe geschriben stet vnd begriffen ist vnd hab auch sulche mein hab geschikt meinen genanten sunen, das si sich damit neren dy halden meren vnd nicht mynner machen sullen, sundir dy iren kinden, meinen eniklein, czu fromen vnd nucz anlegen sullen van tag czu tage. Des alles czu einem waren geczewgnus hab ich obgenanter Hans Wenig mit fleisigem gebe geben der ersame weisen Sigmund Ruduschen vnd Sigmund Franckengruner, dyczeit des inneren racz, das sy ire insigel vnden an disen priff haben lassen hengen, in vnd allen iren Erben an schaden vnd enkelt. Der geben ist nach Cristis geburt firczehen hundirt darnach in dem sibenvndczweinczigsten iare an dem nesten sonnabend nach Corpus Christi.

40. [1427, Dezember 2]
Petřík Meysner, Bürger der Großen Stadt Prag, errichtet sein Testament, in dem seine Gemahlin Anička als Haupterbin eingesetzt wird. Zur Hinterlassenschaft gehören u. a. Besitzanteile an drei Gebäuden.
Archiv hlavního města Prahy, Hdschr. 992, fol. 89v (Abschrift).[41]

Wegmeno Bozie Amen. Ja Petrzik Meysner, miesstienin welikeho myesta prazskeho, oznamugi tiemto listem wssiem lidem a nawiedomie dawam, ze aczkoliwiek gsa neduziw na tyele, wssak proto s dobrym rozmyslem a poziwage swobody zdraweho rozumu, ze wsseho zbozie sweho, mowiteho y nemowiteho, kterehoz mi gest pan Buoh wssemohuczi z swe sstiedrosti poycziti raczil, nechtie by sye onye pome smrti mezy przately a przibuznymi mymi kterzi swarowe dali, toto swe poslednie poruczenstwie zgednawam, czinim a zposobugi obyczegem tiemto. Najprwe ustanowugi tehoz sweho poruczenstwie mudre a opatrne muze Jana Beczka a Gira sukenika, miesstieny nadepsaneho miesta prazskeho, prawe porucznikу, prosye gich, aby pani Aniczcze, manzelcze me, k czemuzby gich potrzebowala radim a pomoczi byli jakoz ya gim toho z wlasstie wierzim a doufam; potom odkazugi se wssim swym prawem nadepsane manzelcze swe wesskeren dyel swuoy a zwlasstie, kteryz mam na tuzech domyech, tocziz na Meysnarowu a na druhym, kteryz nynie drzi Rzez, a na trzetiem w dluhe trzedie, kteryz gest nagial tohoto leta Kudelka, tak aby stiem mym dyelem vczinila, yakozby sie gij libilo a

41 Online abrufbar unter http://katalog.ahmp.cz/pragapublica/permalink?xid=E1BD3C13B72711DF820F00166F1163D4&scan=174#scan173 (07.09.2017).

widielo zapodobne; a wtom aby gij nebylo przekazeno obyczegem y zadnym. Toho na swiedectwie prosil sem slowutneho Petra z Chrastu, wty czasy rychtarzye, mudrych a opatrnych muzow Zdenka swiecznika a Jana od Konwij, spoluprziseznych conssielow nadepsaneho miesta prazskeho, ze su swe peczeti wlastnie prziwiesili k tomuto listu. Genz gest dan leta od narozenie pana nassieho Iezissie krysta Tissiczeho cztyrsteho a sedmmezczietnieho w utery po swatem Ondrzegi Apostolu Boziem.

Im Namen Gottes Amen. Ich, Petřík Meysner, Bürger der Großen Stadt Prag, gebe mit diesem Brief allen Menschen bekannt und lasse wissen, dass ich, wenngleich ich krank am Körper bin, ich dennoch mit gutem Vorbedacht und die Freiheit eines gesunden Verstandes nutzend, diesen meinen letzten Willen über alle meine beweglichen und unbeweglichen Güter errichte, die mir der allmächtige Gott in seiner Freigebigkeit verliehen hat, damit nach meinem Tode zwischen meinen Freunden und Verwandten keinerlei Zwist entstehe, in der nachfolgenden Weise bestimme, tätige und festlege. Zuvorderst ernenne ich die weisen und achtsamen Männer Jan Beczek und Gira den Tuchmacher, Bürger der oben genannten Stadt Prag, zu rechtmäßigen Testamentsvollstreckern und bitte sie, meiner Gemahlin Anička in allen Dingen mit Rat und Hilfe zur Seite zu stehen, da ich ihnen besonders glaube und vertraue. Sodann vermache ich mit allen Rechten meiner zuvorgenannten Gemahlin meinen gesamten Besitz und insbesondere denjenigen, welchen ich an hiesigen Häusern besitze, nämlich am Meysnerschen Hause, am Haus, das jetzt Řez besitzt, und am dritten Haus in der Langen Gasse, das in diesem Jahr Kudelka mietete; meine Gemahlin möge damit verfahren, wie es ihr gefällt, und niemand soll sie hierin in irgendeiner Weise hindern. Dies zu Zeugnis habe ich den ehrenwerten Petr von Chrast, zur Zeit Richter, sowie die weisen und ehrenwerten Männer Zdeněk Svíčník und Jan von Konwij, beisitzende Schöffen der oben genannten Stadt Prag, gebeten, ihre eigenen Siegel diesem Briefe anzufügen. Dies ist geschehen im Jahre Eintausendvierhundertsiebenundzwanzig nach der Geburt unseres Herrn Jesus Christus, am Dienstag nach Andree apostolis.

41. [1428, Februar 6]
Testament des Kuttenberger Bürgers Ondřej Češíř. Frau und Kind sollen das Haus und anderen Besitz erhalten. Der Testierer besteht augenscheinlich darauf, dass der ältere Sohn nichts erhalten solle, da dieser ihn, seinen Vater, einstmals im Stich gelassen habe. Der Rat überlässt ein Urteil der Lex Dei.
Státní okresní archiv Kutná Hora, Liber heredidatum antiquus, fol. 1r (durchgestrichen; Abschrift).
Edition: Kejř, Právní život, S. 226, Anm. 12 (Auszug).

Ondrziey Czessierz na smrtedlney posteli vczinil poruczenstwie takoweho, aby zena geho stiem dietatkiem duom ywesskeren statek gini, kteriz gest gmiel spolecznie a nerozdielnye gmiela, dokudz sie newda. Pakli sie wda, aby giej gedna czast byla widana a dietaku, aby dwie dieli byla ostawena. A zwalsstie rzekl a kazal, aby geho

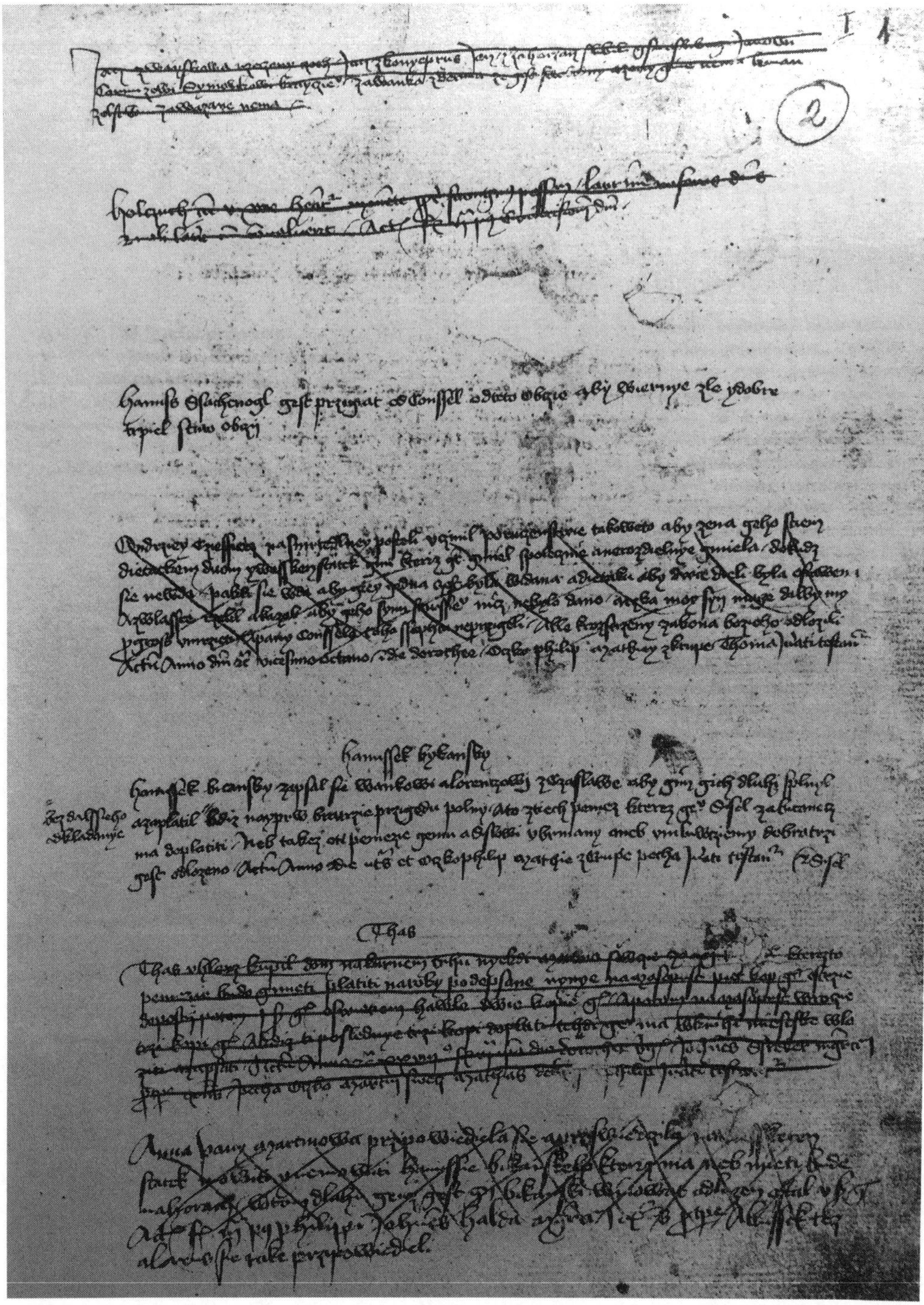

Testament des Kuttenberger Bürgers Ondřej Češíř – 1428, Februar 6. Quelle: Státní okresní archiv Kutná Hora, Liber heredidatum antiquus, fol. 1r synu starssieͮ nicz nebylo dano, a rzka, moj syn mage dalby my p[ro] gross vmrzieti. A pany conssele toho ssaphtu neprzigeli, Alle k rozsuzeny zakona bozieho odlozili. Actum Anno domini millesimo vicesimo octavo in die Dorothee. Oczko Philip Mathiej z krupe Thoma iurati testamenti.

Ondřej Češíř hat auf dem Sterbebett sein Testament errichtet, demzufolge seine Gemahlin mit dem Kindlein das Haus und sämtlichen anderen Besitz, den er hatte, gemeinsam und ungeteilt erben solle, solange sie sich [seine Gemahlin – Th. K.] *nicht wieder vermählt. Sollte sie sich* [*wieder*] *vermählen, dann möge man ihr ein Drittel geben und das Kind soll zwei Drittel erhalten. Und insbesondere hat er gesagt und geboten, dass man seinem älteren Sohn nichts vermachen solle, darauf verweisend, dass sein Sohn ihm einst nicht einmal einen Groschen geliehen hätte. Und die Herren Schöffen haben es abgelehnt, dieses Geschäft anzuerkennen, sondern es einem Entscheid der Lex Dei überlassen. Actum Anno domini millesimo vicesimo octavo in die Dorothee. Oczko, Philipp, Matěj von Krupa, Thoma iurati testamenti.*

42. [1429, Februar 17]
Testament des Egerer Bürgers Seyfrid Gückelhorn. Seine Gemahlin Kathrein soll 40 rheinische Gulden erhalten, die ihr der Sohn Hans im Verlaufe von zwei Jahren in vier Raten auszahlen soll. Der Sohn wird auch zum Erben von Haus und Besitz erklärt. Es folgen Seelgerätschaften.
Státní okresní archiv Cheb, Urkunden – Nr. 389 (Siegelurkunde).

Ich Seyfrid Guͤckelhorn bekenn vnd thu kunt an dem gegenwertigen briue vor allen den, die yn sehen hören oder lesen, das ich mein lecztes gescheft alles meines gutes vnd meiner habe mit dem brife gethan hab, als hernach geschriben stet. Item czum ersten schicke vnd schaffe ich Katherein, meinem eelichen weyb, vierzick reinisch güldein, die schol ir mein sun Hanns noch meinem tode in czweyn jarn czu vir czeitten geben vnd aufrichten, damite schol sie herdan geteilt vnd gesundert sein von meinem sun vnd von meiner habe ongeuerde. Item so schicke ich meinem sun Hanns Guͤckelhorn mein haws vnd alle mein habe vnd gute, das ich noch meinem tode hab lasze czu vätergleichem erbe; vnd dauon schol er mir lassen tun ein Romfart vnd ein O[A!]chfart vnd czwey goczpad nach meinem tode. Item were sachen, da gote lange vor sey, das mein sun Hans von tods wegen on erben abgenge, so schoͤlt das gute vnd die habe treten vnd gefaln halp auf mein Bruder Francz Gückelhorn vnd hern Hannsen, seinem sun. Vnd das ander halpteile schoͤld man geben durch goczwillen czu selgerete meiner vnd meyner eldern vnd vorderen selen willen, wo mein bruder vnd her Hans sein son vnd Conrat Haller Burger czu Eger[42] erkennen, da es am aller pesten bestat were; vnde dem genanten Conrat Haller bevill ich den gegenwertigen brife, das er den von suͤlchs willes wegen schol ynnen haben, das das also gehalden wuͤrde. Vnd des alles czu vrkuͤnne hab ich obgenanter Seifrid Gückelhorn gebeten, die erbergen vnd weysen Conrat Meinl vnd

42 Nachträglich eingefügt.

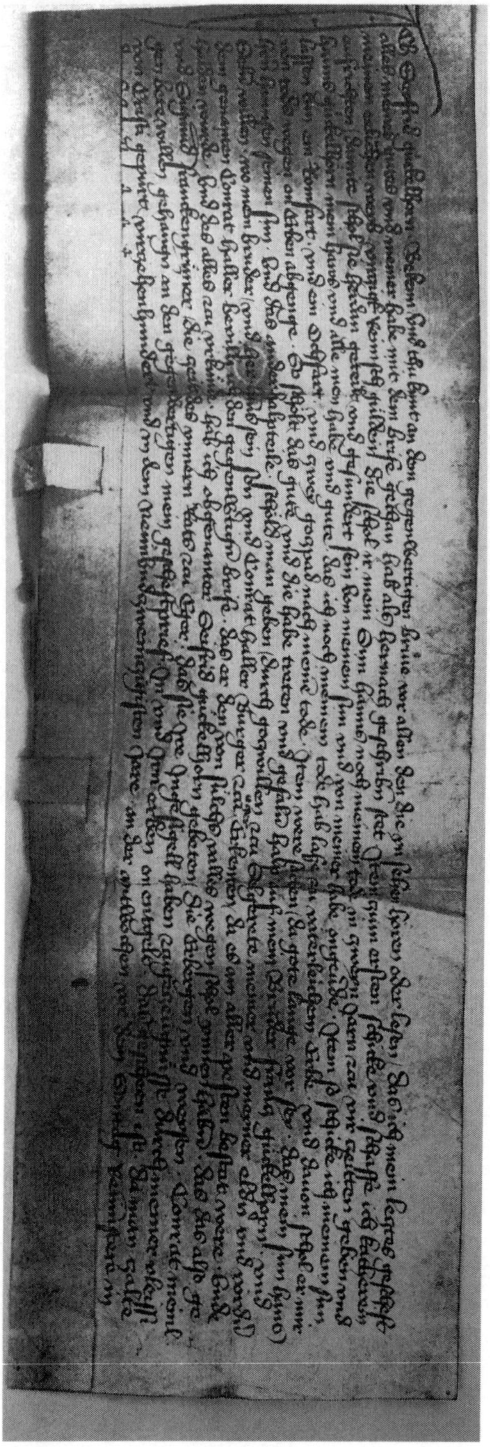

Testament des Egerer Bürgers Seyfrid Gückelhorn – 1429, Februar 17. Quelle: Státní okresní archiv Cheb, listiny – Nr. 389 (Siegelurkunde)

Sigmund Franckengrüner, die czeits rats czu Eger, das sie ire ingesigell haben czugeczeugnu^e^sse durch meiner vleissigen bete willen gehangen an den gegenwertigen mein gescheftprief. In vnd irn erben on entgelte das gescheen ist da man czalte von Cristi gepurt virczehenhundert vnd in dem neunvndctweinczigsten iare an der mitwochen vor dem Sontag Reminiscere in der fastenczeyt.

43. [1429, August 12]
Testament des Altstädter Bürgers Johlin von Hole. Haupterbin ist seine Gemahlin Anna. Der Testator bekennt, dass der König von Ungarn (Sigismund von Luxemburg) ihm und einer zweiten Person 300 Schock Groschen schuldig geblieben ist.
Archiv hlavního města Prahy, Hdschr. 992, fol. 111r (Abschrift).[43]
Edition: AČ 26, S. 201-202 (Auszüge).[44]

V gmeno bozie amen. Ja Johlin z Holi, miesstienin Stareho miesta prazskeho, oznamugi tiemto listem wssiem lidem a na wiedomie dawam, ze aczkoliwiek gsú neduziw na tiele, wssak proto poziwage swobody zdraweho rozumu, ze wsseho zbozie sweho, kterez mi gest Pan buoh wssemohuczi z swe sstiedrosti poycziti raczil, nechtie by sie o nie po me smrti mezi przately a przibuznymi mymi kterzi swarowe dali, toto swe poslednie pruczenstwie zgednawam, czinim a zpuosobugi obyczegem tiemto: Naiprwe odkazugi a mocnie dawam pocztiwe pani Annie, manzelcze me, gmenem wiena a za wieno ves rzeczenu w Holi s lidmi urocznimi a kmetnimi tudiez y sewissim panstwim a przistlussenstwimy, nicz nepoostawuge, k gmenij, k drzeni a kdiedicznemu poziwanij, y take kdyzby gy bylo potrzebie, aby to mohla prodati, imagieti, zastawiti, smieniti aneb stiem vcziniti, czoz by sye gi libilo, yakozto s swym wlastnim sbozim; anatom, aby ygie nebylo przekazieno obyczegem vzadnym. Potom tez manzelcze swe odkazugi duom swoj w niemz przebywam k gmieneni, kdrzeni a kupoziwani, wssak pod takowú wymienkú, gestli ze táz manzelka ma ne dele bude ziwa na tomto swetie nezli Mangas, przietel muoj, tehdy aby duom po gegie smrti spadl na tehoz Mangasa, a Mangas aby s nim vczinil jakozto s swym wlastnim a diedecznym cozby sie gemu libilo. Oznamugi take ze mi gest a neboczci Wackowi z Chwal kral vhersky trzi sta kop gr. dluhu sprawedliweho dluzen yuostal a w tiech peniezich gest v panie Wackowe zaklady zastawil. Protoz ya swu polowici odkazugi tocziz puoldruheho sta kop gr. Mangasowi swrchupsanemu aby sie gich mohl doupominati jakozto ja sam. Dale odkazugi temuz Mangasowi, Kaderzakowi a Butlovi, przatelom swym, osm kop gr. platu rocznieho kterez mam na Ondrasskowi od czerweneho jelena a na jeho domu tudiez, k rozdieleni mezi nie na rowny diel; a to k tomu odkazugi gim dwie kopie gr. platu rocznieho na Nowem mieste na domu niekdy Waclawa Sskrziecky proti zidowske zahrade a cztyrzi kopy gr. platu w Starem mieste na domu u trzi klicov a cozkoliwiek mam listuow a hamfesstuow bud'te ti na penieze na platy aneboli na gine kterekoliwiek

[43] Online abrufbar unter http://katalog.ahmp.cz/pragapublica/permalink?xid=E1BD3C13B72711DF820F00166F1163D4&scan=215#scan214 (07.09.2017).
[44] Online abrufbar unter http://147.231.53.91/src/index.php?s=v&action=jdi&cat=10&bookid=144&page=201&action_button.x=0&action_button.y=0 (07.09.2017).

wieci ty wssecky aby gim wydala manyelka ma swrchupsana a oni by sie gimi mohli doupominati tak mocnie jakozto ja sam. Dale jakoz gest dobre pamieti pani Kaczka Mostska odkazala byla na kostel sv. Mikulasse sedmnact kop gr. platu na Rziczanech a v Jilovem a mie ustanowila porucznikem s Vackem z Chwal ze ja miesto sebe vstanowugi porucznika Mangasa swrchupsaneho. Toho na swiedecztwie prosil sem slowutneho Patra w ty czasy rychtarze Stareho miesta prazskeho a opatrnych muzow Matiege od mureninow a Mikulasse od vrsse, konsselow prziseznich tehoz miesta prazskeho ze sú swe peczeti wlastnie prievielsili k tomuto listu genz dan leta Tisicieho cztyrsteho a dewietmezcietmeho v patek przed hodem Matky Bozie na nebesa vzetie.

Im Namen Gottes Amen. Ich, Johlin von Hole, Bürger der Prager Altstadt, gebe mit diesem Brief allen Menschen bekannt und lasse wissen, dass, wenngleich ich krank am Körper bin, ich dennoch die Freiheit eines gesunden Verstandes besitze, ich diesen meinen letzten Willen bestimme und verkünde, damit über meine Habe, die mir der allmächtige Gott in seiner Freigebigkeit anzuvertrauen gedachte, unter meinen Freunden und Verwandten nach meinem Tode keinerlei Zwist entstehe; also verfüge wie folgt: Zuerst vermache und verschreibe ich der ehrenwerten Frau Anna, meinem Eheweib, namentlich die Morgengabe und für diese das genannte Dorf in Hole mit Zinsbauern und Hufnern mit Herrschaft und sämtlichem Zubehör, nichts auslassend, zu Haltung, Besitz und erblicher Nutzung; und wenn es notwendig sein sollte, möge sie diesen Besitz verkaufen, verpfänden, tauschen oder damit verfahren, wie es ihr beliebe; und hieran soll sie von niemandem gehindert werden. Weiterhin verschreibe ich diesem Eheweib mein Haus, in dem ich wohne, zu Haltung, Besitz und Nutzung, und zwar unter der Einschränkung, dass, wenn dies genannte Eheweib nicht länger am Leben bleiben sollte als Mangas, mein Freund, dann soll nach ihrem Tode dieses Haus an Mangas fallen, und Mangas möge damit umgehen, wie mit seinem Eigentum und Erbe, so wie es ihm beliebet. Weiterhin gebe ich bekannt, dass mir und dem verstorbenen Vacek der ungarische König [Sigismund von Luxemburg – Th. K.] *300 Schock Groschen schuldig geblieben ist; für dieses Geld ist bei Frau Vacková ein Unterpfand hinterlegt. Ich vermache daher die meine Hälfte, also 150 Schock Groschen, dem oben genannten Mangas, damit er daran festhalte, wie ich dies getan habe. Weiter vermache ich diesem Mangas, Kadeřávek und Butt, meinen Freunden, acht Schock Groschen an Jahreszins, welche ich von Ondrášek vom Roten Hirsch bekomme und von seinem Haus, an die drei zu gleichen Teilen; und dazu verschreibe ich ihnen noch zwei Schock Groschen jährlichen Zinses auf das in der Prager Neustadt gegenüber dem Judengarten gelegene Haus, das dereinst Václav Škřiecka gehörte, und vier Schock Groschen Geldes in der Altstadt auf das Haus ‚Zu den drei Schlüsseln', und wofür auch immer ich Briefe und Handfeste besitze, sei es an Geld, an Einnahmen oder irgendwelchen anderen Dingen, diese soll ihnen mein oben genanntes Eheweib herausgeben und die drei Genannten mögen hiermit wie ich selbst verfahren. Weiterhin hat die selige Frau Kačka Mostská der Nikolaikirche 17 Schock Groschen Zins in Říčany und Jílové verschrieben, wobei sie mich mit Vacek von Chval als Testamentsvollstrecker bestimmte; meine Stelle als Vormund soll der oben genannte Mangas einnehmen. Zu Zeugnis habe ich den einflussreichen Petr, zu diesen Zeiten Richter der Prager Altstadt, sowie die ehrenwerten Männer Matěj von Morein und Mikuláš vom Fisch, beisitzende Schöffen dieser Stadt Prag, gebeten, dass sie ihre eigenen Siegel diesem Brief beifügen mögen; dies ist geschehen im Jahre 1429 am Freitag vor der Stunde Marie Himmelfahrt.*

44. [1430, April 30]
Richter, Bürgermeister und Schöffen in Pilsen bestätigen, dass ihr Mitbürger Mikuláš schwer erkrankt darniederliegt und seinen letzten Willen verfasst hat. Landbesitz erhält seine Gemahlin Kača, 4 Kinder.
Archiv města Plzně, Hdschr. 22 468, fol. C 11 (Abschrift).
Edition: Strnad, Listář král. města Plzně 1, S. 325-327, Nr. 304.[45]

My Ondrassek, rychtarz, Prokop Fegal, toho czasu purkmistr, a Johanek, conssele przisezny a miesstiene miesta Nouehoplznie, wiznawame tiemto listem obecznie przedewssemi swiedcziecze, ze pocztiwy muz Mikulass Hinkowicz, nass spolumiesstienin, leze vbozie kazny a wtiezke nemoczi, aczkoliwiek gsa nemoczen natiele, a wssak dobreho rozumu poziwage a przietele pamieti gsa, nas k sobie na swiedomie prziwolaw a prziprosiw toto swe poslednie rozkazanie vczinil takuto mieru, a take chcze aby pogeho smrti mezy geho dietmy nyzadny swarowe ani kterzi ustrkowe nebili. Naiprwe chcze, aby wssichni geho dluzy, kterymyz by sprawedliwie komu povinen byl a kterez gest on popsal, naprzed z geho statku byli dluznikom dani a zaplatieny, aby to na geho dussi neostalo. Item odkazuge a dawa pany Kaczczie, zenye swe, lan diedyny a cztwrt diedyny za Sskvrnyany wedle Cylkowskych diedyn se wssym osenim na tiech diedynach i se dnem; a k tomu rucho postelnie, na kteremz Mikulass Hinkowicz lehal, a rucho chodiecie gegie. Item Hinaczkowi, synu swemu, odkazuge a dawa ten duom i s myestissczem, w kteremz Hynaczek sedy. Item Jankowy, synu swemu, odkazuge a dawa dwuor swoy v przedmiestie nasseho miesta rzeczeny Kozynecz s miesczisczem, a k tomu gemu dawa puoldruhe cztwrty diedyn u krzize wedle diedyn Bartle psseniczky se wssym osenim i se dnem, a luku w Dudlewcich se dnem a trzidczeti kop grossuow, kdyz na dluzniciech porucznici dobudu, aby Jankowi k tomu dworu k diedinam a k luce bylo przidano. Item pannye Machnie dczerzy swe tyz Mikulass Hinkowicz odkazal z sweho statku dati sto kop grossuow, kdyz by byla za muz wdana; a ostatek wsseczko, coz mimo toto rozkazanie zuostane, s nabytkem i s ginymi wieczmy bud toho mnoho nebo malo odkazal i odkazuge Mikulassowi, synu swemu najmlassiemu, aby w tom po geho smrti diedil. Pakli by nynie gmenowany Mikulassek prwe, nezli by k letom dossel s tohoto swieta smrti s ssel, tehdy to wsseczko w czemz by on Mikulassek po swem otczi myel diediczi, a mymo to swrchupsane rozkazanie, coz gemu zuostalo, ma na Hinaczka a na Janka a na pannu Machnu doniewadz by pannu zuostala a za muz nebyla wdana prawym rozdielem przipadnuti, tey acz by panna Machna neisuczi gesstie wdana smrti s tohoto swieta sessla, tehdy tiech sto kop grossuow gie otczem gegie odkazanych a danych na swrchupsane Hinka, Janka a Mikulasska, aczbi zywy wssichny trzie zuostali, prawym rozdielem ma przipadnuti. Kterehozto wsseho sweho rozkazanie, coz

45 Online abrufbar unter http://147.231.53.91/src/index.php?s=v&action=jdi&cat=18&bookid=398&page=325 &action_button.x=0&action_button.y=0 (07.09.2017).

w tomto listu od nadepsaneho Mikulasse Hinkowicz rozkazano a popsano gest, vczinil sweho statku a sweho syna Mikulasse najmlazssieho moczne poruczniky a sprwacze urozeneho Hrzka z Nebielow, swagra geho, a opatrne Hinaczka a Janka, syny swe, aby wsssichni trzie spolecznie a genostajnie toho geho rozkazanie sprawowali, vczinili a wedli iakoz gim toho doufa; ale Hrzek, swagr geho, aby w domu Mikulassowu sediel a hospodarztwie sprawowal, a Mikulasska wedle sebe chowal, a geho k dobremu wedl a dobrym mrawom vczil, iakoz gemu toho mimo gyne wsseczki doffa, kterichz to porucznikuow nizadny czlowiek prziwuzny ani cziezie w tomto poruczenstwie nema hyndrowati ani gim w tom kterak prziekazeti ani ktereho zamatku cziniti nez ge przi tom zuostawiti coz gim gest swierzil. Toho wsseho na swiedomie ku prosbie Mikulasse Hinka nadepsaneho peczeti nassie s nassi woli a wiedomym k tomuto gsme listu prziwiesili. Genz gest dan po boziem narozenie ctucz leta tissicyiehio cztirzsteho a trzidczateho tu nedieli przed swatim Jakubem a Philippem Aposstolow Bozich.

Wir Ondrášek, Richter, Prokop Fegal, zur Zeit Bürgermeister, und Johanek, beisitzende Schöffen und Bürger der Stadt Neu-Pilsen, bekennen mit diesem Brief vor allen und bezeugen, dass der ehrenwerte Mann Mikuláš Hynkovicz, unser Mitbürger, durch Gottes Fügung schwerkrank darniederliegt und, wenngleich er durch körperliche Krankheit gezeichnet ist, hat er, die Freiheit eines gesunden Verstandes nutzend und als Freund eines gesunden Gedächtnisses, uns zum Zeugnis zu sich gerufen und gebeten, seinen letzten Willen in nachfolgender Weise verfasst, um zu verhindern, dass nach seinem Tode zwischen seinen Kindern Streit und Unbill entstehe. Zuvorderst will er, dass seine gesamten Schulden, die er gegenüber wem auch immer noch ausstehen und die er zuvor aufgezählt hat, bei seinen Gäubigern aus seiner Hinterlassenschaft beglichen werden, damit nichts auf seiner Seele lasten bleibe. Item so verschreibt und gibt er Frau Kača, seiner Gemahlin, eine Hufe Feld und ein Viertel Feldes hinter Skrvnany neben den Feldern des Cylkovský mit aller Saat auf diesen Feldern und mit allem Boden, und dazu das Bettzeug, auf dem Mikuláš Hynkovicz gelegen hat, und seine Tragesachen. Item seinem Sohn Hynáček vermacht und gibt er das Haus, zusammen mit Grund und Boden, in dem Hynáček wohnt. Item seinem Sohn Janek vermacht und gibt er seinen Hof in unserer Vorstadt genannt Kozyneč, mit Grund und Boden, und dazu gibt er ihm ein halbes Viertel Feld bei Kříž neben den Feldern des Bartl Pšenička mit aller Saat und allem Boden und eine Wiese in Dudlevce mit Boden und 30 Schock Groschen, wenn die Testamentsvollstrecker die Schulden beglichen haben, damit dies Janek zu diesem Hof, zu den Feldern und zur Wiese hinzugegeben werden möge. Item Frau Machna, seiner Schwester, hat Mikuláš Hynkovicz aus seinem Gut 100 Schock Groschen vermacht, wenn sie sich verheiraten sollte; und den gesamten Rest, der darüber hinaus vom Besitz übrigbleibt, hat er mit Möbeln und den anderen Sachen, sei es viel oder wenig, seinem jüngsten Sohn Mikuláš vermacht, damit er nach seinem [des Vaters – Th. K.] *Tode dies erbe. Sollte der soeben genannte Nikolaus noch vor Erreichen der Volljährigkeit von dieser Welt gehen, dann soll der an ihn vom Vater vererbte Besitz, außer der oben genannten Bestimmung, was für ihn übrigbleibt, an Hynáček, Janek und Frau Machna – solange letztere Jungfer bleibt und sich nicht vermählt – zu gleichen Teilen fallen; sollte die Jungfer Machna noch unverheiratet von dieser Welt durch Tod abgehen, dann mögen jene 100 Schock Groschen, die ihr ihr Vater vermacht hat, an die oben genannten Hynek, Janek und Mikuláš, sofern diese am Leben bleiben, zu gleichen Teilen fallen. Zu rechtmäßigen Testamentsvollstreckern und Verwesern seines oben genannten Geschäfts und seines jüngsten Sohnes Mikuláš hat der erwähnte Mikuláš Hynkovicz, dessen letzter Wille in diesem Brief beschrieben ist, den wohlgeborenen Hřek von Nebělovy, seinen Schwager, sowie die ehrenwerten Hynáček und Janek, seine Söhne, bestimmt, damit alle drei gemeinsam und einheitlich diesen seinen letzten Willen ausführen, weil er ihnen vertraut; doch sein Schwager Hřek soll in Mikulášs Haus wohnen und den Haushalt beaufsichtigen und Mikuláš erziehen und ihn zum Guten führen und ihm gute Sitten beibringen, weil er* [der Testierer – Th. K.] *ihm vertraut; und niemand soll die Testamentsvollstrecker an der Ausführung des letzten Willens hindern oder ihnen Vorschriften machen; diese mögen sein letztes Geschäft, was er ihnen anvertraut hat, vollenden. Dies zu Zeugnis hat der oben beschriebene Mikuláš Hynkovicz uns gebeten, unsere Siegel mit unserem Willen und Wissen diesem Brief anzufügen, der gegeben ist nach Christi Geburt Eintausendvierhundertunddreißig, am Sonntag vor St. Jacobi und Philippi, den göttlichen Aposteln.*

45. [1430, Mai 23]
Ondřej Strhla aus Přivětice, Bürger der Stadt Pilsen, errichtet sein Testament, wissend um die Unvermeidbarkeit des Todes, ohne jedoch Tag und Stunde zu kennen. Er vermacht u. a. einem ‚Kind' aus Předěnice mit Namen Ondřej 10 Schock, wenn dieses wieder zum christlichen Glauben zurückkehrt und vom ketzerischen wiclifitischen und taboritischen Glauben ablässt etc. Umfangreiche Stiftungen *ad pias causas*.
Archiv města Plzně, Hdschr. 22 468, fol. C 19 (Abschrift).
Edition: Strnad, Listár král. mesta Plzně 1, S. 327-330, Nr. 306.[46]

Ja Ondrzej Strhla z Prziewieticz, sedienim w Nowemplzni, znamo czinim zgewnie przdewssemi tiemto listem, ktoz gei vzrzie nebo cztucze uslissie, ze znamenaw neustawicznost anetrwalost swieta tohoto waze i rozmietage na swe mysly smrtdelnost, ze wzdy vmrzieti alle newieda dne ani hodiny smrti, vcziniw potaz sam sebu a s dobrymi przateli kterakbich miel swoy statek, kteryz mi gest na tomto swietie poyczen od pana boha, po swe smrti zostawiti k chwale bozie a k polechczenie dusse me y mich przedkow a take, aby o ten statek izadne roznicze ani kterzi swarowe sie nezdwihli ani byli, vczinil sem i czinim toto swe poslednie rozkazanie w tomto listu popsane s dobrym rozmyslem gsa zdraw a plneho rozomu pozywage s mu dobru woli nyzadnym przinucenim ani kterym omylenim, chcie, aby tak po me smrti sslo. Nayprwe odkazugi do ffary kniezy ffararzi nynieissiemu i buducziemu ssestdesat grossow platu wieczneho a kazateli, kteryz tu v fary bude, desiet grossow platu wiecezneho takowe, aby ffararz ninyeissi y buduczie ffararzi wiecznie na kazdi rok cztyrzi slussbi wigilny a mssy zadussny zpiewanu bez obmesskawanie za mu dussi y mych przedkow przikazdych

[46] Online abrufbar unter http://147.231.53.91/src/index.php?s=v&action=jdi&cat=18&bookid=398&page=327 &action_button.x=0&action_button.y=0 (07.09.2017).

suchich dnech iakoz obyczey gest swiedomym czinili a kazatel, aby nakazdu nedieli na kazanie przypominal a pana zamu dussi y mych przedkow prosil. Item do czrneho classtera k swatemu duchu odkazugi sedmdesat grossow platu wieczneho bratrzim kopu na potrziebu, a zato magi cztyrzi sluzby wzdy do roka wiecznie wigilmy a zadussni mssi zpiewanu przikazdich suchych dnech bez obmesskanie cziniti a kazateli desiet grossow na kazdy rok dati, aby na kazdu nedieli wzdy do roka przipominal a pana boha za mu dussi y mych przedkow dussi prosil. Item do Ssereho classtera k matcze Bozie odkazugi sedmdesat grossow platu wieczneho, aby za mus dussi y mych przedkow tez cztyrzi sluzby kazdy rok przikazdich suchichdnech wigilgemy a mssy zadussni bez obmesskawanie wiecznie czinili; a kazateli desiet grossow na kazdi rok dawali, aby przy przipomynal na kazdu nedieli a panna Boha za nasse dusse prosil. Item do Spitala chudym kopu grossow platu wiecznieho odkazugi. Item odkazugi, aby nakazdi rok wiecznie dwa postawy sukna o cztyrzech nebo opuolpate kopie byla kupena a ta rozdana chudym a praczním lidem, geden przy weliczie noczi a druhi przy wanoczech. Item odkazugi, aby byla kupena kopa grossow platu wieczneho zamu y mych przedkow dussi, ata nakazdy rok mezi chude rozdana. Item do Skoli odkazugi zakom kopu grossow platu wiecznieho, aby zato czinili czoz gim mogi porucznicziczi rozkazi. A ten wesskeren plath magi porucznicziczi wdolepsani do ffary do obu classteru, do spitalu na sukno, do skoli chudym kopu grossow platu k rozdawanie kupiti, aby to nesesslo nez wiecznie dawano bylo. Pakli mogi poruczniczi shledalibi to, zeby ffararzi nebo bratrzi wobu classterzi ty sluzby zmesskale czinili aneb cziniti nechtieli anebo kazatele take zmesskawali za nasse dusse na kazdu nedieli przipomynati a pana boha prositi, tehdi ten plat, kdezby netbali tiech sluzeb cziniti magi poruczniczi od nich odtrhnuti a wzieti a ginam na gine milosrdne skutky za nasse dusse iakz sie gim bude zdati obratiti. Item na Stupenski kostel na dielo, kdyzbi rzad byl a kostel dielali trzi kopi grossow odkazugi. Item do Przyewieticz na kostelnie dielo, kdybi rzad byl a kostel dielali kopu grossow odkazugi. Item panie Kaczi, zeniee mee, domek moy, wkteremz przebywam, i s tiem coz gest wniem domowite wieczi moczne odkazugi; a ktomu trzidczeti kop grossow, aby gie poruczniczi z meho statku dali, kdyzby dobyli namych dluznicziech ana zapisiech. Item gedennadczt kop grossow plathu namiestie w Nowemplzny gessto sem a Fenclaw Guldanow plath kupil puolssesty kopv grossow panie Zophie kolaczkowe a gegie dietem odkazugi a puolssesty kopv grossow plathu sobie zostawugi. Item Kunce a Annyczcze, dcerzi gegie z kokota, spolu obyema desiet kop grossow odkazugi. Item Zofcze Ffryczkowe z Manietyne s gegiema dwiema dczeroma desiet kop grossow. Item Ondrziegowim, dietem z Prziedienicz, desiet kop grossow odkazugi, nawratieli sie zasie k wierze krzestianske a odstupie odte bludne wiglefske a thaborske wiery; a doniewadz wte wierze byli anebo wnye vmrzeli, aby gim nycz dano nebylo. Item Kraczigi, sestrze Ondrziegowie z Prziedienicz, s gegiemy dietmy piet kop grossow odkazugi. Item Mapcze Mikulassowe mlynarzcze piet kop grossow. Item Margretynym, dietem sestrzeniczi me, desiet kop grossow odkazugi. Item Margretinym dietem piet kop grossow. Item Zophicze Kraczigi, sestrze, piet kop grossow. Item wnuczatom Zophczinym z Manietyne piet kop grossow. Item syrotkom neboczcze Margreti, sestrzenicze me, a wnucztiom Kolaczkowim desiet kop grossow. Item Bietcze Morawcze, synowkyny Dictczowie piet kop grossow, kterehozto meho wsseho rozkazanie czoz wtomto listu psano stogi y meho wsseho zbozie, budto nalistech a hantfesstiech, na dluziech, na platech zapysiech y na wssem, coz gmam nicz newynymage; akterymzby koliwiek gmenem mohlo gmenowano byti moczneho porucznika czinym pocztiweho muze Iacuba, myestskeho pzsarze z Nowehoplznie, mage zwalsstnie kmemu dovfanye iako k swemu wiernemu przieteli; a gemu kupomoczi przidawage pocztiweho Prokopa Fegala z Nowehoplznie, aby toto me rozkazanie zgednali, rownali a skutecznie z meho statku k konczi wedli, yako gim toho vplnie dowierzim; kteryzto porucyniczi przatelom mym swrchupsnaym czoz sem komu tuto rozkazal pome smrti zmeho zbozie magi widati a oni magi od mych porucznikow to za dobre przygeti; amych porucnikow dale a wysse przesme toto rozkazanie samy sebu ani kteru mocznu ruku any wisluczenym ani kterym prwem budto swietskim nebo duchowniem netisknuti, nez aby gmiel kazdy natom dosti czoz sem komu z prawe wiery a lasky nyzadnu powynnosti rozkazal; a take nedepsanych mych porucznikow przatelee mogi i zena ma tak nahlym napominanim k widanie toho, czoz sem komu odkazal, aby netiskli ani nanye kterak samy sebu nebo kteru moczi sahly; ale kdyz magi porucznici z meho statku toho czoz sem komu rozkazal dobudu, tehdi magi przatelom mym kazdemu wedle rozkazanie pod czassi widati, a doniewadzby nedobyli nemagi gich any zena ma ani przietele mogi tisknuti zadnym prawem, any kterych zawad gim cziniti ani koho gineho pro nye hyndrowati. Paklibi z tiech mych przatel, ktery sie wytrhl nebo kto gyny ciezy gim kupomoczi achtiel nadepsane me poruczniky kterak tisknuti a zawady, ktere gim cziniti, nebo koho pro to hyndrowati budto v sudu nebo bez suda w siwetskem nebo wduchownem prawye takowemu nemagi nicz z meho statku dati ani kterych rzeczi s nim mieti, nebo zadneho prawa proti nym k memu zbozie zadnym kusem, gesstoby gim k sskodie mielo byti nema mieti nez takowy nawssem gma krzyw yostati; a oni porucznici mogi proti takowemu ne z sweho ale z mieho statku porucznici mogi magi sie braniti zadnemu ziwemu czlowieku nyzadneho pocztu; z toho i czoz sem gim swierzil necziniec ani ktere odpowiedi dawagicz nebo czoz sem gim poruczil toho sem gim mocz dal y moczi listu tohoto dawam gednati zprawowati y cziniti iak sie gim naylepe bude zdati, a wtom gim zadny nema przkazeti; kteryzto porucznici wssichni anebo kazdy z nych zdraw gsa nebo na smrtedlne postely leze moz miesto, sebe gineho porucznika ktomu hodneho me rozkazanie zprawowati a cziniti postawiti, gesstoby sie porucznikom mym libil a k tomu hodil, kteryz tuz mocz ma mieti iako on sam. A toho wsseho kupotwrzenie nalepssie pewnost, aby to mocznost mielo peczet sem swu wlastny ktomuto listu gsa zdraw a cyil i przidobrem rozomu a prziczele pamieti przywiesl, a prosil sem pilnye a snasnie panow mich purkmistra a consselow z Nowehoplznie, kteryz przitomto czasu byli y ginym toto me rozkazanie opowiediem, aby peczet myestski wietssi wedle mee ktomuto listu prziwiesili abyli mym porucznikom radny a poczmoczny, iakoz gich milosti toho dovffam. Genz gest dan a psan leta od narozenie Syna Bozieho tisicziehi cztyrsteho trzidczateho ten vtery przed Boziem wstupenym.

Ich Ondřej Strhla aus Přivětice, gesessen in Neu-Pilsen, gebe mit diesem Brief öffentlich bekannt, dass, wer diesen zu hören oder vorgelesen bekommt, ich im Angesicht der Unsicherheit und Unbeständigkeit dieser Welt mir Gedanken über die Sterblichkeit mache, wissend, dass wir alle sterben werden, doch weder den Tag noch die Stunde des Todes kennen, und ich deshalb für mich selbst und mit Rat meiner guten Freunde diesen meinen letzten Willen über meinen in diesem Briefe beschriebenen Besitz, der mir auf dieser Welt von Gott dem Herrn verliehen ist und der nach meinem Ableben übrigbleibt, zum Lob Gottes und zur Erleichterung meiner und meiner Vorfahren Seele aufgesetzt habe, und zwar mit gutem Vorbedacht, gesund und ein volles Gedächtnis nutzend, mit gutem Willen und durch niemanden genötigt, damit keinerlei Irrtum nach meinem Tode entstehe und keinerlei Zwistigkeiten noch Streitigkeiten ausbrechen. Zuvorderst vermache ich in die Pfarre dem jetzigen und künftigen Pfarrer bzw. Priester 60 Schock Ewigzins und dem Prediger, der in dieser Pfarrei sein wird, zehn Schock Groschen Ewigzins, dergestalt, dass der jetzige und künftige Pfarrer hier in jedem Jahr vier Vigilien und Seelenmessen singen lässt, ohne Versäumnis, für meine Seele und diejenige meiner Vorfahren, und zwar während aller Fastentage, so wie es üblich ist; und der Pfarrer, dass er an jedem Sonntag zur Predigt daran erinnere und zum Herrn für meine Seele und die meiner Vorfahren bete. Item in das Schwarze Kloster zum Hl. Geist vermache ich 70 Groschen Ewigzins; den Brüdern einen Schock für deren Bedarf und dass sie dafür vier Messen pro Jahr lesen fortan, und Vigilien und Seelenmessen singen an allen Fastentagen; ohne Versäumnis sollen sie dies tun. Und dem Priester zehn Groschen für jedes Jahr, damit er an jedem Sonntag im Jahr daran erinnere und Gott den Herrn um meine und meiner Vorfahren Seele bitte. Item in das Graue Kloster zur Mutter Gottes vermache ich 70 Groschen Ewigzins, damit sie für meine und die Seele meiner Vorfahren ebenfalls vier Gottesdienste pro Jahr an allen Fastentagen mit Vigilien und Seelenmessen ohne Versäumnis fortan halten, und dem Prediger sollen sie zehn Groschen pro Jahr geben, damit er an jedem Sonntag Gott anrufe und für unsere Seelen bete. Item in das Spital gebe ich den Armen einen Schock. Item bestimme ich, dass in jedem Jahr fortan zwei Ballen Tuch für vier oder 4 ½ Schock Ewigzins gekauft und armen und bedürftigen Menschen gegeben werden, ein Ballen zu Ostern und den zweiten zu Weihnachten. Item bestimme ich, dass ein Schock Ewigzins gekauft werde um meiner Seele und der meiner Vorfahren wegen, und dies Geld soll in jedem Jahr unter Armen verteilt werden. Item in die Schule gebe ich den Schülern einen Schock Groschen Ewigzins, damit sie dafür handeln, so wie es ihnen meine Testamentsvollstrecker gebieten. Und diesen ganzen Zins sollen die unten genannten Testamentsvollstrecker in beide Klöster, in das Spital für Tuch, in die Schule geben sowie den an Arme zu verteilenden Schock Groschen, damit er auf ewig verteilt werde. Sodann sollen meine Testamentsvollstrecker darauf achten, dass die Pfarrer oder Brüder in beiden Klöstern diese Dienste ohne Säumen verrichten und, sollten sie oder die Prediger vergessen, für unsere Seelen an jedem Sonntag zu beten, dann sollen sie sie daran erinnern und zu Gott beten; und dieser Zins soll, wenn sie diese Dienste nicht verrichten sollten, von den Testamentsvollstreckern diesen genommen werden, und Letztere mögen ihn für andere mildtätige Werke um unserer Seele willen verwenden, so wie es ihnen am günstigsten erscheint. Item nach Stupensky [?] *in die Kirche für Baumaßnahmen, sollten diese anstehen, vermache ich drei Schock Groschen. Item nach Přivětice für mögliche Baumaßnahmen vermache ich einen Schock Groschen. Item meiner Frau Kača vermache ich mein Häuschen, in dem ich wohne; und zusammen mit dem, was sich darin befindet, vermache ich den Hausrat Kača und dazu 30 Schock Groschen, die sollen ihr die Testamentsvollstrecker aus meinem Besitz geben, nachdem sie diese von meinen Schuldnern und Verschreibungen eingelöst haben. Item von den elf Schock Groschen Zins, die ich in der Stadt Neu-Pilsen habe und dem Zins des Fenzel Guldanow vermache ich*

Frau Sophie Kolačková und ihren Kindern 1/6 Schock Groschen und ein 1/6 Schock Zins soll bei mir verbleiben. Item Kunka und ihrer Tochter Anička aus Kokoty vermache ich zusammen zehn Schock Groschen. Item Zofka Frycková aus Manětín mit ihren beiden Töchtern zehn Schock Groschen. Item dem Kind Ondřej aus Přěděnice vermache ich zehn Schock Groschen, wenn es wieder zum christlichen Glauben zurückkehrt und von dem ketzerischen wyclifitischen und taboritischen Glauben abrückt; und solange es in diesem Glauben verharrt oder aber darin sterben sollte, soll man ihm nichts geben. Item Kračiga, der Schwester des Ondřej aus Přivětice, mit ihren Kindern fünf Schock Groschen. Item Mapka Mikulašova, der Müllerin, fünf Schock Groschen. Item Margarete, dem Kind meiner Cousine, vermache ich zehn Schock Groschen. Item dem Kind Margaretens, meiner Cousine, vermache ich zehn Schock Groschen. Item dem Kind Margaretens fünf Schock Groschen. Item Sophia, der Schwester Kračigas, fünf Schock Groschen. Item den Enkeln Sophias aus Manětín fünf Schock Groschen. Item den Waisen der seligen Margarete, meiner Schwester, und den Enkeln des Kolaček zehn Schock Groschen. Item Bětka Marawka, der Nichte der Dictčowa [?], *fünf Schock Groschen. Und zum rechtmäßigen Testamentsvollstrecker dessen, was in diesem Brief beschrieben ist, und meines gesamten Besitzes, sei er in Briefen und in Handfesten verzeichnet, betreffe es Schulden, Zinsen und Schuldverschreibungen und alles, was ich habe, nichts ausgelassen, von wem auch immer dies erwähnt werden sollte, ernenne ich den ehrenwerten Mann Jakub, Stadtschreiber aus Neu-Pilsen, dem ich als meinem wahren Freund besonders vertraue und dem zu helfen ich den ehrenwerten Prokop Fegal aus Neu-Pilsen bitte, damit beide meinen letzten Willen ausführen und mein Geschäft von meinen Gütern vollenden, weil ich ihnen hierin voll vertraue; und meine Testamentsvollstrecker sollen meinen oben genannten Freunden, wie ich es ihnen aufgetragen habe, nach meinem Tode von meinem Besitz geben und sie sollen von meinen Testamentsvollstreckern bei diesem Geschäft dies im Guten annehmen, und Letztere soll niemand bei diesem Geschäft gewaltsam hindern, weder nach weltlichem noch nach kirchlichem Recht; jeder möge genug bekommen, was ich jedem aus wahrem Glauben und Liebe mit keinerlei Pflicht auftrug, und auch die Freunde meiner oben genannten Testamentsvollstrecker und meine Frau sollen sie daran erinnern, was ich angeordnet habe, damit kein Streit entstehe bzw. keinerlei Gewalt eingreift. Wenn freilich meine Testamentsvollstrecker aus meinem Besitz das verteilt haben, was sie den genannten Personen geben sollten, dann sollen sie jedem meiner Freunde entsprechend meiner Anordnung etwas geben; und bis dahin sollen weder meine Testamentsvollstrecker noch meine Frau oder meine Freunde durch keinerlei Recht bedrängt werden und niemand soll ihnen Steine in den Weg legen. Und sollte irgendeiner meiner Freunde sie nötigen oder irgendeine andere Person meine oben genannten Testamentsvollstrecker bedrängen und ihnen Probleme bereiten und sie an der Ausführung meines Testaments hindern, sei es gerichtlich bei einem weltlichen oder geistlichen Gericht oder auch außergerichtlich, dann soll er nichts aus meinem hinterlassenen Besitz erhalten und keinerlei Recht besitzen, hiergegen vorzugehen. Und meine Testamentsvollstrecker sollen sich dagegen schützen und keinerlei Auskunft erteilen, so wie ich es ihnen aufgetragen und ihnen diesbezüglich Vollmachten erteilt habe. Und sollten diese Testamentsvollstrecker oder irgendeiner von beiden krank sein und auf dem Sterbebett liegen, dann soll an seiner statt ein anderer hierfür würdiger Testamentsvollstrecker meinen letzten Willen verwalten und ausführen. Und er soll die gleichen Rechte wie die von mir ernannten Testamentsvollstrecker haben. Und zur Bekräftigung und zur besseren Sicherheit, damit dies geschehe, habe ich mein eigenes Siegel diesem Brief beigefügt, ich, der ich gesund bin und bei gutem Verstand und bei vollem Gedächtnis, und ich habe zudem den Bürgermeister und die Schöffen aus Neu-Pilsen, die derzeit diese Ämter bekleiden, gebeten, dass diese das Stadtsiegel diesem meinem letzten Willen beifügen und meinen Testamentsvollstreckern mit Rat und Tat zur Seite stehen, da ich ihnen vertraue. Dies ist gegeben und geschrieben im Jahre Eintausendvierhundertdreißig nach Christi Geburt, am Dienstag vor Christi Himmelfahrt.*

46. [1430, Dezember 17]
Testament der Witwe Magdalena aus Krumau (Latein). Neben dem Vermächtnis von Immobilienbesitz geht es der Testiererin vor allem um das eigene Seelenheil.
Státní oblastní archiv Třeboň, pobočka Český Krumlov – fond velkostatek Český Krumlov, Sign. I 3 P, Nr. 2 d, fol. 53-56 (spätere Abschrift).
Edition: UB Krumau, S. 20-21.[47]

In nomine Domini Amen. Ego Magdalena, relicta olim bene recordacionis Otikonis ciuis in Crumpnaw, licet et pertracta revolucione temporali languida corpore, sana tamen mente et compnos omnimodo racionis, non decepta quouis fraudis colore, sed deliberate de omnibus bonis meis, quouis nuncupentur vocabulo, vbicumque constitutis post me remanendis, a domino Deo datore bonorum mihi concessis et collatis, ne meam post mortem inter amicos affines meos lis aut controuersialis dissensio oriatur, testamentum meum ultimum vigore precencium facio, lego et dispono, quodvolo totoque conamine cordis cupio teneri inuiolabile ac eterne immutatum, in hunc modum: Lego igitur, do ac tribuo honorabili domini Iohanni, plebano in Ledenicz, fratueli meo, censum meum in Krtel plenarie et in toto, super quo censu ad me legitime pertinente sibi literas et munimenta exposui atque dedi sub tali condicione clare expoenata, quod dictus dominus Iohannes, fratuelis meus, in possessione ac leuacione predictorum censuum nullatenus me impediat ad dies meos nec infestet quouismodo. Post mortem autem meam intromittens se de dictis censibus ad nutum et voluntatem suam ipsis perfruator; et deposit, dum et quando ipsum morti contingat apropinquare, que hominibus est communis et ineuitabilis, dictum censum disponat et conferat, eundem non diminuuendo des pocius, vt pura promisit fide, si poterit, adaugendo pro capellano post se futuru in ecclesia parochiali in Crumpnaw pro me ac pro meis predecenoribus oraturo euiterne. Item do et procuro eidem domino Iohanni meo fratueli vii ½ sex. g., quas famoso Bohunkoni Czakowecz armigero mutuo concessi, cum isto adiuncto lucide expresso, quod prenominatus Iohannes debet et tenetur ad predictas vii ½ sex. gr. adiungere ii ½ sex. g., ipsique predicto Bohunkoni Czakowecz debet et obligatur

[47] Online abrufbar unter http://147.231.53.91/src/index.php?s=v&action=jdi&cat=18&bookid=438&page=20 &action_button.x=0&action_button.y=0 (07.09.2017).

suam proscribere domum vel alia bona. eque uel melius ualencia in x sex. g. spedicto Iohanni etc., mihi ad dies meos unam sex. g. census annui siue redditis quolibet sine impedimento conferendo. Post mortem vero meam volo et presentibus ordino istam sex. g. cum predicto censu in Krtel ad supradictum dominum Iohannem etc. et futurum post illum, vt supradictum est, deuolui et conuerti. Item dispono, prouideo et comitto sepetacto domino Iohanni omnem sunstanciam meam post me relinquandam, ipsum ad omnia per me legata, disposita et prouisa supremum eleigendo procuratorem et commissarium vt dictam substanciam secundum legacionem et optatum meum cum consilio et auxilio honorabilis viri domini Mathie, decani Dudlebensis et plebani in Crumpnaw, distribuat et dispenset, censibus cum predictis semotis inde simpliciter et exclusis. Acta sunt hec coram honorabilibus et discretis viris domino Mathia, decano Dudlebensi et plebano in Crumpnaw, Thoma Venatore, tunc magistro ciuium, magistro Martino et Martino Sartore, iuratis ciuibus Crumpnaw, ac famoso armigero Bohunkone Czakowecz ad specialiter vocatis et rogatis. In quorum firmum robur et testimonium, vt istud per me factum testamentum stet, maneat et perduset immutatum et inuiolatum in eternum, specialibus obtinui presentibus prescriptorum domini Mathie decani, Thome Venatoris, magistri Martini et Martini Sartoris sigillis et secretis presencia communiri. Anno Domini M.CCCC.XXX° Dominica post Lucia Virginis glorioso.

47. [1431, November 24]
Kateřina Wilštimká, Bürgerin der Prager Altstadt, gibt ihren letzten Willen bekannt, in dem sie mehrere Fleischbänke vermacht, u. a. an ihren einstigen Bediensteten Václav. Eine weitere Fleischbank ist zwischen anderen böhmischen (tschechischen) Bänken gelegen. Der Fleischer Jaroš soll in jedem Sommer anstelle des Magisters Johannes Rokycana[48] zu St. Gallus zwei Ballen Tuch unter Armen verteilen.
Archiv hlavního města Prahy, Hdschr. 992, fol. 147r (Abschrift).[49]

Wegmeno Bozie amen. Ja Katherzina rzeczena Wilsstimka, messtka Stareho mesta prazskeho, oznamugi tiemto listem wssiem lidem nynieyssim ybuduczim, ze aczkoliwiek gsuczi nemoczna a neduziwa na tiele proto s dobrym rozmyslem a poziwagiczi swobody zdraweho tudyez y pamieti, ze wssieho zbozie, mowiteho y nemowiteho, kterehoz mi gest man buoh wssemohuczi z swe sstiedrosto poycziti raczil, nechtugiczi by sye onie pome smrti mezy przately a przibuznymi mymi kterzi swarowe dali, toto swe poslednie poruczenstwie zgednawam, czinim a zpuosobugi obyczegem tiemto. Nayprwe odkazugi Waczlawowi, niekdy sluzebniku swemu, kram swoy masny, genz lezi proti Bratrom domu Gehlikowu k gmieni, k drzeni a k diedicznemu poziwani;

48 Johannes Rokycana (zwischen 1390/1397 bis 1471) war Pfarrer an der Theinkirche, Universitätspfarrer und seit 1431 als von den böhmischen Ständen gewählter Nachfolger des Prager Erzbischofs Konrad von Vechta, allerdings ohne päpstliche Anerkennung. Von 1441 bis zu seinem Tode amtierte Rokycana als Administrator der utraquistischen Kirche, zudem bekleidete er 1435 das Amt des Rektors der Karlsuniversität.

49 Online abrufbar unter http://katalog.ahmp.cz/pragapublica/permalink?xid=E1BD3C13B72711DF820F00166F1163D4&scan=287#scan288 (07.09.2017).

potom odkazugi a mocznie dawam poswe smrti Ssimonkowi, synu Wawrzinzowi, puol kramu sweho masneho genz lezi proti naprzedpsanemu kramu mezy kramy Hasstalowym s gedne a Martinowym Jacubkowiz s strany druhe, take k gmieni, k drzeni a k diedicznemu poziwani, anebo stu polowiczi kramu, aby vczinil czozby sye mu libilo bezewssie przekazky. Alle druhu polowiczi tehoz kramu masneho odkazugi Margrethie v mladeho Kocziczky bydlegiczi toliko dogegieho ziwota, nez po gegie smrti, aby taz polowicze kramu przipadla plnym prawem a k diediczstwi na dieti Jarosskowy reznikowy. Trzieti kram masny kteryz lezi mezy czeskymi kramy Sigmundowym s gedne a syrotky nebozcze Pratforsstowym s strany druhe, odkazugi naprzedpsanemu Jarosskowi Rzeznikowi k gmieni, k drzeni a k diedicznemu poziwani anebo, aby snim vczinil pome smrti czozby sye gemu libilo. Dale yakoz mi gest tez Jarossek rzeznik gesstie dluzen zuostal za duom desset kop grossuow; zaty giste wsseczky penieze odkazugi na chude a nuzne lide takowi, aby tyz Jaross kupowal kazde leto dwa postawy sukna ssereho po osmdesati gr. az do desieti kop swrchupsanych, a to sukno, aby kladl tyz Jarossek wino mistra Jana Rokyczany nakazde leto k swatemu Hawlu; a on dale, aby rozdawal mezy chude kniezy a zaky v matky Bozie w Tynie yakoz sye gemu zdati bude za podobne. Toho na swiedomie prosila sem slowutneho Petra z Chrastu, rychtarze stareho miesta prazskeho, mudrych a opatrnych muzuow Hanusse Bezbradeho z Tachowa a Mikulasse Zaluda, consselow prziseznich tehoz miesta prazskeho, ze gsu swe peczeti wlastnie prziwiesili ktomuto listu. Genz dan w sobotu przed swatu Katherzinu slawnu panu muczedlniczy Bozij. Anno domimi mcccc°xxxj°.

Im Namen Gottes Amen. Ich, Kateřina genannt Wilštimká, Bürgerin der Prager Altstadt, gebe mit diesem Brief allen jetzigen und künftigen Menschen bekannt, dass, wenngleich ich erkrankt bin und körperlich dahinsieche, ich dennoch mit gutem Verstand und die Freiheit eines gesunden Verstandes ebenso wie des Gedächtnisses nutzend von allen meinen beweglichen und unbeweglichen Gütern, die mir der allmächtige Gott in seiner Freigebigkeit anvertraute, mein letztes Geschäft errichte und wie folgt bestimme, damit nach meinem Tode zwischen meinen Freunden und Verwandten keinerlei Zwist entstehe. Zuvorderst vermache ich Václav, meinem ehemaligen Diener, meine Fleischbank, die gelegen ist gegenüber den Brüdern aus dem Hause Gehlik, zu Besitz, Vermögen und erblicher Nutzung; sodann vermache und gebe ich nach meinem Tode Šimon, dem Sohn des Vavřinec, die Hälfte meiner Fleischbank, die gelegen ist gegenüber der bereits genannten Bank zwischen den Bänken bei St. Gastulus auf der einen und denjenigen des Martin Jacubowiz auf der anderen Seite. Ebenfalls zu Besitz, Vermögen und erblicher Nutzung die Hälfte der Bank, damit er damit verfahre, wie es ihm beliebt, ohne jegliche Einschränkung. Die andere Hälfte dieser Fleischbank vermache ich Margarete, die bei der jungen Kočička wohnt, bis an deren Lebensende; nach ihrem Tode soll diese Hälfte mit vollem Recht und zu rechtmäßigem Erbe an die Kinder des Fleischers Jaroš fallen. Die dritte Fleischbank, die gelegen ist zwischen den tschechischen [!] *Bänken des Sigmund auf der einen und den Waisenkindern des seligen Pratforšt auf der anderen Seite, vermache ich dem zuvor genannten Fleischer Jaroš zu Besitz, Vermögen und erblicher Nutzung; oder er möge damit nach meinem Tode verfahren, wie es ihm beliebt. Des Weiteren schuldet mir dieser Fleischer Jaroš für das Haus zehn Schock Groschen; dieses ganze Geld vermache ich an arme und bedürftige*

Leute dergestalt, dass der erwähnte Jaroš jeden Sommer zwei Ballen grauen Tuches zu 80 Groschen kaufe, bis zur Gesamtsumme der erwähnten zehn Schock Groschen; und dieses Tuch möge der genannte Jaroš anstelle des Magisters Johannes Rokycana in jedem Sommer zu St. Gallus tragen und dort unter armen Priestern und Schülern an der Teinkirche verteilen, wie er es für richtig erachtet. Zu Gezeugnis habe ich den ehrenwerten Peter von Chrast, Richter der Prager Altstadt, die weisen und ehrenhaften Männer Hanuš Bezbradý aus Tachau und Nikolaus Zalud, beisitzende Schöffen dieser Stadt gebeten, dass sie ihre eigenen Siegel diesem Brief beifügen. Dies ist geschehen am Sonnabend vor St. Katherinen, der berühmten christlichen Märtyrerin. Anno domini MCCCC°XXXI°.

48. [1431, Juli 6]

Thomas von Albernreuth, Bürger der Stadt Eger, errichtet seinen letzten Willen. Aus dem Erlös eines „halp haws[es]" sollen die Testamentsvollstrecker einen „ewigen treydczins" kaufen und in jedem Jahr zur Fastenzeit Eier für die Siechen im Spital ausgeben zur Errettung der Seele des Verstorbenen und seiner Vorfahren. Seine Gemahlin soll in dem Haus des Verstorbenen bleiben, solange sie ihren Witwenstand nicht aufgibt. Auch die Armen werden bedacht. Hausrat und Barschaft gehen an die Gemahlin.

Státní okresní archiv Cheb, Urkunden – Nr. 410 (Siegelurkunde).

Ich Thoman von Albernreuth, mitburger czu Eger, bekenne vnd thu kunt mit disem briefe vor allen den, die in sehen oder horen lesen, wann ich bedacht vnd betracht hab menschliche natur des leybes, als daz nicht gewissers ist wenn der tode vnd nicht vngewissers denn die czeyt vnd stunde des todes, darumb mit wolbedachtem mute guter vernvnfft hab ich mein letztes gescheffte bey gesundem leibe getan vnd bestellet nach meiner vorschidung czu halten als hernach geschriben stet. Nemlich schick ich mein halp haws, daz ich hab in der Stat hy zu Eger, gelegen czwischen Frantz Wernher vnd dem Fridel Schüczen, daz meine fu^{e}rmu^{e}nden das sullen hingeben vmb gelt was es gelden mag vnd sullen vmb dasselbe gelt kauffen einen ewigen treydczins vnd sullen das getreyd alle iar ye in der vasten vmb gelt geben, vnd nach Ostern anheben vnd das iar alle wochen eyer kauffen den siechen in das spital, alz verre das geweren mag, zu einem ewigen selgerete meiner vnd aller meiner eldern selen zu trost vnd selikeyt willen; vnd schaff auch daz mein elich hawsfraw sal in dem haws sein ir lebtage vnden vnd oben, wenn sich das gebürt in allem rechten, als ichs selbs gehabt hab alle dy weyl, sy iren wittibstul nicht vorruckt; vnd wenn sie iren wittibstul verruckte aber daz sy von todes wegen abginge, so sullen sich die fu^{e}rmu^{e}nden des hawsz vonstundan vnterwinden vnd das domit halten alz oben geschriben ist. Vnd schaff vnd schick auch meynem weybe alle mein parschaft, alle mein schuld vnd all meinen hawsrate vnd all mein varnte hab, woran daz ist vnd woran ich daz lasz an vihe, getreyd vnd an pyenn, keinerley awsgenomen, genczlich vnd gar vnd dovon sal sieczwen schu^{e}rprentt kauffen vnd die sal man armen notturfftigen lewten sneyden durch gotswillen. Vnd meins obgeschriben gescheftes secze vnd kyse ich zu rechten fu^{e}mu^{e}nden die erbaren weisen, meine liben herren Niclasen Freytag, Hansen Rudusch vnd Franczen Wernher, burger zu Eger, vnd sullen das nach meinem tode volle macht vnd gewalt haben dem vorczusteen vnd awsczurichten als oben begriffen ist als ich In getraw vnd gelaub; vnd daran hat nymants nicht zureden weder freundt noch fremde geistlich noch wertlich in keinerweis; vnd wenn der furmunden eyner von tods wegen abgeet, so hat er macht ein anderen an sein stat nach seiner trew zu schicken vnd zubestellen. Wer aber das des nicht geschee, so schullen dy anderen czween einen anderen zu in kysen vnd seczen der sy gut du^e^ncket vnd die freundschaft sal alss ewiclich gehalten werden als ist des not geschijt. Vnd daz mein obgenannt gescheffte also ewiclich werd gehalten hab ich gebeten die erbaren vnd weisen Hanusen Ayngil vnd Conrad Meynl, die czeit beide des rats by zu Eger, die haben durch meine bete willen in an schaden ire insigel gehangen czugeczewgnuss an disen brief der geben ist am freitag nach sand vlrichs tage nach cristi vnsers hern geburt vierczehenhundert vnd im Eynvnddreissigsten iare.

49. [1432, März 6]
Jan Hrdule, Bürger der Stadt Neu-Pilsen, errichtet sein Testament. Haupterben sind seine Tochter Ludmila und sein Sohn Nicolaus. Es folgen Stiftungen *ad pias causas*, u. a. „pro pauperibus in hospitalis habitantibus nostre civitatis“ (Latein).
Archiv města Plzně, Hdschr. 22 468, fol. C 13 (Abschrift).
Edition: Strnad, Listář král. města Plzně 1, S. 339-341, Nr. 315.[50]

Nos Andreas iudex, Sigismundus aurifaber, tunc temporis magister ciuium, et Procopius Fegal, consules iurati et ciues ciuitatis in Nowa Plzna, tenore presencium recognoscimus vniuersis testificantes, quod prouidus vir Johannes dictus Hrdule, noster conciuis, in lecto egritudinis decumbens. licet debilis in corpore, sanus tamen et bona perfruens racione nobis in testimonium vocatis et rogatis presens testamentum, quod voluit esse vltimum ipso defuncto, fecit in hunc modum: Primo namque constituit, disposuit et fecit suum verum et legitimum commissarium ac Nicolai, filii siu, et Ludmile filie sue, et omnium bonorum suorum mobilium et immobilium circumspectum virum, magistrum Mathiam pannificem, nostrum conciuem, de ipso pre aliis omnibus confidenciam gerens specialem, adiungens eidem circumspectum virum Thomam Naroznik, nostrum conciuem, pro adiutorio et consilio; qui commissarii iamdicti bona ipsius Johannis dicti Hrdule cum pueris suis debent regere et magister Mathias Lidmillam circa se seruare bonis moribus eam cum Nicolao, filio suo instruendo, prout de ipso confidenciam gerit indubiam. Et dum ad annos mature etatis pervenerint, tunc bona ipsius Johannis Hrdule per commissarios suprascriptos inter Nicolaum et Lidmillam equali porcione debent diuidi. Si autem aliquem ex iamdictis, videlicet Nicolao et Ludmilla, mori contingeret non habentes annos mature etatis, tunc pars mortui in alium superviuentem pleno iure debet deuolui. De quibus tamen bonis ipsius Johannis Hrdule Margarethe,

50 Online abrufbar unter http://147.231.53.91/src/index.php?s=v&action=jdi&cat=18&bookid=398&page=339 &action_button.x=0&action_button.y=0 (07.09.2017).

filii Mauricii, fratris Johannis Hrdule, delegauit ipse Johannes Hrdule decem sexagenas grossorum, dum ad annos mature etatis ipsa Margaretha pervenerit, dare et assignare, et dum marito tradita fuerit; si autem Nicolaus et Ludmilla ambo morerentur non habentes mature etatis annos, ex tunc omnia bona ipsorum in Margaretham, filiam Mauricii, sine quolibet impedimento debent diriuari; si eciam et ipsa Margaretha nondum habens annos mature etatis dies suos in domino clauserit, tunc bona ipsius Johannis Hrdule et puerorum suorum pro anima ipsius Johannis Hrdule et pro animabus predecessorum suorum, necnon et pro amicis et propinquis seu consanguineis suis per commissarios suprascriptos debent errogari et exponi, prout ipsius vtilius videbitur et salubrius, tangendo in illo conscienciam ipsorum et nulli viuenti aliquam racionem de illo faciendo. Quos quidem commissarios seu alios per ipsos substitutos in vita uel in extremis nullus amicorum, propinquorum seu consanquineorum ipsius Johannis Hrdule siue eciam extraneorum in presenti regimine vllo iure impedire seu molestare potest neque debet, si vero se aliquis testamento presenti exposuerit et suprascriptos commissarios, seu eciam alios commissarios per ipsos substitutos, in presenti regimine inquietare seu infestare voluerit iure seculari siue spirituali, hoc nullius vigoris esse debet et contra talem non de bonis suis, sed de bonis ipsius testatoris se defendere debent, quociens neccessarium fuerit, nulli aliquam racionem de illo faciendo. Item mandauit prefatus Johannes Hrdule, ut media sexagena grossorum census annui et perpetui ad ecclesiam parrochialem nostre ciuitatis pro quinque sexagenis per commissarios suprascriptos de bonis suis pro plebano presenti et futuris plebanis nostre parrochialis ecclesie comperatur; qui tamen plebani quolibet anno perpetuis temporibus semper duo anniuersaria in vigiliis cantatis et missa defunctorum cantata pro anima Johannis Hrdule et pro animabus predecessorum suorum cum scitu commissariorum sine intermissione debent peragere. Item pro pauperibus in hospitali habitantibus nostre ciuitatis mediam sexagenam grossorum census annui et perpetui de bonis suis delegauit ad comparandum carnes. Item humuletum suum minus cum fundo, quod emit a Jacobo Egrerz, ipse Johannes Hrdule delegauit Johanni, fratri vxoris sue. In cuius rei testimonium sigilla nostra ad preces ipsius Johannis Hrdule de certa nostra sciencia presentibus sunt appensa. Datum anno domini millessimo CCCC° tricesimo secundo, in die sancti Sixti pape et martiris.

50. [1432, April 3]
Testament des schwer erkrankten Jan Chudoba, Bürger der Stadt Pilsen. An erster Stelle steht die Armenfürsorge (12 Arme sollen am Sonntag Speise erhalten). Die Gemahlin Anička soll sich als treue Mutter um die Erziehung der Kinder kümmern. Umfangreiche Einzellegate an Personen und kirchliche Einrichtungen in der Stadt.
Archiv města Plzně, Hdschr. 22 468, fol. Cg. (Abschrift).
Edition: Strnad, Listář král. města Plzně 1, S. 341-343, Nr. 316.[51]

[51] Online abrufbar unter http://147.231.53.91/src/index.php?s=v&action=jdi&cat=18&bookid=398&page=341&action_button.x=0&action_button.y=0 (07.09.2017).

My Ondrassek, rychtarz, Mikulass Koranda, toho czasu purgmistr, a Johanek, conssele przisezny a miesstienee miesta Nowehoplznye, znamo czynime tiemto listem predewssemi swiedcziecze, ze opatrny muz Jan Chudoba, nass spolumiesstienin, w tyezku nemocz vpad, aczkolwiek nemoczen gsa na tyele, wssak dobreho rozumu pozywagie y przi dobre pamyeti gsa, nas na swiedomye k sobie prziwolaw y przipprosyw toto swe poslednye rozkazanie, aby po geho smrti nyzadny swarowe ani kterzy wstrkowe o geho zbozie se nadali, vczinil gest takuto myeru. Najprwe chcze, aby dwanadzte chudych na wssaku nedyeli wiecznie gednu dne to gest na obyedye krmeny byli, nebo zatu drzy luku pod sskwrmany kteruz gest neboyczik Chudoba, stary stryce geho, naty chudee lidy oddal, aby dwanadczte chudych bylo wzdy krmeno. Item przedpsany Jan Chudoba odkazal a oddal pany Aniczce, zenye swe myle, dwye stye kop grossow takuto myeru, gestlizie by ta luka, kteraz mu gest v wyenye, po Anyczcze zenye geho dana przigeho Jana Chudoby dyetech a przigeho porucznycziech zuostala, onyz se pany Maretka Pabssowa se pany Annu Bernartowu sudy; a tiech dwye stye kop gross. magi gi porucznicczi postupiti na miestu Rokyczaniech, a listy gy w giegi mocz na tiech dwye stie kop gross. wydati. Pakliby te luky kterak byli odsuzeny a przigeho dietech any porucznycziech ta luka k wiecznosti nezuostala, tehdy toliko sto kop gross. pany Annyczcze naprzedpsany Jan Chudoba odkazuge, aby gy porucznicczi tehoz Jana Chudoby na Rokyczaniech postupili a nycz wiecze. A donyewadzby przedpsana Annyczka, zena geho, staw sweho wdowskeho nepromyenila, aby w domu geho zuostala a dyeczete chowala geho dobrim mrawom vczieczi iako wyerna matye ma vcziniti, a hospodarstwie, aby sprawowala s swiedomim a woly y s potazem geho porucznikow wdolepsanych. A knyeze Ssymona, capplana a porucznika, aby pocztiwie chowala a potrzebu tzelestnu dawala wedle sebe, gemu zadnych przikorzisti neczyniecz, tez y Jana stolarze, bratra Cudobowa abt, wedle sebe pany Annyczka chowala a potrzebu gemu dawala, a on gy ma hospodarzstwie pomoczi zprawowati a westi wzdy se k porucznikom w swych potrzebach vtyekagiczi a s gich wiedomim a swoly czinieczi. Pakliby pany Annyczka staw swoy wdowsky promyenila nebo snad bez wiedomye a wuole porucznykow sczestnye czo wedla a snad s porucznik, ktere nesucze wedla, tehda vczinyecz to czoz gy gest Jan Chudoba muz gegi rozkazal postupiti ma porucznik wdolepsanymi hospodarzstwye zbawena byti y odluczena od geho zbozie a porucznicczi magi se w geho syrotka y w zbozie vwazati; a zwlasstie Martin Tocznik ma diecze geho k sobie wzieti. Item odkazal Janowi stolarzy, bratru swemu, z sweho statku ssedesate kop gross. dwadczeti kop gross na Sezemowi Sussiczkem; a cztyrzidczeti kop gross. magi porucznicczi gemu pod czasy wydati. Item odkazuge do ffary nasseho miesta na dyelo pyet kop gross., a do Ssereho classtera na dyelo y do Czrneho classtera na dyelo take zde w nassem miestie do kazdeho classtera po pyeti kopach grossow. Item do skoly zakom, gessto su pod kazny, odkazuge dwye kopye gross. Item Jakubowi, miestskemu pisarzi, z prawe milosti odkazuge dwye kopye gross. Item Blazkowi wozatagi dwye kopye gross. Item lidye a materzi gegi kazde po kopye gross. Item Wankowi z Sstyenyowicz s materzy trzy kopy gross odkazal. Item knyezi Ssymanowi suknu czrnu swu s lissim kozichem. Item Wdurkowi plasst geho ssery, gine rucho swe chidicze Janowi, bratru swemu, odkazuge. A czoz mymo to rozkazanye iakoz gest swrchupsano zuostane to Annyczcze, dczerzy swe, mocznye odkazuge a oddawa iako prawe dyedicznie. Pakliby gyzpsana Annyczka, dczera Jana Chudoby, prwe vmrzela nezli by swych let dossla, tehdy porucznicczy zbozie pony zuostalee magi przately przybuzne Jana Chudoby rozdati iakoz se gim bude zdati a czoz komu dadye, to magi za wdyek przigieti. A toho wsseho rozkazanie vczinil gest przedepsany Jan Chudoba moczne porucznıky pocztiwee knieze Ssymona, Martina Tocznika a Petra Ressowicz nasse spolumyesstieny, aby ony toto poruczenstwie wedli gednali y zprawowali iakoz gim toho dowierzil zadneho pocztu zadnemu z toho neczyniecz kterichzto porucznykow nyzadny geho przietel any kto czyzi nema hyndrowati any giny prziekazieti zadnym prawem. Pakliby kto nanye sahl nebo ktere zawady czinil proti takowemu necz sweho zbozie ale ze zbozie Jana Chudoby magi se braniti zadnieho pocztu neczyniecz. Take magi myeti mocz porucznıczi geho mieesto sebe gineho nebo gine poruczníka nebo porucznıky zdrawi gsucz nebo na smrtedlne postieli postawiti k tomu hodneho kolikrat toho bude potrzebie. Item Mikulass Hynek dluzen gemu trzinadczte kop gross. Item Wylem z Netonicz na listech dewadesat kop gr. a potyech vrokow gemu nedal, kterezto vroky gemu odpustil a bez listow dluzen gemu dwadczeti dukatow. Toho wsseho na swiedomye ku prosbie Jana Chudoby peczieti nasse ktomuto listu sme przywiesyli. Dan leta tisicieho cztyrsteho trzidczateho druheho ten Cztwrtek przed tu nedyeli iakoz se zpyewa Indicame Deus.

Wir Ondrašek, Richter, Mikuláš Koranda, derzeit Bürgermeister, und Johanek, beisitzende Schöffen und Bürger der Stadt Neu-Pilsen, bekennen mit diesem Brief vor allen und bezeugen, dass der ehrenwerte Mann, Jan Chudoba, unser Mitbürger, in schwerer Krankheit darniederliegt; doch wenngleich er krank am Körper ist, so besitzt er doch einen gesunden Verstand und ist bei gutem Gedächtnis, und er hat uns zu Gezeugnis dieses seines letzten Willens zu sich gerufen und gebeten, damit nach seinem Tode keinerlei Streitigkeiten oder Unbill um seinen Besitz entstehe; diesen letzten Willen hat er in nachfolgender Weise bestimmt. Zuvorderst will er, dass zwölf Arme an jedem Sonntag fortan und immerdar einen Tag lang gespeist werden, da er zu diesem Zwecke die Wiese unterhalb Skwarmany verwaltet, die der selige Chudoba der Alte, sein Onkel, für Arme abgetreten hat, damit zwölf Arme fortan für immer gespeist werden. Item hat der vorgenannte Jan Chudoba der Frau Anička, seiner lieben Gemahlin, 200 Schock Groschen vermacht und gegeben, dergestalt, dass, sollte die Wiese, die ihm durch seine Gemahlin Anička als Mitgift gegeben wurde, bei seinen – also Jan Chudobas – Kindern und bei seinen Testamentsvollstreckern bleiben, darüber sollen Frau Maretka Pabšova und Frau Anna Bernartova urteilen; und jene 200 Schock Groschen sollen die Testamentsvollstrecker an die Stadt Rokytzan abtreten und ihnen die Briefe, die sie haben über diese 200 Schock Groschen, übergeben. Sollten diese Wiesen, die da abgetrennt sind, und die Wiese weder bei seinen Kindern noch bei den Testamentsvollstreckern verbleiben, dann sollen nur 100 Schock Groschen, die der genannte Jan Chudoba der zuvor genannten Frau Anička vermacht, seiner Frau gegeben werden, damit sie die Testamentsvollstrecker dieses Jan Chudoba an die Stadt Rokytzan abtreten, jedoch nicht mehr. Und solange die zuvor genannte Anička, seine Frau, ihren Witwenstand nicht aufgibt, soll sie in seinem Hause bleiben und sich um die Erziehung seiner Kinder kümmern und ihnen gute Sitten als treusorgende Mutter beibringen; und sie soll den Haushalt verwalten mit Wissen und Willen und Rat der unten erwähnten Testamentsvollstrecker. Und den Priester Šimon, Kaplan und Testamentsvollstrecker, um den soll sie sich kümmern und für dessen leibliches Wohl sorgen, ihm keinerlei Unbill zufügen; auch Jan Stolař [= Tischler – Th. K.], *den Bruder Chudobas, soll Anička versorgen nach dessen Bedarf; und er soll ihr wiederum helfen, den Haushalt zu führen, stets mit Wissen und Zustimmung der Testamentsvollstrecker. Sollte Frau Anička ihren Witwenstand aufgeben und dies vielleicht ohne Wissen und Willen der Testamentsvollstrecker, also auch gegen das verstoßen, was ihr Jan Chudoba, ihr Gemahl, aufgetragen hat, dann soll sie durch die Testamentsvollstrecker von ihrem Gut getrennt werden und Letztere sollen dies für seine Kinder verwalten, und vor allem Martin Točnik soll seine Kinder zu sich nehmen. Item hat er Jan Stolář, seinem Buder, aus seinem Besitz 60 Schock Groschen vermacht; 20 Schock Groschen Sezema Sušicky, und 40 Schock Groschen sollen die Testamentsvollstrecker ihm mit der Zeit geben. Item vermacht er in die Pfarrei unserer Stadt fünf Schock Groschen; und in das Graue Kloster und in das Schwarze Kloster, ebenfalls in unsrer Stadt, jeweils fünf Schock Groschen. Item in die Schule vermacht er den Schülern, so sie diszipliniert sind, zwei Schock Groschen. Item Jakub, dem Stadtschreiber, vermacht sie aus rechter Gnade zwei Schock Groschen. Item Blazek von Šytěnowicz* [?] *hat er, zusammen mit dessen Mutter, drei Schock Groschen vermacht. Item dem Priester Šimon seinen schwarzen Rock mit Fuchspelz. Item Widurka seinen grauen Mantel, seine andere Tragekleidung vermacht er Jan, seinem Bruder. Und was außer dem zuvor beschriebenen übrigbleibt, das vermacht er seiner Tochter Anička zu rechtmäßigem Besitz und vererbt es ihr. Sollte die bereits genannte Anička, die Tochter Jan Chudobas, noch vor Erreichen der Volljährigkeit versterben, dann sollen die Testamentsvollstrecker ihren Besitz unter den Freunden und Verwandten Jan Chudobas verteilen, so wie es ihnen am günstigsten erscheint, und was man ihnen dafür gibt, das sollen sie zum Dank annehmen. Und zu rechtmäßigen Testamentsvollstreckern dieses ganzen letzten Willens hat der zuvor genannte Jan Chudoba die ehrenwerten Priester Simon, Martin Točnik und Petr Rešowitz, unsere Mitbürger, ernannt, damit sie diesen letzten Willen ausführen und vollstrecken, so wie er es ihnen anvertraut hat. Und niemand soll sie daran hindern noch ihnen durch irgendein Recht Vorschriften machen wollen. Sollte wer auch immer sie hindern oder Einwände erheben und Ansprüche aus dem Besitz Jan Chudobas anmelden, dann sollen sich die Testamentsvollstrecker gegen diese ehrlosen Behauptungen zur Wehr setzen. Auch sollen die Testamentsvollstrecker das Recht haben, einen anderen Testamentsvollstrecker oder andere Testamentsvollstrecker zu ernennen, sollte er gesund sein oder aber auf dem Sterbebett liegen, und zwar so oft dies notwendig sein sollte. Item Mikuláš Hynek, der schuldet ihm 13 Schock Groschen. Item Vilém aus Netonice hat auf Briefen 90 Schock Groschen* [*Schulden*], *deren Zinsen hat er ihm erlassen; und ohne Briefe schuldet er ihm 20 Dukaten. Dies alles zu Gezeugnis auf Bitten Jan Chudobas haben wir unsere Siegel diesem Brief beigefügt. Gegeben im Jahre Eintausendvierhundertzweiunddreißig nach Christi Geburt an diesem Donnerstag vor dem Sonntag, an dem gesungen wird Indicame Deus.*

51. [1432, Oktober 22]
Testament des Altstädter Bürgers Mařík Brníř, dem ein Verzeichnis der nach dem Tode des Erblassers aufgefundenen Sachen beigefügt ist. Haupterben sind die Gemahlin Dorotha und die Kinder. Ersterer wird auferlegt, bei den Kindern zu bleiben. Sollte sie ihren Witwenstand aufgeben, möge ihr der Testamentsvollstrecker 30 Schock Groschen auszahlen; hinzu kämen Wäsche und eine Truhe. Das beigefügte Verzeichnis der Hinterlassenschaft führt u. a. Geld, Hausrat und Kleidung sowie das silberne Siegel des Verstorbenen auf.
Archiv hlavního města Prahy, Hdschr. 992, fol. 147v-148r (Abschrift).[52]
Edition: Teige, Základy 2, S. 11-12.

Wegmeno Bozie amen. Ja Marzik brnierz, miesstienin Stareho miesta prazskeho, oznamugi tiemto listem wssiem lidem nynieyssim y buduczim, ze aczkoliwiek gsa nemoczen natiele, wssak proto s dobrym rozmyslem a poziwage zdraweho rozumu zewsseho sbozie sweho mowiteho y nemowiteho, ninye odepana boha poyczeneho, nechtie by sye onye pome smrti mezy przately a przibuznymi mymi kterzi swarowe dali, toto swe poslednie poruczenstwie zgednawam, czinim a zpuosobugi obyczegem tiemto dolepsanym. Naiprwe vstanowugi tohoto sweho poruczenstwie y dietij swych mudreho a opatrneho muze Krzize platnerze [= *Plattner – Th. K.*], przietele sweho dobreho, miesstienin nadepsaneho miesta prazskeho, praweho amoczneho porucznika prosye geho aby pani Dorothie, manzelcze me, raden a pomoczen byl, yakoz ya gemu toho vplnie wierzim a doufam; a manzelka ma, aby s geho radu czinila, czozby sye tohoto meho poruczenstwie dotykalo. A dokudz taz manzelka ma stawu sweho wdowskeho nepromieni, dotud aby z dietkami mymi tudyez ys swymi przebywala a statku pomnye zuostaleho neutraczugiczi gim poziwala; a porucznik naprzedpsany, aby statkem syrotczim wladl az dogich leth rozumnych. A gestli zeby naprzedpsana manzelka ma staw swoy wdowsky zmienila, tehdy aby gij naprzedpsany porucznik wydal zewsseho sbozie a statku meho, mowiteho y nemowiteho, trzidczeti kop gr. peniez hotowych; a ktomu rucho loznie a chodiczie iakoz toho rzad aobyczey gest; a gednu truhlu weliku a porucznik nadepsany, aby ksobie wzal Wanka, sina meho, s geho statkem a geho v sebe chowal a nadobrze gey wedl iakoz ya gemu toho nadgine lidi zwlasstie wierzim a doufam. A gestli zeby to dietye gimz gest manzelka ma naprzedpsana nynie tiezka ziwo na swiet przisslo, tehdy aby mielo plny a prawy dyel we wssem sbozie a statku mim zuostawenem s swrchupsanym Wankem, synem mym; a kterezbykoliwiek dietie z tiech mych dietij vmrzelo drziewe leth swych rozumnych, tehdy toho dyel vmrzeleho, aby spadl naziwe zuostale dietye plnym prawem. Pakliby obu dieti mych pan Buoh neuchowal drziewe leth rozumnych tehdy pogich smrti, aby wsseho sbozie a statku meho ponich zuostaleho, mowiteho y nemowiteho, przipadla prawa trzetina na manzelku mu swrchupsanu, a dwa diely, aby obratil porucznik swrchupsany nachude a nuzne lidi ytake naprzately me przibuzne naiblizssie, tak yakoz sye gemu zapodobne zdati bude; a wtom, aby gemu nebylo prziekazeno zadnu mieru ani odnieho ktereho pocztu zadano.

52 Online abrufbar unter http://katalog.ahmp.cz/pragapublica/permalink?xid=E1BD3C13B72711DF820F00166F1163D4&scan=288#scan287 (07.09.2017).

Tomu na swiedomie peczeti slowutneho Petra z Chrastu, rychtarze, a opatrnych muzow Janka od Strziebrne hwiezdy a Ssimona Mudreho, consselow prziseznych tyzgmenowaneho miesta prazskeho, kme prosbie prziwiesseny gsu ktomuto listu. Genz dan leta od narozenie Syna Bozieho tissiczeho cztyrsteho trzidczateho druheho w strzedu den swateho Seweru.

Im Namen Gottes Amen. Ich, Mařik Brníř [= Panzermacher – Th. K.], *Bürger der Prager Altstadt, gebe mit diesem Brief allen jetzigen und künftigen Menschen bekannt, dass, wenngleich ich körperlich krank bin, ich dennoch mit gutem Vorbedacht und die Freiheit eines gesunden Verstandes nutzend, diesen meinen letzten Willen von allen meinen beweglichen und unbeweglichen Gütern, die mir Gott der Herr verliehen hat, errichte und bestimme, damit nach meinem Tode zwischen meinen Freunden und Verwandten keinerlei Zwist entstehe; dies geschieht in folgender Weise. Zuvorderst bestimme ich den weisen und ehrenwerten Mann Kříž Platnéř, meinen guten Freund, Bürger der erwähnten Stadt Prag, zum rechtmäßigen und bevollmächtigten Testamentsvollstrecker dieses meines letzten Willens, und ich bitte ihn, dass er meiner Gemahlin Dorotha mit Rat und Tat zur Seite steht, da ich ihm diesbezüglich voll vertraue und glaube; und meine Gemahlin möge seinem Rat folgen, soweit es mein letztes Geschäft betrifft. Und solange diese meine Gemahlin ihren Witwenstand nicht aufgibt, soll sie bei meinen Kindern bleiben, mit ihnen wohnen und darauf achten, dass der nach meinem Tode verbliebene Besitz diesen nicht verlorengeht; und der zuvor genannte Vormund soll über den Besitz der Kinder wachen bis zu deren Volljährigkeit. Sollte nun die bereits erwähnte Gemahlin ihren Witwenstand aufgeben, dann soll ihr der genannte Vormund von allen meinen beweglichen und unbeweglichen Gütern 30 Schock Groschen Bargeld auszahlen; und des Weiteren Bettwäsche und Kleidung, wie dies allgemein üblich ist; und dazu eine große Truhe; und der genannte Vormund soll meinen Sohn Vaněk mit dessen Besitzanteil zu sich nehmen, ihn bei sich aufziehen und ihn zum Guten führen, weil ich ihm* [Kříž – Th. K.] *vor allen anderen Menschen besonders glaube und vertraue. Und wenn das Kind, das meine zuvor genannte Gemahlin unter dem Herzen trägt, auf die Welt kommt und am Leben bleibt, dann möge es einen vollen und rechtmäßigen Anteil an allem Hab und Gut erhalten, neben meinem oben genannten mir folgenden Sohn Vaněk; und sollte irgendeines meiner Kinder vor Erreichen der Volljährigkeit versterben, dann soll dessen Erbteil auf die verbleibenden, noch lebenden Kinder übergehen mit vollem Recht. Sollte Gott der Herr keines meiner beiden Kinder ihre Volljährigkeit erreichen lassen, dann soll ein Drittel der nach ihrem Tode verbliebenen beweglichen und unbeweglichen Güter an meine oben beschriebene Gemahlin fallen; und zwei Drittel soll der genannte Testamentsvollstrecker an arme und bedürftige Leute sowie an Freunde und meine nächsten Verwandten verteilen, so, wie es ihm am günstigsten erscheint; und hierin möge er von niemandem in keinerlei Weise gehindert werden. Dies haben bezeugt der hochgeschätzte Petr von Chrast, Richter, und die eherenwerten Männer Janek vom Silbernen Stern und Šimon der Weise, beisitzende Schöffen der bereits genannten Stadt Prag, die auf meine Bitte hin ihre Siegel diesem Brief beigefügt haben. Dies ist geschehen nach Christi Geburt im Jahre Eintausendvierhundertzweiunddreißig, am Mittwoch St. Severus.*

Dem Testament schließt sich eine Aufstellung von Gegenständen an, die nach dem Tod des Erblassers aufgefunden wurden[53]:

Nayprwe sto a dewiet zlatych vherskych.
Item paar koflikow strziebrnych pozlaczenych o poldruhe hrziwnie a otrzech lotech
Item vij lzicz strziebrem o kowanych
Item geden panczierz oczeliwy za ssest kop a za dwadczet gr.
Item druhy panczierz oczeliwy v Briehy z Hradcze za ssest kop gr.
Item v Jakuba z Gindrzichowie hradczi panczierz a oboyczek za puol ssesty kopy gr. iakoz gest gemu dano y dawati
Item v panie Katrusse od zaby zawino dewiet kop a xv gr.
Item dwie truhle welike
Item pyet konwij welikych a viij menssich
Item geden samostrziel, dwa mecze, a pisstiala gedna a paweza
Item vij mis czinowych welikych, dwie male spalessne [*falessne?*], v talerzow czinowych a dwie medeniczi
Item ssera suknie s lissim kozuchem, a druha ssera z beranczim kozichem
Item suknie modra dobra a klok nowe barwy
Item tesaczek s strzybrnymi publiczemi a tabolka take s publiczemi strziebrnymi
Item peczet strziebrna geho
Item swieczen wisuty
Item nadobie rzemesla brineczskeho ydal pan krziz za dwie kopie a za xxij gr.
Item perzinka swrchnie a druha zpodnie czelednie, dwie pstieradle a dwie podusscze
Item a gine rucho loznie wydano gest manzelcze panie Marzikowie wedle rozkazanie k ssaftu uczinieho
Item ten duom a winnicze.

Item 109 ungarische Gulden.
Item ein Paar silberne und vergoldete Tassen im Wert von einem halben Pfund und dies Lot.
Item sieben silberne beschlagene Löffel.
Item ein eiserner Panzer für sechs Schock und 20 Groschen.
Item ein zweiter eiserner Panzer bei Břiha aus Neuhaus für sechs Schock.
Item bei Jakub aus Neuhaus ein Panzer und ein gewöhnlicher Panzer für ein Sechstel Schock, wie er ihm ausgehändigt und gegeben wurde.
Item bei Frau Katruše von Zaba für Wein neun Schock und 15 Groschen.
Item zwei große Truhen.
Item fünf große Löffel und acht kleinere.
Item eine Armbrust, zwei Schwerter, eine Fistula und eine Pavese.
Item sieben große Zinnschalen, zwei kleine nichtzinnene [?], *zehn zinnerne Teller und zwei (Gieß-)Becken.*
Item ein grauer Rock mit Fuchspelz, ein zweiter grauer Rock mit Lammfell.

[53] Online abrufbar unter http://katalog.ahmp.cz/pragapublica/permalink?xid=E1BD3C13B72711DF820F00166F1163D4&scan=289#scan288 (07.09.2017).

Item ein guter blauer Rock mit Fuchspelz und ein Hut der neuen Farbe.
Item ein kleines Schwert mit Beschlägen und ein Schild, ebenfalls mit silbernen Beschlägen.
Item sein silbernes Siegel.
Item ein Hängeleuchter.
Item die Werkzeuge des Gewerbes der Panzermacher hat er Kříž für zwei Schock und 12 Groschen verkauft.
Item ein oberes Federbett und ein zweites Haus-[Gesinde-?]*Unterbett sowie zwei linnene Betttücher und zwei Kopfkissen.*
Und das andere Bettzeug hat die Gemahlin des Mařík gemäß den Bestimmungen des Testaments erhalten.
Item Haus und Weingarten.

Darauf folgt die Mitteilung, dass Kříž Platnéř 1433 als Testamentsvollstrecker diese Sachen an sich genommen und versprochen hat, sie später den Kindern des Verstorbenen bei Erreichen ihrer Volljährigkeit auszuhändigen.

52. [1433, Januar 8]
Cunrat Gretel aus Eger verfasst sein Testament. Die Hinterlassenschaft geht an mehrere Verwandte. Auch Arme werden berücksichtigt.
Státní okresní archiv Plzeň, Urkunden – Nr. 419 (Siegelurkunde).

Wir Burgermeister vnd Rate der Stat zu Egere bekennen offenlich an disem brife vor allen den, dy in sehen oder horen lesen, das fur vns in vnsern rate komen sein Endres Selber vnd Cunrad Wernher, dy czeyt beide vnsere gesworne schepffen, vnd haben vor vns gelawmert vnd drauf erwerst alcz recht ist, daz wir in wol glauben wy das Cunrat Gretel, vnser mitburger, dem got gnad in legeshaffter cranckheyt seins leibs nach in gesandt vnd mit guter vernunfft sein lecztes geschefft mit in bestalt vnd getan hab als hernach geschriben stet. Nemlich hat er geschickt alle seine habe, varend vnd vnuarend, seins Bruders Fridrichs seligen kinden, dem Jobst, Margareten vnd Barbaren czu prein gut; vnd habe zu gleichem teyl also ab der kinder eins oder mer abging von tods wegen, ee das sy czu iren iaren komen, so solt es allczeit erben vnd treten auf dy andern kinder, dy dann noch lebten. Vnd wer sach, daz die kinder gar abgingen von todes wegen, ee das sy czu iren iaren komen, so solten sein hernachgeschriben furmu^e^nden hawsarmen lewten davon gutlich tun vnd zuwegen vnd zustegen oder an gotshewser oder wo sy deucht, do es am pesten bestatt wer nach pren trewen, als er in des dann genczlich wol getrawt vnd glaubt hat, daran sal sy nyemants hindern. So hat er gekorn vnd gesagt seins bruder kinden obegenanten czu rechten getrewen furmundern seinen Bruder Steffan zu alten Albernreivt vnd seine sune alle drey mitnamen den Hanus vnd Mertel vnd Niclasen, also daz sy seins Bruders kinder sullen vorsteen vnd mechtig sein mit all irer habe parschafft geltschuld Erbe keinerley awsgenommen, als lang bis dy kinder alle czu iren tagen kommen; dorein hat in nyemants zureden noch zusprechen, weder freunt noch fremde, weder mit geistlichen noch mit werltlichen rechten in keinerweis; vnd ab sach wer, daz der furmund einer oder mer abgingen von tods wegen so sullen allzeit dy andern seczen nach iren trewen; vnd wem sy es benehen nach irem tod, der sal haben alle dy recht als sy selbs vnd das sulch geschefft; also volfurt vnd gehalten werd als oben geschriben haben wir obgenannte der rate geheissen Niclassen Innckhausen, dy czeyt burgmeister, vnd Conrad Memley, obegenannte vnsere ratsgenossen, das sy von vnser geheysz wegen ztugeczewknusz in on schaden ire insigel haben gehangen an disen brief. Der geben ist nach Cristi gepurt vierczehenhundert iar dornach in dem dreyvnddreyssigsten iare am montag nach sand Erhart tage.

53. [1433, August 30]
Testament des Jan, Sohn des Mikuláš Hynkowicz. Land und Geld werden vermacht. Bedacht werden dabei in erster Linie die Gemahlin Katharina „et puero, quem ipsa Katharina, vxor sua, in suo vtero portat". Seelgerätschaften.
Archiv města Plzně, Hdschr. 22 468, fol. C 11 (Abschrift).
Edition: Strnad, Listář král. města Plzně 1, S. 361-362, Nr. 332.[54]

Nos Andreas iudex, Johanco et Sigismundus Aurifaber, consules iurati et ciues in Noua Plzna, tenore presencium recognoscimus vniuersis testificando, quod prouidus vir Johannes, filius Nicolai Hinkonis, in lecto egritudinis decumbens, licet debilis in corpore, sanus tamen mente et bona perfruens racione, nobis in testimonium vocatis et rogatis, presens testamentum, quod voluit esse vltimum ipso defuncto, fecit in hunc modum: Primo namque medium laneum cum fundo agrorum penes crucem cum prato et fundo, quod pratum iacet in Dudlewecz, et triginta sexagenas grossorum, sicud pie memorie Nicolaus Hynkonis sibi Johanni in porcione sua delegauit, prout in testamento ipsius Nicolai Hinkonis plenius exprimitur, ipse Johannes supradictus Katherine, vxori sue dilecte, et puero, quem ipsa Katherina, vxor sua, in suo vtero portat, delegauit et donauit et per presencia delegat et donat equali porcione inter se diuidenda, sit masculus uel femina. Si vero ille puer, quem ipsa Katherina in suo vtero banilat, ad lucem non pervenerit, quod absit, uel ad lucem iam perveniens non habens annos mature etatis ab hac luce per mortem tolleretur, tunc pars ipsius pueri in Katherinam, vxorem suam, pleno iure debet devolui, cum quibus bonis post mortem ipsius pueri ipsa Katherina, vxor supradicti Johannis, debet facere, quidquid sue placuerit voluntati, tamquam cum propriis et non alienis; de quibus tamen triginta sexagenis, cum primum extorquerint, ipse Johannes delegauit fratribus Nigri monasterii in nostra ciuitate, decem sexagenas grossorum ad comparandum vnam sexagenam grossorum census annui et perpetui, ad peragendum quolibet anno quatuor anniuersaria in uigiliis et missa defunctorum, prout moris est, cunctis temporibus pro anima ipsius Johannis et pro animabus predecessorum suorum sine omni negligencia. Item domum illam, quam dominus Sigismundus, Mielnicensis prepositus, sibi cum Hinaczkone, fratre suo, in Praga delegauit et donauit, partem suam illius domus ipse Johannes testator Hinaczkoni, fratri uo, potenter dele-

54 Online abrufbar unter http://147.231.53.91/src/index.php?s=v&action=jdi&cat=18&bookid=398&page=361 &action_button.x=0&action_button.y=0 (07.09.2017).

gauit et donauit, cum eadem domo faciendi, quidquid sue placuerit voluntati, absque quorumlibet hominum omni impedimento. In cuius rei testimonium sigilla nostra propria ad preces ipsius Johannis presentibus sunt appensa. Datum anno domini millesimo quadringentesimo tricesimo tercio, ipso die beatorum Felicis et Adaucti martirum.

54. [1433, Dezember 2]
Testament des Jeronym Prener. Der Kuttenberger Bürger ist schwer erkrankt. Verschiedene Geldlegate werden vergeben, u. a. auch an seinen Knecht.
Státní okresní archiv Kutná Hora, Liber heredidatum antiquus, fol. 67r (Abschrift).

Jeronym Prener gsa obtiezen tiezku nemoczy, alle wtom poziwage gesstie zdraweho rozumu, we ostatnye poruczenstwie vczinil gest takowe to, kterez dole psano stogi. Najprwe piet kop platu na Zdenkowi z Janowiczek poruczil gest a poruczue pani Annye, swe wlastnye sestrzie, a Hendrychowi, wlastnyemu gegiemu manzelu. Take list na Chotussiczie gim gest odkazal, o ani aby geho materze nezapominali a nenechawali; pak magiestaty na prenerrstwie Jacubowi, Prenerowi swemu striczy, a Thomasskowi, Hendrychowu synu, y gich buduczim poruczil y odkazal gest Sseridanowi Janowi dwa zlatta swrchupsana pani Anna, aby wydala. Pakli list na Chotuccicze sobie k miestu prziewede. Tehdy ktomu dwie kopie, aby gemu dala. Zykowi, geho sluzebniku, ssacztwie chodicze, aby gemu bylo dano. Sswagr Henzlowe puol kopy grossiew. Actum Anno millesimo quadrog° xxxiii° Feria quarta proxima post festum Sct. Andree App. Dm.

Jeronym Prener ist von schwerer Krankheit heimgesucht, doch noch einen gesunden Verstand nutzend, hat er seinen letzten Willen dergestalt bestimmt, wie dies nachfolgend geschrieben steht. Zuvorderst hat er die auf Zdeněk von Janověky ausgestellten fünf Schock an Zins Frau Anna, seiner eigenen Schwester, und deren Gemahl Hendrych vermacht. Auch den auf Chotušitz ausgestellten Brief hat er ihnen verschrieben, wobei sie seine Mutter nicht vergessen und allein lassen sollen. Sodann die Majestätsbriefe für die Preners hat er Jacub Prener, seinem Onkel, und Tomáš, Hendrychs Sohn, und dessen Nachfahren vermacht. Und Šeridan Jan [?] *zwei Gulden, die soll die genannte Frau Anna aushändigen. Des Weiteren soll sie den auf Chotušitz ausgestellten Brief zu sich in die Stadt nehmen. Dazu soll sie diesem zwei Schock geben. Seinem Knecht Zyk sollen die Kleider gegeben werden. Der Schwager soll der Henzlová 1/2 Schock Groschen geben. Actum Anno millesimo quadrogesimo XXXIII° feria quarta proxima post festum Sct. Andree App. Dm.*

55. [1434, Juli 13]
Klara Helmová, Bürgerin der Großen Stadt Prag, errichtet ihr Testament. Der Vormund Jan Velvar soll den Sohn der verwitweten Erblasserin, Janek, der als Haupterbe eingesetzt wird, bei sich aufnehmen und ihn wie seinen eigenen Sohn aufziehen. Ausstehende Schulden mögen beglichen werden. Im Testament erscheinen auch Gebrauchsgegenstände.
Archiv hlavního města Plzně, Hdschr. 992, fol. 159r (Abschrift).[55]
Edition: Teige, Základy 2, S. 25.

Wegmeno bozie amen. Ja Klara, dobre pamiety niekdy Ondrasskowa Helmowa manzelka, messtka Welikeho myesta prazskeho, wyznawam tiemto listem obeczne przed kazdym, ktoz gej uzrzi nebo cztucze slysseti bude, ze aczkoliwiek gsa na tyele neduziwa wssak proto s dobrym rozmyslem a prawym rozomem tudiez y pamiety swobodne a dobrowolne nejsuczi nyzadnym k tomu przipuzena, poruczenstwie swe posledne ze wsseho sbozie a statku meho, mowiteho y nemowiteho, mne od wssemohuczieho pana Boha daneho a poyczeneho, aby mezy przately a przibuznymi mymi o me sbozie zadny sye swarowe po me smrti nedali ani ktere ruoznicze czinim, zgednawam a spuosobugi obyczgem tiemto: Najprwe vstanowugi a czinim tohoto sweho poruczenstwie opatrneho Jana Velvara praweho a moczneho porucznika, przietele sweho werneho, gemu mimo gine przately swe doufajicz. Potom odkazugi a poruczim ssest set kop grossow wiena meho na mye po mem muzi swrchupsanem przislussegicieho, kterez mam na wssem sbozi muze meho giz gmenowaneho, mowitem ynemowitem w miestye swrchupsanem neboli kde koli ginde polozenem a optalem listem po zemskem prawu zapsano a obgissteno, swrchupsanemu Janowi Velwarowi takowu mieru, aby on wssim tiem statkem wladl gej moczne zprawowal a geho poziwal; dokawadz by gemu tiech ssest kop gr. wiena od Janka syna meho nebylo splneno a zaplaczeno. Nez w te mierze, aby tehoz Janka syna meho v sebe chowal a geho k dobremu wedl yakozto syna sweho. Pakly by v neho byti nechtel, tehda aby gemu z toho statku wydawal czim by pocztiwe mohl ziw byti. A gestli, ze tyz Janek, syn moy, bude s geho radu cziniti a posluchage geho ozeni sye, tehda aby swrchupsany Jan Velwar s nim vczinil yakozto otec s swym synem a poslusnym yakoz ya gemu toho wierzim. A vmrzel li by prwe nadepsany Janek syn moy, nezli by sye ozenil, tehda aby polowicze toho wsseho sbozie meho przipadla na swrchupsaneho Jana Velwara a druhu polowiczi tehoz sbozie, aby rozdal a rozdelil za mu a mych przissiech dusse mezi chude a nuzne lidi yakoz ja geho swiedomi to poruczіem. Take yakoz mam list na Jana Bechyni na ten dluh, kterymz mi dluzen a winowat a w tom mam od neho kralow Waczlawow magestat w zakladye, ten odkazugi Jankowi, synu swemu. A kdyz bude gemu splnen od Bechyne ten dluh yakozto list, kteryz mi gest na to vdelal swiedczi, tehda aby gemu magestat byl wraczen zasye. A gine wssechny dluhy, kterez mam na listech a w kniehach miesckych zapsany a gimiz gsu mi ktere koliwiek osoby winowat zuostaly, ty take przedepsanemu Jankowi, synu wemu, odkazugi a moczne poruczim, krome deseti kop, kterychz mam na Nosowi rzeznikowi w Nowem myestie, genz tiech deset kop y s tiem dluhem, kterymz mi gest

[55] Online abrufbar unter http://katalog.ahmp.cz/pragapublica/permalink?xid=E1BD3C13B72711DF820F00166F1163D4&scan=311#scan312 (07.09.2017).

Klara Janka, Ottikowa syna manzelka, winowata pani Elscze Ettlowe odkazugi. A ty wssechny listy na ty dluhy y take na Bechynow dluh, aby czastopsany Jan Velwar v sebe chowal a gich moczen byl. A gestli, ze by przedepsany Janek, syn moy, chtel tiemi listy vpominaty a dluhow dobywati, tehdy aby od drziwegmenowaneho Jana Velwara ge wyruczil tak, aby doupominage sye dluhow bez geho wiedomie a wuole gich neutraczel any rozmrhawal. Dale odkazugi tez pani Elscze Ettlowe wssechno swe rucho chodiczie a loznie y se wssemy nabytky domowitymi, tak aby ona tiem wssim wladla a k sobie pobrala. A ozenil li by sye w te mierze syn moy swrchupsany, aby gemu wydala dwie perzinye barchanowe najlepssye, gednu duchnu najlepssye, dwie koltrze, gednu postawcowu a druhu modru nebo czrnu prostyeradla kmentowa, cztyrzy a domatczieho platna, ssest podussek, ssest gemu a czeledi, dwie polsstarze, cztyrzy gemu dwa a czelednie dwa a postely gednu czeledni, a geho wiec ginymi wieczmi tak opatrzila, yakoz ya gi toho swierzugi a z vst dale sem porucyila. A ostatkem, aby dluhy splatila a coz mimo to zuostane, aby stiem vczinila yakoz sye gi bude za podobne zdati. Toto take zwlasstye przidawam: Gestli ze by swrchupsaneho Jana Velwara pan Buoh neuchowal s swyeta sniti, aby mohl myesto sebe vcziniti a vstanowiti gineho porucznika na tez myesto, kohoz mu sye zdati bude tak wzdy, aby toho me poruczenstwie gednano a zrziezeno bylo yakoz ja gemu toho nad gine lidi dowierzim. Toho na swiedecztwie prosila sem mudrych a opatrnych Mathyege rzeczeneho Drdak, rychtarze, Mathyege od Murzeninow a Wawrzince Babky krajczieho, konsselow prziseznych swrchupsaneho myesta pražského, ze jsu peczety swe wlastnie s dobrym wiedomim k tomuto listu. Genz dan leta od narozenie pana nasseho Gezisse Krysta tisiceho cztyrsteho trzidczateho cztwrteho w vtery na den sv. Margrety.

Im Namen Gottes Amen. Ich Klara [Helmová], Gemahlin des seligen Ondrášek Helm, Bürgerin der Großen Stadt Prag, bekenne mit diesem Brief vor jedermann, der dies hört oder lesen wird, dass, wenngleich ich körperlich dahinsieche, ich dennoch mit gutem Vorbedacht und rechtem Verstand und Gedächtnis, frei und ungezwungen, von niemandem hierzu genötigt, meinen letzten Willen von allen meinen beweglichen und unbeweglichen Gütern, die mir der allmächtige Gott gegeben und verliehen hat, errichte, bestimme und in nachfolgender Weise festlege, damit nach meinem Tode zwischen meinen Freunden und Verwandten keinerlei Streit und Zwist im Hinblick auf meine Hinterlassenschaft entstehe. Zuvorderst bestimme ich den ehrenwerten Jan Velvar, meinen Freund, zum rechtmäßigen und bevollmächtigten Testamentsvollstrecker, weil ich ihm vor anderen Freunden besonders vertraue. Sodann vermache und gebe ich sechs Schock Groschen meiner Morgengabe, die mir mein oben genannter Mann zugestanden hat und die ich von allen Gütern meines bereits erwähnten Gemahls, beweglichen und unbeweglichen, in der zuvor genannten Stadt Prag und wo auch immer diese gelegen sein und gefunden werden mögen, gemäß Landrecht in einem Brief eingetragen und abgesichert, dem bereits genannten Johannes Velvar, dergestalt, dass er über diesen Besitz wache und ihn rechtmäßig verwalte und verwende, solange ihm nicht seine sechs Schock Groschen aus meiner Morgengabe durch meinen Sohn Janek ausgezahlt sein werden. Zudem will ich, dass er meinen Sohn Janek bei sich aufzieht und ihn zum Guten führt wie seinen eigenen Sohn. Sollte er nicht bei ihm bleiben wollen, dann soll er ihm aus meinem Besitz soviel geben, damit er angemessen leben kann.

Und mein Sohn Janek soll seinem Rat folgen und entsprechend handeln, auch was eine Heirat betrifft, und der oben erwähnte Jan Velvar soll sich ihm gegenüber wie zu seinem Sohn verhalten, worauf ich baue. Und sollte der erwähnte Janek, mein Sohn, sterben, bevor er sich vermählt, dann möge die Hälfte dieses meines Besitzes an den oben genannten Jan Velvar fallen und die andere Hälfte soll er unter armen und bedürftigen Leuten aus- und aufteilen um meiner und der Seele meiner Vorfahren wegen; diesbezüglich appelliere ich an sein Gewissen. Auch besitze ich einen Brief von Jan aus Bechyně über jene Schuld, die er bei mir hat, und diesbezüglich verfüge ich über ein entsprechendes, auf einem Majestätsbrief Wenzels [IV.] fußendes Schreiben; diesen Schuldbrief vermache ich meinem Sohn Janek. Und wenn Bechynĕs Schuld beglichen ist, dann möge diesem der Majestätsbrief wieder zurückgegeben werden. Und sämtliche weiteren Schulden, über die ich entsprechende Briefe habe und die in den Stadtbüchern eingetragen sind und die mir bestimmte Personen schuldig geblieben sind, diese vermache ich ebenfalls meinem zuvor beschriebenen Sohn Janek, mit Ausnahme jener zehn Schock Groschen, die ich vom Fleischer Nosin der Prager Neustadt noch bekomme; diese Schuld vermache ich, zusammen mit den Schulden, die Klara, die Gemahlin des Sohns von Janek Ottik, bei mir hat, Frau Elška Ettl. Und diese genannten Schuldbriefe und auch Bechins Schuld soll der mehrfach erwähnte Jan Velvar bei sich aufbewahren und darüber wachen. Und wenn der genannte Janek, mein Sohn, sich an diese Briefe und an die damit verbundenen Schulden erinnert, dann soll Jan Velvar ihm diese Briefe aushändigen, sodass er [Janek – Th. K.] *diese Schulden einfordern kann; und ohne sein Wissen und seinen Willen darf er* [Jan Velvar – Th. K.] *diese Briefe weder verlieren noch vergeuden. Des Weiteren vermache ich Frau Elška Ettl mein gesamtes Bettzeug und die Kleidung sowie sämtliches Hausmobiliar, damit sie darüber verfüge und dies zu sich nehme. Und sollte sich mein zuvor erwähnter Sohn vermählen, dann soll sie ihm geben die beiden besten Federbetten aus Barchent, das beste Oberbett, zwei Bettvorhänge, ein Wolltuch und ein zweites blaues oder schwarzes [Wolltuch], vier Leinentücher aus Battist, aus einheimischem Leinen, sechs Kopfkissen für ihn und zwei für das Gesinde, vier Kopfkissen – zwei für ihn und zwei für das Gesinde, und von den Betten eines an das Gesinde; und mit den übrigen Sachen soll verfahren werden, wie ich ihr dies empfohlen und sie beauftragt habe. Und des Weiteren, dass sie die Schulden begleiche, und was darüber hinaus übrigbleibt, damit möge sie nach Gutdünken verfahren. Und besonders möchte ich hinzufügen: Sollte Gott den erwähnten Jan Velvar nicht am Leben lassen, dann möge dieser zuvor einen anderen Testamentsvollstrecker bestimmen, wen er dabei für günstig erachtet, damit mein letzter Wille ausgeführt und erfüllt werde, da ich ihm besonders vertraue. Dies zu bezeugen habe ich die weisen und ehrenwerten Matěj gen. Drdak, Richter, Matěj od Murzinow und Vavřinec Babka, Schneider, beisitzende Schöffen der erwähnten Stadt Prag, gebeten, dass sie ihre eigenen Siegel mit gutem Gewissen diesem Brief beifügen. Der gegeben ist nach Christi Geburt im Jahre Eintausendvierhundertvierunddreißig, am Dienstag St. Margarethen.*

56. [1434, Oktober 18]

Janek, jüngster Sohn des Ješek Pehem, liegt krank darnieder und errichtet sein letztes Geschäft. Zu seinem Testamentsvollstrecker bestimmt er seinen Onkel Mikeš Kožišník (= Kürschner), Bürger der Stadt Prag, der auch seinen ganzen Hausbesitz in Prag oder „im Lande" erben soll. 30 Schock Groschen gehen an Arme. 15 Schock Groschen sind für die Prager Brücke bestimmt!

Archiv hlavního města Prahy, Hdschr. 992, fol. 165r (Abschrift).[56]
Edition: Teige, Základy 1, S. 3-4 (Auszüge).[57]

Wegmeno Bozie amen. Ja Janek, nebozcze Jesska Pehma mladssieho syn, oznamugi tiemto listem wssem lidem nynyejssim y buduczim, ze aczkoliwiek gsa nemoczen a neduziw natiele, wssak proto s dobrym rozmyslem a s dobru pamieti ze wsseho gmienie sweho, gehoz mi gest Pan Buoh wssemohuczi z swe sstiedroty poprzieti raczil, nechtie by sie onie po me smrti mezi przately a przibuznymi mymi kterzi swarowe dali, toto swe poslednie poruczenstwie zgednawam, czinim a sposobugi obyczegem tiemto dolepsanym: Naiprwe vstanowugi tohoto sweho poruczenstwie y wsseho gmienye sweho, kterez mam zde w Praze nebo wnye na zemi, mudreho a opatrneho muze Miksse kozissnika [*der 1457 selber testiert – Th. K.*], strycze sweho, miesstienina nadepsaneho miesta, moczneho porucznika, na kteremzto souczenstwie, aby gemu odmych przatel y ginych lidi nebylo prziekaziena ani wto sahano nizadnu mieru. Potom temuz Mikssowi kozissnikowi odkazugi a mocznie dawam po swe smrti wsseczko gmienie swe a sbozie, mowite y nemowite, kterez mam zde w Praze budto na domiech neboli wnye na zemi na diedinach a na platiech y take na nabytcziech, kteremzby ti koliwiek gmenem mohli gmenowani byti a gmenowiti w Zizicich, w Dolankach a w Peruczi ke gmienij, k drzenij a ku pokoinemu poziwani; y take aby mohl stiem sewssym vcziniti iakozto s swym wlastnim, czozby sie gemu libilo bezewssie prziekazky przatel mych y ginych wsselikalach lidi. Nez z toho sbozie a statku, aby wydal na Chude a nuzne lidi trzidczeti kop grossuow, na dielo mosta prazskeho patnadczte kop grossuow a na dielo Sspitalske podle mosta deset kop grossuow. Jenissowi, mistru memu, piet kop grossuow zuostaneli ziw a budeli kniezem, aby gemu druhych piet kop grossuow bylo przidano. A przatelom mym przibuznym, aby patnadczte kop grossuow wydal a wyplnil czasem a miestem, iakoz by sie gemu zdalo a wiedielo zapodobnie oniem wiecze a oniem mene, a my to, aby geho z wiecze nenapominali lezby gim sam z dobre wuole chtiel czo wiecze vcziniti a z ostatku, aby pomniel na chude pro spasenie dusse mee y prziedssich, iakoz ja gemu toho nadgine lidi zwlasstie wierzim a douffam. Tomu na swiedeczstwie peczeti mudrych a opatrnych muzow Matiege Drdaka, rychtarze, Marzika Sedlarze a Mathiasse z Rudnicze, consseluow przisieznych Stareho miesta nadepsaneho Prazskeho, kme prosbie przіwiesseny gsu k tomuto listu. Dan leta od Narozenie Syna Bozieho tisiczeho cztyrsteho trzidczateho cztwrteho w pondieli po sw. Hawle.

---

[56] Online abrufbar unter http://katalog.ahmp.cz/pragapublica/permalink?xid=E1BD3C13B72711DF820F00166F1163D4&scan=323#scan322 (07.09.2017).

[57] Online abrufbar unter http://kramerius.mlp.cz/kramerius/MShowPageDoc.do?id=57194&mcp=&idpi=102957&author=Teige_Josef (07.09.2017).

Im Namen Gottes Amen. Ich Janek, jüngerer Sohn des seligen Ješek Pehem, gebe mit diesem Brief allen jetzigen und künftigen Menschen bekannt, dass, wenngleich ich krank bin und körperlich dahinsieche, ich dennoch mit gutem Vorbedacht und gutem Gedächtnis von allen meinen Gütern, die mir der allmächtige Gott in seiner Freigebigkeit verliehen hat, meinen letzten Willen tätige, bestimme und in folgender Weise festlege, damit nach meinem Tode zwischen meinen Freunden und Verwandten keinerlei Zwist entstehe. Zuvorderst bestimme ich zum bevollmächtigten Testamentsvollstrecker dieses meines letzten Willens und meines gesamten Besitzes, den ich hier in Prag oder anderswo auf dem Lande habe, den weisen und ehrenwerten Mann Mikeš Kožišník [= Kürschner – Th. K.], *meinen Onkel, Bürger dieser Stadt; bei seiner Tätigkeit soll ihn keiner meiner Freunde oder andere Leute in irgendeiner Weise hindern. Sodann vermache und vererbe ich diesem Mikeš Kožišník nach meinem Tode mein sämtliches bewegliches und unbewegliches Hab und Gut, das ich hier in Prag an Hausbesitz oder diesbezüglich auf dem Lande an Grundstücken und an Zinseinnahmen und auch an weiterem Vermögen habe, wo oder woran ich dies habe, wo dies gelegen sei und gefunden werden mag, so in Zizice, Dolanky und Perucz, zu Besitz, Vermögen und friedlicher Nutzung; und er möge damit verfahren wie mit seinem Eigentum, ohne jegliche Behinderung durch meine Freunde oder irgendwelche anderen Leute. Und von diesem Hab und Gut soll er geben* [Mikeš – Th. K.] *für arme und bedürftige Menschen 30 Schock Groschen, zum [Aus-?]Bau der Prager Brücke 15 Schock Groschen* und dem des Spitals nahe an der Brücke zehn Schock Groschen. Meinem Meister Jeniš fünf Schock Groschen, sofern er am Leben bleibt, und sollte er Priester werden, sollen ihm weitere fünf Schock Groschen ausgehändigt werden. Und meinen besonders guten Freunden möge er* [Mikeš – Th. K.] *15 Schock Groschen auszahlen, je nach Zeit und Ort, wie er es für nötig erachtet, dem einen mehr, dem anderen weniger; und man möge nicht vergessen, dass er dies mit guter Absicht tut; und den verbleibenden Besitz soll er an Arme verteilen, um meiner und der Seele meiner Vorfahren wegen, weil ich ihm vor anderen Menschen vertraue. Dieses zu bezeugen haben die weisen und ehrenwerten Männer Matěj Drdak, Richter, Marzík Sedlář und Matěj von Raudnitz, beisitzende Schöffen der genannten Prager Altstadt, auf meine Bitte hin ihre Siegel diesem Brief beigefügt. Dies ist geschehen nach Christi Geburt im Jahre Eintausendvierhundertvierunddreißig, am Montag nach St. Gallus.*

* Die Erfüllung des Legats über 15 Schock Groschen für die Steinerne Brücke quittieren Pešík vom ‚Silbernen Stern' und Jan Reček am Mittwoch nach St. Veit 1439 (= 17. Juni).[58]

[58] Online abrufbar unter http://katalog.ahmp.cz/pragapublica/permalink?xid=E1BD3C13B72711DF820F00166F1163D4&scan=323#scan322 (07.09.2017).

57. [1435, Januar 17]
Markwarth, Bürger der Prager Neustadt, errichtet sein Testament. Die Gemahlin Zdena wird zur Testamentsvollstreckerin bestimmt, die auch Haus, Grundbesitz und Geld erhalten soll. Ausstehende Schulden mögen beglichen werden.
Archiv hlavního města Prahy, Hdschr. 992, fol. 194r (Abschrift).[59]

Wegmeno swate anerozdielne trogicze amen. Ja Markwarth, bratr Wykerzow, miesstienin Noweho miesta prazskeho, wyznawam tiemto listem, ze aczkoliwiek starostij a tiezkymi neduhy na tiele gsa obtiezen, wssak gesstie gsa przipamieti s dobrym rozmyslem a zdraweho rozumu poziwage, czinim, zrziezugi a zgednawam kssaft nebo poruczenstwie me poslednie wuole ze wsseho statku nebo zbozie meho mnie od pana boha poyczeneho a nadieleneho, zadaje pome smrti mezi przately mymi y wsselikterymi ginymi lidmi oten gisty statek moy swaruow nechuti ruoznicz ani kterych nesnazi sie nedalo. A toho poruczenstwie meho czinim a vstanowugi mocznu a naywyssi porucznniczi pocztiwu zenu pani Zdenu, manzelku mu milu, guz dowierzim a doufam najwiecze nadewsseczky ginie lidi. Najprwe zadam a rozkazugi, aby dluhowe sprawedliwij, aczby kterzi byli wnichz bych lidem powinowat byl naprzed z statku meho plnieni byli, a to dluhowe takowi, kterezby mohli rzadnie wedle prawa miestczkeho dokazany byti; a wtom poruczenstwie mem odkazugi poruczie a mocznie dawam po me smrti swrchupsane pani Zdeni, manzelcze me, trzetinu domu niekdy Sobinowa w Starem miestie prazskem, kteryz lezi mezi domy Benesskowym krajczierzowym a Pessikowym Vpodussky, k kterezto trzetinie domu sem sprawedliw. Dale odkazugi poruczíem a mocznie otdawam tez pani Zdeni, manzelcze me, sto kop gr. wiena, kterez mam popani Dorothie, prwni manzelcze me, niekdy zenie stareho Bidasska z Stareho miesta prazskeho, iakoz gi wienowal dobre pamieti matiejek, niekdy muz gegi wdobrozawiczich, take otkazugi a mocznie otdawam wes mu diedicznu, rzeczenu vgezd, se dworem tudiez s diedinami, s lukami, s platy y stiem se wssim, czoz ktomu przislussie, nadepsane pani Zdeni, zenie ma, po me smrti k gmieni, k drzeni a k diediczkemu wladarzstwi bezewssech przekazek przatel mych y ginych lidij. Dale take oznamugi, ze sem dluzen panu Janowi Batayskemu z Stareho miesta prazskeho pod Lubieni podle Otuczka krajecze sukna s swateho Hawla poloztrnadczty kopy gross; atak rozkazugi a zgednawam, kdyzby gemu pani Zdena ma ty penieze splnila a nebo zaruczila, aby gi nizadnu mieru nesahal nastatek nebo na sbozie swrchupsane, a take, aby gi nawratil wsseczky listy, kterez sem dal gemu schowati k wierne rucze. A gmielliby ktere listy nebo zapissy wkniehach naty penieze, aby takowi listowe nebo zapissowe zkazeni a vmrtwrni byli a nawieky potom nizadne moczi nemiely. To naswiedomie a na potwrzenie peczeti opatrnych muzow Janka Strziebrneho, rychtarze, Wanka Naroznika proti kaple Tiela bozieho a Mathieje, consselow swrchupsaneho miesta noweho prazskeho, k mym prosbam przíwiesseny jsu ktomuto listu. Genz gest dan w pondieli den swateho Anthonie leta narozenie syna Bozieho tissiczeho cztyrsteho trzidczateho pateho.

59 Online abrufbar unter http://katalog.ahmp.cz/pragapublica/permalink?xid=E1BD3C13B72711DF820F00166F1163D4&scan=380 (07.09.2017).

Im Namen der Heiligen und untrennbaren Dreieinigfaltigkeit Amen. Ich Markwarth, Bruder des Vikéř, Bürger der Prager Neustadt, bekenne mit diesem Brief, dass, wenngleich ich voll Sorge und durch schwere Leiden körperlich heimgesucht bin, dennoch mein Gedächtnis funktioniert und ich mit gutem Vorbedacht und einen gesunden Verstand nutzend von allem meinem Hab und Gut, das mir Gott der Herr gegeben und zugeteilt hat, dieses mein letztes Geschäft oder auch meinen letzten Willen verkünde, errichte und festlege, damit nach meinem Tode zwischen meinen Freunden sowie anderen Menschen keinerlei Zwist, Widerwille noch Unbill um meine Hinterlassenschaft entstehe. Zum rechtmäßigen und obersten Testamentsvollstrecker dieses meines letzten Willens erkläre und bestimme ich die ehrenwerte Frau Zdena, meine liebe Gemahlin, der ich am meisten glaube und vertraue gegenüber allen anderen Menschen. Zuvorderst bitte und gebiete ich, dass die gerechtfertigten Schulden, wem und wo immer ich diese schuldig sein sollte, zuvor aus meinem Gut beglichen werden; und diejenigen Schulden, die ordnungsgemäß nach städtischem Recht nachgewiesen werden können, diese vermache ich in meinem letzten Willen nach meinem Tode rechtmäßig der oben genannten Frau Zdena, meiner Gemahlin; und ein Drittel des Hauses, das einst Sobin in der Prager Altstadt gehörte und das gelegen ist zwischen den Häusern des Schneiders Beneš und Pešiks Upoduška; an diesem Haus bin ich mit einem Drittel beteiligt. Des Weiteren vermache und übergebe ich dieser Frau Zdena, meiner Gemahlin, 100 Schock Groschen an Morgengabe zu rechtmäßigem Besitz, die ich von Frau Dorotha, meiner ersten Gemahlin, einst die Frau des alten Bidašek aus der Prager Altstadt, habe; diese hatte ihr einst der selige Matějek, vormals ihr Mann in Dobrozawicz, geschenkt; auch vermache ich zu rechtmäßigem Besitz mein Erb-Dorf genannt Augezd mit dem Hof, Feldern und Wiesen, mit Zinsen und mit allem, was dazu gehört, der zuvor genannten Frau Zdena nach meinem Tode zu Besitz, Vermögen und erblicher Nutzung, ohne jegliche Behinderung durch meine Freunde oder andere Menschen. Des Weiteren gebe ich bekannt, dass ich Herrn Johannes Bataysky aus der Prager Altstadt „pod Lubieni" neben dem Gewandschneider Otuček bei St. Gallus 1/2 14 Schock Groschen schulde; und dazu gebiete und lege ich fest, dass, wenn Frau Zdena, meine Gemahlin, diese Summe beglichen oder verbürgt hat, er [Bataysky – Th. K.] *ihr gegenüber in keiner Weise ein Zugriffsrecht auf mein oben genanntes Hab und Gut hat und dass er ihr alle Briefe zurückgibt, die ich ihm treuhänderisch ausgehändigt habe. Und irgendwelche Briefe oder Eintragungen in Stadtbüchern über diese Gelder sollen kassiert werden und als erledigt gelten, und niemand soll danach jemals irgendwelche Ansprüche anmelden. Dies zu Wissen und Bestätigung haben die ehrenwerten Männer Janek Stříbrný, Richter, Vaněk Narozník, gegenüber der Fronleichnamskapelle gesessen, und Matěj, Schöffen der oben genannten Prager Neustadt, auf meine Bitte hin ihre Siegel diesem Brief beigefügt. Der gegeben ist am Montag St. Antonius nach Christi Geburt Eintausendvierhundertfünfunddreißig.*

58. [1436, Mai 23]
Elška Pezoltová, Bürgerin der Prager Altstadt, die erkrankt ist, verfasst ihren letzten Willen. Ihr Vetter Lazar Kantor wird zum Testamentsvollstrecker und Haupterben bestimmt. Mehrere Geldlegate an Prager Kirchen. Bedacht werden auch „arme alte Frauen“.
Archiv hlavního města Prahy, Hdschr. 992, fol. 181v-182r (Abschrift).[60]
Edition: Teige, Základy 1, S. 214-215 (Auszüge).[61]

Wegmeno Bozie amen. Ja Elsska rzeczena Pezoltowa, miestczka Stareho miesta prazskeho, oznamugi tiemto listem wssiem lidem nynieissim y buduczim a nawiedomie dawam, ze aczkoliwiek gsuczi neduziwa a nemoczna natiele, wssak proto s dobrym rozmyslem a poziwagiczi swobody zdraweho rozumu tudiez y pamieti, ze wsseho sbozie sweho, mowiteho y nemowiteho, kterehoz my gest pan Buoh wssemohuczi z swe nesmierne sstiedroty poycziti raczil nechtiegiczi, by sie ony po me smrti mezi przately a przibuznymi mymi kterzi swarowe dali, toto swe poslednie poruczenstwie zgednawam, czinim a sposobugi obycziegem tiemto dolepsanym. Naiprwe vstanowugi opatrneho muze Lazara Cantorowa, sina miestienina Stareho miesta prazskeho, Bratrana sweho, nadewssim zbozim a statkem swym mowitym y nemowitym moczneho a naiwyssieho porucznika, tak aby on toto mee poruczenstwie a rozkazanie tak zrziedil a spossobil, iakoz sem gemu rozkazala a swierzila vplnie, a na tom aby gemu nebylo prziekazieno od wsselikterateho czlowieka zadnu mieru. A przidawam gemu kupomoczi porucz-niky mudree a opatrne muze Jana Reczka a Wanka Dursmida, miesstiany nadepsaneho miesta prazskeho, proseczi gich, aby giemu radni a pomoczni byli w potrziebnych wieczech iakoz gim toho dobrzie wierzim. Dale odkazugi po swe smrti a mocznie dawam temuz Lazarowi, bratranu swemu, sbozie swe w Petrowiczich se wssim a czelym geho przislussenstwim y stiem se wssim prawem a panstwim iakoz sem sama gmiela drzala a poziwala, nicz nepozuostawugiczi. A k tomu duom muoy na rinku naroznij s celym geho miesstisstiem, genz lezij podle domu Wankowa meczierze, y wsseczko gine sbozie me mowite y nemowite, kdezbych to koliwiek gmiela, budto zde w miestie neboli mnye na zemi, kterymby to koliwiek gmenem mohlo gmienowano byti a nebo optano, y take plat swuoy, kteryz mam zde w miestie na domiech y take wnye na zemi, kdekoliwiek ku prawemu diedicztwi, k gmienij, k drzenij, k wladanij, ku poziwanij a k brziniemstwi iakozto s swym wlastnim a diedicznym, czozby sie giemu libilo; a zdalo zapodobne a natom, aby giemu y geho diediczom a buduczim odmych przatel y odginych wsselikych lidij nebylo prziekazeno obyczegiem y zadnym. Nez tomu chczi, aby tyz Lazar wydal po me smrti chudym a nuznym lidem, kdez by gie shledal, desset kop grossuow platu na kazdy rok iakoz by sie gemu zdalo a yakoz ja gemu toho swierzugi a doufam. A ten plat, aby wydawal z Bzitkow domu meho naprzied psaneho, dokudz by geho neprodal. Pakli by gei prodal, tehda aby ten plat na gine sbozie przieweddl, kdez sie gemu zdalo. Item odkazugi dwie kopie grossow platu rocznieho awieczneho do domu meho zadussnieho chudym babkam totiz kopu na drwa puol kopy na piwo w

60 Online abrufbar unter http://katalog.ahmp.cz/pragapublica/permalink?xid=E1BD3C13B72711DF820F00166F1163D4&scan=356#scan355 (07.09.2017).

61 Online abrufbar unter http://kramerius.mlp.cz/kramerius/MShowPageDoc.do?id=57405&mcp=&idpi=103379&author=Teige_Josef (07.09.2017).

puostie a puol kopy na oprawenie tehoz domu zadussnieho. Potom odkazugi cztyrzi kopy grossow platu Aniczce, sestrze me, a ten plat aby gi wydawal swrchupsany Lazar z statku meho toliko do gegieho ziwota, a po gegie smrti chczi, aby ten plat spadl na tehoz Lazara anebo na geho diedicze a buduczie beze wssech zmatku. Take odkazugi dwie kopie grossow platu rocznieho, kterez sem kupila u Mandy, sestry swe, na tiech ssestnadczti kopach platu, kterychz ma taz Manda na sbozie Dworcze rzeczenem, a to Kaczce Prokopowe od Rzebrzikuow, a k tomu za tiech gedenadczte kop grossuow, iakoz mi gest Prokop, otecz tez Kaczky, dluzen a winnowat zuostal, aby tez Kaczce swrchupsany Lazar przikupil platu, coz by mohl acz bude posluchati. A nadto pak tee giste Kaczcze odkazugi gesstie a dawam dwie perzinie zpodnij a swrchnij a polsstarz. Dale iakoz sem Wankowi Wrabskemu na polowiczi meho sbozie w Petrowiczich y na polowiczi nabytkow tudiez w Petrowiczich zapsala listem wiennu zastawu puol trzetieho sta kop grossuow po me dcerzi nebozcze Elsscze, ze sem s tym Wankem z Wrabie smluwena ubrmany, a to z przikazanie panuow consselow s obu stranu wydanymi tak, ze miesto nabytkow a za nabytky, kterez gest tyz Waniek obratil kam sie gemu zdalo Vbrmane nalezli gsu, aby mi za ty nabytky srazil padessate kop grossuow y neostawam giemv Wankowi na tom listu hlawniem nezli dwie ste kop grossow tiech, aby Lazar, swrchupsany bratran muoj, iakozto porucznik splnil a zaplatil temuz Wankowi Wrabskemu naty boky, a tak, iakoz gsu vbrmane mezi nami wyrzkli a wypowiedieli. Take chczi, aby swrchupsany Lazar z meho statku wydal Janowi, wnuku memu, kdyz by k letom rozumnym a dospielym przissel, sto kop grossow anebo gemu deset kop grossow platu platil rocznieho, dokudz by gemu sta kop grossow nedal a nesplnil. Nez tiech sta kop grossow. aby Lazar nadepsany poziwal k swe potrzebie a na swe vzitky obracowal do let rozumnych tehoz Janka wnuka meho. Nez drziewe tiech let nahorzepsanych nebude gemu powinen tiech sta kop grossow dati ani vroku z nich platiti zadnu mieru. Pakli by wnuka meho giz gmenowaneho pan Buoh neuchowal prwe nezli by leta miel rozumu dosla, tehdy chczi a gest ma wuole, aby tiech sto kop grossow spadlo na Lazara swrchupsaneho anebo na geho diedicze a buduczie beze wsseho zmatku. Item odkazugi na dielo kostela sw. Linhartha dwie kopie grossow a tiech, aby Lazar wydal we dwu letu porzad zbiehlu od me smrti poczitagicz. Item odkazugi a dawam po swe smrti Kaczi, sluzebniczi mee, cztyrzi kopy grossow. Take odkazugi na dielo kostela sw. Gilgie pyet kop grossow, a ty, aby Lazar porucznik wydal bezsnazi na den swateho Hawla nynie naiprwe przisstieho. A dale iakoz mi gest odkazala dczera ma naprziedpsana na kniezi Mikulassowi, arciprzisstowi prazskem, a na Sigmundowi, bratru geho, dluh swuoj, iakoz ten dluh w Regestrach mych stogi popsan y s mym dluhem kterymz mi gest tyz kniez arciprzisst y s Sigmundem bratrem swym dluzen a winnowat gessto gest toho dobrze za puol druheho sta kop grossow, za ten dluh dczery me i za muoy dluh chczi a zadam, aby naprzied psany Lazar kupil osm kop grossow platu rocznieho, kdyzby sie geho wssie wieczi do vpominal, a ten aby obratil kdez by sie mu zdalo. Toho wsseho na swiedomie peczeti slowutneho Janka z Krajnicz, wty czassi rychtarze, a opatrnych Martina Wlassimskeho a Petra z domu Brziewniowskeho, consselow przisesznych nadepsaneho miesta prazskeho, k me prosbie prziwiesseny gsu k tomuto listu. Genz dan leta od Narozenie Syna Bozieho tisicieho cztyrsteho trzidczateho ssesteho w Strziedru po Bozim Wstupenim.

Im Namen Gottes Amen. Ich Elška genannt Pezoltová, Bürgerin der Prager Altstadt, gebe mit diesem Brief allen jetzigen und künftigen Menschen bekannt und lasse wissen, dass, wenngleich ich dahinsieche und körperlich krank bin, ich dennoch mit gutem Vorbedacht und die Freiheit eines gesunden Verstandes nutzend von allen meinen beweglichen und unbeweglichen Gütern, die mir der allmächtige Gott in seiner unendlichen Freigebigkeit verliehen hat, diesen meinen letzten Willen errichte, bestimme und in nachfolgender Weise festlege, da ich nicht will, dass nach meinem Tode zwischen meinen Freunden und Verwandten irgendwelche Zwistigkeiten entstehen. Zuvorderst bestimme ich den ehrenwerten Mann Lazar, Sohn des Cantor, Bürger der Prager Altstadt, meinen Vetter, zum rechtmäßigen und obersten Testamentsvollstrecker über alle meine Habe und beweglichen und unbeweglichen Güter, dergestalt, dass er diesen meinen letzten Willen und mein letztes Geschäft so ausführt und vollendet, wie ich ihm dies aufgetragen habe und ihm diesbezüglich voll vertraue; und darin soll ihm nichts vorgeschrieben werden, von keinem Menschen in keiner Form. Und ich gebe ihm als Testamentsvollstrecker die ehrenwerten und weisen Männer Jan Reček und Waněk Dursmid, Bürger der zuvor genannten Stadt Prag, zu Hilfe, damit sie ihm mit Rat und Tat bei notwendigen Angelegenheiten zur Seite stehen, da ich ihnen diesbezüglich vertraue. Des Weiteren vermache und übertrage ich rechtmäßig nach meinem Tode diesem Lazar, meinem Vetter, meinen Besitz in Petrovice mit sämtlichem Zubehör und auch mit allen Rechten, die ich selbst ausgeübt habe, nichts ausgelassen. Und dazu mein Haus am Ring an der Ecke mit allem Grund, das gelegen ist neben dem Haus des Waněk Mečíř, sowie alle meine anderen beweglichen und unbeweglichen Güter, wo immer ich diese auch besessen haben mag, sei es hier in der Stadt oder aber auf dem Lande, was von wem auch immer erfragt werden kann; und auch meinen Zins, den ich hier in der Stadt an Häusern und auch auf dem Lande, wo auch immer, habe; diesen zu rechtmäßigem Besitz, Erbe und Nutzung, zur Verwaltung und zur Bürde, dass er damit wie mit seinem eigenen Besitz verfahre, ganz wie es ihm beliebt; und dabei sollen ihm und seinen Erben und Nachkommen von Seiten meiner Freunde und anderer Menschen keinerlei Hindernisse in den Weg gelegt werden. Auch will ich, dass Lazar nach meinem Tode armen und bedürftigen Menschen, wo er diese erblicke, zehn Schock Groschen Zins in jedem Jahr nach Gutdünken gebe, da ich ihm in diesem Punkt vertraue. Und diesen Zins soll er [Lazar – Th. K.] *von meinem zuvor beschriebenen Haus des Bzitek* [?] *geben, solange es nicht verkauft ist. Sollte er es freilich veräußern, dann möge er diesen Zins auf andere Besitzungen übertragen, wie es ihm am günstigsten erscheint. Item vermache ich zwei Schock Groschen Jahres- und Ewigzins in mein Kirchenhaus für arme alte Frauen; ebenso einen Schock für Holz, einen halben Schock für Bier zur Fastenzeit und einen halben Schock für die Reparatur dieses Kirchenhauses. Sodann vermache ich vier Schock Groschen Zins meiner Schwester Anička; und dieser Zins soll ihr von dem oben genannten Lazar aus meinem Besitz gegeben werden bis an ihr Lebensende; und nach ihrem Tod will ich, dass dieser Zins auf den erwähnten Lazar übergeht oder aber auf dessen Erben und Nachfahren, ohne alle Wirrwarr. Auch vermache ich zwei Schock Groschen Jahreszins, die ich bei meiner Schwester Manda zu den 16 Schock Zins erworben habe, welche die erwähnte Manda auf dem Gut genannt Dworec besitzt, und zwar an Kača Prokopová von Řebřikuow; und für jene elf Schock Groschen, die mir der Prokop, Vater jener Kača, schuldet und schuldig geblieben ist, soll der oben genannte Lazar ebendieser Kača einen enstprechenden Zins kaufen. Und darüber hinaus vermache und gebe ich dieser Kača noch zwei Federbetten, ein Ober- und ein Unterbett, und ein Kopfkissen. Des Weiteren habe ich Waněk Wrabsky über die Hälfte meines Besitzes in Petrovice und über die Hälfte meines Mobiliars ebenfalls in Petrovice durch einen Pfandbrief die Mitgift in Höhe von 1/2 300 Schock Groschen meiner Tochter, der seligen Elška, als Pfand übertragen; und da habe ich mit diesem Waněk Schiedsleute bestimmt, auf Anweisung der von beiden Seiten bestimmten Schöffen, dergestalt, dass für Möbel und Mobiliar, die dieser Waněk nach eigenem Belieben vergeben hat, er nach dem Spruch der Schiedsrichter mir hierfür 50 Schock Groschen abrechne und dass ich diesem Waniek für den Hauptbrief nicht mehr als 200 Schock des Geldes gebe, damit der oben beschriebene Lazar, mein Cousin, als Testamentsvollstrecker den erwähnten Waněk Wrabsky auszahle. Und so haben es die Schiedsrichter abgesprochen. Auch will ich, dass der oben genannte Lazar aus meinem Besitz meinem Enkel Janek, wenn er seine Volljährigkeit erreichen sollte, 100 Schock Groschen auszahlt oder aber ihm jährlich zehn Schock Groschen Jahreszins gibt, solange, bis die Summe von 100 Schock Groschen erreicht ist. Und der zuvor beschriebene Lazar soll diese 100 Schock Groschen bis zur Volljährigkeit meines Enkels Janek nach Gutdünken verwalten und sie ihm danach auszahlen. Und vorher soll Lazar von diesen 100 Schock Groschen nichts verschwenden in keinerlei Weise, Zinsen eingeschlossen. Sollte Gott der Herr meinen Enkel nicht seine Volljährigkeit erreichen lassen, dann will ich, dass diese 100 Schock Groschen auf den genannten Lazar oder aber auf dessen Erben fallen, ohne jede Einschränkung. Item vermache ich der Kirche St. Linhardt zwei Schock Groschen, und diese soll Lazar zwei Jahre nach meinem Tode ordnungsgemäß auszahlen. Item vermache und gebe ich nach meinem Tode meiner Dienstmagd Kača vier Schock Groschen. Auch vermache ich an die Kirche St. Ägidien fünf Schock Groschen, die soll der Testamentsvollstrecker Lazar am Tag des hl. Gallus zuerst im kommenden Jahr übergeben. Und weiterhin hat mir meine oben beschriebene Tochter aufgetragen, dem Prager Erzpriester Mikuláš und dessen Bruder Sigmund ihre Schuld zu bezahlen, und diese ist in meinen Registern verzeichnet; und zusammen mit meiner Schuld, die mir dieser Erzpriester und sein Bruder Sigmund noch schuldig geblieben sind, nämlich die 1/2 100 Schock Groschen, für diese Schuld meiner Tochter und meine eigene will ich und bitte ich, dass der zuvor beschriebene Lazar acht Schock Groschen Jahreszins erwerbe. Und dieser möge das Geld verwenden, wie es ihm am vorteilhaftesten erscheine. Dies alles zu Gezeugnis haben der ehrenwerte Janek von Krajnice, zur Zeit Richter, und die angesehenen Martin von Wlaschim und Petr aus dem Hause Břiewniowský, beisitzende Schöffen der oben genannten Stadt Prag, auf meine Bitte hin ihre Siegel diesem Brief beigefügt. Der gegeben ist im Jahre Eintausendvierhundertsechsunddreißig nach Christi Geburt, am Mittwoch nach Himmelfahrt.*

59. [1437, Juli 25]
Andrlik von Nyrsko, Bürger der Stadt Pilsen mit weitreichenden Verbindungen, setzt seinen letzten Willen auf, in dem er u. a. zahlreiche Legate zugunsten Pilsener und auswärtiger Kirchen und Klöster aufführt und Einzelpersonen mit Geldlegaten bedenkt. Darüber hinaus schreibt der Erblasser je eine Wallfahrt zur Gottesmutter in Aachen sowie nach Rom fest.
Archiv města Plzně, Hdschr. 22 468, fol. C 16 (Abschrift).
Edition: Strnad, Listář král. města Plzně 1, S. 390-392, Nr. 357.[62]

My Ondrassek, rychtarz, mistr Mathiey, toho czasu miesto purkmistra, a Iacub Smutek, prziseznij miesstienee miesta Nowehoplznie, wyznawame tiemto listem obecznie przedewssemi a swiedczime, ze pocztiwy muz Andrlik z Nyrska, sused nass, leze na smrtedlne postely, aczkoliwiek gsa nemoczen nemoczen natiele, wssak przi dobrem rozumu a prziplne pamieti gsa, nas naswiedomie przipolaw y prziprosiw, toto swe poslednie rozkazanie, kterez gest chtiel, aby po geho smrti mocz a pewnost gmielo z sweho statku gemu od pana boha poyczeneho, tak, aby po geho smrti mezy Thomasskem geho synem, a geho przybuznymi y zadnij swarowe ani ktere roznicze nebyli, vczinil takowuto mieru. Naiprwe rozkazal gest, aby Thomassek, syn geho, vstawil capplana vfarniem kostele swateho Bartholomiege, a dal a zposobil gemu osm kop gr. platu, aby ten capplan y kazdy buduczy geho buduczy namiestek prosili pana boha za Andrlikowu a geho przedkuow dussie. Item da gest a odkazal, a moczi sweho rozkazanie dawa a odkazugie, kniezy ffararzy kostela nasseho farnieho gizpsaneho kopu gross plattu wieczneho. Item do tehoz kostela farnieho k swatemu Bartholomiegi kalich strziebrny pozlaczeny, aby wiecznie od toho kostela nebyl vtraczen. Item do Classtera swateho Ducha bratrzim zakona swateho Dominika kopu gross. teez plattu wieczneho. Item do tehoz classtera kalich strziebrny s pozlaczenym giableczkem, aby take wiecznie nebyl ztraczen. Item do Classtera matky Bozie bratrzim zakona swateho Ffrantisska kopu gr. tez platu wieczneho. Item do sspitala chudym take kopu gr. platu wieczneho. Item do sskoly chudym zakom, kterziz gsu pod mistrowu ruku a bazni, take kopu gr. platu wieczneho. Item do Blowicz na kostelnie dielo za Petra Kozlika trzy kopy gr. Ktomu, iakoz prwe dal gest na tez dielo sedm kop gr. A tak gest ten dluh wesskeren w czele a vplnie zaplaczen. Item Zikmundowi z Domazlicz, kdyzby leth dorostlych dossel, deset kop gr.; pakliby nedoyda leth s toho swieta z ssel vmra, tehdy tiech deset kop gross. ma zasie na Thomasska, syna geho, spadnuti. Item Girklowi, sluzebniku geho, deset kop gr. Item Petrowi, prwniemu sluzebniku geho, ssest kop gr. Item aby Thomassek, syn geho, rozdielil mezy chude przibuzne przately deset kop gr., a czoz kteremu da to geden kazdy ma zadobrze przygieti a wdieczen byti. Item to wsse czoz swrchupsano stogi, Thomassek ma w rocze po smrti otcze sweho s raddu a s pomoczi porucznikuow wdolepsanych bez prodlenie wsselokeho do konati. Item do Luczyma k matcze bozij kalich strziebrny pozlaczeny. Item do Nyrskeho kostela farnieho kalich strziebrny pozlaczeny, kteryz gest z ziduow wyplatil. Item gedne zenie rzeczene Pepni, gednu kopu gr. Item Niememu, gestli zeby s Thomasskem nechtiel ostati, aby giemu Thomassek

62 Online abrufbar unter http://147.231.53.91/src/index.php?s=v&action=jdi&cat=18&bookid=398&page=390&action_button.x=0&action_button.y=0 (07.09.2017).

poruczil niekomu dobremu a dal gemu ssest kop gr. Item, aby postaw sukna ssereho za dwie kopie gr. nakazdy rok wiecznie byl chudym za geho dussi rozdawani. Item rozkazal gest, aby Thomassek za geho dussi ssel sam do Rzyma anebo niekoho z puosobil a gemu zaplatil. Item tymz obyczegem, aby do Czach k matcze Bozij puth vczinil. Item ginee swe wsseczko zbozie, kterez gmiel na platiech na dluziech zde v Plzni, w Clatowach na domiech, na diedynach y ginee wsselike sbozie, kdezby koliwiek shledano bylo, odkazal gest a mocznie dal Thomasskowi, synu swemu, a przikazal gemu aby z toho zbozie dluhy zaplatil wedle zapisuow, kterez gest nasie wydal dobrym lidem do Benatek do Salczpurka, y ginym kterym gest ostal dluzen. Toho wsseho rozkazanie sweho vczinil gest moczne porucznikу, pocztiwe muzie Gyndrzicha z Hodussicz a mistra Jacuba, prwnieho pisarze, a pro leppssi raddu a pomocz przidal knim Martina Tocznika, gim nadgine vffagie a wierze iako swym zwlasstnim dobrym przatelom, aby radni a pomoczni byli nadepsanemu Thomasskowi ktomu kewssemu, czoz gest swrchupsano rozkazano. A czasto psany Thomassek, aby nicz neczynil bez giz psanych porucznikuow raddy a pomoczy, aby ten statek tak gemu odkazany byl zachowan gemu a geho dietem kuzitku a kupotrzebie. Item nadepsany Thomassek ani kssafftu ani ktereho rozkazanie zdraw gesa nebo nemoczen negma vczyniti bez raddy giz psanych swych porucznikuow a gich wiedomie; pakliby vczinil tehdy to geho rozkazanie negma y zadne moczi. A nadepsanij porucznicz y, kazdy z nich budu moczi zdraw gsa aneb na smrtedlne postely, gineho porucznika na swe miesto woliti a postawiti; pakliby ktery z nich bez rozkazanie vmrzel gehoz boze racz ostrzieczi tehdy ziwij zuostaly budu moczi gineho dobreho czlowieka miesto toho vmrzeleho ksobie woliti a przistawiti k raddie a ku pomoczi wssech wieczi swrchupsanych kolikratby koliwiek toho potrzebie bylo. Toho wsseho naswiedomie a pro leppssi gistotu my nadepsanij ktomuto rozkazanij przіwolanij a przyprossenij swe gsme peczeti przіwiesili. Genz gest dan a psan leta od narozenie syna bozieho m°cccc°xxxvij° Ten cztwrtek na swateho Iacuba aposstola bozieho.

Wir Ondrášek, Richter, Magister Matěj, derzeit Bürgermeister, und Jakub Smutek, beisitzende Bürger der Stadt Neu-Pilsen, bekennen mit diesem Brief vor allen und geben bekannt, dass der ehrenwerte Mann Andrlik von Nyrsko, unser Nachbar, auf dem Sterbebett liegt; wenngleich körperlich erkrankt, ist er dennoch bei gutem Verstand und bei vollem Gedächtnis und er hat uns herbeigerufen und gebeten und diesen seinen letzten Willen in nachfolgender Weise verfasst, damit nach seinem Tode Recht und Klarheit betreffend seiner ihm von Gott verliehenen Güter herrsche und zwischen seinem Sohn Thomášek und seinen Verwandten keinerlei Zwist noch Streit entstehe. Zuvorderst hat er angeordnet, dass sein Sohn Thomašek einen Kaplan bei der Pfarrkirche St. Bartholomäus einsetze, und er hat ihm aufgetragen, acht Schock Groschen Zins bereitzustellen, damit dieser Kaplan jetzt und fortan sowie sein künftiger Stellvertreter zu Gott dem Herrn für seine Seele und diejenige seiner Vorfahren bete. Item hat er gegeben und vermacht und kraft seines letzten Willens bestimmt, dem Priester und Pfarrer unserer bereits genannten Pfarrei einen Schock Ewigzins zu vermachen. Item in ebendiese Pfarrkirche zu St. Bartholomäus einen silbernen und vergoldeten Kelch, der fortan bei dieser Kirche verbleiben soll und nicht verloren gehen darf. Item in das Kloster zum Hl. Geist den Brüdern des Gesetzes des hl. Dominikus einen Schock

Groschen Ewigzins. Item in dieses Kloster einen silbernen Kelch mit vergoldetem Apfel, der fortan dort bleiben soll und nicht verloren gehen darf. Item in das Kloster der Mutter Gottes den Brüdern des Gesetzes des hl. Franziskus ebenfalls einen Schock Groschen Ewigzins. Item in das Spital den Armen ebenfalls einen Schock Groschen Ewigzins. Item in die Schule an arme Schüler, die dort unter der Aufsicht des Magisters stehen und dort unter großer Besorgnis leben, ebenfalls einen Schock Groschen Ewigzins. Item nach Blovice für die Kirche für Petr Kozlik drei Schock Groschen; hierfür hat er ursprünglich bereits sieben Schock Groschen gegeben. Und damit ist diese gesamte Schuld vollständig beglichen. Item Zikmund aus Taus, wenn er seine Volljährigkeit erreichen sollte, zehn Schock Groschen; sollte er noch vor Erreichen der Volljährigkeit von dieser Welt gehen, dann sollen diese zehn Schock Groschen wiederum an seinen Sohn Thomášek fallen. Item an seinen Diener Girkl zehn Schock Groschen. Item an Petr, seinen ersten Schreiber, sechs Schock Groschen. Item soll sein Sohn Thomášek unter armen Verwandten und Freunden zehn Schock Groschen verteilen; und was er einem jeden gibt, das soll derjenige wohl verwenden und dafür dankbar sein. Item alles, was zuvor erwähnt wurde, das soll Thomašek ein Jahr nach des Vaters Tod mit Rat und Hilfe der unten genannten Testamentsvollstrecker ohne alles Säumen ausführen. Item nach Luczym zur Mutter Gottes einen silbernen und vergoldeten Kelch. Item nach Nyrsko in die Pfarrkirche einen silbernen und vergoldeten Kelch, den er von den Juden eingelöst hat. Item einer Frau, genannt Pepna, einen Schock Groschen. Item Niemy, sollte er nicht bei Thomášek bleiben wollen, möge Letzterer diesen einem guten Menschen anvertrauen und ihm sechs Schock Groschen auszahlen. Item, dass er einen Ballen grauen Tuches für zwei Schock Groschen jährlich und immerfort an Arme um seiner Seele willen verteile. Item hat er befohlen, dass Thomášek um seiner Seele willen persönlich nach Rom pilgere oder einen anderen beauftrage und diesen dafür entsprechend ausstatte. Item auf gleiche Art soll er eine Wallfahrt nach Aachen zur Mutter Gottes unternehmen. Item seinen gesamten übrigen Besitz, den er an Zinsen und Schulden hier in Pilsen, in Klattau an Häusern und Acker hat, sowie alles übrige Gut, wo oder woran er das hat, wo dies gelegen sein möge und gefunden werde, dies hat er seinem Sohn Thomášek zu rechtmäßigem Besitz vermacht und ihm geboten, dass er hiervon seine Schulden begleiche entsprechend den Schuldverschreibungen, die er guten Menschen in Venedig und Salzburg gegeben hat, sowie allen übrigen, denen er etwas schuldig geblieben ist. Zu rechtmäßigen Testamentsvollstreckern dieses seines letzten Willens hat er die ehrenwerten Männer Jindřich von Hodušicz sowie Magister Jakub, den ersten Schreiber, ernannt und ihnen zu Rat und Hilfe Martin Točník zur Seite gestellt; ihnen allen hat er als seinen besonders guten Freunden vor allen anderen vertraut, dass sie dem zuvor genannten Thomášek mit Rat und Tat zur Seite stehen bei allem, wie dies oben geschrieben steht. Und der wiederholt erwähnte Thomašek soll nichts ohne den Rat und die Hilfe der bereits genannten Testamentsvollstrecker unternehmen, damit der ihm vermachte Besitz erhalten bleibe und ihm und seinen Kindern zu Nutzen und Anwendung bereit stehe. Item soll der zuvor genannte Thomášek, egal ob gesund und krank, im Hinblick auf den letzten Willen und das letzte Geschäft nichts ohne den Rat der bereits genannten Testamentsvollstrecker bzw. ohne deren Wissen unternehmen; sollte er dies dennoch tun, möge er hinsichtlich des letzten Willens keinerlei Macht haben. Und jeder der oben genannten Testamentsvollstrecker soll, wenn er gesund ist oder aber auf dem Sterbebett liegt, einen anderen Testamentsvollstrecker an seiner statt erwählen und ernennen können; sollte einer der genannten Testamentsvollstrecker ohne entstprechende Weisung sterben, dann mögen die verbliebenen Testamentsvollstrecker einen anderen unbescholtenen Menschen anstelle des Verstorbenen einsetzen und bestimmen und zu Rat und Hilfe in allen Angelegenheiten hinzuziehen, so oft dies notwendig sein sollte. Dies alles zu bestätigen und zur besseren Sicherheit haben wir, die oben beschriebenen und herbeigerufenen Männer, unsere Siegel diesem Brief beigefügt. Der gegeben und geschrieben ist im Jahre M°CCCC°XXXVII° nach Christi Geburt, am Donnerstag St. Jacobi des Apostels des Herrn.

60. [1437, August 29]
Letzter Wille des Jan Železo, Bürger der Prager Neustadt. Dieser vererbt ein Haus am Pferdemarkt, zwei Weingärten, Geld und Sachen an seine Gemahlin Katheřina, seine beiden Kinder Janek und Duora aus erster Ehe sowie den Sohn Daniel aus zweiter Ehe. Erwähnung finden dabei auch zwei Schock Groschen Schuld, die die Gemahlin in den Heiratsvertrag einbrachte.
Archiv hlavního města Prahy, Hdschr. 2096, fol. 46v-47r (Abschrift).[63]

Pana boha wssemohuczieho naprzed i zapomocz zaduge. Jan Jan Zelezo, spolumiesstienin Noweho miesta prazskeho, aczkoli nemoczny tielesnu gsa obtiezen a giz kazdu hodinu dusse s tielem rozluczenie czekagi, wssak s dobru pamieti s plnym rozumem a s rozmyslem, poruczenstwie me posledenie wuole z wsseho statku meho, mowiteho y nemowiteho, mnie z nesmierne milosti bozie pojczeneho a nadielaneho, czinim, zrzezugi, zgednawam a vstanowugi tiemto listem, aby o ten gisty statek muoy swaruow a nechuti mezy przately mymi a ginymi lidmi po me smrti se nedalo. A toho poruczenstwie meho czinim a vstanowugi moczne porucznikу a zprawcze opatrne muze mistra Zikmunda lekarze a Pawla Drobnika, miesstieniny N[ového]. m[ěsta]. p[ražského]., Iacuba Sabka, miesstienina Stareho miesta prazskeho, przately me zwlasstie milee, gimz to dowierzim a doufam nad gine lidij; a wtom poruczenstwie porucziem a mocznie oddawam po me smrti duom muoy s miesstisstem na konskem trhu podle domu Benessa od Licze bozieho a winniczij niekdy Loyssowu za Konsku branu y druhu winniczij, kteraz lezij podle winnicze lekssowij. Plasst zelenij brunatij, dwie sukni dobrzie modrzie, wsseczky konwe, trzy kramy Sedij praserz a swini a dwie kopie gr. hotowych peniez y giny wessken statek muoy, mowity y nemowity, kdezbykoli mohl shledan byti a optan a kterym koli gmenem gmenowan, a dwie kopie gr. dluhu, kterez mi pani Kraskowa dluzena, y ta puol ssesty kopy gr., kterez pani Kathrzina, zena ma, ke mnie ma z smluwy swatebnie przilozitі, za kterezto penieze puolssesty kopy gr. Beness Odklicze a mistr Zigmund swrchupsanij gsu rukoymie, to wsseczko odkazugi tez pani Katerzinie, zenie me, Jankowi a Duorze, dietem mym, kterez sem miel s prwni zenu,

[63] Online abrufbar unter http://katalog.ahmp.cz/pragapublica/permalink?xid=E1BD391EB72711DF820F00166F1163D4&scan=64#scan63 (07.09.2017).

a Danielowi, synu memv, kterehoz mam s nyniejsy zenu mu swrchupsanu, narowny rozdiel wssem ctyrzim osobam swrchupsanym; pakliby ktere dietie przedlety swymi dospielymi vmrzelo, aby diel geho spadl na ginee zywe dieti a na Katherzinu, zenu mu, giz rzeczenu rownym rozdielem; a gestli zeby taz Katherzina, manzelka ma, gsuczy wdowu vmrzela, aby take diel gegie na dieti swrchupsane spadl diedicznie. Toho naswiedecztwie y napotwrzenie peczeti opatrnych muzuow Ianka strziebrneho, rychtarze, Stephlika konierze a Matiege ze zdi, consseluow swrchupsaneho N[ového]. m[ěsta]. p[ražského]., k mym prosbam prziwiesseny gsu ktomuto listu. Genz psan we cztwrtek den Swateho Iana hlawij stietie leta bozieho m°cccc°vij°.

Den allmächtigen Gott zuvor bitte ich um Hilfe. Ich Jan Železo, Mitbürger der Prager Neustadt, verfasse, bestimme und lege mit diesem Brief fest, wenngleich ich körperlich krank bin und bereits jede Stunde die Loslösung meiner Seele vom Körper erwarte, dennoch aber mit gutem Vorbedacht und vollem Verstand und Gedächtnis diesen meinen letzten Willen von allen meinen beweglichen und unbeweglichen Gütern, die mir seine göttliche Gnaden in seiner unendlichen Freigebigkeit verliehen und zugeteilt hat, damit nach meinem Tode um meine Hinterlassenschaft keinerlei Zwistigkeiten und Streitigkeiten zwischen meinen Freunden und anderen Menschen entstehen. Und zu rechtmäßigen Testamentsvollstreckern und Verwaltern dieses meines letzten Willens bestimme und ernenne ich die ehrenwerten Männer Zikmund den Arzt und Pavel Drobnik, Bürger der Prager Neustadt, sowie Jakub Sabek, Bürger der Prager Altstadt, meine besonders engen Freunde, denen ich hierin gegenüber anderen Menschen besonders glaube und vertraue. Und in diesem letzten Willen vererbe und vermache ich nach meinem Tod mein Haus mit Grund am Pferdemarkt, gelegen neben dem Haus des Beneš vom Gottesantlitz und den ehemals dem Loyš gehörenden Weingarten hinter dem Pferdetor sowie den anderen Weingarten, gelegen neben dem Weingarten des Lekeš. Der grüne und purpurrote Mantel, die beiden guten blauen Röcke, sämtliche Kannen, drei Buden, das graue Ferkel und das Schwein und zwei Schock Groschen Barschaft sowie meinen gesamten übrigen beweglichen und unbeweglichen Besitz, wo immer dieser sich befinden möge und erfragt werden kann; und zwei Schock Groschen an Schuld, die mir Frau Krasková noch schuldet und die 1/2 sechs Schock Groschen, die Frau Kateřina, meine Gemahlin, zu mir gebracht hat und die aus dem Heiratsvertrag stammen; und für diese 1/2 sechs Schock Groschen garantieren Beneš vom Schlüssel und der oben genannte Magister Sigmund; dies alles vermache ich Frau Katheřina, meiner Gemahlin, Janek und Duora, meinen Kindern, die ich mit meiner ersten Frau hatte, sowie Daniel, meinem Sohn, den ich mit meiner jetzigen oben genannten Frau habe, zu gleichen Teilen allen vier Personen. Sollte eines der Kinder vor Erreichen der Volljährigkeit sterben, dann möge dessen Anteil auf die beiden anderen, lebenden Kinder und auf meine Gemahlin Katheřina übergehen, ebenfalls zu gleichen Teilen. Und sollte die genannte Kateřina, meine Gemahlin, als Witwe sterben, dann soll deren Erbteil an die oben genannten Kinder als Erbe gehen. Dies zu Gezeugnis und zur Bestätigung haben die ehrenwerten Männer Janek Stříbrný, Richter, Stephlik Konîř und Matěj von der Mauer, beisitzende Ratsherren der oben genannten Prager Neustadt, auf meine Bitten hin ihre Siegel diesem Brief beigefügt. Der geschrieben ist am Donnerstag, dem Tag des Hl. Johannes, als er enthauptet ward, im Jahre M°CCCC°VII°.

61. [1439, Februar 28]
Manias, Bürger der Prager Neustadt, sitzt „in Haft“ und fertigt sein Testament aus. An erster Stelle erscheinen fromme Stiftungen (Geldlegate an mehrere Kirchen in Prag). Die Gemahlin Dorotha soll die Hälfte des Hauses und des übrigen Besitzes erben, die andere Hälfte soll an Freunde gehen. Weitere Geldlegate und Schulden.
Archiv hlavního města Prahy, Hdschr. 2094, fol. A12r-A12v (Abschrift).[64]

Potiessenie vpomoczy milosrdneho pana Iezisse Krista z geho bozskeho smilowanie przedewssym zadage pokornie. Ja, Manias, spolumiesstienin Noweho miesta prazskeho, z dopusstienie bozieho pro me prohrziessenie sedie w wazbie a giz kazdu hodinu czekage odsuzenie, s rozumem y s rozmyslem, toto sem vczinil me poslednie poruczenstwie. Najprwe k swatemu Mikulassy na Malu stranu ktomu kostelu odkazugi dwie kopie gr.; pak k swatemu Gindrzichu nadielo Costela take dwie kopie gr. a do Minicz nadielo Costela dwie kopie gr., na sspital pod Wyssehrad gednu kopu gr., na potrzeby chudym zaspasenie me dussyczky; potom duom muoy s miesstisstkem v Horske brany mezy domy Janowym Pulczowym a Marina Ssewcze y giny wessken statek muoy, mowity y nemowity, kdezbykoli mohl shledan a optan byti. Take odkazugi, aby Dorotha, zena ma, miela toho domu y wsseho statku polowiczy Blazek z Lidicz Otmar z Kralup a Duchna z Piesku pod hradem Prazskym, przietelee moji, druhu polowiczy k gmienij, k drzeni y k diediczkemu wladarzstwij. Oznamugi take, ze sem tyto dluhy lidem dluzen Martinowi, bratru Blazkowu z Stareho miesta, za trzinadczte wierteluow tieleho piwa po trzinadczti gr. temuz Blazkowi za geden wiertel, dwanadczte gr. Dorothie od Pulcze za mzdu trzidczeti a geden gr. Alzbietie Polcze za mzdu ssestmiezczietma gr., Ffrankowe z Stareho miesta za hrzebily trzimezczietma gr. bez penieze, Janowi Smirziczkemu z Podskale za drwa deset kop gr. a Martinowi tesarzowi z Male strany cztyrzidczeti gr. Ty dluhy, aby przedewssym byli zaplaczeny z meho statku. Tito pak gsu mi dluzni Augustin z Male strany za duom, kteryz gest vmne kupil dluzen mi gedenniezczietma kop gr.; z tiech peniez ma wzieti Jan Vzdarz z Stareho miesta dewiet kop grossuow a Blazek z Podzydie piet kop bez ssesti gr.; a Ffraniek Bielicz z Piska pod hradem dluzen mi cztyrzty kopy grossuow, za domek tiech zena ma gmieti bude dwie kopie grossuow a przietelee swrchupsanij dwie kopie grossuow. Datum Sabbatvm ante dominicam Reminiscere sub sigillis Johannis Chalupa Gindrich Iudicis, Procopii Brasiatoris et Petri Zachatie Pellificis Consulum etc.

Trost und Hilfe zuvor erbitte ich demütig beim gnädigen Herrn Jesus Christus durch sein göttliches Erbarmen vor allem. Ich Manias, Mitbürger der Prager Neustadt, der ich durch göttliche Fügung um meiner Schuld willen im Gefängnis sitze und bereits stündlich meine Verurteilung erwarte, habe mit Verstand und Vorbedacht diesen meinen letzten Willen errichtet. Zuvorderst vermache ich an die Kirche St. Niklas auf der Kleinseite zwei Schock Groschen; sodann an die Kirche St. Heinrich für Baumaßnahmen ebendort ebenfalls zwei Schock Groschen und nach Minicz für die dortige Kirche

64 Online abrufbar unter http://katalog.ahmp.cz/pragapublica/permalink?xid=E1BD352FB72711DF820F00166F1163D4&scan=29#scan28 (07.09.2017).

zwei Schock Groschen. In das Spital unterhalb des Vyšehrad einen Schock Groschen, für die Bedürfnisse der Armen um meiner Seele willen. Sodann mein Haus mit Grund am ‚Berg-Tor' [Horská brana – Th. K.], *gelegen zwischen den Häusern des Janek Pulčow und des Schusters Martin, sowie meinen gesamten übrigen beweglichen und unbeweglichen Besitz, wo dieser auch gelegen sei und gefunden werde. Des Weiteren gebiete ich, dass meine Gemahlin Dorotha die Hälfte dieses Hauses und allen anderen Guts erhalte und Blažek aus Liditz, Otmar aus Kralup und Duchna aus Pisek unterhalb der Prager Burg, meine Freunde, die andere Hälfte zu Besitz, Eigentum und erblicher Nutzung. Auch gebe ich bekannt, dass ich folgende Schulden den hier genannten Menschen schulde. Martin, dem Bruder des Blažek aus der Prager Altstadt, für 13 Viertel Starkbier für 13 Groschen. Demselben Blažek für ein Viertel 12 Groschen. Dorota von Pulecz für Lohn 31 Groschen. Alžběta der ‚Polin' für Lohn 26 Groschen. Franková aus der Altstadt für Nägel 13 Groschen ohne das Geld für Jan Smirzicky von Podskal für Holz* [?] *10 Schock Groschen und dem Zimmermann Martin von der Kleinseite 40 Groschen. Diese Schulden mögen zuvor aus meinem Besitz beglichen werden. Nachfolgende Personen haben bei mir Schulden: Augustin von der Kleinseite für das Haus, welches er bei mir gekauft hat, elf* [?] *Schock Groschen; von dieser Summe soll Jan der Riemenmacher aus der Altstadt neun Schock Groschen und Blažek von Podzydie fünf Schock weniger sechs Groschen erhalten sowie Franiek Bielicz aus Pisek unterhalb der Burg schuldet mir vier Schock Groschen für das Häuslein. Für das Haus jener sollen meine Frau zwei Schock Groschen und die oben genannten Freunde zwei Schock Groschen erhalten. Datum Sabbatum ante dominicam Reminiscere sub sigillis Jan Chalupa, Jindřich Procopius Brasiator und Petr Zachatie Pellificis consulum etc.*

62. [1439, August 26]
Testament des Jan Šaufleř, Bürger der Prager Altstadt. Der Testierer, der bekennt, gesund zu sein, vermacht sein Haus einem Kürschner Pavel, einen Hof seiner jüngsten Schwester Machna. Seine Schulden sollen beglichen werden.
Archiv hlavního města Prahy, Hdschr. 992, fol. 197v (Abschrift).[65]

Wegmeno Bozie amen. Ja Jan Ssauflerz, mestienin Stareho miesta prazskeho, oznamugi tiemto listem wssem lidem nyniessim y buduczim a nawiedomie dawam, ze aczkoliwiek gsa zdraw na tiele a s dobrym rosmyslem y poziwage swobody zdraweho rozumu tudiez y pamieti, ze wsseho zbozie sweho, mowiteho y nemowiteho, kterehoz mi pan Buoh wssemohuczi z swe nesmierne sstiedrosti poyczititi raczil, nechtie by sie o nie po mee smrti mezi przately a przibuznymi mymi kterzi swarowe dali, toto swe poslednie poruczenstwie zgednawam, czinim a zpuosobugi obycziegem tiemto dolepsanym. Nayprwe odkazugi a dawam Pawlowi kozisniku z Prahy domu sweho, kteryz lezij mezy domy missenskym s gedne a domem Jurista s strany druhe, dwa diela swa

65 Online abrufbar unter http://katalog.ahmp.cz/pragapublica/permalink?xid=E1BD3C13B72711DF820F00166F1163D4&scan=387#scan386 (07.09.2017).

k nimz ja prawo mam, a trzieti diel slussie na Prokopa Braisowciz takowu mieru, aby nadepsany Pawel tiema dwiema diely mocznie wladl a z toho, kdyzby ten duom prodan byl, aby sestrze me mlaczssi Machnie dal osm kop grossow; a ostatek tiech peniez, aby tak obratil iakoz sem gemu toho vplnie swierzil k geho wierze anato, aby gemu nebylo prziekazieno obyczegem y zadnym. Item iakoz mam dwuor w prziemyslowiech a k tomu dworu dwa lany s ginymi wieczmy przislussegi, ten dwuor s geho przislussenstwim poruczien nadepsane Machnie, sestrze mee; dale iakoz na tiech listech, kterez sestra ma starssie w swe moczi ma, trzetienu tu take odkazugi nadepsane Machnie, sestrzie swe, aby toho mohla tak mocznie dobywati iakozto ja sam. A pak wsseczky ginie swe wieczi, kterymzbykoli gmenem mohli gmenowany byti, nadepsanemu Pawlowi mimo to, czoz sie swrchuwypisugi mocznie, odkazugi a dawam, aby stiem mohl vcziniti iako s swym wlastnym, czozby sie gemu libilo beze wsseho zmatku; a dluhowe mogi aczbych komu cziny winowat byl gessto by to dobrym swiedomim podle miestskeho prawa bylo pokazeno s statku meho naprzied byli zaplaczeni. Toho wsseho na swiedecztwie peczeti mudrych a opatrnych muzuow Wanka Holeho, rychtarze, Mathiege od Zlate sstiky a Duchka kramarze, consselow przisieznych Stareho miesta prazskeho, k mee prosbie gsu prziwieseny k tomuto listu. Genz dan leta od narozenie syna bozieho tissiczieho cztyrsteho trzidcateho dewateho w strziedu po swatem Bartholomiegi.

Im Namen Gottes Amen. Ich Jan Ssauflerz, Bürger der Prager Altstadt, gebe mit diesem Brief allen jetzigen und künftigen Menschen bekannt und lasse wissen, dass ich, wenngleich körperlich gesund, mit gutem Vorbedacht und die Freiheit eines gesunden Verstandes und Gedächtnisses nutzend, diesen meinen letzten Willen von allen meinen beweglichen und unbeweglichen Gütern, die mir Gott der Allmächtige in seiner unendlichen Friegebigkeit verliehen hat, da ich nicht will, dass nach meinem Tode zwischen meinen Freunden und Verwandten irgendwelche Zwistigkeiten entstehen, aufgesetzt, errichtet und in nachfolgender Weise bestimmt habe. Zuvorderst vermache und gebe ich dem Kürschner Pavel aus Prag mein Haus, das gelegen ist zwischen dem Meißner Haus auf der einen und dem Haus des Juristen auf der anderen Seite. Sodann meine beiden Anteile, auf die ich ein Anrecht habe, und den dritten Anteil, der auf Prokop Braišowicz läuft dergestalt, dass der zuvor genannte Pawel mit den beiden Anteilen rechtmäßig verfahren möge; und sollte er dieses Haus verkaufen, dann soll er meiner jüngeren Schwester Machna acht Schock Groschen geben; und den Rest des Geldes soll er so verwenden, wie ich ihm dies aufgetragen habe, und niemand soll ihn hierbei in irgendeiner Weise hindern. Item, den Hof, den ich in Prziemyslow besitze und zu diesem Hof zwei Hufen mit den übrigen dazugehörigen Sachen, diesen Hof vermache ich mit Zubehör der oben genannten Machna, meiner Schwester; des Weiteren von den Briefen, die meine ältere Schwester besitzt, vermache ich ein Drittel der genannten Machna, meiner Schwester, damit sie mit diesem Teil rechtmäßig verfahre wie ich selbst. Und sodann meine übrigen Sachen, von wem auch immer diese aufgezählt werden mögen, vermache ich dem zuvor genannten Pawel, mit Ausnahme dessen, was ich oben beschrieben habe, damit er hiermit verfahre wie mit seinem eigenen Besitz, so wie es ihm gefällt, ohne alle Hindernis. Und meine Schulden, wem immer ich auch etwas schulden sollte, die mögen mit gutem Gewissen gemäß dem städtischen Recht aus meinem zuvor beschriebenen Besitz bezahlt werden. Dies alles bezeugen die Siegel der weisen und ehrenwerten Männer Waněk Holý, Richter, Matěj vom Goldenen Hecht und Duchek Kramářn, beisitzende Schöffen der Prager Altstadt, die diese auf meine Bitte hin diesem Brief beigefügt haben. Der gegeben ist im Jahre Eintausendvierhundertneununddreißig nach Christi Geburt, am Mittwoch nach S. Bartholomei.

63. [1439, September 4]
Janek und Martha, die Kinder des „in guter Erinnerung gebliebenen Apothekers Jan" aus der Prager Neustadt, errichten ihr gemeinsames Testament. Beide sind von einer Krankheit heimgesucht (Pest?). Der Testamentsvollstrecker soll den Besitz unter Angehörigen und Freunden aufteilen und auch an die Armen und Bedürftigen denken.
Archiv hlavního města Prahy, Hdschr. 992, fol. 196r (Abschrift).[66]
Edition: Teige, Základy 2, S. 889.

Wegmeno Bozie amen. My Janek a Martha, dieti dobre pamieti Janowi appathecarzowi proti swate Annie na Starem miestie prazskem, oznamugiem tiemto listem wssiem lidem nyniessim y buduczim a nawiedomie dawame, ze aczkoliwiek gsucze oba spolu nemoczni na tiele, wssak proto prziwagicze zdraweho rozumu tudiez y pamieti ze wsseho zbozie, mowiteho y nemowiteho, kdeztokoliwiek mame, nechtierze by sie onye ponassij smrti mezi przately a przibuznymi nassimi kterzij swarowe dali, toto swe poslednie poruczenstwie zgednawame, czinime a sposobugemi obyczegem tiemto dolepsanym. Najprwe vstanowugeme a zgednawame tohoto sweho poruczenstwie y wsseho zbozie a statku nasseho, kdeztenkoliwiek mame, budto v Praze nebo wnie na zemi, kterymby ten koliwiek gmenien mohl gmenowan byti, nicz nepozuostawugicze, a gmenowitie nad domy nassimi, gednim genz slowe v kokutkuow proti swate Annie a druhym bliz v Bethleema, genz slowe Sezemowe, mudreho a opatrneho muze Jana Reczka z Ledcze, miestiennina Stareho miesta prazskeho, przietele nasseho zwlasstnieho, praweho a moczneho porucznika. To takowu mieru, aby on ponassy smrti ti wsseczko zbozie po nas zuostale y wesskeren statek rozdal a rozdielil mezi nasse przibuzne, przately y take na almuzny chudych a nuznych lidi; take kdezby sie gemu a kterak zapodobne zdalo bezewsseho gemu wtom zmatku czinienie ode wsselikterakych lidi a przekazek kterychkoliwiek. A take tyz porucznik aby ztohoto nasseho poruczenstwie y zewsseho zbozie a statku zadnemu ziwemu neczinil pocztu y zadneho neb sme gemu toho wsseho mocznie swierzili iako otczi swemu. A take, aby tyz porucznik aby mohl za wsseho zdraweho ziwota aneboli na smrtedlne posteli miesto sebe gmeho porucznika tohoto nasseho poruczenstwie vstanowiti s plnu moczi, kohozby sie gemu zapodobne zdalo bezewssie prziekazky. Toho wsseho na swiedecztwie peczeti slowutnych a opatrnych muzow Wanka rzeczeneho Holy, rychtarze, Bernarda od Sampsona a Waczlawa od Wlczieho hrdla, consseluow prziseznych Stareho miesta prazskeho, k nassy spolecznij prosbie prziwiesseny gsu k tomuto listu. Genz dan leta od narozenie Sina Bozieho

[66] Online abrufbar unter http://katalog.ahmp.cz/pragapublica/permalink?xid=E1BD3C13B72711DF820F00166F1163D4&scan=384#scan385 (07.09.2017).

tissitzieho cztyrsteho trzidczateho dewateho w patek przied narozenie Matky bozie slawne panny.

Im Namen Gottes Amen. Wir Janek und Martha, Kinder des seligen Johann des Apothekers gegenüber von St. Anna in der Prager Altstadt, geben mit diesem Brief allen jetzigen und künftigen Menschen bekannt und lassen wissen, dass wir, wenngleich wir beide körperlich krank sind, wir aber dennoch über einen gesunden Verstand und ein gesundes Gedächtnis verfügen, diesen unseren letzten Willen von allen unseren beweglichen und unbeweglichen Gütern, wo immer diese sich befinden mögen, errichten, verfügen und in nachfolgender Weise bestimmen, damit nach unserem Tod zwischen unseren Freunden und Verwandten keinerlei Zwistigkeiten entstehen. Zuvorderst bestimmen und ernennen wir den weisen und ehrenwerten Mann Johann Reček aus Ledče, Bürger der Prager Altstadt[67]*, unseren besonders guten Freund, zum rechtmäßigen und bevollmächtigten Testamentsvollstrecker dieses unseres letzten Willens und unseres gesamten Besitzes, wo immer wir diesen haben mögen, sei es in Prag oder auf dem Lande, von wem und wo dieser auch immer erfragt werden kann, nichts ausgelassen, und namentlich über unsere Häuser, und zwar das eine, genannt ‚Bei den Kokutkuow'* [?] *gegenüber von St. Annen, und das zweite, genannt ‚Sezemova', gelegen unweit der Bethlehemskapelle. Und zwar geschieht dies dergestalt, dass er nach unserem Tode diesen gesamten nachgelassenen Besitz unter unseren Verwandten und Freunden aufteilen möge und auch für Almosen an arme und bedürftige Menschen sorgt, wo und auf welche Weise ihm dies am günstigsten erscheint, ohne alle Einschränkung und*

67 Das Leben und Wirken des Prager Bürgers – und in diesem Falle Testamentsvollstreckers – Jan Reček lässt sich auf der Grundlage eines umfangreichen Konvoluts von insgesamt 19 Urkunden, die den Zeitraum 1398-1438 erfassen, relativ gut dokumentieren. Erstmals erscheint Jan Reček im Jahre 1398 in den Quellen, als ihm seine Gemahlin Katharina, Witwe des verstorbenen Notarius Prokop Czuch, ein Haus an der Kirche St. Stefan in der Mauer vermachte. Das genannte Haus blieb – trotz weiterer eigener Hauskäufe in der Folgezeit – Jans Hauptwohnsitz und wurde am Ende seines Lebens per Stiftung zum Sitz eines neuen Kollegiums der Carolina bestimmt. Weitere Legate anderer Mitbürger mehrten Rečeks Besitz. Aus dem Testament eines Mitbürgers von 1429, der Reček seinen gesamten Besitz vermachte, wissen wir, dass Jan zwei Töchter hatte: die zu diesem Zeitpunkt noch minderjährige Ludmila und die bereits verheiratete Barbara. Im Verborgenen bleibt hingegen, trotz mancher Spekulationen, Rečeks Beruf, während sich für seine politische Laufbahn quellenmäßige Belege finden: Seit 1416 finden wir Reček im Amt eines Ratsherren der Prager Altstadt, 1416 und 1420 bekleidete er das Amt des Bürgermeisters, 1419 sodann die Position eines Schreibers des königlichen Unterkämmerers. Zu Beginn des Jahres bereits wurde Reček zum Sprecher der Repräsentanten aller drei Prager Städte während der Verhandlungen mit dem königlichen Rat gewählt, in denen es um die Freiheit des Kelches in der bald darauf ausbrechenden Revolution ging. In den Revolutionsjahren finden wir den überzeugten Kelchanhänger 1425 in einem 12-köpfigen Gremium, das in Wrschowitz (heute Prager Stadtteil) mit den Taboriten und Waisen einen Frieden schloss. Ansonsten liegen für politische Aktivitäten zwischen 1420-1436 keine Quellenzeugnisse vor. Nach dem Ende der Hussitenkriege, dem Abschluss der Iglauer Kompaktaten und dem Einzug Sigismunds von Luxemburg in der Landeshauptstadt erwarb Reček Anfang September 1436 das Dorf Michle für die riesige Summe von 400 Schock Groschen, die ihm als Pfand überlassen worden war. 1435 setzte König Sigismund Jan Reček als Bürgermeister des Altstädter Rates ein. Reček hat sich durch ein reiches Vermächtnis in der Geschichte der Carolina ein bleibendes Andenken gesichert: Er gründete 1438 das Kollegium der Jungfrau Maria für 12 Studenten der Prager Universität, und zwar *expressis verbis* für jene aus den Reihen der böhmischen Universitäts-„nation" utraquistischen Bekenntnisses, die noch dazu in Böhmen geboren und tschechischer Zunge (= Sprache) sein mussten, wofür er sein Haus in der Prager Altstadt zur Verfügung stellte. Zugleich sicherte er die Existenz des Kollegiums durch Erträge aus zwei Grundstücken ab: des Dorfes Dolánky bei Kladno, das einen Jahreszins von 23 Schock einbrachte, und des Dorfes Michle, aus dem immerhin 40 Schock Groschen flossen.

Hindernis durch andere Menschen. Und dieser Testamentsvollstrecker soll von diesem letzten Willen und allem Besitz und Gut keinem Lebenden anders in irgendeiner Weise Ehre erweisen, als wir ihm wie unserem Vater dies aufgetragen haben. Und der genannte Testamentsvollstrecker dieses unseres letzten Willens soll, noch wenn er gesund ist oder aber auf dem Sterbebett liegen sollte, einen anderen Testamentsvollstrecker unseres letzten Willens ernennen und mit den entsprechenden Vollmachten austatten, wen immer er dafür für geeignet hält, ohne alle Hindernis. Dies alles zu bezeugen haben die ehrenwerten und geachteten Männer Waněk genannt Holý, Richter, Bernhard von Sampson und Václav vom ‚Wolfshals', beisitzende Schöffen der Prager Altstadt, auf unsere gemeinsame Bitte hin ihre Siegel diesem Brief beigefügt. Der gegeben ist im Jahre Eintausendvierhundertneununddreißig nach Christi Geburt, am Freitag vor Mariä, der berühmten Mutter Gottes Geburt.

64. [1439, September 6]
Testament der Witwe Alžběta aus der Prager Neustadt. Unter anderem sollen die ernannten Testamentsvollstrecker Sorge tragen, dass ein gewisser Heinrich Lemberg, Kaufmann aus Frankfurt, 30 Schock Groschen erhält. Umfangreiche Seelgerätschaften und Legate *ad pias causas*.
Archiv hlavního města Prahy, Hdschr. 2096, fol. 60r-61v (Abschrift)[68]

Pana boha wssemohuczieho otcze y syna y ducha swateho wssegednoho hospodina naprzed pomoczy zadagiczy. Ja Alzbieta, wdowa niekdy Lekssowa Trubaczowa manzelka, spolumiestska No[vého]. m[ěsta]. p[ražského]., aczkoli nemoczny tielesnu gsuczy obtizena lezeczy na smrtedlne posteli a giz kazdu hodinu dusse s tielem rozluczenie czekagiczy, wssak s dobru pamieti s plnym rozumem a rozmyslem, poruczenstwie me poslednie wuole ze wsseho statku meho, mowiteho y nemowiteho, gine mie gist pan Buoh z swe sstiedre milosti nadieliti raczyl, czinim zrzezugi, a zgednawam tiemto listem, chczy tomu, aby oten gisty statek muoy mezy przately mymi y ginymi kterymi koliwiek lidmi swaruow nechuti a nesnazy pome smrti se nedalo. A toho poruczenstwie meho czynim a vstanowugi moczne poruczniky a zprawcze slowutnee a opatrnee muze Ondraczka od Desk, pisarze, Waczlawa, syna, Bohuslawa z Kossma, Jana Barthoniewe, miesstienina N[ového]. m[ěsta]. p[ražského]., a s nimi porucznicze moczne pocztiwe zeny pani Katherzinu, manzelku Jana swrchupsaneho, a Pet^{v}ssy, wdowu niekdy Duchkowu Mlynarzowu manzelku, przately me zwlasstie mile wsseczkny gednostaynie, gimzto dowierzim a doufam nadewsseckny gini lidi smrtedlne, ze mi toto me poruczenstwie gednati a posobiti bude wiernie a prawie wedle meho rozkazanie dolepsaneho; y najprw chczy a rozkazugi, aby porucznicy a porucznicze swrchupsani duom muoy s miesstisstiem, kteryz lezy na roze pod Zderazem podle domu Procopa Palowicz, prodaduczie y oplatili dluhy, wnichz sem osobam wezpodpsanym powinna, co gest Waczlawowi z Lochowka, aby dali paddesat a gednu kopu gr. a zato, aby

68 Online abrufbar unter http://katalog.ahmp.cz/pragapublica/permalink?xid=E1BD391EB72711DF820F00166F1163D4&scan=91#scan90 (07.09.2017).

Trzidczeti kop dluhu kterez nebostik Milota sladownik gizpsanemu Waczlawowi na domu swrchupsanem poruczil gest, srazeno bylo a sesslo a duom ten, aby toho dluhu a platu trzidczeti kop gr. byl prazden. Item Henrichowi Lemb[er]g, kupczy miesstienu z Ffrankworta, aby zaplatili trzidczeti kop gr. dluhu. Item kniezy Wankowi, synu nebozky Zochowa, xx kop gr. Petrussy, porucznicy me swrchupsane, cztyrzi kopy gr. A gestli take, ze bych ho dale byla czo dluzena a to hodnym swiedomim wedle rzadu a prawa miestskeho dokazano mohlo byti, aby plnieno bylo naprzed z meho statku; dale winnyczy mu diedicznu, kteraz lezy v Wrssowicz nad kostelem, gizto Beness kotlarz drzy proti me wuoli, zadneho prawa k nie nemage, tu winnyczy y se dne[m] odkazugi, poruczicm a mocznie oddawam ku kostelu osadnemu swateho Waczlawa na Zderaze w Nowem miestie, aby ze mu dussy y zamych przedkuow y za gine krzestianske dusse na kazde suche dni vigilii a msse zadussnie gedna byla spiewanij powiecznie czasy. A na tu winnyczy listy y gine me listy ma kniez Prokop w zytage, ty listy w mocz mym porucznikuom nawratil. Item,ze mam oznamugi, ze mam w Kundraticzych za Nowym hradem dwanadczte kop gr. platu diedicznheo, kteryz plat pan Jan Krk drzy bezprawnie proti me wuoli a w Trzebussyczych za Slanem mam trzinadczte kop gr. platu diediczneho. A ten plat Waczlaw Czarda drzy bezprwanie take proti me wuoli, kterezto platy mam we deskach zemskych zapsany. O tiech platiech takto rozkazugi a wuole ma gest, aby porucznicy a porucznicze swrchupsanij gich prawem dobywaly a one stali se wssy pilnosti, a kdyz by gich dobyly, aby dali k swatemu Karlu na Karluow dwie kopie gr. Item do kostela swateho Woytiecha pod Zderazem, aby dali trzy kopy gr. platu do kostela s. Marzie Magdaleny na Male stranie dwie kopie gr. platu, do klasstera Swateho Thomij na Malestranie dwie kopy gr. platu, do klasstera s. Katherzinie w Nowem miesstie dwie kopie gr. platu. Item k Materze bozie na Betiecz geden kop gr. platu, do klasstera swateho Climenta k onech mosta dwie kopie gr. platu. Item do kostela swateho Petra na Wyssehrad geden kop gr. a wtiech we wssech kostelech a klassterziech swrchupsanych, do kterychzto ten plat odkazany dan bude, aby na kazde suche dni vigilie a msse zadussni gedna byla spiewana po wieczne czassy. Dale do klasstera swatych Petra a Pawla na Zderaze odkazugi a oddawam platu swrchupsaneho cztyrzi kopy gr., na kazdy cztwrtek gedna msse swatu na czest Bozieho tielu a geho swate krwi byla spiewana powieczne czasy; opiet do tehoz klasstera zderazkeho odkazugi trzy kopy gr. platu swrchupsaneho, aby na kazdy pondieli gedna msse zadussnie cztena byla, a to wiecznie pak za ostatnie trzy kopy gr. platu swrchupsaneho; a ty porucznicy a porucznicze kupowaly kazdy rok postawy sukna ssereho y rozdawali mezy chude a nedostaticzne lidi za spasenie dusse me przedssych mych y ginych krzestianskych dussy; a gestli zeby snad porucznicy a porucznicze moji nahorzepsani tiech pietmezczietma kop gr. platu swrchupsaneho nemohli dobyti doczela a vplnie a nebo na lidech mocznych progich chudobu neb gine nedostatky nemohli vplnie a neczele shledati, tehda dawam gim tiemto listem plnu mocz y prawo, aby s tiemi platy nazadussie swrchupsane vczinili wedle gich Opatrnosti iakoz se gim zdati bude a skrze, aby od zadnych lidij budto swietskych neb duchownich nebyli hyndrowani. Dale oznamugi ze mam dwie kopie gr. platu na domu, wniemzto nynie Jan Nadrzenek sedi na Rynku nowomiestskem. Item druzie dwie kopy gr. platu mam na domu Jana niekdy Podhrbskeho Kowarze, take na rynku podle domu Hasskowa o zwonu a o tiech trziech kopach gr. platu; takto chczy a zgednawam, gestli zeby w miestie platowie budu propustienie, aby byli dany zakuom chudym do sskoly zderazke nyniejssie wniemzto gsu zaczy neb kteraz potom tu bude na zderaze bud v fary neb v klasstera na suknoy na gine potrzeby trzy kopy gr. platu wieczneho, a cztwrta kopa platu kniezym tudiez na Zderaz na pientary. Item na domu Brzisskowa na porzieczy mam piet kop gr. platu, a ty odkazugi do klasstera Zbraslawie tiem obyczegem, iakoz gest dobrze pamieti Lekess swrchupsany, muz muoj, listem swym kssaftnym rozkazal; potom gine listy y statek muoj wessken, czozby geho mimo rozkazanie me swrchupsane pozuostalo, porucziem k gich wierzie, aby gej obratili a rozdali mezy chude a nedostateczne lidi wgmeno bozie, iakoz gim toho vplnie wierzim y doufam a iakoz se chtie z toho den sudny przed panem Bohem sprawiedliwie wymierziti a wyczysti; a gestli ze by ktery z tiech porucznikuow neb ktera z porucznicz vmrzel neb vmrzela, aby giny a gine miesto mrtweho neb mrtwe przistawen neb przistawena byla swoli porucznikuow a porucznicz zuostalych, kolikratby toho potrzebie bylo, czozby se tiemto poruczenstwi rozkazani a wuoli me dosti stalo. Item oznamugi, ze ja anizto muoz muoy swrchupsany neysmy nicz dluzni syrotkom nebozcze Hlusskowym ani Benessowi Kotlarzowi pogichzto napadu stogi neb gest tiem syrotkom dewiet kop platu kupeno na Nepomocze od meho muze y od druheho gich porucznika iakoz list na ten plat vczynieny swietlegi, odkazugi kterehozto platu y domu nebozcze Hlusskowa, kteryz gest Beness swrchupsany prodal neboli peniez za ten duom wzatych tyz Beness ma mieti polowiczy a Waniek z Lochowa druhu polowiczy. Toho wsseho na swiedecztwie na gistotu y napotwrzenie peczeti opatrnych muzuow Janka Strziebrneho, Rychtarze, Wazka sladownika a Prokopa namiestka Palowa, consseluow swrchupsaneho N[ového]. m[ěsta]. p[ražského]., k me szazne prosbie prziwisseny su ktomuto listu. Genz psan w nedieli przed narozenim matky bozie Anno domini m°cccc°xxxix°.

Gott den Allmächtigen, den Vater, den Sohn und den Heiligen Geist des dreieinigen Gottes zuvor bitte ich um Hilfe. Ich Alžběta, Witwe, einst Gemahlin des Lekeš Trubačow, Bürgerin der Prager Neustadt, errichte, bestimme und lege mit diesem Brief fest, wenngleich ich durch körperliche Krankheit heimgesucht bin und auf dem Sterbebett liege und jede Stunde die Trennung von Seele und Körper erwarte, mit gutem Gedächtnis und vollem Verstand und Vorbehalt diesen meinen letzten Willen von allen meinen beweglichen und unbeweglichen Gütern, die mir Gott der Herr in seiner Freigebigkeit verliehen hat, nicht wollend, dass nach meinem Tode hierüber zwischen meinen Freunden und irgendwelchen anderen Menschen Zwist, Unbill und Streitigkeiten entstehen. Und zu rechtmäßigen Testamentsvollstreckern und Verwaltern dieses meines letzten Willens bestimme und ernenne ich die ehrenwerten und weisen Männer Ondráček von den ‚Tafeln', den Schreiber Václav, seinen Sohn, Bohuslav von Košmo, Jan Barthoněw, Bürger der Prager Neustadt, und mit ihnen als Testamentsvollstreckerin die ehrenwerte Frau Katheřina, Gemahlin des oben genannten Jan, sowie Petuše, Witwe, einst Gemahlin des Müllers Duchek, meine besonders lieben Freunde, denen ich allen einmütig vor allen anderen sterblichen Menschen vertraue und glaube, dass sie diesen meinen letzten Willen ausführen und getreu dem städtischen Recht vollenden. Und zuvorderst will ich und gebiete ich, dass die oben genannten Testamentsvollstreckerinnen und Testamentsvollstrecker mein Haus mit Grund, das gelegen ist an der Ecke unter dem Zderaz neben dem Haus des Prokop Palowicz, verkaufen und meine

Schulden begleichen, die ich nachfolgenden Personen schuldig geblieben bin. Und zwar sollen sie Václav von Lochowek 51 Schock Groschen geben, dergestalt, dass die 30 Schock an Schuld, die der selige Mälzer Milota dem bereits erwähnten Václav für das oben genannte Haus vermacht hat, abgezogen werden, damit das Haus von der Schuld und dem Zins in Höhe von 30 Schock Groschen frei sei. Item dem Kaufmann Heinrich Lemberg [?], Bürger aus Frankfurt, dem sollen sie 30 Schock Groschen an Schuld zurückzahlen. Item dem Priester Waněk, Sohn des seligen Zochow, 20 Schock Groschen. Petruše, meiner oben genannten Testamentsvollstreckerin, vier Schock Groschen. Und sollte ich weiteren Personen etwas schuldig geblieben sein, dann möge dies entstprechend städtischem Recht angezeigt und beglichen werden aus meinem zuvor aufgeführten Besitz. Des Weiteren vermache und vererbe ich meinen erblichen Weingarten, gelegen bei Wrschowitz oberhalb der Kirche, den der Kesselschmied Beneš gegen meinen Willen, ohne jeden Rechtsanspruch auf diesen Weingarten in Besitz hält, der Kirche St. Wenzel am Zderaz in der Neustadt gelegen, damit man dort für meine Seele und diejenige meiner Vorfahren sowie weitere Christenseelen fortan an allen Fastentagen Vigilien singe und Seelenmessen abhalte. Und für diesen Weingarten hat der Priester Prokop einen Brief und auch weitere [Besitz-]Briefe von mir, die soll er meinen Testamentsvollstreckern zurückgeben. Item gebe ich bekannt, dass ich in Kundratice hinter der Neuen Burg einen Erbzins über zwölf Schock Groschen besitze, den Herr Jan Krk widerrechtlich gegen meinen Willen in Besitz hält; und in Trzebussycz hinter Schlan gehören mir 13 Schock Erbzins. Und diesen Zins hält Václav Czarda widerrechtlich gegen meinen Willen in Besitz, obwohl dieser in den Landtafeln auf meinen Namen eingetragen ist. Hinsichtlich dieser Zinsen gebiete ich und ist es mein Wille, dass die oben genannten Testamentsvollstrecker und Testamentsvollstreckerinnen die Rechte wieder voll herstellen, den Besitz zurückfordern und an die Karlskirche am Karlshof zwei Schock Groschen geben. Item in die Kirche des hl. Adalbert unter dem Zderaz sollen sie drei Schock Groschen Zins geben. Und in die Kirche Mariä Magdalena auf der Kleinseite zwei Schock Groschen Zins, das Kloster St. Thomas auf der Kleinseite zwei Schock Groschen Zins und das Kloster St. Katharina in der Neustadt zwei Schock Groschen Zins. Item zur Mutter-Gottes-Kirche in Betiecz einen Schock Groschen Zins, in das Kloster St. Clemens bei jener Brücke zwei Schock Zins. Item in die Kirche St. Peter auf dem Vyšehrad einen Schock Groschen; und in allen diesen oben genannten Kirchen und Klöstern, an die der erwähnte Zins gehen soll, soll man fortan an allen Fastentagen Vigilien singen und eine Seelenmesse lesen. Des Weiteren in das Kloster St. Peter und Paul am Zderaz vermache und gebe ich einen oben genannten Zins über vier Schock Groschen, damit an jedem Donnerstag eine heilige Messe zur Ehre des Leibes Christi und seines göttlichen Blutes auf ewige Zeiten gesungen werde. Und ebenfalls in dieses Kloster am Zderaz vermache ich drei Schock Groschen des erwähnten Zinses, damit fortan an jedem Montag eine Seelenmesse gelesen werde; und für die übrigen drei Schock Groschen des oben erwähnten Zinses sollen die Testamentsvollstrecker und Testamentsvollstreckerinnen in jedem Jahr Ballen grauen Tuches kaufen und unter armen und bedürftigen Menschen verteilen, zur Errettung meiner Seele, derjenigen meiner Vorfahren und anderer Christenmenschen; und sollten meine oben genannten Testamentsvollstrecker und Testamentsvollstreckerinnen diese 25 Schock Groschen des oben genannten Zinses nicht vollständig einnehmen oder auf-

grund der Armut oder anderer Mängel der genannten Personen diese Gelder nicht vollständig zusammenbekommen, dann erteile ich ihnen mit diesem Brief die Vollmacht und das Recht, dass sie von diesen Zinsen nach eigenem Abwägen die oben genannten Kircheneinrichtungen bedenken mögen, und darin sollen sie von keinem Menschen, weder Geistlichen noch Laien, gehindert werden. Sodann gebe ich bekannt, dass ich zwei Schock Groschen Zinses auf das Haus am Neustädter Ring besitze, in dem jetzt Jan Nadrzenek wohnt. Item zwei weitere Schock Groschen Zins gehören mir am Haus des Jan, einst Kesselschmied aus Podhrby [?], *ebenfalls gelegen am Ring neben dem Haus des Hašek von der ‚Glocke'; und die drei Schock Groschen an Zins betreffend will ich und verfüge ich, dass, sollten die Zinszahlungen in der Stadt erledigt sein* [?], *dann sollen diese Gelder armen Schülern in der hiesigen Schule am Zderaz zugute kommen, die jetzt dort sind oder später sein werden, sei es an der Pfarrei oder aber am Kloster, und zwar für Tuch oder andere Bedürfnisse drei Schock Groschen Ewigzins und einen vierten Schock Groschen Zins an Priester, die hier sind für Pientary* [Bier?]. *Item am Haus des Břišek am Poritsch gehören mir fünf Schock Groschen Zins, die vermache ich dem Kloster in Königsaal dergestalt, wie mein oben genannter Gemahl Lekeš in seinem letzten Willen geboten hat. Sodann die anderen Briefe und meinen gesamten Besitz, der neben dem in meinem oben beschriebenen Testament aufgeführten Besitz übrigbleiben sollte, den sollen die Testamentsvollstrecker unter armen und bedürftigen Personen im Namen Gottes verteilen, so wie ich ihnen diesbezüglich voll vertraue und glaube; denn ich will am Tag des Jüngsten Gerichts vor Gott dem Herrn gerecht beurteilt werden und gereinigt dastehen; und sollte einer der Testamentsvollstrecker oder der Testamentsvollstreckerinnen sterben, dann möge ein anderer bzw. eine andere an die Stelle des Verstorbenen von den verbliebenen Testamentsvollstreckern bzw. Testamentsvollstreckerinnen gewählt werden, so oft dies notwendig sei, weil dies in diesem meinem letzten Willen so steht und dies mein Wille ist. Item so gebe ich bekannt, dass weder ich noch mein oben genannter Mann den Waisen des seligen Hlušek noch Beneš dem Kesselschmied etwas schuldig geblieben sind, denn nach dem Erbrecht stehen diesen Waisen neun Schock Zins zu, erworben in Nepomuk* [?] *von meinen Gemahl, und zum anderen von deren Vormund, wie dies ein Brief über diesen Zins bezeugt; und so vermache ich Zins und Haus des seligen Hlušek, das der oben genannte Beneš verkauft hat, dergestalt, dass von dem für dieses Haus genommenen Geld der erwähnte Beneš die eine Hälfte und Vaněk von Lochow die andere Hälfte erhalten soll. Dies alles zu Gezeugnis sowie zur Sicherheit und Bestätigung haben die ehrenwerten Männer Janek Stříbrný, Richter, Wacek der Mälzer und Prokop, Stellvertreter des Palow, beisitzende Schöffen der oben genannten Prager Neustadt, auf meine Bitte hin ihre eigenen Siegel diesem Briefe beigefügt, der geschrieben ist am Sonntag vor Marien Geburt Anno domini M°CCCC°XXXIX°.*

65. [1439, September 10]
Mikuláš Bradatý, Tuchmacher und Bürger der Prager Neustadt, errichtet vorsorglich sein Testament. An erster Stelle steht ein Legat über einen Schock Groschen an die Kirche St. Petri, die zudem Öl für die dortige Lampe, die „zur Ehre des Leibes und des Blutes unseres Herrn brennt", erhalten soll. Dem Priester Matěj wird ein Neues Testament in tschechischer Sprache vermacht. Weitere Seelgerätschaften, Hausrat und Kleidung folgen, ebenso eine Armenspende. Der Testierer vermacht auch „Bücher in rotem Leder, in denen das Leben der Heiligen beschrieben ist".
Archiv hlavního města Prahy, Hdschr. 2096, fol. 73r-74r (Abschrift).[69]

Wegmeno swate a nerozdielne Trogicze amen. Ja Mikulass Bradaty, sukennik, spolumiesstian No[vého]. m[ěsta]. p[ražského]. Aczkoliwiek etc. toho poruczenstwie meho czynim a vstanowugi moczneho a najwysseho porucznika opatrneho muze Valentina Kabu, sukennika, s nim Giru Ffrankowicz a Benesse Ffrankowicz z domu Krasneho, przately me zwlasstie mile, gimzto dowierzim a douffam nad gine lidi, ze oni toto me poruczenstwie gednati a posobiti budu wedle meho rozkazanie dolepsaneho. Y naiprw odkazugi 1 kop gr. do costela S. Petra na Porzieczie a olej do lampy, aby horzela ku pocztiwosti tiela a krwe pana nassieho Ihesu Crista, dokudz te kopy stawa. Item na wino k sluzbie bozie do tehoz Costela odkazugi kopu gr. a na oprawenie costela tehoz take oddawam geden kopu gr. Item kniezy Matiegowi tudiez odkazugi zakon nowy czeskym pismem. Item temuz kniezi Matiegowi s urzednikem geho, kniezem Mikulassem, odkazugi gednoho kopu gr. Item zakom tudiez do sskoly odkazugi dwa zlatta vherska. Dale mistru Waczlawowi s geho kniezimi do Bethleema odkazugi trzi kopy gr. Item kniezim k sv. Hasstelu odkazugi gednu kopu gr. a kniezim k sv. Lenhartu oddawam take gednu kopu gr. Dale duom muoy s miesstisstiem kteryz lezy podle diwerzi diewulowych odkazugi costelu s. Climenta na Porzieczie, aby gej poruczniczy moji swrchupsanij prodaducze y obratili ty penieze na olej, na wino y na gine potrzeby toho costela wedle swe opatrnosti, iakoz gim toho wierzim. Take chczy, aby ihned pome smrti rozdali osm postawow sukna meho ssereho wgmeno bozie mezy chude. Item Girzowi, synu Podkoniewu, oddawam puol postawu sukna ssereho hruteho a Ondrzegowi Kynaparotowi[?] puol postawu sukna prostrziedneho ssereho; potom Aniczce sestrzenczy me odkazugi paas sstrziebrny nuoz strziebrny, najlepssy sukni czrnu, nailepssi kralikowym koziechem, podssitu Czechel nailepssi. Ale wsseczko rucho loznie, aby taaz Aniczka s pani Elzku, matku mu, napoly miela rownym dielem. Item panie Elzcze, matcze me, odkazugi sukni czrnu wssedni platnem podssiku. Item Dorothie, puolusestrzi me, odkazugi puostaw prostrziednieho czely. Naposledy duom muoy s miesstisstiem, kteriz lezy mezy domem Hrdlowym sukennikowym a Wraty Zdenkowym a druhy duom proti temuz domu memu mezy domy Marzikowym Bezruczkowe a Potuchleho. Dluhy wsseczky, wnichz su mi lide powinni, kterez sem kazal ppamiet w registra miestska znamenati, y wessken giny statek muoy, mowity y nemowity, kdezbykoli mohl shledan a optan y kterymkoli gmenem gmenowan byti, odka-

[69] Online abrufbar unter http://katalog.ahmp.cz/pragapublica/permalink?xid=E1BD391EB72711DF820F00166F1163D4&scan=117#scan116 (07.09.2017).

zugi poruczim a mocznie oddawam swrchupsanym pani Elzcze, matcze me, Aniczcze, sestrzency me, a Dorothie, materzi tez Aniczky sestrze me wlasstnie, k gmieni, k drzeni a k diediczkemu wladarzstwi na rowny rozdiel po me smrti bezewssech odpor a przekazek przatel mych y wsselikterakych lidij. Take chczy, aby po me smrti xij chudych kazde suche dni krmeno bylo az do dwu czelu leta porzad zbiehlu. Item mssal a knihy w czerwene kozy, wnichz su zywotowe swatych popsan, ty odkazugi kostelu s. Petra na Poczierze, aby przitom costele wiecznie zuostaly. A w tiech we wssech costelech swrchupsanych, aby byly spiewany wigilie a msse nebo czteny obyczegem a rzadem zapsanie dusse me, nebezky Marthy manzelky me, nassych przedssych y wssech dussy krzestianskych. Toto take znamenitie wymienugi, ze dokudz mi pan Buoh zdrawie tielesneho poprzege, dotawad chczy byti mocznym hospodarzem wsseho statku meho swrchupsaneho bezewssie przekazky, ale po me smrti tento list kssefni bude mieti plnu mocz y plne prawo, aczbych gineho poruczenstwie a ksseftu za zywota meho na smrti nevczynil. Take chczy a rozkazugi, gestli ze bych komu czo dluzen byl a to hodnym swiedomym wedle rzadu a prawa miestskeho dokazano mohlo byti, aby ten dluh zaplaczen byl z statku meho. Toho naswiedeczstwie a na potwrzenie peczeti Iudicis Clementis Holian et Procopii Gitcini Consulum. Actum feria quinta in cristino post Marie virginum Anno domini m°cccc°xxxix°.

Im Namen der Heiligen und untrennbaren Dreifaltigkeit Amen. Ich Mikuláš Bradaty, Tuchmacher und Mitbürger der Prager Neustadt etc., wenngleich ich etc. bestimme und ernenne ich den ehrenwerten Mann Valentin Kaba, Tuchmacher, und mit ihm Gira Frankowicz und Beneš Frankowicz aus dem Hause Krasný, meine besonders lieben Freunde, zu rechtmäßigen und obersten Testamentsvollstreckern dieses meines letzten Willens, weil ich ihnen vor allen anderen Menschen vertraue und glaube, dass sie meinen letzten Willen entsprechend den nachfolgenden Bestimmungen ausführen und vollenden. Und zuvorderst vermache ich einen Schock Groschen an die Kirche St. Petri am Poritsch sowie Öl für die Lampe, damit diese zur Ehre des Leibes und des Blutes unseres Herrn Jesus Christus brenne. Solange dieser Schock Groschen ausreicht. Item für Wein zum Gottesdienst in diese Kirche vermache ich einen Schock Groschen und für Reparaturmaßnahmen ebendort gebe ich einen Schock Groschen. Item dem Priester Matěj ebendort vermache ich ein Neues Testament in tschechischer Sprache. Item demselben Priester Matěj mit seinem Beamten, dem Priester Mikuláš, vermache ich einen Schock Groschen. Item den Schülern ebendort vermache ich zwei ungarische Golddukaten. Des Weiteren dem Magister Václav mit seinen Priestern zu St. Ägidii gebe ich zwei Schock Groschen. Item den Priestern zu St. Gastulus vermache ich einen Schock Groschen und den Priestern zu St. Leonhard gebe ich einen Schock Groschen. Des Weiteren mein Haus mit Grund, welches gelegen ist neben dem des Diwerz Diewulowy, vermache ich der Kirche St. Clemens am Poritsch, dergestalt, dass meine oben genannten Testamentsvollstrecker dieses verkaufen und das Geld für Öl und Wein und andere Bedürfnisse dieser Kirche bedachtsam zur Verfügung stellen, wobei ich ihnen voll vertraue. Auch will ich, dass sie gleich nach meinem Tode acht Ballen grauen Tuches im Namen des Herrn unter Armen verteilen. Item Gira, dem Sohn des Podkonie [?] *vermache ich einen halben Ballen grauen groben Tuches und Ondřej Kynaparot einen halben Ballen mittelgrauen Tuches. Sodann vermache ich meiner Cousine Aniczka einen silbernen Gürtel, mein bestes silbernes Messer, meinen besten schwarzen Rock, meinen besten pelzgefütterten Rock. Sämtliche Bettwäsche jedoch sollen diese Anička und meine Mutter Elška zu gleichen Teilen bekommen. Item meiner Mutter Frau Elška vermache ich meinen gefütterten schwarzen Alltagsrock. Item meiner Halbschwester Dorotha vermache ich Tücher mittlerer Qualität* [?]. *Und zuletzt mein Haus mit Grund, das gelegen ist zwischen den Häusern des Tuchmachers Hrdlový und Wrata Zdeněks und das andere Haus dort gegenüber zwischen den Häusern Marziks Bezruczkowa und Potuchlys. Sämtliche Schulden, die mir die Leute schuldig geblieben sind und die ich zur Erinnerung im städtischen Register habe verzeichnen lassen, sowie meine übrigen beweglichen und unbeweglichen Güter, wo oder woran ich die habe, wo die gelegen sein und gefunden werden, vermache, gebe und vererbe ich nach meinem Tode der oben genannten Frau Elška, meiner Mutter, meiner Cousine Anička sowie Dorotha, Mutter dieser Anička, meine eigene Schwester, zu Besitz, Eigentum und erblicher Nutzung zu gleichen Teilen, ohne alle Hindernisse von Seiten meiner Freunde sowie irgendwelcher anderen Leute. Auch will ich, dass nach meinem Tode zwölf Arme zu allen Fastentagen Speisung erhalten, und zwar bis zu zwei Jahren. Item eine Missale und ein Buch in rotem Leder, in dem das Leben der Heiligen beschrieben ist, vermache ich der Kirche St. Peter am Poritsch, damit diese auf ewig bei dieser Kirche verbleiben. Und in dieser und in allen weiteren oben genannten Kirchen sollen Vigilien gesungen und Messen gelesen werden zum Heil meiner Seele, derjenigen meiner seligen Gemahlin Martha sowie derjenigen unserer Vorfahren und aller Christen. Dies alles gilt noch nicht, solange mir Gott der Herr körperliche Gesundheit schenkt; solange will ich rechtmäßiger Hauswirt meines gesamten oben beschriebenen Besitzes sein, ohne alle Hindernis; doch nach meinem Tode soll dieser mein Testamentsbrief volle Gültigkeit erlangen und volles Recht, sofern ich nicht zu Lebzeiten bis zu meinem Tode einen anderen letzten Willen und Geschäft aufsetze. Auch will und gebiete ich, dass, sollte ich irgendjemandem etwas schuldig geblieben sein und dies entsprechend dem städtischen Recht aufgezeigt werden kann, dass diese Schuld aus meinem Besitz bezahlt werde. Dies wird bestätigt und bezeugt durch die Siegel des Richters Clemens Holian und des Ratsherrn Prokop von Gitschin. Actum feria quinta in cristini post Marie virginis. Anno domini M°CCCC°XXXIX°.*

66. [1439, September 26]
Anna Sislová, Bürgerin der Prager Altstadt, verfasst ihren letzten Willen. Die minderjährigen Kinder Janek und Katruška sollen dem bestellten Vormund, dem Goldschmied Petr, gehorchen. Die Familienangehörigen erben u. a. Haus, Geld und Kleidung.
Archiv hlavního města Prahy, Hdschr. 992, fol. 197r (Abschrift).[70]
Edition: Teige, Základy 1, S. 95.[71]

70 Online abrufbar unter http://katalog.ahmp.cz/pragapublica/permalink?xid=E1BD3C13B72711DF820F00166F1163D4&scan=386#scan387 (07.09.2017).

71 Online abrufbar unter http://kramerius.mlp.cz/kramerius/MShowPageDoc.do?id=57286&mcp=&idpi=103141&author=Teige_Josef (07.09.2017).

Wegmeno bozie amen. Ja Anna rzeczena Sislowa, miesstka Stareho miesta prazskeho, oznamugi tiemto listem wssem lidem nyniessim y buduczim a na wiedomie dawam, ze aczkoliwiek gsuczi nemoczna a neduziwa na tyele, wssak proto s dobrym rozmyslem y s pamyeti ze wsseho zbozie a statku sweho, kterehoz mi gest pan Buoh wssemohuczi z swe nesmierne sstiedrosty poycziti raczil, nechtiegiczi by onye po me smrti mezy przately a przybuznimi mymi kterzi swarowe daly, toto swe poslednie poruczenstwie zgednawwam, czinim a sposobugi obyczegem tiemto dolepsanym. Najprwe chczi, aby dluhowe moji, gimz sem kterymkoliwiek osobam winnowata zuostala, gezto by ti rzadne dobrym swiedomym podle miestskeho prawa mohly dokazany byti z statku meho, naprzed byli zaplaczeni. Potom vstanowugi a zgednawam tohoto sweho poruczenstwie y dyeti swych dolepsanych opatrneho muze Petra zlatnika, przietele, a sestrzencze sweho moczneho a najwyssieho porucznika tak, aby on dietmy mymi nedielnymi zejmena Jankem a Katrussku mocznye wladl a gie na dobre wedl, iakoz giemu toho zwalsstie wierzim. A tez dyeti me aby geho posluchaly a bez geho rady nicz neczinili ani statku utraczeti mohly, neboli komu zawazowati budto tajnie nebo zegewnie. Potom odkazugi po swe smrti a mocznie dawam nadepsanym mym nedielnym dyetem statek swuoj, kdez bych ten koliwiek myela, a kterym by ten koliwiek gmenem mohl gmenowan byti, nicz nepoostawugiczi, a zwlasstye duom swuoj podle rathauzu w Starem miestie a prawo swe k druhemu domu, genz slowe prochodity k gmieni, k drzeni a diedecznemu poziwanie. Nez toho zadam, aby z toho statku swrchupsany porucznik wydal pani Kaczce, materzi me, pyet kop gr. a dcerzi me Katruczce sukni czrnu s kunamy a klok. Pak Jankowi, bratru memu, pyet kop gr. a zenye geho sukni czrnu s kralikowym kozichem. A przidawam panu Petrowi porucznika k radye a ku pomoczi Prokopa Berwika z Malessicz. A kterehozbykoliwiek z swrchupsanych dwu dyeti pan Buoh neuchowal drziewe let rozumnych, tehda diel toho umrleho dietete, aby przipadl plnym prawem na swrchupsaneho Petra porucznika a on s tiem, aby mohl vcziniti iakozto s swym wlastnym, czoz by sye mu libilo beze wssie przekazky. Pakli by gich obu pan Buoh neuchowal przed lety anebo dokudzby w porucze porucznika sweho nahorze psaneho byli, tehdy to wsseczko zbozie y wesskeren statek, aby przipadl na swrchupsaneho Petra porucznika plnym prawem a beze wsseho zmatku; a na tom any gemu nebylo prziekazieno zadne mieni ani w to sahano kterakkoliwiek. Oznamugi take, ze Krczmarzi w Miecholupiech dala sem lhuotu placeni vroka do roka od swateho Hawla nynie przisstieho poczitagicz. Nez potom kazde leto ma po puoldruhe kopie vroka platiti. Toho wsseho na swiedecztwie peczety mudrych a opatrnych muzow Wanka rzeczeneho Holy, rychtarze, Bernartha od Sampsona a Marzika Sedlarze, konsseluow przisieznych Stareho miesta prazskeho, k me prosbye prziwesseny gsu k tomuto listu. Genz dan leta od narozenie syna bozieho Tissiczieho Cztyrsteho trzidcateho dewateho tu sobotu przed sw. Waczlawem.

Im Namen Gottes Amen. Ich Anna genannt Sislova, Bürgerin der Prager Altstadt, gebe mit diesem Brief allen jetzigen und künftigen Menschen bekannt und lasse wissen, dass, wenngleich ich krank bin und körperlich dahinsieche, ich dennoch mit gutem Vorbedacht und Gedächtnis von allen meinen Gütern und meinem Besitz, den mir der allmächtige Gott in seiner unendlichen Freigebigkeit verliehen hat, meinen letzten Wil-

len errichte, verfüge und in nachfolgender Weise bestimme, damit nach meinem Tode zwischen meinen Freunden und Verwandten keinerlei Zwistigkeiten entstehen. Zuvorderst will ich, dass meine Schulden, welchen Personen auch immer ich diese schuldig geblieben bin und die ordnungsgemäß entsprechend dem städtischen Recht angezeigt werden können, aus meiner Hinterlassenschaft bezahlt werden. Sodann bestimme und ernenne ich den ehrenwerten Mann Petr, den Goldschmied, meinen Freund und Cousin, zum obersten und rechtmäßigen Testamentsvollstrecker dieses meines letzten Willens und zum Vormund meiner nachfolgend genannten Kinder; und er soll Janek und Katruše gleich erziehen und zum Guten führen, da ich ihm besonders vertraue. Und diese meine Kinder sollen ihm folgsam sein und ohne seinen Rat nichts unternehmen; und vornehmlich keinen Besitz verschleudern oder sich irgendwelchen anderen Personen verpflichten, weder heimlich noch offenkundig. Sodann vermache und gebe ich rechtmäßig nach meinem Tode meinen genannten Kindern meinen Besitz zu gleichen Teilen, wo auch immer dieser sich befinden möge und von wem auch immer dieser aufgezeigt werde, nichts auslassend; und zwar insbesondere mein Haus neben dem Rathaus in der Altstadt sowie meine Rechte auf dem anderen Haus zu Besitz, Eigentum und erblicher Nutzung. Zuvor soll freilich der oben genannte Testamentsvollstrecker Frau Kača, meiner Mutter, fünf Schock Groschen geben und meiner Tochter Katruše den schwarzen Rock mit Marderfell sowie den Hut. Sodann meinem Bruder Janek fünf Schock Groschen und seiner Frau einen schwarzen Mantel mit Kaninchenfell. Und Herrn Petr, dem Testamentsvollstrecker, gebe ich Prokop Berwik aus Malešice zu Rat und Hilfe zur Seite. Und sollte Gott der Herr eines meiner beiden Kinder nicht seine Volljährigkeit erreichen lassen, dann soll der Erbteil dieses verstorbenen Kindes mit vollem Recht auf den oben genannten Testamentsvollstrecker Petr fallen, und dieser möge damit verfahren wie mit seinem eigenen Besitz, wie es ihm gefällt und ohne alle Hindernis. Und sollte Gott der Herr meine beiden Kinder vor Erreichen ihrer Volljährigkeit sterben lassen bzw. solange sie unter der Vormundschaft des oben erwähnten Testamentsvollstreckers stehen, dann falle dieser gesamte Besitz und alles Gut auf den oben genannten Testamentsvollstrecker Petr mit vollem Recht und ohne Wirrwarr, und darin soll ihn niemand hindern in keinerlei Weise. Auch gebe ich bekannt, dass ich dem Schankwirt in Měcholupy eine Zahlungsfrist für den Zins gesetzt habe, und zwar innerhalb eines Jahres vom jetzigen Tag des hl. Gallus an gerechnet bis zum nächsten Tag im kommenden Jahr. Und dann soll er in jedem Sommer einen halben Schock Zins zahlen. Dies alles bezeugen die Siegel der weisen und ehrenwerten Männer Waniek genannt Holy, Richter, des Bernhard von Sampson und des Mařík Sedlář, beisitzende Schöffen der Prager Altstadt, die diese auf meine Bitte hin diesem Brief beigefügt haben. Der gegeben ist nach Christi Geburt im Jahre Eintausendvierhundertneununddreißig, am Sonnabend vor S. Wenceslai.

Am 13. November 1439 bestätigt Petrus Aurifaber, er habe der Mutter der Verstorbenen und deren Bruder je 5 Schock Groschen ausgezahlt.

67. [1439, Oktober 7]
Testament der Anička, Enkelin des verstorbenen Václav Češíř, Bürgers der Prager Altstadt. Sie vermacht an erster Stelle einer gewissen Čemutie, Witwe des verstorbenen Zdeněk, ein Häuslein unter dem Rathaus sowie ihren übrigen Besitz.
Archiv hlavního města Prahy, Hdschr. 992, fol. 244v (Abschrift).[72]

Wegmeno Bozie Amen. Ja Aniczka, wnuka nebozcze Waczlawowa Czessierzowa, miesstienina Stareho miesta prazskeho, oznamugi tiemto listem wssem lidem nyniessim y buduczim a nawiedomie dawam, ze aczkoliwiek gsuczi nemoczna a neduziwa na tiele, wssak proto s dobrym rozmyslem a poziwagiczi rozumu i pamieti ze wsseho statku sweho, mowiteho y nemowiteho, kterehoz mi gest pan Buoh wssemohuczi z swe nesmierne stiedroty poicziti raczil nechtieczi, by sie onie po me smrti mezi przately a przibuznymi mymi kterzi swarowe dali, toto swe poslednie poruczenstwie zgednawam, czinim a zposobugi obyczegem tiemto dolepsanym. Najprwe odkazugi a mocznie dawam po swe smrti pani Czemutie, wdowie po nebozczi panu Zdenkowi, domek swoy pod Rathuzem y wesskeren statek swoi, bud mnoho nebo malo, k gmienij a pokojnemu poziwani. A ten aby mohla prodati i snim vcziniti iako s swym wlastnim, czozby sie gie libilo bezewssie przekazky kazdeho czlowieka. Toho na swiedecztwie prosyla sem mudrich a opatrnych muzuow Wanka Holeho, rychtarze, Marzika Sedlarze a Mateije Porybneho, consseluow prziseznych Stareho miesta prazskeho, ze gsu swe peczeti wlastnie prziwiesili ktomuto listu. Genz dan leta od narozenie syna Bozieho tissiczeho cztyrsteho trzidczateho dewateho w strzedu po swatem Franczissku.

Im Namen Gottes Amen. Ich Anička, Enkelin des seligen Václav Češíř [Becherer/Schalenmacher – Th. K.], *Bürgers der Prager Altstadt, gebe mit diesem Brief allen jetzigen und künftigen Menschen bekannt und lasse wissen, dass, wenngleich ich krank bin und körperlich dahinsieche, ich dennoch mit gutem Vorbedacht, Verstand und Gedächtnis, von allen meinen beweglichen und unbeweglichen Gütern, die mir Gott der Allmächtige in seiner unendlichen Freigebigkeit verliehen hat, diesen meinen letzten Willen errichte, tätige und in nachfolgender Weise bestimme, da ich nicht will, dass nach meinem Tode zwischen meinen Freunden und Verwandten irgendwelche Zwistigkeiten entstehen. Zuvorderst vermache und gebe ich nach meinem Tode Frau Čemutie, Witwe des seligen Herrn Zdeněk, mein Häuslein unter dem Rathaus sowie meinen gesamten übrigen Besitz, sei es viel oder wenig, zu Besitz und uneingeschränkter Nutzung. Und sie kann diesen Besitz verkaufen oder nach eigenem Gutdünken verfahren, ganz wie es ihr beliebt, ohne alle Hindernis von irgendeiner Seite. Dies zu bezeugen habe ich die weisen und ehrenwerten Männer Waněk Holý, Richter, Mařík Sedlář und Matěj Porybný, beisitzende Schöffen der Prager Altstadt gebeten, dass sie ihre eigenen Siegel diesem Brief beifügen mögen. Der gegeben ist im Jahre Eintausendvierhundertneununddreißig, am Mittwoch nach St. Francisci.*

---

72 Online abrufbar unter http://katalog.ahmp.cz/pragapublica/permalink?xid=E1BD3C13B72711DF820F00166F1163D4&scan=480#scan479 (07.09.2017).

68. [1439, Oktober 12]
Ein gewisser Prokop, Bürger der Prager Neustadt, ernennt u. a. seine Gemahlin sowie seine Mutter zu Testamentsvollstreckern und vermacht seinen Besitz in erster Linie seinen beiden Söhnen sowie seiner Gemahlin.
Archiv hlavního města Prahy, Hdschr. 2096, fol. 62r-63v (Abschrift).[73]

Pomoczy pana boha wssemohuczieho naprzed zadage. Ja Prokop Namiestek Paluow, miesstienin N[ového]. m[ěsta]. p[ražského]., aczkoliwiek na sobie tielesnu nemocz zyge, wssak gesstie z milosti Bozie s dobrym rozumem a rozmyslem y s plnu pamieti poruczenstwie me poslednie wuole ze wsseho statku meho, mowiteho y nemowiteho, gimz mi gest Pan Buoh z swe sstiedre milosti nadieliti raczyl, czinim, zrzezugi a zpuosobugi tiemto listem chtie tomu, aby o ten gisty statek muoy mezy przately mymi y ginymi wsselikterakymi lidmi swaruow nechuti a nesnazy po me smrti se nedalo; a toho poruczenstwie meho czynim a vstanowugi porucznicze moczne pocztiwe zeny pani Dorothu, manzelku mu milu, pani Girku, matku me, a opatrneho Ondraczka Vzdarze z Stareho miesta, sswagra meho, wsseczky spolu gednostaynie przidawage gim ki radie a k pomoczy opatrnee muze Marzika Rathauskeho a Hasska ot Zwonu, przately me zwlasstie milee, gimz dowierzim a douffam, ze oni swrchupsanym porucznicziem a poruczniku y mym synuom radni budu a pomoczni w gich potrzebach wssi snazuosti wedle nieho rozkazanie dolepsaneho; y nayprwe odkazugi a mocznie oddawam Paulowi Witowi a Wankowi, synuom mym, z meho statku przedewssym ssedesat kop grossuow, kdyzby k swymi dospielym letuom przissly na rowny rozdiel, s napadem s gednoho na druheho odprwnieho az do poslednieho. Potom duom muoy s miesstisstiem, kteryz lezy pod Zderazem mezy domy niekdy Lekssowe Trubarzowe a druhowym winniczy kniezy zderazkych, kteru drzim w dluhu, kteraz lezy na Zyzkowi wedle winniczy Bezkuczkowi a druhu winniczy podle tez winnicze, kteruz sem kupil v Janka vmrleho dluhy wsseczky, wnichz gsu mi lidee powinnij, kterez gsu w Registra miestska pro pamiet znamenany, y wessken giny statek muoy, mowity y nemowity, kdezbykoliwiek mohl shledan a optan y kterymkoliwiek gmenem gmenowan byti, odkazugi, porucziem a mocznie oddawam swrchupsanym Jankowi Wankowi a Witowi, synuom mym, a pani Dorothie, manzelcze me, k gmienij, k drzeni a k diediczkemu wladarstwi na rowny rozdiel po me smrti pakliby, ktery syn muoy swrchupsany vmrzel przed swym lety dospielym, aby diel geho na gine zywe Bratry geho spadl diedicznie rownym rozdielem od prwnieho az do poslednieho; pakli by ti wssiczkni sinowe mogi przed lety dospielymi zemrzely, tehdi aby z toho gim odkazaneho statku od mych porucznikuow a porucznicz wydano bylo Hawlowi z Przeleticz, bratru memu tetienomu, a geho dietem deset kop gr., a Ssebkowi Jankowi a Krestienowi, bratruom mym tetienym w hostiny a giech dietem, take deset kop gr. na rowny rozdiel; potom aby dwa diely z toho statku dietem mym swrchupsanym odkazaneho na pani Girku, matku mu, na Katherzinu a Susanu, sestry me, a nagich dieti a trzeti diel na pani Dorothu, zenu mu, spadli plnym prawem. Dale oznamugi, ze mam trzy kopy platu rocznieho na Janowi a na Druhem Janowi Oczasowi we Wssedobroniczich a na Janowi

[73] Online abrufbar unter http://katalog.ahmp.cz/pragapublica/permalink?xid=E1BD391EB72711DF820F00166F1163D4&scan=95#scan94 (07.09.2017).

Mrazowi w Radunowiczych, a ten plat mam wedczkach zemskych zapsan, yakoz gsem nan poyczyl peniez pani Margretie, niekdy manzelcze Mladotowie z Patrkowa, yakoz ona swym listem ksseftnim oznamuge; a otom platu takto rozkazugi, aby gey porucznicze a poruczniczy swrchupsanij wybieragicze y dawali Vrssyle Bietczie a Aniczcze, dczeram swrchupsane panie Margrety Mladotowie, do roka gednu kopu gr. rozdielnie, to gest u Swateho Girzie puolkopy gr. a na Swateho Hawla puolkopy gr.; a za dwie kopie gr., aby kupowali kazdy rok sukno az do sedmi czelych leth porzad zbiehlych y rozdawali mezy chude a nedostateczne lidij; pakliby drziewe sedmi leth ten plath swrchupsany byl wplaczen, aby gizpsane porucznicze a poruczniczy mogi kupili giny plat na sukno chudym do tiech sedmi leth kazdy rok zadwie kopie gr. sukna, toho rozdawagicze wegmeno bozie, a potiech sedmi letech ten plat swrchupsany na syny me swrchupsane ma spadnuti. Pakliby ti synowe mogi zemrzeli, tehda aby ten plat na pani Girku, matku mu, na Katherzinu a Susanu, sestry me swrchupsane, y na gich dieti spadl diedicznie rownym rozdielem. Item gednu kopu gr. platu w [p]rzedmiesti Brodu Czeskeho tu odkazugi kostelu Swateho Woytiecha pod Zderazem, a list na ten plat, aby wmocz Costelnikuow toho Costela wydan byl a kniez ffararz, kteryztu koli bude, aby prosyl boha y sluzby czynil za spaseni dusse me przedssych mych y ginych dussy krzestianskych, yakoz wierny pastirz yakoz gemu wiezim y [do]vffam toho vplnie. Dale oznamugi, ze Jan Kolarz dluzen mi gest za duom dobre pamieti otcze meho, kteryz sem gemu prodal, trzidczeti a cztyrzy kopy gr. A tiech peniez odkazugi Katherzinie, sestrze me swrchupsane, y gegim dietem desset kop grossuow, kterezto magi na Swateho Girzie, nayprw przisstieho plnieny byti, acz taz Katherzina do toho roku swateho Girzie zywa byla. Pakliby prwe swateho Girze vmrzela, aby tiech desset kop gr. na syny me swrchupsane zasespadlo. Dale z tiech peniez domowych od Jana Kolarze swrchupsaneho, aby wydano bylo na kostel Swateho Patra na Poczieczie trzy kopi gr. kniezvm, tudiez gedna kopa gr. pro mily Buoh. Item Janussowi, sluzebniku memu, odkazugi ssest kop gr., kdyz kswym letuom dospielym przigde, aby poslussen byl manzelky me y mych porucznikuow. Item Katherzinie, diewcze me, kdyz kletom dospielym przigde, oddawam trzy kopy gr., aby take osobam swrchupsanym byla poslussna yako slussie. Take wierzim a [do]vfam nadepsane pani Girze, matcze me, ze ona dieti mych nezapomene, ale vczyni swymi sprawedliwie alaskawie yako wierna matka ma wedle rozkazanie kssefftu otcza meho. Take zadam, aczbych byl komu czo dluzen, aby ten dluh gessto by mohl hodnym swiedomim wedle rzadu a prawa miestskeho dokazan byti, byl zaplaczen z meho statku; naposledy chczy a wuole ma gest, gestli ze by ktery z porucznikuow neb porucznicz vmrzel neb vmrzela, aby giny porucznik miesto mrtweho neb mrtwe na miesto geho neb gegie tak hodny a hodna byl przistawen a przistawena zachowal, kolikratby toho potrzebie bylo, azby se rozkazani memu tomuto a poruczenstwi dosti stalo. Toho wsseho na swiedeczstwie a na potwrzenie peczeti opatrnych muzuow Janka Striebrneho, rychtarze, Prokopa Gitczinskeho a Henzle rzeznika, Consseluow No[vého]. m[ěsta]. p[ražského]., k mym prosbam gsu prziwiesseny ktomuto listu. Genz dan wten pondieli przed swatym Calixtem leta narozenie bozieho tisyczeho cztirsteho trzidczateho dewateho.

Ale, ze Ondraczek, porucznik swrchupsany, z bozieho dopusstienie ssel gest skrze smrt s tohoto swieta nabuduczy a Witek, swrchupsany syn Prokopuow, take vmrzel, gehozto diel spadl gest na dwa Bratry geho, Janka a Waczlawa, swrchupsana. Take pani

Dorotha, matka gich, staw wdowi zmieniwssy, s tymiz syny swymi gest o statek rozdielena. A czoz statku tiema dwiema synoma gegima z rozdielu se dostalo, to ma byti wkniehy miestske zapsano, protoz pani purgmistr a consselee z plne swe rady chtiecze, aby se poruczenstwi Prokopa swrchupsaneho y tiem dietem sprawedliwe stalo wedle kssefftu toho a rozkazanie, y wydali su a moczy listu tohoto obnoweneho wydawagi opatrnee muze Marzika Rathauskeho a Hassla od Zwonu swrchupsane, kterzyz su byli prwe k radie a kupomoczy toliko przidani a snimi Janka Strziebrneho miesto Ondraczka swrchupsaneho za moczne porucznikу, aby oni s panij Dorothu a Girku swrchupsanymi wssyczkni spolecznie a gednostaynie to poruczenstwie Prokopa swrchupsaneho gednali, posobili a kmiestu konecznemu sprawedliwie prziwedli tymz wssym prawem rzadem y mocze y moczy yako slussie naporuczniky y na porucznicze sprawedliwe. Toho na swiedeczstwie y napotwrzenie peczeti opatrnych muzuow Jana Rokelcze, rychtarze Jana Ssitky, Giry Ffrankowicz, consseluow swrchupsaneho N[ového]. m[ěsta]. p[ražského]., prziwiesseny su ktomuto listu obnowenemu. Genz psan a dan we cztwrtek den swateho Otmara leta bozieho tisyczieho cztyrsteho cztyrzidczateho prweho.

Die Hilfe des allmächtigen Gottes erbitte ich zuvor. Ich Prokop, Nachfahre des Pal [?] *und Bürger der Prager Neustadt etc., wenngleich ich körperlich erkrankt bin, verfasse, errichte, und bestimme ich dennoch durch göttliche Gnade mit gutem Verstand und Vorbedacht sowie mit vollem Gedächtnis diesen meinen letzten Willen von allen meinen beweglichen und unbeweglichen Gütern, die mir Gott der Herr in seiner Freigebigkeit verliehen hat, da ich nicht will, dass über meine Hinterlassenschaft nach meinem Tode zwischen meinen Freunden und irgendwelchen anderen Menschen Zwist und Streitigkeiten entstehen. Und zu rechtmäßigen Testamentsvollstreckern dieses meines letzten Willens bestimme und ernenne ich gleichberechtigt die ehrenwerten Frauen Frau Dorotha, meine liebe Gemahlin, Frau Girka, meine Mutter, sowie den ehrenwerten Ondraczek Uzdarz* [= Riemenmacher – Th. K.] *aus der Prager Altstadt, meinen Schwager; und ihnen sollen mit Rat und Tat zur Seite stehen die ehrenwerten Männer Mařík Rathauský und Hašek ‚von der Glocke', meine besonders lieben Freunde, denen ich vertraue und glaube, dass sie die oben genannten Testamentsvollstreckerinnen und den Testamentsvollstrecker unterstützen sowie meinen Söhnen mit Rat und Tat bei deren Angelegenheiten umfassend zur Seite stehen, entsprechend dem unten beschriebenen letzten Willen. Und zuvorderst vermache und gebe ich Pavel, Vít und Vaněk, meinen Söhnen, aus meinem Besitz zunächst 60 Schock Groschen, sollten sie ihre Volljährigkeit erreichen, zu gleichen Teilen; bei Ableben des einen gehe diese Summe auf den anderen über und umgekehrt. Sodann mein Haus mit Grund, das gelegen ist unterhalb des Zderaz zwischen den Häusern der Witwe des seligen Lekeš Trubář*[74] *und den Weingarten der Zderazer Priester, den ich ‚in Schuld halte', der gelegen ist auf dem Veitsberg neben dem Weingarten des Bezkucz und dem anderen Weingarten, der darunter liegt und den ich von dem verstorbenen Janek gekauft habe. Und alle Schulden, die bestimmte Leute bei mir haben und die im städtischen Register der Sicherheit wegen eingetragen sind, sowie meinen gesamten übrigen beweglichen und unbeweglichen Besitz, wo oder woran ich den habe, wo der gelegen sein möge und gefunden werde, von wem auch*

74 Zu deren Testament vgl. Nr. 64.

immer, den vermache und gebe ich nach meinem Tode den oben genannten Waněk und Wit, meinen Söhnen, sowie Frau Dorotha, meiner Gemahlin, zu Besitz, Eigentum und erblicher Nutzung zu gleichen Teilen. Sollte jedoch einer meiner Söhne noch vor Erreichen seiner Volljährigkeit sterben, dann möge sein Erbteil auf den noch lebenden Bruder zu erblichem Besitz übergehen, vom ersten bis zum letzten. Sollten freilich alle meine Söhne vor Erreichen ihrer Volljährigkeit sterben, dann sollen von dem ihnen vermachten Besitz die Testamentsvollstrecker und Testamentsvollstreckerinnen Havel aus Przeleticz, meinem Bruder und meiner Mutter Schwester Sohn, und seinen Kindern zehn Schock Groschen und Šebek, Janek und Krestien, meinen Brüdern und meiner Mutter Schwester Söhne in Hostin, und deren Kindern ebenfalls zehn Schock Groschen zu gleichen Teilen geben; sodann sollen zwei Drittel aus diesem vermachten Gut meinen oben genannten Kindern, Frau Girka, meiner Mutter, Katheřina und Zuzana, meinen Schwestern, und deren Kindern und das andere Drittel Frau Dorotha, meiner Frau, mit vollem Recht zufallen. Des Weiteren gebe ich bekannt, dass ich drei Schock Jahreszins bei Johann und dem anderen Jan Očas in Všedobronice habe und bei Jan Mraz in Radunovice; und dieser Zins ist für mich in den Landtafeln eingetragen, da ich einst Frau Margareta, ehemals Gemahlin des Mladot aus Patrkov, Geld geliehen habe, was sie auch in ihrem Testament bekannt hat; und bezüglich dieses Zinses lege ich fest, dass diesen die oben genannten Testamentsvollstrecker und Testamentsvollstreckerinnen nehmen und Uršula, Bětka und Anička, den Töchtern der oben beschriebenen Frau Margareta Mladota geben, und zwar binnen Jahresfrist einen Schock Groschen; sodann einen halben Schock zu St. Georg und einen halben Schock zu St. Gallus und für zwei Schock Groschen sollen sie in jedem Jahr Tuch kaufen, und dies sieben Jahre hintereinander, und dieses unter armen und notleidenden Menschen verteilen. Sollte dieser oben genannte Zins vor diesen sieben Jahren aufgebraucht sein, dann mögen die bereits genannten Testamentsvollstreckerinnen und Testamentsvollstrecker einen anderen Zins erwerben und diesen für Tuch an Arme sieben Jahre lang aufwenden; in jedem Jahr sollen sie zwei Schock Groschen ausgeben im Namen Gottes; und nach diesen sieben Jahren soll dieser oben genannte Zins auf meine zuvor genannten Söhne fallen. Sollten diese meine Söhne versterben, dann möge dieser Zins an Frau Girka, meine Mutter, an Kateřina und Susanna, meine zuvor genannten Schwestern, sowie an deren Kinder erblich zu gleichen Teilen fallen. Item einen Schock Groschen Zins in der Vorstadt von Böhmisch Brod vermache ich an die Kirche St. Adalbert unter dem Zderaz; und den Brief, den ich für diesen Zins besitze, der soll den Kirchdienern dieses Gotteshauses ausgehändigt werden; und der Pfarrer, der dort sein wird, der möge zu Gott für mich beten und Messen zum Heil meiner Seele und derjenigen meiner Vorfahren und anderer Christen wie ein wahrer Hirte lesen; hierin vertraue und glaube ich ihm voll. Weiterhin gebe ich bekannt, dass Jan Kolář [= Stellmacher – Th. K.] *mir für das Haus meines seligen Vaters, welches ich ihm verkauft habe, 34 Schock Groschen schuldet. Und von diesem Geld vermache ich meiner oben genannten Schwester Kateřina und ihren Kindern zehn Schock Groschen, die sollen zuerst zum nächsten Tag des hl. Georg ausgezahlt werden, sofern diese Katheřina bis dahin noch am Leben sein sollte. Sollte sie jedoch vorher sterben, dann sollen diese zehn Schock Groschen wieder auf meine oben genannten Söhne fallen. Weiter soll von diesem Hausgeld von dem zuvor erwähnten Jan Kolarz der Kirche St. Peter am Poritsch drei Schock Groschen, den dor-*

tigen Priestern ein Schock Groschen für den lieben Gott gegeben werden. Item meinem Diener Januš vermache ich sechs Schock Groschen, sollte er seine Volljährigkeit erreichen; und er möge meiner Gemahlin und meinen Testamentsvollstreckern Gehorsam leisten. Item Kateřina, meiner Dienstmagd, sollte sie ihrer Volljährigkeit erreichen, vermache ich drei Schock Groschen, und auch sie möge den oben erwähnten Personen als Magd gehorsam sein. Auch glaube und vertraue ich der zuvor genannten Girka, meiner Mutter, dass sie meine Kinder nicht vergisst, sondern diese als treue Mutter gerecht und gütig umsorgt, entsprechend dem letzten Willen meines Vaters. Auch bitte ich, dass, sollte ich irgendjemandem etwas schuldig geblieben sein, diese Schuld gemäß städtischem Recht und Ordnung aus meiner Hinterlassenschaft beglichen werde. Zuletzt verlange ich und ist es mein Wille, dass, sollte einer der Testamentsvollstrecker oder der Testamentsvollstreckerinnen sterben, dass ein anderer Testamentsvollstrecker den Platz des Verstorbenen einnimmt; und er bzw. sie soll sich derer würdig erweisen; und dies soll geschehen, so oft dies notwendig wird, damit mein Testament in Erfüllung geht. Dies alles zu Gezeugnis und zu Bestätigung haben die ehrenwerten Männer Janek Stříbrný, Richter, Prokop Gitschinsky und Henzl der Fleischer, Ratsherren der Prager Neustadt, auf meine Bitten hin ihre Siegel diesem Brief beigegeben. Der gegeben ist am Montag vor S. Calixti im Jahre Eintausendvierhundertneununddreißig nach Christi Geburt.

Der oben genannte Testamentsvollstrecker Ondráček ist durch göttliche Fügung bald von Todes wegen von dieser Welt in die andere gegangen und Witek, der oben erwähnte Sohn des Prokop, ist ebenfalls gestorben, und sein Erbteil ist auf die beiden oben erwähnten Brüder Janek und Václav übergegangen. Auch Frau Dorotha, deren Mutter, hat ihren Witwenstand aufgegeben und mit ihren Söhnen das Gut geteilt. Und was die beiden Söhne von diesem Besitz erhalten, das soll in das Stadtbuch eingetragen werden, weil die Herren Bürgermeister und Ratsherren aus dem vollen Rat wollen, dass das Testament des oben genannten Prokop auch diesen Kindern gerecht werde, gemäß dem letzten Willen und Befehl und dass kraft dieses erneuerten Briefes die oben genannten ehrenwerten Männer Mařík Rathauský und Hašel von der Glocke Hašel zuerst diesen Söhnen mit Rat und Tat zur Seite stehen und mit ihnen Janek Stříbrný anstelle des oben erwähnten Ondráček als vollberechtigte Testamentsvollstrecker; und dass sie zusammen mit den oben genannten Frauen, Frau Dorota und Frau Girka, gemeinsam und einheitlich das Vermächtnis des oben genannten Prokop ausführen und zu einem gerechten Abschluss bringen, gemäß allen Rechts und aller Macht als treue Testamentsvollstrecker und Testamentsvollstreckerinnen. Dieses zu Gezeugnis und zur Bestätigung haben die ehrenwerten Männer Jan Rokelecz, Jan Sitka, Gira Frankowicz, Schöffen der oben genannten Prager Neustadt, ihre Siegel diesem erneuerten Brief beigefügt. Der geschrieben und gegeben ist am Donnerstag, dem Fest des hl. Ottmar, im Jahre Eintausendvierhunderteinundvierzig nach Christi Geburt.

69. [1439, Oktober 20]
Letzter Wille der Barbara, Tochter des ehemaligen Türwächters König Wenzels IV., Dietrich, die auf die gefahrvollen Zeiten, in denen sie ihren letzten Willen aufsetzt, verweist. Haupterben sind die Mutter Marza und der Bruder Pavel, die das Haus mit Grund und Brauerei zu gleichen Teilen erhalten. Die Mutter erhält zudem eine große Truhe, Marta, die Gemahlin ihres Bruders, einen Schrank für Bettwäsche.
Archiv hlavního města Prahy, Hdschr. 2096, fol. 65v-66r (Abschrift).[75]

Pana boha wssemohuczieho przedewssim ku pomoczy zadagiczy. Ja Barbara, dczera niekdy Dietrzichowa krale Waczlawa wratneho, spolumiestska No[vého]. m[ěsta]. p[ražského]., aczkoliwiek giz tielesnu bolest na sobie magicze newieduczy, czo mi sie wtomto smtedlnem nebezpecznem czasu, wnimzto zadny czlowiek smrtedlny swym zywotem przed smrti a kazdu hodinu gist nemucz byti dnes, zytra neb pozaytrzie przihoditi muoze, wssak z milosti s dobru pamieti s plnym rozumem a s rozmyslem poruczenstwie me etc. A toho poruczenstwie meho czynim a vstanowugi moczne porueczniky opatrnee muze Petra Girkowicz a Matiegi ze Zdi, przately me zwlasstie mile, gimz dowierzim a doufam, ze oni toto me poruczenstwie gednati a posobiti bude wedle meho rozkazanie dolepsaneho. A w tom poruczenstwi mem duom muoj s miesstisstem, s piwowarem, s sladowni y se wssym przislussenstwim geho rzuczeny Medulansky, kteryz lezj podzderazem mezy domy Zygmunda Krzemecze a Marsowe Mlynarzky, y wessken giny statek muoj, mowity y nemowity, kdezby koliwiek mohl shledan a optan y kterymkoli gmenem gmenowan byti, odkazugi, porucziem a mocznie oddawam pocztiwe zenie pani Marzi, matcze me mile, a opatrnemu Pawlowi, bratru memu, k gmieni, k drzeni a k diediczkemu wladarzstwie narowny rozdiel po me smrti bezewssech odpor a przekazek wsselikterakych lidi. Nez toto znamieniti wymienugi, aby dluhowe, wnichz sem lidem powinnen, na kterzizby hodnym swiedomim wedle rzadu a prawa miestskeho dokazani, mohli byti zaplaczeni byli przedewssym z meho statku. A pozaplaczeni tiech dluhow, aby Marzikowi Ssmardachowi, muzy memu, 15 kop gr. bylo wydano. Item pani Marzi, matcze me swrchupsane, odkazugi truhlu weliku a Martie, zenie Pawla, bratra meho swrchupsaneho, oddawam almaru, wkterez rucho zawiessugi. Napossledy rozkazugi a chczy, aby ti platowe, na kterez list mam, kdyz budu w miestie prazskym propustieni, byli obraczeny na kupowanie sukna chudym a nedostatecznym lidem kazde leto buducznie a wiecznie wegmeno bozie zaspasenie dusse me przedssych mych z wssech dussy krzestianskych. Toho wsseho naswiedecztwie Sigl. etc. Actum feria tertia ante festum s. Galli Anno dm. m°cccc°xxxix°.

Gott den Allmächtigen zuvor bitte ich um Hilfe. Ich Barbara, Tochter des einstigen Türwächters König Wenzels, Mitbürgerin der Prager Neustadt, errichte mit gutem Gedächtnis und vollem Verstand meinen letzten Willen, wenngleich ich bereits körperliche Schmerzen verspüre und nicht weiß, was mir in dieser todbringenden und gefährlichen Zeit, in der kein sterblicher Mensch seines Lebens im Angesicht des Todes sicher sein

[75] Online abrufbar unter http://katalog.ahmp.cz/pragapublica/permalink?xid=E1BD391EB72711DF820F00166F1163D4&scan=102#scan101 (07.09.2017).

und ihn jede Stunde, heute, morgen oder übermorgen, durch göttliche Fügung der Tod ereilen kann etc. Und zu rechtmäßigen Testamentsvollstreckern dieses meines letzten Willens ernenne und bestimme ich die ehrenwerten Männer Petr Girkowicz und Matěj ‚von der Mauer', meine besonders lieben Freunde, denen ich vertraue und von denen ich hoffe, dass sie dieses mein letztes Geschäft vollenden und ausführen werden, entsprechend dem nachfolgend beschriebenen letzten Willen. Und in diesem Testament vermache, vererbe und gebe ich nach meinem Tod mein Haus mit Grund und Brauerei sowie Mälzerei und allem Zubehör, das gelegen ist unterhalb des Zderaz zwischen den Häusern des Zykmund Křemecz und der Müllerin Maršová, sowie meinen gesamten übrigen beweglichen und unbeweglichen Besitz, wo der gelegen sei und gefunden werden möge, von wem auch immer, der ehrenwerten Frau Marza, meiner lieben Mutter, sowie dem ehrenwerten Pavel, meinem Bruder, zu Besitz, Eigentum und erblicher Nutzung zu gleichen Teilen, ohne jede Hindernis und Einwände durch irgendwelche anderen Menschen. Ausgenommen die Schulden, die ich anderen Menschen schuldig geblieben bin, die mögen nach städtischem Recht und städtischer Ordnung zuvor aus meinem Besitz bezahlt werden. Und nach Begleichung dieser Schulden sollen meinem Gemahl Marzik Šmardach 15 Schock Groschen ausgezahlt werden. Item Frau Marza, meiner oben genannten Mutter, vermache ich die große Truhe und Marta, der Frau meines oben genannten Bruders Pavel, gebe ich die Armara [= Wandschrank – Th. K.], *in der ich die Kleidung aufhänge. Zuletzt gebiete und will ich, dass die Zinsen, für die ich einen Brief besitze, wenn sie innerhalb der Stadt Prag frei werden, zum Kauf von Tuch an arme und bedürftige Menschen in jedem Sommer fortan im Namen der göttlichen Errettung meiner Seele und derjenigen meiner Vorfahren und aller Christenmenschen verwendet werden. Dies alles zu Gezeugnis etc. Sigillum actum feria tertia ante festum sancti Galli Anno domini M°CCCC°XXXIX°.*

70. [1443, Juli 6]
Geschäft des Kuttenberger Bergmanns Janek, der schwerkrank in Prag im Sterben liegt. Dieser vermacht u. a. sein Haus mit Grund und Boden in Kuttenberg an seine Gemahlin Margreta sowie an seine beiden Töchter Margreta und Marta zu gleichen Teilen. Mit Mildtätigkeiten soll man seiner Seele gedenken. Verschiedene Personen (Bergleute) sollen ihre u. a. aus dem Bergbau resultierenden Schulden nach seinem Tode begleichen.
Archiv hlavního města Prahy, Hdschr. 2096, fol. 118r-119r (Abschrift).[76]
Edition: Zilynskyj, Kolínsko a Kutnohorsko, S. 102-103.

Pana Boha wssemohuczieho pomoczi w teto me najpilniejssie potrzebie przede wssim zadage, ja Janek rzeczeny Drab, hornik na Horach Kutnach*, wyznawam tiemto listem obecznie przede wssemi, ktoz gej uzrzie nebo cztuczce slysseti budu, ze prigev do Prahy na lekarzstwie pro weliku, tiezku nemocz, kteruz gest na mie milostiwy

76 Online abrufbar unter http://katalog.ahmp.cz/pragapublica/permalink?xid=E1BD391EB72711DF820F00166F1163D4&scan=208#scan207 (07.09.2017).

Pan Buoh raczil dopustiti pro me hrziechy, aczkoli tu nemoczi tiela meho gsa obtiezen, wssak gesstie z daru Bozieho s dobru pamiety, s plnym rozumem a s rozmyslem poruczenstwie me poslednie wuole ze wsseho statku meho mowiteho i nemowiteho, z sstiedre ruky Bozie mnie puojczeneho a nadieleneho, czinim, zrzczugi a zgednawam tiemto listem, aby o ten gisty statek muoj mezi przately mymi i ginymi wsselikterakymi lidmi swaruov a nesnazi po me smrti se nedalo. A w tom poruczenstwi mem duom muoj s miesstisstiem tudiez na Horach Kutnach, kteryz lezi na masnem trhu mezi domy Wawrzince Obrocznika a Ondrzege, bratra geho, hut, kteraz lezi, gducze k Bielanuom, zahradu u wssech swatych, dluhy wsseczky wdolepsane, v nichz gsu mi powinni, y wesskeren giny statek muoj, mowity y nemowity, tudiez u Hory y ginde, kdez by koli shledan a optan i kterymkoli gmenem gmenowan mohl byti, pocztiwe zenie pani Margretie, manzelcze me, Margretie a Martie, dczeram nassim, odkazugi, porucziem a mocznie oddawam na rowny rozdiel po me smrti k gmieni, k drzeni a k diediczkemu wladarzstwi beze wssech odpor a przekazek przatel mych y ginych lidij. Pod tuto wssak wymienku, aby zena ma swrchupsana, matky me chude y ginych mych przatel neopusstiela, ale aby s nimi sdielila tiem statkem, jakoz gie toho wierzim a jakoz gest mi slybila, ze to chcze a ma ucziniti jako wierna manzelka. Take ma a gest powinna za spasenie dusse me almuzny a skutky milosrdne z toho statku cziniti we gmeno Bozie. A zwlasstie gie wierzim, ze na to za dusse pomnieti bude skutky milostiwymi, kdez me tielo odpocziwa, aby za mu dussi Pana Boha prosila y za wsseczky wierne dusse krzestianske, neb coz za ziwota dobreho uczinne, to w buduczciem ziwotie nalezne sobie k zisku. A kteraz by dczera nasse przed swymi dospielymi lety umrzela, aby diel gegi na druhu sestru i na materz gegi spadl k diedicznie rownym dielem. Paklibyssta tie obie dczerzi nasse prwe, nez by k letuom rozumnym przissly, sessle z tohoto swieta na buduczi, aby dielowe gich na swrchupsanu Margretu, matku gich, diedicznie spadly. Tez take umrzelali by taaz Margreta, matka gich, wdowu gsuczi, aby diel geji na swrchupsane dczery nasse spadl diedicznie. Pakliby se wzdala, wdaj se na swuoj diel. Ale dczery swrchupsane budte tak opatrzeny, aby gim ten statek odkazany zachovan byl az do gich let dospielych beze wsseho umenssenie. Oznamugi take, ze pan Josst od Hory dluzen mi za puoldruheho centnerze miedi bez cztyrz liber, centnerz po cztyrzem kopam bez patnadadczti gr. poczitagicze, pan Jakubek z Wlasskeho dwora dluzin mi za puol centnerze miedi. Take Matiey Rormejstr dluzen mi za winici, kteru gsem gemu prodal, giz tomu cztyrzi leta, dwie kopie gr. A kazde leto ma platiti dwanadczte gr. vroka z tiech peniez, dokowadz [!] by tiech wssech peniez nezaplatil pogednu a spolecznie i s vrokem. Opiet Chwojka nagal u mne hut az do roka, z te ma platiti po cztrnadczti gr. na tyden pod wymienku, jakoz list na to uczinieny swiedczi. Take Wawra z kurneho trhu dluzen mi czincze z huti gedenadctss gr. Kwerczi** z Henzlina dluzni mi czincze 8 gr., o tom gest swiedomo [!]. Herumle dluzen mi za olovo trzi wierdunky gr. Naposledy zadam, acz bych czo komu powinen byl, gezto by rzadem a prawem a dobrym, hodnym swiedomím dokazano mohlo byti, aby zaplaczeno bylo z meho statku. Toho wsseho na swiedecztwie, na potwrzenie i na pewnu gistotu prosil sem i mogi dobrzi przietele prosili gsu welmi snaznie slawnu mudrosti panuow purgmistra a konsseluov Noweho Miesta prazskeho, w gichzto miestie s gich prziezni a powolenim leze na lekarzstwi a w gich prawie z dopusstiene [!] Bozeho zastizen gsa smrtedlnosti, toto poruczenstwie uczinil sem, ze gsu swu peczet k nassie snazne prosbie prziwiesili k tomuto listu, genz psan a dan we cztwrtek nazaitrzie swateho Linharta zpowiedlnika, leta narozenie syna Bozieho M°CCCC°XLIII°.

* Hier und nachfolgend: Cuthnach.
** Im Text: querczy.

Gott den Herrn zuvor bitte ich in dieser meiner höchsten Not um Hilfe. Ich Janek, genannt Drab, Bergmann in Kuttenberg, bekenne mit diesem Brief vor allen, die ihn lesen oder zu hören bekommen werden, dass ich nach Prag der Arznei wegen gegen die schwere Krankheit gekommen bin, die Gott der gnädige Herr wegen meiner Sünden zu mir geschickt hat; wenngleich diese Krankheit meinen Körper befallen hat, errichte, bestimme und verfasse ich dennoch mit gutem Gedächtnis, gesundem Verstand und gutem Vorbedacht diesen meinen letzten Willen von allen meinen beweglichen und unbeweglichen Gütern, die mir Gott mit freigebiger Hand verliehen und zugeteilt hat, damit um diesen meinen Besitz zwischen meinen Freunden und irgendwelchen anderen Leuten keinerlei Streit und Zwist nach meinem Tode entstehe. Und in diesem letzten Willen vermache, vererbe und gebe ich mein Haus mit Grund in Kuttenberg, gelegen auf dem Fleischmarkt zwischen den Häusern des Vavřinec Obročník und seines Bruders Ondřej, die Hütte, die Richtung Bielany gelegen, den Garten bei Allerheiligen, sämtliche unten aufgeführten Schulden, die andere bei mir haben, sowie meinen gesamten übrigen beweglichen und unbeweglichen Besitz ebenfalls in Kuttenberg und andernorts, wo ich diesen habe, wo der gelegen sei und gefunden werde, der ehrenwerten Frau Margreta, meiner Gemahlin, und Margreta und Marta, unseren Töchtern, nach meinem Tode zu gleichen Teilen zu Besitz, Eigentum und erblicher Nutzung, ohne jegliche Hindernis durch meine Freunde und andere Menschen. Jedoch unter dieser Ausnahme, dass meine Gemahlin meine arme Mutter und andere Freunde nicht im Stich lassen soll, sondern mit diesen meinen Besitz teilen möge, so, wie ich ihr dies glaube und wie sie mir versprochen hat, dies tun zu wollen und auszuführen als eine getreue Ehefrau. Auch soll sie im Namen Gottes um meiner Seele willen Almosen und andere mildtätige Werke aus meinem Besitz verteilen. Und im Besonderen vertraue ich ihr, dass sie meiner Seele durch mildtätige Werke gedenken wird, an dem Ort, an dem mein Körper ruht, dass sie zu Gott dem Herrn für meine Seele und diejenige aller gläubigen Christen betet, denn was wir im irdischen Leben Gutes tun, dies wird uns im künftigen Leben zum Gewinn gereichen. Und sollte eine unserer Töchter vor Erreichen ihrer Volljährigkeit versterben, dann soll ihr Erbteil auf ihre Schwester und auf die Mutter zu gleichen Teilen fallen. Sollten unsere beiden Töchter, noch bevor sie ihre Volljährigkeit erreichen sollten, von dieser Welt gehen, dann soll deren Erbteil auf die oben genannte Margreta, ihre Mutter, fallen. Und sollte diese Margarete, ihre Mutter, sofern sie sich im Witwenstand befindet, zuerst sterben, dann möge deren Drittel auf die oben genannten Töchter als Erbe fallen. Sollte sie sich verheiraten, verliert sie ihren Erbteil. Doch die Töchter sollen darauf achten, dass ihnen ihr vermachtes Gut erhalten bleibt, bis sie ihre Volljährigkeit erreichen, ohne alle Minderung. Auch gebe ich bekannt, dass Herr Jošt aus Kuttenberg mir einen halben Zentner Kupfer weniger vier Pfund schuldet, den Zentner für vier Schock weniger 15 Groschen gezählt. Herr Jakubek vom Welschen Hof [in Kuttenberg – Th. K.] *schuldet mir einen halben Zentner Kupfer. Auch Matěj Ror-*

mejster schuldet mir für den Weingarten, den ich ihm bereits vor vier Jahren verkauft habe, zwei Schock Groschen. Und jeden Sommer soll er 12 Groschen Zins von diesem Geld entrichten, sofern er diese gesamte Summe nicht mit einem Mal zusammen mit dem Zins bezahlt. Wiederum hat Chwojk bei mir eine Hütte bis zu einem Jahr gemietet, hierfür soll er 14 Groschen pro Woche bezahlen unter dem Vorbehalt, wie der dafür bestimmte Brief dies bezeugt. Auch Wawra vom Hühnermarkt schuldet mir Miete für die Hütte. Querczi [?] *von Henslin schuldet mir die Miete in Höhe von acht Groschen, dies ist bekannt. Herumle* [?] *schuldet mir für Blei drei Viertel Groschen. Zuletzt bitte ich, sollte ich irgend jemandem etwas schuldig geblieben sein, möge dies nach Recht und Ordnung mit gutem Wissen angezeigt werden, damit es aus meinem Besitz beglichen werde. Dies alles zu bezeugen und zu bestätigen sowie zur besseren Sicherheit, habe ich und haben meine guten Freunde gebeten die hochberühmten und weisen Herren, den Bürgermeister und die Schöffen der Prager Neustadt, in deren Stadt ich mich befinde und mit deren Erlaubnis ich der Medizin wegen darniederliege und unter deren Recht mich durch göttliche Fügung der Tod ereilt und ich diesen letzten Willen errichtet habe, dass sie ihre Siegel auf meine Bitte hin diesem Brief beifügen. Der geschrieben und gegeben ist am Donnerstag tags darauf auf S. Leonhard, im Jahre M°CCCC°XLIII° nach Christi Geburt.*

71. [1443, Dezember 8]
Hana aus dem Hause Šidlovicz, Bürger der Prager Altstadt, errichtet sein Testament. Als Erben werden seine Gemahlin Huodia und seine Tochter Martha bestimmt.
Archiv pražského hradu: archiv metropolitní kapituly 869 XXIX 27b (Siegelurkunde).
Edition: Teige, Základy 2, S. 202 (Auszug).

Wegmeno Bozie Amen. Ja Hana z Ssidlowicz domu, miesstienin Stareho miesta prazskeho, oznamugi tiemto listem wssem lidem nynieyssim y buduczim a na wiedomie dawam, ze aczkolywiek gsa nemoczen aneduziw natiele, wssak proto s dobrym rozmyslem a s dobru pamieti ze wsseho sbozie a statku sweho, mowiteho y nemowiteho, kterehoz my gest pan Buoh wssemohuczi z swe sstiedroty poycziti raczil, nechtie by sie on po mee smrti mezi przately a przibuznymi mymi kterzij swarowe dali, toto swe poslednie poruczenstwie zgednawam, czinim a zposobugi obyczegem tiemto dolepsanym. Najprwe wuole ma gest, aby dluhowe mogi, gimiz sem dluznikom mym, winnowat zuostal, gezto by takowy dobrym swiedomim podle miestskeho prawa mohli dokazani byti, z statku meho naprzed byli zaplaczeni; a zwlasstie a znamenitie pani Kaczce Rosemberkowe, beczvarzce [= *Böttcherin – Th. K.*] z Stareho miesta prazskeho, puolpaty kopy grossow. Potom odkazugi a moczne dawam po swe smrti panij Huodie, manzelcze swe, a panij Marthie, dczerzi swe, duom swoy wniemz przebywam y wesskeren giny statek swoy, mowity y nemowity, kdez ten kolywiek mam a kterymby ten kolywiek gmenem mohl gmenowan byti, nicz nepozuostawuge, k gmienij, k drzeni a ku pokojnemu poziwanij, a byloliby toho potrzebie mezi nie na rowny diel k rozdieleni. A w tom, aby gim nebylo przekazeno od izadneho czlowieka zadnu mieru. Tomu wssemu na swiedecztwie prosil sem mudrych a optarnych muzuow Sigmunda, rychtarze, Matiege Porybneho a Bernarta od Sampsona, consseluow prziseznych Stareho miesta prazskeho, ze gsu swe peczeti wlastnie prziwiessili k tomuto listu. Genz dan leta od Narozenie Syna Bozieho tissiczieho cztyrsteho cztyrzidczateho trzetieho ten cztwrtek na poczeti Matky Bozie.

Im Namen Gottes Amen. Ich Hana aus dem Hause Šidlowicz, Bürger der Prager Altstadt, gebe mit diesem Brief allen jetzigen und künftigen Menschen bekannt und lasse wissen, dass, wenngleich ich krank bin und körperlich dahinsieche, ich dennoch mit gutem Vorbedacht und gutem Gedächtnis von allem meinem Besitz und meinen beweglichen und unbeweglichen Gütern, die mir der allmächtige Gott in seiner Freigebigkeit verliehen hat, diesen meinen letzten Willen aufsetze, errichte und in nachfolgender Weise bestimme, da ich nicht will, dass nach meinem Tode zwischen meinen Freunden und Verwandten irgendwelche Zwistigkeiten entstehen. Zuvorderst ist es mein Wille, dass meine Schulden, die ich meinen Schuldnern schuldig geblieben bin und die entsprechend städtischem Recht aufgezeigt werden können, zuvor aus meinem Besitz bezahlt werden mögen, insbesondere und vor allem Frau Kačka Rosemberková, Böttcherin aus der Prager Altstadt, zweieinhalb Schock Groschen. Sodann vermache und gebe ich nach meinem Tode Frau Huodia, meiner Gemahlin, sowie Frau Martha, meiner Tochter, mein Haus, in dem ich wohne, sowie sämtlichen weiteren beweglichen und unbeweglichen Besitz, wo oder woran ich den habe, wo der gelegen sei und gefunden werden möge, nichts auslassend, zu Besitz, Eigentum und freier Nutzung; und sollte es notwendig sein, dann möge dieser zwischen ihnen zu gleichen Teilen aufgeteilt werden. Und hierin sollen sie von keinem Menschen in irgendeiner Weise gehindert werden. Dies alles zu bezeugen habe ich die weisen und ehrenwerten Männer Sigmund, Richter, Matěj Porybný und Bernhard von Sampson, beisitzende Schöffen der Prager Altstadt, gebeten, dass sie ihre eigenen Siegel diesem Briefe beifügen mögen. Der gegeben ist im Jahre Eintausendvierhundertdreiundvierzig nach Christi Geburt, diesen Donnerstag Marien Empfängnis.

72. [1444, Mai 9]
Die Witwe Barbora aus der Prager Altstadt errichtet ihr Testament „freiwillig und ohne jede Nötigung“. Zwei Freundinnen werden zu Testamentsvollstreckerinnen ernannt. Armenfürsorge (Geld) und Hausrat. Im Anhang wird betont, dass das Testament mit Zustimmung des Altstädter Bürgermeisters errichtet wurde.
Archiv hlavního města Prahy, Hdschr. 992, fol. 215v (Abschrift).[77]

[77] Online abrufbar unter http://katalog.ahmp.cz/pragapublica/permalink?xid=E1BD3C13B72711DF820F00166F1163D4&scan=423#scan422 (07.09.2017).

Wegmeno Bozie amen. Ja Barbora, wdowa Miessecznicze, oznamugi tiemto listem obeznie przedewssemi nynieyssimi y buduczimi lidmi na wiedomie dawagicz, ze aczkoliwiek gsuczi nemoczna na tiele, wssak proto prziwagiczi zdraweho rozumu tudiez y pamieti dobrowolnie a swobodnie bezewsseho przinuczenie ze wsseho statku sweho, mnie od pana Boha daneho a pojczeneho ,nechtieczi, aby ktery sware a nesnaze po me smrti byli oto mezi przately mymi a przibuznymi, toto swe vstanowugi a zposobugi poslednie poruczenstwie. Najprwe vstanowugi pocztiwe pannu Katherzinu od Bethleema a panij Duoru Mydlarzku prawe a mocznie porucznicze sweho toho stateczku, proseczi gich, aby to me poruczenstwie tak zrziedili, iakoz gsem gim poruczila a swierzila. Potom tak iakoz mam za piet kop halerzow a dwa zlata, to na chude odkazugi, aby gim bylo pro Buoh a za mu dussi rozdano. Dale odkazugi Maretcze s Porzieczie z Sstrabochowa domu, przietelkyni swe, strziebrze w russcze obinute a kmentowe prostieradlo a take swuoy plasst czerny dobry, aby gij bylo wydano. Dale odkazugi Maretcze Tkadliczi, v Dassek bydliczij, klok swoj czerne barwy a gegij dieweczcze sukni swu. Dale prawila gest, ze nenie zadnemu nicz dluzna, ale ze gij dluzen niekteraky Andrle Miessecznik z Noweho miesta dwie kopie grossowe za domek, a ma plniti na kazdy rok powierdunku poczna na Swateho Girzie iakoz minul az do wyplnienie tiech peniez, a to take za mu dussi na chude, aby bylo rozdano; odkazugi tiemi poruczniczemi mymi y take ginie wsseliky statczek kterykoliwiek swoj swrchupsanym poruczniczem mocznie porucziem, by ony tak to zposobili, iakoz sem gim poruczila a swierzila bez prziekazky wsselikeho czlowieka. Toho na swiedomie prosila sem opatrnych lidij pana Waczlawa Brzeczky, pergmaystra, Mikulasse Dupowcze, ze su swe peczeti przitiskli ktomuto listu. Genz gest dan leta od Norozenie Syna Bozieho tissiczieho cztyrsteho cztwrteho ten patek po swatem Stanyslawu. A to poruczenstwie stalo sie gest s powolenim pana purgmistra Staromiestskeho, tak iakoz gest zprawil Jan Ssarba pansky posel w Jacubowie Mydlarzowie domu.

Im Namen Gottes Amen. Ich Barbora, Witwe und Beutelschneiderin, gebe mit diesem Brief vor allen jetzigen und künftigen Menschen bekannt und lasse wissen, dass, wenngleich ich körperlich krank bin, aber dennoch einen gesunden Verstand sowie ein gesundes Gedächtnis benutze, ich freiwillig und ohne jegliche Nötigung von allen meinen Gütern, die mir Gott der Herr gegeben und verliehen hat, diesen meinen letzten Willen errichte und bestimme, damit nach meinem Tode hierum zwischen meinen Freunden und Verwandten keinerlei Streit und Zwist entstehe. Zuvorderst bestimme ich die ehrenwerte Jungfer Kateřina von Bethlehem sowie Frau Duora Mydlářká [= Seifensiederin – Th. K.] *zu rechtmäßigen und bevollmächtigten Testamentsvollstreckerinnen meines Gutes und ich bitte sie, dass sie diesen meinen letzten Willen so ausführen, wie ich ihnen dies aufgetragen und anvertraut habe. Sodann verfüge ich, dass die fünf Schock Heller und die zwei Golddukaten, die ich habe, an Arme gegeben werden, um Gottes und um meiner Seele willen. Des Weiteren vermache ich Mareta vom Poritsch aus dem Hause Štraboch, meiner Freundin, mein silbern umfasstes [Bett-]Leinentuch aus Battist und auch meinen guten schwarzen Mantel; dies soll ihr gegeben werden. Weiterhin vermache ich Mareta Tkadličká* [= Weberin – Th. K.], *die bei Dašek wohnt, meinen Hut von schwarzer Farbe und ihrer Magd meinen Rock. Sodann hat sie bekannt gegeben* [sic!], *dass sie niemandem irgendetwas schuldig geblieben ist, dass aber ein gewisser Andrle Měsečník* [= Beutelschneider – Th. K.] *aus der Prager Neustadt ihr zwei Schock Groschen für ein Häuslein schuldet und dass dieser jährlich je ein Viertel davon an St. Ägidien geben soll, und zwar wie bisher bis zur Begleichung dieser Summe; und zwar auch um meiner Seele willen sollen diese meine Testamentsvollstreckerinnen auch meinen gesamten übrigen Besitz für Arme aufwenden, so wie ich den oben genannten Testamentsvollstreckerinnen dies aufgetragen habe und anvertraut habe, ohne alle Hindernis durch irgendwelche Menschen. Dies zu bezeugen habe ich die ehrenwerten Menschen, Herrn Václav Břečka, Bürgermeister, und Mikuláš Dupowecz gebeten, dass sie ihre Siegel diesem Brief beifügen mögen. Der gegeben ist im Jahre Eintausendvierhundertvierundvierzig, am Freitag nach St. Stanislaus. Und dieses Testament wurde abgefasst mit Erlaubnis des Herrn Altstädter Bürgermeisters, so wie Johann Šarba, herrschaftlicher Bote im Hause des Jakub Mydlář, dies übermittelt hat.*

73. [1446, April 21]
Der Brünner Bürger Johannes Stebler errichtet seinen letzten Willen, in dem er u. a. eine Romfahrt „vmb V mark" verfügt. Seine Gemahlin Katherina erbt den größten Teil seines Besitzes (u. a. Weingarten und Haus).
Archiv města Brna, Hdschr. 48 (Gerichtsbuch), fol. 357r (Abschrift).
Edition: Flodr, Pamětní kniha, S. 222-223.

Anno ut supra XLVI°, feria quinta ante festum sancti Georgii Iohannes Stebler fecit et disposuit suum vltimum testamentum et constituit testamentarios suos Oswaldum arcuficem, Martinum Holczer et Nicolaum Polczmacher ad exequendum tale suum testamentum modo infrascripto in wulgari sic conscriptum, et primo debitum:
Item der Lang Hannus tenetur II sexag.
Item Grim Ritter, sein Weinczurl tenetur X gulden vnd II sexag.
Item Karras purggraff von Holenstein tenetur X sexag.
Item Paul Poppl tenetur am Malcz II sexag.
Item Preitpauch ist purg mit dem Ritter von Lapanicz fur den Spigl fur I sexag. II gr.
Item Iohannes Stebler hat geschaft Iacoben Prawn I viertal weingarten im Luginzlaut zu Zelowicz vnd von denselben X sexag. sal man im auch geben II sexag., die der obgenannte purgraff von Holenstein schuldig ist.
Item von denselben X schocken sal man schicken ein Romfart vmb V mark.
Item der dirnen Turl, die bai dem Czlebinger ist, sal man geben VI mark von des halben hopffengarten wegen vff der Czeil.
Item den garten vff der Grilwitc hat er geschaft der Barbara der Elderen Tochter et Heckels vnd desselben garten sal die Katherina Polczmacherin geweldig sein, pis das kindt mundig wirt. Wer awer sach, das in dem die Barbara sturb, so sal derselbe garten geuallen vff das anderer kindt, vnd ab sach wer, das die kinder paide ab gingen, so sal derselbe garten geuallen vff der benannten kinder muter.
Item alles das, das er sust gelassen hat, varend vnd vnvarend, das hat er geschaft Katherinan, seiner hawsfrawen, es sei erbgut ader weingarten vnd z haws dorczu.

Item ab der iung Heckl sein eiden die egenante Katherina Steblerin zu ichte mer notten wolt, das sollen ir die erbern gescheftlewt vor sein, als in dann das vortrawt vnd enpfohlen hat.

74. [1446, Mai 9]
Der Brünner Bürger Niclas aus der Sbabengasse errichtet sein Testament, in dem er u. a. seinem Bruder Mertein Geld und seiner Gemahlin Kathrein Haus und Hoff vermacht und der Kirche Unserer Lieben Frau in der „swester herberge" ein Messgewand stiftet.
Archiv města Brna, Hdschr. 48 (Gerichtsbuch), fol. 356r (Abschrift).
Edition: Flodr, Pamětní kniha, S. 221.

Anno ut supra [*1446 – Th. K.*], feria secunda post Stanislai. Constituti coram dominis iuratis testamentarii subnotati Nicolai iudicis in plathea dicta Sbabengassen, publicantes eius testamentum in quadam cedula conscriptum sub hiis verbis: Das ist das Gescheft des Richters genant Niklas vff der Sbabengassen zu Brun. Czum ersten schaft er seinem bruder Mertein zum Lawczans II mark vnd alles sein gewant. Item der Doman der dyrne schaft er seinen pesseren plaben mantl. Item des Merteins hawsfraw schaft er zu kauffen XI elen gewant zu V gr. Item so schaft er seiner swester czwan tochtern in Osterich zum Pawmgarten gesessen I schok. Item so schaft er VII mark zu vnserer liben frawn in der Swesterherberg zu einem meßgewand. Item so schaft er dem Protczner ein weingarten, gelegen im Murrenperg, vnd dovon sal er hewr zu sant Merteins tag geben I mark. So beleiben noch vff demselben weingartn sten funff mark, dovon der Protczner ierlichen czinsen sal ein halbe mark czins zu dem obgenanten closter vnser liben frawn in der Swesterherberg. Item so schaft er ein halbe mark in der hewer czech. Item so schaft er Katherinam, seiner hawsfraven, alles, das in haws vnd in hoff ist, das dorczu nymant hab zu sprechen, vnd ein weingarten gelegen in Pewgleren. Vnd zu geczewgnuss des alles sein beym gescheft gewesen Wenczlaw et Iorgen Fidler, Eydem Iorg, sein sweher, Niklas Wagenknecht, Steffan Kosler vnd Hannus Protczner, drey newe schoppfen vnd ein alder schopff.

75. [1446, Juni 12]
Mikuláš Zebnický, Pilsener Bürger, errichtet sein Testament. Haupterbin ist seine Gemahlin Anna. Vermacht werden Geld und Landbesitz. Auch das Dienstmädchen Bětka erhält 5 Schock Groschen. Kelch und Ornat für die Kirche.
Archiv města Plzně, Hdschr. 22 468, fol. C 13 (Abschrift).
Edition: Strnad, Listář král. města Plzně 1, S. 412-414, Nr. 375.[78]

---

[78] Online abrufbar unter http://147.231.53.91/src/index.php?s=v&action=jdi&cat=18&bookid=398&page=412&action_button.x=0&action_button.y=0 (07.09.2017).

My Ondrassek, rychtarz, Jacub Smutek, toho czasu purgmistr, a Waczlaw Tocznik, Conssele prziseznij miesta Noweho Plznic, wyznawame tiemto listem przedewssemi, ze opatrny muz Mikulass Zebnicky, spolumiesstienin nass, aczkoli nemoczen gsa na tiele, wssak zdraw gsa na rozumu, a przidobre pamieti, aby po geho smrti zadnych sudow a nesnazij o geho zbozie kterehoz mu gest we zdrawij Buoh poprzal mezy przately geho nebylo, nas przipprosyw a zawolaw k tomu takowuto mieru swuoy poslednij gest kssaft zgednal. Naiprwe, ze panij Annu, manzelku swu, vczinil gest mocznu porucznicziwssech wieczy swuych a wsseho zbozie sweho mowiteho y nemowiteho, bud mnoho nebo malo, y take domu sweho a zwlasstie dluhow, kterez gemu dluzni, v Waczlawa v Kozlika a v zeny geho xxix kop gr., kterez magij plniti vherskymi zlatymi, za kazdy po polukopijcztuce, a to na swaty Bartholomieg, gesto naiprw przide. Pakliby beze lsti, wssech spolkem dati na tu dobu nemohli, ale magi dati polowiczy na s. Bartholomiey giz gmenowany, a druhi polowiczy bezpomczenie na S. Waczlaw, hned potom buduczy. Item powiediel, ze Obecz z Thyncze, polozili su v nieho ij kopy, protoz ktere stranie budeta przisuzenie, aby te byle wydanie. Take wyznall, ze ma kssaft Andrlika Czrneho, na plat wieczny k kostelu swateho Bartholomiege, na dielo a na sluzby za dusse, iakoz plniegie ten kssafft swedczij, a na ten gisty plat, ze drzij Henzl Pruchler w Thynczy, do swe wuole diediny, luky, chmelniczy s sedlisstiem, a kdyz se koli gemu nebude zdati toho drzeti, bud v tyz plat nayato ginemu pani Annu a porucznikу. Pakli by komu toho bylo postupeno k wiecznosti, aby to bylo opatrzeno, aby list rzadny byl tu na ten plat vdielan, k wiecznosti; a tiem wladni pani Anna s porucznikу sobie przidanymi wedle kssafftu Andrlokowa. Item wyznal, ze ma dwa listy na dwie kopie platu kssafftu nebozcze Petra Meindlowa, a tie ij kopie platu ze sta na domu tehoz Petra Meindle, z nichzto gedna kopa platu odkazana na sskolu, druha na komziczky, na swiecze a na zwoneczky, gezto chodie s swatosti nad nemoczne. Item ginie druzie dwie kopie platu, od tehoz Meindle, ze ma sprawiti a wywesti k wiecznosti Naroznik. Item kalich weliky pozlaceny, kteryz vdielan z mistrowa nebozcze Matiegowa statku z Zebnickeho, a z Henzlowa Prucklerowa, aby gei poruczniczy nyniessy y buduczij mieli w swe moczy, a gim wladli, a gestli zeby ho potrzebowali na ktere Bozie hody k ffarze, aby ho pogiczeli; alle kdyby odsluzili, aby gei hned zase w swu mocz wzeli. Item luku Mitrwald, aby prodali a z toho aby Bietcze, dieweczcze sluzebne, v kop dali; za ostatek tiech peniez, buduli pani Plzensstij, conssele a obecz chtieti, ornat perlowy dielati, tehda aby ge ty penieze ostatnie na pomocz tomu ornatu dali a prziwoleli pani k tomu, aby ten ornat perlowy y s kalichem tiem pozlacenym w swe moczy chowali, poruczniczy geho wdolepsanij y gich buduczy poruczniczi; a mieli to ku potrzebam costelnim, pakliby se panom k tomu swoliti nezdalo, aneb ze by ornatu takoweho dielati pro nedostatky nemohli, ale za ty Mitrwaldske penieze, aby poruczniczy kupili ornat takowy, iakoz by za ty penieze mohl kupen byti, a ten ornat s kalichem pozlacenym, aby poruczniczy w swe moczy mieli a pogiczeli geho k bozi sluzbie tymz obyczegem, iako y kalicha. A kdyz by Buoh neuchowal panie Anny, zeny geho, cozkoli po gegie smrti statku ostane, kakyzkoli to statek bude, aby poruczniczy za geho dussy a za geho zeny y za obogich przibuzne capplanstwie wieczne v fary zgednali a nadali. Take, ze listy kssafftnie nebozcze Mistrowy Matiegowy poruczie swym porucznikom, aby gimi mohli vpominati, ge kazati obnowowati a vcziniti s nimi coz ten kssafft swiedczi, iako moczni poruczniczi wedle mistrowa Matieiowa rozkazanie. Opiet wyznal, ze Mistrowa Matieiowa kssafftu gest na dielo welikeho zwonu giz dano V kop grossuow, a druhych V kop, ze gest v Henzle Prucklera. Item ze tyz Henzl tehoz mistra Matieige kssafftu ma za sebu X kop grossuow na dielo kamenneho mostu, a aby gich prwe newydawal, lecz na to dielo. O berniech takto seznal: Kdezkoli stogi psano dedet, tu gest z te bernie, kteruz ge wybieral, swe prawo od bernie wzal, a take tu berni dal; ale kdez nenie dedit, tu berni gest dluzen a sweho prawa newzal; a na to, coz gest berni dluzen, toto ma v obcze: sedm kbelcow wapna po III grossich, gessto gim brzew ke Wssem Swatym dielali; a X syrow po IV grossich, gessto pani konssele a obecz dali ge ciesarzowe noweho leta. Za ty penieze gsu rukojmie Jacub Smutek a Adam Kramarz. Take, aby registra purkmistrowska byla ohledana, coz gest kde za sweho purkmistrowstwie za obecz wydal, aby mu sesslo a geho zenie na zadrzalych berniech; pakli se nedostane, bud dodano. Wyznal take, ze su vroci ti splnieni od nieho y od Henzle vplnie do sie chwile z tiech diedin y z toho, coz ge v Tynci platu na kostel a ffararzowi kssafftowano. Item, ze tyto porucznik y swe mocne czini a ge pani Annie, manzelcze swe, przidawa, Tobiasse a Henzla Prucklera, miesstiany plzenske, wierze gim iako przatelom swym wiernym a milym, bylo li by co potrzebie panie Annie, zenie geho, ze gi budu radni y pomoczni a ze to skutecznie vczinie, coz gim poruczie. Pakli by se ktery z nich roznemohl, ten muoz miesto sebe gineho porucznika k tomuto kssafftu, kohoz se gemu zdati bude, vdielati, a ten geisty ma vplnie tuz mocz ku poruczenstwie mieti, iako by sam Zebnicky gemu poruczil, a zadne prawo, ani swiecke ani duchownie, ani ktera ruka moczna nema nizadne moczy mieti, ani prawa proti tomuto kssafftu. Pakli by se proti tomuto poruczenstwie, ktery sud nebo nesnaze zdwihla, to na Zebnickeho wlastni naklad a na statek zeny geho przedepsane beze wssie swe sskody poruczniczy gmenowani magi, wywoditi a zadnych pocztuow z takowych wieczi y ni z gineho, coz by se tohoto kssafftu tklo, aby neczinili. Pakli by take mimo capplanstwie zbylo co statku geho a po smrti zeny geho, bud coz toho, mohu to poruczniczy obratiti na gine skutky milostiwe pro Buoh za geho a za geho zeny y za gich przatel dusse, nacz se gim koli zdati. Take gest powiediel, ze gest toto lidem dluzen: Lazarowi Postrzihaczi za czrne sukno L grossuow, Mikulassowi Kowarzi XIV krossuow; Milotowi za barchan VIII grossuow, a Hanussowi Kramarzi za modre platno VI grossuow. A my k geho zadosti a prosbie peczeti swe na swiedomie prziwiessily sme k tomuto listu. Genz gest psan a dan leta od narozenie syna bozieho M°CCCC°XL°VI°, na den swate Trogicze.

Wir Ondráček Richter, Jakub Smutek, derzeit Bürgermeister, und Václav Točník, beisitzende Schöffen der Stadt Neu-Pilsen, bekennen mit diesem Brief vor allen, dass der ehrenwerte Mann Mikuláš Zebnický, unser Mitbürger, wenngleich er körperlich krank ist, aber dennoch einen gesunden Verstand und ein gutes Gedächtnis besitzt, uns zu sich gebeten und gerufen hat und sein letztes Geschäft getätigt hat, damit nach seinem Tode über seinen Besitz, den ihm Gott, als er gesund war, vergönnt hat, keinerlei Zwist und Unbill zwischen seinen Freunden entstehe. Zuvorderst hat er seine Gemahlin Frau Anna zur rechtmäßigen Testamentsvollstreckerin aller seiner beweglichen und unbeweglichen Güter gemacht, sei es nun viel oder wenig, und auch seines Hauses und besonders der Schulden, die bei ihm haben: Václav Kozlík und seine Frau 29 Schock Groschen, die sie in ungarischen Gulden zu begleichen haben, jeweils einen halben Schock zu St. Bartholomäus, sobald dieser Tag wieder naht. Wenn sie freilich ohne

Argwohn nicht alles zu dieser Zeit zusammen geben können, dann mögen sie die Hälfte zu dem schon genannten Termin S. Bartholomei und die andere Hälfte ohne Zögern gleich zum nächsten Tag des hl. Wenzel geben. Item hat er angegeben, dass die Gemeinde in Thynecz bei ihm zwei Schock hinterlegt hat; welcher Seite dies zusteht, der möge die Summe ausgehändigt werden. Sodann hat er bekannt, dass er das Geschäft des Andrlik Črny bei sich hat, für einen Ewigzins an die Kirche S. Bartholomäus, für Baumaßnahmen und Seelenmessen, von deren Erfüllung zeugt dieses Geschäft; und über jenen Zins, den Henzl Pruchler in Thynecz besitzt, nämlich für Hof, Wiesen, Hopfenfeld mit Wohnsitz; und wenn niemand diesen Besitz gibt, dann soll dieser Zins durch Frau Anna und die Testamentsvollstrecker einer anderen Person verpachtet werden. Wenn dem so ist, dass dies geregelt wird, dann möge ein ordentlicher Brief über diesen Zins ausgestellt werden; und darauf sollen Frau Anna und die Testamentsvollstrecker entsprechend dem Geschäft des Andrlik achtgeben. Item hat er bekannt, dass er zwei Briefe über zwei Schock Groschen aus dem letzten Willen des Petr Meindl hat und dass diese zwei Schock Zins auf dem Haus dieses Petr Meindl ruhen, wobei er einen Schock Groschen Zins an die Schule und den anderen für Chorröcke, Kerzen und Glöcklein vermacht. Item zwei weitere Schock Groschen Zins, von diesem Meindl, die soll Naróžník verwalten und für alle Zeiten behalten. Item einen großen vergoldeten Kelch, den der selige Magister Matěj vom Gut des Zebnický und Henzl Pruchner gefertigt haben, diesen sollen die jetzigen und künftigen Testamentsvollstrecker in ihrer Macht halten und darüber wachen; und sollte er benötigt werden, dann möge er an die Pfarrei ausgeliehen werden; und sie sollen darauf achten, dass er umgehend wieder zurückgegeben wird. Item die Wiese genannt Mitrwald [?], die sollen sie verkaufen, und davon Bětka, der Dienstmagd, fünf Schock geben; für das verbleibende Geld, wenn es die Herren Pilsener, Ratsherren und Gemeinde, haben wollen, soll man ein Perlenornat fertigen; und sie sollen das übrige Geld hierfür aufwenden und sie sollen die Herren ermahnen, dass dieses Perlenornat und der vergoldete Kelch in ihrem Besitz bleiben; seine unten genannten Testamentsvollstrecker und deren Nachfolger sollen den Bedürfnissen der Kirchendiener entgegenkommen; wenn es den Herren nicht gelingen sollte, sie hierzu zusammenzurufen, oder wenn sie ein solches Ornat aus Mangel nicht anfertigen könnten, dann sollen die Testamentsvollstrecker für das Geld aus Mitrwald ein solches Ornat kaufen, welches für diesen Preis erworben werden kann; und dieses Ornat sollen, zusammen mit dem vergoldeten Kelch, die Testamentsvollstrecker in ihrer Macht haben und es, genau wie den Kelch, seiner Bestimmung gemäß zum Gottesdienst verwenden. Und wenn Gott der Herr Frau Anna nicht am Leben belassen sollte, dann möge das, was nach ihrem Tode übrigbleibt, was immer dies auch für ein Besitz sei, durch die Testamentsvollstrecker um seiner Seele willen und derjenigen seiner Frau sowie deren beiderseitiger Verwandter der Kaplanei an der Pfarre auf ewig zustehen. Des Weiteren sollen die Geschäftsbriefe des seligen Magisters Matěj seinen Testamentsvollstreckern ausgehändigt werden, damit sie nicht in Vergessenheit geraten und darin erinnert werde und dass dieses Geschäft erfüllt werde, gemäß den Weisungen des Magisters Matěj. Wiederum hat er bekannt, dass gemäß dem letzten Willen dieses Magisters Matěj für die große Glocke bereits fünf Schock Groschen aufgewendet wurden; und die anderen fünf Schock Groschen, die befinden sich bei Henzl Pruckler. Item, dass dieser Henzl entsprechend des letzten Willens von Magister Matěj bei sich zehn Schock Groschen für Baumaßnahmen an der steinernen Brücke hat und dass er diese nur ihrem Zweck entsprechend aufwenden soll. Hinsichtlich der Steuern hat er angegeben: Wo geschrieben steht ‚dedet', das ist von jener Steuer, die er eingesammelt hat; auf die hat er seine Rechte erhoben, und er hat zudem diese Steuer bezahlt; wo aber nicht ‚dedit' steht, diese Steuer schuldet er noch; und für das, was er an Steuern noch schuldet, das sind in der Gemeinde: sieben Kübel [Eimer] *Kalk für III Groschen, die sollen ihnen zu Allerheiligen gegeben werden; und X Käse zu IV Groschen, die sollen die Herren Schöffen und die Gemeinde dem Kaiser zu Neujahr geben* [?]. *Für diese Gelder garantieren Jacub Smutek und der Kaufmann Adam Kramář. Auch sollen die Register des Bürgermeisters dahingehend durchgesehen werden, was er wo während seiner Bürgermeisterschaft für die Gemeinde ausgegeben hat, damit man ihm und seiner Frau dies für die noch ausstehenden Steuern anrechne; sofern dies nicht reicht, soll man etwas hinzugeben. Auch hat er bekannt, dass die Bauern von ihm und von Henzl alle Leistungen von den Feldern erbracht haben, was in Tynecz an Zins für die Kirche und die Pfarre laut Testament festgelegt war. Item hat er seiner Frau Anna als Vormünder Tobias und Henzl Pruckler, Bürger der Stadt Pilsen, zur Seite gestellt, denen er als seinen besonders engen und lieben Freunden vetraut; und sollte seine Gemahlin Hilfe benötigen, dann mögen sie ihr mit Rat und Tat wirksam zur Seite stehen. Sollte einer von ihnen dies nicht tun können, soll er an seiner statt einen anderen Vormund für dieses Geschäft einsetzen, wen er dafür für geeignet hält, und dieser soll volle Macht als Testamentsvollstrecker haben, als ob Zebnický ihn selbst eingesetzt habe, und er soll durch keinerlei Recht, weder weltliches noch geistliches, und durch keine Hand daran gehindert werden. Sollte irgendein Gericht gegen das Testament Einspruch erheben, das heißt zu Lasten Zebnickýs und des Besitzes seiner zuvor genannten Gemahlin, dann sollen die ernannten Testamentsvollstrecker ohne allen Schaden dies in jeglicher Form verhindern, damit das Geschäft erfüllt werde. Sollte nach seinem Tode oder demjenigen seiner Gemahlin außer dem für die Kaplanei bestimmten Gut etwas übrigbleiben, dann mögen die Testamentsvollstrecker dieses für andere mildtätige Werke aufwenden, um seiner Seele wegen, derjenigen seiner Gemahlin sowie all ihrer Freunde. Auch hat er bekannt, dass er nachfolgende Gelder anderen Menschen schuldig geblieben ist: Lazar dem Tuchscherer für schwarzes Tuch L Groschen, dem Schmied Nikolaus XIV Groschen; Milota für Barchent VIII Groschen und Hanuš dem Kaufmann für blaues Leinen VI Groschen. Und wir haben auf seine Bitten hin unsere Siegel diesem Brief zur Kenntnis beigefügt, der geschrieben und gegeben ist im Jahre M°CCCC°XL°VI° nach Christi Geburt, am Tage S. Trinitatis.*

76. [1446, August 21]
Der Schreiber Duchek bestimmt in seinem Geschäft, dass seine Gemahlin und sein Sohn bei seinem eigenen Ableben erben. Auch Arme werden bedacht. Daneben werden auch Bücher und Schmuck vererbt.
Archiv hlavního města Prahy, Hdschr. 2096, fol. 139v-140v (Abschrift).[79]

[79] Online abrufbar unter http://katalog.ahmp.cz/pragapublica/permalink?xid=E1BD391EB72711DF820F00166F1163D4&scan=250#scan251 (07.09.2017).

Wegmeno swate a nerozdielne Trogicze Amen. Ja Duchek, pisarz, miesstienin Noweho miesta prazskeho, aczkoli nemoczny tielesnu gsa obtiezen, leze na smrtedlne posteli, giz kazdu hodinu dusse stielem rozluczenie oczekawage, wssak geštie z milosti bozie s dobru pamieti s plnym rozumem a s rozmyslem poruczenstwie me poslednie wuole ze wsseho statku meho, mowiteho y nemowiteho, gimz mi pan buoh nadieliti raczil, czinim, zrzezugi a zgednawam tiemto listem, aby o ten gisty statek muoy mezy przately mymi y wsselikterakymi ginymi lidmi swaruow a nesnazij pome smrti se nedalo. Toho poruczenstwie czinim a vstanowugi moczne poruczniky a zprawcze, opatrne muze Barthosse z domu Seraphinowa, Patra Slancze a Procopa, pisarze panskeho, przately me zwlasstie mile, gimz vplnie dowierzim a doufam nadginee lidi, ze oni toto me poruczenstwie wiernie a prawie vesti budu wedle meho rozkazanie dolepsaneho; a Lidmile, manzelcze me mile, a Hawlowi, synu memu, budu radni a pomoczni k gich dobremu, aby se mohli zywiti podle boha pocztiwie geho slussie; A oni take, aby porucznikuow poslussni byli a k gich radu czinili. Najprwe oznamugi, ze yakoz sem byl porucznikem s Barthossem swrchupsanym, syrotka nebozcze Ondrzege od Gelena, ze ten syrotek ma mieti sto kop dwanadczte kop grossuow hotowych peniez, kromie ginych wiecze w kniehach miestskych znamenych. Tiech peniez ya mam toliko trzidczeti kop gr. A ty sem polozil v Waczlawa Himczledra, suseda meho, a dal sem gemu schowati. A ostatek tiech wssech peniez syrotczich Barthoss swrchupsany, druhy muoy porucznik, wie dobrze kde ge ma, a kde ma shledati; k tomu tyz Barthoss ma panczierz oboyczek, klobuczek czisty, lzycze, nuoz strziebrem obolzeny, y ginee wieczy popsane w kniehach miestskych. A o to sem vczinil poczet s nadepsanym Barthossem przed Gindrzichem kuorku a przed Martinem z Tratowskeho domu w tento cztwrtek nayprw pominuly. Mam take swych peniez v Waczlawa swrchupsaneho sedm kop grossuow. A doma w Almarze mam trzi kopy gr. Item mam biblij bezmalazelu ruku mu psanu. A druhe biblie polowiczy nawielikem pargamenie. Item mam trzi nozyky strziebrem okowane oblozene, prsten geden zlaty rynsky s kamenem, a druhy prsten strziebrny, a peniez rozlicznych strziebrnych za niekoliko grossuow. Ty wieczy swrchupsanee k tomu duom s miesstisstiem, kteryz lezi mezy domy Waczlawa Himczledra swrchupsaneho, a Waczlawa stareho pasierze, dluhy wsseczkni w nichz su mi lidee powinni kterziz su propamiet w registra miestska zapsany; y giny statek muoy, mowity y nemowity, kdezbykoli mohl shledan a optan byti, kromie toho czoz tu dole gmam, odkazugi Ludmile, manzelcze me mile, a Hawlowi, synu memu, poruczim mocznie odkazugi a oddawam pome smrti ke gmieni, k drzeni a k diediczkemu wladarzstwi narowny rozdiel bezewssech odpor a prziekazek przatel mych y ginych lidij. A gestli, ze by Hawel, syn muoy, przedswymi dospielymi lety vmrzel, aby diel geho na ludmilu geho spadl diedicznie, pakliby Lidmila, matka geho, gsuczy wdowu vmrzela, aby take diel gegi spadl na Hawla, syna nasseho, diedicznie, pakliby taz Ludmila staw wdowsky zmienila a Hawel nemage leth vmrzel, aby diel geho na Benesse Smolika, bratra meho z Brodu Czeskeho, y nagine me przibuzne przately, y take na chude lidi probuoh byl obraczen a dan yakoz by se naypodobniege porucznikuom widielo a zdalo bezewssech odpor a przekazek. Take oznamugi, ze nebezka Ssnayderka z Stareho miesta dluzna mi gest zuostala ssest kop gr. dluhu sprawedliweho. A ten dluh mam zapsan w kniehach panuom Staromiestskych; y take we cztyrzech sudiech plnych, y zweden sem na ten duom wedle rzadu a prawa miestskeho; y zadam giz chtie giti s tohoto swieta, aby pani staromiesstij o ten plne raczili do pomoczy sprawedlnosti zenie me y synu memu; dale pak muoy odwanaczti neb odcztrnadczti lotech strziebra odkazugi na monstranczij k swatemu Sstiepana, aby za mu dussy prosyli pana Boha. Item na dielo Classtera k materze bozie Sniezne, kdyz budu dielati, odkazugi dwie kopie grossuow. Item rozkazugi, aby kupen byl geden postaw sukna, y rozdan chudym pro mily buoh, potom Benessowi Smolikowi, bratru memu swrchupsanemu, odkazugi dwie kopie grossuow po me smrti; kniezi Girowi s hradu odkazugi mogi kniezky napargamenie in theologia wdesstkach; mistru Demetrowi lekarzi odkazugi kniezky w lekarzstwi. Take znam, ze mam wysudil gednu kopu gr., iakoz sem byl rukojmi za zigu k Jacobowi z mostu, ta kopa, aby temuz Jacubowi z meho statku byla dana. Naposledy oznamugi, yakoz sem byl porucznikem nebozcze Michala illuminatora, ze mam geho pulpie w gistbie, a to czoz gest w tom pulpie, a truhlu w Sienie a osm listuow s peczetmi naplati, ty su syrotkuow Michala swrchupsaneho. Item swierzil sem Tassek Michalowych Erazimowi od kliczuow, ty gest prodal za kopu grossuow, o tom gest swiedomo zaku malerzi na dluzenem y sama se Erazymow diel znala, ta kopa slussie na Michala swrchupsaneo syrotky. Toho wsseho na swiedecztwie y na potwrzenie peczeti opatrnych muzuom Jana z domu Chalupowa, rychtarze, Marzika Rathauzskeho a Giri Ffrankowicz, consseluow swrchupsaneho noweho miesta prazskeho, kmie snazne prosbie prziwiesseny su k tomuto listu. Genz psan a dan w nedieli przed swatym Bartholomeem Anno m.cccc.xlvj.

Im Namen der Heiligen und untrennbaren Dreifaltigkeit Amen. Ich Duchek, Stadtschreiber der Prager Neustadt, errichte, schaffe und bestimme durch diesen Brief, wenngleich ich körperlich krank bin und auf dem Sterbebett liege und jede Stunde die Trennung der Seele vom Körper erwarte, dennoch dank göttlicher Gnade und mit gutem Gedächtnis und vollem Verstand sowie mit gutem Vorbedacht diesen meinen letzten Willen von allen meinen beweglichen und unbeweglichen Gütern, die mir Gott der Herr zugeteilt hat, damit um diesen meinen Besitz zwischen meinen Freunden und irgendwelchen anderen Leuten nach meinem Tode keinerlei Zwist und Unbill entstehe. Zu rechtmäßigen Testamentsvollstreckern und Verwaltern dieses meines Testaments bestimme und ernenne ich die ehrenwerten Männer Bartoš aus dem Hause Seraphin, Petr Slanecz und Prokop, den herrschaftlichen Schreiber, meine besonders lieben Freunde, denen ich voll vertraue und vor allen anderen Menschen glaube, dass sie meinen letzten Willen getreulich und gerecht ausführen werden, entsprechend meinen nachfolgenden Bestimmungen, und dass sie meiner Gemahlin Ludmila und meinem Sohn Havel mit Rat und Tat zu deren Wohl verhelfen und sie ein gottesfürchtiges Leben führen. Und die Genannten mögen den Testamentsvollstreckern folgsam sein und deren Ratschlägen folgen. Zuvorderst gebe ich bekannt, dass ich zusammen mit dem oben genannten Bartoš als Testamentsvollstrecker des Waisen, des seligen Ondřej ‚vom Hirsch‘, eingesetzt war und dass dem Waisen[sohn] 100 Schock Groschen, zwölf Schock Groschen Barschaft neben den anderen Dingen zustehen, wie sie in den Stadtbüchern verzeichnet sind. Von dieser Summe befinden sich bei mir 30 Schock Groschen. Diese habe ich bei Václav Himczledr, meinem Nachbarn, zur Aufbewahrung hinterlegt. Über den Rest all dieser Waisen-Gelder weiß der oben genannte Bartoš, mein anderer Testamentsvollstrecker, wohl Bescheid, wo sich diese Summe befindet und wo er sie zu suchen hat; dazu hat dieser Bartoš einen Panzer mit Halsschutz und einen sauberen Hut, Löffel und ein silbernes Messer sowie die anderen in den Stadtbüchern verzeichneten Sachen. Und hierüber habe ich zusammen mit dem zuvor genannten Bartoš vor Jindřich Kuorka und vor Martin aus dem Hause Tratovský am vergangenen Donnerstag Rechenschaft abgelegt. Auch habe ich bei dem oben beschriebenen Václav sieben Schock Groschen eigenen Geldes. Und daheim in der Truhe habe ich drei Schock Groschen. Item habe ich eine durch eigene Hand geschriebene Bibel. Und eine zweite Bibel, zur Hälfte auf großem Pergament. Item habe ich drei kleine, mit Silber verzierte Messer, einen goldenen rheinischen Fingerring mit einem Stein sowie einen weiteren silbernen Fingerring und verschiedene Silbermünzen im Wert mehrerer Groschen. Diese oben genannten Sachen zusammen mit dem Haus und Grund, das gelegen ist zwischen den Häusern des oben erwähnten Václav Himczledr und des alten Gürtlers Václav, sämtliche Schulden, die andere Leute bei mir haben und die im städtischen Register der Erinnerung wegen verzeichnet sind, sowie meine anderen beweglichen und unbeweglichen Besitzungen, wo immer die gelegen und gefunden werden, mit Ausnahme dessen, was ich unten anfüge, dies vermache und gebe ich meiner lieben Gemahlin Ludmila und Havel meinem Sohn nach meinem Tode zu Besitz, Eigentum und erblicher Nutzung zu gleichen Teilen, ohne jeglichen Widerstand und Hindernisse meiner Freunde und anderer Leute. Und sollte es geschehen, dass mein Sohn Havel vor Erreichen seiner Volljährigkeit stürbe, dann soll sein Erbteil auf Ludmila erblich fallen; wenn Ludmila, seine Mutter, im Witwenstand sterben sollte, dann gehe ihr Erbteil an unseren Sohn Havel in erblichen Besitz über; sollte diese Ludmila ihren Witwenstand aufgeben und Havel seine Volljährigkeit nicht erreichen, dann möge sein Erbteil an Beneš Smolik, meinen Bruder aus Böhmisch Brod, fallen und an meine anderen Freunde und Verwandten; und auch für arme Leute möge um Gottes willen etwas gegeben und aufgewendet werden, so, wie es den Testamentsvollstreckern am günstigsten erscheint, ohne alle Hindernis und Widerstand. Auch gebe ich bekannt, dass die selige Snayderká aus der Altstadt mir sechs Schock Groschen an gerechter Schuld schuldig geblieben ist. Und diese Schuld ist in den Altstädter Büchern verzeichnet, und auch in vier vollen Urteilen; und geführt bin ich für dieses Haus entsprechend städtischem Recht und städtischer Ordnung. Und sollte ich von dieser Welt gehen, dann sollen die Altstädter Herren diesbezüglich um ihrer Gerechtigkeit willen meiner Frau und meinem Sohn helfen. Und weiterhin vermache ich 12 oder 14 Lot Silber für eine Monstranz zu St. Stephan, damit sie zu Gott für meine Seele beten. Item in das Kloster Maria Schnee vermache ich zwei Schock Groschen. Item ordne ich an, dass ein Ballen Tuch gekauft und armen Leuten um Gottes Willen gegeben werde. Sodann vermache ich meinem oben genannten Bruder Beneš Smolik zwei Schock Groschen nach meinem Tode, dem Priester Gira von der Burg vermache ich meine Codici ‚In theologia' aus Pergament, dem Arzt Magister Demeter vermache ich die medizinischen Bücher. Auch weiß ich, dass ich über einen Schock Groschen für Jakubek von der Brücke gebürgt habe und dass dieser Schock Groschen dem Jakubek aus meinem Besitz gegeben werde. Zuletzt geb ich bekannt, dass ich Testamentsvollstrecker des seligen Pergamentmachers Michal gewesen bin und dass ich einen Pult von ihm bei mir aufbewahre, dazu das, was sich darinnen befindet; und eine Truhe in Siena [?] *und acht Briefe mit Siegeln für die Waisen diesen oben genannten Michal. Item habe ich anvertraut die Taschen des Michal Erazim ‚von den Schlüsseln', die hat er verkauft für einen Schock Groschen; dieser Groschen gehört dem oben genannten Waisen Michal.*

Dies alles zu bezeugen und zu bestätigen haben die ehrwürdigen Männer Jan aus dem Hause Chalupov, Mařík Rathauzský und Gira Frankowicz, Ratsherren der oben genannten Prager Neustadt, auf seine Bitten hin ihre Siegel diesem Brief beigefügt. Der geschrieben und gegeben ist am Sonntag vor S. Bartholomei Anno M.CCCC.XLVI.

77. [1448, Dezember 19]
Testament des Magisters Jan von Příbram[80], Pfarrer an der Ägidiikirche in der Prager Altstadt. Der Erblasser vermacht Grundbesitz und Zins; seine bewegliche und unbewegliche Habe soll u. a. an Verwandte und arme Schüler verteilt werden.
Archiv hlavního města Prahy, Hdschr. 2119, fol. A 8 (Kriegsverlust; Abschrift). Edition: AČ 28 (Auszüge)[81], S. 47. Teige, Základy 2, S. 686.

Wegmeno bozie amen. Ja mistr Jan z Przibramie, ffararz kostela sw. Gilgie w Starem miestie prazskem, wyznawam tiemto listem, ze aczkoliwiek dopusstienim Pana Boha wssemohuczieho w gehozto moczi wsselike wieczi gsu a genz take ziwi y mrtwi kohoz a pokudz raczi nemoczen a neduziw na tiele, newieda kdy a ktery cil me ziwnosti od geho swate milosti ulozen gest, wssak proto zdraweho rozumu a pamieti dobre poziwage, nechtie rad coz najdale na mnie gest, nezachowal li mnie mily pan Buoh w teto nemoczi od smrti, by o statek a sbozie gehoz mi z nesmierne sstiedroty swe geho swata milost poprzieti gest raczila, neprziezni ani ktere nelibosti mezi przibuznymi a przately mymi nebo ginymi lidmi kterymzkoli powstawaly a wznikly, toto me poslednie poruczenstwie a koneczny vmysl wuole me o tom wssem statku a sbozie mem, mowitem ynemowitem, zrziedil gsem a sposobil y moczi tohoto listu a kssaftu rziedim a sposobugi obyczegem tokowymto: Najprwe vczinil sem a czinim umiele a rozssafne lidi Petra z Hradcze, mistra Stanka z Gnezna, w ty czasy diekana vczenie prazskeho a probossta kollege Karlowa, a Mikulasse mydlarze, messtienina tehoz Stareho miesta prazskeho, kmotra meho, prawe a moczne poruczniky tiech XIIII kop grossow vroku a platu rocznieho a wieczneho na twrzi a na dworu popluzniem s diedinami geho w Maleczicich, y na tom na wssem coz k tomu przislussie, kterez sem kupil y zaplatil, a mam to sobie od Prokopa dobre pamiety Berwik rzeczeny w dsky zemske rzadne vlozeno a zapsano, a kteryzto plat yz take tymz porucznikom zdraw gesstie gsa tymiz dskami zapsal sem gezto wsseczko to plnegie dsky w sobie zawiragi a swiedczie. A k tomu przidawam k nim cztwrteho mistra Jana z Czaslawie take za praweho a moczneho porucznika. Gine wsseczky pak wieczy mowite po mnie, acz mily pan Buoh nera-

80 Jan von Příbram (etwa 1387-1448) war ein böhmischer Universitätsgelehrter und hussitischer Theologe, der nach dem Tode des Johannes Hus als Sprecher der (tschechischen) Prager Universitätsmagister tätig war, im Verlaufe der hussitischen Revolution gegen die radikalen Taboriten auftrat und 1439, gemeinsam mit Prokop von Pilsen, zum böhmischen Glaubensverwalter gewählt wurde. Im April 1437 wurde er zum Pfarrer an der Kirche St. Ägidien in der Prager Altstadt berufen. Er starb am 20. Dezember 1448, einen Tag nach Errichtung seines Testaments.

81 Online abrufbar unter http://147.231.53.91/src/index.php?s=v&action=jdi&cat=10&bookid=302&page=47 &action_button.x=0&action_button.y=0 (07.09.2017).

czi mie od smrti vchowati, zuostale jakozto kniehy, rucho chodiczie y postelne nebo ggine, kterezkoli na czem by ty koli zalezely neb kterym a kterakym koli gmenem mohu a mohly by gmenowany byti, nicz owssem newymienuge ani pozuostawuge, poruczil sem a mocznie poruczim swrchupsanym mistru Petrowi z Hradcze a Mikulassi mydlarzi, kmotru memu, aby ony ty wieczy a takowe wydaly sestrzenci memu, kniezim a zakom chudym na kostel i ginam, yakoz ya swiedomi gich nad gine wierze gim t zwlasstie poruczim a rozkazi. K tomu take przidal sem gim wssem porucznikom swrchupsanym a przidawam vrozeneho pana Alsse z Zieberka za pomocznika a radczi wieczi tuto polozenych y za obranczi cztyrzidczeti kop bez gedne kopy grossow. A w tom gest mi zastawil list genz swiedczi na sto kop grossow pod takowu vmluwu a wymienku, kdyz by mi koli dluh muoy zaplatil ze gemu ten list na sto kop grossow ma zase wracen byti. Actum feria quinta ante Thome anno dm. XLVIII.

Im Namen Gottes Amen. Ich, Magister Jan von Příbram, Pfarrer zu St. Ägidien in der Prager Altstadt, bekenne mit diesem Brief, dass, wenngleich ich durch die Fügung des allmächtigen Gottes, unseres Herrn, in dessen Allmacht es liegt zu bestimmen, welche Dinge lebendig und welche tot sind, wen er mit Krankheit straft und wen er mit körperlichen Gebrechen heimsucht, ich also, der ich nicht weiß, wann mein Dasein sich dem Ende zuneigt, habe, wenngleich ich krank und gebrechlich am Körper bin, dennoch aber einen gesunden Verstand und ein gutes Gedächtnis besitze, diesen meinen letzten Willen und mein letztes Geschäft über meinen gesamten fahrenden und unfahrenden Besitz, den mir Gott der Herr in seiner Güte verliehen hat, nach folgendem Brauch festgelegt, da ich nicht will, dass nach meinem Tode zwischen meinen Verwandten und Freunden irgendwelche Streitigkeiten ausbrechen: Zuerst habe ich zu rechtmäßigen und bestimmenden Vormunden die rechtschaffenden Magister Petr von Hradec[82]*, Magister Staněk von Gnesen, derzeit Dekan der Prager Universität und Probst des Karlskollegs, sowie Mikuláš, Seifensieder und Bürger der Prager Altstadt, meinen Paten (Gevatter), ernannt, die über jene 14 Schock Groschen Zins und jährliche Abgabe für das Dorf und den Meierhof mitsamt seinen Untertanen in Malešice wachen sollen, welches ich gekauft und bezahlt habe, und zwar von Prokop, meines Wissens Bervík genannt, was ordnungsgemäß in die Landtafeln aufgenommen und eingetragen wurde, und dessen Abgabe ich diesen Vormündern auch noch bei Gesundheit in jene Landtafeln eingeschrieben habe, von deren Erfüllung diese zeugen. Hierzu stelle ich ihnen als vierten rechtenmäßigen und bevollmächtigten Vormund Magister Jan von Tschaslau zur Seite. All meine anderen beweglichen Sachen, die, wenngleich es dem lieben Herrgott nicht beliebt, mich vor dem Tode zu bewahren, dennoch bleiben, nämlich Bücher, Kleidung, Bettwäsche oder andere Sachen, durch wen auch immer die benannt werden könnten und wo immer die auch seien, vertraue ich, nicht auslassend, den oben genannten Magister Peter von Hradec und Mikuláš Seifensieder, meinem Gevatter, an, damit sie diese an meinen Cousin, Priester und arme Schüler verteilen, an die Kirche und anderswo. Dazu gebe ich ihnen den ehrenwerten Herren Aleš von*

82 Petr von Hradec, 1389 Magister der Freien Künste an der Prager Universität und 1397 Dekan der Artistenfakultät, trat u. a. als Lizentiat unter Jan von Příbram mit der Quaestio *Utrum perfectissima felicitas hominis sit speculacio summae veritatis* hervor.

Bettlern als Helfer. Auch bekenne ich, dass Prokop Bervík mir 40 Schock Groschen abzüglich einem Schock schuldig ist, worüber er mir einen Brief ausgestellt hat, welcher 100 Schock Groschen bezeugt, unter der Abmachung, dass, wenn mir jemand meine Schuld bezahlte, ihm dieser Brief über 100 Schock Groschen wieder zurückgegeben werde. Actum feria V^{a} ante Thome apostoli.

78. [1449, s. d.]

Mikuláš Sedlář, der zwar gesund ist, aber weiß, eines Tages als Sünder vor Gott treten zu müssen, bestimmt in seinem letzten Willen, dass seine Gemahlin Elška Testamentsvollstreckerin werde. Seine besten Freunde sollen sie hierbei unterstützen. Haupterben sind die Gemahlin sowie die Tochter Zuzanna. Ausgenommen hiervon wird ausdrücklich eine weitere Tochter Hedwika, die bereits früher ein Geldlegat erhalten hatte.

Archiv hlavního města Prahy, Hdschr. 2119, fol. B 2 (Kriegsverlust; Abschrift). Edition: Teige, Základy 2, S. 230.

We gmeno Bozie amen. Ja Mikulass, sedlarz, wyznawam –, ze aczkoli P[anu]. B[ohu]. dekuge zdraw gsem tielem, wssak bera sobie to przed oczi, kterak wessken tento swiet w neustavicznosti a negistotie gest polozen, takze izadny czlowiek nenie ani byti muoz k zivnosti swe gist dnem zejtrziejssim, a tak peczi na to mage podle vystrahy cztenie swateho, aby mne den smrti me iako zlodiej, czehoz P[an]. B[uh]. racz ostrzieci, neuchvatl, ani chtie rad, coz na mne gest, przepustil-li by na mie Buoh tiezkost snad nemoci nebo ginu przihodu nenadalu, by o statek a zbozie po mnie zusotaly a zuostale skrze priczinu meho obmesskanie mezi przibuznymi a przately mymi kterzi swarowe se dali, toto me poslednie poruczenstwie a koneczny umysl wuole swe o wssem zbozi a statku mem, kterehoz mi P[an]. B[uh]. z sstiedroty milosti swe poprieti raczil, zrziedil sem a zposobil i moci tohoto listu poruczenstwie meho s dobrym rozmyslem rziedim a zposobugi obyczegem takowymto: Najprwe uczinil sem a ustanowil y czinim a ustanowugi pani Elssku, manzelku mu milu, pravu, mocznu a naywyssi porucznicz wsseho zbozie a statku meho, mowiteho y nemowiteho, bud to zde v miestie neboli ginde kdezkoli krom miesta, kdez by neb na czemkoli ten zalezal a zalezalo, bud to na dluzich nebo na ginych wieczech kterychzkoli, kterym a kterakym koli gmenem muoz a mohl by, neb mohla by, gmenowan a gmenowana byti, nic newymienuge ani pozuostawuge. Przidawage gie k radie a ku pomoczi opatrne lidij Ondrzege od Angieluow a Petrzika konwarze, miesstiany St[arého]. M[ěsta]. Pr[ažského]., wierze gim, iakozto mym przatelom zwlasstnim, ze manzelcze me swrchupsane, w czem by gich potrzebowala, radni a pomoczni budu, iakoz ja toho gim mimo gine przately swe wierzim zwlasstnie. Potom pak wsseckeren statek muoj tak, iakoz drziw dotczeno gest –, dawam a po me smrti mocznie s plnym cielym prawem mym y diediczky otdawam swrchupsane panie Elssce, manzelcze a Zuzannie, dcerzi me a gegie, k gmieni, drzeni, poziwani a na rowny diel mezi nie k rozdieleni, bez Hedwiky, dcery me, y ginych lidij wsselikeho otporu a przekazky, tak totiz, neuchowal-li by tez Zuzanny, dcery me, buoh prwe od smrti, nezli by swych let rozumnych dossla, aby diel gegij na pani Elssku, manzelku mu a matku gegi, przipadl plnym prawem. A tez zasie take gestli, ze by pani Elsska czastopsana stawu wdowskeho nepromieniecz umrzela a Zuzanna po nie ziwa zuostawa, tehdy diel gegij na tuz Zuzannu przipadni bez zmatku. A take gestli, ze by taz Hedvika drziewc roku a dne zemrzela ote dne vdanie gegieho, ma panie Elszce a Zuzannie wedle smluw przately mezi nami obostrannie uczinienych zasie nawratiti zmatku gim w tom ani otporu neczinie. Dale pak iakoz Hedwice, dcerzi me swrchupsane, dal sem giz za otdiel gegie XX, V kop gr. gie mam gesstie dati, tak tomu chczi –, kdybychkoli ja gie tiech V kop anebo manzelka ma po mnie dodala, aby taz Hedwika to giz za swuoj prawy a plny otdiel vezmucz, napadu sie – odrzekla – [*bricht hier ab*!].

Im Namen Gottes Amen. Ich Mikulář Sedlář [= Bauer – Th. K.], *bekenne – dass, wenngleich ich Gott dem Herrn dafür danke, dass ich gesund am Körper bin, ich doch vor Augen habe, dass diese ganze Welt sich in Unbeständigkeit und Unsicherheit befindet, so dass kein Mensch sicher sein kann, ob er am folgenden Tag noch am Leben ist, und ich so entsprechend der Hl. Schrift Sorge dafür tragen muss, dass ich am Tage meines Todes nicht als Sünder, den Gott der Herr richtet, erscheine; auch möchte ich nicht, was an mir liegt, dass Gott vielleicht die Schwere einer Krankheit oder eine andere Last mir auferlegt; daher habe ich dieses mein letztes Geschäft und meinen endgültigen Willen über alle meine Güter und Waren, die mir Gott der Herr in seiner Freigebigkeit verliehen hat, errichtet und festgelegt kraft dieses Testamentsbriefes, den ich mit gutem Vorbedacht verfasse und in nachfolgender Weise bestimme, damit nach meinem Tode zwischen meinen Verwandten und Freunden keinerlei Streit entstehe. Zuvorderst habe ich bestimmt und verfügt und ernenne und will ich, dass Frau Elška, meine liebe Gemahlin, rechtmäßige und oberste Testamentsvollstreckerin aller meiner beweglichen und unbeweglichen Güter werde, seien diese nun hier in der Stadt oder sonstwo außerhalb der Stadt gelegen, wo und woran ich die habe und wo diese, von wem auch immer, gefunden werden mögen, seien es Schulden oder irgendwelche anderen Dinge, von wem diese auch immer aufgezeigt werden mögen, nichts auslassend. Ich gebe ihr zu Rat und Hilfe die ehrenwerten Menschen Ondřej von den ‚Engeln' und Petr Kannengießer, Bürger der Prager Altstadt, denen ich als meinen besonderen Freunden vertraue, dass sie meiner oben genannten Gemahlin, wenn sie es benötigt, mit Rat und Tat zur Seite stehen, da sie eben meine besonders guten Freunde sind. Sodann mein gesamtes Gut, was ich habe, gebe ich nach meinem Tode mit vollem Erbrecht meiner oben genannten Frau Elška und Zusanna, ihrer und meiner Tochter, zu Besitz und Eigentum, und zwar zu gleichen Teilen; ausgenommen sind hiervon Hedwig und andere Leute, ohne jeden Widerstand und jegliches Hindernis. Und zwar dergestalt, dass, sollte Zuzanna, meine Tochter, Gott zu sich rufen, noch ehe sie ihre Volljährigkeit erreicht hat, dann möge ihr Erbteil auf Frau Elška, meine Gemahlin und ihre Mutter, übergehen. Und sei es, dass die wiederholt genannte Elška, sofern sie ihren Witwenstand beibehält, stürbe und Zusanna am Leben bliebe, dann soll das Erbteil der Mutter auf Zuzanna fallen, ohne Hindernis. Und sollte es geschehen, dass Hedwika vor Jahr und Tag stürbe, gerechnet vom Tage ihrer Heirat, dann sollen unsere beiderseitigen Freunde Frau Elška und Zuzanna entsprechend den Festlegungen ohne Wirrnis ihnen dies zurückgeben, ohne jeglichen Widerstand. Des Weiteren habe ich Hedwika, meiner oben genannten Tochter, für deren Erbteil XX Schock Groschen gegeben; fünf Schock muss ich ihr noch auszahlen; und so will ich, dass ich ihr diese fünf Schock oder aber meine Frau nach meinem Tode gebe, damit diese Hedwig diese als ihren gerechten und vollzähligen Erbteil nehme, für den Fall – sagte sie los –* [bricht hier ab!].

79. [1450, November 24]

Mikuláš Sedlář, nunmehr erkrankt, wiederholt sein Testament. Einer der beiden Vormünder der minderjährigen Tochter Zuzanna ist inzwischen wohl verstorben, ein neuer wird bestimmt. Seine Gemahlin Elška lebt ebenfalls nicht mehr. Die Nachbarin Machna Duchková, eine Freundin der Verstorbenen, soll sich Zuzannas, nunmehr Haupterbin, in besonderer Weise annehmen. Aufgeführt wird diesmal auch Schmuck. Sollte Zuzanna noch vor Erreichen der Volljährigkeit sterben, soll nunmehr ihre Schwester Hedwika erben.

Archiv hlavního města Prahy, Hdschr. 2119, fol.C 6 (Kriegsverlust; Abschrift).
Edition: Teige, Základy 2, S. 230-231.

Wegmeno Bozie amen. Ja Mikulass sedlarz, miesstienin Star[ého]. M[ěsta]. Pr[ažského]., wyznawam tiemto listem, ze aczkoliwiek z dopusstienie bozieho nemoczen gsem a neduziw na tyele, wssak proto pamieti dobre a swobody zdaweho rozumu poziwage, nechtie, coz na mnie gest, by o statek a o zbozie po mie zuostaly a zuostale mezi przibuznymi a przately mymi po me smrti, kterzi swarowe se dali, toto me poslednie poruczentstwie a koneczny vmysl wuole me o tom wssem statku a zbozi mem, kterymz mie pan Buoh z swe nesmierne dobroty nadieliti gest raczil, zrziedil sem a zposobil y moczi tohoto kssafftu a poruczenstwie meho rziedim a zposobuji obyczegem takowymto: Najprwe a przedewssemi wieczmi vczinil gsem a vstanowil y czinim opatrne lidij Prokopa krajczierze od Bruncvika a Petrzika konwarze, miesstiany St[arého]. M[ěsta]. Pr[ažského]., przately me mile, prawe a moczne poruczniky Zuzanny, dczery me, a podle toho domu meho, w niemz bydlim, y wsseho statku meho, mowiteho y nemowiteho, kdez a na czem by koli ten zalezal, neb kterym a kterakymkoli gmenem muoz a mohl by gmenowan byti, nicz newymienuge ani pozuostawuge, wierze gim, iakozto mym zwlasstnym przateluom, ze pilnosti swu a opatrnosti wsseczky wieczi tuto popsane wuole me gednati budu a k konci skutecznemu bez promieny powedu, iakoz ja toho gim nad gine swe przately swierzil sem a wierzim zwlasstnie. Zwlasstnie pak panie Machny Duchkowe, susedy me mile, prosim, aby na tu prziezen a lasku, kteruz gest nebozka pani Elszka, manzelka ma, k nie az do smrti miela, zpominagic y take pro buduczi swu od P[ana]. B[oha]. otplatu, prace swe a pilnosti w tom nelitugiczi, Zuzannu, dceru mu, opatrowala, gi do kostela s sebu w niedeli zwlasstie a w gine dni swatecznie wodiec y k ginym wieczem, kterez by k gegiemu pocztiwemu a spaseni byly, vcziec a weducz, iakoz toho gie wierzim mimo gine wsseczky. Kterezto Zuzannie, dcerzi me, duom muoy swrchupsany a wieczy dole wypsane diedieczky a k wiecznosti otkazugi y mocznie otdawam. Najprwe dwa pasy strziebrna, XII lzicz strziebrem oblozenym, dwa renliky miediena, stogata, trzi misy welike struhane czistcove a dwie kowane s machnami; item dwie menssie gednostajnie a opiet dwie menssie gednostajnie a trzetie najmenssie. Item ssalessnych misek piet, talerzuow XIII; item konew gednu w trzi pinty puklatu a ssest konwi, gimz Mandaleny rziekagi, z nichtzto gedna gest w poldruhe pinty, druha w pintu, trzetie hranata pukl polupinetnie a k tomu gine trzi take polupinetnie, dwa zejdliky, dwie miedczenice welike a trzetie lazebnie; item dwie perzinie, osm prostieradl, dwa polsstarze prassna a dwie poduszce y s tu weliku truhlu, do niez ty wieczy swrchupsane sklizeny gsu a budu. Ty wssechny wieczy porucznicy mogi swrchupsanij podle opatrnosti swe Zuzannie, czastopsane dczerzi me, zachowajte az do gegich let rozumnych. Pakli by snad taz Zuzanna rozumnych let nedojducz umrzela, tehdy tomu chczi y tak ma wuole gest, aby diel gegij a ty wieczi prwe wypsane na Hedwiku, dczeru mu a sestru gegij, y na dieti gegie przipadl plnym prawem a przipadly y gim po smrti tez Zuzanny, bud od porucznikuow wydano bez zmatku. Nez, aby taz Hedwika po smrti sestry swe z toho ze wsseho statku na ni przipadleho XX kop gr. wydala, iakoz se tuto nize pise, totiz aby za deset kop gr. kalich k kostelu sw. Mikulasse v St[arém]. M[ěstě]. Pr[ažském]. kupen byl a tu dan, aby przi temz kostelu wiecznie zuostal a pamatka za mu a przedssich mych dusse ku P[anu]. B[ohu]. wedle mych porucznikuow zposobenie sie vstawicznie dala. Dale pak chczi, aby z tyech XX kop gr. wyss powiedienych Wankowi, Petrzikowi synu, porucznika swrchupsaneho, po smrti Zuzanny, dczery me, V kop gr. bylo dano. A za ostatnych V kop gr. chczi, aby sukna k odiewu chudych kupeno bylo a mezi nie za mu a nassich wssech przedssich dusse we gmeno bozie tymiz porucznicy rozdano. Item Waczlawowi sedlarzi, bratru memu, rzeczenemu Kutta, otkazugi sukni mu s lysym kozichem a Matiegowi, pacholku memu, kozich muoy lysy za trzi kopy gr. a to, aby gim po me smrti bylo bez zmatku wydano. Gine pak wssecky wieczy a swrchky domowite y take nadobie a przipprawy k rzemeslu sedlarzskemu przislussne y coz diela giz hotoweho gest a k tomu wssicku branj a odenie y rucho loznie y chodieczie, nicz newymienugicz, kromie wssak wieczi prwepsanych a ginym otkazanych, otkazugi a po me smrti diediczky a mocznie otdawam Tomasskowi, zeti memu, chtie tomu, aby gemu na tom porucznicy mymi nebylo przekazieno, aniz mu sie w to wkladal kto obyczegem izadnym. Potom dale rozkazugi a porucziem, aby tyz Tomassek, zet muoj, po me smrti w domu mem prawym a mocznym hospodarzem gsa, iakoz y nyni gest, Zuzanny, dczery me, pocztiwe, iakoz na nie slussie, przi sobie chowal az do gegich let rozumnych. A kdyz by k letom swym rozumu dosslych przissla, tehdy Tomassek, zet muoj, gi sukni za dwie kopie a plasst za druhe dwie kopie gr. kupie domu swrchupsaneho postup beze wssech nesnazi. Gestli pak ze by sie co tez dczerzi me w tom lepssieho snad nahodilo, tehdy chczi aby domu toho Tomasskowi a geho dietem w podobnych w slussnych peniezich przala mimo gine, tak iakoz by przatelsky mezi sebu o to uhoditi mohli. Toto znamenitie take przidawam: Gestlize by porucznicy mogi swrchupsanij znamenali a to zrzetedlne shledali, ze by Zuzanna, dczera ma, tak iakz by na ni slussalo, nebyla chowana, tehdy oni gi y s statkem gegim w swu mocz wezmucz opatrzte, iakz oni najlep umegi, k jgegiemu dobremu a pocztiwemu gi weducz, iakoz ja toho gim mimo gine swierzil y wierzim zwlasstnie; tak wssak, aby Tomassek, zet muoj, nebyl wzdy z domu meho hyban az do let gegich rozumnych. Tak zwlasstnie tuto mocz y prawo porucznikuom dawam, aby kazdy z nich, bud za zdraweho zywota nebo w nemoczne posteli mohl sebe miesto gineho dobreho czlowieka porucznikem vdielati, kohoz by sie gemu zdalo, a ten tak udielany porucznik chczi aby tuz mocz y tez owssem prawo miel ke wssemu, iako by mu gsa vczinien w tomto kssafftu napsan byl zegmena. Naposledy pak oznamugi, ze Brnierz z Kadanie a p[an]. Przech z sspitala XLIIII gr. zuostawagi mi dluzni, tak iakz stymz Przechem na wrubie to mezy sebu znamenano mame. Ty dluhy wierzim porucznikom mym, ze wyupominagicz k uzitku a potrzebie sirotka obratie iakoz rozumieti budu najlep. Take, actkoli sie nepamatugi, bych komu co zuostal dluzen, kromie panie Urssule kramarzce LV gr., giez to sam gesstie bohda zaplatim, wssak byl-li by ktery dluh na nie prawem miestskem doweden nebo gich wiecze, ten a takowy chczi aby kazdemu pieknie z statku meho byly zaplaczeny beze wssech nesnazij. Na potwrzenie toho prosil sem mudrych a opatrnych panuow Jana Slatiny, rychtarze, Broz doleator, Urbanus frenifex, consules etc. Act. fer. III. in vig. Katherine a.L.

Im Namen Gottes Amen. Ich Mikuláš Sedlář, Bürger der Prager Altstadt, bekenne mit diesem Brief, dass, wenngleich ich durch göttliche Fügung krank bin und körperlich dahinsieche, ich dennoch ein gutes Gedächtnis und die Freiheit eines gesunden Verstandes benutze, und, nicht wollend, dass um meine Hinterlassenschaft nach meinem Tode zwischen meinen Verwandten und Freunden irgendwelcher Streit oder Unbill entstehe, ich dieses mein letztes Geschäft und meinen definitiven Willen hinsichtlich aller meiner mir durch Gott den Herrn in dessen unendlicher Güte verliehenen Güter verrichtet und kraft dieses Geschäfts und Testaments in nachfolgender Weise bestimme und festlege. Zuvorderst und vor allen Dingen habe ich die ehrenwerten Menschen Prokop, den Schneider aus Braunschweig, und Petr Konwář [= Kannengießer – Th. K.], *Bürger der Prager Altstadt, meine lieben Freunde, zu rechtmäßigen und bevollmächtigten Testamentsvollstreckern der Zuzanna, meiner Tochter, sowie meines Hauses, in dem ich wohne, und aller anderen beweglichen und unbeweglichen Güter, wo oder woran ich die habe, wo die gelegen sein und gefunden werden, durch wen auch immer, nichts auslassend, bestimmt und ernannt, da ich ihnen als meinen besonderen Freunden vertraue und glaube, dass sie durch ihren Fleiß und ihre Sorgfalt alle hier beschriebenen Dinge meines letzten Willens ausführen und zu einem guten Ende ohne Änderung bringen werden, zumal ich ihnen vor allen anderen meinen Freunden besonderes Vertrauen schenke. Vor allem dann bitte ich Frau Machna Duchková, meine liebe Nachbarin, dass sie die Fürsorge und Liebe aufbringe, die die selige Frau Elška, meine Gemahlin, ihr gegenüber bis zu ihrem Tode zeigte, wofür sie dereinst durch Gott den Herrn entlohnt werde, dass sie nämlich getreulich auf Zuzanna, meine Tochter, aufpasse, sie zum sonntäglichen Gottesdienst mitnehme sowie sie zu anderen Feiertagen und allen anderen Dingen, die zu deren Ehre und Heil dienen, begleite, da ich ihr vor allen anderen Personen vertraue. Der genannten Zusanna, meiner Tochter, vermache ich mein oben genanntes Haus sowie alle nachfolgend aufgeführten Sachen zu erblichem Besitz. Zuvorderst zwei silberne Gürtel, XII versilberte Löffel, zwei kupferne Bratpfannen, stehend, drei große Schüsseln feuerfest und zwei schmiedeeiserne schwenkbare Schüsseln; item zwei kleinere einfache und wiederum zwei kleinere einfache sowie die dritte, die am kleinsten ist. Item fünf tassenförmige Schalen, XIII Teller; item eine Kanne zu drei Pinten und sechs Kannen, die man Mandalenas nennt, von denen eine eine halbe Pinte umfasst, die zweite eine Pinte, die dritte einen kantigen Buckl* [?] *und dazu noch drei ebenfalls zu je einer halben Pinte; zwei Seidel, zwei große Kessel und einen dritten zum Baden; item zwei Federbetten, acht Betttücher, zwei Kopfkissen mit Flaumfedern und zwei Kissen und auch die große Truhe, in der sich die genannten Sachen befinden und wo sie sein werden. Diese ganzen Sachen sollen meine oben genannten Testamentsvollstrecker bedachtsam für Zuzanna, meiner wiederholt erwähnten Tochter, bis zu deren Volljährigkeit aufbewahren. Sollte Zusanna nun vor Erreichen ihrer Volljährigkeit versterben, dann will ich und ist es mein Wille, dass ihr Erbteil und die beschriebenen Gegenstände an Hedwika, meine Tochter und ihre Schwester, übergehen sowie an deren Kinder zu vollem Erbrecht, denen nach Zuzannas Tod von den Testamentsvollstreckern diese Sachen ohne Zögern übergeben werden sollen. Sodann soll diese Hedwika nach dem Tode ihrer Schwester von diesem gesamten auf sie übergegangenen Besitz XX Schock Groschen ausgeben, wie weiter unten beschrieben wird, und zwar soll für zehn Schock Groschen ein Kelch für die Kirche S. Niklas in der Prager Altstadt gekauft und dem Gotteshaus gegeben werden, damit dieser, durch meine Testamentsvollstrecker in die Wege geleitet, für alle Zeiten dort bleibe und Zeugnis für meine Seele und diejenige meiner Vorfahren vor Gott dem Herrn gebe. Des Weiteren will ich, dass von jenen XX Schock Groschen dem weiter oben erwähnten Vaněk, Sohn des Petřík, des oben genannten Testamentsvollstreckers, nach Susannas, meiner Tochter Tod, fünf Schock Groschen gegeben werden. Und von den übrigen fünf Schock Groschen soll Tuch für die Bekleidung von Armen gekauft und unter diesen durch die Testamentsvollstrecker verteilt werden, um meiner Seele willen und derjenigen aller Vorfahren im Namen Gottes. Item Václav Sedlář, meinem Bruder, genannt Kutta, vermache ich meinen Rock mit Fuchspelz und Matěj, meinem Knecht, meinen Fuchspelz für drei Schock Groschen, und dies soll ihnen nach meinem Tode ohne Zögern gegeben werden. Sämtliche anderen Sachen und Hausrat und auch Möbel und die zum Sattlerhandwerk gehörenden Gerätschaften und die schon fertiggestellten Teile sowie dazu alle Waffen, Kleider, Bettwäsche und Tragesachen sollen, nichts auslassend, mit Ausnahme freilich der zuerst genannten und anderen vermachten Sachen, diese vererbe ich nach meinem Tode und gebe sie Tomášek, meinem Schwiegersohn, wobei ich will, dass er dabei nicht von meinen Testamentsvollstreckern in keinerlei Weise behindert werde. Sodann gebiete ich weiter und ordne an, dass dieser Tomašek, mein Schwiegersohn, nach meinem Tode in meinem Hause rechtmäßiger und gebietender Wirtschafter sei, wie er es auch jetzt ist, und dass er Zuzanna, meine Tochter, bei sich erzieht bis zu deren Volljährigkeit. Und wenn sie ihre Volljährigkeit erreicht haben wird, dann möge Tomášek, mein Schwiegersohn, ihr Röcke für zwei Schock Groschen und einen Mantel für weitere zwei Schock Groschen kaufen und das oben genannte Haus ohne alle Schwierigkeiten geben. Sollte es geschehen, dass es dieser meiner Tochter vielleicht besser gefallen sollte, dann will ich, dass sie Tomášek und seinen Kindern in Podoby* [?] *die Summe für das Haus auszahle, mit Ausnahme dessen, wie sie es freundschaftlich untereinander ausgemacht haben. Sollten meine oben genannten Testamentsvollstrecker feststellen und deutlich bemerken, dass Zuzanna, meine Tochter, nicht, wie es ihrem Wohl diente, erzogen werde, dann sollen sie auch den Besitz sorgfältig in ihre Obhut nehmen, wie sie es am besten könnten, und sie zum Guten und Ehrenwerten führen, wie ich ihnen diesbezüglich vertraue und besonders glaube; sodann aber, dass Tomášek, mein Schwiegersohn, nicht bis zu ihrer Volljährigkeit aus dem Hause verbannt werde. Und ich erteile den Testamentsvollstreckern das Recht und die Befugnis, dass jeder von ihnen, sei er gesund oder liege er im Krankenbett, an seiner Stelle einen anderen guten Menschen ernennen möge, so wie es ihm günstig erscheint, und dieser gekürte Testamentsvollstrecker soll, so ist es mein Wille, ebenfalls die ihm zustehenden Rechte ausüben, so wie ich es in diesem Geschäft niedergelegt habe. Abschließend gebe ich bekannt, dass der Harnischmacher aus Kaaden und Herr Přech aus dem Spital mir XLIIII Groschen schuldig geblieben sind; und dies habe ich mit diesem Přech auf einer Kerbschnitturkunde gegenseitig vermerkt. Diese Schulden teile ich meinen Testamentsvollstreckern mit, dass sie sie daran erinnern und dass sie sie vorteilhaft zum Nutzen des Waisen[kindes] einsetzen. Auch bin ich selbst, damit dies nicht vergessen werde, Nachfolgendes schuldig geblieben: und zwar Frau Uršula der Krämerin LV Groschen, die ich selbst noch bezahlen werde. Sollte ich noch irgendwem etwas schuldig geblieben sein, dann möge dies gemäß städtischem Recht angezeigt und aus meinem Besitz einem jeden ohne Hindernis ausgezahlt werden. Zur Bestätigung habe ich die weisen und ehrbaren Herren Jan Slatin, Richter, Broz Doleator, Urbanus Frenifex, Schöffen, gebeten etc. Actum feria III in vig. Katherine a. L.*

80. [1451, Januar 15]

Testament der Witwe Adlička aus Pilsen, die an erster Stelle zum Gemeinwohl der Stadt Pilsen 10 Schock Groschen bestimmt, die sinnvoll eingesetzt werden sollen. Vermacht wird auch ein Bild der Gottesmutter, das zeitweilig an die Bartholomäuskirche ausgeliehen werden soll.

Archiv města Plzně, Hdschr. N 223, fol. C 16 (Abschrift).
Edition: Strnad, Listář král. města Plzně 2, S. 1-2, Nr. 1.[83]

My Procop Swiniak, toho czasu miesto rychtarze, Jan Hladek, toho czasu purgmistr, a Zikmund zlatnik, priseznij miesstienee miesta Noweho Plznie, znamo czynime zgevne przed kazdym czlowiekem nynieyssim y buduczim tiemto listem, ktoz giey uzrzie anebo cztucze slysseti budu, ze pocztiwa wdowa panij Adliczka, lezeczi v bozi kazni przi dobrem rozumu y przi plne pamietigsuczi, a newieduczi dne ani hodyni, kdyzby mily pan buoh swu swatu milost s nij vczinil a dussii gegi s tielem rozluczil a chtieczi, aby po gegi smrti zadni vstrkowe ani kterzi swarowe ani sudowe o gegi statek, kterzyz posobie zuostawi, nebyli, nas na swiedecztwie ktomu powolaw y przziprosiw y vczinila gest a moczi listu tohoto czyni swe poslednie rozkazanie ze wsseho sweho statku, gij od mileho boha natomto swietie poyczeneho, takuto mieru: Nayprwe k wobecznemu dobriemu dielu miesta plzenskeho odkazugie deset kop gr., naczemzby sie pak nayvziteczniegie a nailepe zdalo. Item na dielo farnie kostela swateho Bartholomegie v Plzni odkazuge piet kop gr. Item Zuzcze Rybarzce s dietkami odkazuge deset kop gr. Item kopa platu wieczneho, aby kupena byla a ten plat, aby obraczen byl kazde suche dni na trzidczeti swatych mssi cztenie za gegij y gegich przeyssie dusse kazdeho leta buducznie. Item na wodiew chudym zaczkom odkazuge piet kop gr., tak iakzby se naylep zdalo a libilo porucznikuom gegim wdolepsanym. Item po deseti zlatych vherskych

---

83 Online abrufbar unter http://147.231.53.91/src/index.php?s=v&action=jdi&cat=18&bookid=399&page=1&action_button.x=0&action_button.y=0 (07.09.2017).

porucznikuom gegim wdolepsanym odkazuge tak, aby toho gegieho kssefftu a rozkazanie k sprawowanie tiem pilnieyssie byli. Item Jankowi, synu Adamkowe, deset kop gr. odkazuge. Item Krzizek Nanoziczcze Matiassowu synu z Nepomuka kniezy odkazugie. Item druhy Krzizek s koraly Waczlawowi Homolowi na gegi pamatku odkazugie a Clarze, manzelcze geho, klok gegi ssery odkazugie. Item Pektoralik gegi trzeti s krzisstalem odkazugie Hawlowi pisarzi na Rabi. Item obraz matky bozie strziebrny mocznie poruczie porucznikom swym wdole psanym tak, aby geho puoczili czasem swym dom kostela swateho Bartholomegie zasie gej v svu mocz berucz pokazdem puoyczeni. A gestlize by ktereho porucznika pan buoh neuchowal a vmrzel, tehda miesto sebe gineho, aby wolil a vstanowil a tak wzdy, acz by ktereho pan buoh neuchowal w czasiech potomnich, geden druheho miesto sebe toho obrazka k puoyczenij wolecze tak, aby to wiecznie nesesslo. Item pani Gitcze z Hradku rucho swe loznie y chodicze poruczie, aby to tak sprawowala iakoz gi gest zwlasstnie vstnie poruczila, za kteruzto gegi praczi ssalek strziebrny swuoy, a k tomu gine nadobky swrchnie, kterez gsu w domku, gi pani Gitce swrchupsane odkazugie tak, aby gi w to sahano nebylo. Item, aczby pan buoh nadepsane panie Adliczky neuchowal a vmrzela, pohrzeb gegij w kostele swateho Bartholomegie s pocztiwosti aby byl, kdez by sie porucznikuom wdolepsanym gegim zdalo, postaw sukna na pary kupiecz a ten chudym rozdaducz a k tomu we wssech kostelech, aby sluzby byly a kazdemu rynsky zlaty daducz a do sspitala, tak aby za gegi dussi w swatek pana boha prosili. Kterehozto rozkazanie swrchupsaneho y w ostateczniem statku gegim to mocznie poruczie czini mudre a opatrne muze Procopa Fegale a Jana Prucklera, miesstiany z Noweho Plzne, tiech wssech wieczi swrchupsanych k sprawowani a k gednani na dussi gegi pamatugicz, iakoz gim toho doufa a wierzi a k nim zwlasstnie doufanie ma. Tomu rozkazanij na pewnost a na swiedomie ku prosbie snazne swrchupsane Adliczky swe gsme peczeti wlastnie s nassi woli a wiedomim k tomuto listu prziwiessiti kazali. Genz gest dan y psan leta od narozenie syna bozieho M°CCCC°LI° , ten patek przed swatym Antonim, opatem duostoynym bozim.

Wir Prokop Swiniak, derzeit Stadtrichter, Jan Hladek, derzeit Bürgermeister, und Siegmund Zlatnik [= Goldschmied – Th. K.], *beisitzende Bürger der Stadt Neu-Pilsen, geben mit diesem Brief vor jedem jetzigen und künftigen Menschen bekannt, der diesen zu lesen oder aber vorgelesen bekommt, dass die auf dem Sterbebett liegende ehrenwerte Witwe Frau Adlička bei gutem Verstand und bei vollem Gedächtnis ist, weder den Tag noch die Stunde wissend, wann ihr der liebe Gott seine heilige Gnade zuteil werden lässt und ihre Seele vom Körper trennt, dass also diese Adlička uns zu Gezeugnis zu sich gerufen und gebeten und kraft dieses Briefes in nachfolgender Weise ihren letzten Willen von allen ihren Gütern aufgesetzt hat, die ihr der liebe Gott auf dieser Welt verliehen hat, nicht wollend, dass nach ihrem Tode irgendwelche Zwistigkeiten und Unbill um ihr hinterlassenes Gut entstehen. Zuvorderst vermacht sie zum Allgemeinwohl der Stadt Pilsen zehn Schock Groschen, die verwendet werden mögen, wo dies am günstigsten sei. Item in die Pfarrkirche S. Bartholomäusin Pilsen vermacht sie fünf Schock Groschen. Item Zuzka Rybařká* [= Fischerin – Th. K.] *und deren Kindern vermacht sie zehn Schock Groschen. Item soll ein Schock Ewigzins gekauft werden, damit an jedem Fastentag 30 heilige Messen für ihre Seele und diejenige ihrer Vorfahren jährlich gelesen werden. Item vermacht sie an arme Schüler in Wodiew fünf Schock Groschen, die eingesetzt werden mögen, wie es ihren unten genannten Testamentsvollstreckern am günstigsten erscheint. Item zehn ungarische Gulden, die sollen ihre unten genannten Testamentsvollstrecker erhalten, damit sie ihr Geschäft und ihren letzten Willen fleißig erfüllen. Item Janek, dem Sohn der Adamková, vermacht sie zehn Schock Groschen. Item ein kleines Kreuz vermacht sie Matěj, dem Sohn des Priesters aus Nepomuk. Item ein zweites kleines Kreuz mit Korallen vermacht sie Václav Homol zum Gedenken an sie, und dessen Ehefrau Clara vererbt sie ihren grauen Hut. Item ihr drittes kleines Pektorale mit Kristall vermacht sie dem Schreiber Hawel auf Rabí. Item ein in Silber gefasstes Bild der Gottesmutter übergibt sie ihren unten genannten Testamentsvollstreckern mit der Auflage, dass diese das Bild von Zeit zu Zeit der Kirche S. Bartholomäus ausleihen und darauf achten, es auch wieder zurückzubekommen. Und sollte Gott der Herr irgendeinen der Testamentsvollstrecker nicht am Leben lassen und sollte dieser sterben, dann möge auf dessen Platz ein anderer gewählt und gesetzt werden, und dies möge fortan geschehen, immer wenn Gott künftig einen Testamentsvollstrecker nicht am Leben belassen würde, und man soll darauf achten, dass auch diese künftig für das Bild Sorge tragen. Item Frau Gitka aus Hrádek ihre Bettwäsche und ihre Kleider, die soll sie verwalten, so wie sie ihr dies mündlich mitgeteilt habe; und für deren Arbeit ihre silberne Tasse* [Schale] *und hierzu die anderen Gefäße, die sich in ihrem Häuslein befinden, diese vermacht sie der oben genannten Frau Gitka, und hierin soll sie von niemandem gehindert werden. Item, sollte Gott der Herr die oben genannte Frau Adlička nicht am Leben lassen und sollte sie sterben, dann will sie in der Kirche S. Bartholomäus in Ehren bestattet werden; und wenn die unten genannten Testamentsvollstrecker es für nötig befinden, soll ein Ballen Tuch paarweise gekauft und Armen gegeben werden, und dazu sollen in allen Kirchen Messen gelesen und jedem Prediger soll ein rheinischer Gulden gegeben werden und auch ins Spital; dafür mögen sie am Tag des Herrn für ihre Seele beten. Zu ihres oben beschriebenen letzten Willens und ihres Gutes rechtmäßigen Testamentsvollstreckern ernennt sie die weisen und ehrenwerten Männer Prokop Fegal und Jan Pruckler, Bürger der Stadt Neu-Pilsen, die alle ihre oben genannten Angelegenheiten verwalten und an ihre Seele erinnern sollen, weil sie ihnen glaubt und vertraut und zu ihnen besonderes Zutrauen besitzt. Diesem Geschäft zur Sicherheit und Wissen haben wir unsere eigenen Siegel mit Wissen und Wollen auf Bitten der oben genannten Frau Adlička diesem Briefe beigefügt, der gegeben und geschrieben ist im Jahre M°CCCC°LI° nach Christi Geburt, am Freitag S. Antonii abb. cf.*

81. [1451, August 5]
Der Altstädter Bürger Petr Pala verfasst sein Testament. Als Erben kommen seine Gemahlin Uršula sowie seine Söhne Burian und Vaněk in Frage. Vermacht werden u. a. 2 Schock Groschen zur Reparatur der Kirche S. Martin.
Národní archiv Praha, Inv. c. 262 L II 188 (Siegelurkunde).
Edition: Teige, Základy 1, S. 650 (Auszug), 2, S. 294.[84]

[84] Online abrufbar unter http://kramerius.mlp.cz/kramerius/MShowPageDoc.do?id=57847&mcp=&idpi=104263&author=Teige_Josef (07.09.2017).

Wegmeno Bozie amen. Ja Petr Pala, miesstienin Stareho miesta prazskeho, oznamugi tiemto listem obecznie wssem, ktoz jej vzrzie neboli cztucz vslyssie a na wiedomie dawam, ze aczkoli dopusstienim bozim nemoczen gsem a neduziw na tyele, wssak proto pamieti dobre geho swate milosti diekuge vplncho rozumu poziwage a tak nechtie rad, czoz namnie gest by ostatek a zbozie pomnye zuostaly a zuostalee, kterzij swarowe a ncsnaze mezy przybuznimi a przately mymi diali sie pome smrti, toto me poslednie poruczenstwie a koneczny vmysl wuole me o statku a zbozij mnie darem milosta bozie poprzielem zrziedil sem a zposobily moczij tohoto listu a poruczenstwie meho zriedim a zposobugi obyczegem takowymto. Najprwe a przedewssemi ginymi wieczmi vczinil sem a vstanowil a czinim y vstanowugi opatrne lidi Martina, Pikimoskowa syna, a Jana v Strziebrskych, przatele me mile, wssech wieczij dolepsanych prawe a moczne poruczniky, wierze gim nad gineczie sie ktomu s plnosti prziczinieti budu, aby podle me wuole tuto wypsanee tak wsseczko sslo a k miestu v konczi bylo prziwedeno skutecznemu podle toho, pak iakoz podle smluw swatebnich mezi nimi a panii Vrssulu, manzelku mu, smuwenich tak gest wymieniено, abych ia za zdraweho ziwota nebo w nemoczne gsa posteli dwanadczte kop grossuow komuzbych chtiel odkazal z tiech Burjianowi, synu memu starssiemu, odkazugi cztyrzi kopy grossuow, Wankowi, synu memu mladssiemu, ssest kop grossuow; a na oprawenie Costela swateho Martina dwie kopie grossuow. Item iako gsem zahradu kupiw z Wankowych peniez syna meho dal, zytuz uahradu piet kop grossuow gest wuole ma a tak ted rozkazugi a porucziem, aby ty peniezi temuz Wankowi zasie byli wraczeni a dani. Item cztyrzi sudy zitawske wina Burjianowi a Wankowi, swrchupsanym synom mym, za ten statek, ktery gim panii Margretha, babka gich, byla odkazala a na pobratu gej vratil odkazugi a oddawam. Item odkazugi Burjianowi zwlasstie dwadczet kop grossuow, aby mu panii Vrssulau, manzelku mu, bylo dano, a to y ona sama swolila gest ktemuz. Item odkazugi temuz Burjianowi plasscz muoj ssery, panczierz lepssij, mecze trzi y wssiczku y ginu bran mu; ostatek pak wsseho statku meho, to gest duom, wniemz bydlim, a wsseczko nabytky, winnicze, zahradu y gine wsseczky wieczy, naczemzby ty zalezali, nicz newymieny nye, kromie domku maleho, kteriz Waniek, syn muoj, drziwe knihami zapsan giz ma, odkazugi mocznie panie Vrssule, manzelcze me, podle smluwy swatebnie, kteraz take y wknihach gest zapsana, wyerze gij a vsage, ze nayprwe dluhy me, gimizbych komuzkoli byl powinen gessto by, to rzadnie prawem miesczskem bylo vkazano pieknie kazdemu zaplatu beznesnazij, a namu take dussi z toho bude pomnietu iako ma wierna manzelka. Take wyznawam, ze tyemito dluhy gsu mi osoby dolepsne powinny Gindrzich Hameznik z Zeskowa ssestnaczte kop grossuow a to y Martinowi, swrchupsanemu poruczniku memu, swiedomo gest a znamo ty manzelcze me wyss gmienowanie odkazugi a dawam, a ktomu na Pessatowi z Cossierz osm kop grossuow a ssestnadczte grossuow a na babowi puol sedmy kopy grossuow. Item Gindrzich Hameznik opiet gineho dluhu, kteryz mi nanyem Sigmund kowarz dobrze pamieti kssafftem a poslednim swym poruczenstwim gest odkazal dluzen mi patnadczte kop grossuow, ztiech odkazugi Pechowe synu za Malu stranu bydlegicziemu piet kop grossuow Wankowi, synu memu, ssest kop grossuow a Burjianowi cztyrzy kopy grossuow. Item Krkawecz, podruh muoj, za dwoji czinzi dluzen mi zuostawa, to gsem gemu odpustil y odpusstiem. Na potwrzenie toho prosyl sem Slowutneho Jana z Byslawicz, rychtarze, a opatrnych panuow Jana z domu Koczownikowa a Wita krayczieho, consseluow przyseznych Stareho miesta prazskeho, ze jsu peczeti swe dali prziwiesyti ktomuto listu. Genz gest dan leta od narozenie Syna Bozieho tissiczieho cztyrsteho padesateho prweho we cztwrtek den matky Bozie Sniezne.

Im Namen Gottes Amen. Ich Petr Pala, Bürger der Prager Altstadt, gebe mit diesem Brief allen bekannt, die diesen lesen werden oder vorgelesen bekommen, dass, wenngleich ich durch göttliche Fügung krank bin und körperlich dahinsieche, ich dennoch dank göttlicher Gnade ein gutes Gedächtnis habe und bei vollem Verstand bin und nicht möchte, dass nach meinem Tode um meine hinterlassenen Güter irgendwelcher Zwist oder Unbill zwischen meinen Verwandten und Freunden entstehe, ich dieses mein letztes Geschäft und meinen endgültigen Willen über meinen Besitz und mein mir durch göttliche Gnade geschenktes Gut kraft dieses Briefes verfasst habe und dieses mein Testament in nachfolgender Weise errichte. Zuvorderst und vor allen anderen Dingen habe ich die ehrenwerten Leute Martin, Sohn des Pikimos, und Jan in Stříbrský, meine besonders lieben Freunde, zu rechtmäßigen und bevollmächtigten Testamentsvollstreckern aller meiner nachfolgend aufgeführten Hinterlassenschaften bestimmt, da ich ihnen vor allen anderen vertraue, dass sie diesen meinen aufgeführten Willen auch zum Wohle der Stadt ausführen. Entsprechend dem Heiratsvertrag zwischen mir und Frau Uršula, meiner Gemahlin, ist vereinbart, dass sie, sollte sie gesund bleiben oder aber auch auf dem Krankenbett liegen, zwölf Schock Groschen erhält. Und meinem ältesten Sohn Burian vermache ich vier Schock Groschen, Vaněk, meinem jüngeren Sohn, sechs Schock Groschen. Und für Reparaturarbeiten an der Kirche St. Martin zwei Schock Groschen. Item, als ich vom Geld Vaněks, meines Sohnes, einen Garten gekauft habe, habe ich für den Garten fünf Schock Groschen gegeben; und es ist mein Wille und ich bestimme und lege fest, dass dieses Geld diesem Vaněk wieder ausgehändigt werden möge. Item vermache und gebe ich vier Fässer Zittauer [?] *Wein an die oben genannten Burian und Vaněk, meine Söhne, für das Gut, das ihnen Frau Margretha, ihre Großmutter, vermacht hat und das ich ihnen weggenommen und wiedergegeben habe. Item vermache ich Burian zudem 20 Schock Groschen, die sollen ihm durch Frau Uršula, meine Gemahlin, gegeben werden, und diese soll das ausführen. Item vermache ich diesem Burian meinen grauen Mantel, den besseren Harnisch, drei Schwerter und alle weiteren Waffen. Und mein gesamtes übriges Gut, also mein Haus, in dem ich wohne, sowie alle Möbel, Weingärten, Garten und alle anderen Sachen, was das auch sei, nichts ausgelassen, mit Ausnahme des kleinen Häusleins, das Vaněk, mein Sohn, bereits früher übertragen bekommen hat, das also vermache ich Frau Uršula, meiner Gemahlin, gemäß dem Heiratsvertrag, der ebenfalls in den* [städtischen] *Büchern verzeichnet ist, wobei ich ihr glaube, dass sie zuerst meine Schulden, wem immer ich solche schuldig geblieben sein sollte, entsprechend städtischem Recht gegenüber den entsprechenden Personen begleicht, um meiner Seele willen als eine treue Ehefrau. Auch bekenne ich, dass nachfolgende Personen mir gegenüber noch Schulden haben. Jindřich Hameznik aus Zeskov – 16 Schock Groschen, diese sind meinem oben genannten Testamentsvollstrecker Martin bekannt, und ich vermache sie meiner oben erwähnten Gemahlin, und ich gebe dazu Pesat aus Košíře acht Schock Groschen und 16 Groschen und an die Großmutter 1/2 sieben Schock Groschen. Item JIndřich Hameznik schuldet mir darüber hinaus 15 Schock Groschen, die mir kraft seines Geschäfts und letzten Willens der selige Schmied Sigmund vermacht hat; hiervon vermache ich dem auf der Kleinseite wohnenden Sohn der Pechová fünf Schock Groschen, meinem Sohn Vaněk sechs Schock Groschen und Burian vier Schock Groschen. Item Krakawecz, meinem Mietsmann, der mir zwei Mieten schuldig geblieben ist, die habe ich ihm erlassen und vergeben. Zur Bestätigung dieses Geschäfts habe ich den angesehenen Jan von Byslawicz, Richter, und die ehrenwerten Herren Jan aus dem Hause Koczovnik sowie den Schneider Vít, beisitzende Ratsherren der Prager Altstadt, gebeten, dass sie ihre Siegel diesem Brief beifügen mögen. Der gegeben ist im Jahre Eintausendvierhunderteinundfünfzig nach Christi Geburt, am Donnerstag, den man nennt Maria Schnee.*

82. [1451, September 25]

Jan Velvar, Bürger der Prager Altstadt[85], vermacht drei Häuser, eine Mühle sowie allen weiteren Besitz seinem Sohn Samuel, der der Gemahlin des Testierers Barbora Wohnrecht und Fürsorge zuteil werden lassen soll. Das Testament wurde, wie nachfolgend die anwesenden Zeugen bestätigen, vom Erblasser eigenhändig aufgesetzt, was von den Zeugen an dessen Handschrift erkannt worden ist.

Archiv hlavního města Prahy, Hdschr. 992, fol. 230v-231r[86] und 2119, fol. E 4 (Kriegsverlust; Abschrift).

Edition: Teige, Základy 2, S. 28-29.

We gmeno Bozie amen. Ja Jan Welwar, miesstienin Stareho miesta prazskeho, poruczenstwie poslednie ze wsseho statku meho, mnie od Pana Boha poyczeneho, kterymzby koliwiek gmenem mohl gmenowan byti, czinim obyczegem tiemto. Naiprwe odkazugi a mocznie dawam duom moy, w niemz przebywam, duom na luzi v Matky Bozie, Helmovsky duom v Wrsse w Czaletne vliczi, kteryz mam rzadnie odkazan kssafftem nebozcze Mikulasse z Milena y w knihy miestske zapsan, mlyn moy na Poczieczi, gessto slowe Helmowsky y wsseczko sbozie swe, mowite y nemowite, y k czemuzbychkoliwiek a kdezkoliwiek prawo miel, Samuelowi, synu memu milemu, k prawemu diedeczstwi a mocznemu poziwany, a stiem iakzby se gemu koliwiek libilo, k vczinienij bez przekazky wssech lidij. Nez, aby tyz Samuel, syn moy, panij Barboru, manzelku mu milu a matku swu, v sebe pocztiwe chowal a wssemi potrzebami slussne podle dostanecznosti swe opatrowal, zadne tesknosti a protiwenstwie gie neczinie, iakoz ja gemu toho vplnie wierzim. Pakliby se gij z kterychkoli prziczin s nim byti nezdalo, tehdy aby gi dwadczeti grossow na tyden wydawal, gestlize bude mlynow swrchupsanych bez zahuby a przekazky lidske znamenite poziwal [!]. Item, aby tyz Samuel, syn moy, ze wsseho statku mnu gemu tuto daneho wydal kop padesat panu Witowi, zeti a synu memu milemu, kterez sem gemu miel a mam dati po Martie, dcercze me mile, a poslussne, iakoz zapis w knihach miestskych kaze a mimo ten czas, aby

85 Siehe Einleitung, Anm. 40.

86 Online abrufbar unter http://katalog.ahmp.cz/pragapublica/permalink?xid=E1BD3C13B72711DF820F00166F1163D4&scan=452#scan451 (07.09.2017).

gich dale proti geho wuoli nedrzal, by se pak miel tiezcze a s swu sskodu w nie obigiti, neb bych nechtiel, by kdy pro kteru przicinu mezi nimi zla wuole byla a za to gich prosim. Item, aby dal Samuel Duorze, Jankowie Helmowe zenie, deset kop grossow podle rozkazanie tehoz Janka, iakoz zapis Pessikowi tymz Jankem vczinieny w knihach miestskych okazuge. Pakliby na nem toho z milosti zadala, ne zprawa, aby gie podczasy wydal trzidczeti kop grossow. Na potwrzenie toho my Jan z Byslawicz, rychtarz, Barthoss Sukennik a Jan Treffan, prziseznij conssele Stareho miesta Prazskeho, tak iakz pani purgmistr a conssele tehoz miesta kssafft posledni Janow Welwarow geho wlastnij ruku napsany widiewsse y pismo ruky geho poznawsse, a tak gey od slowa k slowu wssecka rada tuto napsati kazawsse toho kssaftu gsu potwrdili a mocz gemu dali podle praw tehoz miesta y rzaduow peczeti nasse wlastnie k rozkazanij tychz panow purgmistra a consselow z plne raddy dali sme prziwiesiti k tomuto listu. Genz gest dan leta od Narozenie Syna Bozieho tissiczieho cztyrsteho padesateho prweho w sobotu przed hodem swateho Waczlawa nasseho diedicze Czeskeho slawneho.

Im Namen Gottes Amen. Ich Jan Velvar, Bürger der Prager Altstadt, errichte meinen letzten Willen von allen meinen mir von Gott dem Herrn verliehenen Gütern, die von jedermann aufgezählt werden könnten, in nachfolgender Weise. Zuvorderst vermache und gebe ich mein Haus, in dem ich wohne, das Haus an der Lacke bei der Kirche der Mutter Gottes, das Helmovsky-Haus bei Wrš in der Zeltnergasse, das mir ordnungsgemäß durch das Geschäft des seligen Mikuláš aus Mileno vermacht wurde, was wiederum im Stadtbuch verzeichnet ist, des Weiteren meine Mühle am Poritsch, genannt die Helmov-Mühle, sowie allen meinen weiteren beweglichen und unbeweglichen Besitz, wo immer der gelegen sein mag und wo immer ich Rechte besitze, Samuel, meinem lieben Sohn, zu rechtmäßigem Erbe und voller Verfügungsgewalt; und er möge damit verfahren, wie es ihm beliebt, ohne jedwede Behinderung durch irgendwelche anderen Menschen. Dabei soll der genannte Samuel, mein Sohn, Frau Barbora, meine liebe Gemahlin, ehrenhaft bei sich leben lassen und mit allen notwendigen Erfordernissen, gemäß seiner Genügsamkeit, für sie Sorge tragen, keinerlei Schwierigkeiten und Widerstand ihrerseits zulassend, so wie ich ihm diesbezüglich voll vertraue. Sollte sie freilich aus irgendwelchen Gründen nicht bei ihm bleiben wollen, dann soll er ihr wöchentlich 20 Groschen aushändigen, sofern er die oben genannten Mühlen ohne Verderben und menschliche Behinderung vortrefflich nutzen sollte. Item soll dieser Samuel, mein Sohn, von allen ihm durch mich verliehenen Gütern Herrn Vít, meinem lieben Schwiegersohn und Sohn, 50 Schock geben, die ich ihm zu geben hatte und habe für Marta, meine liebe und gehorsame Tochter, wie der Eintrag im Stadtbuch bezeugt, und außerhalb dieser Zeit soll er das Geld nicht gegen ihren Willen zurückhalten; er soll freilich darauf achten, dass ihr das nicht zum Schaden gereicht, denn ich möchte nicht, dass irgendeine Dissonanz zwischen ihnen sich aus diesem Grunde bilde, irgendein Übel aufkomme, worum ich sie herzlich bitte. Item soll Samuel Duora, der Frau des Janek Helm, zehn Schock Groschen aushändigen entsprechend dem letzten Willen dieses Janek, was Pešík auf Janeks Bitte in das Stadtbuch eingetragen hat. Sollte sie darum ersuchen, ungerechterweise, dann soll er ihr vor der Zeit 30 Schock Groschen auszahlen. Zur Bestätigung dafür haben wir Jan von Byslawicz, Richter, Barthoš der Tuchmacher und Jan Treffan, beisitzende Schöffen der Prager Altstadt, ebenso wie die

Herren Bürgermeister und Ratsherren dieser Stadt, das letzte Geschäft des Jan Velvar, verfasst von dessen eigener Hand, an seiner Handschrift erkannt, Wort für Wort durch den gesamten Rat geprüft und dieses Geschäft bestätigt und ihm, entsprechend den Rechten dieser Stadt, unsere eigenen Siegel sowie die des Bürgermeisters und der Ratsherren aus dem vollen Rat diesem Briefe beigefügt. Der gegeben ist im Jahre Eintausendvierhunderteinundfünfzig nach Christi Geburt, am Sonnabend vor St. Wenzel, unseres berühmten böhmischen Erben.

Noch im selben Jahr bittet Samuel, der Sohn des inzwischen Verstorbenen, den Rat um Schlichtung im Erbstreit um die 50 Schock Groschen mit dem genannten Vít.

83. [1453, Januar 13]
Testament des Pilsener Bürgers Mikuláš Kwěton. Dieser vermacht u. a. Haus und Landbesitz. 20 Schock Groschen gehen an die Kirche St. Bartholomäus.
Archiv města Plzně, Hdschr. N 223, fol. D 5 (Abschrift).
Edition: Strnad, Listář král.města Plzně 2, S. 7-8, Nr. 13 (Auszug).[87]

My Gira Stod, toho czasu miesto rychtarze, Martin zlatnik, toho czasu purgmistr, a Vit sukennik, przysezny consselee a miesstianee miesta Nowehoplznie, znewno czynime listem przedewssemi ktoz gey vzrzie, anebo cztucze slysseti budu, a swiedczyme, ze mudry a opatrny muz Mikulass rzeczeny Kwieton, nass spolumiesstienin, acz koliwiek gsu nemoczen na tiele, wssak przy dobrem rozumu, y przy plne pamieti, nas na swiedecstwi przywolaw y przyprosiw, toto swe poslednie rozkazanie z sweho statku geho od pana Boha poyczeneho, tak aby po geho smrti, nizadny swarowe, ani ktere roznicze nebyli, vczinil takowuto mieru. Najprwe statka geho wsseho, mowiteho y nemowiteho, totiz luku, piwowary dwa, za hradu dwor s chalupu przed miestem, toho wsseho puol Vrssule dczerzy a dietem gegim buduczim odkazugie, a puol pani Annie, manzelcze geho, a toliko do ziwota gegieho a po smrt na Vrssulu, dczeru geho, a na dieti buduczie aby spadlo. A zwlasstie pani Anna, manzelka geho gizpsana, toho piowaru horzejsieho, aby poziwala do ziwota sweho iakoz swrchudotczeno giz gest. Item duom v miestie y s sladownu odkazugie pani Annie, manzelcze geho, tak aby geho poziwala do swe smrti. A kdyby gie pan buoh neuchowal a vmrzela, aby sie zasie nawratil na Vrssule, dczeru geho, a na dieti gegie s takowuto wymienku, aby ona pani Anna manzelka geho z toho statku woli gmiela na smrtedlne posteli odkazati, kamz se gi zdati bude na skutky milosrdne trzydczeti kop gr. bez giniekaz w tom wsselikterazby, aa wiecze toho statku pani Anna nadepsana nebude moczi vtratiti anizto kam ginam dati, anebo rozkazowati, przi zdrawi gsucz anebo przi smrtedlne posteli, krom tiech trzydczeti kop gr. swrchupsanych. A w tom czasu, gestli zeby Vrssuly, dczery geho, pan buoh prwe neuchowal, nezby panie Anny, manzelky geho, dietiete yzadneho nemagic-

---

87 Online abrufbar unter http://147.231.53.91/src/index.php?s=v&action=jdi&cat=18&bookid=399&page=7&action_button.x=0&action_button.y=0 (07.09.2017).

zi, tehda te polowicze statku gegieho dczery geho pogegi smrti czyni moczne porucz-niky k zprawowanij, k posobenij y k gednanij, mudre a opatrnee muze strycze ssewcze Ondrasska sukenika a Benesse sukenika, miesstiany z Nowehoplznie, aby to onij obratili na skutky milosrdne, kamz su gim zdati a naylepe libiti bude, pakliby dieti magiczi a ziwy zuostaly po smrti dczery geho, toho wsseho statku swrchupsaneho, aby Janek, zet geho, toho poziwal az do dogitie lat dietynskych poczna po dni a po rocze s woli a raddu porucznikow geho swrchupsanych. Item sestrze geho do Kolowcze a dietem gegim deset kop gross. z toho statku odkazugie; a to po geho smrti, aby wydawano bylo kazdy rok po dwu kopu az do wyplnienie tiech desieti kop gr. Item na dielo klasstera ssereho odkazugie ssest kop gr. Item trzy postawy chudym odkazugie, aby porucznici geho swrchupsanij kupiecz y rozdali. Item Alssowi kraiczerzy piet kop gr. odkazugie a k tomu sukni tu, w kterez sam chodil nowe barwy s kozichem. Item list ten, ktery gest miel na obecz miesta Nowehoplznie na dwadczeti kop gr., ssynczi w sobie swedcziczi, ten odkazugie y ty penieze dwadczeti kop gr. na dielo farnie kostela swateho Bartholomiegie, aby wydany byli, ten rok kdyzby sie dielalo, a douffa panom y wssij obczy tehoz miesta gizpsaneho, y prosil welmi pilnie za to vcziniti raczie tiem nemesskagicz. Tomu na pewnost y na swiedomie ku prosbie snaznem Mikulasse Kwietonie swrchupsaneho swe sme peczeti wlastnie wiedomim nassim k tomuto listu przywiesiti kazali sme. Genz gest dan y psan leta od narozenie Syna Bozieho M°CCCC°LIII tu sobotu przed swatym Anthonim.

Wir Gira Stod, derzeit Stadtrichter, Martin Zlatník [= Goldschmied – Th. K.], *derzeit Bürgermeister, und Vít Sukeník* [= Tuchmacher – Th. K.], *beisitzende Schöffen und Bürger der Stadt Neu-Pilsen, geben mit diesem Brief vor allen bekannt, die ihn lesen oder vorgelesen bekommen werden, und bezeugen, dass der weise und ehrsame Mikuláš genannt Kwěton, unser Mitbürger, wenngleich er krank am Körper, aber dennoch bei gutem Verstand und bei vollem Gedächtnis ist, uns zu sich gerufen und gebeten hat und seinen letzten Willen über seinen ihm von Gott verliehenen Besitz in nachfolgender Weise errichtet hat, damit nach seinem Tode keinerlei Streit und Unbill entstehe. Zuvorderst seinen gesamten beweglichen und unbeweglichen Besitz, nämlich die beiden Brauereien, den Hof hinter der Burg mit der Hütte vor der Stadt, davon vermacht er die Hälfte seiner Tochter Uršula und deren Kind und die andere Hälfte seiner Gemahlin Frau Anna, dergestalt, dass sie diesen Besitz bis zu ihrem Tode nutze. Und sollte sie Gott der Herr nicht am Leben belassen und sie stürbe, dann möge ihr Erbteil an die Tochter Uršula und deren Kinder zurückfallen, unter der Einschränkung, dass Frau Anna, seine Gemahlin, auf dem Sterbebett das Recht habe zu vererben, an wen ihr dies vorteilhaft erscheinen möge, und zwar für mildtätige Werke 30 Schock Groschen ohne Hindernis; und die zu diesem Besitz gehörenden Dinge soll die genannte Frau Anna nicht verlieren oder weggeben oder aber vererben, weder bei Gesundheit noch auf dem Sterbebett, mit Ausnahme jener oben genannten 30 Schock Groschen. Und sollte Gott der Herr seine Tochter Uršula nicht am Leben belassen und sie vor seiner Gemahlin Anna versterben, und zwar ohne ein Kind zu haben, dann soll die Hälfte des Erbteils ihrer Tochter durch die rechtmäßigen Testamentsvollstrecker verwaltet werden, und dies sind die weisen und ehrenwerten Männer Stryc der Schuster, der Tuchmacher Ondrášek und der Tuchmacher Beneš, Bürger aus Neu-Pilsen, die diesen Besitz für mildtätige Werke verwenden sollen, wie ihnen dies am vorteilhaftesten erscheinen mag; sollte sie* [Uršula – Th. K.] *jedoch Kinder haben und sollten diese nach dem Tod seiner Tochter am Leben bleiben, dann soll sein Schwiegersohn Janek diesen Besitz bis zu deren Volljährigkeit verwalten, über Jahr und Tag mit Willen und Rat der oben genannten Testamentsvollstrecker. Item seiner Schwester nach Kolowecz und deren Kind vermacht er aus seinem Besitz zehn Schock Groschen; diese Summe möge ihr nach seinem Tode gegeben werden, und zwar Jahr für Jahr zwei Schock bis die Gesamtsumme von zehn Schock Groschen erreicht ist. Item vermacht er dem Grauen Kloster sechs Schock Groschen. Item vermacht er drei Ballen Tuch an Arme, die sollen die oben genannten Testamentsvollstrecker kaufen und verteilen. Item dem Schneider Aleš vermacht er fünf Schock Groschen und dazu den Rock neuer Farbe mit Pelz, den er selbst getragen hat. Item den Brief über 20 Schock Groschen Zins, den er von der Gemeinde Neu-Pilsen hat, diese zwanzig Schock Groschen vermacht er der Pfarrkirche St. Bartholomäus, in dem Jahr, in dem das Geld gebraucht werden sollte, wobei er den Herren und der ganzen Gemeinde der bereits genannten Stadt Pilsen vertraut, die er herzlich bittet, sie mögen hierauf achten. Zur Sicherheit und zur Bestätigung haben wir auf Bitten des oben genannten Mikuláš Kwěton unsere eigenen Siegel diesem Brief beigefügt. Der gegeben und geschrieben ist im Jahre M°CCCC°LIII nach Christi Geburt, diesen Sonnabend vor S. Anthonii.*

84. [1453, März 3]
Erstes Geschäft der Witwe Kristina (durchgestrichen), Mitbürgerin der Prager Neustadt, die in diesen „gefährlichen, todbringenden Zeiten“ ihren Enkeln Einnahmen aus Landbesitz sowie Grund und Boden vermacht.
Archiv hlavního města Prahy, Hdschr. 2096, fol. 208r (Abschrift).[88]

Wegmeno Bozie Amen. Ja Cristina, wdowa niekdy dobre pamieti Matiege od Hrzebenuow manzelka, spolumiesstka Noweho miesta prazskeho, aczkoli z milosti bozie zdrawie tiele sneho poziwagicz s dobru pamieti a s rozmyslem zanmenagiczy, zie tiechto nebezpecznych smrtedlnych czasuow kazdy ziwy czlowiek pod slunczem yako okamzenie przed smrti bezpeczen byti nemuoze, nechtieczy gestli, ze by mne pan buoh smrtij neuchowal, nezbych swe poruczenstwie zrziedila, aby pome smrti o muoy statek swarowe a nesnaze mohli zniknuti, toto me poruczenstwie czinim a zrzezugi tiemto listem, vstanowugiczy slowutne a opatrne muze Daniele z Tuchoraze, Benesse Czukmanskeho a Barthosse z domu Seraphinowa, przately me zwlasstye mile, gimzto dowierzim a douffam nad ginee lidi, ze oni to me poruczenstwie zrziedie a zposobuje pome smrti wedle meho rozkazanie dolepsaneho. Wtom poruczenstwi deset kop gr. na domu mem w Krzizalowie vliczy, mezy domy pisarze Petra obecczneho, a niekdy Petra Nosa, dwadczet kop gr. na winniczy, kteraz lezy mezy winniczy Andielowu a Sseerlinkowu, kterez sem sobie pozuostawila iakoz w knihach nowomiestskych stogi zapsano,

88 Online abrufbar unter http://katalog.ahmp.cz/pragapublica/permalink?xid=E1BD391EB72711DF820F00166F1163D4&scan=389#scan390 (07.09.2017).

a rozkazanye kssafftu naprzedpsaneho miesta Matiege, muze meho; tiech trzidczeti kop gr. odkazugi a oddawam wiecznie na sspital pod Wyssehrad pro mily buoh. A gestli zeby kterzy z porucznikuow vmrzel, aby giny tak hodny na miesto geho byl przistawen s radu panuow purgmistra a consseluow nowomiestskych, kolikratby toho potrzebie bylo; dale yakoz mam w desky zemske vloziti zbozie me wlastnie Zikmundowi Hynkowi a Anezcze, dietem dobre pamieti Hynka, syna meho, wnuczatuom mym nad tiem zbozim vstanowugi porucznìky a zprawcze me swrchupsane, a mocz gim plnu dawam y prawo, aby to zbozie y ty syrotky opatrowali aby nebylo kterak koli vmensseno ani roztrhano neb gestli zeby ti Syrotczy przed lety dospielymi zemrzeli, to zbozie ma zase namie przipadnuti bezewssech odpor a nesnazy; take oznamugi, ze man w Tuklaczech deset kop gr. platu, ten plat y giny wessken statek muoy, kteryzbykoli zuostal po me smrti, kdezby koli mohl shledan a optan byti, odkazugi a porucziem, aby od porucznikuow mych swrchupsanych rozdan byl promily buoh zaspanie dusse me Matiege, muoze meho, nassich przibuznych y wssech wiernych dussij krzestieanskych wiernie a prawie iakoz se chtie z toho przed panem bohem wymierniti a wyczysti. Acta sig. Anno domini m°cccc°liij°.

Im Namen Gottes Amen. Ich Kristina, Witwe, vormals Gemahlin des seligen Matěj von Hřebenuow, und Mitbürgerin der Prager Neustadt, habe, wenngleich ich mich dank göttlicher Gnade körperlicher Gesundheit erfreue, mit gutem Gedächtnis und Vorbehalt angesichts der Tatsache, dass in diesen gefährlichen und todbringenden Zeiten kein lebender Mensch unter der Sonne zu keinem Zeitpunkt vor dem Tod sicher sein kann, mein Testament errichtet und durch diesen Brief verfasst, da ich nicht will, dass, sollte mich Gott der Herr nicht vor dem Tode bewahren, nach meinem Tode um meine Hinterlassenschaft Zwist und Unbill entstehen könnte. Zu Testamentsvollstreckern ernenne ich die ehrenwerten und angesehenen Männer Daniel von Tuchoraz, Beneš Cukmanský und Bartoš aus dem Hause Seraphin, meine besonders lieben Freunde, denen ich vor allen anderen Menschen glaube und vertraue, dass sie meinen letzten Willen nach meinem Tode ausführen und vollenden entsprechend meinen nachfolgenden Bestimmungen. In diesem Testament zehn Schock Groschen auf mein Haus in der Křizalova-Gasse, zwischen den Häusern des Gemeindeschreibers Petr und des seligen Petr Nos; 20 Schock Groschen auf den Weingarten, gelegen zwischen den Weingärten des Anděl und des Šerlink, der mir, wie in den städtischen Büchern verzeichnet, dem Testament meines Mannes zufolge verschrieben wurde; diese insgesamt 30 Schock Groschen vermache und gebe ich zu erblichem Besitz dem Spital unterhalb des Vyšehrad für den lieben Gott. Und sollte es geschehen, dass einer der Testamentsvollstrecker stürbe, dann möge ein anderer würdiger Mann seinen Platz einnehmen, und zwar mit Rat der Herren Bürgermeister und Ratsherren der Prager Neustadt, so oft dies notwendig sein sollte. Des Weiteren habe ich in den Landtafeln meinen Besitz Zikmund, Hynek und Anička, den Kindern des seligen Hynek, meines Sohnes, meinen Enkeln, verschrieben; zu Vormündern und Verwesern über diesen Besitz bestimme ich die oben genannten Testamentsvollstrecker, und ich erteile ihnen das volle Recht, damit sie über diesen Besitz wachen, damit dieser nicht vermindert oder aufgeteilt werde; und sollten die Waisen[*kinder*] *vor Erreichen ihrer Volljährigkeit versterben, dann soll dieser Besitz wiederum auf mich zurückfallen ohne alle Hindernisse. Auch gebe ich bekannt, dass ich in Tuklaczy zehn Schock Groschen Zins besitze; diesen Zins sowie meinen gesamten übrigen Besitz, der nach meinem Tode übrigbleiben sollte, wo der auch gelegen sein mag und gefunden werde, den sollen meine oben genannten Testamentsvollstrecker für den lieben Gott zur Errettung meiner Seele, derjenigen meines Gemahls Matěj, unserer Verwandten und aller gläubigen christlichen Seelen verteilt werden, damit ich vor Gott den Herrn gereinigt und geläutert treten kann. Acta sig. Anno domini M°CCCC°LIII°.*

85. [1453, März 19]
Testament der Bürgerin Marketa Berbetová. An erster Stelle 4 Schock Groschen an den dem hl. Andreas geweihten Altar in der Bartholomäuskirche, der von ihr ausgestattet wurde. Geld, Schmuck, Kleidung.
Archiv města Plzně, Hdschr. N 223, fol. C 18 (Abschrift).
Edition: Strnad, Listář král.města Plzně 2, S. 9-10, Nr. 15 (Auszug).[89]

My Gira Stod, toho czasu miesto rychtarze, Blazek kraiczierz, toho czasu purgmistr, a Petr sladownik rzeczeny Karkoss, prziseznij consselee a miesstienee miesta Noweho Plznie, zewno czynime tiemto listem przedewssemi, ktoz giez vzrzie, anebo cztucze slysseti budu, a swiedczyme, ze pocztiwa wdowa Margretha Berbetowa, nasse spolumiesstka, acz koliwiek nemoczna gsucz na tiele, wssak przi dobrem rozumi y przi plnie pamieti, nas na swiedeczstwie ktomu prziwolawssi y prziprosiwssi toto swe poslednie rozkazanie z sweho statku, gij od pana Boha poyczenieho, tak aby po gegij smrti y zadny swarowe ani ktere roznicze nebyli, vczinila gest takowuto mieru. Naiprwe odkazugie na oltarz swieczenie swatemu Ondrzegie kostela swateho Bartholomie od nie nadaneho cztyrzy kopy gr. Item za postaw sukna 2 1/2 kopy gr. odkazugie a na pary po gegi smrti, aby polozen byl; a po pochowanij tiela gegieho chudym, aby rozdan byl. Item Aniczcze, sestrze gegi, a Aniczcze, druhe sestrzeniczi gegi y s dietkami gegie sestrzenicze, odkazugie domek, w kteremz gest byla a sediela y s hospodarzstwim. Item zaczkom chudym menssim puolkopy platu rocznieho a wiecznieho natrzewiecze odkazugie, tak aby poruczniczi gegi wdolepsanij kupiecz a zgednagicz, aby gim kazdeho leta wiecznie rozdawali. Item tie dwie kopie plattu, kterez ma na domu Bernharthowu Ebrzwinowu z Hradisstie, gednu kopu plattu odkazugie na trzidczeti mssi kazdeho leta wiecznie przi kazdych suchych dniech, aby bylo sluzeno a czynieno a nato wydawano. A druhu kopu odkazugie na capplanstwie k oltarzi swateho Ondrzegie kostela Swateho Bartholomiegie w Nowemplznii. Item synu Prokopowu Ressowu odkazugie 15 kop gr. Item piet kop gross. odkazugie na sluzby a na wosk, kdyzby gie pan neuchowal, aby tiemi peniezi czinili, doniz by gich staczilo. Item pannie Vrssule, Annie a Mandelenie dieweczcze, kterez v nie w domku gsu, po kopie kazde zwlasst odkazugie. Item cztwrty ornat czrweny aksamitowy, ten gest giz od nie kupen, za piet kop gr., gessto w listu dotczeno oniem gest k capplanstwi knieze Waczlawowu, gegieho capplana, a mostranczi strziebrnu swrchupozlaczenu s kamienkem czrwenym od knieze Jana Protiwy nadanu,

89 Online abrufbar unter http://147.231.53.91/src/index.php?s=v&action=jdi&cat=18&bookid=399&page=9&action_button.x=0&action_button.y=0 (07.09.2017).

a krzizek pozlatity, a pectoralik pozlatity, to odkazugie k oltarzi swateho Ondrziegie skrzie poruczniky wdolepsane gegie kwydawanij a zasie k brani. Item to, czoz w Clatowiech na domiech y naplatiech ma, iakoz sie wdole gmenowati bude, to odkazugie na ranu mssi costela swateho Bartholomiegie w Nowemplzni anebo kamz by se gegim porucznikom wdolepsanym zdalo, kdyzby dobyli a se doupominali. Item na Stradalowicz domu 1 1/2 kopy plattu ma. Item na domu Jacubowe wedle lazny 1/2 kopu plattu ma. Item na domu Lidmilczynie proti kolinskym 1/2 k. plattu ma. Item na obczi Clatowske czttyrzi kopy ma. Item na duom, ktery gest byla zwedena slowe Bradowsky. Item duom gegi, w kteremz gest bydlela, ten lezi wedle Packowe domu. Item dworzisztie z zahradu, kterez ma w przedmiessti przed branu liticzsku, to odkazugie Bernarthowi Ebrzwinowi z Hradisstie. Item na Classter Ssery w Plzni, kdyz by sie dielalo, ij kopie gr. odkazugie. Item na Classter Czrny w Plzni, kdyzby sie dielalo, ij k. gr. odkazugie. Item na sspital k swate Marzi Magdaleny, kdyzby znamenitie, zdy dielany byli ij k. gr. odkazugie. Item k oltarzi swateho Ondrziegie kostela Swateho Bartholomiegie k capplanstwi gegieho nadanie na vbrusy a na alby ij k. gr. odkazugie. Item pani Katrussie Kozlikowa dluzna gi x k. gr., kterehozto rozkazanie a poruczenstwie swrchupsaneho y gineho wsseho statku, mowiteho y nemowiteho, geho pozuostaleho, budto na dluziech, na listech y ginych wieczi moczne poruczniky czyni, mudree opatrnee muze Procopa Resse a Wanka Prunerze, miesstiany z Nowehoplznie, y wtiech listech, kterez gest gmiela, plnu woli a mocznost gim porucznikom gizpsanym dawagiczi ku pominanij, k zprawowanij, k gednanij wedle gich opatrnosti, iakoz gim toho naidal douffa a wierzi, a gestli zeby kto wytrhna z gegich przatel, anebo kto giny y chtiel gegim porucznikom swrchupsanym, ktere zawidy a sudy v tomto gegim poruczenstwi czyniti, tomu anebo tiem nema y zadne prawa duchownie ani swietske pomoczno byti y zadnym kusem a obyczeggiem, proti gegim porucznikom a tomuto poruczenstwi, nebo czoz gim gest poruczila, toho gim douffa a vplnie wierze ze stiem prawie vczynie. Tomuto rozkazanij a pewnost y naswiedomie swe gsme peczeti wlastnie ku prosbie gizpsane Margrethy Berbethowe nassim wiedomim ktomuto listu prziwiesiti kazali gsme. Genz gest dan y psan leta od narozenie syna Bozieho M°CCCC°LIII° ten pondieli przed swatym Benediktem, ginak po nedieli Judica.

Wir Gira Stod, derzeit Stadtrichter, Blažek Krajčíř [= Schneider – Th. K.], *derzeit Bürgermeister, und Petr Sladowník* [= Mälzer – Th. K.] *genannt Karkoss, beisitzende Schöffen und Bürger der Stadt Neu-Pilsen, geben mit diesem Brief vor allen bekannt, die ihn lesen oder vorgelesen bekommen, und wir bezeugen, dass die ehrenwerte Witwe Marketa Berbetová, unsere Mitbürgerin, wenngleich körperlich erkrankt, doch mit gutem Verstand und bei vollem Bewusstsein, uns zu Gezeugnis herbeigerufen und gebeten und ihren letzten Willen von all ihren ihr durch Gott den Herrn verliehenen Gütern in nachfolgender Weise errichtet hat, damit nach ihrem Tode keinerlei Streit und Unbill entstehe. Zuvorderst vermacht sie für den dem hl. Andreas geweihten Altar in der Kirche St. Bartholomäus, der von ihr gestiftet wurde, vier Schock Groschen. Item vermacht sie für einen Ballen Tuch 2 1/2 Schock Groschen, dieser soll zur Hälfte unmittelbar nach ihrem Tode, zur Hälfte nach der Bestattung ihres Körpers unter Armen verteilt werden. Item Aniczka, ihrer Schwester, und der anderen Aniczka, ihrer Cousine, und deren Kindern vermacht sie ihr Häuslein, in dem sie wohnhaft und gesessen war, zu-*

sammen mit dem Wirtschaftsteil. Item armen kleineren Schülern vermacht sie fortan einen halben Schock Jahres- und Ewigzins, dergestalt, dass ihre unten genannten Testamentsvollstrecker diesen kaufen und einrichten und fortan jährlich auszahlen. Item die zwei Schock Zins, die sie auf dem Haus des Bernharth Ebrzwin aus Hradiště ruhen hat; einen Schock Zins vermacht sie für 30 Messen fortan in jedem Jahr an allen Fastentagen, damit diese gelesen und gehalten werden. Und den zweiten Schock Groschen vermacht sie in die Kaplanei zum Altar des hl. Andreas in der Kirche St. Bartholomäus in Neu-Pilsen. Item dem Sohn des Prokop Reš vermacht sie 15 Schock Groschen. Item fünf Schock Groschen vermacht sie für [Gottes-]*Dienste und Wachs; und sollte sie Gott der Herr nicht am Leben belassen, dann sollen sie diese Summe aufwenden, solange das Geld reicht. Item Frau Uršula, Anna und dem Mädchen Mandelenia, die bei ihr im Hause sind, vermacht sie jeweils einen Schock Groschen. Item ein viertes rötlich samtenes Ornat, das sie erworben hat für fünf Schock Groschen und von dem im Brief die Rede ist, an die Kaplanei dem Priester Václav, ihrem Kaplan, und eine silberne, oben vergoldete Monstranz mit einem roten Stein, vom Priester Jan Protiva*[90] *gestiftet, und ein vergoldetes kleines Kreuz, dies vermacht sie zum Altar des hl. Andreas durch ihre unten genannten Testamentsvollstrecker, die diese Sachen verteilen und wieder an sich nehmen sollen. Item, was sie in Klattau an Häusern und Geldern hat, das vermacht sie der Frühmesse an der Kirche St. Bartholomäus in Neu-Pilsen oder wie es ihren Testamentsvollstreckern am vorteilhaftesten erscheint. Item hat sie auf das Haus des Stradalowicz 1 1/2 Schock Zins. Item auf das Haus des Jakub neben dem Bad hat sie 1/2 Schock Zins. Item auf das Haus der Lidmila gegenüber dem Koliner Haus hat sie 1/2 Schock Zins. Item in der Gemeinde in Klattau stehen ihr vier Schock zu. Item auf das Haus, welches der ehrenwerte Bradovský besessen hat. Item ihr Haus, in dem sie gewohnt hat, das gelegen ist neben dem Haus des Pacek. Item der Hof vom Garten, den sie in der Vorstadt vor dem Lititzer Tor besitzt, den vermacht sie Bernhard Ebrzwin aus Hradischte. Item an das Graue Kloster in Pilsen vermacht sie, sollte gebaut werden, zwei Schock Groschen. Item an das Schwarze Kloster in Pilsen, sollte gebaut werden, vermacht sie zwei Schock Groschen. Item an das Spital der hl. Maria Magdalena, sollte gebaut werden, ebenfalls zwei Schock Groschen. Item dem Altar des hl. Andreas in der Kirche St. Bartholomäus zur Stiftung ihrer Kaplanei für Altartücher und für Alben vermacht sie zwei Schock Groschen. Item Frau Katruše Kozlíková schuldet sie zehn Schock Groschen. Zu Testamentsvollstreckern ihres oben angeführten letzten Willens sowie aller anderen beweglichen und unbeweglichen Güter, die nach ihrem Tode übrigbleiben, seien es auch Schulden, die in Briefen verzeichnet sind, oder andere Sachen sowie Briefe, die sie besaß, ernennt sie die weisen und ehrenwerten Männer Prokop Reš und Vaněk Pruneř, Bürger aus Neu-Pilsen, denen sie alle Vollmacht erteilt, um ihren letzten Willen zu überwachen, zu erfüllen und auszuführen, da sie den genannten Personen voll vertraut; und keiner der Freunde noch weltliches oder geistliches Recht sollen sie hieran in irgendeiner Weise hindern. Zur Festigung und besseren Sicherheit haben wir unsere eigenen Siegel auf Bitten der genannten Marketa Berbetová die-*

[90] Jan Protiva († 07.09.1430 in Pilsen) war Priester der Diözese Prag und 1391-1396 Prediger an der Prager Bethlehemskapelle. Er verfasste mehrere moralisierende Postillen und stellte sich später entschieden gegen Jan Hus.

sem Briefe beigefügt. Der gegeben und geschrieben ist im Jahre M°CCCC°LIII° nach Christi Geburt, diesen Montag vor S. Benedictus bzw. nach dem Sonntag Judica.

86. [1453, April 28]
Marketa Šefranková vermacht in ihrem in Latein abgefassten Testament der Bartholomäuskirche 100 Schock Groschen. Ihre Söhne Johannes, Benedikt und Georg erhalten ihr Gut.
Archiv města Plzně, Hdschr. N 223, fol. C 18 (Abschrift).
Edition: Strnad, Listář král.města Plzně 2, S. 10-11, Nr. 17 (Auszug).[91]

Procopius Ress iudex, Mathias Popele carnifex – magister civium et Zigismundus aurifaber, iurati consules ac ciues ciuitatis Noue Plzne, – recognoscimus –, quia – honesta vidua Margaretha Ssefrankonissa, nostra conciuissa, – nouissimum suum condidit testamentum. Primum quod – Iohannem Hladkonem, Benedictum et georgium, filios suos, conciues nostros, legitimos – fecit commissarios omnium bonorum suorum. – Item legat centum sexg. gros. super capellaniam euiternam, ut X sexagenae census annui emerentur et altare nouum ut exstruerent in ecclesia parochiali s. Bartholomei in Noua Pilzna: it. delegat X sex. gros., ut una sex. gr. census annui emeretur, pro quo censu ut quatuor anniuersaria quolibet anno cum vigiliis defunctorum et missa decantanda facerent in ecclesia s. Bartholomei; it. Fenzlino fratris sui, deputat V sex. gr.; it. Georgio, filio suo, delegat palium mortariolum et aliquas canteras et aliquot scultellas stanni; it. duabus filiabus fratris sui per unum cernale de margaritis dat, que habet Ursula filiu sua. – Datum sabbato Iacobi et Philippi apostolorum anno MCCCCLIII.

87. [1453, Mai 28]
Zweites Testament der Witwe Kristina, Bürgerin der Prager Neustadt.[92] **Die Testiererin ist zwar durch Gottes Fügung gesund, fürchtet sich aber dennoch „in diesen gefahrvollen und todbringenden Zeiten, in denen kein Mensch unter der Sonne vor dem Tode sicher sein kann". Der Testiererin zustehende Einnahmen werden an die Kinder ihres verstorbenen Sohnes, Sikmund, Vynek und Anežka, vermacht, die auch das Haus erhalten. Stiftungen *ad pias causas.***
Archiv hlavního města Prahy, Hdschr. 2096, fol. S 2 (Abschrift).[93]
Edition: AČ 28, S. 172-173.[94]

---

91 Online abrufbar unter http://147.231.53.91/src/index.php?s=v&action=jdi&cat=18&bookid=399&page=10&action_button.x=0&action_button.y=0 (07.09.2017).

92 Vgl. Nr. 84.

93 Online abrufbar unter http://katalog.ahmp.cz/pragapublica/permalink?xid=E1BD391EB72711DF820F00166F1163D4&scan=391#scan392 (07.09.2017).

94 Online abrufbar unter http://147.231.53.91/src/index.php?s=v&action=jdi&cat=10&bookid=302&page=172&action_button.x=0&action_button.y=0 (07.09.2017).

Wegmeno Bozie amen. Ja Cristina, wdowa niekdy dobre pamiety Matiegie od Hrzebenow manzelka, spolumiesstka Noweho M[ěsta]. Pr[ažského]., aczkoli z milosti bozie zdrawie tielesneho poziwagicz s dobru pamiety a s rozmyslem znamenagiczi, ze tiechto nebezpecznych a smrtedlnych czasuow kazdy ziwy czlowiek pod slunczem iako okamzenie przed smrti bezpeczen nemuoz byti, toto me poruczenstwie czinim a zrzezugi tiemto listem, vstanowugi porucznikу a sprawcze tohoto meho poruczenstwie slowutne a opatrne muze Daniele z Tuchoraz, Giru Majnusskowicz, Benesse Cukmanskeho a Bartosse z domu Seraphinowu spolumiesstiany Noweho M. Pr., przately me zwlasstie mile. Najprwe oznamugi, iakoz sem deskami zapsala Sikmundowi, Wynkowi a Anezcze, dietem dobre pamiety Hynka, syna meho, wnuczatuom mym, plat muoy w Tuklacziech a v Przissimasiech takowym obyczegem, kdyby mne pan Buoh smrti neuchowal, aby ne nie ten plat przipadl anebo dwie stie kop gr. dluhu na tom platu iakoz ssirze desky okazugi. Potom deset kop gr. platu tudiez w Tuklacziech odkazala sem na zadussie k Sspitalu pod Wyssehrad na Nowem M[ěstě]. Pr[ažském]. wedle rozkazanie kssafftu a poruczenstwie nadepsaneho Matiegie, manzela meho, iakoz pak take deskami ten plat gest zapsan a vtvrzen. Dale dietem swrchupsanym syna meho przidawam a odkazugi duom s miesstisstiem, kteryz lezi w Krziszalowicz vliczi mezy domy Petra, pisarze obeczneho, a Mikulasse klobucznika; a k tomu winniczi, kteraz lezi za Konsku branu mezi winniczy Lojsowu a Sserlinkowu po me smrti na rowny rozdiel, nez dokud sem sama ziwa mam toho platu domu y winniczy iakozto y gineho wsseho statku sweho mocznu byti hospodyni a wladarzku beze wssie przekazky dietij swrchupsanych, acz by pak y k letuom dospielym przissly. Pakly by mi na to sahli, aby swe prawo ztratili a propadli, iakoz y we deskach ta pokuta zapsana gest. A gestlize by ty diety nedojducz let dospielych zemrzely, tehda ten plat duom y winnicze y to prawo kterez sem gim zapsala, ma zase na mnie spadnuti. Take, gestlize by ty dieti prwe nezli ja zemrzeli a ja bych ge przebyla, tehdy po me smrti porucznicz swrchupsani magi mieti plnu mocz y prawo, ten wessken statek muoy rozdati pro mily buoh na zadussie wiernie a prawie w tom vcziniece iakoz ja gim wierzim. K tomu take, gest li by se doptali ktereho meho statku po me smrti, kteryz w tomto listu psan nenie, k niemuz bych ja prawo gmiela, bud to deskami nebo miestskym prawem. Toho wsseho, aby se zmocznili a s tiem vczinili posobili y zrziedili, iakoz sem gim toho swierzila nad gine wsseczky lidi. Take, gestlize by mne pan Buoh smrti neuchowal prwe nez by ty diety k letuom rozumnym przissly, aby porucyniczi nadepsani ge zprawowali y ty wieczi wsseczky, kterez sem gim odkazala do gich let rozumnych plnu moczi beze wssie przekazky. Pakli by ktere dietie przed lety dospielymi vmrzelo, aby diel geho spadl na gine ziwe diety zuostale od prwnieho az do poslednieho. Datum anno Domini LIII° sabbato in vigilia Trinitatis.

Im Namen Gottes Amen. Ich, Kristina, Witwe, ehemals Gemahlin des in guter Erinnerung gebliebenen Matěj od Hřebenow [= Kamm – Th. K.], *Mitbürgerin der Prager Neustadt, errichte, wenngleich ich mich durch Gottes Gnade körperlicher Gesundheit, guten Gedächtnisses und Verstandes erfreue, aber dennoch weiß, dass in diesen gefahrvollen und todbringenden Zeiten kein lebendiger Mensch unter der Sonne vor dem Tod sicher sein kann,* [*ich also*] *errichte mein Testament durch diesen Brief; zu ausführenden Vormündern und Verwaltern dieses meines letzten Willens bestimme ich die ehrenhaften und angesehenen Herren Daniel von Tuchoraz, Jíra Majnuškowicz, Beneš Cukmanský und Bartoš aus dem Hause Seraphin, Mitbürger der Prager Neustadt, meine besonderen Freunde. Zuvorderst gebe ich bekannt, dass ich in die Landtafeln für Sikmund, Vynek und Anežka, das Kind meines im Gedächtnis gebliebenen Sohnes Hynek und meine Enkeltochter, meine Einnahme in Tuklacy und in Přišimany eingetragen habe, dergestalt, dass, sollte mich Gott nicht am Leben erhalten, man diese Einnahmen den Genannten übergebe oder 200 Schock Gr. Schuld an dieser Summe, wie dies die Tafeln anzeigen. Sodann 10 Schock Gr. in Tuklacy vermache ich als fromme Stiftung an das Spital unter dem Vyšehrad in der Prager Neustadt neben dem testamentarischen Willen meines oben genannten Mannes, so dies auch durch die Tafeln festgehalten ist. Weiterhin übereigne und vermache ich dem Kind, meinem oben genannten Sohn, das Haus mit Grund, das in der Křižalovicer Straße zwischen den Häusern des Gemeindeschreibers Petr und des Hutmachers Mikuláš liegt, den Weingarten, der am Pferde-Tor zwischen den Weingärten von Lojsov und Šerlink liegt, nach meinem Tode zu gleichen Teilen. Solange ich selbst noch am Leben bin, verfüge ich über die Einnahmen, das Haus und den Weingarten sowie die anderen Güter, wo ich als Hausfrau und Regentin ohne alle Hinderung durch die oben genannten Kinder fungiere, solange, bis diese nicht mehr minderjährig sind. Sollten sie sich nicht danach richten, verlieren sie ihr Recht, wie dies in den Tafeln festgehalten ist. Und sollten die Kinder vor dem Erreichen der Volljährigkeit versterben, dann mögen die Einnahmen, das Haus und der Weingarten sowie das Recht, das ich ihnen verschrieben habe, wieder auf mich fallen. Auch wenn die Kinder eher als ich sterben sollten und ich sie überlebe: Dann mögen nach meinem Tode die oben genannten Vormünder die volle Macht und das Recht besitzen, mein gesamtes Gut dem lieben Gott zu Besitz vermachen, getreu im Glauben und Recht handelnd, wie ich ihnen dies glaube. Hinzu kommt, dass, wenn sie sich nach meinem Gut nach meinem Tode erkundigen sollten, welches in diesem Brief nicht aufgeführt ist, auf das ich aber ein Recht besitzen sollte, sei es durch die Tafeln oder das Stadtrecht, dann mögen sie mit diesem verfahren und handhaben, so wie ich ihnen dies anvertraut habe. Auch will ich, dass, wenn mich Gott der Herr abberufen sollte, bevor die Kinder ihre Volljährigkeit erreichen, dann mögen die Vormünder diese Güter verwalten mit voller Macht und ohne alle Behinderung. Sollte ein Kind vor Erreichen der Volljährigkeit versterben, dann fallen dessen Anteil an die verbliebenen, lebenden Kinder vom ersten bis zum letzten. – Datum Anno Domini LIII° Sabbato in vigilia Trinitatis.*

88. [1454, Februar 28]

Wacha gen. Bruk, Bürger von Horažd'owitz, vermacht in seinem Testament sein Hab und Gut der Familie und anderen Personen, darüber hinaus erhält die Kirche des hl. Peter und Paul in seiner Heimatstadt 20 Schock Groschen sowie weitere 10 Schock Groschen für eine Messe in der Kapelle der Jungfrau Maria.

Státní okresní archiv Klatovy: archiv města Horažďovice – A XII Aa 2 (Siegelurkunde).

Wegmeno Bozie Amen. Ja Wacha rzeczeny Bruk, miesstienin z Horazdieyowicz, znamo czinim tiemto listem wssem po sobie buduczim lidem, ktoz gey vtrzie nebo cztuczij slysseti budu, ze kterakzkoliwiek z dopusstienie bozieho leze w neduhu a wtom wssaku hodinu czekage nawsstiewenie bozieho, skoroli mie s tohoto swieta powola v buduczij a nechtiege, by po me smrti mezy przately a przibuznymi mymi kterzij swarowe a nechuti w zessli ostatek muoy, mnie odmileho pana Boha puoyczeneho, ypoziwage gesstie zdraweho rozumu a pamieti swobodnee dobrowolnie, toto mee poslednie rozkazanie a kssafft czinim a zpossobugi tiemto porzadem w dolepsanym. Item nayprwe porucziem a odkazugi na dielo domu bozieho kostelo swatych Petra a Pawla Apposstoluow v miestie w Horazdieyowiczich dwadczeti kopp grossuow, kterezto penieze manzelka ma, pani Barbora, aby wydala panuom consseluom nato dielo rozdielnie natyto czassy wdolepsane. Item piet kopp grossuow na swaty Girzij nynie nayprwe przisstij a potom hned na lethnicze piet kopp grossuow, a potom na swateho Jacuba welikeho aposstola yhned przisstieho piet kopp gr. A potom na swaty Hawel yhned przisstij piet kopp grossuow. Item potom kssafftugi a odkazugi desset kopp grossuow na mssij Matky Bozie na horze, aby kupena byla koppa grossuow plathu penieziteho ktee mssij Matky Bozie na kruchtie. A tu koppu grossuow plathu porucziem panuom consseluom nynieyssim y buduczim miesta Horazdieyowicz, aby gij wladli a newydawali ktee mssi Matky Bozie wiecznie. Item wsseczkeren statek swuoy, mowity, y nemowity, kssafftugi, odkazugi a porucziem mocznie panij Barborze, manzelcze mee milee, a panie Katrussi, dczerzi swee milee, nerozdielnie. Tiemto porzadem mym a rozkazanij, aby nayprwe dluhy, gimiz gsem winowar komuzkoliwiek iakoz panij Barbora, manzelka ma, wie a vpamieti ma, ty aby zaplatila a name dussi nenechawala a przatel mych a przibuznych, aby podielila tiemto kssafftem a rozkazanij. Item Duorze, Malerzowie zenie, aby dala piet kopp gr. Item male Markletie desset kop gr. Item Mikulassowi Prowazniczkowi, bratru swemu, piet kopp gr. Item Gindrowi, Hlawowu synu, desset kop gr. Item Zofficze, Hlawowie dczerzi, piet kopp gr. Item nebozcze Masska, bratra meho, dietem dwadczeti kopp gross. Item panij Kaczczie, Mistrowie zenie, trzi koppy gr. Item Pawlowi, richtarzowu synu, piet kopp gr. Item Rebeczkowi trzi koppy gr. Item za Dusskowu Smyslowi, aby dali koppu grossuow. Item samemu Dusskowi koppu gr. Item Marzi Sekutkowie koppu grossuow. Item dale ksafftugi, odkazugi a porucziem mocznie a doneb na papierze, kterzizkoliwiek mnie swiedczie a swidczili gsu. Ty wsseczky listy s mu dobru wolij dawam mocznie czastopsanee panie Barborze, manzelcze swe milee, a pannie Katrussi, dczerzi swee milee nerozdielnie. Tak, aby panij Barbora tiech wssech listuow moczna byla se dczerzi mu milu a plnu mocz y prawo, kterez mnie przislusselo wtiech listech, aby mieli ge drzeti gimi vpominati a wladnuti tiem wssim rzadem a obyczegem zapsanym a strwzenij peczetij przimich zawiessenymi, tak iakoz gsem ja gich moczen byl. A to s raddu a pomoczij porucznikuow wdolepsanich, kterehozto kssafftu a poslednieho rozkazanie meho wewssech wieczech swrchupsanich, y take porucznikу a obrancze zastopsane panie Barbory, manzelky me milee, a panny Katrusse, dczerzy me milee, czinim a vstanowugi moczne porucznikу mudre a opatrne muze Michala Pesstru, toho czassu purgmistra, Codrli, richtarze, Petra Trziesku, Waczlawa Dubrawskeho, Pawla Husku, Petra strzelcze, Waczlawa Ssothnu, Waczlawa Mleziwu, Hanusska krayczierze, Waczlawa Kudelku, Matiege Dudika, Ondraczka Werzechowskeho, Jana Hrubcze, plnu raddu panuow consseluow miesta Horazdieyowicz, y ponich buducze pany conssely, gimzto wierzim a plne dovffanie mam, ze oni budu milostiwij porucznicy a statecznij obrancze raddu y pomoczij swee sprawedlnosti nadepsane panie Barborze, manzelcze me milee, a pannie Katrussi, dczerzi me milee, we wssech wiecziech kssafftu a rozkazanie meho tohoto, tak iakz swrchupsano stogij. Toho kupewnosti a potwrzenij prossil gsem swrchupsanich mudrych a opatrnych panuow purgmistra, richtarze a consseluow panuow namie laskawych, aby tento list kssafftu a posledniého rozkazanie meho raczili, potwrditi prziwiessenі obecznie peczeti swe miestske. Genz gest dan a psan letha po narozenie Syna Bozieho tissiczieho cztyrsteho paddesdateho cztwrteho ten cztwrtek po swatem Matiegi Aposstolu.

Im Namen Gottes Amen. Ich, Wacha genannt Bruk, Bürger aus Horažd'owitz, bekenne mit diesem Brief allen künftigen Menschen, die diesen lesen werden oder vorgelesen bekommen, dass, wenngleich ich durch göttliche Fügung leidend darniederliege und dabei jede Stunde die Heimsuchung durch Gott erwarte, wenn er mich von dieser Welt in die zukünftige [Welt] holt, ich bei gutem gesunden Verstand und ein gutes Gedächtnis benutzend freiwillig diesen meinen letzten Willen und mein Geschäft in nachfolgender Weise errichte und festsetze, da ich nicht will, dass nach meinem Tode zwischen meinen Freunden und Verwandten irgendwelche Streitigkeiten und Unbill über meinen mir vom lieben Gott verliehenen Besitz entstehen. Item zuvorderst vermache und gebe ich für das Gotteshaus der Kirche der Apostel St. Peter und Paul in der Stadt Horažd'owitz 20 Schock Groschen; dieses Geld hat meine Gemahlin Frau Barbora, die soll es den Herren Schöffen für den vorbestimmten Zweck auszahlen. Item fünf Schock Groschen an die Kirche St. Georg, und zwar zuerst jetzt und dann zu Pfingsten fünf Schock Groschen und fortan zum kommenden Tag St. Jakob maioris fünf Schock Groschen. Und dann zum nächsten Tag St. Gallus fünf Schock Groschen. Item sodann vermache und gebe ich zehn Schock Groschen für die Messe der Gottesmutter auf dem Berge, damit ein Schock Groschen Zins erworben werde für die Marienmesse im Chor. Und diesen Schock Groschen Zins vertraue ich den Herren Schöffen an, die jetzt und künftig in der Stadt Horažd'owitz sein werden, damit sie darüber wachen und die Summe nur zu dem angegebenen Zweck ausgeben. Item meinen gesamten beweglichen und unbeweglichen Besitz vermache und gebe ich Frau Barbora, meiner lieben Gemahlin, und Frau Katruše, meiner lieben Tochter, rechtmäßig und untrennbar. Und durch diesen meinen letzten Willen sollen zuerst die Schulden beglichen werden, die ich, wem auch immer, schuldig geblieben bin; meine Gemahlin Barbora weiß hiervon und sie möge diese begleichen, um meiner Seele willen und der meiner Freunde und Verwandten wegen. Item Frau Duora Malerzová soll sie fünf Schock Groschen geben. Item der kleinen Marleta zehn Schock Groschen. Item Mikuláš Prowazniček, meinem Bruder, fünf Schock Groschen. Item Gindra, dem Sohn des Hlawa, zehn Schock Groschen. Item Zoffka, Tochter der Hlavová, fünf Schock Groschen. Item dem Kind meines seligen Bruders Mašek 20 Schock Groschen. Item Frau Kačka, der Frau des Magisters, drei Schock Groschen. Item Pavel, dem Sohn des Richters, fünf Schock Groschen. Item Rebeček drei Schock Groschen. Item für Dušek Smysl sollen sie einen Schock Groschen geben. Item Dušek selbst einen Schock Groschen. Item Marta Sekutková einen Schock Groschen. Item vermache und vererbe ich des Weiteren die auf Papier festgehaltenen und mir zustehenden Rechte. Diese ganzen Briefe gebe ich mit meinem guten Willen der wiederholt genannten Frau Barbora, meiner lieben Gemahlin, und Frau Katruše, unserer lieben Tochter, ganz und ungeteilt. Sodann, dass Frau Barbora volle Macht und Recht über alle Briefe habe, zusammen mit meiner lieben Tochter, und die Rechte, die mir zustehen, sollen ihnen zustehen und sie sollen damit nach Recht und Gewohnheit umgehen, wie ich das getan habe. Und dies mit Rat und Hilfe der unten genannten Testamentsvollstrecker dieses meines Geschäfts und letzten Willens, die sollen Vormünder und Beschützer der wiederholt erwähnten Frau Barbora, meiner lieben Gemahlin, und der Jungfer Katruše, meiner lieben Tochter, sein; und ich ernenne und bestimme zu diesen Testamentsvollstreckern die weisen und ehrenwerten Männer Michal Peštra, derzeit Bürgermeister, Codrl, Richter, Petr Třieska, Václav Dubravský, Pavel Huska, Petr Střelec [= Schütze – Th. K.], *Václav Šothna, Václav Mleziva, Hanuš Krajčíř* [= Schneider – Th. K.], *Václav Kudelka, Matěj Dudik, Ondraček Werzechovský, Jan Hrubecz, Ratsherren und Schöffen des vollen Rates der Stadt Horažd'owitz sowie die künftigen Ratsherren, denen ich voll glaube und vertraue, dass sie als gnädige Testamentsvollstrecker und aufrechte Beschützer mit Rat und Tat der zuvor genannten Frau Barbora, meiner lieben Gemahlin, und der Jungfer Katruše, meiner lieben Tochter, in allen Geschäftsangelegenheiten und denen des letzten Willens zur Seite stehen, so wie dies oben geschrieben steht. Dies zur Festigung und Bestätigung habe ich die oben genannten weisen und ehrenwerten Herren Bürgermeister, Richter und Ratsherren gebeten, dass sie mir gegenüber so liebenswürdig seien, und diesen Geschäftsbrief und letzten Willen mit ihren allgemeinen städtischen Siegeln beglaubigen. Der gegeben und geschrieben ist im Jahre Eintausendvierhundertvierundfünfzig nach Christi Geburt, diesen Donnerstag nach S. Matthäus ap.*

89. [1455, Februar 16]
Petr Tříška, Bürger von Horažd'owitz, verfasst sein Testament. Die Kirche St. Peter und Paul wird reichlich bedacht (Ornat, Kelch, Ballen Leinen etc.), wofür Thuoma, Neffe des Testierers, verantwortlich zeichnet. Die Schüler der Pfarrschule in der Stadt sollen Geld für Holz und Fleisch erhalten. Zahlreiche Legate *ad pias causas*. Die Gemahlin und zahlreiche weitere Personen werden mit Geldlegaten bedacht.
Státní okresní archiv Klatovy: archiv města Horažďovice – A XII Aa 4 (Siegelurkunde).

Wegmeno Bozie Amen. Ja Petr Trzieska, miesstienin w Horazdieyowiczich, znamo czinim tiemto listem wssem posobie buduczim ziwym lidem, ze aczkoliwiek z dopusstenie bozieho leze w nemoczi tiezkeho neduhu, gimzto pan buoh wssemohuczij trestkrze mie iakozto otecz milosrdenstwie a welikeho smilowanie y wtom znamenage, ze nicz gistssiehi nenie nezli smrt a nicz negisstiehi nezli hodina smrti, alle newieda, kteru mie hodinu powola s tohoto swieta nawsstiewenim swe swate milosti a zachwaczenim smrti, protoz gesstie poziwage zdraweho rozumu a swobodne pamieti dobrowolnee, a nechtie by pomee smrti kterzy swarowe a nechuti wznikly mezy manzelku, mu panij przibu, a mezy ginymi przately mymi a przibuznymi, o statek muoy, kterehoz mi gest pan buoh wssemohuczij z swe nesmierne milosti a lasky vsstiedrziti a puoycziti raczil, toto me poslednie poruczenstwie, kssafft a rozkazanie czinim a zpuossobugi tiemto zrziezenym porzadem. Item nayprwee vmysla meho gest a chczi tomu, aby Thuoma Sspalek, synowecz muoy, s poruczniky mymi wdolepsanymy dal a kupil z statku meho ornat za ssest kopp grossuow a kalich za ssest kopp grossuow k boziemu swatych Petra a Pawla Aposstuolow w miestie Horazdieyowiczich a na stolicze kniezske, genz slawu stalla, trzi koppy grossuow, ktemuz boziemu domu. Item na kazdy rok dwa postawy sukna na chudee Thuoma, aby rozkragel a dawal za desset leth. A dwie mssi zadussnie zpiewane na kazdy tyden, aby zpuosobil za trzi letha. A potiech trzechz letech gednu mssi zpiewanu wiecznie zadussnij on y geho buduczij, aby drzeli a wigilgie czelee na pamatny den, aby czinili gednu w rok na polehczenie spasitedlnee dusse mee ymych przibuznych. A odtiech mssij zpiewanych kniezim Thuoma y geho buduczij, aby dawal a dawali iakoz obyczeg gest po grossi, a od wigilgij kniezim, kterziz budu nawigilgich take po grossi. Item dwie koppie grossuow plathu penieziteho rocznieho wiecznieho a diediczneho na Zikmundowi, czlowieku mem w Vgezdczi za Tynczem, odkazugi a dawam mocznie na sskolu w Horazdieyowiczich a porucziem to mocznie porucznikom mym wdolepsanym a mudrym a opatrnym gednu koppu grossuow na swaty Hawel, a na swaty Girzij druhu koppu grossuow, y dawali zakom na drwa a na masso. A za ten plath mistr s zaky magij ty zadussnie msse zpiewati a wigilgie czele gednu w rok. A ten plath Beness Oynicze ma wedrzky zemske wloziti s gistymi zprawczemi k rucze wiecznee a k diedicztwi zadussniemu sskoly swrchupsanych mudrich a opatrnych panuow purkmistru, richtarzi a consseluom miesta Horazdieyowicz nynieyssim y ponich wiecznie buduczim rzadem a obyczegem zemie czesske, tak iakoz gest miel ninye samemu dawno we drzky zemske wloziti. Item Panie Przibie, manzelcze swe, odkazugi a dawam trzidczeti kopp grossuow a rucho gegie czoz gest, aby gie wratili a truhlu gegij a kuff piwa stareho a dwie poluwozie potomnieho a polowiczi mleczneho, alle rucho me nebozky panie, aby to zuostalo przistatku; a onastiem wiernie, aby gim vdielala a oni gie tez. Item dale dawam a odkazugi dietem Thuomowym, Waczlawowi a Janowi, dwie stie kopp grossuow. A zato prossim porucznikuow, aby oni ty penieze gim zadrzeli w swe moczi a chowali gim do gich leth wezmucze s listuow. Pakliby ty dieti zemrzeli alle budeli Thuoma mieti gine dieti, aby to nanie spadlo. Pakliby wssiczkni dieti zemrzeli a Thuoma ginych dieti nemiel alle spadni tiech dwie stie kopp grossuow na Thuomu. Item dale dawam, odkazugi a porucziem Thuomowi wsseczkeren statek swuoy, mowity y nemowity, y listy wsseczky, kterez na plath peniezity mam na panossich, iakoz plniegie a swietlegie tiz listowe hlawnij wsobie drzie a zawazugij a dluhy wsseczky, a to takto, aby Thuoma s tiech sewssech listuow vrok swato Girzsky wzal, a wiecz, aby gich na Vroczene nechawal a dele, aby neczekal. Pakliby gim puol letha dali naprzed wyediti, a neb budu chtieti czekati dele vroku, aby nebrali. A Colman plath swuoy bude moczi wyplatiti toho gemu przegi progeho dyeti, a Blayslaw plath swuoy bude moczi wyplatiti na Gelessowi; y Diwiss y Oldrzich Zaborsky, a od Gynocha puoldruheho sta kopp grossuow a dwadczeti zlattych vherskich, at wezma s swaty girzkym vrokem; a dele, aby nerzekali paklibudu rzekati, aby vroku wiecz nebrali. Item dale dawam Maretcze, sestrze Thuomowe, dwadczeti kopp grossuow hottowych; a Trawnik za rzeku dawam gie do gegieho ziwota, aby geho poziwala do smrti; a posmrti gegie, aby spadl na Thuomowy dieti. Pakliby dietij Thuoma niemiel alle spadni na Thuomu, a niwku k Sweradiczuom y s luczku dawam gie diedicznie, ze gibude moczi y prodati iakoz se gij libiti bude. Item dale przikazugi, aby Maretka sediela w domu mem do Thiomowych dietij leth a poziwala geho bez przickazy Thuomowy. A Thuoma ma poziwati domku zadnieho a panwe y s kadni, a tiem duom oprawowati, pakliby Buoh ne vchowal dictij Waczlawa a Jana alle Maretka newystoupila z duomu Thuomowi a Thuoma nakladag s Maretku iako bratr s sestru iakozto s swu krwij, pakliby buoh Thuomy nevchowal alle Thuoma nezapominag Maretky iakozto sestry swe. Item Maretcze, aby dal Thuoma z rucha meho duchni menssij a dwie prostieradle, gedno kmentowe a druhe platenne a dwie podusscze a polsstarz. Item dale przikazugi mocznie Thuomowj, aby Maretky, sestry swe, nikoli neopusstiel, a gij pomahal wiernie iakozto bratr, neb gsem gemu dal dosti. A prossim porucznikow, gestli zeby gi Thuoma chtiel opustiti, aby oni to oprawili a Thuoma, aby vczinil wedle gich rozkazanie. A czozby Maretka sobie piw warzila, aby Thuoma odnie od panwe nicz nebral. Item dale odkazugi sirotkuom cztyrzem w Hosticzich nad wolynij odnie bratrany, dczery, dietem dwadczeti kopp grossuow, aby spadlo s gednoho na druhe. A to aby tiem dietem w knihy miestske wlozeno bylo zde w Horazdieyowiczich, a neb diedicztwie gim zato, aby kupeno bylo a na vroky zadne, aby gich nedawali, pakliby gich buoh nevchowal, alle materzi gich. Item dale odkazugi Hiczkowym dietem desset kopp grossuow s gednoho nadruhe, pakliby gich buoh ne vchowal, alle materzi gich. Item dale odkazugi kram massny Netreffowym dietem, alle Netreff, aby ho nemohl prodati do leth dietinnych yni se naij dluziti, alle poziwati. A kdizby dieti dorostli, aby gim sstupil. Item Kaczicze dyewicze, aby gie przidala koppu grossuow nade mzdu. Item Guncze pome smrti, aby dali puoldruheho centnerze loge toczneho. Item dale odkazugi Petrze, stare sspalkowe materzi Thuomowie, piett kopp grossuow. A dale przikazugi Thuomowi, aby materz pocztiwie smrti dochowal a nedal gie zadne nuze trpieti. Pakliby gie pocztiwie smrti dochowati nechtiel, alle prosim porucznikuow, aby wezmucze z statku meho y dali gie, aby ona se dochowala smrti. Item dale przikazugi Thuomowj, aby wssech wieczj wietrnych ostal y kupecztwij, a doma byl prziswem hospodarstwij, a opatrowal pocztiwie iakoz na dobreho druha slussie. A to hospodarzstwie wedl ke czti a kuchwale milemu Bohu za mu dussi czinie, to czoz gsem swrchu rozkazal. A bez raddy a wuole porucznikuow mych wdolepsanych, aby nicz neczinil. Pakliby toho cziniti plniti nechtiel, czoz gsem rozkazal a porucznikuow mych poslussen nebyl, tehdy dawam plnu mocz tiemto listem porucznikuom mym wdolepsanym, a gich zati snaznie prossim, aby oni s wten we wsseczken muoy statek n[?]nie vwazali, a gey ke czti a k chwale milemu panu Bohu obratili, iakz naylepe vmyeti budu s raddu awssem mudrich a opatrnich panuow purkmistra, richtarze a consseluow nynieyssich y buduczich miesta Horazdieyowicz, kterehozto kssafftu a posledniehо poruczenstwie a rozkazanie meho vstanowugi a czinim mocznie porucznikу mudre a opatrne muze Waczlawa Ssothnu, Codrli, richtarzem Husku ssewczie, Waczlawa Kudelku, miesstieniny, przately me mile, gimzto srdecznie wierzim a vplnie douffam, ze oni y s Thuomu, synowczem mym, wsseczky wieczi swrchupsane wskutku naplnie wedle tohoto meho poslednieho kssafftu a rozkazanie, awssak pro wystrahu wsselike ruoznicze k raddie a k navrzenij mudrych a opatrnych panuow purkmistra, richtarze a consseluow nynieyssich y buduczich se vtiekagicze gichzto panuow plne raddy, sused a przatel mych milych prossim a zadam s snaznu pilnostij, aby raczili tohoto kssafftu potwrditi przіwiessenim peczeti swee miestske. [Acta sunt hec dominica Esto mihi anno domini 1455].

Im Namen Gottes Amen. Ich Petr Tříška, Bürger in Horažd'owitz, bekenne mit diesem Brief vor allen künftigen lebenden Menschen, dass, wenngleich ich durch göttliche Fügung in schwerer Krankheit leidend darniederliege, mit der mich der allmächtige Gott wie ein Vater mit Barmherzigkeit und großem Erbarmen straft, was bedeutet, dass nichts sicherer ist als der Tod und nichts unsicherer als die Stunde des Todes, dass ich also, da ich die Stunde nicht kenne, in der er mich von dieser Welt durch das Erscheinen seiner göttlichen Heiligkeit und das Erscheinen des Todes holt, mit gesundem Verstand und freiem Gedächtnis freiwillig dieses mein letztes Geschäft und meinen letzten Willen aufgesetzt, errichtet und in nachfolgender Weise bestimmt habe, da ich nicht will, dass nach meinem Tode irgendwelche Streitigkeiten und Unbill entstehe zwischen meiner Gemahlin, Frau Přiba, und anderen meinen Freunden und Verwandten um meinen Besitz, den mir Gott der Allmächtige in seiner unendlichen Gnade und Liebe geschenkt und geliehen hat. Item zuvorderst ist es mein Wille, dass Thuoma Spalek, mein Neffe, zusammen mit meinen unten genannten Testamentsvollstreckern von meinem Besitz ein Ornat für sechs Schock Groschen und einen Kelch ebenfalls für sechs Schock kaufe und der den Aposteln St. Peter und Paul geweihten Kirche in der Stadt Horažd'owitz stifte und für das Amt des Priesters an diesem Gotteshaus drei Schock Groschen. Item in jedem Jahr zwei Ballen Tuch für Arme, die soll Thuoma fortan zehn Jahre lange verteilen. Und zwei Seelenmessen in jeder Woche, fortan für drei Jahre. Und nach diesen drei Jahren auf ewig eine gesungene Seelenmesse, die sollen er und seine Nachfahren lesen lassen und eine Vigil am Gedenktag, die sollen sie einmal im Jahr für die Errettung meiner Seele und die meiner Verwandten halten. Und für diese gesungenen Messen sollen Thuoma und seine Nachfolger den Priestern, der Gewohnheit entsprechend, je einen Groschen geben und für die Vigilien den Priestern, die diese Vigilien leiten, ebenfalls einen Groschen. Item zwei Schock Groschen Ewigzins vermache und gebe ich fortan und erblich Zikmund, meinem Bediensteten, in Augezd hinter dem Teyn; und an die Schule in Horažd'owitz gebe ich einen Schock Groschen zu S. Gallus und einen zweiten Schock Groschen zu S. Georg, das sollen meine unten genannten weisen und ehrenwerten Testamentsvollstrecker bewirken; und sie sollen den Schülern dieses Geld für Holz und Fleisch geben. Und für diesen Zins sollen der Magister und die Schüler Seelenmessen singen und eine Vigil abhalten, einmal im Jahr. Und diesen Zins soll Beneš Oynicz in die Landtafeln eintragen lassen und zusammen mit den Verwesern dafür Sorge tragen, dass diese Stiftung der Schule zukomme, wobei die oben genannten ehrenwerten und weisen Herren, der Bürgermeister, Richter und die Schöffen der Stadt Horažd'owitz, die da jetzt sind und die künftig sein werden, nach Landesgewohnheit dies überwachen sollen. Item Frau Přiba, meiner Gemahlin, vermache und gebe ich 30 Schock Groschen sowie ihr Bettzeug, das soll man ihr geben, ebenso ihre Truhe und ein Fass Altbier sowie zwei halbe Wagen des neuen Bieres sowie von Milch [?]*; aber die Wäsche meiner seligen Frau, die soll bei meinem Besitz bleiben; und sie möge damit sorgsam verfahren. Item so gebe und vermache ich den Kindern Thuomas, Václav und Jan, 200 Schock Groschen. Und dafür bitte ich die Testamentsvollstrecker, dass sie diese Summe für die Genannten aufbewahren und sie bis zu* *ihrer Volljährigkeit erziehen. Sollten diese Kinder sterben, doch Thuoma noch weitere Kinder haben, dann sollen die Gelder auf diese übergehen. Sollten sämtliche Kinder sterben und Thuoma keine weiteren Nachkommen haben, gehen diese 200 Schock Groschen auf Thuoma selbst über. Item gebe und vermache ich des Weiteren und vermache Thuoma meinen gesamten weiteren beweglichen und unbeweglichen Besitz sowie sämtliche Briefe, die ich an Geldzinsen besitze, eingeschlossen auch Schuldbriefe; und Thuoma soll zusammen mit allen Briefen den Sankt-Gallus-Zins erheben; und es sei Sache, dass man ihnen die Verzinsung erlasse und nicht weiter darauf poche. Und Colman, der soll ihm seinen Zins auszahlen für seine Kinder, und Blayslaw soll seinen Zins an Geleš auszahlen, und Diviš und Oldřich Zaborský, und von Gynoch einhalb Hundert Schock Groschen und 20 ungarische Gulden, die soll er zum S.-Georgs-Zins nehmen; und des Weiteren sollen sie nicht sagen, dass sie mehr Zins nehmen. Item so gebe ich Maretka, der Schwester Thuomas, 20 Schock Groschen Barschaft, und Trawnik jenseits des Flusses gebe ich es bis zu ihrem Lebensende, damit sie das Geld bis zu ihrem Lebensende nutze; und nach ihrem Tode soll die Summe auf Thuomas Kinder übergehen. Sollte Thuoma freilich keine Kinder haben, dann falle das Geld auf Thuoma, und den Acker Richtung Sveradice mit der Wiese gebe ich ihr zu erblichem Besitz, auch dass sie sie verkaufe, ganz wie sie es für richtig hält. Item so gebiete ich weiter, dass Maretka in meinem Hause wohne, bis Thuomas Kinder ihre Volljährigkeit erreichen; und Thuoma soll dagegen keine Einwände erheben. Und Thuoma mag das hintere Haus nutzen und das Becken und die Bottiche, und er soll das Haus instandhalten, wenn Gott die Kinder Václav und Jan nicht am Leben belassen sollte, jedoch Maretka nicht aus dem Hause Thuomas weichen und Thuoma mit dieser Maretka wie Bruder und Schwester leben würde. Wenn Gott Thuoma sterben lassen sollte, dann aber soll Thuoma Maretka nicht vergessen als seine Schwester. Item Maretka, die soll Thuoma von meinem Bettzeug das kleinere Oberbett geben, und dazu zwei Betttücher, eines aus Battist und das andere aus Leinen; dazu zwei Kopfkissen und ein weiteres Kissen. Item des Weiteren gebiete ich Thuoma, dass er seine Schwester Maretka niemals allein lasse, sondern ihr treulich helfe wie ein Bruder, da ich ihm nämlich genug gegeben habe. Und ich bitte die Testamentsvollstrecker, dass, sollte Thuoma beabsichtigen, sie im Stich zu lassen, dass sie dann Thuoma an seine Pflichten erinnern. Und wenn Maretka selber Bier braue, dann soll Thuoma von ihr vom Becken nichts nehmen. Item vermache ich des Weiteren den vier Waisen in Hostice oberhalb von Wolin, den Vettern der Tochter, den Kindern 20 Schock Groschen, die sollen von einem auf den anderen übergehen. Und zwar, dass dies für die Kinder in die städtischen Bücher hier in Horažd'owitz eingetragen werde und dass ihnen dies als Erbe zustehe und dass sie keinerlei Zins geben, solange Gott sie am Leben belasse, aber ihre Mutter. Item so vermache ich weiterhin den Kindern des Hiček* [?] *zehn Schock Groschen, einen nach dem anderen, sollte Gott sie nicht am Leben belassen, sondern ihre Mutter. Item vermache ich des Weiteren die Fleischbude den Kindern des Netreff; doch Netreff selbst, der darf diese Fleischbude nicht verkaufen, solange sie nicht volljährig sind; und er darf diesbezüglich keine Schulden machen, sondern die Bude lediglich nutzen. Und wenn die Kinder erwachsen sind, dann soll er sie ihnen abtreten. Item der Magd Kačka, die soll einen Schock Groschen als Lohn bekommen. Item Gunka soll nach meinem Tode einen halben Zentner Talg erhalten. Item verschreibe ich weiterhin der alten Petra Špalková, der Mutter von Thuoma, fünf Schock Groschen. Sodann gebiete ich Thuoma, dass er die Mutter bis zu ihrem Tode versorge und sie in keinerlei Weise Not leiden lasse. Sollte er sie nicht bis zu ihrem Tode versorgen können, dann bitte ich die Testamentsvollstrecker, dass sie der Mutter aus meinem Besitz etwas geben, damit sie bis zum Tode leben könne. Item sodann gebiete ich Thuoma, dass er auf alle Dinge sorgsam achte und dass er daheim auf die Wirtschaft Obacht gebe und alles in Ehren halte. Und die Wirtschaft führe er zum Lob des lieben Gottes um meiner Seele willen, so wie ich ihm das aufgetragen habe. Und ohne den Rat und den Willen meiner unten genannten Testamentsvollstrecker soll er nichts unternehmen. Sollte er dies nicht erfüllen wollen, was ich ihm aufgetragen habe, und meinen Testamentsvollstreckern keinen Gehorsam leisten, dann erteile ich Letzteren kraft dieses Briefes das Recht, dass sie auf meinen sämtlichen Besitz aufpassen und ihn zum Lobe des lieben Gottes einsetzen, wie ihnen das am günstigsten erscheint, und zwar mit Rat der weisen und ehrenwerten Herren, dem Bürgermeister, dem Richter sowie den jetzigen und künftigen Ratsherren der Stadt Horážd'owitz. Zu bevollmächtigten und rechtmäßigen Testamentsvollstreckern dieses meines letzten Geschäfts und letzten Willens bestimme und ernenne ich die weisen und ehrenwerten Männer Václav Šothna, Codrle, den Richter, Huska den Schuster, Václav Kudelka, Bürger, meine besonders lieben Freunde, denen ich herzlich glaube und voll vertraue, dass sie zusammen mit Thuoma, meinem Neffen, alle meine oben aufgezählten Dinge gemäß meinem letzten Geschäft und letzten Willen erledigen. Um Gefahr, Streit und Unbill zu vermeiden, stelle ich ihnen die weisen und ehrenwerten Herren Bürgermeister, den Richter und die Ratsherren, die da jetzt sind und künftig sein werden, zur Seite; und ich bitte die Ratsherren des vollen Rates, Nachbarn und Freunde aufrichtig, dass sie das Stadtsiegel diesem Geschäft beifügen mögen. [Acta sunt hec dominica Esto mihi anno domini 1455].*

90. [1455, April 9]

Testament des Pilsener Bürgers Martin Uterský. Als Haupterben erscheinen seine Gemahlin Anna und der minderjährige Sohn Blažek, die den Weisungen der Testamentsvollstrecker Folge leisten sollen. Mehrere Kirchen und geistliche Personen werden mit einer Barschaft bedacht.

Archiv města Plzně, Urkunden – I 151, Nr. 173 (Siegelurkunde).

My Prokop Ress rychtarz, Jan Panuosska, sukennik, toho czasu purkmistr, a Waczlaw Pranerz, prziseznij miesstienee miesta Nowehoplznie, znamo czynime tiemto listem przedkazdym ziwym czlowiekem a swiedczyme, ze mudry a opatrny muz Martin Vtersky, nass spolumiesstienin, aczkoliwiek gsa nemoczen natiele, wssak przi dobrem rozumu y przy vplne pamieti, nas naswiedeczstwie ktomu przywolaw y przyprosiw, toto swe poslednie rozkazanie z sweho statku, gemu od pana boha poyczeneho tak, aby po geho smrti y zadny swarowe ani ktere ruoznicze newznikli a nepossli, vczinil gest takowymto biehem a chtie, aby to tak mocznost gmielo. Naiprwe powiedIel, ze gest rzadnu smluwu, wzal z Blazkem, synem swym, lidmi hodnymi a opatrnymi, totiz Blazkem kraiczierzem, Prokopem Ressem, Benessem sukennikem, Prokopem Swiniakem a stryczem Ssewczem, o wssechny wieczi tak, ze gemu dal a wyplnil rozkazanim vbrmany swrchupsanymi lxxiiij kop grossuow, a tiem geho konecznie oddielil nez toto zwlasstie wymienil, gestli zeby nadepsany Blazek, syn geho, posslussen byl matierzi swe a porucznikuow wdolepsanych, tehdy mu przidawa xv kop gross. A giny wesskeren statek geho pozuostaly, mowity y nemowity, kterymby gmenem mohl gmenowan byti, bud mnoho geho, anebo malo, ten mocznie poruczie Annie, manzelcze swe mile, tak aby stiem statkem vczinila wedle wuole porucznikuow wdolepsanych, a bez gich wuole nicz neczynieczy. A gestli, zeby gie pan buoh neuchowal, tehdy ma mocz deset kop grossuow rozkazati, kamz sie gii zdati alibiti bude. A ostatek, aby poruczniczi wdolepsanij rozdali na skutky milosrdne, kamz sie gim zdati bude. Item odkazugie Jacubbowy, synu Blazkowu, piet kop gross.; a ty, aby dany gemu byli, kdyby kletom przissel. Item odkazugie na dielo kostelnie swateho Bartholomiegie piet kop grossuow, a ztoho aby dany byli, kdyby sie duom prodal. Item capplanu do Vtereho odkazugie zlaty rynsky. Item do Brzina ffararzy odkazugie zlaty rynsky. A temuz fararzy z Brzina s ginymi kniezymi toho bratrstwa na sluzbu odkazugie gednu kopu gross. Item do Krassowa ffararzy odkazugie zlatty rynsky. Item Wawrowi, bratranu swemu, odkazugie sukni swu czrnu skozichem, a ktomu kabatecz anohawicze, kteremuzto poruczenstwij, Annie, manzelcze swe mile, gij przidawa porucznіky opatrne muze Blazka kraiczerze a Strycze Ssewcze, miesstiany z Plznie, gim dan ginie przately wierzieczy a doufagiczi, ze gij radni a pomoczni wewssech wieczech budu iakoz gim toho neydal douffa awierzy, a ona gich wewssem ma poslussna byti. A tymz porucznikom zagich praczi odkazugie Blazkowu kraiczerzowu dwie kopie gross. a Stryczi Ssewczy kopy gross. Tomu wssemu rozkazanij napewnost a kuprosbie swrchupsaneho Martina Vterskeho peczeti nassie s nassi woli y wiedomnij ktomuto listu przywiesiti gsme kazali. Genz gest dan y psan leta od narozenie Syna Bozieha tissiczeho cztyrsteho padesateho pateho tu strziedu przed nedieli prowodnij.

Wir Prokop Reš, Richter, Jan Panuoška, Tuchmacher, derzeit Bürgermeister, und Václav Praneř, beisitzende Bürger der Stadt Neu-Pilsen, bekennen mit diesem Brief offen vor jedem lebenden Menschen und bezeugen, dass der weise und ehrenwerte Martin Uterský, unser Mitbürger, wenngleich er körperlich erkrankt ist, doch bei gutem Gedächtnis und bei vollem Verstand, uns zu diesem Gezeugnis herbeigerufen und gebeten hat und seinen letzten Willen von seinen ihm durch Gott den Herrn verliehenen Gütern gebeten hat, damit nach seinem Tode keinerlei Zwist und Unbill entstehe und geschehe; und dies hat er in nachfolgender Weise getan und er will, dass dies nach Möglichkeit so geschehen solle. Zuvorderst hat er angegeben, dass ein ordentlicher [*Erb-*]*Vertrag bestehe zwischen ihm und Blažek, seinem Sohn, den er in Anwesenheit der ehrenwerten und geachteten Männer, nämlich Blažeks des Schneiders, Prokop Rešs, Beneš des Tuchmachers, Prokop Swiniaksund Stryčs des Schusters geschlosen habe, und zwar über alle Sachen, dergestalt, dass er ihm durch den Willen der oben genannten Ubrmannen LXXIIII Schock Groschen geben solle unter der Voraussetzung, dass nämlich der zuvor genannte Blažek, sein Sohn, seiner Mutter und den unten genannten Testamentsvollstreckern Gehorsam entgegenbringe, dann gibt er ihm XV Schock Groschen. Und sein gesamtes übriges bewegliches und unbewegliches Gut, wo das gelegen sei und erfragt weren könne, sei es viel oder wenig, dies vermacht er rechtmäßig seiner lieben Frau Anna, damit sie damit verfahre entsprechend dem Willen der nachfolgend genannten Testamentsvollstrecker; und ohne deren Willen möge sie nichts unternehmen. Und sollte Gott der Herr ihn nicht am Leben belassen, dann soll sie zehn Schock Groschen geben, wohin sie mag. Und den Rest sollen die nachfolgend erwähnten Testamentsvollstrecker für mildtätige Werke aufwenden, so wie ihnen dies am günstigsten erscheint. Item vermacht er Blažek, dem Sohn des Jakub, fünf Schock Groschen, die mögen ihm ausgehändigt werden, sobald er volljährig wird. Item vermacht er für die Kirche S. Bartholomäus fünf Schock Groschen, die sollen gegeben werden, wenn das Haus verkauft ist. Item dem Kaplan nach Utery vermacht er einen rheinischen Gulden. Item nach Brzin in die Pfarre vermacht er einen rheinischen Gulden. Und dem Pfarrer in Brzin zusammen mit den anderen Geistlichen dieser Bruderschaft vermacht er für deren Dienst einen Schock Groschen. Item in die Pfarre nach Krašov vermacht er einen rheinischen Gulden. Item seinem Vetter Wawra vermacht er seinen schwarzen pelzbesetzten Rock und dazu Wams und Beinkleid. Seiner lieben Gemahlin Anna stellt er als Testamentsvollstrecker die ehrenwerten Männer Blažek den Schneider und Stryč den Schuster, Bürger der Stadt Pilsen, zur Seite, denen er vor anderen Freunden glaubt und vertraut, dass sie in allen Angelegenheiten seine Gemahlin mit Rat und Tat unterstützen, wobei er auch hofft, dass Anna diesen Gehorsam entgegenbringt. Und diesen Testamentsvollstreckern vermacht er für deren Arbeit Geld, nämlich Blažek dem Schneider zwei Schock Groschen und Stryč dem Schuster einen Schock Groschen. Diesem letzten Willen zur Sicherheit und auf Bitten des oben erwähnten Martin Uterský haben wir unsere Siegel wissentlich und sorgsam diesem Brief beigefügt. Der gegeben und geschrieben ist im Jahre Eintausendvierhundertfünfundfünfzig nach Christi Geburt, am Mittwoch vor Quasimodogeniti infantes.*

91. [1455, Juli 7]

Václav Čwok, Mitbürger der Prager Neustadt, vermacht in seinem Testament seinem ältesten Sohn 100 Schock Groschen. Seine Frau Anna soll den anderen, noch minderjährigen drei Kindern eine treusorgende Mutter sein. Zu einem der Testamentsvollstrecker wird u. a. der Landesverweser Georg von Podiebrad[95] bestimmt. Den Grundbesitz des Testierers, zu dem u. a. das Dorf Lieben gehört, erhält sein Bruder. Verschiedene Legate *ad pias causas* (u. a. zehn Schock an das Spital unterhalb des Vyšehrad).

Archiv hlavního města Prahy, Hdschr. 2094, fol. A 1r-1v (Abschrift).[96]

Edition: AČ 28, S. 14-15 (Auszüge).[97]

---

95 Georg von Podiebrad (1420-1471) entstammte dem mährischen Adelsgeschlecht derer von Kunstadt und stand seit 1439 an der Spitze der utraquistischen Partei in Böhmen. 1448 wurde er zum Landesverweser gewählt und 1458, nach dem Tode des Ladislaus Postumus, mit Hilfe der utraquistischen Ständemehrheit zum böhmischen König gekrönt. Ausgleichsbemühungen mit der katholischen Kirche scheiterten, 1464 erklärte Papst Paul II. den Utraquisten Georg zum Ketzer.

96 Online abrufbar unter http://katalog.ahmp.cz/pragapublica/permalink?xid=E1BD352FB72711DF820F00166F1163D4&scan=7#scan6 (07.09.2017).

97 Online abrufbar unter http://147.231.53.91/src/index.php?s=v&action=jdi&cat=10&bookid=302&page=14&action_button.x=0&action_button.y=0 (07.09.2017).

Bozie pomoczi naprzed zadage. Ja Waczlaw Czwok, spolumiesstienin Nowehomiesta prazskeho, wyznawam tiemto listem obecznie przedewssemi, ktoz gey vzrzie nebo cztucze nebo czucze slysseti budu, ze aczkoliwiek starosti przirozenu a nemoczy tielesnu vmdlen gsa, wssak s dobru pamieti s plnym rozumem a s rozmyslem, zewsseho statku meho, mowiteho y nemowiteho, gimz mie pan buoh z swe nesmierne milosti nadieliti raczil, vczinil sem a tiemto listem czinim, zrzezugi a zgednawam toto poruczenstwie me poslednie wuole, aby o ten gisty statek muoy mezi dietmi a przately mymi y wsslikterakymi ginymi lidmi swaruow, suduow y nesnazy po me smrti se nedalo. Toho poruczenstwie czinim a vstanowugy moczneho a naywyssieho porucznika, z wysokeho panskeho vrozenie pana pana Girzika z Cunstatu a z Podiebrad, zprawczy kralowstwie Czekeho, slowutneho Daniele z Thuchoraze a opatrneho Matiege Okantha, bratra meho wlastnieho, miesstiany Nowehomiesta prazskeho, prose a zadage naprzed panie milosti pana Girzika, aby geho milost yakoz to naywyssy porucznik y s tymiz porucznikу raczil tuto mu poslední wuoli dokonati a kmiestu skutecznemu prziwesti, wedle me zadosti dolepsane; w tom poruczenstwi nayprwe Janowi, synu memu naystarssiemu, odkazugi a oddawam z meho statku sto kop gross, aby gemu czasem swym bylo wydano za geho diel; dale wuole ma gest, aby Anna, manzelka ma, s dietkami mymi obywala a praczi wedla yako wierna matie s dietmi nakladagicz; pakliby wdala neb s dietmi byti nechtiela, aby gie z meho statku sto kop gross wydano. Potom duom muoy s miesstisstiem, kteryz lezij na Porzieczij podle domu Mathiege Okantha, bratra meho swrchupsaneho, mlyny nakameni przed porzieczku branu sewssim przislussenstwim, Lliben wes s mylny y s lidmi knietczymi a vroczn ymi y sewssim przislussenstwim.Take mlyn na Porzieczij na horzeissiem rzadu, osmy od brziehu, mezy mlyny Climentowym hohanowym a nebozcze Martina panosse, y wessken giny statek muoy mowity y nemowity, budto w miestie neb na zemi, kdezbykoli mohl shledan a optan byti y kterymkoli gmenem gmenowan, Waczlawowi, Gindrzichowi a Wandie, dietem mym, odkazugi poruczíem a mocznie oddawam na rowne trzi diely ke gmienij, k drzenij a k diedicznemu wladarzstwi bezwessech odpor a przekazek wsselikterakych lidij po me smrti; a kterezby z tiech dieti przed lety dospielymi vmrzela, diel geho na gine ziwe dieti zuostale rownym dielem ma spadnuti, od prwnieho az do poslednieho; pakliby tiech wssech trze diety nemagicze let dosslych zemrzelo, tehda aby z toho statku gim odkazaneho, geden diel byl dan chudym pro mily buoh, druhy diel przateluom mym, a trzety diel porucznikuom. Take dwa kalichy strziebrna pozlaczena w gednom sedmnadczte lotuow strziebra, a druhy za osm kop grossuow odkazugi k kostelu swateho Petra na Porzieczie, a giz ta dwa kalichy v tehoz kostela magi k wieczne pamieti wegmeno bozie, aby tu zuostala. Opiet oznamugi, ze Mathiegowi Okanthowi, bratru memu, negsem zadnym dluhem powinen, neb kteryz sem gemu byl zapis vczinil w knihy miestczke na puoldruheho sta a na ssestnadczte kop gr., ten sem byl zwiery vczinil, a protoz chczy, aby ty penieze przimych dietech zuostali, tymz obyczegem iakoz swrchupsanostogi. Naposledy na sspital pod Wyssehrad odkazugi deset kop gross., aby ynhed po me smrti bylo wydano za spasenie dusse me przedssich mych y wssech wiernych dussij krziestianskych. Toho na swiedecztwie na potwrzenie y na pewnu gistotu, peczeti opatrnych muzuow Mathie Alba, rychtarze Jana Sewzchodcze a Giry Maynusskowicz, consseluow swrchupsaneho Nowehomiesta prazskeho, k me snazne prosbie przіwiesseny gsu ktomuto listu. Genz psan a dan w sobbotu na zaytrzie swateho Prokopa lleta od narozenie syna bozieho tisyczeiho cztyrsteho padesateho pateho.

Die Hilfe Gottes zuvor erbitte ich. Ich Václav Čwok, Mitbürger der Prager Neustadt, bekenne mit diesem Brief allgemein vor allen, die diesen hören oder lesen oder vorgelesen bekommen, dass, wenngleich ich durch natürliche Sorge und körperliche Krankheit niedergeworfen bin, ich dennoch mit gutem Gedächtnis, mit vollem Verstand und mit Vorbedacht diesen meinen letzten Willen von allen meinen beweglichen und unbeweglichen Gütern, die mir Gott der Herr in seiner unendlichen Gnade verliehen hat, aufgesetzt und durch diesen Brief bestimmt habe, damit um diesen meinen Besitz nach meinem Tode zwischen meinen Kindern und Freunden sowie irgendwelchen anderen Menschen keinerlei Streitigkeiten, Hader und Unbill entstehe. Zum obersten und bevollmächtigten Testamentsvollstrecker dieses meines letzten Willens bestimme und ernenne ich den hochadeligen Herrn Herrn Georg von Kunstadt und Podiebrad, Verweser des Königreichs Böhmen, sowie den ehrsamen Daniel von Tuchoraz und den ehrenwerten Matěj Okanth, meinen eigenen Bruder, Bürger der Prager Neustadt, wobei ich zuvor seine Gnaden Herrn Georg als obersten Testamentsvollstrecker gebeten habe, mit den beiden anderen Testamenstvollstreckern diesen meinen letzten Willen auszuführen und zum Wohl der Stadt zu vollenden, entsprechend meiner nachfolgend beschriebenen Bitte. In diesem Testament vermache und gebe ich zuvorderst Jan, meinem ältesten Sohn, aus meinem Besitz 100 Schock Groschen, damit ihm diese zu entsprechender Zeit ausgehändigt werden als sein Erbteil. Des Weiteren ist es mein Wille, dass Anna, meine Gemahlin, bei den Kindern bleibe und den Haushalt führe und sich als eine treusorgende Mutter um die Kinder kümmere. Sollte sie sich freilich wieder verheiraten oder nicht mit den Kindern zusammen bleiben wollen, dann sollen ihr aus meinem Besitz 100 Schock Groschen gegeben werden. Sodann mein Haus mit Grund, gelegen am Poritsch neben dem Haus des Matěj Okanth, meinem oben erwähnten Bruder, die Mühlen am Felsen [?] *vor dem Poritscher Tor mit allem Zubehör, das Dorf Lieben mit den Mühlen und mit den untertänigen Bauern sowie mit allem Zubehör. Auch die Mühle am Poritsch in der oberen Reihe* [?], *die achte vom Ufer aus, zwischen den Mühlen des Climent Hohanový und des seligen Edelmanns Martin, sowie mein gesamtes bewegliches und unbewegliches Gut, sei es in der Stadt oder auf dem Lande, wo immer dies gelegen sein mag und erfragt werden kann, vermache ich Václav, Jindřich und Manda, meinen Kindern und gebe ihnen diesen Besitz nach meinem Tode zu gleichen Teilen zu Besitz, Eigentum und erblicher Nutzung, ohne jede Einschränkung und Hindernisse durch irgendwelche anderen Menschen. Und sollte eines von den drei Kindern vor Erreichen der Volljährigkeit versterben, dann möge sein Erbteil auf die beiden anderen lebenden Kinder zu gleichen Teilen fallen, vom ersten bis zum letzten. Sollten alle drei Kinder vor Erreichen der Volljährigkeit versterben, dann soll von dem an sie vererbten Besitz ein Drittel an Arme gehen, für den lieben Gott, das andere Drittel an meine Freunde und das letzte Drittel an die Testamentsvollstrecker. Des Weiteren zwei silberne und vergoldete Kelche, der eine zu einem Siebzehntel Lot Silber und der zweite für acht Schock Groschen, die vermache ich an die Kirche St. Peter am Poritsch; und diese beiden Kelche sollen bei dem genannten Gotteshaus verbleiben, zum ewigen Gedenken im Namen Gottes. Sodann gebe ich bekannt, dass ich Matěj Okanth, meinem Bruder, nichts schulde, denn ich habe alles, wie in den Stadtbüchern verzeichnet, beglichen, und zwar 50 Schock Groschen und zum anderen 16 Schock Groschen. Und ich will, dass dieses Geld bei meinen Kindern verbleibt, dergestalt, wie dies oben beschrieben ist. Und zuletzt vermache ich in das Spital unterhalb des Vyšehrad zehn Schock Groschen, die dort sofort nach meinem Tode zur Rettung meiner Seele, derjenigen meiner Vorfahren sowie aller gläubigen Christen eingesetzt werden sollen. Dies zu Gezeugnis und zur Bestätigung sowie zur besseren Sicherheit haben die ehrenwerten Männer Matěj Alba, Richter, Jan Sewchodecz und Jira Mainuškowicz, Ratsherren der oben genannten Prager Neustadt, ihre Siegel diesem Brief beigefügt. Der geschrieben und gegeben ist am nächsten Sonnabend nach S. Procopi im Jahre Eintausendvierhundertfünfundfünfzig nach Christi Geburt.*

92. [1455, Juli 12]
Testament der Margaretha Obešlová, Bürgerin der Prager Neustadt. Diese vermacht u. a. zwei Schock Groschen an das Spital unterhalb des Vyšehrad. Der Sohn Janek erhält Haus und Grund, dazu zahlreiche Gebrauchsgegenstände, den Rest ihr Gemahl Matěj. Geldlegate an verschiedene kirchliche Institutionen, u. a. die Bethlehemskapelle.
Archiv hlavního města Prahy, Hdschr. 2094, fol. A 1v-2r (Abschrift).[98]

Pana Boha wssemohuczieho zadagiczy wteto me naypilnieyssie potrzebie. Ja Margaretha, rzeczena Obesslowa, miesstka Nowehomiesta prazskeho, aczkoli nemoczy tielesnu tiezku gsuczy obtiezena, ale wstala s dobrym rozumem s rozmyslem a plnu pamieti toto me poslednie czinim poruczenstwie prowywawowanie swaruow a nesnazy o muoy statek pome smrti; wtom poruczenstwi Janowi, synu memu, duom s miesstisstiem, kteryz lezi mezy domy Matiege, manzela meho, a Tomy pergamennika, chmelniczy a winniczy v Wrssowicz zahradu pod wezi Nykolaowu nad Botieczem, sukni czrnu s platnem, dwa bloky czrna, dwie zperzinie, geden polsstarz, trzi podussky, ssest zprostieradl a gednu medeniczy weliku odkazugi porucziem y mocznie oddawam k gmieni, k drzeni a diediczkemu wladarzstwi; ostatek pak wsseho statku, mowiteho a nemowiteho, kdezby shledan a optan mohl byti, kterehoz nam pan Buoh poyczieti raczil, Matiej, muoz muoy, ma mocznym hospodarzem byti wedle wzdanie, kterez swa sobie vczinila zapsati kazala w kniehy miestske k wolenie nasseho dobrowolneho tak, aby gemu natom zadny neprziekazel gemuzto doufam, ze bude gizpsanemu Jankowi, synu memu, a pastorku swemu pomahati, acz to wssak bude umieti nassiem zachowati a hospodarzstwie westi yako slussie. Take z sweho statku wypsany ma wydati na dielo kostela swateho Martina trzi kopy grossuow a zakuom tudiez puol kopy grossuow do Bethlema, na kostel gednu kopu grossuow a kiniezim tudiez gednu kopu grossuow a na sspital pod Wyssehradem chudym dwie kopie gros. za spasenie dusse me y wssech wiecznych dussi krzestianskych. Toho na wiedecztwie y na potwrzenie peczeti

98 Online abrufbar unter http://katalog.ahmp.cz/pragapublica/permalink?xid=E1BD352FB72711DF820F00166F1163D4&scan=8#scan7 (07.09.2017).

opatrnych muzuow Matiege Alba, rychtarze, Waczlawa Mrlika kozissnika a Prokopa sladownika, consseluow naprzedpsaneho Nowehomiesta prazskeho, k me snazne prosbie przywiesseny gsu ktomuto listu. Genz psan a dan w sobotu ten den przed hodem Swate Panny Margarethy leta Bozieho tysycziehi cztyrzysteho padesateho pateho.

Gott den Allmächtigen zuvor flehe ich in dieser meiner höchsten Not an. Ich Margaretha genannt Obešlová, Bürgerin der Prager Neustadt, errichte, wenngleich ich von körperlicher Krankheit heimgesucht bin, jedoch mit gutem Verstand und Vorbehalt und vollem Gedächtnis ausgestattet bin, diesen meinen letzten Willen, um zu verhindern, dass nach meinem Tode irgendwelche Streitigkeiten und Unbill um meine Hinterlassenschaften entstehen. In diesem letzten Willen vermache und gebe ich meinem Sohn Janek mein Haus mit Grund, welches gelegen ist zwischen den Häusern meines Gemahls Matěj und des Pergamentmachers Toma, Hopfen- und Weing[a]ärten bei Wrschowitz, den Garten unterhalb des Nikolai-Turmes oberhalb Boticz, den schwarzen Rock aus Leinen, zwei schwarze Tücher, zwei Kissen, ein Kopfkissen, drei Kissen, sechs Betttücher und ein großes Handbecken zu Besitz, Eigentum und erblicher Nutzung. Den Rest freilich des beweglichen und unbeweglichen Besitzes, wo der gelegen sei und gefunden werde, den uns Gott der Herr verliehen hat, den soll Matěj, mein Gemahl als rechtmäßiger Hauswirt ungehindert erhalten, so wie ich dies in die städtischen Bücher habe einschreiben lassen, wobei ich hoffe, dass er dem bereits erwähnten Janek, meinem Sohn und seinem Stiefsohn, nach bestem Wissen helfen wird, damit der Besitz erhalten bleibe. Auch sollen aus seinem Besitz der Kirche St. Martin drei Schock Groschen und armen Schülern dort ein halber Schock Groschen gegeben werden; und in die Bethlehemskapelle ein Schock Groschen und den Priestern dort ein Schock Groschen und an das Spital unterhalb des Vyšehrad an Arme zwei Schock Groschen zur Errettung meiner Seele und derjenigen aller wahren Christenmenschen. Dies zu Gezeugnis und zur Bestätigung haben die ehrenwerten Männer Matěj Alba, Richter, Václav Mrlik, Kürschner, und Prokop der Mälzer, Schöffen der oben genannten Prager Neustadt, auf meine Bitte hin ihre Siegel diesem Briefe beigefügt. Der geschrieben und gegeben ist am Sonnabend, am Tag vor Tag der hl. Jungfrau Margarete, im Jahre Eintausendvierhundertfünfundfünfzig.

93. [1455, Juli 28]
Testament des Matěj Šťerba, der sein Häuschen mit Weingarten seiner Frau Anka verschreibt.
Státní okresní archiv Kladno: archiv města Slaný, Sign. III B a 1 (Siegelurkunde). Regest: Soupis 1/2, Nr. 1160 (hier fälschlich in das Jahr 1445 datiert).

Przed purgmistrem, wta doby Wankem Nowinka, consseli Janem Waldekem, Woytiechem rzeznikem Busstiewskym, Janem Horynu, Janem, starym pisarzem, a Janem Bessniakem, richtarzem, Matiey rzeczeny Sstierba, przissel do domu nadepsaneho purgmistra vczynili swe poslednie poruczenstwie ginak kssafft rzadem dolepsanym, a to s rozmyslem, rozmyslnym a dobrym. Najprwe odkazal gest a dal wsseczko czoz gest miel mocznie, totiz Chalupku s winniczy, Ancze, manzelcze swe, aby gi na tom zadny przietel, ani kto giny neprzekazel, dluhy gmenowal kterez gest dluzen pani Gilkowe 70 gr., zeti swemu 40 gr., a pani Lopatowe 10 gr. Actum sigillum post festum Iacobi Appostoli maioris Anno dm. 1455.

Vor den Bürgermeister, zur Zeit Waněk Nowinka, und die Schöffen Jan Waldek, Vojtěch den Fleischer von Buštěvy, Jan Horyna, Jan den alten Schreiber und Jan Bešniak, Richter, ist in das Haus des zuvor genannten Bürgermeisters Matěj genannt Štěrba gekommen und hat seinen letzten Willen, auch Geschäft genannt, in nachfolgender Weise getätigt, und zwar mit Vorbedacht und gutem Gedächtnis. Zuvorderst hat er seiner Gemahlin Anka alles vermacht, was er rechtmäßig besessen, nämlich sein Häuslein mit Weingarten, damit keiner seiner Freunde noch irgendeine andere Person ihr dies streitig mache. Auch hat er seine Schulden bekannt. Und zwar schuldet er Frau Gilková LXX Groschen, seinem Schwiegersohn XL Groschen und Frau Lopatová X Groschen. Actum sigillum post festum Jacobi Appostoli maioris anno domini 1455.

94. [1455, Oktober 23]
Bürgermeister und Geschworene der Stadt Saaz bestätigen die letztwilligen Anordnungen des Ondráček, des ehemaligen Baders in Komotau. Dieser vermacht u. a. handwerkliches Inventar seinem Gesellen Waněk (u. a. Barbiermesser, Scheren und Schleifsteine).
Státní okresní archiv Louny, fond archivu města Žatec, Sign. I A 35 (Siegelurkunde).
Edition: UB Saaz, S. 194-195, Nr. 450.[99]

My Jan Schewenpfluk, purgmistr, Lukass z Rybnyan, Waczlaw Perutczky, Jan Rytierz, Mauricius s Petrspurku, Zybrzyd z Stankowicz, Barthoss z Syenomat, Gindrzych rzeznyk, Blazek mydlarz a Wanyek kozysnyk, przysezzny consselee miesta Zateczskeho, moczy tohoto lystu wyznawame obecznie przedewssemi lydmi a swiedczyme, ze sediecze s namy w plnee zahagenee a prawem oskazzenee raddie nassie Matieig Slowak a Prokop Wachowicz, spoluconsselee nassy, gednomyslnye a swornye wyznaly, ze gsu byli przy zpuossobu a kssafftu Ondraczka, nyekdy lazebnika z Chomutowa, ktomu zawolani a wegmenye prawa pozadani gsucze, kteryzto Ondraczek przednymi kssafft a zpuosob swuoy posledny vczinil gest w tento obyczeyg. Oznamyl nayprwe tyz Ondraczek, ze gest prodal lazen w Chomutowie panom raddie miesta Chomutowskeho, a zatu lazzen ze gesstie dluzni zuostawagi bez puol kopy dwatczet kop grossuow wtiech peniezych, ze tyz Ondraczek s Wankem, towarrzyssem swy ma polowiczy a Peter Klech ze ma druhu polowiczy wtiech peniezych, pak ten diel swuoy wtiech peniezych a ktomu giny wesskeren statek swuoy, bud ho malo nebo mnoho, tyz Ondraczek otkazuge a dawa Annye, zenye swe, a Jankowi, synu swemu, k rownemu rozdielu bezewssie

99 Online abrufbar unter http://147.231.53.91/src/index.php?s=v&action=jdi&cat=18&bookid=151&page=194 &action_button.x=0&action_button.y=0 (07.09.2017).

przienkazky. Potom Ondraczek ten gisty oznamyl, ze nadepsany Peter Klech gemu dluzen zuostawa dwie kopie grossuow puoyczenych peniez, ty otkazuge Jankowi, synu swemu prwe gmenowanemu. A nad tiem Jankem y nad statkem geho czyny Ondraczek tengisty mocznu porucznicziy Annu, materz geho nadepsanu, az dogeho leth rozomnych. Pakly tengisty Janek umrze, nedosyehna leth swych zralych, tehdy to wsseczko, czoz gest gemu otkazano, yakoz swrchupsano gest, ma przy Annye, materzy toho Janka, zuostati sewssim prawem. Tak gest Ondraczek nadepsany rozkazal a ona Anna odtoho, aby gednu kopu grossuow na dielo costela zdeyssieho dala. Posleze Ondraczek czastopsany brzytwy, nozzyky, brussky y gine wsseczko nadobie k rzemeslu lazebniczziemu przyslussegiczy, ktomu take kabatecz a nohawicze swe otkazuge a dawa mocznye Wankowi, towarzissy swemu nadepsanemu. Toho wsseho na swiedeczstwi wieticzij peczet miesta nasseho ktomuto listu gest przywiessena. Dan w cztwrtek przed pamatowanim swatych Ssymona a Judy Aposstoluow bozich, leta narozenie bozieho tissiczieho cztyrsteho paddessateho pateho.

Wir Jan Schewenpflug, Bürgermeister, Lukáš von Rybňany, Václav Perutčka, Jan Rytíř, Mauritius von Petrspurg, Zybrzyd von Stankowicz, Bartoš von Syenomaty, Jindřich Řezník [= Fleischer – Th. K.], *Blažek Mydlář* [Seifensieder – Th. K.] *und Waněk Kožišník* [Kürschner – Th. K.], *beisitzende Schöffen der Stadt Saaz, bekennen kraft dieses Briefes allgemein und vor allen Leuten und wir bezeugen, dass vor uns in unserem vollen Rat zu Recht Matěj Slowak und Prokop Wachowicz, wie wir ebenfalls Schöffen, einstimmig und einträchtig bekannt haben, dass sie bei der Abfertigung des letzten Willens des Ondráček, ehemals Bader aus Komotau, anwesend waren, der sie hierzu gerufen hatte. Dieser Ondráček hat vor ihnen sein Geschäft und seinen letzten Willen errichtet und zwar in nachfolgender Weise. Zuvorderst hat dieser Ondraček bekannt, dass er die Badestube in Komotau den Ratsherren der dortigen Stadt verkauft habe; und für diese Badestube sind sie ihm noch 20 Schock Groschen weniger einen halben Schock schuldig geblieben dergestalt, dass Ondráček mit seinem Gesellen Waněk die Hälfte und Peter Klech die andere Hälfte dieser Summe bekommt; dazu vermacht der genannte Ondráček seinen Teil und dazu seinen gesamten übrigen Besitz, sei es viel oder wenig, seiner Gemahlin Anna und seinem Sohn Janek zu gleichen Teilen, ohne alle Hindernis. Sodann hat Ondráček bekannt, dass der zuvor genannte Peter Klech ihm zwei Schock Groschen, die er sich geborgt hatte, schuldig geblieben ist; dieses Geld vermacht er seinem zuvor genannten Sohn Janek. Und zu Testamentsvollstreckern und Vormündern ebendieses Janek und seines weiteren Besitzes ernennt er bis zu dessen Volljährigkeit dessen zuvor genannte Mutter Anna. Sollte dieser Janek nicht volljährig werden, dann soll all das, was er ihm vermacht hat, bei Anna, seiner Mutter, bleiben, mit allen Rechten. Sodann hat Ondráček angeordnet, dass Anna von dem Besitz einen Schock Groschen an die hiesige Kirche geben soll. Zuletzt hat der wiederholt genannte Ondráček Barbiermesser, Scheren, Schleifsteine und alle zum Baderhandwerk gehörenden Gerätschaften sowie Wams und Beinkleid seinem zuvor erwähnten Gesellen Waněk rechtmäßig vermacht. Dies alles zu bezeugen ist unser Stadtsiegel diesem Brief beigefügt worden. Gegeben am Donnerstag vor Simonis et Jude ap., im Jahre Eintausendvierhundertfünfundfünfzig vor Christi Geburt.*

95. [1455, Dezember 26]
Testament der Witwe Wanka, Bürgerin der Prager Neustadt. Die Testiererin vermacht u. a. ihrem Bruder Vávra ihr Haus mit Grund, ihren Schwestern Kleidungsstücke sowie verschiedene Geldlegate. *Ad pias causas.*
Archiv hlavního města Prahy, Hdschr. 2094, fol. A 5 – A 6 (Abschrift).[100]

Wegmeno bozie Amen. Ja Wanka, wdowa dobre pamieti Marzikowa Bluczkowa manzelka, spolumiesstka Nowehomiesta prazskeho, aczkoliwiek starostu przirozenu a nemoczu tielesnu gsuczy obkliczena, giz kazdu chwili dusse s tielem rozluczenie oczekawagagicz, s dobru wssak pamietu s plnym rozumem a s rozmyslem poruczenstwie me poslednie wuole ze wsseho statku meho, mowiteho y nemowiteho, gimz mie pan Buoh z swe sstiedre milosti nadieliti raczil a gehoz sem sie z swych mladych leth wbotnie dopraczowala a pracznie dorobotowala, tiem listem czinim, zrzezugi a zgednawam, aby oten statek muoy mezy przately mymi y ginymi wsselikterakymi lidmi swaruow a nechutij pome smrti se nedalo, toho meho poruczenstwie czinym a vstanowugi poruczniky opatrnee muze Waczlawa Lichwiczij a Rzehu, niekdy panossy rychtarzowa, przately me zwlasstie milee; a wtom odkazugi a mocznie oddawam po me smrti Wawrowi z Miecholupecz, bratru swemu, duom muoy y s miesstisstiem, kteryz lezi w krupne uliczy mezy domy Martinowym a Paczasowym Formanowym; y giny wessken muoy statek, mowity y nemowity, aby tyz Wawra wydal ztoho statku gemu odkazaneho s radu porucznikuow swrchupsanych nayprwe Marzie, sestrze me, Miecholupp welikych sukni sseru, Kaczcze, druhe sestrze me, odtudz blok ssery, Dorothie z Zalezie, sestrzeniczy me, sukni swietku platnem pod ssytu a dietem gegim gednu perzynu na dielo kostela swateho Waczlawa na Zderaze kopu grossuow, zakuom k swatemu Sstiepanu na Rybniczcze nagiech potrzebach puolkopy gr. a Jonatowi, bratru muze meho, sukni muzsku sseru. Take oznamugi, ze mam puol trzetie kopy gr. hotowych, zaty penieze, aby Wawra, swrchupsany bratr muoy, kupil sukna a wzdal chudym lidem a chudym zakuom za mu dussy y za nasse przedssie y za gine dusse wiecznee krzestianske. Toho na swiedomie y na potwrzenie peczeti opatrnych muzuow Jana Chalupi, rychtarze, Petra Heczky a Prokopa sladownika, consseluow swrchupsaneho Nowomiesta prazskeho, k me snazne prosbie przieweisseny su ktomuto listu. Genz dan a psan w patek po hodu narozenie Bozieho, leta geho M°CCCC°LV°.

Im Namen Gottes Amen. Ich Wanka, Witwe und einst Gemahlin des seligen Marzik Bluček, Mitbürgerin der Prager Neustadt, errichte, beschließe und lege fest, wenngleich ich durch natürliche Sorge und körperliche Krankheit heimgesucht bin und bereits in jedem Augenblick die Trennung von Körper und Seele erwarte, dennoch mit gutem Gedächtnis und vollem Verstand und Vorbedacht meinen letzten Willen von allen meinen beweglichen und unbeweglichen Gütern, die mir Gott der Herr in seiner unendlichen Freigebigkeit verliehen hat und die ich von jungen Jahren an mir erarbeitet und verdient habe, damit um meine Hinterlassenschaft zwischen meinen Freunden und irgendwelchen anderen Menschen nach meinem Tode keinerlei Streitigkeiten

[100] Online abrufbar unter http://katalog.ahmp.cz/pragapublica/permalink?xid=E1BD352FB72711DF820F00166F1163D4&scan=16#scan17 (07.09.2017).

und Unbill entstehe. Zu Testamentsvollstreckern dieses meines letzten Willens ernenne und bestimme ich die ehrenwerten Männer Václav Lichwiczi sowie Rzeha, ehemals herrscherlicher Richter, meine besonders lieben Freunde. Und ich vermache und gebe nach meinem Tode Vávra von Miecholupecz, meinem Bruder, mein Haus zusammen mit Grund, das gelegen ist zwischen den Häusern des Martin und des Paczass Forman, sowie mein gesamtes übriges bewegliches und unbewegliches Gut; und Wawra soll von diesem ihm vermachten Besitz mit Rat der oben genannten Testamentsvollstrecker zuvorderst Marta aus Měcholupy, meiner Schwester, den grauen Rock, Kačka, meiner anderen Schwester, ebenfalls von dort, den grauen Hut [?], *Dorota und Zaleza, meinen Cousinen, die hellen gefütterten Röcke aus Leinen und ihren Kindern ein Federbett geben. Und der Kirche St. Wenzel am Zderaz einen Schock Groschen; den Schülern zu St. Stephan am Fischteich für deren Bedürfnisse einen halben Schock Groschen sowie Jonat, dem Bruder meines Mannes, einen grauen Männerrock. Des Weiteren gebe ich bekannt, dass ich eineinhalb Schock Groschen Barschaft habe, davon soll Vávra, mein oben genannter Bruder, Tuch kaufen und an arme Menschen und arme Schüler verteilen um meiner Seele willen und derjenigen meiner Vorfahren sowie anderer Christenmenschen. Dies zu Gezeugnis und zur Bestätigung haben die ehrenwerten Männer Jan Chalupa, Richter, Petr Hečka und Prokop der Mälzer, Schöffen der oben genannten Prager Neustadt, auf meine Bitten hin ihre Siegel diesem Brief beigefügt, der gegeben und geschrieben ist am Freitag nach Nativitatis domini, im Jahre M°CCCC°LV°.*

96. [1456, Mai 14]

Fenczl Novohradský aus (Böhmisch) Krumau testiert. Die Testamentsvollstrecker sollen sein Haus, Garten und Hof verkaufen und für das so gewonnene Geld Tuch für Arme kaufen sowie jährlich eine Gedächtnismesse abhalten. Die Einrichtung des Hauses sowie das Vieh vermacht er seiner Gemahlin Anna.

Státní okresní archiv Český Krumlov: archiv města Český Krumlov – C IV 3a, Nr. 2882 (Siegelurkunde).

Edition: UB Krumau 2, S. 100-101.[101]

Wegmeno bozie amen. Leta od narozenie bozieho tisiczieho cztirzsteho padesateho ssesteho, w ten patek przed suatu Zophy, ja Ffenczl Nouohradsky, miesstienin w ty czasy w Krumlowie, z prziuolenim pany Anny, manzelky me, wiznauam tiemto listem obecznie przede wssemy nynieissimy y buduczimy, ktoz gey vzrzie a nebo cztucze slissety budu, ze znamenaw kradkost a nebezpecznost ziwnosty, vieku a zdrawie lidskeho, a ponouadz nicz nebezpeczneissieho nenye nezly smrt a negisteissieho nezli hodina smrty, iakoz pan Kristus ve czteny swateho Matusse prawy: Kteruz hodinu nemnite, syn czloueczi przigde etc., y gest hodne a podobne wsselikemu czlowieku, zrziezenye niekterake z pamiety przed smrty vczinity, poneuadz hodina smrty nemoz gsa na ziwo-

[101] Online abrufbar unter http://147.231.53.91/src/index.php?s=v&action=jdi&cat=18&bookid=438&page=100 &action_button.x=0&action_button.y=0 (07.09.2017).

tie, ale zdraw gsa na rozumu a na pamiety a z dobru wuoly y slobodnu vczinil gsem a tiemto listem czinim swuoy posledny a nemienitedleny kssafft a swe poslednye rozkazanie, yakoz sie nize vipisuge. Nayprw porucziem mocznie duom, diedinu, zahradu y se dworem za mostem Kayowskim porucznikuom duolepsanim, abi to prodaly, zaczbykoliwiek mohly, a za ty penieze, aby kaupily plat vieczny, take ribniky, kteress drssim: prwny ribniczek Fforsstmil od ffararze z Noueho hradu, ribniczky wssichny od Sokolik, tiech poziuaty gmam od swateho Girzy minuleho az do dwu let; take ribniczek, kteriss drssim od Trsonisowey a od syna gegi z Hradisst, kteriss mam poziwaty od s. Girzi, kteriss minul az do roka. Item ribniczek od Krocze z Byley, kteriss mam drssety az do swateho Girzi przisstieho, s toho ma plod vezen byti, neboly dan do ribniczka Hradisst. Item ribniczek, kteriss drzim od Sstefana z Pirhenpurku, ten porucziem, at ge zpusstien o swatem Hawle naiprw przisstiem a ten plod at ge dan do ribniczka, kteriss drssim od fararze z Noueho hradu, rzeczenemu Klepery, to wsseczko at zprodano gest, a za to at kupie plat vieczny a za ty peniezie z platu toho at gest kaupeno sukno chudim lidem, anebo gestly zeby chude dieveczky a pocztiwe bily, at s tiech peniez gim dadye a pomohu, to giz porucziem porucznikuom at vczinye, iakoss sie gim zdati bude. A nad to zwlasstie porucziem, at z platu toho kazdy rok dadie za suiecze woskowe ku chwalu panu bohu, matcze bossiey y wssech suatich 1 1,5 kopy a te rozdielnie na s. Girzi 1 1,5 kopi, na suateho Hawla 1/1 kopy, a trzetiey 1/1 kopi na bozie tyelo, a ty swiecze at horzie zwlasstie przed obrazem spasitele nasseho a przed xij aposstoly w kostele w Crumlowie. Take porucziem, aby kassdy rok gednu byla slussba za mu dussy a mich przedkuow obiczegem, zrziezenim, yakoss na to zalessie, [tocziss?] vigilie a msse za dussiczky a k tomu vi sviecz, at gest se wssemy kniessmy, kteriss gsu v ffary a offeru x grossow etc. Item geden postaw sukna, at ge dan chudim na Nouy hrad kassde leto a druhy postaw chudim do Stropnicze, ostatek at rozdadie porucznicziczi, iakss se gim bude zdati. Take wesskeri nabitek, kuon, kravy, swinye, kozi, piwo a gine nabitky w domu z ssatij loznimy porucziem pany Anne, mansselcze svey, se wssemy veczmy nahorzepsanimy, dokudz gest ziwa. A po smrty gegi at porucznicziczi mocznie sie w to wviezy. Take tito wssecky nabitky domowe, kteress gsem menoual a ktere naydu po smrty Anny, zeny mey, porucziem Johannessovy pisarzy a Venczlowy, zety zlatnikouemu, porucznikuom mim, za praczi gegich a pilnost, kteruss czinye ninye a budu cziniti czasy buduczie. Item dluzniczi, kteriss gsu mne dluzny: nayprw Gayr z Noueho hradu dluzen my gest vi kop, [take vrozeny pany pany z Roznberka, kterimss gsem od mladosti sluzil, dluzny gsu my za dreilink vina vi kop gr. a xx gross.] Item Jarossowy z Noueho hradu odpusstiem wssiczky dluhi a k tomu porucziem gemu purkrecht a ribniczek, kteriss tu stogi z ribamy, k geho possitku ale pod takouuto prziczinu, aby Jaross s toho ribniczka dal tiemto dolepsanim, kdiz riby proda, naiprw Liendlowy Himlraich vi sex., Hanussowy kossissnikowy iiij sex. Take Jaross, kdiss bude spusstiety, ma pomahati porucznikuom. Tito wsseczky veczi poloiwsse czinim a vstaul sem porucizniky tichto wssech veczi a kssafftu tohoto opatrne muze miesstieny Crumlowske, Johannesa, pisarze, a Wenczla zlatnikoweho, kterichz sem prosil z veliku plnosti k tomu. A toto rozkazanie giz popsane nemienim nikolij promenity, ale tak vplnie drssetij, prosieczi k tomu vrozene panny swe z Rosnberka, aby tito porucizniky raczili braniti a gim pomoczny bity, aby tiem lepe mohli toto rozkazanie me sprauouaty. Tento kssafft vczinil gsem nepromenitedlnye przed slowutnym Za charzem z [Noue ce] Nemissle, purkraby w ty czasi na Crumlowie, przed Hanussem sukennikem, w ti chwile purkmistrzem, przed Kubu richtarzem, przed Vasslcm, Michalem sukenikem, Ssimakem a przed Marssem, tohoto take neopusstiegicze, gestly zeby porucznicziz emrzele, at tento kssaft prwe poruczie w rucze a w mocz dwema konssolema a dwiema z uopacze, kteriss sie gim budu zdati w ten czas. A po lepssi gistotu ja Venczl zwrchupsany prosil sem drziewe psanich panuow purkmistra a konsselow, aby me prozbie na potwrzenie tohoto kssaffu meho peczet miesta przedepsaneho przitiskly k tomuto listu. Genz gest psan a dnye yakoz sye swrchu pisse.

Im Namen Gottes Amen. Im Jahre Eintausendvierhundertsechsundfünfzig nach Christi Geburt, an diesem Freitag vor S. Sophie, bekenne ich Fenczl Novohradský [aus Gratzen – Th. K.], *derzeit Bürger in Krumau, mit Zustimmung der Frau Anna, meiner Gemahlin, mit diesem Brief vor allen jetzigen und künftigen Menschen, die diesen lesen oder vorgelesen bekommen werden, dass im Zeichen der Kurzzeitigkeit und Gefährlichkeit des Daseins, des Alters und der menschlichen Gesundheit nichts sicherer ist als der Tod und nichts unsicherer als die Stunde des Todes, wenn Christus der Herr gemäß den Worten des Apostels Matthäus spricht: ‚Denn der Menschensohn kommt zu einer Stunde, in der ihr's nicht erwartet.'* [Matth. 24,44 – Th. K.]*; und es ist jeglichem Menschen recht und ähnlich, dass er vor dem Tode eine gewisse Vorsorge trifft, da die Stunde des Todes ihn unvermittelt ereilen kann; ich also habe, da ich gesunden Verstandes bin, über ein gutes Gedächtnis verfüge und einen guten Willen, kraft dieses Briefes mein letztes und unveränderliches Geschäft und meinen letzten Willen errichtet, wie nachfolgend geschrieben steht. Zuvorderst vermache ich mein Haus, das Dorf, den Garten mit Hof hinter der Brücke den unten genannten Testamentsvollstreckern, damit sie diesen Besitz verkaufen, so gut es geht. Und für den Erlös sollen sie einen Ewigzins kaufen, und auch die Fischteiche, die ich gepachtet habe: den ersten kleinen Fischteich genannt Forštmil vom Pfarrer aus Gratzen, alle Fischteiche, die ich von Sokolik habe seit St. Georg im letzten Jahr für zwei Jahre. Item den kleinen Fischteich von Krocz aus Byley, den ich bis zum kommenden Tag des hl. Georg gepachtet habe; hiervon soll*[*en*] *die Fisch*[*brut*]*e entnommen werden oder aber im kleinen Fischteich genannt Hradišt ausgesetzt werden. Item den kleinen Fischteich, den ich von Stefan von Pirhenpurk gepachtet habe, den vermache ich, wenn er zum nächsten Tag St. Gallus frei ist; und die Fischbrut soll in den kleinen Teich überführt werden, den ich vom Pfarrer aus Gratzen gepachtet habe, genannt Klepery; das alles, wenn es verkauft ist, und davon soll ein Ewigzins gekauft werden und für dieses Geld aus diesem Zins soll Tuch für Arme gekauft werden oder aber, wenn da arme ehrsame Dienstmägde wären, dann soll ihnen das Geld gegeben und ihnen damit geholfen werden. Dies sollen die Testamentsvollstrecker ausführen, so wie es ihnen am vorteilhaftesten erscheint. Und darüber hinaus gebiete ich, dass von diesem Zins jährlich Geld zum Kauf von Wachskerzen zum Lobe unseres Herrn gekauft werde, und zwar für die Kirche der Gottesmutter und aller Heiligen für 1 1/2 Schock Groschen, für die Kirche St. Georg 1 1/2 Schock, für St. Gallus 1/2 Schock und für die Fronleichnamskappelle 1/2 Schock Groschen; und die Kerzen sollen brennen vornehmlich vor dem Bild unseres Erlösers und vor dem der zwölf Apostel in der Kirche zu Krumau. Sodann gebiete ich, dass in jedem Jahr eine Messe für meine Seele und diejenige meiner Vorfahren gelesen werde, so wie es Sitte ist; sodann sollen*

Vigilien und Seelenmessen abgehalten werden, und dazu sollen sechs Kerzen angezündet werden, und alle Priester, die in der Pfarre sind und die zehn Groschen erhalten sollen, sollen dabei sein. Item einen Ballen Tuch, der soll den Armen gegeben werden in Gratzen in jedem Sommer; und ein zweiter Ballen den Armen in Stropnicze; den Rest sollen die Testamentsvollstrecker verteilen, wie es ihnen am vorteilhaftesten erscheint. Auch sämtliche Möbel, das Pferd, die Kühe, Schweine, Ziegen, Bier und andere Gegenstände im Hause vermache ich, zusammen mit dem Bettzeug, Frau Anna, meiner Gemahlin, mit allen oben aufgeführten Gegenständen, und zwar solange sie lebt. Und nach ihrem Tode sollen die Testamentsvollstrecker über diese Sachen gebieten. Auch sämtlichen Hausrat, den ich aufgezählt habe, und der nach dem Tod von Frau Anna gefunden wird, den vermache ich dem Schreiber Jan, Fenczl, dem Schwiegersohn des Goldschmieds, sowie meinen Testamentsvollstreckern für deren Arbeit und Fleiß, den sie jetzt und fortan an den Tag legen. Item die Schuldner, die mir noch Geld schulden: Zuvorderst schuldet mir Gayr aus Gratzen sechs Schock Groschen, [auch die hochgeborenen Herren von Rosenberg, denen ich seit meiner Jugend gedient habe, schulden mir für einen Dreilink Wein sechs Schock Groschen und 20 Groschen.] Item Jaroš aus Gratzen vergebe ich sämtliche Schulden und dazu vermache ich ihm noch das ‚Burgrecht' und den kleinen Fischteich mit den Fischen zur Nutzung, jedoch unter der Bedingung, dass Jaroš von diesem Fischteich, wenn er Fische verkauft, zuvorderst Liendl Himlraich sechs Sex. und Hanuš dem Kürschner vier Sex. gibt. Auch soll Jaroš, wenn er beginnt, den Testamentsvollstreckern helfen. Als Testamentsvollstrecker aller dieser Sachen und dieses meines Geschäfts habe ich die ehrenwerten Männer und Bürger von Krumau Johannes den Schreiber und Wenczl den Goldschmied eingesetzt, die ich mit großem Fleiß hierzu gebeten habe. Und dieser bereits beschriebene letzte Willen soll nicht geändert, sondern voll eingehalten werden; und ich habe dazu meine hochgeborenen Herren von Rosenberg gebeten, dass sie die Testamentsvollstrecker unterstützen und sie in ihrer Tätigkeit beschützen mögen, damit mein letzter Wille entsprechend meinem Wunsche erfüllt werde. Dieses Geschäft habe ich vor dem ehrenwerten Zachař aus [Neu-]Nemišl, derzeit Burggraf zu Krumau, vor Hanuš dem Tuchmacher, derzeit Bürgermeister, vor Kuba, dem Richter, vor Val, Michal, Tuchmacher, Šimák und vor Mareš getätigt; und sollten die Testamentsvollstrecker versterben, dann sollen sie dieses Geschäft in die Hand nehmen und zusammen mit zwei Ratsherren und zweien aus Uopacz ausführen. Und zur besseren Sicherheit habe ich, der oben genannte Fenczl, die bereits genannten Herren Bürgermeister und Ratsherren gebeten, dass sie auf meine Bitte hin das Stadtsiegel der genannten Stadt diesem Brief beifügen. Der geschrieben ist am Tage, wie dies oben angeführt ist.

97. [1456, Oktober 27]
Martin Tratowský, Bürger der Prager Neustadt, errichtet sein Testament. Sein Haus soll seine Gemahlin Kačka erhalten. Tätigt weitere Geldlegate.
Archiv hlavního města Prahy, Hdschr. 2094, fol. A 13v-A 14r (Abschrift).[102]

Wegmeno Bozie Amen. Ja Martin Tratowsky, miesstienin Noweho miesta prazskeho, kdyz kazdu hodinu dusse s tielem rozluczenie czekage s dobru wssak pamieti s rozmyslem a s rozumem, toto me czinim poslednie poruczenstwie, aby omuoy statek pome smrti zadnych suduow se nedalo, toto poruczenstwie czinim a vstanowugi mocznu a naywyssy poruczniczy pocztiwu zenu pani Kaczku, manzelku mu milu, przidawage gie k radie a ku pomoczy opatrnee muze Barthosse z domu Seraphimova a Jana Konierze, prosye gich iako przatel mych milych, aby onie peczy a praczy gmieli w gegich potrzebach iakoz gim toho wierzym. A wtom te manzelcze me duom muoy s miesstisstiem na konskem trhu na rohu proti domu Hawla Mysskowicz; a na wnuczatech Halerzowych deset kop gr. dluhu y giny statek muoy odkazugi a oddawam kuprawemu diedecztwie, aby s toho domu dala Marssowi s Rynku, przieteli memu, deset kop gr.; w tom take oznamugi, ze pani Osska, wdowa z Lipan, dluzna mi kop xvij gr. dluhu sprawedliweho; z tiech peniez ma byti dano syrotku bratranu Halerzowu piet kop gr.; a ostatkem tiech peniez, aby sie manzelka ma s Marssem swrchupsany napoly rozdielala. Item iakoz mam na Rybnicze w zlatee desset kop gr., tiemi take peniezy y rybami czoz giech koli buoh nadieli, aby sie take zena ma s tymz Marssem napoli rozdielili. A Maress, aby gii pomoczen a raden tiech peniez y ryb dobywati byl. Toho napotwrzenie peczeti opatrnych muzuow Jana Chalupy, rychtarze, Jana Halerze a Giry Mrzienka, consseluow noweho miesta prazskeho, ke me snazne prosbie prziwiesseny gsu ktomuto listu. Datum feria quarta ante festum Omnium sanctorum. Anno domini M°CCCC°LVI°.

Im Namen Gottes Amen. Ich, Martin Tratowský, Bürger der Prager Neustadt, errichte, wenngleich ich jede Stunde die Trennung der Seele vom Körper erwarte, dennoch mit gutem Gedächtnis, mit Vorbehalt und Verstand diesen meinen letzten Willen, damit nach meinem Tode um meine Hinterlassenschaft keinerlei Streitigkeiten entstehen. Als obersten und rechtmäßigen Testamentsvollstrecker bestimme ich die ehrenwerte Frau Kačka, meine liebe Gemahlin, der ich die ehrenwerten Männer Bartoš aus dem Hause Seraphin und Jan Koněř [= Rosshändler – Th. K.] *zu Rat und Hilfe an die Seite stehe, wobei ich Letztere als meine besonders lieben Freunde bitte, dass sie ihr bei ihren Angelegenheiten helfen, da ich ihnen besonders vertraue. Und in diesem* [*letzten Willen*] *vermache und gebe ich zu rechtmäßigem Besitz meiner Frau mein Haus mit Grund am Pferdemarkt an der Ecke gegenüber dem Hause des Hawel Myškowitz. Und den Enkeln des Halerz* [?] *zehn Schock Groschen der Schuld; und den gesamten übrigen Besitz; und sie soll von diesem Besitz Mareš vom Ring, meinem Freund, zehn Schock Groschen geben; und des Weiteren gebe ich bekannt, dass Frau Oška, Witwe aus Lipany, mir einen Schock und 17 Groschen gerechte Schuld schuldig ist. Von diesem Geld soll*

[102] Online abrufbar unter http://katalog.ahmp.cz/pragapublica/permalink?xid=E1BD352FB72711DF820F00166F1163D4&scan=31#scan30 (07.09.2017).

das Waisenkind des Vetters Haleř fünf Schock Groschen erhalten; und den Rest dieser Summe, den soll sich meine Gemahlin mit dem oben genannten Mareš zur Hälfte teilen. Item so habe ich am Fischteich zehn Schock Groschen [Anteil]; dieses Geld und die Fische, die, so Gott will, darin sind, die sollen sich ebenfalls meine Gemahlin und Mareš teilen. Und Mareš soll ihr mit Rat und Hilfe zur Seite stehen, was dieses Geld und die Fische betrifft. Dies zur Bestätigung haben die ehrenwerten Männer Jan Chalupa, Richter, Jan Haleř und Gira Mrzienek, Ratsherren der Prager Neustadt, auf meine Bitte hin ihre Siegel diesem Brief beigefügt. Datum feria quarta ante festum Omnium sanctorum. Anno domini M°CCCC°LVI°.

98. [1456, November 7]
Barbora, Gemahlin des Schneiders Blažek aus der Prager Neustadt, errichtet ihr Testament, in dem sie die Hälfte ihres Hauses ihrem Gemahl verschreibt; hinzu kommen Möbelstücke und Kleidung. Die andere Hälfte geht an die Schwester Uršula. Ihr Mann soll aber nach dem Tode der Testiererin aus dem Haus ausziehen, dafür jedoch Geld erhalten.
Archiv hlavního města Prahy, Hdschr. 2094, fol. A 8r-A 8v (Abschrift).[103]

Wegmeno Bozie amen. Ja Barbora, manzelka Blazkowa brayczierzowa, spoluseda Nowomiesta prazskeho, aczkoliwiek z bozieho dopusstienie nemoczna gsuczy natiele, wssak s dobru pamieti s plnym rozumem a z rozmyslem, poruczenstwie me poslednie wuole ze wsseho statku meho, mowyteho y nemowyteho, gimz mie pan Buoh z swe sstiedree milosti nadieliti raczyl, tiemto listem czynim, zrzezugi a zgednawam, aby po me smrti mezy przately mymi y ginimi take wsselikterakymi lidmi swaruow a nesnzii sie nedalo, toho meho poruczenstwie czinim porucziky opatrnee muze Ffrantysska Ssylinka a Jana Huzwiczy, sladownika, miesstany swrchupsaneho nowomiesta prazskeho, wierzeczy gim, ze oni toho mie rozkazanie dolepsane wiernie a prawie rzediti budu. Wtom oznamugi, ze duom wkteremz sedim, kteryzto lezi podle domu Jacubowa Olejnikow, gest ssacowan sudedy obapolnymi w desieti kopach gr.; a ztiech peniez odkazugi pome smrti Blazkowi, muzy memu, polowiczy a ktomu dwie peczynie, gednu swrchni a druhu spodnii dwie prosstieradle, polsstarz, geden kozeny a druhy, pernaty plasst ssery lepssii, a Blany lysie; a druhu polowiczy peniez za duom swrchupsany ssacowany take odkazugi Vrssule, sestrzy me, a Kathnie, przitelkyni Blazka muze meho, narowny rozdiel, aby Blazek muoy yhned po me smrti wysstiehowal z domu a postupil geho Vrssule a Kathnie swrchupsanym a taz Vrssula s tuz Kathnu, aby dali a platili Blazkowi, muzy memu, ztiech polowiczy peniez swrchupsanych za duom rozdielnie, to tyz kazde pololetie popolukopij gr. az dowyplnie wssech tiech polowiczy peniez swrchupsanych naroky nayprw przisstie porzadzbiehle. Take oznamugi, ze Martin z Chebu dluzen mi kopu grossuow a Mikulassowa odtudz druhu kopie grossuow zadiedctwie, z tiech peniez odkazugi Blazkowi, muzy memu, polowiczy a Vrssule s Kathnu druhu polowiczy

103 Online abrufbar unter http://katalog.ahmp.cz/pragapublica/permalink?xid=E1BD352FB72711DF820F00166F1163D4&scan=21#scan20 (07.09.2017).

a tiech dwa kop gr. aby dobywali zespolka rownymi naklady. A gestli ze by Vrssula s Kathnu Vrssula a Blazek, muz muoy, zyw zuostal, aby tcn statek muoy, czoz by geho pozuostalo pogich smrti, spadl mocnie plnym prawem na Blazka muze meho swrchupsaneho. Toho naswiedectwie y napotwrzenie peczeti opatrny muzuow Jana Chalupy, rychtarze, Jana, platenika z domu niekdy Halerzowa, a Gira Mrzienka, consseluow gizpsaneho nowomiesta prazskeho, kme snazie prosbie przywiesseny su ktomuto listu. Genz psan a dan w patek po Swietim dusse. Anno domini M°CCCC°LVI°.

Im Namen Gottes Amen. Ich, Barbora, Gemahlin des Blažek Brayczierz, Nachbar in der Prager Neustadt, errichte, bestimme und ordne mit diesem Brief, wenngleich ich durch göttliche Fügung krank bin, dennoch mit gutem Gedächtnis, vollem Verstand und mit Vorbedacht diesen meinen letzten Willen von allen meinen beweglichen und unbeweglichen Gütern, die mir Gott der Herr in seiner unendlichen Freigebigkeit verliehen hat, damit nach meinem Tode zwischen meinen Freunden und irgendwelchen anderen Leuten keinerlei Streitigkeiten und Unbill entstehe. Zu Testamentsvollstreckern ernenne ich die ehrenwerten Männer František Šylink und Jan Huzwicza, Mälzer, Bürger der oben genannten Prager Neustadt, denen ich glaube, dass sie diesen meinen nachfolgenden letzten Willen getreu und rechtschaffend erfüllen werden. Hierin gebe ich bekannt, dass das Haus, in dem ich sitze und das gelegen ist neben dem Haus des Jakub Olejnikov, durch die Nachbarn auf zehn Schock Groschen geschätzt worden ist; von diesem Geld vermache ich nach meinem Tode Blažek, meinem Gemahl, die Hälfte und dazu zwei Federbetten, ein Ober- und ein Unterbett, zwei Betttücher, ein ledernes und ein federnes Kopfkissen, den besseren grauen Mantel und die nackten Häute [?]*; und die andere Hälfte des Geldes für das oben genannte und geschätzte Haus, die vermache ich meiner Schwester Uršula und Kathna, der Freundin* [!] *meines Mannes Blažek, zu gleichen Teilen. Und mein Blažek soll unmittelbar nach meinem Tode aus dem Hause ausziehen und dieses der zuvor genannten Uršula und der Kathna abtreten; und diese Uršula soll mit dieser Kathna Blažek, meinem Manne, von dieser oben erwähnten Geldhälfte für das Haus in jedem halben Jahr einen halben Schock Groschen auszahlen, solange, bis die gesamte Hälfte des oben erwähnten Geldes aufgebraucht ist, baldigst beginnend. Sodann gebe ich bekannt, dass Martin aus Eger mir einen Schock Groschen schuldet und die Mikulášová, ebenfalls von dort, einen weiteren Schock Groschen für das Erbe; von diesem Gelde vermache ich Blažek, meinem Manne, die Hälfte und Uršula und Kathna die andere Hälfte, die sollen sie sich wiederum zur Hälfte teilen. Und sollte es passieren, dass Uršula und Kathna sowie Blažek, mein Gemahl, am Leben bleiben, dann soll das Gut, was nach deren Tode übrigbleibt, zu vollem Recht an Blažek, meinen oben genannten Mann, übergehen. Dieses zu Gezeugnis und zu Bestätigung, haben die ehrenwerten Männer Jan Chalupa, Richter, Jan Plateník aus dem ehemaligen Hause Halerz, sowie Gira Mrzienka, Ratsherren der bereits genannten Prager Neustadt, auf meine Bitten hin ihre Siegel diesem Brief beigefügt. Der gegeben und geschrieben ist am Freitag nach Allerseelen. Anno domini M°CCCC°LVI°.*

99. [1456, s. d.]
Der Altstädter Bürger Janek Konvář, den Gott „mit schwerer Krankheit ... für seine Sünden gezeichnet hat“, errichtet sein Testament, in dem er seiner Frau Dorota und seinen drei Söhnen Štěpan, Silvestr und Kašpar seine beiden Häuser und allen weiteren Besitz verschreibt. Von den Geldlegaten sind 5 Schock Groschen zur Reparatur der Martinskirche bestimmt.
Archiv hlavního města Prahy, Hdschr. 2119, fol. H 5 (Kriegsverlust; Abschrift). Edition: Teige, Základy 1, S. 172.[104]

Ja Janek, konvarz, miesstienin Stareho miesta prazskeho, wyznawam tiemto listem etc., ze aczkoliwiek pan buoh wssemohuczi nawsstiwil mie gest dosti tuzku nemoczi w niezto mie hodnie giz od dawne chwile pro me hrziechy, ale wzdy laskawie iako milostiwy otecz treske, wssak proto geho milosti swate diekuge pamiety dobre a przi zdrawem gsa rozumu, newieda co a kterak dale se mnu geho milost vcziniti raczi, a tak nechtie, coz na mnie gest zbozie a statku toho, gimzto geho swata milost mie z nesmierne sstiedroty swe nadieliti gest raczil, k nizadne prziczinie swaru a nesnazi przibuznym a przateluom mym neboli ginym lidem kterym kolizuostawiti po me smrti, toto me poslednie poruczenstwie a koneczny vmysl wuole me o tom o wssem zbozi a statku mem a po mnie zuostalem zrziedil sem a zposobil y moczi tohoto kssafftu a poruczenstwie meho zrziedim a zposobugi obyczegem takowymto: Nayprwe a przede wssemi wieczmi vczinil sem a vstanowil slowutne lidi Waczlawa, miestopiesarze desk zemskych, Jana Wiechtika a Bernarta od Sampsona – [*fehlt*] prawe poruczniky tohoto kssafftu meho a poslednieho poruczenstwie, wierze gim iako przateluom mym zwlastnim, ze panie Dorotie, manzelcze me mile, Sstiepanowi, Silvestrowi a Kassparowi, synom mym a gegim, w czem by gich potrzebowali radni budu a pomoczni. Potom pak domy me z nichzto geden v twarzi slowe, w niemz bydlim, a druhy v Czerne hwiezdy y giny wsseckeren statek muoy (mowity y nemowity) odkazugi mocznie a diediczky po me smrti – [*fehlt*] panie Dorotie a synuom mym a gegim giz gmenowanym k rownemu a na rowny mezi nie rozdiel tak tomu chtie, aby giz psana pani Dorota, manzelka ma, po me smrti we wssem statkupo mnie zuostalem s dietmi prawu a mocznu hospodyni byla, iakoz y nynie gest; a toho y s dietmi pocztiwie poziwala ge k dobremu gich a pocztiwemu weducz iako gich wierna matie, dokudz by koli statku sweho nepromienila wdowskeho. A w tom neuchowalliby ktereho z synuow mych od smrti Buoh drziewe nezli by k letuom swym rozumnym przissel, aby diel geho na gine bratry geho zuostale y na materz przipadl plnym prawem, a tak az do posledniho. A take, gestlize by w te mierze manzelka ma vmrzela diel gegi na zuostale syny przipadni bez zmatku. Pakli by snad taz manzelka ma staw swuoy wdowsky promienila tehdy wuole ma gest y tak ted porucziem, aby poruczniczi mogi diel gegi prawy ze wsseho statku meho gie wydali bez zmatku y wsselikych nesnazi a dieti mogi dale wedle gich opatrnosti gimi opatrzeni budte. Dale pak o Johancze, dcerzi Kawinowe bratra meho, takto porucziem a rozkazugi, aby taz Johanka podle zapisu knih Stareho miesta prazskeho diewem y strawu pocztiwe, iakoz na ni slussie gsucz opatrzena przi dietech mych a s

[104] Online abrufbar unter http://kramerius.mlp.cz/kramerius/MShowPageDoc.do?id=57363&mcp=&idpi=103295&author=Teige_Josef (07.09.2017).

dietmi mymi chowana byla, dokudz by swych let rozumnych nedossla. – [*fehlt*] Item oznamugi ze Bohuslawowi, synu Brikciowu sestrzenci memu, dluzen sem XV k XX gr., a ty gemu dati mam na sw. Hawel naiprwe przissti. Item za Alzbietu, sestru mu, zuostawam gesstie III k. bez wierdunku, a ty mam y slibil sem plniti osadnim kostela swateho Walentina – [*fehlt*]. Ty y gine wssecky dluhy, w nichzto ja komuzkoli powinen zuostawam gessto manzelka ma o tom dobrze wie, y take acz by kterzi rzadne podle prawa miestskeho pokazany byly, chczi a tak porucziem, aby kazdemu pieknie zaplaczeny byly z meho statku. Item na sukno k odiewu chudym odkazugi VI k. gr. tak, aby kazdy rok po me smrti bylo sukna kupeno za kopu gr. az do wydanie tiech ssesti kop a mezi chude we gmeno bozie za mu a mych przedssich dusse rozdano, kdez sie manzelcze me neb porucznikuom mym nailepe bude zdati. Item na oprawenie kostela sw. Mikulasse odkazugi V k. Aniczce; dcerczi Martinowie konwarzie z Kralowe Hradcze, odkazugi trzi kopy. Item Martinowi, komorniku streyczi memu, odkazugi konik ten, na kteremz gezdi a k tomu II k. Naposledy pak oznamugi, ze mi osoby dolepsane w tiechto dluziech sprawedliwie gsu powinny: Naiprwe Mikulass konwarz Zebracky za domek XXVI k., Petrzik, Martin, Wit, Wawra, konwarzi, za IIII 1,5 cent. czistce centnerz po V k.; Hanuss, konwarz od Hory, centnerz czistce X k.; Wit, konwarz V k. a VI gr., Petrzik, konwarz, ostaleho dluhu za czistec III k. a po druhe na swem dielu wedle ginych mistruow LXXV gr., Waniek Czapek, konwarz z Klatow, XXXV gr., Jan Opozdil prwnieho dluhu I k. a druhu giezdu XXVII gr., Harant stary III k., Jan, syn geho, 1 k. za sukno k kukle, Jan Ziepsky IIII k. XX gr., Jan Cikule s bratrzimi IIII k. ,Wiechtik mlady III k. V gr., Polensk za stare piwo LXX gr., Ofka Lichucka II k. Waczlaw Carda stary II 1,5 k. Ty wssechny dluhy manzelcze a dietem mym – [*fehlt*] porucziem. Dat. anno etc. LVI.*

* Am 20. Februar 1458 besagt ein Eintrag u. a., dass der älteste Sohn des inzwischen verstorbenen Janek, Štěpán, sein Erbteil, das Haus „Zum Schwarzen Stern" im Wert von 86 Schock Groschen sowie Silberschmuck im Wert von 24 Schock Groschen, in Empfang genommen hat.[105]

Ich Janek Konvář [= Zinngießer – Th. K.], *Bürger der Prager Altstadt, bekenne mit diesem Brief etc., dass ich, wenngleich Gott der Allmächtige mich aufgesucht und bereits seit geraumer Zeit durch schwere Krankheit für meine Sünden bestraft hat, wobei er freilich stets als liebender Vater straft, dank seiner mir zuteil gewordenen heiligen Gnade dennoch mich eines gesunden Gedächtnisses erfreue und bei gesundem Verstand bin, und ich somit mein letztes Geschäft und meinen letzten Willen von allen meinen mir durch Gott in seiner unendlichen Freigebigkeit verliehenen Gütern kraft dieses Briefes in nachfolgender Weise errichtet und festgelegt habe, damit nach meinem Tode keinerlei Grund für Streitigkeiten und Unbill zwischen meinen Verwandten und Freunden oder anderen Leuten um meine hinterlassenen Güter entstehe. Zuvorderst und vor allen anderen Dingen habe ich die ehrbaren Männer Václav, Vize-Schreiber an den Landtafeln, Jan Wiechtik und Bernhart von Sampson zu rechtmäßigen Testamentsvollstreckern dieses Geschäfts und meines letzten Willens bestimmt, da ich ihnen als meinen besonders lieben Freunden vertraue, dass sie Frau Dorota, meiner lieben Gemahlin, sowie*

[105] Online abrufbar unter http://kramerius.mlp.cz/kramerius/MShowPageDoc.do?id=57363&mcp=&idpi=103295&author=Teige_Josef (07.09.2017).

Štěpan, Silvestr und Kašpar, meinen und ihren Söhnen, wenn diese Hilfe benötigen, mit Rat und Tat zur Seite stehen. Des Weiteren meine Häuser, in deren einem ich wohne und das andere ‚Zum Schwarzen Stern', sowie alle meine weiteren beweglichen und unbeweglichen Güter vermache ich nach meinem Tode Frau Dorota und meinen und ihren bereits genannten Söhnen rechtmäßig zu gleichen Teilen; dabei will ich, dass die bereits erwähnte Frau Dorota, meine Gemahlin, nach meinem Tode, zusammen mit allem Besitz, bei meinen Kindern bleibe und rechtmäßige und bevollmächtigte [*Haus-*]*Wirtin sei, so wie sie es auch jetzt ist, und dass sie die Kinder erziehe und zum Guten führe als eine getreulich sorgende Mutter, solange sie ihren Witwenstand nicht verändert. Und sollte es geschehen, dass irgendeiner meiner Söhne von Gott abberufen werde, noch ehe er seine Volljährigkeit erreicht, dann möge dessen Erbteil auf die anderen verbliebenen Brüder und auf die Mutter zu vollem Recht übergehen, und zwar vom ersten bis zum letzten* [*Bruder*]. *Und sollte es passieren, dass ihre Mutter versterbe, dann soll deren Erbteil ohne Hindernis auf die Söhne übergehen. Sollte freilich diese meine Gemahlin ihren Witwenstand ändern, dann will ich, dass meine Testamentsvollstrecker den meiner Gemahlin zustehenden Erbteil von allen meinen Gütern ohne Hindernis und jegliche Einmischung ihr auszahlen und sich um die Erziehung der Kinder kümmern. Sodann gebiete ich hinsichtlich der Johanka, der Tochter meines Bruders Kawin* [?], *dass diese Johanka entsprechend dem Eintrag in den Büchern der Prager Altstadt ehrenhaft, so wie es ihr zusteht, versorgt und zusammen mit meinen Kindern erzogen werde; sollte sie ihre Volljährigkeit jedoch nicht erreichen dann ...* [Fortsetzung fehlt]. *Item gebe ich bekannt, dass ich Bohuslav, dem Sohn meines Vetters Brikcio, XV zu XX Groschen schulde und dass ich ihm dieses Geld zum nächsten Tag des hl. Gallus geben muss. Item für Alžběta, meine Schwester, habe ich noch Außenstände* [?] *in Höhe von III Schock weniger ein Viertel; und diese Summe habe ich versprochen, der Kirche St. Valentin zu vermachen. – Diese und sämtliche anderen Schulden, die ich, wem auch immer, schuldig geblieben bin und von denen meine Gemahlin gut unterrichtet ist und die nach städtischem Recht aufgezeigt werden können, die sollen, so mein Wille, bei einem jeden Gläubiger sorgsam aus meiner Hinterlassenschaft beglichen werden. Item für Tuch zur Bekleidung für Arme vermache ich VI Schock Groschen dergestalt, dass in jedem Jahr nach meinem Tode Tuch für einen Groschen, solange, bis die genannte Summe von sechs Schock unter Armen ausgegeben wurde, und zwar im Namen Gottes um meiner Seele willen und derjenigen meiner Vorfahren; dies soll geschehen, wie es meiner Gemahlin oder aber meinen Testamentsvollstreckern am vorteilhaftesten erscheint. Item für Reperaturarbeiten an der Kirche St. Niklas vermache ich V Schock. Anička, der Tochter des Zinngießers Martin aus Königgrätz, vermache ich drei Schock. Item Martin, dem Kammerdiener meines Onkels, vermache ich das Pferd, auf dem er reitet, und dazu zwei Schock Groschen. Zuletzt gebe ich bekannt, dass nachfolgend aufgeführte Personen gerechterweise Schulden bei mir haben: zuvorderst der Zinngießer Mikuláš Zebracký für ein Häuslein XXVI Schock, Petřik Martin, Vít Wawra, beide Zinngießer, für IIII 1/2 cent. Zinn, der Zentner für V Schock, der Zinngießer Hanuš aus Kuttenberg einen Zentner Zinn für X Schock, Vít der Zinngießer V Schock und VI Groschen, Petřik der Zinngießer die verbleibende Schuld für Zins, III Schock, und zum anderen für sein Teil neben anderen Meistern LXXV Groschen, Waněk Čapek, Zinngießer aus Klattau, XXXV Groschen, Jan für die erste Schuldsumme einen Schock und für die zweite Fahrt XXVII Groschen, der alte Harant III Schock, Jan, sein Sohn, einen Schock für Tuch für Hauben* [?], *Jan Ziepský IIII Schock XX Groschen, Jan Cikule mit den Brüdern IIII Schock, der junge Wiechtik III Schock V Groschen, Polensk für Altbier LXX Groschen, Ofka Lichucká II Schock, der alte Václav Carda II 1/2 Schock. Alle diese Schulden – vermache ich meiner Gemahlin und meinen Kindern. Datum Anno etc. LVI.*

100. [1457, Januar 8]
Testament der Alžběta Čepičnice, Witwe und Mitbürgerin der Prager Neustadt. Diese vermacht u. a. ihr Haus an einen Testamentsvollstrecker. Kleidung und Hausrat geht an eine Freundin.
Archiv hlavního města Prahy, Hdschr. 2094, fol. B 12v-B 13r (Abschrift).[106]

Wegmeno Bozie Amen. Ja Alzbieta czepicznicze, wdowa, spolumiesstka Nowehomiesta prazskeho, aczkoli etc. toho poruczenstwie czynim a vstanowugi opatrnee muze Ondrzege Strycze, przietele sweho, a Gindrzicha Tadlcze, przately me zwlasstie milee, a wtom odkazugi a mocznie oddawam po me smrti duom muoy s miesstisstiem, kteryz lezi wnekazane vliczy wedle domu Jana Chyby pusierze a podle miesstisst Diaminkowych, Ondrzegowi, poruczniku a przieteli memu swrchupsanemu, k gmieni, k drzeni a k diediczkemu wladarstwi. Potom odkazugi panie Lidie, towarzisscze me wierne, wsseczko rucho me loznie y chodiczie y wsseczky domowite wieczy ginee, y take czepicze a konwie czynowe, aby gim natom zadny z mych przatel przibuznych neprziekazel wierzeczi gim, ze oni budu cziniti almuzny a skutky milosrdne za mu dussy yzadusse mych przjedssych. Sigillum Wenceslai Myslik Judice Johannis Halerz et Hynkonis Delumekowicz Consulum. Actum Sabato postquam Epiphaniam. Anno domini etc. LVII°.

Im Namen Gottes Amen. Ich Alžběta Čepičnice [= Mützenmacherin – Th. K.], *Witwe und Mitbürgerin der Prager Neustadt, ernenne und bestimme, wenngleich ich etc.* [*bin*], *die ehrenwerten Männer Ondřej, meinen Onkel und Freund, sowie Heinrich Tadlecz, meine besonders lieben Freunde* [*zu Testamentsvollstreckern*] *dieses meines letzten Willens. Darin vermache und gebe ich nach meinem Tode mein Haus mit Grund, welches gelegen ist in der ‚unzüchtigen' Gasse neben dem Haus des Gürtlers Jan Chyba und neben dem Grundstücke der Diastnikovs, meinem oben genannten Testamentsvollstrecker und Freund Ondřej zu Besitz, Eigentum und erblicher Nutzung. Sodann vermache ich Frau Lidia, meiner getreuen Gesellin, mein gesamtes Bettzeug sowie meine Kleidung, dazu sämtlichen weiteren Hausrat und des Weiteren die Mützen und Zinnkannen; diesbezüglich soll sie keiner meiner Freunde und Verwandten hindern; Letzteren vertraue ich, dass sie Almosen geben und mildtätige Werke verrichten werden, um meiner Seele willen und derjenigen meiner Vorfahren. Sigillum Wenceslai Myslik Judice Johannis Haleř et Hynkonis Delumekowicz Consulum. Actum Sabato postquam Epiphaniam. Anno domini etc. LVII°.*

[106] Online abrufbar unter http://katalog.ahmp.cz/pragapublica/permalink?xid=E1BD352FB72711DF820F00166F1163D4&scan=80#scan81 (07.09.2017).

101. [1457, März 31]
Testament des Apothekers Prokop, Bürger der Prager Altstadt. Dieser fertigt im gleichen Jahr ein zweites Testament an. Er betont im ersten Geschäft, dass er gesund sei, im zweiten Testament, dass ihn mittlerweile eine Krankheit heimgesucht habe. Haupterbin von Haus und Besitz ist seine Gemahlin Barbora. Darüber hinaus tätigt er zahlreiche Geldlegate und vermacht weiteren Besitz. Drei Jahre nach dem Tod des Testierers (1460) gibt seine Gemahlin ihren Witwenstand auf. Sie lässt vor dem Rat ein Verzeichnis der Hinterlassenschaften ihres verstorbenen Mannes anfertigen, um zu klären, welche Besitzansprüche aus dem Erbe resultieren (hierin ein umfangreiches Verzeichnis von Gebrauchsgegenständen).
Archiv hlavního města Prahy, Hdschr. 992, fol. 245v-247r (Abschrift).[107]
Edition: Teige, Základy 1, S. 663-665.[108]

1. Testament:

Wegmeno Bozie Amen. Ja Procop appotekarz, miesstienin Stareho miesta prazskeho, wyznawam tiemto listem obecznie wssudy a przedewssemi, kdez a przednimiz czten neboli cztucze slyssen bude, ze aczkoli panu bohu diekauge zdraw sem na tiele a przi dobrem rozumu, wssak mage nynie po swych potrzebach pilnych odgieti a przedoczi swe, toto przedkladage, ze wsseczkeren tento swiet wneustawicznosti a negistotie gest polozen, a tak peczi nato mage a nechtie rad, czoz namnie gest neuchowalliby mnie wte mierze od smrti buoh anebo snad ginu kterukoli przihodu nenadialu neonie dopustil by o statek a sbozie pomnie zuostaly a zuostale swe prziczinu meho obmesskanie mezi przibuznymi a przately mymi kterzij swarowe sie diali, toto me poslednie poruczenstwie a koneczny vmysl wuole me o wssem statku a sbozi mem, kterehoz mi pan buoh wssemohuczi z sstiedroty milosti swe poprzieti gest raczil, zrziedil sem y zposobil y moczy tohoto listu a poslednieho poruczenstwie meho rziedim a sposobugi obyczegem takowymto. Naiprwe iakoz podle kssafftu a poruczenstwie Pawlowi platennikowi, dobre pamieti przietele meho mileho, chowan v sebe Waczlawa Syrotka a syna geho, otom tak wuole ma gest y tak porucznow, neuchowalli mie Buoh, aby ten lis,t kteryz mnie a temuz Waczlawowi trzidczeti kop grossuow platu a vroka rocznieho na sbozij a wssech panuow z Rozmberka kupenieho swiedczi, iakoz tyz list s peczetmi gizpowiedienych panuow a gich rukoymy wniem ze gmora polozenych, to vkazuge przíniem Waczlawowi zuostal konecznie. A duom, gessto niekdy slul Drobniczowe y take s tiem zadnym domem, kteriz ktomu przikupil, a dwie winnicze, zniechto gedna na wieniczku lezij a druha na radliczkem. A ktomu przidawam gemu z sweho wlastnieho statku a sbozie osm kop a dwadczeti gr. platu rocznieho, kterye w obu przemdrach a v welike dobre na dworu, naniemz Sstur niekdy sedial, dskami zemskymi mam sobie nadnie zapsany. A ktomu take rucha loznieho s postel chczi, aby gemu po me smrti manzelku mu bylo wydano. Dale pak promie Katherzinie, sestrze tehoz Waczlawa, otkazugi a tomu chczi, aby domczek ten na Malestranie, wniemz winarz sedy prodala

[107] Online abrufbar unter http://katalog.ahmp.cz/pragapublica/permalink?xid=E1BD3C13B72711DF820F00166F1163D4&scan=482#scan481 (08.09.2017).

[108] Online abrufbar unter http://kramerius.mlp.cz/kramerius/MShowPageDoc.do?id=57860&mcp=&idpi=104289&author=Teige_Josef (08.09.2017).

sobie ku polepssenj swemu, giezto take z sweho wlastnieho sbozie odkazugi a pome smrt. A dawam ctyrzi kopy gr. platu rocznieho, kterez take dskami zemskymi w przistupenie blizko Brodu zapsany mam nadnie. A take tomu chczi y uczkazugi, aby Waczlaw, bratr gegi, trzi kopy gr. giei kazdy rok platil a bez wsselikeho zadrzenie wydawal az do gegie smrti; nez kdyzbykoli gei pan Buoh od smrti neuchowal, aby Waczlaw tiem po smrti gegie powinen nebyl y zadnemu. Item iakoz sedmnadczte lzicz strziebrem okowanych mam tyechz sirotkow a kofliczek, kteriz otecz giech byl v mistra Krisstana dobre pamieti kupil, to ze gich gest mezi nie bud rozdielieno rownie. A toho meho poruczenstwie giz wypsaneho y tiech syrotkow czinim a vstanowugi prawe a mocznie poruczniky mudre a opatrne lidi Jana Tusska, naywissieho porucznika pisarze, a Jana od trzi Studnicz, miesstiany prwepsaneho Stareho miesta prazskeho, kterzisto y prwe take otczem tychz sirotkow byli a gsu vczinieni semnu gich poruczniczy, gimzto iako swym przatelom dobrym wierzim, ze toto me poruczenstwie czoz a iakz gim porucziem, tak wedle wuole mee gednati budu y k miestu skutecznemu prziwedu iakoz sie tuto pisse. A neuchowalliby swrchupsaneho Waczlawa od smrti buoh drziewe leth geho rozomu dosslich, tehdy aby diel geho na Katherzinu, sestru geho, przipadl plnym prawem. A take, gestli zeby taz Katherzina vmrzela prwe nezli Waczlaw, bratr gegij, tehdy aby take diel gegi na n[ěho] przipadl bezewsseho zmatku, wssak tiech cztyrz kop platu w Przistapimie mnu giei iakoz prwe dotczeno gest odkazaneho, neb otom platu, kdyzby Katherziny buoh neuchowal, tak wuole ma gest y chczi, aby przi pannach a conuentu klasstera swateho Ducha w Starem miestie prazskem zuostal a gim przislussal wiecznie, s takowym wssak drziewgmenowanych porucznikow mych opatrzenim, aby wtemz klassterze zamu a mych przedssich dusse pamatka wieczna modlitbami a ginymi obyczegi wedle rzadu krzestianskeho ku panu Bohu rzadnie sie diala; pakliby gich obu, to gest Waczlawa y Katherziny buoh od smrti neuchowal, tehdy toho wsseho statku gim przislussneho prawa polowicze porucziky swrchupsanymi mezi chude a nuzne lidi wegmeno bozie bud rozdana, a druhu polowiczi tyz poruczniczi sobie wezmucze kam sie gim nailepe zdati bude obratte wedle swe wuole. Dale pak czoz sie meho statku a sbozie wlastnieho dotycze, otom tokto porucziem y rozkazugi tak, ze wsseczky gine domy me winicze, platy o nichz prwe zmienky nenie, y wsseczko kczemuzbych koli a czimkoli prawo miel budto, dskami, listy, knihami neboli ginymi kterimkoli obyczegem a konecznie wsseczko gine sbozie me, mowite y nemowite, kdezby a naczemzkoli w zalezalo, budto na dluziech neboli na ginych kterichzkoli wieczech, kterimi neb kterakymikoli zwlastnimi gmeny mohu neb mohliby gmenowany byti, nicz owssem newymienicze, ani czo po zuostawuge, otkazugi a pome smrti mocznie k diedicztwi y kwiecznosti otdawam pani Barborze, manzelcze me mile a tomu dietieti, gimz taz manzelka ma, iakoz zato mam, tiehotna gest, bud pacholik nebo diewiczka, acz ziw na swiet przigde, krownemu a narowny mezi me rozdiel, tak tomu chtie, aby panij Barbora, manzelka ma, w domu mem, wniemz bydlim, y wginem wewssem statku a sbozij pomnie zuostalem, prawu a mocznu hospodynij byla iakoz y nynie gest; a toho s dietetem, acz ziw zuostane, pocztiwie poziwala, k dobremu a pocztiwemu gie weducz iako wierna geho matka, a to tak dluho a dotud, dokudzby sweho stawu nepromienila wdowskeho. A wtom, neuchowalliby od smrti dietete buoh, aby dielu geho polowicze prawa mezi chude a nuzne lidi wegmeno bozie manzelku mu a dolepsanymi porucziky kniei przidanymi byla rozdana, a druha polowicze tehoz dielu dietietczieho, przi manzelcze mee zuostan bezewsseho zmatku. A tez take, gestlizeby manzelka ma wstawu wdowskem pomnie vmrzela, diel gegij take na dietie przipadni plnym prawem, kdyzby pakkoli taz manzelka ma wdowsky swoi staw zmienila, tehdy porucznicz i dolepsanij wsseho statku a sbozie wvffdotczeneho prawu polowiczi giei wydaducz dietie; dale s geho dielem opatrzte iakoz vmiegij a vmieti bude naylep. Toto take dale tez manzelcze me porucziem a rozkazugi, aby plat ten osmdesate kop gr. nagmenowitych wsech a sbozij Panuow z Rozmberka kupeny, gessto take list opiet sgich a rukoymij gich peczetmi wisutymi, to vkazuge kteriztо giei take wedle gineho statku meho dawam czasy swymi wybieragicz ztoho na kazdy rok ssest postawuom sukna, kazdy po poldruhe kopie gr.; trzi postawy przi swatem Girzij a trzi przi swatem Hawle kupila a na odiew chudych wegmeno Bozie za mu a mych przedssich dusse rozkragela a rozdala s wiedomij dolepsanych porucznikuow. Item opiet tez manzelcze me porucziem a rozkazugi, aby zewsseho statku pomnie zuostaleho otczi memu a materzi trzidczet kop gr. hotowych peniez wydala pome smrti. A domek ten na Nowem miestie prazskem, wniemz bydle, take przinich zuostan. Item Karpiesskowj, robenczi memu, otkazugi piet kop gr. A Petrowi Slepemu take piet kop gr. A to gim take manzelku mu chczi, aby wydano bylo po me smrti. Item bratrzim mym otkazugi tiech sto kop gr., kterez mi Michal z Salczpurka dluzen gest, tak aby z tiech sta kop bratru memu mlazssiemu ssestdesat kop gr., a ktomu domek ten, kteriz w Hradczi Gindrzichowi mam, a starssiemu ostatnich cztyrzidczeti kop chczi, aby bylo dano. Item Petrowi, towarissi w appathecze mee, za praczi geho a pilnost otkazugi a Dorotie, manzelcze geho, prawu polowiczi wssech wieczi a nadob y przipraw, ktez appathecze przislussnych, tak wssak aby tyz Petr Jana Appotekarze do geho smrti chowal, iakoz y ia geho chowam, zte komory, wniez nynie gest nikam ginam nehybage ani gemu w odiewu neboli wczemzkoli ginem trpieti nuze nedada vzadne; gemuzto Janowj chczi take, aby manzelka ma osm kop gr. peniez hotowych napolepssenie wydala z statku meho po me smrti. A nevchowalliby Petra od smrti buoh, aby to wsse, czoz gemu sie otkuzuge, na Dorothu, manzelku geho, przipadlo bez zmatku. Item, aczkoli a kterichkoli wieczij w appathecze mnu skupeno a zgednano acz doteto chwile, tak tomu chczi a rozkazugi, aby toho, dokudz trwati bude Petr a manzelka ma, spolu agednostainie poziwali y puozitky z toho mezi sie rownie dielili, geden bez druheho truhlicze neotmyluge obyczegem zadnym. Aczby pak potom dotez Appoteky potrzebie bylo, toho aby rownymi a gednostainymi naklady dobywagicz tez opiet vzitkow z toho posslych gednostainie poziwali mezi sie dielecz rownym dielem. Item iakoz drzim plat przedby mymi zdawna k kaplanstwij oltarze swate Trogicze w costele s,wateho Michala w Starem miestie prazskem nadany, otom tak porucziem a rozkazugi aby pani Barbara, manzelka ma, a porucznicz i nizepsanij ten plat czasy swymi wybieragicz caplanu oltarze toho, nynieissimu y kteriz potom bude, na kazde suche dni po poltrzetie kopie gr. A zakom tudiez w sskole swateho Michala kazdu sobotu wzdy po ssestnasti peniezich wydawali bez zadrzenie y vmenssenie wsselikeho. S takowym opatrzenim, aby kalich ten a trzie ornatowe, kterziz tu nynie gsu, odtud nikam hybani ani vtraczeni nebyli y s ginymi wieczmi. A take, aby ty a takowe sluzby panu bohu od kaplana toho y zakow zamu y mych przedssich dusse, tak iakoz sie to zdawna wysaczeno wiecznie diali sie a nikdy nesessly. A manzalka ma a porucznicz i gizdotczenij, aby tehoz kaplanstwie prawi a moczni byli podagij acz do let meho dietiete, kterezmi koli s tuz manzelku mu pan buoh da. Pakliby dietie to drziewe let rozumnych snad vmrzelo, tehdy manzelka ma a poruczniczi y gich diediczowe toho budte prawij a mocynij podagij. Kterehozto poruczenstwie mieho, acz sie wniem, iakoz giz dotczeno gest toliko statku meho aneswrchupsanych sirotkow dotuczy, czinim a vstanowugi prawe a moczne poruczniky opatrnie lidi Ondrzege Mawstitle a Janosse od Murzeninuow, przately take a kmotry me mile, gimzto vplnie take wierzim, ze y oni toho, czoz gim tuto gsem poruczil a porucziem pilni pro spassenie me y swych dussij budu a kmiestu skutecznemu wedle wuole a vmysla meho tuto wysspsane a wypsaneho prziwedu, iakoz gim toho a swiedomi gich swierzil sem a mimo gine wierzim zwlasstie. Toto wssak przitom znamenitie przimienugi: gestli zeby tychz Ondrzege Mawstldle a Jarosse, porucznikow mych, buoh neuchowal, tehdy Jan Tussek a Jan Studniczka, poruczniczi prwegmenowanij, aby poruczenstwie Ondrzegowi a Jarossowi poruczene a rozkazane na miestie a miesto nich mohli, prawo y mocz mieli rzediti, gednati a posobiti y kmiestu a konczi westi, tak prawie a mocznie iakozto oni sami Ondrzei a Jaross prwepsanij. A tez take, gestlizeby Jan Tussek a Jan Studniczka snad zemrzeli, tehdy Ondrzei a Jaross miesto nich take poruczenstwie mnu gim rozkazane magij z moczi budu wczele a vplnie, iakto oni, rzediti a westi. A kterazbykoli pak znich dwa toliko ziwa zuostali, ta aby mocz y prawo miela plne trzetieho, kohozbysie gim zdalo, dobreho czlowieka k sobie wtez prawo y wtuz mocz poruczenstwie przigieti a przistawiti. A to tolikrat kolikkozkolikrat byloby toho potrzebie, tak mocznie y tymz prawem bez vmenssenie iakobych ia sam gsu porucznikem gei vczinil y gmenem geho wlastnim w tento kssaft wepsal. Napotwrzenie y buduczy pamiet toho ja Prokop nadepsany peczet mu wlastnij przitiskl sem ktomuto listu dobrowolnie a kme zadosti y snazne prosbie mudrzij a opatrni pani Samuel Velwar z Gradku a Sigmund z Bytessky, consselee przisieznij Stareho miesta prazskeho, z rozkazanie pilne raddy tehoz miesta peczeti swe take podle mnie przitiskli gsu na swiedomie ktemuzto listu. Genz gest dan lleta od narozenie syna bozieho tisicziehо cztyrsteho padesateho sedmeho ten patek w Ochtab hodu panny Marie matky Bozie zwiestowanie.

Im Namen Gottes Amen. Ich Prokop, Apotheker und Bürger der Prager Altstadt, bekenne mit diesem Brief allgemein und vor allen, die diesen lesen werden oder aber vorgelesen bekommen, dass, wenngleich ich Gott dafür danke, dass ich mich körperlicher Gesundheit erfreue und bei gutem Verstand bin, ich dennoch angesichts der Tatsache, dass diese Welt sich in Unbeständigkeit und Unsicherheit befindet, ich Sorge dafür trage, sollte mich Gott nicht am Leben belassen oder ich durch irgend einen anderen Umstand heimgerufen werden, dass um die nach meinem Tode verbliebenen Güter und Besitzungen keinerlei Streit zwischen meinen Verwandten und Freunden entstehe; und so habe ich dieses mein Testament und meinen letzten Willen über meine Güter und Besitzungen, die mir Gott der Allmächtige in seiner Freigebigkeit anvertraut hat, in nachfolgender Weise errichtet und festgelegt. Zuvorderst habe ich, entsprechend dem Geschäft und letzten Willen des seligen Leinwandhändlers Pavel, meines lieben Freundes, bei mir dessen Waisen und Sohn Václav erzogen. Nun ist es mein Wille, sollte mich Gott nicht am Leben belassen, dass dieser Brief, der dem genannten Václav durch mich 30 Schock Groschen Jahrzins auf die von den Herren von Rosenberg gekauften Waren einbringt, dass dieser Brief also mit den Siegeln der bereits genannten

Herren, die dafür bürgen, definitiv bei diesem Václav bleiben soll. Und das Haus, das einst der Drobniczowá gehörte und sonst kein anderes Haus, das er hinzu erworben hat, und die beiden Weingärten, von denen einer beim Weinberg liegt und der andere auf dem Radliczek. Und hierzu vermache ich ihm aus meinem eigenen Besitz und Gut acht Schock und 20 Groschen Zins, den ich auf dem Hof habe, auf dem einst der Stur gesessen hat und der in den Landtafeln auf meinem Namen eingeschrieben ist. Und dazu auch das Bettzeug ausgehändigt werden. Sodann will ich, dass sie das Häuslein auf der Kleinseite, in dem der Weinbauer sitzt, für Kateřina, die Schwester dieses Václav, verkaufen und ihr für deren Wohlergehen aus meinem Besitz nach meinem Tode vermachen. Und des Weiteren gebe ich vier Schock Groschen Jahrzins unweit von Brod, die ebenfalls ordnungsgemäß auf meinen Namen in den Landtafeln eingetragen sind. Und dazu will ich und vermache ich, dass Václav, ihr Bruder, ihr in jedem Jahr drei Schock Groschen auszahle ohne Verzögerung, und zwar bis zu ihrem Tode. Sollte sie Gott der Herr nicht am Leben belassen, dann soll Václav nach ihrem Tode keiner anderen Personen dieses Geld auszahlen. Item die 17 versilberten Löffel, die ich von jenen Waisen habe, und die kleine Tasse, die ihr Vater beim seligen Meister Krištián einst gekauft hat, diese Sachen sollen unter den Waisen zu gleichen Teilen aufgeteilt werden. Und zu rechtmäßigen und bevollmächtigten Testamentsvollstreckern dieses meines letzten Willens und jenes der Waisen bestimme und ernenne ich die ehrenwerten und weisen Männer Jan Tušek, Schreiber des obersten Testamentsvollstreckers, sowie Jan von den drei Brunnen, Bürger der bereits genannten Prager Altstadt, in welcher einst auch der Vater der Waisen lebte, und die ich nunmehr auch zu deren Vormund bestimme, da ich ihnen als meinen guten Freunden vertraue, dass sie diesen meinen letzten Willen ausführen, so wie ich ihnen dies aufgetragen habe, dass sie entsprechend meinem Willen handeln und der Stadt das zuführen, was ihr zusteht, wie nachfolgend beschrieben wird. Und sollte der oben genannte Václav versterben, noch ehe er volljährig würde, dann soll sein Erbteil an seine Schwester Kateřina übergehen mit vollem Recht. Und sollte diese Kateřina eher als ihr Bruder Václav sterben, dann soll ihr Erbe ohne alle Hindernis an ihn fallen, doch jene vier Schock Zins in Przistapima, die mir vermacht worden sind, die, sollte Gott Kateřina nicht am Leben belassen, dann ist es mein Wille, dass sie bei den Jungfrauen und dem Konvent des Klosters zum Hl. Geist in der Prager Altstadt verbleiben und ihnen auf ewig zustehen, freilich unter jener Regelung meiner bereits zuvor genannten Testamentsvollstrecker, dass in diesem Kloster für meine Seele und diejenige meiner Vorfahren ewig gedacht werde durch Gebete und andere fromme Handlungen, entsprechend der christlichen Ordnung; sollte Gott jedoch beide, also Václav und Kateřina, nicht am Leben belassen, dann soll der ihnen zustehende Besitz zur Hälfte durch die oben genannten Testamentsvollstrecker unter armen und bedürftigen Leuten im Namen Gottes aufgeteilt und die andere Hälfte dergestalt verwendet werden, wie den Testamentsvollstreckern dies am günstigsten erscheint. Des Weiteren soll, was mein Gut und meinen eigenen Besitz anbelangt, dergestalt verfahren werden, dass meine anderen Häuser, meine Weingärten und Zinsen, von denen bislang nicht die Rede war, die aber aufgeführt werden könnten und die in den Landtafeln oder Büchern verzeichnet sind, und sodann mein gesamter übriger beweglicher und unbeweglicher Besitz, wo immer der gelegen sei, auch sei es an Schulden oder irgendwelchen anderen Dingen, nichts auslassend, diesen vermache ich nach mei-

nem Tode meiner lieben Gemahlin Barbora zu Besitz, Eigentum und ewiger Nutzung sowie dem Kind, das meine Gemahlin unter dem Herzen trägt, sei es nun ein Bube oder aber ein Mädchen, wenn es lebendig auf die Welt kommt, zu gleichen Teilen; und so will ich, dass Frau Barbora, meine Gemahlin, in meinem Hause wohnen soll und zudem rechtmäßige Hausfrau meiner gesamten Hinterlassenschaft bleiben soll, wie sie es schon jetzt ist; und sie soll mit dem Kind zusammen bleiben und es zum Guten erziehen wie eine treu sorgende Mutter, und zwar solange sie ihren Witwenstand beibehält. Und sollte Gott das Kind nicht am Leben belassen, dann soll dessen Erbteil zur Hälfte unter armen und bedürftigen Menschen im Namen Gottes durch meine Gemahlin und die unten aufgeführten, ihr zur Seite gestellten Testamentsvollstrecker verteilt werden und die andere Hälfte dieses Erbteils bei meiner Gemahlin verbleiben, ohne alle Hindernis. Und sollte meine Gemahlin ihren Witwenstand beibehalten und als Witwe sterben, dann soll ihr Erbteil auf die Kinder mit vollen Rechten übergehen. Sollte meine Gemahlin jedoch ihren Witwenstand aufgeben, dann sollen die unten genannten Testamentsvollstrecker meines gesamten Gutes und Besitzes kraft ihres Amtes Barboras Hälfte an das Kind geben und mit diesem Erbteil sorgfältig im Interesse des Kindes umgehen. Sodann gebiete und trage ich meiner Gemahlin auf, dass sie von dem Zins in Höhe von 80 Schock Groschen auf die von den Herren von Rosenberg erworbenen Sachen, worüber ein Brief existiert und wofür die Herren mit ihren Siegeln bürgen, in jedem Jahr sechs Ballen Tuch erwirbt, jeweils für einen halben Schock Groschen, drei Ballen für die Kirche St. Ägidii und drei für die Kirche St. Gallus; und die davon gefertigte Kleidung soll unter Armen im Namen Gottes verteilt werden, und zwar um meiner Seele willen und die meiner Vorfahren, alles mit Wissen der unten genannten Testamentsvollstrecker. Item gebiete ich wiederum meiner Gemahlin und trage ihr auf, dass sie von meinem gesamten hinterlassenen Besitz meinem Vater und meiner Mutter 30 Schock Groschen Barschaft nach meinem Tode geben soll. Und das Häuslein in der Prager Neustadt, in dem sie wohnen, soll ebenfalls nicht verkauft werden. Item vermache ich Karpěřek, meinem Gehilfen, fünf Schock Groschen. Und Petr Slepý [= der Blinde – Th. K.] *soll ebenfalls fünf Schock Groschen erhalten. Und diese Summen soll ihnen meine Gemahlin nach meinem Tode auszahlen. Item meinen Brüdern vermache ich 100 Schock Groschen, die mir Michael aus Salzburg schuldet; von dieser Gesamtsumme soll mein jüngerer Bruder 60 Schock Groschen erhalten und dazu das Häuslein, dass ich in Neuhaus besitze. Und dem älteren Bruder die verbleibenden 40 Schock Groschen, die sollen ihm ausgehändigt werden. Item dem Gesellen Petr in meiner Apotheke vermache ich, zusammen mit dessen Gemahlin Dorota, für seine Arbeit und seinen Fleiß die Hälfte aller Sachen, Möbel und Gerätschaften, die zur Apotheke gehören, unter der Voraussetzung, dass dieser Petr für Jan den Apotheker bis zu seinem Tode sorge, wie auch ich dies tue, und ihn nicht aus der Kammer, in der er jetzt lebt, vertreibt; und er soll Sorge für seine Kleidung tragen und darauf achten, dass er keine Not leidet. Und es ist mein Wille, dass meine Gemahlin acht Schock Groschen Barschaft dem genannten Jan zur Verbesserung seiner Lage aus meinem Besitz gebe, und zwar nach meinem Tode. Und sollte Gott Petr nicht am Leben erhalten, dann soll alles, was ihm vererbt worden ist, auf Dorota, seine Gemahlin, übergehen, ohne Wirrwarr. Item so will und gebiete ich, dass alle von mir bis zu diesem Zeitpunkt für die Apotheke gekauften Sachen Petr und meine Gemahlin gemeinsam und einmütig aufbewahren und die*

Kosten sollen sie wie gewohnt gleichmäßig unter einander aufteilen; die Truhe nicht ausgenommen, dergestalt, dass, was für die Apotheke vonnöten sei, dafür sollen sie gemeinsame Aufwendungen machen, und was übrigbleibt, sollen sie zu gleichen Teilen unter sich aufteilen. Item was den Zins anbelangt, den ich schon lange von meinen Vorfahren übernommen habe und der für einen Kaplan am Altar der hl. Dreifaltigkeit in der Kirche des hl. Michael in der Prager Altstadt bestimmt ist, diesbezüglich gebiete und lege ich fest, dass Frau Barbora, meine Gemahlin, und die unten genannten Testamentsvollstrecker diesen Zins einfordern sollen und dem jetzigen Kaplan dieses Altars bzw. seinen Nachfolgern zu jeder Fastenzeit einen Drittel Schock Groschen überreichen. Und den Schülern dort an der Schule zu St. Michael sollen sie an jedem Sonnabend stets 16 Groschen geben, und zwar ohne Zögern in dieser Höhe; und sie sollen darauf achten, dass der Kelch und die drei Ornate, die dort jetzt sind, nicht verloren gehen oder abhanden kommen. Und des Weiteren, dass diese und andere Dienste vor Gott dem Herrn von diesem Kaplan und den Schülern um meiner Seele willen und diejenige meiner Vorfahren geleistet werden, wie dies schon seit langem festgelegt ist; und dies soll sich nicht ändern. Und meine Gemahlin und die bereits erwähnten Testamentsvollstrecker sollen darauf achten, dass diese Kaplanei gerecht verwaltet werde. Und sollte mein Kind vor Erreichen der Volljährigkeit sterben, dann sollen meine Gemahlin und die Testamentsvollstrecker sowie deren Nachfahren berechtigt sein, das zu verkaufen, was in meinem Testament aufgeführt ist. Und zu rechtmäßigen und bevollmächtigten Testamentsvollstreckern bestimme und ernenne ich die ehrenwerten Männer Ondřej Mawstitel und Jaroš von Marzeninuowy, meine besonderen Freunde und meine lieben Gevattern, denen ich voll vertraue, dass sie das, was ich ihnen auftrage und anvertraue, für die Errettung meiner und ihrer Seele und für die Stadt zum Guten ausführen und somit meinem bereits beschriebenen Willen Rechnung tragen, in der Art, wie ich ihnen dies aufgetragen habe. Und sollte es geschehen, dass die erwähnten Ondřej Mawstitel und Jaroš, meine Testamentsvollstrecker, von Gott nicht am Leben belassen würden, dann sollen Jan Tušek und Jan Studnička, die erstgenannten Testamentsvollstrecker, die Aufgabe von Ondřej und Jaroš übernehmen und die diesen übertragenen Rechte und Pflichten zum Wohl aller ausführen. Und sollte es geschehen, dass Jan Tušek und Jan Studnička zuerst versterben, dann gelte der umgekehrte Fall, dass nämlich Ondřej und Jaroš meine alleinigen Testamentsvollstrecker seien. Stürben aber zwei der Testamentsvollstrecker, dann sollen die beiden verbliebenen das Recht haben, eine dritte unbescholtene Person, die ihnen geeignet erscheint, an die Stelle der Verstorbenen zu setzen, die dann das gleiche Recht und die gleichen Pflichten besitzt. Und dies geschehe, so oft dies notwendig sei. Zur Bestätigung und zu künftigem Gedächtnis habe ich, der genannte Prokop, mein eigenes Siegel diesem Brief freilwillig beigefügt. Und auf meine Bitten hin haben die weisen und ehrbaren Herren Samuel Zrelwar von Gradek und Sigmund von Biteschka, beisitzende Schöffen der Prager Altstadt, auf Befehl des vollen Rates dieser Stadt das Stadtsiegel zu Gezeugnis diesem Briefe beigefügt. Der gegeben ist im Jahre Eintausendvierhundertsiebenundfünfzig nach Christi Geburt, an diesem Freitag Octava nach Marien Engelgruss.

2. Testament [14.11.1457][109]:

Wegmeno Bozie amen. Ja Prokop, appotekarz a miesstienin Stareho miesta pražského, wyznawam tiemto listem obecznie przedewssemi, ktoz gei vzrzie anebo cztucze slysseti budu, ze aczkoli przedczasy niekterimi zdraw gsa a nemoczi na sobie neziw yzadne nemoczi, pro giste przicziny a potrzeby tehdaz potrzebne s dobrim rozmyslem ypotazem, nechtie posobie zadnych zmatkow ani kterich nesnazi mezi przibuznymi a przately mymi, aczby mne wtaz mierze Buoh byl neuchowal pozusotawiti, vczinil sem poruczenstwie swe rzadne s raddu y po wolenim panow purgmistra a consseluow tehdaz bylych, a to peczeti mu wlastnij s peczetmi podle toho dwu panow, mnie ktomu z plne raddy wydawych, zapeczetil sem rzadnie podle rzadu a prawa swrchupsaneho miesta prazskeho, wssak bogie sie by wtom gesstie nietczo nebylo obmesskano, aczbych wczem sie tehda pozapomanul a snad nietczo toho czoz nize rozkazugi polozite sie nedomyslil, ted giz tiemto druhem kssaftem a poslednim poruczenstwim mym acz nemoczen gsa, wssak s obru pamieti y rozumem doplnugi obyczegem takowymto. Naiprwe duom muoi, wniemz bydlim y giny wsseczken statek muoy, mowity y nemowity, kteriz w miestu przislussny mam y dluhy mnie powinne, budto na listech nebo ginak kterazkoli, otkazugi panie Barborze, manzelcze me mile s dietetem, pokteremz nynie lezij na rowny mezi nie diel nez appotheku s tiem sewssim, czoz wnie gest a knie przislussie, tez manzelcze mee s Petrem Sswagrem y sluzebnikem mym wtez aapathecze spolecznie otkazugi a dawam tak, aby teez appatheky spolu poziwali rownym dielem y rownie nakladali, nani czoz bude potrzebie krownemu take obu a gednostainemu pozitku. Item rozkazugi dale, aby Karlowi Miculassowi, pacholkom mym w Appatecze, a Petrowi y Karpiessowi, kazdemu znich bylo po pieti kopach gr. po me smrti bylo dano. Item otczi a materzi me duom muoy w Nowem miestie prazskem odkazugi a dawam diediczky a kwiecznosti. A ktomu, aby gim manzelku mu naimenie padesate zlatych vherskych bylo przidanu. Item platy me wsseczky, kterez na zemi mam iakzto w Przeworach, aby gich to gest malych y wietssich v welike dobrze w Duienowie a w Przistupini Wankowi, synu nebozcze Pawlowu platennikowu, diediczne otdawam. Tak wssak, aby tyz Waniek ten plat w Przestupy ssest kop gr. sam wybierage, wydawal gei kazdy rok Katherzinie, sestrze swe, Geptisscze v Swateho Ducha w starem miestie prazskem, ku polepsseni gegiemu az do giegieho ziwota a nicz dale. A po gegie smrti, aby ten plat iakoz y giny przimiem zuostal. Item domek na Male stranie, kterez byl niekdy Pawluow platennikow, ten aby porucznicziczi tychz syrotkuow prodaducz dali penieze tez Geptisscze. Item list, kteryz mnie y temuz Wankowi swiedaij trzista kop dluhu, a s nich trzidczeti kop pulatu rocznieho na sbozij panuow z Rozmberka, ten take tehoz Wanka gest a gemu gei otdawam. Item tiech sto kop gr., kterez mi Michal Kupecz dluzen gest, otkazugi bratrom mym wlastnim w Gindrzichowie Hradczi, aby chudssiemu znich ssestdesat kop gr. a bohatssiemu cztyrzidczeti kop gr. bylo dano. Item iakoz dskami zemskymi mam deset kop gr. platu rocznieho z komornieho na drahobuzi w Brzehorygich a v wernieczizich od Jana Appatekarze zapsano, a to giz y sazeno gest na Roczow pro nesprawu, kteryz pan Beness z Colowrat ma mym y mistrowym Sigmundowym gmenem gednostainie, ze on take natom druhych deset kop platu ma gemu

[109] Online abrufbar unter http://katalog.ahmp.cz/pragapublica/permalink?xid=E1BD3C13B72711DF820F00166F1163D4&scan=484#scan483 (08.09.2017).

tu przi mocznie gsem poruczil dskami kzisku y keztratie ktomu platu wsseczko prawo me, iakoz mnie dsky swiedczie, temuz mistru Sigmundowi mocznie otkazugi a dawam. Na potwrzenie toho prosil sem Giry midlarze, wty czasy richtarzie, a opatrnych panow pana Samuele a pana Jana Trefana, consselow przisecznych Stareho miesta pražského, ze gsu peczeti swe dali prziwiesiti ktomuto listu. Genz gest dan w pondieli po Swatem Linhartu lleta od narozenie syna bozieho tisiczeho cztyrsteho padesateho sedmeho.

Im Namen Gottes Amen. Ich Prokop, Apotheker und Bürger der Prager Altstadt, bekenne mit diesem Brief vor allen, die diesen lesen werden oder vorgelesen bekommen, dass ich, wenngleich ich vor einiger Zeit gesund war und keinerlei Krankheit aufwies, ich dennoch aus gewissen Gründen und Bedürfnissen mit gutem Vorbedacht und guter Erwägung meinen letzten Willen odnungsgemäß mit Rat und Zustimmung der Herren Bürgermeister und Ratsherren, die zur Zeit im Amt waren, errichtet habe, da ich nicht wollte, dass zwischen meinen Verwandten und meinen Freunden irgendwelche Streitigkeiten oder Unbill entstehe für den Fall, dass mich Gott der Herr nicht am Leben belassen sollte; und so habe ich mit meinem eigenen Siegel und mit den Siegeln der genannten Herren, die deswegen aus dem vollen Rat zu mir gekommen sind, ordnungsgemäß entsprechend der Ordnung und dem Recht der oben erwähnten Stadt Prag dieses besiegelt. Da ich freilich fürchte, dass ich etwas versäumt oder vergessen haben könnte und etwas, was ich nachfolgend gebiete, nicht hinterlegt ist, ergänze ich diese Bestimmungen mit diesem zweiten Geschäft und letzten Willen; wenngleich ich krank bin, tue ich dies mit gutem Gedächtnis und Verstand in nachfolgender Weise. Zuvorderst mein Haus, in dem ich wohne, sowie meinen gesamten übrigen beweglichen und unbeweglichen Besitz, den ich in der Stadt habe, und meine Schulden, die in Briefen oder sonstwie festgehalten sind, dies alles vermache ich Frau Barbora, meiner lieben Gemahlin, und dem Kind, mit dem sie jetzt im Kindbett liegt, zu gleichen Teilen; und die Apotheke mit allem, was sich darin befindet und was hierzu gehört, vermache ich ebenfalls meiner Gemahlin und dem Schwager Petr sowie meinem Diener in dieser Apotheke gemeinsam. Und zwar dergestalt, dass sie die Apotheke gemeinsam zu gleichen Teilen verwalten und zusammen das besorgen, was für deren Betrieb notwendig ist. Item gebiete ich weiter, dass Karel und Mikuláš, meinen Gehilfen in der Apotheke, sowie Petr und Kašpar, einem jeden von ihnen, fünf Schock Groschen nach meinem Tode gegeben werden sollen. Item meinem Vater und meiner Mutter vermache und gebe ich mein Haus in der Prager Neustadt als erblichen Besitz. Und hierzu soll ihnen meine Gemahlin mindestens noch 50 ungarische Dukaten geben. Item meine gesamten Zinsen, die ich im Lande habe, so in Przewory, sowohl in Groß Przewory als auch in Klein Przewory, in Groß Dobra und diejenigen in Drienow und in Przistupy, die vermache ich Waněk, dem Sohn des seligen Leinwandhändlers Pavel, als erblichen Besitz. Dies unter dem Vorbehalt, dass dieser Waněk den Zins in Przestupy von sechs Schock Groschen selbst einsammelt und ihn in jedem Jahr seiner Schwester Kateřina, Äbtissin zum Hl.-Geist-Kloster in der Prager Altstadt, für deren Wohl bis an ihr Lebensende aushändigt; und nichts weiter. Und nach ihrem Tode sollen dieser Zins und das übrige bei ihm verbleiben. Item das Häuslein auf der Kleinseite, das einstmals dem Leinwandhändler Pavel gehörte, das sollen die Testamentsvollstrecker jener Waisen verkaufen und den Erlös ebenfalls der Äbtissin übergeben. Item den Brief, der mir bei diesem Waněk 300

Schock an Schuld bezeugt, und die 30 Schock Jahrzins auf die Waren der Herren von Rosenberg, die ebenfalls bei Waněk sind, die vermache ich ihm. Item die 100 Schock Groschen, die mir Michal Kupecz schuldig geblieben ist, die vermache ich meinen eigenen Brüdern in Neuhaus, und zwar dem ärmeren von ihnen 60 Schock Groschen und dem reicheren 40 Schock Groschen. Item die zehn Schock Groschen Jahrzins aus der Kammer in Drahobuzy in Brzehoryj und in Wernieczice, die in den Landtafeln von Jan dem Apotheker eingetragen sind und die Herr Beneš von Kolowrat einmütig mir und Magister Sigmund übertragen hat, und die anderen zehn Schock Zins, die ich ihm übertragen habe, wie in den Landtafeln ausgewiesen, die vermache ich rechtmäßig dem genannten Magister Sigmund. Zur Bestätigung habe ich Gira Midlarz, derzeit Richter, sowie die ehrenwerten Herren Samuel und Jan Trefan, beisitzende Schöffen der Prager Altstadt, gebeten, dass sie ihre Siegel diesem Brief beifügen mögen. Der gegeben ist am Montag nach S. Leonhard im Jahre Eintausendvierhundertsiebenundfünfzig nach Christi Geburt.[*]

[*] 1460 beabsichtigte, laut Eintrag im Stadtbuch, die Witwe des Testierers, Barbora, ihren Witwenstand aufzugeben. Sie bat aus diesem Grunde die Testamentsvollstrecker, sie mögen die Besitzverteilung vornehmen, damit klar werde, wer was erhalten solle. Daraus geht u. a. hervor, dass die Hälfte des in der Apotheke vorhandenen Inventars zwischen Barbora und ihrem Kind (Kateřina) nach erfolgter Schätzung aufgeteilt werden sollte. Die genaue Auflistung von kostbarem Schmuck (u. a. vergoldete Schalen, Silberlöffel, Ringe mit Saphir und Diamant besetzt, zwei vergoldete kleine Vögel), Barschaft in verschiedenen Währungen und Haushaltsgegenständen (u. a. Tisch mit Stuckwerk, mehrere Truhen und Weinfässer) zeigt einen äußerst wohlhabenden bürgerlichen Haushalt.[110]

102. [1457, Mai 20]

Kača Mučniče testiert. Der Pfarrer zu St. Stefan, Jan, soll den beiden Testamentsvollstreckern mit Rat und Tat zur Seite stehen. Fünf Schock Groschen sind für die Kirche St. Michael in Opatovice bestimmt, wo ihr verstorbener Gemahl und die Kinder begraben sind. Bettzeug wird auf mehrere Frauen verteilt, auch Seelgerätschaften tätigt die Erblasserin.

Archiv hlavního města Prahy, Hdschr. 2094, fol. A 19r – A 19v (Abschrift).[111]

Wegmeno Bozie Amen. Ja Kacza Mucznicze wdowa, manzelka nebozcze Benessowa Kotlarzowa, etc. aczkoli wzdrawi gsuczi, ale pronebezpecznost smrti, kdyzby koli pan buoh pomie psolati raczil, aby omuoy statek zadne nesnaze od wsselikakych lidij nebylo, s rozmyslem zdrawym a s dobru wuoli mu czinim poruczenstwie z statku meho, mowiteho y nemowiteho, kterymz mie pan buoh nadieliti raczil. Naiprwe porucznik me czinim a vstanowugi Jana hrnczierze a Jana Wodiczku, aby oni zrziedili a posobili to poruczenstwie a zadost mu, iakoz gim toho vplnie wierzim, a za to gsem gich welicze

[110] Online abrufbar unter http://kramerius.mlp.cz/kramerius/MShowPageDoc.do?id=57862&mcp=&idpi=104293&author=Teige_Josef (08.09.2017). Die Quelle selbst, das Altstädter Buch der Urteilsfindungen, Verträge und weiterer Einträge vor dem Rat (Ms 2141), ist online abrufbar unter http://katalog.ahmp.cz/pragapublica/permalink?xid=E1BD26A9B72711DF820F00166F1163D4&scan=687#scan688 (08.09.2017).

[111] Online abrufbar unter http://katalog.ahmp.cz/pragapublica/permalink?xid=E1BD352FB72711DF820F00166F1163D4&scan=44#scan45 (08.09.2017).

prosyla tu praczu nase wzali. Knieze Jana, ffararze meho Swatosstiepanskeho, gemuz od dawne chwile swiedomie sweho swierzila gsem, take y tohoto ge wierzim, ze prodobre dusse me take to vczinij a tiemto porucznikom mym raden a poruczen bude podle vrzadu sweho, a porucznikczi mogi s geho radu cziniti budu. Pak Reginie, dieweczcze syrotku, kteruz gsem napraczy wzala piet kop gr. a wsseczko rucho loznie odkazugi a gi y stiem czoz gie oddawam Jana hrnczierzowi porucziem a prosym geho, aby gi k sobie przigel a oni peczi miel. Item Duorze, dieweczcze Kuzelowie dcerzi od Hory, odkazy dwie kopie gr. odkazugi. Item Katherzinie, dieweczcze sestry me, wnucze z Nachoda, dwie kopie a rucho chodiczie, kterezby pome smrti pozuostalo; Machnie, sestrze me, s Kaczku, sedrzeru gegi, odkazugi. Item na sspital pod Wyssehrad chudym piet kop gr. oddawam. Item k swatemu Michalu do Opatowicz, kdez muoy neboztik manzel y s dietmi lezie, piet kop grossy odkazugi. Item k swatemu Sstiepanu k farze me k potrzebam kostelniem piet kop gr. aby dano bylo. Takez k sskole tudiez k Swatosstiepanske dwie kopie gr. odkazugi. Item laznie dwie zadussie, aby topenie byli a przi kazde wiertel piwa kupen byl. Toho wsseczky wieczy take y dotiem chudym, kterzyz se myti budu. Item trzi postawowe sukna nuznym, aby kupeni byli. Toho wsseczky uts [*Fortsetzung fehlt!*] niek muoy prodaducze tak, aby zrziezeny byli czoz pak by gineho pozuostalo to wsseczko porucziem mym porucznikuom giz naprzedpsanym, aby oni podle swe opatrnosti takto posobili iakozby se gim s knieze Janowu radu widielo; a pana purkmistra nasseho y wssech panuow prosym, aby iakozto naywyssie porucznicy a oprawcze wdow a syrotkuom, aby raczili toho pomuczni byli iako mogi mili pani milosawi. Toho na swiedecztwie y na potwrzenie peczeti opatrnych muzuow Marsse, rychtarze, Petra Heczky a Matiege Obesslowicz, consseluow Nowehomiesta prazskeho, kme prosbie przivviesseny se ktomuto listu. Genz psan a dan w patek przed swatym Vrbanem. Anno domini M°CCCC°LVII°.

Im Namen Gottes Amen. Ich Kača Mučniče, Witwe und einst Gemahlin des seligen Beneš Kotlář [Kupferschmied – Th. K.] *etc., errichte, wenngleich ich gesund bin, doch der Gefahr des Todes wegen, sollte Gott der Herr diese zu mir senden, mit gutem Vorbedacht und gutem Willen meinen letzten Willen von allen meinen beweglichen und unbeweglichen Gütern, die mir Gott der Herr verliehen hat, damit um meine Hinterlassenschaft keinerlei Streit durch irgendwelche Menschen entbrenne. Zuvorderst ernenne und bestimme ich zu Testamenstvollstreckern Jan den Töpfer und Jan Wodička, damit diese meinen letzten Willen und meine Bitte erfüllen und regeln, da ich ihnen besonders vertraue; und ich habe sie herzlich gebeten, diese unsere Arbeit zu übernehmen. Dem Priester Jan, meinem Pfarrer zu St. Stefan, habe ich seit alters her mein Gewissen anvertraut, und ich tue dies auch jetzt, damit er für meine gute Seele wirke und diesen meinen Testamentsvollstreckern mit Rat und Tat zur Seite stehe, entsprechend seinem Amt; und meine Testamentsvollstrecker sollen nach seinem Rat handeln. Sodann vermache ich dem Waisenmädchen Regina, die ich als Magd in Dienst genommen habe, fünf Schock Groschen sowie sämtliches Bettzeug; und ich vertraue sie Jan dem Töpfer an und bitte ihn, dass er sie zu sich nehmen möge und sich um sie kümmert. Item der Magd Duora, Tochter des Kuzel aus Kuttenberg, vermache ich zwei Schock Groschen. Item Kateřina, der Dienstmagd meiner Schwester aus Nachod, vermache ich zwei Schock Groschen; und die Tragekleidung, die nach meinem Tode übrigbleiben sollte, vermache ich meiner Schwester Machna zusammen mit Kačka, ihrer Magd. Item in das Spital unterhalb des Wyšehrad vermache ich an Arme fünf Schock Groschen. Item an die Kirche St. Michael in Opatovice, in der mein seliger Mann mit den Kindern begraben liegt, vermache ich fünf Schock Groschen. Item an die Kirche St. Stefan, an meine Pfarrei, sollen für kirchliche Bedürfnisse fünf Schock Groschen gegeben werden. Auch an die Schule hier bei St. Stefan vermache ich zwei Schock Groschen. Item zwei Seelenbäder, damit diese beheizt werden und dass jedesmal ein Viertel Bier gekauft werde. Diese Dinge sollen allen Armen dienen, damit sie sich waschen können. Item drei Ballen Tuch an Bedürftige, die sollen gekauft werden. Dies alles* [Fortsetzung fehlt – Th. K.] *soll verkauft werden, damit dies so eingerichtet werden kann; was darüber hinaus übrigbleibt, dies alles sollen meine bereits erwähnten Testamentsvollstrecker nach eigenem Gutdünken verwenden, und zwar mit Rat und Wissen des Priesters Jan und unseres Herrn Bürgermeisters sowie aller Herren, die ich bitte, dass sie als oberste Testamentsvollstrecker und Verweser der Witwen und Waisen handeln mögen gegenüber der Frau Mila. Dies alles zu Gezeugnis und zur Bestätigung haben die ehrenwerten Männer Mareš, Richter, Petr Hečka und Matěj Obešlowicz, Ratsherren der Prager Neustadt, auf meine Bitte hin ihre Siegel diesem Brief beigefügt. Der geschrieben und gegeben ist am Freitag vor S. Urban. Anno domini M°CCCC°LVII°.*

103. [1457, Mai 24]
Testament der Neustädter Bürgerin Margareta Kovandrová, die sich in den „todbringenden und gefährlichen Zeiten“ vor eben diesem Tod fürchtet. Als Testamentsvollstrecker erscheinen ihre Mutter Marza und ihr Bruder Václav von Brin, die auch als Haupterben genannt werden.
Archiv hlavního města Prahy, Hdschr. 2094, fol. A 20v-A 21r (Abschrift).[112]

Wssemohuczieho pana Boha meho mileho pomoczy wteto me naypilnieyssie potrzebie przedewssym zadagiczy. Ja Magratha, wdowa rzeczena Kowandrowa, spolumiesstka Nowehomiesta prazskeho, aczkoli zdrawie tielesneho poziwagicz wssak obawagiczy sie, aby mie smrt tiechto czasuow smrtedlnych nebezpecznych w nahle nezastihla, przedkteryzto zadny smrtedlny czlowiek nemuoze kazdu hodinu gist byti, s dobru pamieti a splnym rozmyslem poruczenstwie me ze wsseho statku mého, mowiteho y nemowiteho, gimz mie pan buoh z swe nesmierne dobroty a z sstedroty nadieliti razil a gehoz gsie se s geho swatu pomoczii z swych dawnich leth doprazowala robotnie a pracznie dorobotowali, tiemto listem zrzezugi czinim a zgednawam, aby ten gisty statek muoy, kdyz by mne pan smrti neuchowal, mezy przately mym y wsselikterakymi ginimy lidmi swaruow suduow a nesnazii se nedalo. Toho poruczenstwie meho Marzy, matku mu milu, a Waczlawa z Brina, bratra meho milého, naywyssie porucznikу a moczne czinim a vstanowugi, gimz to duom muoy s miestisstiem y se wssym przislussenstwim, kteryz lezi mezy domy Blazkowym a Witowniwym, y wessken gimz statek

112 Online abrufbar unter http://katalog.ahmp.cz/pragapublica/permalink?xid=E1BD352FB72711DF820F00166F1163D4&scan=46#scan45 (08.09.2017).

muoy, mowity y nemowity, wezbykoli mohl shledan a optan byti, odkazugi poruczim a mocznie oddawam pome smrti Marzy, matcze me, a Waczlawem, bratru memu giz powiediwienym, ze gmieni, k drzeni a k wiedickemu wladarzstwie beze wssech odpor a przekazek przatel mych y wsselikterabych ginych lidij; oznamugi take, ze mam na Gindrzichowi hutnem trzidczeti kop gr., yakoz o tom gest ssyra zapsano wknihach miestskych, a zaty penieze gsu rukojnie Hynek a Hagek z tiech peniez, aby dano bylo na costel k swatemu Gindrzichu piet kop gr., k swatemu Sstiepanu na Rybniczcze na kostel odkazugi a oddawam piet kop gr. Toho naswiedecztwie y napotwrzenie peczeti opatrnych muzuow Marsse, rychtarze Petra Heczby a Tomasska sladownika z dlazeneho, consseluow swrchupsaneho nowehomiesta pražského, k me snazne prosbie przi-wiesseny su ktomuto listu genz gest psan a stalo sie w utery przed swatym Vrbanem. Anno domini M°CCCC°LVII°.

Den allmächtigen Gott, meinen lieben Herrn, rufe ich in dieser meiner höchsten Not zuerst an. Ich Margareta, Witwe, genannt Kovandrová, Mitbürgerin der Prager Neustadt, bestimme und errichte, wenngleich ich mich körperlicher Gesundheit erfreue, doch zugleich fürchte, dass mich der Tod in diesen todbringenden und gefährlichen Zeiten, in denen kein sterblicher Mensch sicher sein kann, plötzlich zu jeder Stunde ereilt, meinen letzten Willen von allen meinen beweglichen und unbeweglichen Gütern, die mir Gott der Herr in seiner unendlichen Freigebigkeit verliehen hat und die ich seit meinen frühesten Jahren in Demut und Fleiß versucht habe, mir zu erarbeiten und zu verdienen, durch diesen Brief, damit um meine Hinterlassenschaft, sollte mich Gott nicht am Leben belassen, zwischen meinen Freunden und irgendwelchen anderen Leuten keinerlei Streitigkeiten und Unbill entstehe. Zu obersten und rechtmäßigen Testamentsvollstreckern dieses meines letzten Willens bestimme und ernenne ich Marza, meine liebe Mutter, und Václav von Brin, meinen lieben Bruder. Sodann vermache und gebe ich das Haus mit Grund und mit allem Zubehör, das gelegen ist zwischen den Häusern des Blažek und des Vít, sowie meinen gesamten übrigen beweglichen und unbeweglichen Besitz, wo immer der gelegen sei und durch wen auch immer dieser erfragt werden kann, nach meinem Tode Marza, meiner Mutter, und Václav, meinem bereits erwähnten Bruder, zu Besitz, Eigentum und erblicher Nutzung, und zwar ohne alle Einschränkungen und Hindernisse von seiten meiner Freunde oder irgendwelcher anderer Personen. Zugleich gebe ich bekannt, dass mir an Jindřichs Hütte 30 Schock Groschen gehören; dies ist in den städtischen Büchern eingetragen und für dieses Geld bürgen Hynek und Hajek. Und von dieser Summe vermache und gebe ich der Kirche St. Heinrich fünf Schock Groschen, der Kirche St. Stefan am Fischteich fünf Schock Groschen. Dieses zu Gezeugnis und Bestätigung haben die ehrenwerten Männer Mareš, Richter, Petr Hečba und Tomášek, Mälzer aus Dlazeny, beisitzende Schöffen der oben erwähnten Prager Neustadt, auf meine Bitte hin diesem Brief ihre Siegel beigefügt. Der gegeben und geschrieben ist am Dienstag vor S. Urban. Anno domini M°CCCC°LVII°.

104. [1457, September 27]
Auf dem Sterbebett errichtet die Mitbürgerin der Prager Neustadt, Jungfer Kateřina, ihren letzten Willen, in dem sie u. a. ihr Häuslein „gottesfürchtigen Jungfrauen und armen Witwen“ vermacht.
Archiv hlavního města Prahy, Hdschr. 2094, fol. A 14r – A 14v (Abschrift).[113]

Bozie milosti a pomoczy przedewssim pokornie zadagiczy. Ja panna Katherzina od Swateho Sstiepana, spolumiestka Noweho miesta pražského, aczkoli starosti przirozenu a nemoczy tielesnu gsuczy obtiezena, giz skoro smilowanie bozieho a rozluczenie dusse s tielem oczekawagiczy, s dobu pamieti s plnym rozumem a s rozmyslem toto me czinim poslednie poruczenstwie rzadem obyczegem a zpuosobem wezpodpsanym, aby omuoy statek nebylo zadnych nesnazy ani swaruow po me smrti; wtom poruczenstwie domek muoy s miesstisstiem, kteryz lezi mezy domy Thobiassa, panskeho posla, a Giry ssewcze, naboznym a bohoboinym pannam a wdowam chudym pocztiwym odkazugy porucziem a mocznie oddawam po me smrti k gmieni, k drzeni a kdiediczkemu wladarzstwie wtom domu obywani, wtez wewsseczko prawo yakoz sem sama drzela a wladla. Toho poruczenstwie czinim a vstanowugi moczne poruczniky opatrne muze Jana hrnczierze a Benessie Stoklasstina, przateli me zwlasstie milee, aby oni ktomu przihledali, aby s wtom domku pocztiwost a od tiech panen a wdow modlitby za czierkew swatu a za obeczne dobre dali w nabozenstwi. Czoz pak tu nadobi gest wtom domku, to aby ktiem pannam a wdowam s wuoli porucznikuow bylo obraczeno, kterezby se gim hodilo. Ale rucho me chczy sama rozdati, kemuz mi se zdati bude. A czozby statku meho po me smrti zuostalo, tiem porucznicziy wladnuti budu, aby k zadussi bylo obraczeno. A gestli, zeby ktery z porucznikuow swrchupsanych vmrzel, aby giny na miesto geho byl vstawen s pansku wuoli kolikratby potrzebu toho bylo. Prosym take cztihodneho knieze Jana, zprawcze duchownieho od swateho Sstiepana, aby ktomu raczil napomeczen byti, aby se wtom domku rzad bezsky a pocztiwost dala. Toho na swiedecztwi y na potwrzenie peczeti opatrnych Marsse, rychtarze, Petra Heczky, w ty czasy purkmistra, Thomasska pasierze, conssela, kme snazne prosbie przywiesseny se ktomuto listu. Genz psan a dan w sobotu po hodu swateho Matiege Aposstola letha od narozenie syna bozieho tissiczeho cztyrsteho padesateho sedmeho.

Die Hilfe Gottes erbitte ich zuvor demütig. Ich die Jungfer Kateřina von St. Stefan, Mitbürgerin der Prager Neustadt, errichte, wenngleich ich durch natürliche Sorge und körperliche Krankheit befallen bin und schon bald die göttliche Gnade und die Trennung der Seele vom Körper erwarte, dennoch mit gutem Gedächtnis und vollem Verstand sowie mit Vorbedacht diesen meinen letzten Willen in der üblichen Art und Weise, da ich nicht will, dass nach meinem Tode irgendwelche Streitigkeiten oder Unbill entstehen. In diesem letzten Willen vermache ich das Haus mit Grund, welches gelegen ist zwischen den Häusern des herrschaftlichen Boten Tobiaš und des Schusters Gira, den ehrenwerten frommen und gottesfürchtigen Jungfrauen und armen Witwen nach meinem Tode zu Besitz, Eigentum und erblicher Nutzung. In diesem Haus sollen

[113] Online abrufbar unter http://katalog.ahmp.cz/pragapublica/permalink?xid=E1BD352FB72711DF820F00166F1163D4&scan=33#scan32 (08.09.2017).

sie wohnen und alle diejenigen Rechte besitzen, die ich selber besessen und ausgeübt habe. Zu rechtmäßigen Testamentsvollstreckern dieses meines letzten Willens bestimme und ernenne ich die ehrenwerten Männer Jan den Töpfer sowie Beneš Stoklaštin, meine besonders lieben Freunde, damit diese darauf achten, dass in diesem Hause jene Jungfrauen und Witwen ehrfurchtsvoll in Gebet und Frömmigkeit für die Heilige Kirche und das Gemeinwohl lebten. Was jedoch das Mobiliar anbetrifft, das sich in diesem Hause befindet, das soll mit Willen der Testamentsvollstrecker jenen Jungfrauen und Witwen zur Verfügung stehen und diesen dienen. Meine Wäsche freilich will ich selbst verteilen, wie es mir am vorteilhaftesten erscheint. Und was nach meinem Tode von meinem Besitz übrigbliebt, dies sollen die Testamentsvollstrecker für kirchliche Stiftungen verwenden. Und sollte es geschehen, dass einer meiner oben genannten Testamentsvollstrecker stürbe, dann soll ein anderer mit herrschaftlichem Willen an seine Stelle treten, so oft dies vonnöten sei. Auch bitte ich den ehrwürdigen Priester Jan, den geistlichen Verweser von St. Stefan, dass er den Testamentsvollstreckern mit Rat zur Seite stehen möge, damit in dem genannten Haus göttliche Frömmigkeit und Ehrfurcht herrsche. Dies zur Bestätigung und zur Sicherheit haben die ehrenwerten Mareš, Richter, Petr Hečka, derzeit Bürgermeister, Tomášek Pasieř, Ratsherren, auf meine Bitten hin diesem Briefe ihre Siegel beigefügt. Der geschrieben und gegeben ist am Sonnabend nach S. Matthäi des Apostels im Jahre Eintausendvierhundertsiebenundfünfzig nach Christi Geburt.

105. [1457, Dezember 6]
Testament der Witwe Kateřina Tkanička, Bürgerin der Prager Neustadt. Zu einem Testamentsvollstrecker ernennt die Testiererin ihren Sohn Mikeš, der „nach dem Tode seines Vaters bei ihr geblieben ist und treu gearbeitet hat". Er sowie weitere Kinder der Erblasserin erscheinen als Haupterben. Legate *ad pias causas*.
Archiv hlavního města Prahy, Hdschr. 2094, fol. A 25v (Abschrift).[114]

Bozie pomoczy zadagicz. Ja Katherzina, wdowa ponebozcze Janowi Tkaniczkem, miesstka noweho, etc. tiemto listem czinim swe poslednie poruczenstwie; pro v warowanie swaruow a nesnzy mezy dietmi a przately mymi po me smrti vstanowugi poruczníka moczeho Miksse, syna mého, kteryz gest semnu a s dietmi mymi wierne pracowal po smrti otcze sweho przidawagicz gemu kupomoczy a k radie opatrneho muze Hasska od Zwonu, przietele nasseho zwlasstnieho; wtom poruczenstwie duom muoy s miesstisstem mezy domy Jana Dewcze a Martina Strycze y wessken giny statek muoy, mowity y nemowity, temuz Mykssowi a dwie dietem mym mladssiem odkazugi na rowne trzi diely k gmeni, k drzeni a k wladarztwie; dale Waczlawowi, starsiemu synu, genz swie prwe z statku nasseho zwlasstie pomahati, V kop gr. odkazugi z rozdielu a z meho dielu iij k. gr. gemu prodawam. Item do Slowan iiij w wostku a k swatemu Woytiechu

114 Online abrufbar unter http://katalog.ahmp.cz/pragapublica/permalink?xid=E1BD352FB72711DF820F00166F1163D4&scan=56#scan55 (08.09.2017).

pod Wyssehrad dwie libra wosku oddawam z mieho dielu. Item swiecze, kterez sem wdielala ty do Slowan, odkazugi potom Dorothie, dczerzi me; geden lan wczel a ssest lanuow vczel w Tkanicziech dietem mym swrchupsanym trzem narowny rozdiel odkazugi oznamugi take, ze gsem swrchupsane Dorothie, dcerze swe, oddyla gegim dielem, pakliby se za lepssieho panuow consseluow w tom widielo nagich rzczeni a wzkazani odmiech diety swrchupsanych bylo przeslano. Actum etc. Feria tertia die sancti Nicolai Anno dm. M°CCCC°LVII°.

Gottes Hilfe zuvor erbitte ich. Ich Kateřina, Witwe des seligen Jan Tkanička [= Bandmacher – Th. K.] *in der Prager Neustadt etc., errichte mit diesem Brief meinen letzten Willen zur Warnung vor Streitigkeiten und Unbill zwischen meinen Kindern und meinen Freunden nach meinem Ableben, und ich bestimme zum rechtmäßigen Testamentsvollstrecker meinen Sohn Mikeš, der bei mir lebt und der getreu mit meinen Kindern nach dem Tode seines Vaters gearbeitet hat; und ich stelle ihm zu Hilfe und Rat den weisen Mann Hašek von ‚der Glocke', unseren besonders lieben Freund, zur Seite. In diesem Testament vermache und vererbe ich mein Haus mit Grund, gelegen zwischen den Häusern des Jan Deweč und des Martin Stryč, sowie den gesamten übrigen beweglichen und unbeweglichen Besitz diesem Mikeš und meinen beiden jüngeren Kindern zu gleichen Teilen zu Besitz, Eigentum und erblicher Nutzung. Des Weiteren vermache ich meinem älteren Sohn, Václav, der ehedem von unserem Besitz bereits V Schock erhalten hat, aus dem Erbe und aus meinem Erbteil III Schock Groschen. Item in das Slawenkloster IIII* [Pfund?] *Wachs und an die Kirche St. Adalbert unter dem Wyšehrad zwei Pfund Wachs aus meinem Erbteil. Item die Kerzen, die ich selbst gemacht habe, die sind für das Slawenkloster bestimmt. Sodann meiner Tochter Dorota eine Hufe und noch dazu sechs Hufen meinen oben genannten drei Kindern in Tkaniczy zu gleichen Teilen. Auch gebe ich bekannt, dass ich der oben erwähnten Dorota, meiner Tochter, ihren Erbteil abgetrennt habe, sollten jedoch die Herren Schöffen es als vorteilhafter ansehen, dann mögen die oben erwähnten Kinder auf ihre Anweisung hin ihr dies zukommen lassen. Actum etc. feria tertia die sancti Nicolai Anno domini M°CCCC°LVII°.*

106. [1458, August 9]

Bürgermeister und Ratsherren der Stadt Schlan bezeugen, dass Pavel Konvář vor ihnen sein Testament zu Gunsten seiner Verwandten errichtet hat. Der Enkel Wawra erhält ein Erbgut in Lidice, allen anderen Besitz erhalten die Gemahlin Jana und die Tochter Anička; der Bruder erhält u. a. das Werkzeug des testierenden Kannengießers.

Státní okresní archiv Kladno: archiv města Slaný – III Ba 4 (Siegelurkunde).

Przed purgmistrem toho czassu Philippem sukennikem a conssely Woytiechem Bustiewoskym, Jacubem Girowitz, Janem Niothe, Janem, starym pisarzem, Waczlawem Nowinku, Janem postrzihacem, Janem Hrobkem, Matiegem Kipuczkym, Pawel konwarz, lezie na smrtedlne posteli, s dobrym rozmyslem a s dobru pamieti vczinil swe poslednie poruczenstwie giniak kssafft nadepsany. Item nayprwe dawa diedinu swobodnu w Lidiczich y smiestistiem y czocz, kto diedinie przyslussie, yakoz ssyrzie Pawlowi swrchpsaninowanemu dczssky swiedczie, Wawrowi, wnuku swemu, synu Aniczinu, y buduczim gemu; a gestli, ze by buoh geho nevchowal, totiz te Wawry prwe nez by kletom rozumnym przissel a diediczuow nezplodil, tehdy aby to przipadlo na bratra a na sestri geho spolecznie; a nebyloliby bratrzi a sestrzi tehdy na materz a na otcze. Item gine wsseczky wieczi, mowite y nemowite, dawa a poruczie mocznie Janije, manzelcze swe, a Aniczce, dcerzi swe, spolecznie. Item na Spital dawa ij k. gr. Item Waczlawowi Buczkowe, synu kozisniku, dawa v k. gr. Item Krzsstienowi, bratru swemu, wsseczko nadobie y brussi dawa y to, czocz k tomu rzemeslu przislussie. Item Janowi, bratru swemu, wesken dluh odpustie, kterzi gemu gest wynien. Item Janccze powiediel xxti k. gr. w Miecharzi wolowem Wriklowe dcerzie a naginiem miesti xxti k. gr. w Hriczi. Item na trzytem ma stu lebku, ale tu niwie cza gest a tu gsu grossy czesti ahalerzi dobrzi. Item opiet naginem miestiem penicze w Truhllicz male polozene a welike truhle a to dal schowari dcerzi swe. Item dluhy powiedil Janek Kabylussowicz x k. gr. poyczenych. Item Jan Stoliczknow, syn z Stygiecze, v k. gr. poyczenych. Item Pawel z Nedietowicz j k. gr. Item Ciessa Zlatusse C gr. prodielanych. Datum feria quarta ante festum Laurenti Anno Domini M°CCCC°LVIII°.

In Anwesenheit des Bürgermeisters, derzeit Filip Sukeník [= Tuchmacher – Th. K.], *und der Ratsherren Vojtěch Bustiewoský, Jakub Girowitz, Jan Niothe, Jan dem älteren Schreiber, Václav Nowinka, Jan Postřiháč, Jan Hrobka und Matěj Kipuczký liegt Pavel Konvář* [= Kannengießer – Th. K.] *auf dem Sterbebett und hat mit gutem Vorbedacht und gutem Gedächtnis seinen nachfolgenden letzten Willen, auch Geschäft genannt, errichtet. Item zuvorderst gibt er das freie Erbgut in Lidice mit Grund und alles, was zu diesem Erbgut gehört und was dem oben genannten Paul die* [*Land-*]*Tafeln bezeugen, Vávra, seinem Enkel, dem Sohn der Anička, und seinen Nachfahren; und sollte Gott der Herr Vávra nicht am Leben belassen, solange er seine Volljährigkeit erreicht hat und er keine Nachkommen erzeugen, dann möge sein Erbe auf seinen Bruder und seine Schwester gemeinsam übergehen; und sollten keine Brüder oder Schwestern da sein, dann gehe es auf Vater und Mutter über. Item allen anderen beweglichen und unbeweglichen Besitz gibt und vermacht er Jana, seiner Gemahlin, und Anička, ihrer gemeinsamen Tochter. Item in das Spital gibt er II Schock Groschen. Item dem Kürschner Václav, Sohn der Bučková, vermacht er fünf Schock Groschen. Item Krzštien, seinem Bruder, vermacht er sämtliches Mobiliar und die Schleifsteine sowie alles, was zu diesem Gewerbe gehört. Item Jan, seinem Bruder, vergibt er alle Schulden, die er ihm gegenüber hat. Item Janka hat er XX Schock Groschen anvertraut in Miecharz für den Ochsen der Tochter der Wriklová und an anderer Stelle 20 Schock Groschen in Hricz. Item hat er hundert Helme, aber er weiß nicht, wem die gehören, und hier sind gute böhmische Groschen und Heller. Item wiederum an anderer Stelle hat er das Geld in der kleinen Truhe; und die große Truhe hat er seiner Tochter zur Aufbewahrung gegeben. Item als Schuld hat Janek Kabylusowitz X Schock Groschen bekannt, die er geliehen hat. Item Jan Stoličknow, der Sohn aus Stygiecz, hat fünf Schock Groschen geliehen. Item Pavel Znedietowitz einen Schock Groschen. Item Ciesa Zlatuše 100 Groschen Verlust. Datum feria quarta ante festum Laurenti Anno Domini M°CCCC°LVIII°.*

107. [1458, November 10]

Kačka, Witwe des Mikeš Kožišník, errichtet ihr Testament. Ihre Hinterlassenschaft soll u. a. an „arme Priester, Jungfrauen, Witwen, Handwerker, Altardiener etc.“ mit Rat und Wissen des Johannes Rokycana (!) verteilt werden, zum eigenen Seelenheil und demjenigen ihres verstorbenen Mannes. Geld soll auch für den Ausbau der Teinkirche bereitgestellt werden. Ihr Haus neben dem Altstädter Rathaus mit den darunter gelegenen Kellern vermacht die Testiererin Bürgermeister, Ratsherren und Gemeinde der Prager Altstadt, die so – mit Almosen für Arme – der Verstorbenen gedenken sollen.

Archiv hlavního města Prahy, Hdschr. 2119, fol. K 2 (Kriegsverlust; Abschrift). Edition: Teige, Základy 1, S. 4 (Auszüge).[115]

Wegmeno Bozie amen. Ja Kaczka, wdowa po nebozczi Mikssowi kozissniku dobre pamieti, miesstieninu Stareho miesta pražského, zuostala wyznawam tiemto listem, ze aczkoli z dopusstienie bozieho nemoczna gsem na tiele etc. – takze wsseckeren statek muoy (mowity y nemowity) porucziem – w mocz a ruce kralowie milosti a panu Samuelowi, tehdaz purgmistru Stareho miesta prazskeho, tak aby z toho wsseho statku po mnie zuostaleho za mu a mych przedssich dusse czinieno bylo chudym, budto kniezim, pannam, wdowam neboli ginym kterymkoli chudym rzemeslnikuom y kosteluom, s raddu wssak a wiedomim mistra Jana z Rokyczan; a zwlasstie pak na dielo kostela Matky Bozie w Tynie, kteryz sie nynie diela, chczi y tak porucziem, aby z toho statku po mnie zuostaleho znamenita pomocz vcziniena byla a dana. – Potom pak, ze pani consselee y obecz goz powiedieneho Stareho miesta prazskeho nebozczi Mikssowi, muzi memu, wzdyczky az do smrti geho y take mnie do sie chwile wuoli gsu dobru okazowali a na nas gessto wskutku to y oczitym duowodem shledali sme laskawi byli, mezi nimizto w takowem mezi nimi prziezniwem obywani gsucz y statku toho, kteryz gsme s czastopsanym muzem mym mieli a ja po niem gesstie mam, dossli gsme a dosahli, y nechtiecz toho take bez zwlasstnie wdiecznosti pominuti, s dobrym mym rozmyslem a dobrowolnie k tomu hnuta gsucz duom muoy, w niemz bydlila sem, genz lezi podle rathuzu Staromiestskeho z gedne a podle domu v Kokotuow z strany druhe, kteryzto s dopusstienim bozim z tajneho sudu geho nynie wyhorzal gest, ten takowy duom s miesstisstiem geho, s sklepy, kotczemi chlebnymi pod tymz domem – ale sem – a – dawam – panuom purgmistru a consseluom y obczy Stareho miesta pravzskeho, nynieyssiem y buduczim, a tomu miestu – tak wzdy wssak, aby z toho take pamatka za mu a mych pryedssich dusse chudym almuznami a ginymi skutky milosrdnymi, s wiedomim wzdy a podle rady prwepsaneho mistra Jana z Rokyczan sie dala. – Datum fer. VI^{a} ante Martina.*

* Bereits am 22. März 1457 hatte der zu diesem Zeitpunkt erkrankte Mikeš Kožišník seinen letzten Willen aufzeichnen lassen, in dem er seine Gemahlin zur Testamentsvollstreckerin bestimmte. Unter den verschiedenen Geldlegaten ragen jeweils 10 Schock Groschen an Johannes Rokyczana sowie die Teynkirche am Altstädter Ring hervor.[116]

115 Online abrufbar unter http://kramerius.mlp.cz/kramerius/MShowPageDoc.do?id=57195&mcp=&idpi=102959&author=Teige_Josef (08.09.2017).

116 Online abrufbar unter http://kramerius.mlp.cz/kramerius/MShowPageDoc.do?id=57195&mcp=&idpi=102959&author=Teige_Josef (08.09.2017).

Im Namen Gottes Amen. Ich Kačka, Witwe des seligen Mikeš Kozišnik [= Kürschner Th. K.], *Bürger der Prager Altstadt, bekenne mit diesem Brief, dass, wenngleich ich durch göttliche Fügung krank am Körper bin etc.* [fehlt], *vermache ich meine gesamten beweglichen und unbeweglichen Güter* [fehlt] *in die Hand und die Macht seiner königlichen Gnaden und des Herrn Samuel, einst Bürgermeister der Prager Altstadt, dergestalt, dass von diesem gesamten nach meinem Tode verbliebenen Besitz für meine Seele und diejenige meiner Vorfahren armen Leuten, Priestern, Jungfrauen, Witwen oder irgendwelchen anderen armen Handwerkern oder Kirchen mit Rat und Wissen des Magisters Johannes Rokycana*[117] [*gespendet werde*]*; und vor allem für die Kirche der Mutter Gottes im Teyn, an der jetzt gebaut wird. Und so ist es mein Wille, dass von meinem Besitz, der nach meinem Tode verbleibt, eine bedeutende Unterstützung zu dem genannten Zwecke gegeben werde.* [Fehlt] *Sodann will ich, dass die Herren Ratsherren und die Gemeinde der bereits genannten Prager Altstadt dem seligen Mikeš, meinem Mann, die bis zu dessen Tod ihm und auch mir gegenüber zu Lebzeiten immer ihren guten Willen gezeigt haben und uns wohlgesinnt waren und sich uns gegenüber als Wohltäter offenbarten, darauf achtend, dass wir uns ihnen gegenüber dankbar erwiesen, dass sie also auch weiterhin Sorge tragen für den Besitz meines Mannes und den meinigen. Mit meinem guten Vorbedacht und freiwillig vermache ich somit mein Haus, in dem ich gewohnt habe und das gelegen ist neben dem Altstädter Rathaus auf der einen und neben dem Haus ‚Zum Kokot' auf der anderen Seite, das durch göttliche Fügung auf seinen geheimen Beschluss hin niedergebrannt ist, dieses Haus gebe ich, zusammen mit dem dazugehörigen Grund, mit den Kellern und den Brotbänken unter diesem Haus dem Herrn Bürgermeister und den Ratsherren, der Gemeinde der Prager Altstadt, die da jetzt ist und künftig sein wird, und der Stadt* [fehlt] *dergestalt, dass sie hierfür zum Angedenken an meine Seele und diejenige meiner Vorfahren Armen durch Almosen und andere Mildtätigkeiten helfen; und dies soll geschehen stets mit Wissen und nach Rat des genannten Magisters Johannes Rokycana.* [Fehlt]. *Datum feria sexta ante Martinum.*

108. [1458, November 12]
Petr gen. Žák errichtet sein Testament, in dem u. a. verschiedene Geldlegate wohltätigen Zwecken dienen sollen (so etwa zum Ausbessern des Daches der Kirche in Sobieslau, zur Dachreparatur der Sobieslauer Schule und zur Versorgung der dortigen Schüler mit Fleisch).
Státní oblastní archiv Třeboň, fond velkostatek Třeboň, Sign. I B 5 AE 42 (Siegelurkunde).
Edition: TA 4, 1992, S. 50-51.

[117] Online abrufbar unter http://kramerius.mlp.cz/kramerius/MShowPageDoc.do?id=57195&mcp=&idpi=102959&author=Teige_Josef (08.09.2017).

Leta od narozenie syna bozieho tisicz cztirzista LVIII° tu nedieli na Piet Swatych Bratruow. Opatrny muz Petr, rzeczeny Zak, gsa przi dobrem rozumu a dobre pamieti, vczinil rozkazanie statku sweho, mowiteho y nemowiteho, komu ma dano byti czo a neb nacz we gmeno bozie.
Item na okna yako na kruchtie gsu dwye kesskole xiiij zlatych vherskych. Item na stwrzenie strziechy kostela sobieslawskeho ij fl. Item na sskolu sobieslawsku j sex. na oprawu strziechy a czo potrziebie. Item zakuom chudym do sskoly j sex. na maso, dokudz te kopi stawa. Item Blazniczowym ten domek dietem odkazugi a zenye geho, aby Blaznicze zadne moczi nemiel prodati ani w kterych peniezich zawazowati bez wole me a porucznikuow, kterymz bich ja poruczil.
Item iakoz mam iij sex. xv gr. j d. uroku rocznieho z [!] w Doniowie, taku sme myeli smluwu s nebozczem Girzikem z Drachowa, kdybich miel prodati ten platt, miel sem nan zuosti aneb na geho syna a won teez zasie na mie, gestlyze by k swe rucze chtiel wyplatiti, ma gemu dopusstieno byti. Paklyby chtiel komu ginemu vrok zastawiti na mie gemu dopusstieno byti, a toho plattu porucznika czinim Kunssie z Volbramowicz, aby ten plat wybirage, wydawal sestrzie geho me [*überschrieben*] Shibalkowie do ziwota gie [*überschrieben*] geho.>
Item yakoz gsem myel diedyctwie we Zwieroticich odkazugi Dusskowie, manzelcze bratranie swe, vj sex. toho gi ma wydati pan Kuness o swatym Hawle nayprw przisstiem a k tomu gest my Dussek dluzen x fl. a xvij gr. to gemu k tomu przidawam Dusskowi v/2 sex. a iij gr. aby bylo xv sex. a gestli ze by buoh ne vchowal bratranie me tehdy ne ma zadne moczi Dussek nez syrotkuom a by bylo dano tiech xv sex. syrotkuom gegim me bratrani.
Item Pawlikowi z Hradcze odpusstiem ij sex., aby dwie laznie stopil zadussnie. Item kopu, kderuz gest byla dluzna Habartowa, tu gi odpusstim a odkazugi Habartowi z Biele a Kubiczkowi v fl. a Elszce, dcerzi geho, j fl. Item <Chudo> Chuodkowu synu Mikulassowi ij sex.
Item viij fl. vherskych na domek chudym nuznym malomocznym, aby byl gim oprawen pokud ty zlaty staczye.
Item ij sex. na lazni, pokud staczi tiech dwu kop na zadussni.
Item x zlatych vherskych na sukno chudym nuznym.
Item Blaniczowe sukni, aby poruczniczi kupili po v gr. loket.
Item Shibalkowe sukni, aby kupili po v gr. loket.
Item Mikulassowi Plajtlerzowi, jakoz gest mi dluzen byl xij fl. vherskych to gemu odpusstim.
Item jakoz mam iij sex. xv gr. j d. vroka rocznieho w Doniowie k diedictwi prawemu sobie, tu nycz nepozuostawugicz, take sme mieli smluwu s nebozczem Girzikem z Drachowa, kdiz bich chtiel platt ten prodati, aneb mogi poruczniczi miel bich nan najprw znesti, a toho plattu porucznika czinim moczneho Kunsse z Wolbramowic sedienem we Dworce, aby wibieraj ten plat wydawal sestrzie me Shibalkowe do ziwota gegieho.
Item jakoz gest zuostalo xlvj zlatych vherskych przes rozkazanie me toho poruczniki czinim slowutneho panossi Kunsse z Wolbramowic, Mikulasse Pajtlerze, Katerzinu, manzelku swu. Gestli ze by kde zchazelo komu z rozkazanie meho magi to oprawiti a czoz by wiecz bylo, aby to opatrzili yakoz by sie gim zdalo.

A rozkazenie sweho moczne poruczniki czinim slowutneho panosse Kunsse z Wolbramowic, siedienim we Dworczi Mikulasse Pajtlerze Salaczka.
A przitom rozkazanie byli gsu opatrni muzie Mikulass Pajtlerz, te chwile purgmistr, Absolon Zika, krajczi, Matiej Kozeluh, tee chwile conssele, letha a dne yakoz sie nahorzie piesse.
A prosim panuow purgmistra a conssiel aby swu mesczku peczet przitiskli k rozkazanie memu wieczi naprzed psanich letha a dne yakoz sie naprzed pisse.

<...> = durchgestrichen!

Möglicherweise handelt es sich bei dem vorliegenden Testament lediglich um ein Konzept oder ein aus einem Stadtbuch herausgerissenes Blatt (Siegel fehlt).

Im Jahre Eintausendvierhundert LVIII° nach Christi Geburt, an diesem Sonntag Fünf Brüder Tag. Der ehrenwerte Mann Petr, genannt Žák, der bei gutem Verstand und gutem Gedächtnis ist, hat seinen letzten Willen über seinen beweglichen und unbeweglichen Besitz gemacht, wem etwas gegeben oder was im Namen Gottes gestiftet werden soll.
Item für Fenster wie für den Chor sind zwei, für die Schule XIIII ungarische Gulden bestimmt. Item für die Ausbesserung des Daches der Kirche in Soběslav II fl. Item für die Soběslaver Schule I sex. für die Reparatur des Daches und was sonst noch nötig ist. Item armen Schülern in die Schule I sex. für Fleisch, solange dieser Schock Groschen ausreicht. Item dem Kind des Blaznicz und seiner Frau vermache ich das Häuslein, doch sollen diese das Haus weder verkaufen noch irgendwelches Geld erhalten [?] *ohne meinen Willen und den der Testamentsvollstrecker, denen ich dies anvertraut habe.*
<Item, was die III sex. XV gr. des Jahreszinses in Doňov anbelangt, darüber haben wir einen Vertrag mit dem seligen Girzik von Drachow geschlossen; sollte er diesen Zins verkaufen, dergestalt, dass sollte er diesen Zins verkaufen, und zwar an mich oder an seinen Sohn und dieser wiederum an mich; sollte er diesen zur Hand auszahlen, dann möge ihm dies gestattet sein. Sollte er irgendeinem anderen diesen Zins verpfänden, dann möge ihm dies gestattet sein [?]*; und zum Verweser dieses Zinses bestimme ich Kuneš von Olbramowitz, damit dieser den Zins einsammle; hat er ihn meiner Schwester* [*überschrieben!*]*, der Shibalková bis an ihr Lebensende* [*überschrieben!*] *übertragen.>*
Item, was das Erbe in Zvěrotice anbelangt, dies vermache ich der Duškova, der Gemahlin meines Vetters. VI sex. davon soll ihr Herr Kuneš auszahlen, und zwar zum kommenden Tag des hl. Gallus, und dazu schuldet mir Dušek X fl. und XVII gr., das gebe ich ihm dazu, und dazu gebe ich Dušek V/2 sex. und III gr., damit es XV sex. werden, und sollte Gott meinen Vetter nicht am Leben belassen, dann soll Dušek keinerlei Macht haben, sondern die Waisen, denen sollen jene XV sex. meines Vetters ausgezahlt werden.
Item Pavlík aus Neuhaus erlassen ich II sex., dafür soll er zwei Seelbäder heizen. Item einen Schock, den die Habartowa schuldig geblieben ist, den erlasse ich ihr und ich vermache Habart aus Biela und Kubíček V fl. und Elška, seiner Tochter, I fl. Item <Chudo> Chuodek, dem Sohn des Mikuláš, II sex.

Item VIII ungarische Gulden für das Häuslein an Arme und Bedürftige, damit ihnen dies hergerichtet werde, sofern das Geld ausreicht.
Item II sex. für das Bad, sofern die zwei Schock für die Seelbäder ausreichen.
Item X ungarische Gulden für Tuch an Arme und Bedürftige.
Item Blanicz einen Rock, den sollen die Testamentsvollstrecker für V gr. die Elle kaufen.
Item Shibalková einen Rock, den sollen sie für V gr. die Elle kaufen.
Item Mikuláš Plajtlerz, der mir XII ungarische Gulden schuldig geblieben ist, diese erlasse ich ihm.
Item die III sex. XV gr. an Jahreszins in Donowy zu meinem rechten Erbe, nichts ausgelassen, darüber haben wir einen Vertrag mit dem seligen Girzik von Drachow, dass, sollte ich diesen Zins verkaufen oder aber meine Testamentsvollstrecker, dann möge ich ihn zuerst fragen; und zum Vormund über diesen Zins bestimme ich den ehrenwerten Herrn Kuneš von Olbramowitz mit Sitz auf Dworec, damit dieser den genannten Zins an meine Schwester zu deren Lebzeiten auszahle.
Item was die verbleibenden XV ungarische Gulden anbetrifft, die vermache ich durch meine Testamentsvollstrecker, den ehrenwerten Edelmann Kuneš von Olbramowitz und Mikuláš Pajtlerz, meiner Gemahlin Kateřina. Sollte es geschehen, dass irgendeiner Person, die im Testament bedacht ist, etwas fehlen sollte, dann mögen sie dies korrigieren; und sollte es eine Sache sein, dann sollen sie dies besorgen, wie es ihnen am günstigsten erscheint.
Und zu rechtmäßigen Testamentsvollstreckern meines letzten Willens bestimme ich den ehrenwerten Edelmann Kuneš von Olbramowitz mit Sitz in Dworecz sowie Mikuláš Pajtlerz Salaczek.
Und bei der Errichtung dieses letzten Willens waren anwesend die ehrenwerten Männer Mikuláš Plajtlerz, derzeit Bürgermeister, Absolon Zik, Schneider, Matěj Kozeluh, derzeit Ratsherren. An Jahr und Tag, wie dies oben geschrieben steht.
Und ich bitte die Herren Bürgermeister und Ratsherren, dass sie das Stadtsiegel diesem meinem Testament beifügen. Geschehen in dem Jahr und an dem Tag, wie dies oben geschrieben steht.

109. [1459, Februar 6]
Testament der Witwe Dorotha. Die Testiererin verschreibt ihr Haus mit Grund dem Mälzer Valentin. Das Testament enthält zudem verschiedene Geldlegate sowie Sachgegenstände für mehrere Personen.
Archiv hlavního města Prahy, Hdschr. 2094, fol. B 7 (Abschrift).[118]

Wegmeno Bozie Amen. Ja, Dorotha, wdowa niekdy manzelky Hanussowa z Porzierczie, leczizci na neduziwe posteli, s dobru pamieti y splnym rozmyslem toto czinim me poslednie poruczenstwie, aby po me smrti o muoy statek zadnych nesnazij sie nedalo; w tom poruczenstwij Walentinowi sladownikowi po me smrti odkazugi duom

[118] Online abrufbar unter http://katalog.ahmp.cz/pragapublica/permalink?xid=E1BD352FB72711DF820F00166F1163D4&scan=70#scan71 (08.09.2017).

mouy s miesstisstiem, kteryz lezi mezy domy niekdy Warwoltowym a Martinowym Ssowczowym, y giny wessken statek muoy, kterzy mam bezprzelizby przatel mych, y ginych lidij ke gmieni, k drzeni k diediczkemu podtakowu, aby on Walenta dal na costel swateho Petra na Porziczij dwie kopie grossuow pro mily buoh; Penowi a Katherzynie, dietem Ondrzegie Walanka, pogedne kopie gr., Margrethie, dczerzy Martinowi Ssewczowic suseda mého, podussku weliku prassnu, Barborze Tatlowie sukni sseru, sudliczi a stuol, Jaworowy, aby wratil Ondraczkowi Walasskowi, neb gsu geho; porucznicky toho czinim Jana Ptaczka a Gindrzicha s bohu, aby skrzenie to czoz gsem odkazala k miestu bylo prziwedeno. Sigillum etc. die Sancte Dorothee Anno domini M°CCCC°LIX°.

Im Namen Gottes Amen. Ich Dorotha, Witwe und einst Gemahlin des Hanuš vom Poritsch, liege auf dem Sterbebett und errichte mit gutem Gedächtnis und gutem Vorbedacht diesen meinen letzten Willen, damit nach meinem Tode um meine Hinterlassenschaft keinerlei Streitigkeiten entstehen. In diesem letzten Willen vermache ich dem Mälzer Valentin nach meinem Tode mein Haus mit Grund, das gelegen ist zwischen den Häusern des seligen Warwolt und des Schusters Martin, sowie meinen gesamten übrigen Besitz zu Besitz, Eigentum und erblicher Nutzung, ohne Einmischung meiner Freunde. Und Valentin soll an die Kirche St. Peter am Poritsch zwei Schock Groschen für den lieben Gott geben; Pen und Kateřina, den Kindern des Ondřej Walanek, jeweils einen Schock Groschen; Margretha, der Tochter des Schusters Martin, meines Nachbarn, das große staubige Kissen, Barbora Tatlová den grauen Rock; den Spieß und den Stuhl, den soll Jawor Ondráček Walašek zurückgeben. Zu Testamentsvollstreckern ernenne und bestimme ich Jan Ptáček und Jindřich mit Gott, damit das bald umgesetzt werde, was ich der Stadt vermacht habe. Sigillum etc. die Sancte Dorothee Anno domini M°CCCC°LIX°.

110. [1459, März 11]
Thomas Kozlík aus Königgrätz, Student in Prag, errichtet sein Testament in lateinischer Sprache, in dem er zunächst seinen Gefährten, den Bakkalaureus Nikolaus aus Tábor, zum Testamentsvollstrecker einsetzt. Geldlegate an verschiedene Personen.
Archiv hlavního města Prahy, Hdschr. 2119, fol. K 4 (Kriegsverlust; Abschrift). Edition: AČ 26, S. 240-241 (Auszüge).[119]

In nomine domini amen. Ego Thomas, natus Mathei dicti Kozlik de Grecz Regine, studens alme universitatis studii Pragensis, ad universorum noticiam presentibus cupio pervenire, quod quamvis gravi satis perplexus corporis egritudine, sana tamen mentis perfruens racione ac matura deliberacione prehabita, testamentum meum ultimum – de et ex omnibus bonis meis – in hunc modum per omnia duxi ordinandum. Primo enim –

[119] Online abrufbar unter http://147.231.53.91/src/index.php?s=v&action=jdi&cat=10&bookid=144&page=240&action_button.x=0&action_button.y=0 (08.09.2017).

facio et constituo eiusdem testamenti mei executorem et – testamentarium scientificum virum Nicolaum de Tabor, predicte eciam universitatis baccalarium, socium ut fratrem mihi dilectum, petens eundem, ut presens testamentum meum iuxta voluntatis mee propositum inferius descriptum fideliter exequens, de Katharina, sorore mea, curam eciam gerat assiduam, de victu et amictu sibi competenti usque ad annos eius nubiles providendo –. Deinde curiam meam allodialem in Nedielisst, quam nunc Georgius, Drasal dictus, a me sub certis pactis tenet, una cum omnibus et singulis eiusdem curie pertinenciis – et cistam circa Iacobellum Album ibidem in Grecz Regine ad fideles manus eius causa rei servande per me traditam, cum scutellis, cantaris et aliis omnibus utensilibus in eadem contencis, nec non et omnia alia bona mea – lego, dono atque tribuo predictis Nicolao et Katharine, sorori mee, equali partimine inter eos oportuno tempore dividenda. Ista tamen condicione notabili adiecta: [si] dictam Katherinam, sororem meam, ante assecucionem etatis debite sive, ut predicitur,, ante annos eius nubiles ab hac luce decedere contigerit, extunc volo, ut porcio eius – ad Nicolaum, prefatum tutorem suum, devolvatur pleno iure. Ceterum prout Georgius Drasal – curie mee pretacte conventor, obligatur mihi in triginta s. gr. in festo Georgii proxime solvendis, volo – ut idem Georgius ex hiis decem s. gr. Michalkowi sutori, quondam hospiti meo in Grecz Regine, indilate assignet – ipsum a solucione residuarum viginti s. liberum dimitto –. Quemadmodum autem aput Petrum, civitatis Chrudimensis notarium, plus quam XXXVI flor. hung. ad fideles eciam manus eius repositos habeo, ex hiis Nicolao cum sorere mea pretactis lego florenos XV, Dorothee vidue dicte Chalupova ibidem in Chrudim florenos XV, et cum hoc etiam, quod idem Nicolaus eandem Dorotheam ab obligacione – qua se et bona sua in libro civitatis Chrudimenis obligaverat, liberam – dimittat –. Datum anno domini M°CCCCLIX° dominico die ante festum b. Gregorii pape.

111. [1459, Mai 30]
Testament der Anna, Gemahlin des verstorbenen Schneiders Předbor. Im Vordergrund stehen Seelgerätschaften, des Weiteren Hausrat, Geldlegate. Auch der Diener Vít wird bedacht. Ein gewisser Viktorin soll fünf Schock Groschen erhalten, sofern er Priester wird. Zahlreiche weitere Personen erhalten Geld und Gut. Die Schulden der Testiererin sollen beglichen werden.
Archiv města Plzně, Hdschr. N 223, fol. D 1 (Abschrift).
Edition: Strnad, Listář král. města Plzně 2, S. 45-46, Nr. 59 (Auszüge).[120]

My Bussek z Hrzessihlaw, rychtarz, Wawra Psseniczka, toho czasu purgmistr, a Procop Ress, przyseznij miesstiane miesta Nowehoplznie, znamo czynime tiemto listem abecznie przed kazdym ziwym czlowiekem, tak nynieyssim iakozto y buduczim, a swiedczyme, ze pocztiwa wdowa panij Anna, manzelka nebozcze Przedbora kraiczerze, nasse spolumiestska, aczkoliwiek gsucz nemoczna natiele a wssak plneho ro-

120 Online abrufbar unter http://147.231.53.91/src/index.php?s=v&action=jdi&cat=18&bookid=399&page=45&action_button.x=0&action_button.y=0 (08.09.2017).

zumu poziwagicz a przy dobre a czele pamieti gsucz, nas na swiedomie ktomu przywolawssi y przyprosiwssi, toto swe poslednie rozkazanie z swateho statku gij od pana boha puoyczeneho vczyniwssi, tak aby pogegi smrti yzadnij swarowe anizto roznicze nebyli a to aby po gegi smrti mocznost gmielo takowymto biehem. Naiprwe praweho a moczneho porucznika vczynila gest a tiemto kssafftem a poruczenstwim czyni mudreho a opatrneho muze Oldrzicha kramarze, nasseho spolumiesstienina, wieczy wdolepsanych; duom gemu nadepsanemu Oldrzychowi kramarzy s konmi s hospodarzstwim y sewssim nabytkem, czoz gest w domu y wedworze, obile, sena, otawy y sdrwy a diedynu zadni, kterazto lezi na Boru, mocznie od kazawssi adawssi, kteruzto diedynu na Boru prodada, aby z toho zewsseho statku gizgmenowaneho a gemu odkazaneho, toto czoz wdolepsanemu gest wydal. Item na dielo farnie kostela swateho Bartholomiegie deset kop gr. odkazugie. Item do Czrneho classtera nadielo piet kop odkazugie. Item do Ssereho klasstera nadielo piet kop odkazugie. Item kewssem Swatym nadielo piet kop odkazugie. Item na Sspital swate Marzie Magdaleny nadielo trzy kopy odkazugie. Item Ondrasskowi, bratranu gegiemu, a Zuzanie, bratranie gegi, rucho loznie a chodicze, truhle dwie, gednu Ondrasskowi a druhu Zuzanie odkazugie. A temuz Ondrasskowi swrchupsanemu dwuor, kteryzto przed branu Sskwrnsku wedle Mikulasse kowarze lezi odkazugie. A Zuzanie bratranie gegi nadepsane piet kop przydawagicz odkazugie. Item Stamkowe stare tyz kopy odkazugie. Item Petrzikowi kraiczierzy dwie kopie odkazugie. Item Victorinowu, synu Ssewczowu, piet kop odkazugie, budeli kniezem. A ktomu perlowy wienecz a pas strziebrny a LXX gr. czeskych, pakliby kniezem nebyl, aby calich vdielan byl a omieral ato, aby przy kostele swateho Bartholomiegie zuostalo, kostelniczi nynieyssi y buduczi w swe moczi to magicz a piet kop toliko, aby mu dano bylo. Item kniezy Janowi Krzizownikowi dwie kopie odkazugie. Item Procopowi brnierzy dwie kopie odkazugie. Item Vitowi, sluzebniku gegiemu, gednu kopu gr. odkazugie. Item Procopowi, pisarzy miestskemu, z dietkami pi[v]owar z zahradku odkazugie, kteryzto lezi przed branu Sskwrnsku wedle Slupnikowa pi[v]owaru, takowuto mieru, aby kazdeho leta buducznie kwiecznosti wydawal y geho buduczi na wosk k swatemu Bartholomiegi, poczemz na swateho Girzie naiprwe przysstieho VL gr. a na swateho Hawla potom przysstieho VL gr.; pakliby toho platu nasobie nechtiel drzeti anebo nechtieli, tehdy aby to przedwedli natak dobry agisty statek iakozto ten gest, anebolito nalepssi. Item diedyny wsseczky y sedworem, kterezto lezie v Maliczich, odkazugie kniezy ffararzy tu nynieyssiemu y buduczlemu w Plzni, krom zahrady Chmelnicze, luczky adiedyny te, gessto nani pssenicze a luczky zadnie, az po vwarecz a po owsisstie od czesty az po Chmelniczi Karkossowu takowuto mieru, aby nadepsnay Oldrzich, porucznik gegi, ty diedyny y sedworcm giz ffararzom odkazane, czoz naispiese muoz prodal, a prodada zaczby mohl, aby zaty penieze plat kupil kwiecznosti ffararzom tu vplzni nynieyssim y buduczim kwydawanij, tak aby zato wiecznie cztyrzy sluzby przy suchych dnech kazdeho leta s wigilgimi a mssemi spiewanymi zadussnymi y s prosbami nakazani kazatelowe prosili, anagich dussie pamatowali totiz na dussi nebozcze Przedbora a napanij Annu, manzelku geho, y nagich syny a dczery dussie y nagich wsseczky przeyssie dussie pamatugicze azanie pana boha wiernie prosiecze, na sie list kwiecznie pamatcze toho vczyniecz, aby ty sluzby wiecznie y take prosby nesessly a wbuduczich czasiech prosby zaty gizpsane dussie, aby ssly. A komuzby koliwiek porucznik swrchupsany ty diedyny prodal, ten komuzby prodano bylo y gich buduczi namiestkowe, aby spilnosti bez obmesskawanie protrz anebolito hraz tu, kteraz gest wedle czesty oprawowali tak, aby sie susedom doleyssim sskoda nedala. Item zahradu, chmelniczi, luczku atu diedynu, gessto nani pssenicze gest az do vwarcze a owsisstie a luczku zadni, od czesty az do chmelnicze Karkossowy czestu swobodnu, ktomu magicz skrze dwuor y požitky, czozby natom nynie bylo, to odkazugie dawa na dielo kostelnie swateho Bartholomiegie. Item Pechowi do Tusskowa, przieteli nebozcze Przedborowa, kopu gr. odkazugie. Item dietkam Reywarowym Pinterzowym kopu odkazugie. Item Kameniczy k dielom kostelnim a k obczi lamanij kamenia odkazugie, tak aby tudy czesta skrze kameniczy na Lochotin prowedena a oprawena k gezdienij skrze obecz byla. Item poruczniku Oldrzichowi nadepsanemu XIV kop dluzna. Item dluzna gij Dobronka Krczmarzka z Liticz V kop a XXVI gr., a gestli zeby gie pan buoh neuchowal panie Anny nadepsane, aby toliko trzy kopy dala a plnila. Item Testi Mikulassowu Slupnikowu dluzna iiij kopy a IX gr. Item Jankowi Slupnikowu a Mikulassowi, kteryzto w geho domu gest, czoz gest dluhu zadielo sladuow, to aby gim zaplaczeno bylo, wkteremzto poruczenstwij nadepsaneho porucznika prosiwssi, aby toto gegie rozkazanie swrchupsane tak gednal arzedil, wedle toho iakoz swrchupsano stogi a k konczy wedl, iakoz mu toho nadouffa awierzi. A wtomto poruczenstwi, aby temuz poruczniku przekazeno nebylo. A pany conssely nynieyssymi a buduczymi, aby ohagien byl zato zwlasstie prosieczy, aczby ktery przietel wycenil [?] sie y chtiel gemu ktere zawady anebo roznicze czyniti. A prawo duchownie anizto swietske proniemu a tomuto poruczenstwi y zadniemu czlowieku y zadnym biehem a obyczegem, nema anizto naspamoczno byti. A miesto sebe porucznik nadepsany, kohozby koliwiek chtiel gineho porucznika ma y moczi bude vczyniti k ktomu platu alistu, kteryz nasie fararzy vczynie, tak aby ty sluzby a prosby czynili s gich wiedomim neobmesskale; pakliby sluzby ktere anebo prossenie obmesskali vczyniti, aby nato wlistu pokuty vczynieny byli. Tomu ku pewnosti y k wiedomi ku prosbie nadepsane panie Anny peczeti nasse wlastnie s nassi wzali a wiedomim ktomuto listu gsme przywiesili. Genz gest dan y psan leta od narozenie syna bozieho tisiczeho cztyrsteho padesateho dewateho ten cztwrtek przed ochtabem Bozieho Tiela.

Wir Bušek von Hřešihlavy, Richter, Vávra Pšenička, derzeit Bürgermeister, und Prokop Reš, beisitzende Schöffen der Stadt Neu-Pilsen, bekennen mit diesem Brief allgemein und vor jedem lebenden Menschen, der da jetzt ist und der da sein wird, dass die ehrenwerte Witwe Frau Anna, Gemahlin des seligen Schneiders Předbor, unsere Mitbürgerin, wenngleich sie körperlich krank, aber dennoch bei vollem Verstand und bei gutem und vollem Gedächtnis ist, uns zu sich gerufen und gebeten hat und ihren letzten Willen von dem heiligen, ihr durch Gott den Herrn verliehenen Besitz in nachfolgender Weise aufgesetzt hat, damit nach ihrem Tode keinerlei Streit und Unbill darüber ausbreche. Zuvorderst hat sie zum rechtmäßigen und wahren Testamentsvollstrecker der nachfolgend aufgeführten Sachen kraft dieses Geschäfts und des letzten Willens den weisen und ehrenwerten Mann Oldřich Kramář [= Kaufmann – Th. K.], *unseren Mitbürger, bestimmt; und sie hat dem zuvor genannten Oldřich Kramář das Haus mit Pferden und allem Wirtschaftsgerät vermacht, mit allen Möbeln, die sich im Haus und auf dem Hof befinden, Getreide, Korn, Grummet und alles Holz, und das rückwärtige Erbgut, das da gelegen ist in Bor, das soll er rechtmäßig verkaufen, damit von dem gesamten bereits genannten und ihm vermachten Gut das nachfolgend Genannte herausgebe. Item in die Pfarrkirche St. Bartholomäus vermacht sie zehn Schock Groschen. Item in das Schwarze Kloster vermacht sie fünf Schock Groschen. Item in das Graue Kloster vermacht sie fünf Schock. Item zu Allerheiligen vermacht sie fünf Schock. Item in das Spital der hl. Maria Magdalena vermacht sie drei Schock. Item Ondrášek, ihrem Vetter, und Zuzana, ihrer Cousine, vermacht sie das Bettzeug und die Kleidung, zwei Truhen, eine für Ondrášek und eine für Zuzana. Und dem zuvor genannten Ondrášek vermacht sie den Hof vor dem Škvrner Tor, gelegen neben demjenigen des Mikuláš Konvář. Und Zuzana, ihrer zuvor genannten Cousine, vermacht sie fünf Schock Groschen hinzu. Item der alten Stamková vermacht sie ebenfalls fünf* [?] *Schock Groschen. Item dem Schneider Petřík vermacht sie zwei Schock. Item Viktorin, dem Sohn des Schusters, vermacht sie fünf Schock, vorausgesetzt, er wird Priester. Und dazu einen Perlenkranz und einen silbernen Gürtel und LXX böhmische Groschen, sollte er nicht Priester werden, dann soll ein Kelch gefertigt werden, und dieser möge bei der Kirche St. Bartholomäus verbleiben; die jetzigen und künftigen Kirchendiener solen darüber wachen und fünf Schock nur erhalten, damit dies geschehe* [?]. *Item dem Priester Jan Křížovník vermacht sie zwei Schock. Item Prokop Brnieř vermacht sie zwei Schock. Item Vít, ihrem Diener, vermacht sie einen Schock. Item Prokop, dem Stadtschreiber, und seinen Kindern vermacht sie die Brauerei mit Garten, die gelegen ist vor dem Škvrner-Tor neben der Brauerei des Slupnik, und zwar dergestalt, dass er und seine Nachfahren fortan in jedem Sommer Wachs für die Kirche St. Bartholomäus stiften, und sodann zum nächsten Tag des hl. Georg XLV gr. und zum nächsten Tag des hl. Gallus XLV gr.; sollte er, Prokop, diesen Zins nicht behalten wollen oder können, dann sollen sie ihn in einen guten und sicheren Besitz überführen, wie dieser ist, oder in einen noch besseren. Item alles Erbgut und auch den Hof, der gelegen ist in Malicze, das vermacht sie dem Priester, dem jetzigen und künftigen Pfarrer in Pilsen, mit Ausnahme des Gartens. Die Hopfenfelder, Wiesen und das Erbgut, wo Weizen wächst, und die dahinter gelegenen Wiesen bis nach Uwarecz und jenseits des Weges bis zum Hopfenfeld, das dem Karkoš gehört, dergestalt, dass ihr zuvor genannter Testamentsvollstrecker Oldřich das Erbgut mit dem Hof, das bereits den Pfarrern vermacht ist, ziemlich sicher verkaufen möge und für den Erlös einen Zins erwerbe, der auf ewig den Pfarrern in Pilsen, den jetzigen wie künftigen, zukomme, und zwar dergestalt, dass diese hierfür vier Messen an den Fastentagen in jedem Sommer abhalten mit Vigilien und gesungenen Seelenmessen; und dass die Prediger für ihre Seele beten mögen und für diejenige des seligen Předbor und seiner Gemahlin Anna, die Seelen ihrer Söhne und Töchter sowie aller ihrer Vorfahren; und sie sollen Gott den Herrn darum bitten, und diese Messen und diese Fürbitten sollen nicht vergessen werden und auch künftig möge für die bereits aufgeführten Seelen gebetet werden. Und wem der oben erwähnte Testamentsvollstrecker dieses Erbgut auch verkaufen möge, der sowie auch dessen Nachfahren sollen ohne Zögern ihre Pflichten erfüllen und die Wege in Ordnung halten, damit den Nachbarn kein Schaden entstehe. Item den Garten, das Hopfenfeld, die Wiese und das Erbgut, auf dem Weizen angebaut ist, und zwar bis nach Uwarecz, und das Haferfeld und die rückwärtige Wiese vom Weg bis zum Hopfenfeld des Karkoš, den freien Weg hierzu über den Hof und die Abgaben, die da jetzt erhoben werden, die vermacht und gibt sie für die Kirche St. Bartholomäus. Item Pech in Tuskow, dem*

Freund des seligen Předbor, vermacht sie einen Schock Groschen. Item den Kindern von Reywar und Pinter [?] vermacht sie einen Schock. Item dem Steinmetz für die Kirche und der Gemeinde Lamani [?] vermacht sie Steine, dergestalt, dass hier der Weg durch die Steinmetzerei nach Lochotin führe und ausgebessert werde zur Fahrt durch die Gemeinde. Item dem zuvor genannten Testamentsvollstrecker Oldřich schulde ich XIV Schock. Item schuldet ihr Dobronká, die Krämerin aus Lititz, V Schock und XXVI Groschen; und sollte es geschehen, dass Gott der Herr die zuvor erwähnte Frau Anna nicht am Leben ließe, dann soll sie ihr lediglich drei Schock auszahlen. Item Mikuláš Slupník schuldet sie IIII Schock und IX Groschen. Item Jan Slupník und Mikuláš, der in ihrem Haus ist, denen soll die ihnen zustehende Summe für Malz ausgezahlt werden, wobei sie den oben genannten Testamentsvollstrecker ihres letzten Willens bittet, dass er ihr dargelegtes Testament erfülle, entsprechend den zuvor dargelegten Bestimmungen, da sie dem genannten Testamentsvollstrecker glaubt und vertraut. Und in diesem Testament sollen dem Testamentsvollstrecker keinerlei Hindernisse errichtet werden. Und die Herren Ratsherren, die da jetzt sind und einmal sein werden, sollen hierfür Sorge tragen, damit kein Freund diesbezüglich Unbill und Streit entfache. Und weder geistliches noch weltliches Recht sollen hier eingreifen und kein Mensch soll in irgendeiner Art und Weise hier Macht haben in diesem Testament. Und wenn der Testamentsvollstrecker einen anderen Testamentsvollstrecker an seiner Stelle einsetzt, der dann bestimmt und bestimmen wird, dann sollen der Zins und der Brief ausgeführt werden und die Messen und Fürbitten mit Wissen der hiesigen Pfarrer gelesen und gesprochen werden, ohne Zögern. Sollte dies nicht geschehen, mögen sie eine Strafe erheben. Dies zur Festigung und zum Wissen haben wir auf Bitten der genannten Frau Anna unsere eigenen Siegel genommen und wissentlich diesem Brief beigefügt. Der gegeben und geschrieben ist im Jahre Eintausendvierhundertneunundfünfzig nach Christi Geburt, an diesem Donnerstag vor Octava Corpus Christi.

112. [1459, Mai 2]

Dorotha, Witwe des Kürschners Beneš, errichtet ihr Testament. Zuerst wird ihre Dienstmagd Bettina mit zwei Schock Groschen sowie Mobiliar bedacht. Weitere Geldlegate. Der Sohn Janek soll alles übrige Gut erhalten.

Archiv hlavního města Prahy, Hdschr. 2094, fol. B 12r (Abschrift).[121]

Wegmeno Bozie Amen. Ja, Dorotha, wdowa ponebozczy Benessowi Kraskowi kozissniku, miesta Nowehomiesta prazskeho, aczkoli nemocznij tielesnu a zamutkem tiezkym gsuczy poruczena, wssak s dobru pamieti a s rozmyslem, czinim me poslednie poruczenstwie. Najprwe Bettinie, dieweczcze me sluzebne, odkazugi dwie kopie gr., dwie perzynie, dwie podusscze, dwie miscze czynowe, trzi konwicze czynowe, truhlu nejlepssi a dwie medeniczcze. Item Jaralcze dwie kopie a patnadczte gr. bez penieze, Durasowi puoldruhe kopy gr.; a on ma muoy sstok a Taruoky a piet kos, to aby mydal

[121] Online abrufbar unter http://katalog.ahmp.cz/pragapublica/permalink?xid=E1BD352FB72711DF820F00166F1163D4&scan=79#scan80 (08.09.2017).

Jankowi. synu memu. Item Hadikowi odkazugi gednu kopu gr. a matie Ssestakowe gednu kopu gr. A czozkoli statku meho mimo toto me swrchurozkazanie zuostane, ten wessken mocznie oddawam a odkazugi Jankowi, synu milému, ke gmieni a kdiediczkemu wladarstwij bezewssie przekazky. Sigillum Wenceslai Myslyk Judices, Johannis de Gradu et Gire Mynusskol Consulum. Actum feria quarta ante Ascensionem domini. Anno domini etc. LIX°.

Im Namen Gottes Amen. Ich Dorotha, Witwe des seligen Kürschners Beneš Krásek in der Prager Neustadt, errichte, wenngleich ich körperlich krank und von großer Traurigkeit heimgesucht bin, aber dennoch mit gutem Gedächtnis und gutem Vorbedacht meinen letzten Willen. Zuvorderst vermache ich Bettina, meiner Dienstmagd, zwei Schock Groschen, zwei Federbetten, zwei Kopfkissen, zwei Zinnschalen, drei Kannen aus Zinn, die beste Truhe sowie zwei Kessel. Item Jaralka zwei Schock und 15 Groschen minus einem Heller, Duras einen halben Schock Groschen; und er soll zudem auch meinen Stock [Bottich?], *das Tarock-Spiel* [?] *und fünf Sägeisen erhalten, und das soll er meinem Sohn Janek geben. Item Hadik vermache ich einen Schock Groschen und der Mutter Šestaková einen Schock Groschen. Und was von meinem Besitz darüber hinaus übrigbleiben sollte, dies alles vermache ich Janek, meinem lieben Sohn, zu Besitz, Eigentum und erblicher Nutzung, ohne alle Hindernis. Sigillum Wenceslai Myslyk, Judices, Johannis de Gradu et Gire Mynusskol Consulum. Actum feria quarta ante Ascensionem domini. Anno domini etc. LIX°.*

113. [1459, Juni 21]
Gira Wamberský aus Holubice errichtet sein Testament und zwar zu Gunsten seiner Braut Johanna, seiner Schwestern Kačka, Johanna und Jana sowie des Bruders Matěj, die Geldlegate erhalten sollen.
Národní archiv Praha: L II 223 (Siegelurkunde).

Wegmeno Bozie Amen. Ja Gira Wambersky z Holubicz wyznawam tiemto listem obecznie przedewssemi, ktoz gey vzrzie a czisti nebo cztucze slysseti budu, ze aczkoli zdopusstienie bozieho nemoczen gsem a neduziw natiele, wssak proto pamieti dobre a swobody zdraweho rozumu poziwage, nechtie czoz namnie gest by o statek a sbozie pomnie zuostaly a zuostale kterzy sie swarowe mezi przibuznymi a przately mymi posmrti mee diale. Toto me poslednie poruczenstwie a koneczny vmysl wole mee otemz statku mem, mnie zdaru Bozieho puoyczenem apomnie zuostalem, zrziedil sem a zpuosobil y moczy tohoto kssafftu aposledenieho poruczenstwie meho zrziedim a zpuosobugi obyczegem takowymto. Tak, ze czinim a vstanowugi vrozeneho panosse Jana z Badicze praweho a moczneho porucznika wsseho sbozie a statku mého, mowiteho y nemowiteho, naczemzby koli ten zalezal, wiecze gemu nad gine, ze wsseczky wieczi mnu tuto gemu poruczenee a rozkazanee tak zrziedij a zpuosobij y k miestu a konczi skutecznemu prziwede, iakoz sie nizepisse. Naiprwe iakoz gsem dwuor w Holubiczich prodal zawdawku gesstie zadneho newzal, ani take wzdanie tomu, komuz sem prodal vczinil wedle prawa tee wsy, to aby Jan porucznik nadepsany na miestie mem vczinie penieze k sobie bral a ztiech, aby panie Johanne, newiestie mee, dwadczeti kop grossuow; a Kaczcze, Johannie a Janie, sestram mym, po desieti kopach grossuow wydal bez nesnazij wynie; przipṛwmiem zadawku newiestie trzi kopy grossuow a sestram po kopie grossuow, a tak potom na gine roky, iakoz gemu toho wierzim y porucziem mocznie; potom pak ctyrzi kopy grossuow plata, kterez w Letkach mam, ty mocznie y plnym prawem Matiegowi, bratru memu, porucziem a otkazugi, kdyz let rozumnych dogde nez dolet geho, aby porucznil nadepsany toho w mocznem drzenij gsa, plat ten wybierage ktehoz syrotku dobremu to obraczowal, iakz bude rozumieti naylep, nez ty trzi kopy grossuow platu, kterez dskam zapsany mam w Otwogiczich na Wodniatowi, ty Janowi porucznika czastopsanemu plnym prawem porucziem a otkazugi tak, aby snimi iakzto swym wlastnim vczinil, kdez a czoz sie gemu bude zdati. Napotwrzenie toho prosilsem Giry Mydlarze, ty czasy rychtarze, mudrych a opatrnych panuow Jana Treffana a Wawry od trzi kraluow, consseluow przisežnych Stareho miesta prazskeho, ze gsu peczeti swe dali przíwiesiti ktomuto listu. Genz gest dan lleta od narozenie syna bozieho tisiczeho cztyristeho padesateho dewateho ten cztwrtek przed hodem swateho Jana krztitele tehoz syna bozieho.

Im Namen Gottes Amen. Ich Gira Wamberský aus Holubice bekenne mit diesem Brief allgemein und vor allen, die diesen lesen werden oder vorgelesen bekommen, dass, wenngleich ich durch göttliche Fügung krank bin und körperlich dahinsieche, ich dennoch über ein gutes Gedächtnis und die Freiheit eines gesunden Verstandes verfüge, ich meinen letzten und endgültigen Willen kraft dieses meines Testaments und letzten Willens errichtet und festgelegt habe und dies in nachfolgender Weise tue, da ich nicht will, dass nach meinem Tode irgendwelche Streitigkeiten zwischen meinen Verwandten und Freunden um mein Hab und Gut entstehe, das mir als göttliches Geschenk verliehen worden ist. Und so bestimme und ernenne ich den hochgeborenen Edelmann Jan von Baditz zum rechtmäßigen und bevollmächtigten Testamentsvollstrecker meines gesamten beweglichen und unbeweglichen Besitzes, woran der bestehe, da ich ihm vor allen anderen Menschen glaube, dass er sämtliche ihm durch mich anvertrauten Dinge regelt und ausführt und für die Stadt zu einem guten Ende bringt, so wie nachfolgend beschrieben. Zuvorderst der Hof in Holubice, den ich verkauft und von dem ich noch keinerlei Anzahlung erhalten habe und auch keine Übertragung an denjenigen, an den ich den Hof verkauft habe, stattgefunden hat entsprechend dem Recht dieses Dorfes; deshalb soll der zuvor genannte Testamentsvollstrecker Johann dies an meiner Stelle ausführen und das Geld an sich nehmen und davon Frau Johanna, meiner lieben Braut, 20 Schock Groschen geben und Kačka, Johanna und Jana, meinen Schwestern, jeweils zehn Schock Groschen auszahlen, ohne alle Hindernis. Und zwar bei der ersten Anzahlung möge er meiner Braut drei Schock Groschen und den Schwestern jeweils einen Schock Groschen auszahlen; und in den nachfolgenden Jahren dann, da ich ihm hierin vertraue, die vier Schock Groschen Zins, die mir in Letky [?] *zustehen, die vermache ich mit vollen Rechten an Matěj, meinen Bruder, sollte er seine Volljährigkeit erreichen; zuvor freilich soll der genannte Testamentsvollstrecker diese Summe bei sich verwahren und den Zins einsammeln, der dem Waisen* [= Matěj – Th. K.] *rechtmäßig zusteht; und die drei Schock Groschen Zins, die ich in Otwodicze von Wodniat besitze und die ich in die Landtafeln habe einschreiben lassen, die vermache ich dem mehrfach genannten Johann, meinem Testamentsvollstrecker und ich gebiete, dass er damit verfahren soll wie mit seinem eigenen Besitz, so wie es ihm beliebt. Zur Bestätigung habe ich Gira den Müller, derzeit Richter, die weisen und ehrenwerten Herren Jan Treffan und Vávra von den ‚drei Königen', beisitzende Schöffen der Prager Altstadt, gebeten, dass sie ihre Siegel diesem Brief beifügen mögen. Der gegeben ist im Jahre Eintausendvierhundertneunundfünfzig nach Christi Geburt, an diesem Donnerstag nach Johannis baptiste nativitas.*

114. [1459, Juli 5]
Testament des Beneš Švec, Nachbar in der Prager Neustadt, der sich „in diesen gefährlichen und pestbringenden Zeiten" fürchtet. Haupterbin soll die Enkelin Hedwika werden, im Falle ihres vorzeitigen Ablebens vor Erreichen der Volljährigkeit käme Dorotha, deren Mutter, als Erbin an die Reihe.
Archiv hlavního města, Hdschr. 2094, fol. B 14 (Abschrift).[122]

Bohzie pomoczy zadage. Ja Beness sswecz rzeczeny Lichwa, spolusused Noweho miesta prazskeho, aczkoli z milosti bozie zdrawietielesneho poziwage, wssak w tiechto nebezpecznych a mornych czasech, nechtie by snad smrt mie w nahle zastihnucz przednizto zadny smrtedlny okamzenie gist nemuoz byti swym zywotom, aby tudy pome smrti omuoy statek nesnaze se nedali, toto czinim me poruczenstwie; czozby koli pome smrti statku meho pozuostalo, ten wessken, aby spadl na Hedwiku, wnucku mu; pakliby przedlety dospielymi vmrzela, ale aby spadl na Dorothu, gegi materz. Ale dokudz sem ziw, dotud man y chczy moczen byti wsseho statku sweho, y poruczenstwie gmee vcziniti neb nechati podle me wuole. A wkteremz mie budto wtomto neb wgmem poruczenstwi smrti zachwati, to ma plnu mocz mieti. Sigill. etc. Act. feria quinta post festum Sancti Procopi Anno Domini M°CCCC°LIX°.

Die Hilfe Gottes erbitte ich. Ich Beneš Švec [= Schuster – Th. K.], *genannt Lichwa, Nachbar in der Prager Neustadt, errichte, wenngleich ich mich dank göttlicher Gnade eines gesunden Körpers erfreue, aber dennoch in diesen gefährlichen und von der Pest erfüllten Zeiten nicht möchte, dass mich plötzlich und unerwartet der Tod ereilt, vor dem kein Mensch seines Lebens sicher sein kann, und ich zudem nicht will, dass nach meinem Tode irgendwelche Streitigkeiten um meine Hinterlassenschaft entstehen, diesen meinen letzten Willen. Was aber nach meinem Ableben von meinem Besitz übrig bleiben sollte, dies alles soll auf Hedwika, meine Enkelin, übergehen. Sollte diese noch vor Erreichen ihrer Volljährigkeit versterben, dann falle dieser Besitz an Dorotha, ihre Mutter. Doch solange ich am Leben bin, solange will ich über all meinen Besitz verfügen und mein Testament nach meinem Willen aufsetzen. Und wenn mich der Tod dahin-*

122 Online abrufbar unter http://katalog.ahmp.cz/pragapublica/permalink?xid=E1BD352FB72711DF820F00166F1163D4&scan=84#scan85 (08.09.2017).

raffen sollte, dann soll mein Testament volle Gültigkeit erlangen. Sigillum etc. Actum feria quinta post festum Sancti Procopi Anno Domini M°CCCC°LIX°.

115. [1459, August 13]
Drittes Testament der Witwe Kristina.[123] **Die Legate an ihre Enkel werden wiederholt. Die Bestimmungen sind in den Landtafeln vermerkt.**
Archiv hlavního města Prahy, Hdschr. 2094, fol. B 16r – B 16v (Abschrift).[124]

Bohzie pomoczi naprzed zadagiczy. Ja, Cristina wdowa, manzelka niekdy dobre pamieti Matiege od Hrzebenuow, spolumiesstka Noweho miesta pražského, wyznawam tiemto listem etc., ze aczkoli starosti przirozenu gsuczi obtiezena, nechtieczi, aby pome smrti omuoy statek ktere nesnaze se dali, acz by mne pan buoh brzsku smrti raczyl, z tohoto swieta prowoditi, przednizto kazdy zywy podslunczem okamzenie gist nemuoz byti, toto me czinim poslednie poruczenstwie. Nayprwe oznamugi, iakoz gsem dczkami zemskymi zapsala Zigmundowi, Hynkowi a Aniczcze, dietem dobre pamieti Hynka, syna mého, wnuczatom mym, dwadczeti kop gr. platu rocznieho a moczneho w Tutlacziech a wprzissymassiech; a Hynkowi zwlasstie zapsala sem piet kop gr. a xx gr. w Strancziczych, ktomu sem gest zapsa duom w Nowem miestie prazskem knihami a winniczy a postawila sem sobie natom domu y nate winniczi xxx kop gr.; a ktomu nabytek wessken a swrchek, abych mohla dati neb prodati, komu bych chtiela bez przekazky. Y tak wuole ma gest, ze czinim a vstanowugi toho wsseho moczne poruczniky opatrnee muze pana Giru Maynusskowicz, conssela, Daniele z Tuchoraze, Benesse Czukmanskeho a Barthosse z domu Serafinowa, miesstiany nowehomiesta pražského, przately me zwlasstie milee, a tak zadagicz a rozkazugicz, aby yhned pome smrti vwazali se wuroky syrotczie w duom v winniczy; a ty drzeli dogich leth dospielych; a kdyzby gyzpsanij syrotczy k letuom dospielym przissly, aby gim tiech vrokuom domu y winnicze postupili i zadnemu ztoho pocztu neczinieczie, potom tiech xxx kop gr., kterez gsem sobie pozuostawila; y giny muoy wessken statek, a ktomu piet kop gr. a xx gr. vroku w Strancziczych, kterez to gestli, zeby Hynek przedlety vmrzel, namie magi spadnuti; mocznie porucziem a odkazugi porucznikuom mym swrchupsanym, aby tiem vczinili, yakoz sem gim vstnie rozkazala. A wtom, aby gim odzadneho nebylo przekazieno. Item deset kop gr. platu w Tutlacziech, kterez gsem kupila k zadussij wiecznemu, wedle rozkazanie kssafftnieho pana Matiege, manzela meho, iakoz ten plat zadussni mam zapsan wedczkach zemskych na Ondrzegowi, na Philipowi a na Hasskowi, na Mikssowie, miestie tudiez w Tuklacziech; ten plat mocznie porucziem porucznikuom mym swrchupsanym, aby gey wydawali nazadussie kazdy rok wedle rozkazanie manzela meho na sukno chudym a nuznym lidem. Gestli pak, zeby ktereho z porucznikuom pan buoh smrti neuchowal, aby giny porucznik miesto nieho przistawen byl kolikratby

[123] Vgl. Nr. 84 und 87.

[124] Online abrufbar unter http://katalog.ahmp.cz/pragapublica/permalink?xid=E1BD352FB72711DF820F00166F1163D4&scan=87#scan86 (08.09.2017).

toho potrzebie bylo. Sigillum etc. Acta feria secunda ante Assumptionem sancte Marie Anno domini M°CCCC°LIX°.

Die Hilfe Gottes zuvor erbitte ich. Ich Kristina, Witwe, einst Gemahlin des in guter Erinnerung gebliebenen Matěj von Hřebenuow, Mitbürgerin der Prager Neustadt, bekenne mit diesem Brief etc., dass, wenngleich ich von natürlicher Sorge heimgesucht bin und nicht möchte, dass nach meinem Tode irgendwelche Streitigkeiten um meinen Besitz ausbrechen, ich, sollte mich Gott der Herr plötzlich dem Tode überantworten und von dieser Welt abberufen, wo kein Lebendiger unter der Sonne sicher sein kann, dass ihn dieses Schicksal ereilt, diesen meinen letzten Willen errichte. Zuvorderst gebe ich bekannt, dass ich in den Landtafeln für Zigmund, Hynek und Anička, die Kinder des seligen Hynek, meines Sohnes, habe eintragen lassen 20 Schock Groschen Jahrzins in Tutlaczy und in Przišymassy [?], und für Hynek im Besonderen habe ich fünf Schock Groschen und XX Groschen in Stranšice vermerken lassen; dazu habe ich in den Büchern eintragen lassen das Haus in der Prager Neustadt und den Weingarten und auf das Haus und den Weingarten habe ich XXX Schock Groschen veranschlagt; und dazu sämtliche Möbel und das Oberzeug, das mag übernommen oder verkauft werden, ohne Hindernis. Und des Weiteren ist es mein Wille und ich ernenne und bestimme zu rechtmäßigen Testamentsvollstreckern dieses meines letzten Willens die ehrenwerten Männer Gira Maynuškowitz, Ratsherr, Daniel von Tuchoraz, Beneš Czukmanský und Bartoš aus dem Hause Serafin, Bürger der Prager Neustadt, meine besonders lieben Freunde, die ich bitte und auffordere, dass sie sich unmittelbar nach meinem Tode um die Waisen[kinder], das Haus und den Weingarten kümmern sowie um die Kinder bis zu deren Volljährigkeit kümmern; und wenn diese ihre Volljährigkeit erreicht haben werden, dann sollen sie ihnen die Zinsen, das Haus und den Weingarten übertragen und nichts zurückbehalten. Sodann die XXX Schock Groschen, die ich habe [?] und meinen gesamten übrigen Besitz, und hierzu fünf Schock Groschen und 20 Groschen Zins in Stranšice; und sollte es geschehen, dass Hynek vor Erreichen seiner Volljährigkeit verstürbe, dann ginge dieser Besitz auf mich über; und ich gebiete und trage meinen oben genannten Testamentsvollstreckern auf, dass sie damit verfahren, wie ich ihnen dies mündlich übermittelt habe. Und hierbei sollen sie von niemandem gehindert werden. Item die zehn Schock Groschen Zins in Tutlaczy, die ich für fromme Zwecke entsprechend dem Geschäftsbrief des Herrn Matěj, meines Gemahls, erworben habe und die ich für das Seelenheil in den Landtafeln für Filip, Hašek und Mikeš hier in der Stadt in Tuklaczy habe eintragen lassen, hinsichtlich dieses Zinses trage ich meinen oben genannten Testamentsvollstreckern auf, dass sie diesen jährlich um das Seelenheil, gemäß dem Testament meines Gemahls, für Tuch an arme und bedürftige Menschen ausgeben. Sollte es geschehen, dass von meinen Testamentsvollstreckern einer durch Gott den Herrn abberufen würde, dann soll ein anderer Testamentsvollstrecker an seine Stelle treten, so oft dies vonnöten sei. Sigillum etc. Acta feria secunda ante Assumtionem sancte Marie Anno domini M°CCCC°LIX°.

116. [1460, März 11]

Der auf dem Sterbebett liegende Pilsener Bürger Tomášek Andrlikovič errichtet sein Testament. Der Testierer vermacht seinen Kindern Haus und Barschaft. Auch die Gemahlin Hedwika wird – freilich erst an nachgeordneter Stelle – mit einem Geldlegat bedacht, wenngleich sie ihrem Gemahl keine gehorsame Ehefrau gewesen zu sein scheint. Eine gewisse Anička soll, insofern sie heiratet und ihren Eltern Folge leistet sowie durch ihren Gemahl gut behandelt wird, aus seinem (d. h. des Testierers) Besitz ausgestattet werden. Legate *ad pias causas*.

Archiv města Plzně, Hdschr. N 223, fol. D 3 (Abschrift).

Edition: Strnad, Listář král. města Plzně 2, S. 55-57, Nr. 71(Auszüge).[125]

My Bussek z Hrziessihlaw, richtarz, Procop Swynyak, toho czassu purgmistr, a Waczlaw Homole, przysezny conssele a myesstyane miesta Nowehoplzni,e wyznawame tiemto listem obecznie przedewssemy, ktozby gey wydyely nebo slyssely swiedczycze, ze mudry a opatrny muz Thomassek z Andrlykowycz, myesstyenin miesta Nowehoplznie, na smrtedlne posteli leze, aczkolywyek gsa mdel na tiele, awssak przi dobrem rozomu a przy vplnie pamiety gsa, nas na swiedecztwie przywolaw y przyprossyw, toto swe poslednye rozkazanye zewsseho statku sweho gemu od pana Boha poyczeneho, tak aby po geho smrty mezy geho dietmy a geho zetmy y geho manzelku y gynymy geho przately nyzadny swarowe any ktere roznycze nebyly, vczinil takowu myeru. Nayprwe yakoz ma listi dwa na miesto, gessto swiedczy na trzy a na ssedesat kop gr. platu, z toho platu nayprwe odkazuge synu swemu Jankowy patnaczet kop gr. platu a duom doleyssye a s gednu postel rucha, aby gemu Marketa wydala, gestly zeby leth dossel. Pakliby Janka, syna Andrlykowa, pan buoh neuchowal, zeby vmrzel, nezlyby k swim letom przyssel, tehdy tyech patnaczet kop platu, aby spadlo na Marketu a na Elzku y na gegy dyety. Item Marketie, dczerzy swe, odkazuge ten duom, wkteremz sedy na Rynku, yakozto gy gest nebozczyk dyed gyegy otecz geho odkazal a luku, kteraz lezy mezy Benedictem Ssefrankem a mezy Petrem Pyzdu; a przydawa gy ktomu Marketie desset kop gr. platu take namiestie Nowemplzny. Item Elzcze, dczerzy swe y dyetem giegim, odkazuge patnaczet kop gr. platu take na miestie Nowenplzny; a Elczka dczera ma sedyety wtom domu doleyssym az do leth Janka, syna geho; a ten duom ma oprawyty y wsseczky poplatky miestske zprawowaty y ponuczky; a gestly zeby buoh neuchowal Elczky, dczery geho, aby tyech patnaczet kop gr. platu na gyegy dyety spadlo. Item yakoz ma Elczka list naduom we Chbye, wkteremz sedy stary Gerstnar y s swu manzelku, toho domu pozywaly stary Gerstnar y s swu manzelku az do gich smrty; a po gich smrty ma ten duom napadem spadnuty na Elczku y na gyegy dyety tak, yakz list swiedczy. Proto Hanuss Gerstnar, zet geho, s swu zenu y swymy dyetmy dobrotywye nakladaty ma. Pakliby buoh neuchowal Elczky, dczery geho, aby ten napad spadl na Hanusse Gerstnera, zety geho, y nageho dyety, tak aby on swe dyety zprawowal a wedl yako wyerny otecz. Paklyby pan Buoh Hanusse, zety geho, y Elczky y dyety gich wssech neuchowal, aby ten napad spadl na geho nayprzybuzneyssye

[125] Online abrufbar unter http://147.231.53.91/src/index.php?s=v&action=jdi&cat=18&bookid=399&page=55&action_button.x=0&action_button.y=0 (08.09.2017).

przately. Item, gestlly zeby Anyczka Cantorowa dczera wdana byla, a otcze a matherze posluchala, a swim manzelem pieknie nakladala, tehdy czozby otecz a matka gegy z sweho statku gy dobrowolnye wydaly, toho aby on odnych wdyczna byla a ktomu, aby gy wyprawu wydaly. Item na caplanstwye odkazuge na panye Machnyc kopu platu. Item na Janowy Panuosskowy kopu platu. Item na Zywotowy postrziehaczy poldruhe kopi platu. Item na panye Johancze Bernhartowe kopu platu, kteruz gest odkazal nebozczik Ssymon kramarz, yakoz list hlawnye swyedczy. Item na Dacianowy puolkopy platu caplanu. Item zuostatku plathu, kteriz pozuostawa na myestye Nowemplzni, z toho aby wydano bylo tiemto wdolepsanym. Nayprwe cztyrzy kopi platu caplanu k wonyemno piety kopam; a przydawa kopu platu na wosk k swieczem nynyeyssyemu y buducziemu caplanu, tak aby desset kop gr. platu bylo ktomu oltarzy k wiecznosti. Item do Ssereho classtera poltrzetye kopy plathu a ssest gross z toho swrchupsaneho platu myestskeho. Item za sukna chudym na kazdy rok k wyecznosty dwie kopie platu z toho platu myestskeho. Item do sspytala chudym puol kopy platu na temz swrchupsanem platu. Item druhe puol kopy platu do sspytala na Pintakowy. Item take chcze, aby byla kapla sklenuta w Sserem classterze v swate panny Barbory z toho geho zuostaleho statku za dussy Ondrasskowa syna geho y za geho dussy y za geho przedky. Item yakoz ma list na vrozeneho pana pana Hanusse z Colowrath, kteryzto swiedczy na trzy sta kop gross., aby ten plat po geho smrti na geho dyety spadl. Item nayprw odkazuge Jankowy, synu swemu, z toho panie Hanussowa platu patnaczet kop platu. Item Elzcze, dczerzy geho, z toho panie Hanussowa platu odkazuge piet kop platu a Waczlawowy Cantorowy, zety geho milému, take z toho platu panie Hanussowa odkazuge piet kop platu. Item Waczlawowy Cantorowy po Marketynie smrty manzelky geho, gestly zeby gy Buoh prwe neuchowal, odkazuge duom, w kteremz nynye na rynku sedy, a ktomu luku kteraz swrchupsana stogy, to gemu mocznye oddawa, aby toho mocz miel stym vczinity yakozto swim wlastnym. Item, kteriz plath zuostawa namystie w Nowemplzny totyz desset kop platu a v pana Hanusse piet kop platu, z toho platu magy nayprwe caplu swate panny Barbori s klenuty w Sserem classterze. Item potom odkazuge na kostel Swateho Bartholomiege cztyrzy kopy gr. z toho geho statku, a potom z toho platu nadepsaneho magy dluhy zaplaczeny byty. Nayprwe Sigmundowy dwie kopie platu. Item Elsenhaymerowy do Salpurku gest dluzen ssest zlatych vherskych a cztyrzidczety gross.; a ginym dluznikom, aby sprawedlywe dluhy zaplatyly z tiech patnaczty kop gross. platu zuostaleho. Item Hedwycze, manzelcze swe, odkazuge ssest kop gr. zewsseho geho statku gsa hnut milosrdenstwym kny, acz gest geho ona y neposluchala, y toho na nyem nazasluzila. Item nyemeho, aby dyety geho wssychny smrty dochowaly a gey wodyewaly, a gemu potrzebu daly gyesty a pyty, a gestly zeby nyemy nechtyel s nymy zuostaty, atby gemu wydano bylo ze wsseho geho statku cztyrzy kopy gross. k uoniemno ssesty kopam, yakozt mu gest nebozczyk otecz geho kssafftem odkazal. A kdyz by dluhy wsseczky zaplaczeny byly z tiech patnadczty kop gross. platu, tehdy prawym dyelem, aby spadlo na dyety Thomasskowycz Andrlykowycz, totyz na Janka, syna geho, na Marketu a na Elczku dczery y na geho wnuczata. Item Dacionowy ma list promyenyen byty, kteryz ma na Thomassek Andrlykowicz na kopu platu, ten ma promyenyen byty na puol kopy platu, neb Thomassek Andrlykowicz prawy, ze mu na chystynie dal piet kop gross. A take yakoz na miesto listi magy y na domy, kterez na caplanstwie swiedczy, ze kdyzby ktozkolywyek w buducziech czasech swe listi wyplatyl, tehdy tento list a kssafft proty tiem listom nyzadne moczi nema myety, ale ony porucznyczy magy gynde plath na caplanstwie kupyty, na tak dobrem a gystem zbozie wedle tiech listuow kssafftowanie, yakoz toho listowe ty na plath Ssyrzegy swiedczy. A czoz kolywyek swrchupsano stogy zada y chcze splnym douffanim, aby po geho smrty plnu mocz a prawo wzelo. A tiech wyeczy wssech swrchupsanych y wsseho geho statku, mowyteho y nemowyteho, niczehehoz nicz wynymage, s rozomnym potaczem a dale k raddye a ku pomoczy przyprossil gest y moczi listu tohota przyprossuge mudrich a opatrnych muzuow Procopa Resse a Waczlawa Cantora, zety geho milého, myesstyan z Nowehoplznie, a gye moczne porucznyky czyny, wyerze y douffa ge gim nadgyne geho przately wczemzby gich geho dyety potrzebowaly, aby gim radny y pomoczny byly. Take porucznyky geho napsany Procop Ress a Waczlaw Cantor, aby nyzadneho pocztu nyzadnemu zywnemu czlowyeku z toho geho zbozie a kssafftu neczinily, any z toho czoz gest Waczlaw Cantor prwe wladl za geho zdrawye, nebt gest geho z toho ze wsseho propustyl y moczy listu tohoto propusstye, any take po geho smrty czo wlasty bude s Procopem Ressem. Pakliby kto nanye sahl a chtyel gim wtom poruczenstwie kteru przykazu vczinity a proty takowemu, ne z sweho, ale z geho statku porucznycz y geho branyty se magy a takowemu neb takowim nema spomoczno byty nyzadne prawo, any duchownye any swietske, a nadewsseczky naywyssy porucznyky czyny mudre a opatrne pany purgmistra a consseluow nynayssych y buduczych miesta Nowehoplznie panuow swych mylych, ze dyetem geho radny y pomoczny budu. Tak yakoz swrchupsana stogy. Toho naswiedomie a na potwrzenye swe sme wlastnye peczety ktomuto listu przywiessili. Genz gest da y psan leta od narozenye sina bozieho tyssyczieho cztyrsteho a ssedesateho ten vtery przed Swatim Rzehorzem slawnym papezem Boziem.

Wir Bušek von Hřiešihlawý, Richter, Prokop Swynyak, derzeit Bürgermeister, und Václav Homole, beisitzende Schöffen und Bürger der Stadt Neu-Pilsen, bekennen mit diesem Brief allgemein und vor allen, die diesen sehen werden oder vorgelesen bekommen, dass der weise und ehrenwerte Mann Tomášek von Andrlikovič, Bürger der Stadt Neu-Pilsen, auf dem Sterbebett liegt, doch, wenngleich körperlich krank, ist er bei gutem Verstand und bei vollem Gedächtnis und hat uns zu Gezeugnis herbeigerufen und herbeigebeten, weil er seinen letzten Willen von allen seinen ihm von Gott dem Herrn verliehenen Gütern in nachfolgender Weise errichtet hat, damit nach seinem Tode zwischen seinen Kindern und seiner Gemahlin sowie seinen anderen Freunden keinerlei Streitigkeiten noch Unbill entstehen. Zuvorderst hat er zwei Briefe von der Stadt, die über 63 Schock Groschen Zins zeugen; von diesem Zins vermacht er zunächst seinem Sohn Jan 15 Schock Groschen Zins und das untere Haus, und zusammen mit einem Bett das Bettzeug, das soll ihm Marketa aushändigen, sollte er seine Volljährigkeit erreichen. Sollte Gott der Herr freilich Jan, Andrliks Sohn, nicht am Leben belassen, sollte er also vor Erreichen seiner Volljährigkeit versterben, dann sollen die 15 Schock Zins an Marketa und an Elška sowie an deren Kindern fallen. Item Marketa, seiner Tochter, vermacht er das Haus, das er am Ring bewohnt, das ihr ihr seliger Großvater, sein Vater nämlich, geschenkt hatte, und die Wiese, gelegen zwischen der des Benedikt Šefrank und der des Peter Pyzda; und dazu gibt er Marketa zehn Schock Groschen ebenfalls in der Stadt Neu-Pilsen. Item Elška, seiner Tochter, und ihren Kindern vermacht er

15 Schock Zins ebenfalls in der Stadt Neu-Pilsen; und seine Tochter Elška soll in dem unteren Haus wohnen, solange ihr Sohn Janek noch nicht volljährig ist; und das Haus soll instand gesetzt werden und sämtliche städtischen Abgaben sollen besorgt werden; und sollte Gott der Herr seine Tochter Elška nicht am Leben belassen, dann sollen die 15 Schock Groschen Zins auf ihre Kinder übergehen. Item besitzt Elška einen Brief für das Haus in Chbye [?], *in dem der alte Gerstnar wohnt mit seiner Gemahlin; dieses Haus sollen der alte Gerstnar und seine Frau bis zu ihrem Tode nutzen, und nach ihrem Tode soll dieses Haus auf Elška und ihre Kinder übergehen, und zwar dergestalt, wie der Brief dies bezeugt. Darum soll Hanuš Gerstnar, sein Schwiegersohn, mit seiner Gemahlin und seinen Kindern gutherzig handeln. Sollte Gott Elška, seine Tochter, nicht am Leben belassen, dann möge es auf Hanuš Gerstnar, seinen Schwiegersohn, und auf dessen Kinder fallen, dergestalt, dass er seine Kinder erziehe und als treusorgender Vater umsorge. Sollte Gott der Herr Hanuš, seinen Schwiegersohn, und Elška sowie deren Kinder allesamt nicht am Leben belassen, dann soll deren Erbteil auf seine nächsten Verwandten fallen. Item, wenn Anička, Tochter des Cantor, verheiratet würde und Vater und Mutter geachtet hat sowie sich als gehorsames Eheweib ihrem Gemahl gegenüber verhalten hat, dann soll, was ihr Vater und ihre Mutter ihr aus ihrem Besitz freiwillig geben, von ihr mit Dankbarkeit entgegengenommen werden, und hinzu soll man ihr die Aussteuer geben. Item in die Kaplanei vermacht er für Frau Machna einen Schock Groschen. Item an Jan Panuoš einen Schock Groschen. Item an den Zuschneider Zywot* [?] *einen halben Schock Zins. Item an Frau Johanka Bernhartová einen Schock Zins, den ihr der selige Kaufmann Šimon vermacht hat, wovon ein Brief Zeugnis ablegt. Item an Dacian einen halben Kaplan-Zins. Item den Rest des Zinses, der in der Stadt Neu-Pilsen verbleibt; davon soll, wie nachfolgend beschrieben, ausgegeben werden. Zuvorderst vier Schock Zins an den Kaplan, für Spezereien fünf Schock, und dazu einen Schock Zins für Wachs für die Kerze an den jetzigen und künftigen Kaplan, dergestalt, dass zehn Schock Groschen Zins an diesen Altar auf ewig gehen. Item in das Graue Kloster einen Drittel Schock Zins und sechs Groschen aus dem oben genannten städtischen Zins. Item für Tuch an Arme in jedem Jahr auf ewig zwei Schock von diesem städtischen Zins. Item in das Spital an Arme einen halben Schock Zins von dem erwähnten Zins. Item einen weiteren halben Zins in das Spital zu Pintak* [?]. *Item ist es sein Wille, dass die St-Barbara-Kapelle im Grauen Kloster aus seinem hinterlassenen Besitz um der Seele des Ondrášek, seines Sohnes, willen und diejenigen seiner Vorfahren ausgeschmückt werde. Item so hat er einen Brief von dem hochgeborenen Herrn Herrn Hanuš von Kolowrat, der ihm 300 Schock Groschen schuldet; diese Summe soll nach seinem Tode auf seine Kinder fallen. Item zuvorderst vermacht er seinem Sohn Janek von diesem Zins des Hanuš 15 Schock Groschen. Item Elška, seiner Tochter, vermacht er von diesem Zins des Hanuš fünf Schock Zins und Václav Cantor, seinem lieben Schwiegersohn, vermacht er ebenfalls von diesem Zins des Hanuš fünf Schock Groschen. Item Václav Cantor vermacht er nach dem Tod der Marketa, seiner Gemahlin, sofern Gott diese nicht am Leben belasse, das Haus, in dem er derzeit am Ring wohnt, und dazu die Wiese wie oben aufgeführt, die gibt er ihm, damit er damit verfahre, wie mit seinem eigenen Besitz. Item von dem Zins in der Stadt Neu-Pilsen, nämlich zehn Schock Groschen und demjenigen bei Herrn Hanuš fünf Schock, davon soll zuerst die St.-Barbara-Kappelle im Grauen Kloster ausgeschmückt werden. Item danach ver-*

macht er der Kirche St. Bartholomäus vier Schock Groschen von diesem seinem Besitz, und sodann sollen von dem zuvor genannten Geld seine Schulden beglichen werden. Zuvorderst Siegmund zwei Schock Groschen. Item dem Elsenhaymer in Salzburg schuldet er sechs ungarische Gulden und 40 Groschen; und den anderen Gläubigern mögen die ihnen zustehenden Gelder ausgehändigt werden, nämlich von den verbleibenden 15 Schock Groschen. Item Hedwika, seiner Gemahlin, vermacht er sechs Schock Groschen aus seinem gesamten Besitz und ist so mildtätig ihr gegenüber, auch wenn sie ihm nicht folgsam gewesen ist und es eigentlich nicht verdient hätte. Item Nyemy [?], *sofern alle seine Kinder vor dem Tode bewahrt blieben und geführt werden und sie ihm eine Stütze sind; und sofern er nicht bei ihnen bleiben möchte, dann soll man ihm aus seinem gesamten Besitz vier Schock Groschen auszahlen, und zwar zu jenen sechs Schock* [?], *wie ihm dies sein seliger Vater durch sein Geschäft vermacht hat. Und wenn alle Schulden von diesen 15 Schock Groschen beglichen sind, dann soll* [das Übrige] *zu gleichen Teilen auf die Kinder des Tomášek Andrlikowič, also auf Janek, seinen Sohn, auf Marketa und auf Elška, seine Töchter, und auf seine Enkel fallen. Item Dacian besitzt einen Brief, der soll dahingehend verändert werden, dass die Summe für Tomášek Andrlikovič von einem Schock Groschen verändert wird zu einem halben Schock Groschen, da Tomášek Andrlikovič darauf beharrt, er habe ihm fünf Schock Groschen zur Aufbewahrung gegeben. Und sodann hält er Briefe auch für Häuser in Händen, die sich auf die Kaplanei beziehen; diesbezüglich gilt, dass, wer auch immer künftig die Briefe einlösen sollte, dass trotzdem dieser Brief und dieses Testament gegenüber diesen Briefen keinerlei Vorrecht besitzen, doch sollen die Testamentsvollstrecker einen anderen Zins für die Kaplanei erwerben, die neben diesen Testamentsbriefen für einen guten und sicheren Besitz angelegt sind* [?], *wie die Briefe auf den Syrzegy-Zins belegen. Und was auch immer oben geschrieben steht, das soll seinem Wunsche entsprechend nach seinem Tode voll erfüllt werden. Und er hat zu rechtmäßigen Testamentsvollstreckern aller oben aufgeführten Sachen sowie seines gesamten beweglichen und unbeweglichen Besitzes, nichts auslassend, mit gutem Verstand kraft dieses Briefes zu Rat und Hilfe die ehrenwerten und weisen Männer Prokop Reš und Václav Cantor, seinen lieben Schwiegersohn und Bürger zu Neu-Pilsen, bestimmt, da er ihnen vor anderen Freunden glaubt und vertraut, dass sie seinen Kindern mit Rat und Tat zur Seite stehen werden. Auch seine genannten Testamentsvollstrecker, Prokop Reš und Václav Cantor, sollen in keinerlei Weise von irgendwelchen anderen lebenden Menschen an der Erfüllung dieses Testaments und letzten Willens gehindert werden; weder Václav Cantor, als er noch allein dieses Amt bekleidete und gesund war; er kann kraft dieses Briefes von seinen Aufgaben entbunden werden bzw. der Tod wird ihn hiervon entbinden, so dass ihm Prokop Reš folgt. Sollte irgendjemand sie an der Ausführung des Testaments zu hindern suchen oder ihnen Schwierigkeiten bereiten, dieses Testament zu erfüllen, dann sollen die Testamentsvollstrecker seinen Besitz verteidigen, und niemand habe dazu ein Recht, weder durch geistliches noch durch weltliches Recht. Und zu obersten Testamentsvollstreckern ernennt er die weisen und ehrenwerten Herren Bürgermeister und jetzigen wie künftigen Ratsherren der Stadt Neu-Pilsen, seine lieben Obrigkeiten, die seinen Kindern mit Rat und Tat zur Seite stehen mögen. Dies zu Wissen und Gezeugnis haben wir unseren eigenen Siegel diesem Briefe beigefügt. Der gegeben und geschrieben ist im Jahre Eintausendvierhundertundsechzig nach Christi Geburt, an diesem Dienstag vor S. Gregori dem berühmten göttlichen Papst.*

117. [1460, Mai 8]
Der Arzt Hanuš, Bürger aus Neu-Pilsen, fertigt sein Testament. Erben sind die Gemahlin Dorotha, die Tochter Anna und der Schwiegersohn Vít, die das Haus erhalten. Ein Schock Groschen für die Pfarrkirche St. Bartholomäus.
Archiv města Plzně, Hdschr. N 223, fol. D 4 (Abschrift).
Edition: Strnad, Listář král. města Plzně 2, S. 66-67, Nr. 77 (Auszüge).[126]

My Bussek z Hrziessihlaw, richtarz, Martin zlatnyk, toho czassu purgmistr, a Jacob Slupnyk, prziseznij conssele a miesstyane miesta Nowehoplznie, wyznawame tiemto listem obecznie przedewssemy, ktozby gey wydyely anebo cztucze slyssely swiedczucze, ze mudry a opatrny muz Hanuss lekarz, myesstienyn z Nowehoplznie, na smrtedlne postely leze, acz kolywyek gsa natiele, awssak przidobrem rozomu y przipIne pamiety gsa, nas swiedeczstwie przywolaw y proprossyw, toto swe poslednye rozkazanye zewsseho sweho statku, gemu od pana Boha poyczeneho, tak aby po geho smrty mezy pannye Dorothu, manzelku geho, a panye Annu, dczery geho, a Wytem, zety geho, y ginymi przately geho nyzadny swarowe any roznycze nebyly, vczinil takowu myeru. Nayprwe Hanuss lekarz odkazuge duom swoy y wessken statek, kteryz ma, bud mowyty neb nemowyty, prawu polowyczy manzelcze swe, panye Duorze, a druhu polowyczy dczery geho, panye Annye, s muzem gegim Witem. Item, gestly zeby spolu nemohly zbyty, tehdy panye Dorotha, manzelka geho, ma wuoly gmiety duom prodaty a sobie naprzed polowyczy wzyety a dczery druhu polowiczy wydaty. A t toho odkazuge na kostel swateho Bartholomiege gednu kopu gross., aby panye Duora z sweho dyelu dala. A toho wsseho rozkazanye sweho swrchupsaneho moczne porucczniky czyny mudre a opatrne Procopa Swynyaka, przysezneho conssela, a Gyru Stoda, miesstiany z Nowehoplznie, gim nadgyne przately swe wyerze, ze ony manzelcze geho panye Dorotye radny y pomoczny budu, wczemzby gych manzelka geho y tudyez panye Anna, dczera geho, potrzebowala. A toho na swiedomye a lepssye gystotu my nadepsany ktomuto rozkyzanye a przywolany a przyprosseny swe sme wlastnye peczety ktomuto listu przywiessyly. Genz gest dan a psan leta od narozenye syna bozieho tyssyczieho cztyrsteho a ssedesateho leta ten cztwrtek na Swateho Stanyslaiwa slawneho Biskupa bozieho.

Wir Bušek von Hřiešihlawý, Richter, Martin Zlatník [= Goldschmied – Th. K.], *derzeit Bürgermeister, und Jakub Slupnýk, beisitzende Schöffen und Bürger der Stadt Neu-Pilsen, bekennen mit diesem Brief öffentlich vor jedermann, der diesen lesen sollte oder vorgelesen bekommt, dass der weise und ehrenwerte Mann Hanuš Lékař* [= Arzt – Th. K.], *Bürger aus Neu-Pilsen, auf dem Sterbebett liegt, aber dennoch mit gutem*

[126] Online abrufbar unter http://147.231.53.91/src/index.php?s=v&action=jdi&cat=18&bookid=399&page=66 &action_button.x=0&action_button.y=0 (08.09.2017).

Verstand und bei vollem Bewusstsein uns zu Gezeugnis gerufen und uns gebeten hat und seinen letzten Willen von allen seinen ihm von Gott dem Herrn verliehenen Gütern in nachfolgender Weise errichtet hat, damit nach seinem Tode zwischen seiner Gemahlin Dorotha, der Jungfer Anna, seiner Tochter, Veit, seinem Schwiegersohn, sowie seinen Freunden keinerlei Streit und Unbill entstehe. Zuvorderst vermacht Hanuš der Arzt sein Haus und seinen gesamten beweglichen und unbeweglichen Besitz zur Hälfte an seine Gemahlin Frau Duora [Dorotha] *und zur anderen Hälfte an seine Tochter Anna und deren Gemahl Vít. Item, wenn sie nicht zusammenbleiben sollten, dann soll Frau Dorotha, seine Gemahlin, das Haus verkaufen können, sich die Hälfte des Erlöses nehmen und die andere Hälfte an ihre Tochter auszahlen. Und an die Kirche St. Bartholomäus vermacht er einen Schock Groschen, die soll Frau Duora von ihrem Erbteil geben. Und zu rechtmäßigen Testamentsvollstreckern dieses seines oben aufgeführten letzten Willens bestimmt er die weisen und ehrenwerten Prokop Swynyak, beisitzender Schöffe, und Gira Stod, Bürger aus Neu-Pilsen, denen er vor seinen übrigen Freunden vertraut, dass sie seiner Gemahlin Frau Dorotha mit Rat und Tat zur Seite stehen, wenn seine Gemahlin und ebenso Frau Anna, seine Tochter, ihre Hilfe benötigen. Und zu Gezeugnis und besserer Sicherheit haben wir, die wir zu diesem Geschäft herbeigerufen wurden, unsere eigenen Siegel diesem Brief beigefügt. Der gegeben und geschrieben ist im Jahre Eintausendvierhundertundsechzig nach Christi Geburt, am Donnerstag S. Stanislai ep. domini.*

118. [1460, Juli 6]
Testament der Anna Panenková, die u. a. zahlreiche Legate *ad pias causas* verfügt, so für die Armen im Spital 5,5 Schock Groschen und 2 Ballen Stoff für arme Witwen. Ihr Bruder, der Schuster Štěpán, soll Sorge tragen, dass die Testiererin ein würdiges Grab erhält.
Archiv města Plzně, Hdschr. N 223, fol. D 4 (Abschrift).
Edition: Strnad, Listář král. města Plzně 2, S. 69-70, Nr. 81 (Auszüge).[127]

My, Bussek z Hrziessyhlaw, richtarz, Barta Randa, toho czassu purgmistr, a Waczlaw Homole, przysezny conssele a miestyene miesta Nowehoplznie, znamo czynyme zgewnie przedewssemy a swiedczyme, ze pocztywa zena panye Anna Panenkowa, nasse spolumyesstka, wtyezke nemoczy lezeczy, aczkolywyek mdla gesuczy natyele, awssak przyplne pamyety y przy dobrem rozomu gsuczy, nas naswyedomye przywolala y przyprossyla, toto swe poslednye rozkazanie vczinila takowu myeru. Nayprwe odkazuge Bachowe, gegie newyestye, desset kop gr.; a Ssymonowy, Bachowe synu, odkazuge desset kop gr. Item na ffaru a kostel Swateho Bartholomiege odkazuge desset kop gr. Item odkazuge do sskoly chudym zakom, kterez se vczy, aby gim za desset kop gr. kopu platu kupyly a kdyzby hodyny spyewaly, aby tyem pylnyegy pomahaly spyewaty a pana boha za gegy dussy y za gegye przessly dusse prossyly. Item odkazuge chudym do sspytala na polepssenye, aby gim za piet kop gr. puolkopy gr. platu kupyly.

[127] Online abrufbar unter http://147.231.53.91/src/index.php?s=v&action=jdi&cat=18&bookid=399&page=69&action_button.x=0&action_button.y=0 (08.09.2017).

Item odkazuge dwa postawy sukna na chude wdowy, aby ty mezy nye bylo rozkrogeno. Item odkazuge Wrksowim dyetem sirotkom do Dobrzan piet kop grossuow. Item wostatek statku sweho, bud mowyty neb nemowyty, odkazuge bratru swemu Sstyepanowy ssewczy, aby z toho dluhy zaplatyl, a gy po gegy smrty pocztywye k hrobu przyprawyl. A toho wsseho rozkazanye moczneho porucznyka czyny Sstyepana ssewcze, bratra sweho milého, a gemu kupomoczy przydawa y przyprossyla mudreho a opatrneho muze Jacuba Kossyka, conssela miesta nowehoplznie wyerze gemu yako swemu dobremu przietely, ze giegyemu bratru wtom poruczenstwye radden y pomoczen bude, wczemzby geho potrzebowal a giegych porucznikuow dale a wysse przes toto gegye rozkazanye samy sebu any kteru mocznu ruku any kterim prawem, budto duchownym nebo swietskim, netysknuty, nez aby gmiel kazdy natom dosty, czoz gest z prawe lasky a wyery nyzadnu powynnosty komu rozkazala. Toho nalepssye swyedomye ku prosbye peczety nasse wlastnye s nassy woly a wyedomym ktomuto listu gsme przywiessyly. Genz gest dan a psan leta od narozenye syna bozieho tyssyczieho cztyrsteho a ssedesateho leta tu nedyely po swatem Procopu zpowyednykem boziem.

Wir Bušek von Hřiešihlavý, Richter, Barta Randa, derzeit Bürgermeister, und Václav Homole, beisitzende Schöffen und Bürger der Stadt Neu-Pilsen, geben vor jedermann öffentlich bekannt und bezeugen, dass die ehrenwerte Frau Anna Panenková, unsere Mitbürgerin, in schwerer Krankheit darniederliegt; wenngleich sie krank am Körper ist, hat sie dennoch mit vollem Gedächtnis und bei gutem Verstand uns zu Gezeugnis gerufen und gebeten und ihren letzten Willen in nachfolgender Weise verfasst. Zuvorderst vermacht sie einer gewissen Bachová, ihrer Schwiegertochter, zehn Schock Groschen und Šimon, deren Sohn, vererbt sie zehn Schock Groschen. Item in die Pfarrei und Kirche St. Bartholomäus vermacht sie zehn Schock Groschen. Item bestimmt sie in die Schule an arme Schüler, die da lernen, dass diesen für zehn Schock Groschen ein Zins gekauft werde; und wenn dort kirchlicher Gesang anstehe, dann möge man fleißig singen und zu Gott beten um ihrer Seele willen und diejenigen ihrer Vorfahren. Item bestimmt sie, dass für die Armen im Spital zur Verbesserung ihrer Lage für fünf Schock Groschen und einen halben Groschen ein Zins gekauft werde. Item vermacht sie zwei Ballen Tuch an arme Witwen, damit dieser Stoff unter diesen verteilt werde. Item vermacht sie fünf Schock Groschen an die Waisenkinder des Werkes in Dobrzany. Item den verbleibenden beweglichen und unbeweglichen Besitz vermacht sie ihrem Bruder Štěpán dem Schuster, damit er hiervon die Schulden begleiche und ihr nach ihrem Tode ein ehrenvolles Grab errichte. Und zum rechtmäßigen Testamentsvollstrecker ihres letzten Willens bestimmt sie den Schuster Štěpán, ihren lieben Bruder, und gibt ihm zu Hilfe den weisen und ehrenwerten Mann Jakub Kosík, Ratsherr der Stadt Neu-Pilsen, dem sie als ihrem guten Freund vertraut, dass er ihrem Bruder bei der Erfüllung des Testaments mit Rat und Tat zur Seite steht und helfen wird. Und niemand soll, egal ob nach weltlichem oder aber geistlichem Recht, die Testamentsvollstrecker behindern, sondern jeder soll das akzeptieren, was er bekommen wird, was ich nämlich aus wahrer Liebe und Überzeugung angeordnet habe. Zur besseren Bezeugung haben wir auf Bitten unsere eigenen Siegel mit fester Überzeugung diesem Briefe beigefügt. Der gegeben und geschrieben ist im Jahre Eintausendvierhundertsechzig nach Christi Geburt, am Sonntag nach S. Procopi dem göttlichen Beichtvater.

119. [1461, Januar 9]
Hanuš Knaur, Bürger in Neuhaus (Jindřichův Hradec), errichtet sein Testament, in dem seine Gemahlin Dorotha zur Haupterbin bestimmt wird, die eine beträchtliche Barschaft sowie das Haus des Testierers erbt. Schuldner des Erblassers sind die Herren von Rosenberg. Umfangreiche Seelgerätschaften. Eine große Summe wird für den Altar Allerheiligen in der Pfarrkirche in Neuhaus gestiftet, damit dort Messen für das Seelenheil des Stifters gelesen werden. Auch sollen aus der Hinterlassenschaft Kupfer und Zinn gekauft und eine Glocke für die Kirche Allerheiligen gegossen werden.
Státní oblastní archiv Třeboň – pobočka Jindřichův Hradec: Sb pergamenů – 178 (Siegelurkunde).
Edition: AČ 9, S. 315-316, Nr. 80.[128]

Wegmeno Bozie Amen. Ja Hanuss Knawer, miesstienyn w Hradu Gindrzichowie, znamo czynym tiemto listem obecznie przedewssemi, kdez czten neb slyssen bude, ze aczkoly nemoczen gsa natiele, wssak proto zdrawim rozumem a s raddu pany Dorothy, manzelky me, vczinil sem moczi tohoto listu czynym rozkazanie a poruczenstwie poslednie, ze wsseho statku sweho, mowiteho y nemowiteho, kterehoz my pan buoh raczil poprziti, a toho statku sweho czynym poruczniky a zprawcze mudre a opatrne muze Ssymona, richtarze wty czasy w Hradczi, Mikulasse Slawka, Faita Prumara a Jaksse, zetie Cantorowa, miesstiany w Hradczi, przately zwlasstie me milee, a wierzim gim yakozto ctnym dobrym lidem, ze me toto poruczenstwie a zrziezenie naplnie a skutecznie k miestu prziwedu s statku meho wlastnieho. Naiprwe yakoz mam list se pany Dorothu, manzelku swu, na pana z Rosenberka, w niemzto gest gistiny dluhu trzi tissicze zlatych; z toho naiprwe odkrogugi, poruczięm a mocznie rozkazugi pani Dorothie, manzelcze swe, dwanadczte set zlatych vherskych, a ktomu dom swoy na rynku, w nyemz sedim, y se wssim nabytkem, se wssemi klenoty iakzkoli gmenowane, nicz newynimage. A to wierzim porucznikom swym nadepsanym, ze gi k tomu radni a pomoczni budu a gi na tom zadnemu przekazeti nedadie, ani na to zadnym obyczegem sahati nedopustie. Item z tehoz statku sweho a s listu nedepsaneho odkazugi a porucziem y mocznie kssaftugi trzi sta kop grossow na caplanstwie wieczne k oltarzi Wssech Swatych v fary kostela osadnieho w Hradczi Gindrzichowie, aby za to porucznicži mogi dwanadczte kop grossow platu rocznieho peniezitého czisteho kupili a kaplana wzdyczky w czasy buduczie mieli a gemu kaplanowi nynieyssiemu y buduczim kaplanom ten plat we dcky a w akta vlozili a vtvrdili czistie beze wsseho zmatku, tak aby na tom oltarzi sluzba a czest chwala panu Bohu sie dala Matcze Bozie y se wssem swatym zeymena a za dussi mu take za dussi pani Dorothy, manzelky me, wssech nassich przedkow y buduczich prosby a obiety, aby sie daly. A podaczie toho kaplanstwie magi byti nadepsani porucznicži mogi se pany Hradeczkymi nynieyssimi y buduczimi. A za to kaplan nynieyssy y buduczy kaplanowe magi na kazdy tyden cztyrzi msse sluziti na tom oltarzi Wssech Swatych a take na kazde suche dny vigilii o trzech lekcziech spiewane, sam kaplan se trzmi kniezimi ma spiewati a nazaytrzie rano mssi zadussnie.

[128] Online abrufbar unter http://147.231.53.91/src/index.php?s=v&action=jdi&cat=10&bookid=799&page=315 &action_button.x=0&action_button.y=0 (08.09.2017).

Item z tehoz statku sweho a z listu nadepsaneho porucziem kssaftugi y konecznie rozkazugi sto kop grossow na klasster swateho Jana w Hradczi Gindrzichowie; kterychzto sto kop grossow porucznicczi mogi nadepsani obratiti magi s raddu a pomoczi panow konsselow Hradeczkych nynieyssich y potomnich na oprawu a zdielanie nadepsaneho klasstera wedle gich rozumow a ozcznanie, aby y tudiez take pamatka za dussi mu pani Dorothy, manzelky me, przedkow y potomnich nassich diety sie mohla wiecznie w czasiech buducziech. Item z tehoz statku sweho a s listu nadepsaneho porucziem kssaftugi y konecznie rozkazugi, aby porucznicczi mogi nadepsani kupili ssedesate centnerzow miedi a patnadczte centnerzow cinu a z toho, aby dali zwon sliti a ten zwon k kostelu osadniemu Matky Bozie we Hradczi Gindrzichowie, aby byl oddan a slit, aby byl we gmeno swate Trogicze panny Marie Matky Bozie a wssech Swatych. A ty wseczky naklady, kterez na slitie toho zwonu y gine wsseczky potrzeby meho tohoto razkazanie, aby ssly z meho statku skrze poruczniky. Item z toho statku sweho a s listu nadepsaneho kssaftugi, porucziem y rozkazugi na nowy Sspital za mostem w Hradczi Gindrzichowie sto kop grossow, aby porucznicczi mogi nadepsani take s raddu panow konsselow Hradeczkych nynieyssich y potomnich tiech sto kop grossow obratili ku pozitku a k rozmnozenie toho zadussie y k oprawam wedle gich rozssafnosti. Item dale s statku sweho a s listu nadepsaneho porucziem kssaftugi a mocznie rozkazugi cozkoli s staku meho bud malo nebo mnoho pozuostalo by po tomto mem nahorzepsanym rozkazanie a kssaftowanie, aby porucznicczi mogi nadepsani wzdy s raddu panow konsselow Hradeczkych to obratili na zadussie y gina dobrodinie chudych a na almuzny podle rozumow swych yakz by sie gim nailepe zdalo w tom dusse me panie Dorothy, manzelky me, przedkow y potomnich nassich nezapominagicze. A k tomu prosim mudrych a opatrnych panow purgmistra a konsselow Hradeczkych nynieyssich y buduczich pro Buoh a pro Matku Bozi y pro wsseczky swate y pro wiecznu pamatku dussi swych, aby k tomuto memu rozkazanie ke wssem y kazdemu kusu zwlasstie nadepsanym porucznikom radni a pomoczni byli a gich, aby neopusstieli tak, aby toto poruczenstwie w kazdem swem kusu mohlo k miestu a k konczi prziwedeno byti beze wssech zmatkow tak, yakoz ja gich milosti toho vplnie wierzim a doufam w czelosti. I to take gestlize by kto na pani Dorothu, manzelku mu, yakymkoli biehem sahnuti chtiel mimo toto me poruczenstwie wierzim y s pilnosti prosim, aby gi w tom neopusstieli a gi krziwdy zadne nedali cziniti; neb k tomu statku memu zadny giny prawo nema nez yakoz sie tuto pisse. Na potwrzenie tohoto meho rozkazanie a poruczenstwie, take pro wiecznu y pro buduczi památku, ja swrchupsany Hanuss Knaur wlastni swu secret sal sem prziwiesiti k tomuto listu; a pro ssiersie swiedomie prosil sem mudrych a opatrnych panow purgmistra a konssel miesta Hradcze Gindrzichowa Ssimona, rychtarze, w tye czasy w Hradczi, Mikulasse Slawka, Fajta Prumara a Jaksse, zetie Kantorowa, miesstian w Hradczi, porucznikow mych, ze gsu peczeti swe a secrety k me prosbie dali przïwiesiti k tomuto listu. Genz gest psan leta od narozenie syna bozieho tissiczieho cztyrsteho ssedesateho prwnieho w patek po Bozim Krztieni.

Im Namen Gottes Amen. Ich Hanuš Knaur, Bürger in Neuhaus, bekenne mit diesem Briefe allgemein und vor allen, die diesen lesen oder hören werden, dass, wenngleich ich körperlich krank bin, ich dennoch mit gesundem Verstand und mit Rat der Frau Dorotha, meiner Gemahlin, kraft dieses Briefes mein Testament und meinen letzten Willen errichte von allen meinen beweglichen und unbeweglichen Gütern, die mir Gott der Herr verliehen hat. Und zu Testamentsvollstreckern und Verwesern dieses meines Besitzes bestimme ich die weisen und ehrenwerten Männer Simon, derzeit Richter zu Neuhaus, Mikuláš Slawek, Fajt Prumar und Jakeš, Schwiegersohn des Cantor, Bürger in Neuhaus und meine besonders lieben Freunde, denen ich als ehrbaren guten Menschen vertraue, dass sie diesen meinen letzten Willen erfüllen und wahrhaft zum Wohl der Stadt aus meinem eigenen Besitz vollenden. Zuvorderst besitze ich einen Brief der Frau Dorotha, meiner Gemahlin, von dem Herrn zu Rosenberg, in dem 3000 [*Gold-*]*Dukaten als Schuld bezeugt sind; davon vermache und gebe ich zuerst Frau Dorotha, meiner Gemahlin, 1200 ungarische Gulden, und dazu mein Haus am Ring, in dem ich wohne, mit allem Mobiliar und sämtlichem erwähnten Schmuck, nichts ausgelassen. Und ich vertraue meinen zuvor erwähnten Testamentsvollstreckern, dass sie hierbei mit Rat und Hilfe zur Seite stehen und nicht zulassen, dass ihr* [der Gemahlin Dorotha – Th. K.] *jemand in irgendeiner Weise hierin Schwierigkeiten bereitet. Item von diesem Besitz und dem bereits genannten Briefe vermache und vererbe ich auf ewig 300 Schock Groschen an die Kaplanei zum Altar Allerheiligen in der Pfarrei der Kirche zu Neuhaus. Und meine Testamentsvollstrecker sollen einen Zins über zwölf Schock Groschen erwerben, den der jetzige und künftige Kaplan erhält, was in den Tafeln und Akten verzeichnet werden möge; ohne alle Wirrnis soll an diesem Altar zur Ehre Gottes und seiner Mutter sowie aller Heiligen eine Messe zelebriert werden um meiner Seele willen, derjenigen meiner Gemahlin Dorotha, aller unserer Vorfahren und Nachkommen. Und achten sollen hierauf meine bereits genannten Testamentsvollstrecker, aber auch die jetzigen und künftigen Herren der Stadt Neuhaus. Und der jetzige Kaplan und die künftigen Kapläne sollen alle drei Wochen vier Messen an diesem Altar Allerheiligen lesen und zudem an allen Fastentagen Vigilien über drei Lectiones durch den Kaplan selbst und drei Priester gesungen werden, und zwar zuerst zur nächsten Frühmesse. Item aus dem genannten Besitz und aus dem erwähnten Brief vermache und gebiete ich 100 Schock Groschen an das Kloster St. Johannes in Neuhaus; diese 100 Schock Groschen sollen meine zuvor genannten Testamentsvollstrecker mit Rat und Hilfe der Herren Ratsherren, die da jetzt in Neuhaus sind und künftig sein werden, zur Reparatur und zu Baumaßnahmen des genannten Klosters nach eigenem Gutdünken einsetzen, sodass damit auch an meine Seele, diejenige meiner Gemahlin, Frau Dorotha, meiner Vorfahren und unserer künftigen Kinder auf ewig fortan gedacht werde. Item aus diesem meinem Besitz und aus dem zuvor genannten Brief vermache ich und befehle definitiv, dass meine erwähnten Testamentsvollstrecker 60 Zentner Kupfer und 15 Zentner Zinn kaufen und davon eine Glocke gießen lassen; und diese Glocke soll die Mutter-Gottes-Kirche in Neuhaus erhalten, und zwar im Namen der Heiligen Dreifaltigkeit, der Jungfrau Maria, der Gottesmutter, und aller Heiligen. Und sämtliche Aufwendungen für das Gießen dieser Glocke sowie alle anderen Bedürfnisse dieser Weisung, die sollen meine Testamentsvollstrecker aus meiner Hinterlassenschaft begleichen. Item aus diesem meinem Besitz und aus dem zuvor erwähnten Brief vermache und gebe ich an das neue Spital hinter der Brücke in Neuhaus 100 Schock Groschen, und zwar sollen meine oben genannten Testamentsvollstrecker ebenfalls mit den Ratsherren, die da jetzt in Neuhaus sind und die da später sein werden, diese 100 Schock Groschen anwenden zum Gebrauch und zur Mehrung dieser Einrichtung und zu Reparaturarbeiten, wie ihnen dies am nützlichsten erscheint. Item des Weiteren aus meinem Besitz und dem erwähnten Brief vermache und gebiete ich, dass, was von meiner Hinterlassenschaft übrig sein sollte, egal, ob viel oder wenig, dass dies meine zuvor genannten Testamentsvollstrecker stets mit Rat der Herren Ratsherren in Neuhaus entsprechend meinem letzten Willen zum Wohl der Kirche und zu anderen Mildtätigkeiten für Arme sowie für Almosen entsprechend ihren Vorstellungen, wie dies am günstigsten anzulegen sei, einsetzen, zum Heil meiner Seele, derjenigen der Frau Dorotha, meiner Gemahlin, meiner Vorfahren sowie unserer Nachfahren, damit diese unvergessen bleiben. Und hierzu bitte ich die weisen und ehrenwerten Herren Bürgermeister und Ratsherren von Neuhaus, die da jetzt sind und die da später sein werden, dass sie zu Gott und zur Gottesmutter sowie zu allen Heiligen beten, um unseres ewigen Seelenheils wegen. Und sie mögen meinem Testament wohlgesonnen sein und den genannten Testamentsvollstreckern mit Rat und Tat zur Seite stehen, ihnen immer beistehen, damit dieser mein letzter Wille in allen Einzelheiten zu einem guten Ende auch für die Stadt geführt werde, ohne alle Wirrnis, so, wie ich ihrer Gnade diesbezüglich voll und ganz vertraue. Und auch wenn irgendjemand Frau Dorotha, meine Gemahlin, über dieses mein Testament hinaus zu belangen suchen sollte, dann bitte ich die genannten Personen, dass sie dies nicht zulassen mögen; denn gegenüber meiner Hinterlassenschaft hat niemand ein über die beschriebenen Bestimmungen hinausreichendes Recht. Zur Bestätigung dieses meines letzten Willens und Testaments sowie zum ewigen und künftigen Gedächtnis habe ich, der oben genannte Hanuš Knaur, mein eigenes Siegel diesem Briefe beigefügt; und um ein besseres Wissen willen habe ich die ehrenwerten und weisen Herren, den Bürgermeister und Ratsherrn der Stadt Neuhaus, Simon, derzeit Richter in Neuhaus, Mikuláš Slawek, Fajt Prumar und Jakeš, den Schwiegersohn des Cantor, Bürger zu Neuhaus, meine Testamentsvollstrecker, gebeten, dass sie ihre Siegel und Secrete* [!] *auf meine Bitte hin diesem Brief beigefügt haben. Der geschrieben ist im Jahre Eintausendvierhunderteinundsechzig nach Christi Geburt, am Freitag nach Christi Taufe.*

120. [1462, Mai 9]
Petr Maxanth, früher Schreiber in Choustník, setzt seinen letzten Willen auf, der u. a. ein umfangreiches Schuldverzeichnis enthält, aber auch Stiftungen *ad pias causas*. Einem „Schulmeister“ Silvester werden Bücher vermacht.
Státní okresní archiv Tábor: archiv města Soběslav I B 3/4, Inv.-Nr. 258 (Siegelurkunde).
Edition: TA 4, S. 52-54.

Leta od narozenie syna bozieho tisiczieho cztyrzsteho ssedesateho druhého, tu nedyeli po swatem Stanislawu, Petr Maxanth, nyekdy pisarz Chustniczky, gsa przi dobry pamyeti a rozumem strziezliwym a gsa sebe swoboden, nechtye zmatku po swy smrti o swem statku pozuostawiti, vczinil gest kssafft a rozkazanie. A tak nayprw, czo mu kdo dluzen. Nayprw Sstiepan Rychtarz lodherzowsky zuostal mu na pocztu 42 gr. Item Rynarth od Dubu 15 gr. Item Jan Dobroniczka 20 gr. za Menhartha, a Menharth sam

8 gr. Item Przibijk Ffissmaystr za przikrytie sukna na postaw hrubeho 17 gr. 3 d. Item Petr z Dobrohosstye gesstye zuostawa 0,5 kop VII gr. 7 gr. Item Pachole wnuk Wawry Kaderzaweho dawnieho vroku 31 1/2 gr. rukoymye zan Sskrzywaniecz a Wawra ze Mlyn [?]. Item Prokop Sspitalnijk z Myta zuostal do swateho Hawla leta etc. LXI° 17 gr., a potomnie myto take ma zprawiti. Item Oldrzich Myedyenecz z Ratiborzicz puoyczenych 1/2 sex. rukoymie Jarohnyew Haytman trzebonsky. Item Massek, rychtarz z Mezymostie, dluhu dawnieho 15 gr. Item Mika Kmetyk, rychtarz v Przedborzi, 18 gr. 1 d. Item Mika, stary rychtarz z Vientierzowa, 22 gr. Item Janda z Czejnowa 11 gr., rukoymie Salaczek. Item sam Salaczek yako dal Maxant Szrumalowi za Wytu od Dubu 15 gr. Item knyez Jan Ffararz miliczinsky 6 sex. 12 gr. Item Beness mlynarz zadussnych 1/2 sex. Item syn Hlavaczow 45 gr. neprowedeli ze y dal ma zan otecz dati. Item nebozczijk Beness z Byelee y s polukopu a dwiema grossema puoyczenych 3 sex. 53 gr. Item Pessta syn geho 15 gr. Item Busskowa sestra bekynye yako Maxant za ni dal v desk 40 gr. Item Gindra Malerz 3 sex. 5 1/2 gr. Item Lytwin z Nemyssle 3 sex. 15 gr. Item sama Lytwinowa 71 gr. Item Olbram ze Sstyekrze 1 sex. Item Ffararz weselsky za luku dawnych 1/2 sex. 5 gr. Item Mikulassek, pisarz chustnicky, stareho dluhu 32 gr. Item id. vroku swatohawelskeho leta etc. LVII° 88 gr. Item id. leta etc. LXI° feria V. ante Assumpcionis S. Marie, kterez rzekl, ze vhrzinie [???] puoyczil 10 gr. Item Erhart Zednijk na Thaborze 1 1/2 sex. a na to dyelal okno w Sspyerziernye. Item Zbynyek, rychtarz z Miliczina, za Ondrzege z Borku winy 1/2 sex. Item Barton z Przedborze za Wranowu 17 gr. 5 d. Item Zbynyek sam zuostal na pocztu 17 1/2 gr. Item Sytko z Trzebonye 15 gr. Item Hawel z Czeraze census S. Georgii anno etc. LXI° 15 gr. Item Fideiussores ffabri [?] et Reycha. Item Machowecz za mlyn 11 gr. Item Zacharz z Nemyssle za syry 40 gr. Item Gira z Chotowin s luk fararzskych dluhu dawnieho 38 gr. 2 d. Item Wawak za winy 55 gr. Item Rychtarz z Czernyowicz 21 gr. in halensibus. Item zamecznik w Sobyeslawi 40 gr. Item Alloysius [?] Ander 4 sex.

Komu Maxanth co dluzen.

Nayprw panu z Rozmberga na pocztu posledniem zuostal 32 sex. 9 1/2 gr. Item Wawakowj Lowcziemu 8 kop 4 gr. 4 d. Item Philipowj z Kozmicz 78 gr. 1 halerz. Item Jakubowj, pacholku swemu, 1 sex. Item Witowi purgrabi za ztratu dyelnikom 78 gr. 4 d. Item Janowi Rytschawarowi zadussnich penyez 2 sex. Item panye Milosti ma Maxant peczet (tj. poczet) vcziniti z myta z roku do nynieyssieho s. Girzie minuleho anno etc. LXII.

Item Wythwi purgrabi za hrnize ku pany potrzeby 40 gr. 47 gr. Item syotkom Swinykowym do Klenowicz 1 sex. 51 gr.

Take Maxanth wyrzi pany Milosti a prosi geho Milosti, by s nym raczil milostiwye naloziti na geho zuostanij, neb gest weliku sskodu wzal na czernych penyezich w vrocze branych.

Item o statku swem, mowitem y nemowitem, takto rozkazal: Nayprw yako gest wzal po swy zenye wiecz nezli sto kop wyena, aby gij od porucznikow dolepsanych bylo wydano 200 sex.; nayprw 60 sex. na listu na pana Bechyni. Item list na 10 sex. na pani Wychnu. Item plath y listy na Radunku y na Rosieczku, ty listy, aby wzala v slowutneho panosse Jana Hrobskeho w Hradczy, kterychz mu swierzili k wierny rucze od nich obu.

Item odkazal gij take hospodarzske wyieczy w domu wsseczky y s piwy a prosyl gie, aby do sspitala dala dwoge loznie rucho chudym. Item list yakoz ma na Bolechowcze na 40 sex., ten odkazal kniezy Janowi Zmrzlikowij, aby cztyrzikrat do roka zan sluzbu czinil se trzmi lekczymi vigilgij zpiewane a sto mssi zadusni. A z toho listu, aby wydal Hruozowi bratru swemu 5 sex. a Silvestrowij, mistru sskolnimu, take 5 sex. a on aby zgednal 60 mssij cztenych za geho dussi. Item temuz Silvestrowij odkazal kniezky swe keterz kupil od Wythy z Radymova. Item halterz swuoj za miestem odkazal Sigowij Wochnarowij s bratrem, aby oni z toho wydali 4 sex. na Sspital, a porucznicz y, aby 6 sex. Przidali, aby chudym kopa platu byla zgednana, a pro panye potrzebu, aby gedne prziehrady w tom halterzi nechali. Item druhy halterz v sskoly po smrti zeny geho odkazal do sskoly zakom. A kdyz sskole odkazal na domu swemu kopu platu do roka, aby s Bozim Tyelem chodili a Ave Maria zpiewali yako w myesckych kniehach zapsano. Item duom swuoy odkazal knyezy Petru ffararzi a, aby on 40 sex. na pomocz porucznikom wydal na dluhy. Item Aniczcze Thaborcze, nebozcze knyeze dyekana, 2 sex. Item Aniczcze Mikowe rzeznikowe nynie w Miroticzich 3 sex. Item panij Bietye Holasowe 0,5 sex. Item Babcze 0,5 sex. Item Girowij Yaklowi sukni czernu s kozichem lisym. Item kniehy prawa v Rynarta purgrabi chustnickemu. Item ziwot Adamuow Kunssowij z Olbramowicz. Item pannye Annye dczeri purgrabinye almarzy malowanu s pozlatku. Item pisstyaly k myestu. Item sukni modru reverendu Klykowij. Item plasstyek ssery Vhrowij.

Item prosyl purgrabye chusniczkeho, aby listy gemu swyerzene y na Chusnicze y w Sobyeslawij wratil kazdemu komuz swyedczie y zadussnie y gine. Item o list na sto kop na pana Bechyni, aby 50 sex. na Sspital w Sobyeslawi a 50 sex. na Sspital w Trzeboni consselom nynyeissim y buduczim w mocz, aby k temuz zadussi obnowen byl.

A Porucznik y moczne statku sweho a zeny swe vczinil slowutne panosse Wythu purgrabi chusniczkeho Cunsse z Olbramowicz, Jana z Dobronicz a pocztyweho knyeze Petra, ffararze sobyeslawskeho, wyerze gim, aby oni obrancze byli zeny y statku geho aby se tak zadost geho naplnila, aby gim zadny w to newpadal neb zadny k tomu y zadneho prawa nema. A przitom kssafftu byli mudrzij a opatrnij muzie Hawlijk sukenik, tehdy purgmistr, Jan Raczman, rychtarz, Jan Wawrzinczowicz, Jan Pisarz, Aloisius [?] Ander [?], tehdy conssele, gychzto y ginych conssel prosil gest, aby swu myestsku peczet na potwrzenie k tomuto kssafftu przitiskli k zadosti geho. A take prosyl gich y buduczich consselow, aby zenye geho take wedle porucznikow raczili radni a pomoczni byli y s tiem statkem, aby se wzdy zadost geho naplnila. Dan a psan yakoz swrchupsano stogij.

Im Jahre Eintausendvierhundertzweiundsechzig nach Christi Geburt, an diesem Sonntag nach S. Stanislai, hat Petr Maxanth, einstmals Schreiber auf Chousník, der bei gutem Gedächtnis und nüchternem Verstand und frei in seiner Entscheidung ist, da er nicht will, dass nach seinem Tode Streit um seinen Besitz entbrenne, sein Geschäft und letzten Willen errichtet. Und zuerst folgt, wer ihm etwas schuldig geblieben ist. Zuvorderst Štěpán, der Richter in Lodherz [?], *der ist ihm für die Rechnung* [?] *42 Groschen schuldig geblieben. Item Rynarth Fišmayster für eine Decke aus Leinen, den reinen Ballen 17 Groschen 3 d. Item Petr aus Dobrohoštie bleibt ihm noch schuldig einen halben Schock VII Groschen 7 gr. Item Pachol* [der Jüngling?], *Enkel des Vávra Karderzawy, für den einstigen Zins 31 1/2 Groschen. Es bürgen Škrzywaniecz und Váv-*

ra von der Mühle [?]. *Item Prokop Spitalník ist von der Maut* [?] *bis St. Gallus im Jahre LXI° 17 Groschen schuldig geblieben, und danach soll er die Maut auch überwachen. Item Oldřich Miedienecz von Ratiborzicz hat sich 1/2 sex. geliehen. Bürgen sind Jarohněw, Haytman* [Hauptmann] *von Wittingau. Item Mašek, Richter aus Mezimost, seit langem die Schuld von 15 Groschen. Item Mika Kmetyk, Richter in Przeborz, 18 gr. 1 d. Item Mika, Richter aus Vientierz, 22 gr. Item Janda von Čejnow 11 gr., dafür bürgt Salaček. Item Salaček selbst hat Maxant Szrumal für Vít aus Duba 15 gr. gegeben. Item der Priester Jan, Pfarrer zu Miličín, 6 sex. 12 gr. Item Beneš der Müller für Kirchgut 1/2 sex. Item der Sohn des Hlaváč hat noch 45 gr. für den Vater zu geben. Item der selige Beneš von Biele für einen halben Schock und zwei Groschen 3 sex. 53 gr. Item Pesta, sein Sohn, 15 gr. Item Bušková, die Schwester der Begine, der hat Maxant 40 gr. gegeben. Item Gindra der Maler 3 sex. 5 1/2 gr. Item Lytwin aus Nemyšl 3 sex. 15 gr. Item die Litvinová selbst 71 gr. Item Olbram aus Štiekrz 1 sex. Item der Pfarrer von Wesele für die Wiese seit langem 1/2 sex. 5 gr. Item Mikulášek, Schreiber auf Chousník, die alte Schuld über 32 gr. Item vom St.-Gallus-Zins im Jahre LVII° 88 gr. Item aus dem Jahre etc. LXI° feria quinta ante Assumpcionis S. Marie hat er bekannt, dass Vhrzinie* [???] *10 gr. ausgeliehen hat. Item Erhart Zedník in Tábor 1 1/2 sex. und dafür hat er ein Fenster* [?] *in Spierziernie gemacht* [?]. *Item Zbyněk, Richter in Miltschin, für Ondřej aus Borko die Schuld über 1/2 sex. Item Barton aus Předborz für Wran 17 gr. 5 d. Item Zbyněk selbst ist für die Rechnung 17 1/2 gr. schuldig geblieben. Item Sytko aus Wittingau 15 gr. Item Hawel aus Czeraz den St.-Georgs-Zins anno etc. LXI° 15 gr. Item die Handwerker Fideiussor und Reycha* [?]. *Item Machowec für die Mühle 11 gr. Item Zacharz aus Nemysl für Käse 40 gr. Item Gira aus Chotowin von den Pfarrer-Wiesen noch immer die Schuld von 38 gr. 2 d. Item Wawak für die Schuld 55 gr. Item der Richter aus Czerniewitz 21 gr. in halensibus. Item Zamečnik in Soběslav 40 gr. Item Alloysius* [?] *Ander 4 sex.*

Wem Maxanth etwas schuldet

Zuvorderst ist er dem Herrn von Rosenberg auf der letzten Rechnung [?] *32 sex. 9 1/2 gr. schuldig geblieben. Item Wawak Lowecz 8 Schock 4 gr. 4 d. Item Philipp aus Kozmitz 78 gr. 1 Heller. Item Jakub, seinem Knecht, 1 sex. Item Vít, dem Burggrafen, für den Verlust an Arbeitskräften* [?] *78 gr. 4 d. Item Jan Rytschawar Kirchgeld* [?] *2 sex. Item seiner Gnaden hat Maxanth eine Rechnung über die Maut anzufertigen von diesem Jahr bis St.-Georgs-Tag im vergangenen Jahr etc. LXII.*

Item Vít, dem Burggrafen, für Töpfe zum herrschaftlichen Gebrauch 40 gr. 47 gr. Item den Waisen des Swinyk nach Klenovice 1 sex. 51 gr.

Auch glaubt Maxanth seiner Gnaden und bittet seine Gnaden, er möge ihm gegenüber gnädig sein, denn er [Maxanth – Th. K.] *habe Schwarzgeld bei den eingenommenen Zinsen zum großen Schaden seiner Gnaden angenommen.*

Item hinsichtlich seiner beweglichen und unbeweglichen Güter hat er Folgendes angeordnet: Zuvorderst hat er von seiner Gemahlin 100 Schock Mitgift; von seinen unten genannten Testamentsvollstreckern sollen ihr 200 sex. ausgehändigt werden, zuerst 60 sex. für den Brief vom Herrn von Bechyně. Item der Brief über 10 sex. von Frau Wychna. Item das Geld und die Briefe von Radunk und Rosieczka; diese Briefe soll sie bei

dem ehrenwerten Edelmann Jan Hrobský in Neuhaus [?] *in Empfang nehmen, die sie beide diesem zur treuen Aufbewahrung anvertraut haben.*
Item hat er ihr auch sämtliche Wirtschaftsgeräte im Hause vermacht, und dazu das Bier [?] *und sie gebeten, sie möge zwei Bettkleider an Arme in das Spital geben. Item den Brief, den er von der Bolechovka über 40 sex. besitzt, den vermacht er dem Priester Jan Zmrzlík, damit dieser viermal im Jahr einen Gottesdienst abhalte und dabei drei Lektionen Vigilien singen lasse sowie 100 Seelenmessen abhalte. Und von diesem Brief soll er Hruoz, seinem Bruder, 5 sex. geben und Silvestr, dem Schulmeister, ebenfalls 5 sex.; und dieser solle 60 Messen lesen um seiner Seele willen. Item dem gleichen Silvester hat er seine Bücher vermacht, die er von Vít aus Radimov erworben hatte. Item seinen Fischbehälter* [?] *hinter der Stadt hat er Sieg Wochnar und dessen Bruder vermacht, damit diese davon 4 sex. an das Spital geben sollen; und die Testamentsvollstrecker, die sollen 6 sex. hinzugeben, damit Armen ein Schock Zins gekauft werde, und für die herrschaftlichen Bedürfnisse, dass sie einen Teil innerhalb dieses Fischbehälters behielten. Item den zweiten Fischbehälter bei der Schule hat er nach dem Tode seiner Gemahlin in die Schule an die Schüler vermacht. Und als er der Schule von seinem Haus einen Schock Groschen vermacht hat für ein Jahr, damit sie an der Fronleichnamsprozession teilnähmen und das Ave Maria singen, so wie dies in den Stadtbüchern geschrieben steht. Item sein Haus hat er dem Priester Petr, dem Pfarrer, vermacht, damit dieser 40 sex. als Hilfe an die Testamentsvollstrecker für die Begleichung der Schulden gebe. Item der seligen Anička in Tábor, die bei dem Priester und Dekan ist, 2 sex. Item Anička Miková, der Fleischerin, die da jetzt in Mirotice ist, 3 sex. Item der Frau Bětka Holasová einen halben sex. Item dem Mütterchen einen halben sex. Item Gira Yakl den schwarzen Rock mit Fuchspelz. Item die juristischen Bücher bei Rynart, dem Burggrafen zu Choustník. Item das Leben Adams an Kuneš von Olbramowitz. Item der Frau Anna, der Tochter des Burggrafen, den bemalten Schrank mit Goldverzierung. Item die Pfeifen* [?] *an die Stadt. Item den blauen Rock an den Reverend Klyk. Item den kleinen grauen Mantel an Vher* [?].
Item so hat er den Choustníker Burggrafen gebeten, er möge die ihm anvertrauten Briefe, die Choustník und Sobieslau betreffen, jedem zurückgeben, was das Kirchengut betrifft [?]. *Item, was den Brief über 100 Schock des Herrn von Bechin anbetrifft, so soll er 50 sex. an das Spital in Soběslav geben und 50 sex. an das Spital in Wittingau, und die jetzigen und künftigen Ratsherren sollen darauf achten, dass diesbezüglich die fromme Stiftung erneuert werde.*
Und zu Testamentsvollstreckern seines Besitzes und desjenigen seiner Gemahlin hat er die ehrenwerten Edelleute Veit, den Chausniker Burggrafen, Kuneš von Olbramowitz, Johann von Dobronitz sowie den ehrenwerten Priester, den Pfarrer Petr in Soběslav, ernannt, denen er vertraut, dass sie Beschützer seiner Gemahlin und seines Besitzes sind und seine Bitte erfüllen und dass sie hierbei niemand hindert und keinerlei Recht habe. Und bei der Errichtung dieses Geschäfts waren anwesend die ehrenwerten und weisen Männer Havlík der Tuchmacher, derzeit Bürgermeister, Jan Raczman, Richter, Jan Wawrzinczowicz, Jan der Schreiber, Aloisius [?] *Ander* [?], *Ratsherren, die er, sowie die anderen Ratsherren, gebeten hat, sie mögen das Stadtsiegel zur Bestätigung dieses Geschäfts auf seine Bitten hin diesem Brief beifügen. Und er hat sodann sie sowie die künftigen Ratsherren gebeten, auch seiner Frau, neben den Testamentsvollstreckern,*

mit Rat und Tat zur Seite zu stehen, damit diese auch, was seine Hinterlassenschaft anbetrifft, seine Bitte erfülle. Gegeben und geschrieben wie oben beschrieben steht.

121. [1463, Februar 17]
Die Witwe Martha errichtet in der Prager Altstadt ihr Testament, in dem sie sämtlichen Besitz ihrem Sohn Václav und dessen Kindern vermacht. Ausstehende Schulden sollen bezahlt werden. Geldlegate u. a. gehen an die Schüler zu St. Michael.
Archiv hlavního města Prahy, Hdschr. 971 (Kriegsverlust; Abschrift).
Edition: Václav Vojtíšek (ed.): Vývoj městských knih v Československé Republice ve světlotiskových ukázkách, Bd. 1, Prag 1928, Tabelle XXV.

Wegmeno Bozie Amen. Ja Martha slowutneho Sigmunda z Bytessky miesstienina Stareho miesta pražského, od osluow manzelka, wyznawam tiemto listem, ze aczkoli zdrawa gsem panu Bohu diekugicz na tiele etc. toto mee poslednie poruczenstwie etc.; tak ze domy mee, winicze y wsseczkeren giny statek muoy, mowity y nemowity, bud zde w miestie nebo kdezkoli ginde, naczemzbykoli ten zalezal, budto na dluziech neb na ginych wieczech kterychzkoli, a gmenowitie ty dluhy za kossierze, za howorczowicze a za duom ten vffortny proti domu Magerowu, kteryz gsem prodala, y wsseczko ginee k czemuzbychkoli ya po gizgmenowanem Sigmundowi, manzelu mem, budto kssafftem geho neb ginak, kterakkoli prawo miela, nicz newymienugicz ani pozuostawugicz, dala sem dobrowolnie y moczy tohoto kssafftu a poslednieho poruczenstwie meho po mee smrti mocznie se wssim prawem mym diediczky a kwiecznosti otdawam Waczlawowi, synu memu, a geho dietem k gmienij, drzenij a poziwanij y s tiem sewssym spolecznie neb rozdielnie, kdyz a czoz sie gim libij nebo libiti bude iakzto s gich wlastnim k vczinienij, bez wsselikych lidij po mnye iakozkoli prawo mieti chtiegiczych otporu a przekazky. Tak wssak, aby tyz Waczlaw, syn muoy, dluhy gizgmenowaneho Sigmunda manzela meho y mee, komuzbychomkoli czo powinniti zuostali a kterzizby rzadem miesta tohoto byli okazani, kazdemu z statku po mnye zuostaleho zaplatie; y take wieczy czastopsanemu Sigmundowi, manzelu memu, swieczenee a k wiernee racze ik schowanij daree, kazdemu tak iakz kssafft geho vkazuge nawratie; potom take kazdy rok na den swateho Bartholomiege, wzdy po kopie gr. az do wyplnienie desieti kop gr. kostelnikom sw. Michala, aby dawal, a oni ge zakom do sskoly tehoz kostela na gich potrzebach dale bez zmatku a wsselikeho ginam obraczowanie wydawayte. Na potwrzenie y buduczij pamiet toho etc. Sigillum .... Datum feria quinta postquam Valentini Anno Domini M°CCCC°LXIII°.

Im Namen Gottes Amen. Ich Martha, Gemahlin des angesehenen Sigmund von Byteška, Bürger der Prager Altstadt (wohnhaft im Haus ‚Zum Esel‘ [?]*), bekenne mit diesem Brief, dass, wenngleich ich Gott dafür danke, dass ich mich körperlicher Gesundheit erfreuen darf etc., ich meinen letzten Willen errichtet habe etc., dergestalt, dass meine Häuser, Weingärten sowie mein gesamter übriger beweglicher und unbeweglicher Besitz, sei er nun hier in der Stadt oder andernorts, woran auch immer,* *seien es nun Schulden oder irgendwelche anderen Sachen, und namentlich diejenigen Schulden in Košíře, in Howorzicz und für jenes Haus an der Pforte* [?] *gegenüber dem Mager-Haus, das ich verkauft habe, sowie alles Weitere, was ich von dem bereits erwähnten Siegmund, meinem Gemahl, besitze, sei es nun durch das Geschäft oder irgendwelche anderen Rechte, nichts ausgelassen und vergessen, das vermache ich freiwillig und kraft dieses Geschäfts und letzten Willens nach meine Tode mit allen meinen Rechten erblich und dauerhaft Wenzel, meinem Sohn, und dessen Kindern zu Besitz, Eigentum und Nutzung, und zwar gemeinsam oder anteilhaft, wie es ihnen beliebt oder belieben wird, nach eigenem Gutdünken, ohne Behinderung und Widerstand irgendwelcher anderer Leute, die hierauf keine Rechte haben. Und so will ich, dass dieser Václav, mein Sohn, die Schulden des bereits genannten Sigmunds, meines Gemahls, sowie meine Schulden, wem immer ich dieses schuldig geblieben sein sollte und die durch die städtische Ordnung aufgezeigt werden können, einem jeden Gläubiger aus meinem hinterlassenen Besitz begleichen möge und auch diejenigen meines mehrfach erwähnten Gemahls Sigmund, einem jeden (Gläubiger), wie dies in seinem Geschäft aufgeführt wird; sodann soll er in jedem Jahr am Tag St. Bartholomäus einen Schock Groschen, bis die Summe von zehn Schock Groschen erreicht ist, an die Kirchendiener zu St. Michael geben, und diese mögen sie für die Schüler in der gleichnamigen Pfarrschule für deren Bedürfnisse verwenden, und zwar ohne alle Hindernis. Zur Bestätigung und zu künftiger Erinnerung etc. Sigillum ... Datum feria quinta postquam Valentini Anno Domini M°CCCC°LXIII°.*

122. [1463, Februar 22]
Bürgermeister und Rat der Stadt Schlan bezeugen, dass der Schneider Bartoš sein letztes Geschäft verfasste und dabei Aleš Krejčí und Thuoma Calles zu Vormündern seiner beiden Kinder aus zwei Ehen bestimmt hat. Seine zweite Gemahlin Dorotha erhält u. a. 50 Schock Groschen.
Státní okresní archiv Kladno: archiv města Slaný, Sign. III B a 5 (Siegelurkunde).
Regest: Soupis Nr. 1951.

Przed purkmistrem, toho czasu Barthossem Ptakem, a conssely priziseznymi Janem Waldekem, Thuomu Callesem, Janem Kossmakem, Alssem krayczim, Janem Ruothem, Waczlawem, rychtarzem, Bartoss Krayczi lezie na nemoczne posteli, wssak s dobrym rozmyslem a s dobru pamieti vczinil swe poslednie poruczenstwie ginak kssafft rzadem dolepsanym. Item nayprwe vczinil a vstanowil opatrnee muze Alsse krayczieho, Thuomu Callesu prawe a moczne porucziky dieti swych a toho wsseho statku, kterymz gey pan buoh nadielil, wierzie gim mimo wsseczky gine, ze to geho poruczenstwie podle wuole a vmysla geho zrziedie a zposobie tak, yakoz sie dolepisse. Item dietem geho sprwni zenu panij Elsku a druhym dietem s panij Dorothu po smrti dal a odkazal duom, wesken statek swuoy, mowyti y nemowiti, y dluhy bud na listech neb kdez koli; a z toho nayprwe, aby bylo wydano panije Dorothie, manzelcze geho, patesate kop grossuow wiena gegieho a potom dietem geho giz gmenowanym wssem spolecznie a narowny mezi nie rozdiel, wssak s takowuto wymienku, gestli ze by dieti poruczníkuow giz gmenowanych posluchali, pakli by ktery neb kteru nechtiel neb nechtiela posluchati a czo vczinil neb vczinila neslusneho proti wuoli porucznikuow a przatelske, tehdy porucznici nebudu gemu nebo gie powinnicz dati z toho statku tak, aby ztratil neb ztratila prawo swe. Dale oznamil gest ze osoby dolepsane w tiechto dluziech gsu gemu powinni yakoz pak registra toho dale swiedczie a porucznici ge magi. Toho na swiedomie peczet miestu nasseho dali gsme ktomuto listu przitisknuti. Actum Feria tertia Carnisprivii Anno Domini M°CCCC°LXIII°.

Vor dem Bürgermeister, derzeit Barthoš Pták, und den beisitzenden Schöffen Jan Waldek, Thuoma Calles, Jan Košmak, Aleš Krayčí [= Schneider – Th. K.], *Jan Ruoth und Václav dem Richter, hat Bartoš der Schneider, der im Krankenbett liegt, mit gutem Vorbedacht und gutem Gedächtnis seinen letzten Willen oder auch sein Geschäft in nachfolgender Weise errichtet. Item zuvorderst hat er die ehrenwerten Männer Aleš den Schneider und Thuoma Calles zu rechtmäßigen und bevollmächtigten Testamentsvollstreckern seiner Kinder und seines gesamten Besitzes ernannt und bestimmt, den ihm Gott der Herr verliehen hat, und er hat ihnen aufgetragen, sein letztes Geschäft entsprechend seinem letzten Willen und seiner Absicht in nachfolgender Weise auszuführen. Item den Kindern, die er mit seiner ersten Frau Elška gehabt hat, und dem anderen Kind, das er mit Frau Dorotha hat, hat er nach seinem Tode sein Haus vermacht, seinen sämtlichen beweglichen und unbeweglichen Besitz sowie die Schulden, seien diese nun in Briefen festgehalten oder auch auf andere Weise. Und zuvorderst sollen seiner Gemahlin Dorotha die 50 Schock Groschen ihrer Mitgift ausgezahlt werden und danach seinem bereits erwähnten Kind, allen gemeinsam und zu gleichen Teilen, jedoch mit der Ausnahme, nur wenn die Kinder den bereits genannten Testamentsvollstreckern Folge leisten; sollten sie dies nicht tun oder aber sich gegen den Willen der Testamentsvollstrecker ungehorsam stellen, dann sollen Letztere diesem* [*Kind*] *bzw. diesen* [*Kindern*] *nichts geben und das Kinder bzw. die Kinder ihr Recht auf ein Erbteil einbüßen. Des Weiteren hat er bekannt gegeben, dass die unten genannten Personen ihm folgende Schulden noch nicht beglichen haben, wovon das Register Zeugnis ablegt und welches die Testamentsvollstrecker besitzen. Dieses zu bestätigen haben wir das Siegel unserer Stadt diesem Brief beigefügt. Actum Feria tertia Carnisprivii Anno Domini M°CCCC°LXIII°.*

123. [1464, Januar 3]
Bürgermeister und Rat der Stadt Schlan bezeugen, dass Jakub Machuta sein letztes Geschäft errichtet hat. Der Testierer hat darin seinen Bruder Marek zum Terstamentsvollstrecker bestimmt.
Státní okresní archiv Kladno: archiv města Slaný – III Ba 6 (Siegelurkunde). Regest: Soupis Nr. 2015.

Przed purgmistrem toho czasu Waczlawem Nowinku a conssiely tiemto Janem Krssnialem, Woytiechem Bnil [?], Martinem Liczanskym, Janem postrzihaczem, Waczlawem, richtarz, Jakub Machuta lezie nanemoczne posteli, wssak s dobrym rozmyslem a s dobru pamieti vczinil swe poslednie poruczenstwie jynak kssaft rzadem dole psanym. Nayprwe Wanka, bratra sweho, czini moczneho porucznika, aby Duorzie zenie geho, a dietem geho raden a pomoczen byl v gich potrzebach a ktomu Duorzie gmenowane zienie swe y dietem swym dal a wodal duom y wsseczky swe wieczi, mowite y nemowite, bez prziekazky wssech przatel y wsselikeho czlowieka. Item tyto dluhy zuostal dluzen. Item Kubiczkowi dluzen IX gr. Panu Waczlawowy Nowinkowi XII gr. Pacholku Odchleby II kop. Item Brzizowi Rynikowi IX gr. Bichowi sladowniku za struh pssiencze. Item Lucssowy za II struhy geczmene. Item Bessniakowy za piwo IIII gr. Item Duorzie, sestrzie swe, z Greczowicz dluzen III gr. Item zuostali gemu dluzni Hertwik III kop XX gr. Item Witkowa Wodakowa Duorzi na matie X gr., aby Duora giz gmenowana wynpominagiczi dluhy, aby zaplatila a na geho dussi nenechawala. Actum Feria tertia ante Epiphaniam Domini Anno Domini M°CCCC°LXIIII°.

Vor dem Bürgermeister, derzeit Václav Nowinka, und den Ratsherren, nämlich Jan Kršnial, Vojtšch Bnil [?], *Martin Ličanský, Jan Postřihač und Václav, Richter, liegt Jakub Machuta im Krankenbett, doch hat er mit gutem Vorbedacht und mit gutem Gedächtnis seinen letzten Willen oder auch sein Geschäft in nachfolgender Weise errichtet. Zuvorderst ernennt er Waněk, seinen Bruder, zum rechtmäßigen Testamentsvollstrecker, damit er Duora, seiner Gemahlin, und seinem Kind mit Rat und Hilfe zur Seite stehe, wenn diese seiner bedürfen; und darüber hinaus hat er seiner schon genannten Frau Duora und seinem Kind sein Haus und allen seinen beweglichen und unbeweglichen Besitz vermacht, ohne Hindernis von Seiten seiner Freunde oder irgendwelcher anderer Personen. Item nachfolgende Schulden ist er schuldig geblieben. Item Kubíček schuldet er IX gr., Herrn Václav Nowinka XII gr., dem Jungen* [?]*e für Brot* [?] *II Schock. Item Břiz Ry*[b?]*ník IX gr., dem Mälzer Bich einen Scheffel Weizen. Item Lucš für zwei Scheffel Gerste. Item Bešniak für Bier IIII gr. Item Duora, seiner Schwester aus Greczowicz, schuldet er III gr. Item sind ihm schuldig geblieben. Hertwik III Schock XX gr. Item Witkowa Wodaková* [?] *Duora für Minze* [?] *X gr., die soll die bereits genannte Duora erlassen* [?], *damit sie die Schulden begleiche und diese nicht ihre Seele belasteten. Actum Feria tertia ante Epiphaniam Domini Anno Domini M°CCCC°LXIIII°.*

124. [1464, Juli 27]
Testament des Pilsener Bürgers Šimon Waczkowicz. Dieser vermacht u. a. umfangreiche Legate an Hausrat, Schmuck etc. An Arme sollen Butter und Käse verteilt werden. Ornate, Bücher, 2 Truhen und andere Sachen sind für einen „Doktor der Prager Kirche“ bestimmt.
Archiv města Plzně. Hdschr. N 223, fol. D 6 (Abschrift).
Edition: Strnad, Listář král. města Plzně 2, S. 102-104, Nr. 115 (Auszüge).[129]

[129] Online abrufbar unter http://147.231.53.91/src/index.php?s=v&action=jdi&cat=18&bookid=399&page=102&action_button.x=0&action_button.y=0 (08.09.2017).

My Procop Ress, richtarz, Jan Panosska, toho czasu miesto purkmistra, a Procop Swiniak, consselee przyseznij a miesstiance miesta Nowehoplznie, znamo czynime tiemto listem obecznie przedewssemi, a swiedczyme, ze mudry a opatrny muz Ssymon Waczkowicz, nass spolumiesstienin, leze na smrtedlne postely, acz koliwiek gsa nemoczen natiele, wssak dobreho rozumu y plne pamieti gesstie poziwagie, nas naswiedomie ktomu przywolaw a przyprosiw, a to swe poslednie rozkazanie z statku sweho, gemu od pana boha poyczeneho, tak aby po geho smrti yzadnij swarowe ani ktere roznicze mezys geho przately newzikli, vczinil gest a moczij listu tohoto czynij takowuto. Naiprwe z domu, kdyz by prodan byl, rozkazal gest, aby dano bylo Janowi Camprlowy trzydczet kop gross. Item Janie kucharzcze, odkazugie a dawa cztyrzy kopy gross., duchnu polsstarz, perzynu, dwie podusscze, dwie prostieradle platenne, a zelenu sukni platnem podsstitu. Item Katherzynie Piestuni odkazugie a dawa cztyrzy kopy gr., duchnu perzynu polsstarz, dwie podusscze, dwie prostieradle platenne, dwie sukni, gednu zelenu z bieliznami, a druhu czrwenu platnem podssitu. A czozby wiecze mimo duom pozuostalo peniez, kdyzby prodan byl, to splniecz tiem, iakoz gim gest dotczeno, to odkazugie poruczie adawa nadielo kostelnie swateho Bartholomiegie. Item Katherzynie, dczery swe, odkazugie, poruczie adawa dwa piwowary smiesstisstiemi s panwiemi, kterazto lezie przed branu prazsku y sewssimi prawem a przyslussenstwim, czoz knim przysslussie od dawna; a k tomu gij odkazugie ginee wsseczko hospodarzstwie, czoz gest wdomu, bud toho mnoho anebo malo, y giny wesskeren statek, mowity y nemowity, kterymzby gmenem mohl gmenowanij byti, anebo czozby geho pozuostalo potomto rozkazanij komuz gest giz rozkazal. A gestli, zeby pan Buoh neuchowal a vmrzela let prawych a rozomnych nedoyducz, tehdy ten wesskeren statek ponij puzostaly, poruczie wzakzugie a dawa, aby wydan byl dielem prawym na diela kostelnie swateho Bartholomiegie, Ssereho a Czrneho klasstera. Item pas pozlaczeny, weliky, prstenky zlatee, y to czoz gest od strziebra menssieho a drobnieyssieho iakozto lzicze, zwoncze a ginee wieczy, to odkazugie a dawa na mostranczy k tielu boziemu k kostelu swateho Bartholomiegie. Item dawa pastky, geden pozlaczeny, druhy strziebrny, a trzetij muzsky pas strziebrny, a paterz koralowy, weliky, to odkazugie a dawa na dielo klasstera Sseereho. Item czoz gest masla a syra, to aby mezy chude rozdali. Item czoz gest peniez hotowych, to napotrzeb odkazugie a skrze porucznky geho wdolepsanee, aby rozdano a zprawowano bylo, a czoz by pozuostalo, to aby na skutky milosrdnie rozdielili. Item chmel wesskeren nadielo klasstera Czrneho odkazugie. Item czoz gest ornatuow, knieh, dwie truhle y gineho, czoz gest iakoz gest registrowano skrze doctora prazskeho hradu, to aby wydano bylo, skrze geho poruczniky, doctorowi kostela prazskeho anebo komuzby on rozkazal; aginak nicz yzadnemu ginemu, aby wydano nebylo, budto duchowniemu anebo swietskemo, nebo gest przedkom geho a gemu tak swierzeno bylo, aginak nicz, kterehozto rozkazanie swrchupsaneho, za moczne poruczniky krzezenij a kprawowanij, mudree a opatrnee muze Smila rzeznika a Janka Thomasskowicz, miesstiany plzenske, vczinil gest a moczij listu tohoto czynij, gim zapraczy rozkazaw, popieti zlatych vherskych, zadnu swrchupsaneho, kdyzby sie prodal aby wzeli, a ktomu rucho geho chodicze, czoz gest take gim rozkazal a dal, aby sie oto rozdieli, gim douffagie a wierze, ze toto geho rozkazanie swrchupsane skutecznie k konczy waducz wiernie zprawowati budu; y dietatko Katherzynku opatrugicz, gij k dobrym mrawom weducz, aczby gij pan Buoh kletom rozomnym przygiti dal, jakoz gim toho nechal douffa a wierzij. A wtomto poruczenstwi, aby gim przekazeno nebylo, yzadnym prawem budto duchownim anebo swietskym nebo czoz gim gest poruczil tuto poruczil toho gim gest plnu mocznost dal kzprawowanij bezewssie wtom przekaznosti. Tomu wssemu ku pewnosti anaswiedomic ku prosbie nadepsaneho Ssymona Waczkowicz nassie peczeti wlastnie s nassij woli awiedomim ktomuto listu gsme przywiesiti kazali. Genz gest dan y psan leta od narozenie syna bozieho tisiczeho cztyrzsteho ssedesateho cztwrteho, ten patek po Swatem Jacubu Aposstolu wietcziem.

Wir Prokop Reš, Richter, Jan Panoška, derzeit Bürgermeister, und Prokop Swiniak, beisitzende Schöffen und Bürger der Stadt Neu-Pilsen, bekennen mit diesem Brief allgemein und vor allen und bezeugen, dass der weise und ehrenwerte Mann Šimon Waczkowicz, unser Mitbürger, auf dem Sterbebett liegt, doch wenngleich er körperlich krank ist, über einen guten Verstand verfügt und ein volles Gedächtnis noch besitzt und uns zu Gezeugnis hierzu gebeten und gerufen hat, und seinen letzten Willen von seinem ihm durch Gott den Herrn verliehenen Besitz errichtet und kraft dieses Briefes in nachfolgender Weise festgelegt hat, damit nach seinem Tode keinerlei Streitigkeiten und Unbill zwischen seinen Freunden entstehe. Zuvorderst von dem Haus, wenn es verkauft werden sollte, hat er befohlen, dass Jan Camprl 30 Schock Groschen gegeben werden sollen. Item der Köchin Jana vermacht und gibt er vier Schock Groschen, ein Oberbett, ein Kissen, ein Federbett, zwei Kopfkissen, zwei Bettlaken aus Leinen sowie einen gelben Rock mit leinenem Futter. Item Kateřina Piestun vermacht und gibt er vier Schock Groschen, ein Oberbett, zwei Kopfkissen, zwei (weitere) Kissen, zwei leinene Bettlaken, zwei Röcke, einen gelben mit weißem Untergrund, und den anderen mit rotem Futter aus Leinen. Und sollte außer dem Haus noch Geld übrig bleiben, nachdem das Haus verkauft ist, dann vermache und gebe ich dies, wie ausgemacht, an die Kirche St. Bartholomäus. Item Kateřina, seiner Tochter, vermacht und gibt er die beiden Brauerein mit Grund und mit Tiegeln [?], *gelegen vor dem Prager Tor, mit allen Rechten und Zubehör, was seit alters her dazu gehört; und hierzu vermacht er ihr seinen gesamten Hausrat, sei es nun viel oder wenig, sowie allen anderen beweglichen und unbeweglichen Besitz, der aufgeführt werden könnte bzw. das, was noch übrig bleiben sollte, sofern es nicht durch diesen letzten Willen bereits vermacht wurde. Und sollte Gott der Herr Kateřina nicht am Leben belassen und sie noch vor Erreichen der Volljährigkeit versterben, dann vermache und gebe ich den gesamten nach ihrem Ableben verbliebenen Besitz zu gleichen Teilen an die Kirche St. Bartholomäus, das Graue und das Schwarze Kloster. Item einen großen vergoldeten Gürtel, goldene Fingerringe und das, was von geringerem Silber*[*gehalt*] *und kleiner ist, wie Löffel, Klingelchen und andere Dinge, die vermacht und gibt er für die Monstranzen, bestimmt für den Corpus-Christi-Altar in der Kirche St. Bartholomäus. Item gibt er drei* [*kleinere*] *Gürtel, einen vergoldeten, einen silbernen und einen dritten versilberten Männergürtel, einen Korallenkranz, groß, dies alles vermacht und gibt er in das Graue Kloster. Item, was Butter und Käse anbelangt, die sollen unter Armen verteilt werden. Item, was die Barschaft anbetrifft, die vermacht er durch seine unten genannten Testamentsvollstrecker, die sollen sie verteilen und verwalten; und was davon übrig bleiben sollte, dies möge man für mildtätige Werke aufwenden. Item sämtlichen Hopfen vermacht in das Schwarze Kloster. Item, was die Ornate und Bücher anbetrifft sowie zwei Truhen und sämtliche anderen Sachen, die durch den Doktor der Prager [Kirche] registriert sind, dies sollen seine Testamentsvollstrecker dem Doktor der Prager Kirche geben oder wem er dies geboten hat; und darüber hinaus soll nichts an irgendwelche anderen Personen gegeben werden, egal, ob geistlichen oder weltlichen Standes, denn es wurde seinen Vorfahren und ihm selbst anvertraut; und zu bevollmächtigten Testamentsvollstreckern dieses seines letzten Willens hat er die weisen und ehrenwerten Männer Smil den Fleischer und Janek Thomaškowicz, Bürger der Stadt Pilsen, kraft dieses Briefes bestimmt, denen er für deren Arbeit jeweils fünf ungarische Gulden vermacht; und was seine Kleidung anbetrifft, da hat er ihnen aufgetragen, die mögen sie unter sich aufteilen, da er ihnen glaubt und vertraut, dass sie diesen seinen letzten Willen, wie er oben beschrieben worden ist, wirklich und vollständig verwalten und erfüllen, sich um seine Tochter Kateřina kümmern und diese zu frommen Sitten erziehen, sofern sie Gott der Herr ihre Volljährigkeit erreichen lässt. Und bei der Erfüllung dieses Testaments sollen sie nicht gehindert werden, durch keinerlei Recht, weder geistliches noch weltliches, sondern er hat ihnen alle Vollmachten gegeben, diesen seinen letzten Willen ohne alle Hindernisse zu erfüllen. Hierzu haben wir zur Sicherheit und zu Gezeugnis auf Bitten des oben genannten Šimon Waczkowicz unsere eigenen Siegel wissentlich diesem Brief beigefügt. Der gegeben und geschrieben ist im Jahre Eintausendvierhundertvierundsechzig nach Christi Geburt, an diesem Freitag nach Sankt Jacobi Appostoli.*

125. [1464, August 8]
Uršula, Witwe des Müllers Jan Auditur, vermacht ihren gesamten Besitz ihrer Tochter Anna und deren Kindern.
Archiv hlavního města Prahy, Hdschr. 2094, fol. D 41r (Abschrift).[130]

Pana Boha wssemohuczieho zapomoczy zadagiczy. Ja Vrssula, wdowa dobre pamieti niekdy dobre pamieti Jana rzeczeneho Auditor mlynarze manzelka, znamenagiczy tento czas nynieyssi etc. A wtom odkazugi pome smrti wessken statek muoy, kteryz mam, bud geho malo nebo mnoho, Annie, dcerzi swe od hory s dietkami gegimi; a gestli, ze by taz Anna vmrzela, aby to wsseczka na dietky gegi spadlo; pakliby dieti zemrzeli, aby to zasie na Annu, matku gich, spadla podle prawa. Dale vmrzelaliby Anna y wsseczkni dieti dielowe wssiczkni, aby spadli na Madalenu, sestru mu, a na Jacuba a na Jana, bratry me, ke gmieni, k drzeni a k diediczkemu wladarzstwi, wzdy wssak wymienugicz gestli ze by dieti swrchupsanee przedlety dospielymi zemrzeli. [Sigill. etc. Act. feria secunda ante festum Sancti Bartholomei.]

Die Hilfe Gottes des Allmächtigen erbitte ich. Ich Uršula, Witwe und einst Gemahlin des seligen Müllers Jan genannt Auditor, [errichte] angesichts der jetzigen Zeit etc. Und hierin vermache ich nach meinem Tode meinen gesamten Besitz, den ich habe, sei es nun viel oder wenig, Anna, meiner Tochter aus Kuttenberg und ihren Kindern;

---

130 Online abrufbar unter http://katalog.ahmp.cz/pragapublica/permalink?xid=E1BD352FB72711DF820F00166F1163D4&scan=237#scan238 (08.09.2017).

und sollte es geschehen, dass diese Anna stürbe, dann soll alles auf ihre Kinder fallen; stürben freilich die Kinder, dann fallen deren Erbteil von Rechts wegen wieder an Anna, ihre Mutter. Sollten sowohl Anna als auch ihre Kinder versterben, dann gehe der Besitz an meine Schwester Magdalena und an meine Brüder Jakub und Jan zu Besitz, Eigentum und erblicher Nutzung über, stets freilich nur dann, wenn die oben genannten Kinder vor Erreichen ihrer Volljährigkeit stürben. [Sigill. Etc. Act. Feria secunda ante festum Sancti Bartholomei.]

126. [1465, September 30]
Margeta Kantorowá, Bürgerin in Pilsen, verfügt zu ihrem Testament einen Willebrief für die Testamentsvollstrecker (Freiwilligkeit betont), die niemand an der Ausführung hindern solle. An den testamentarischen Verfügungen selbst ändert die Vfn. nichts.
Původně v muzeu Plzně, Sign. 283/156, 44.
Archiv města Plzně, I, 177 (Siegelurkunde).
Edition: Strnad, Listář král. města Plzně 2, S. 109-110, Nr. 122.[131]

Ja Margetha Kantorowa, miesstka w Nowem Plzni, znamo czinim tiemto listem wssem nenieyssiem y buduczіem, ktoz tento list uzrzi anebo cztucze slisseti budu, zie widuczi pad a neustawicznost swieta tohoto a smrtedlnost lidsku a ze wzdy vmrzeti, alle hodiny ani dne smrti newieduczi, potaz sama zsebu vzawssy y dobrymi przateli swymi moczny list tento porucznikom swaym vczinila gsem po kssafftu swem dobrowolnie Smilowi rzeznikowi, Janowi Kumpanowi, miesstianom winowen w Nowem Plzni, wto aby gim zadny newkraczel ani gim ktere przіekazy czinil ani pan purgmistr ani pani consselee ani zadnay giny swietsky ani duchowny ani przatelee a zadnemu, aby stoho kssafftu neodpowiedali ani pocztu dielali ani se komu wtom spawowali, a tiem porucznikom nahorzepsanym proti memu mocznemu tomuto listu zadnay czlowiek nema zadne przіekazky, cziniti a chczi, aby proti nim spomoczno zadnemu nemohlo byti; a gestli zie by kto z przatel gegich, bud swietsky neb duchowni a nebo kto giny wytrhna se chtiel gim zmatky sudy anebo pracze niektere proti tomuto memu mocznemu listu cziniti proti takowemu kazdemu nesweho, ale z gegiho statku magi naklady cziniti; a gestli zieby sie statku nedostalo pogegi smrti kubranie gim nahorze psanym porucznikom plna mocz dawam gim kteraych gsem sto kop przidala nazadussy aby ty wyzdwihly a tiem gsie branili anaklady z toho czinili se nedaducz vtisknuti zadnemu ziwemu; a w tom aby gim zadny nerozkazowal ani z toho sstrafowal a pocztu, aby stoho zadnemu neczinili a prawo y zadne ani swietske ani duchowni; aktera mocz nema gim wtom mem moczneem listu nadepsanym porucznikom majm Smilowi rzeznikowi, Janowi Kumpanowi, miesstianom w Nowem Plzni, moczi zadne cziniti, yakoz pak wierzim panu purgmistru y panom consselom nenieyssiem y buduczіem y wssi obczi, zie przi tomto meem mocznem listu budu zachowany, yakoz su mi slibili.

131 Online abrufbar unter http://147.231.53.91/src/index.php?s=v&action=jdi&cat=18&bookid=399&page=109 &action_button.x=0&action_button.y=0 (08.09.2017).

A ya Margreta Kantorowa nahorze psana tiemto mym mocznym listem kssafft swuy, w nicz obraczugi kdyz oni wydadie, czo gsem komu rozkazala, kdyz geden znich kwitowan bude, tehdy sou toho prazni oswietskych y odduchownich a swobodni. A chczi, aby zadne prawo swietske ani duchowni nanie wiecze nesahali ani zadna mocz. Toho napewnost a dalssie swiedomie swu sem wlastnie peczet ktomuto listu prziwiesyla a prodalssie swiedomie prosyla sem mudrych a opttarnych panuow, pana purgmistra a conssieluow panuow mych miesta Noweho Plznie, a ktomu prosyla sem vrozeneho pana Busska z Wrtby a z Dolan a vrozeneho panossy Wilema z Chrzinowa, zie su swe peczeti naswiedomie wedle me ktomuto listu memu mocznemu prziwiessyli sobie bez sskody genz gest dan a psan letha od narozenie syna boziho tissyczeho cztyrsteho ssedesateho pateho ten pondieli po swatem Waczlawie.

Ich Margeta Kantorowá, Bürgerin in Neu-Pilsen, bekenne mit diesem Brief vor allen jetzigen und künftigen [Menschen], die diesen lesen werden oder vorgelesen bekommen, dass ich im Angesicht des [Ver-]Falls und der Unbeständigkeit dieser Welt und der menschlichen Sterblichkeit, wissend, dass wir alle sterben müssen, jedoch nicht den genauen Tag des Todes kennen, meine guten Freunde zu Rate gezogen habe und freiwillig diesen Willebrief für meine Testamentsvollstrecker Smil den Fleischer und Jan Kumpan, Bürger zu Neu-Pilsen, angefertigt habe, damit ihnen niemand irgendwelche Hindernisse in den Weg legt, weder der Herr Bürgermeister noch die Herren Ratsherren noch irgendeine weltliche oder geistliche Person noch Freunde; niemand soll gegen die in meinem Testament festgehaltenen Bestimmungen verstoßen oder meinen oben genannten Testamentsvollstreckern irgendwelche Schwierigkeiten bereiten; deshalb habe ich diesen Brief verfasst, damit auch keiner meiner Freunde noch irgendwelche weltlichen oder geistlichen Personen hierin eingreifen und gegen diesen meinen Brief verstoßen und Ansprüche auf meinen Besitz erheben; und sollte es geschehen, dass sie den Besitz nach ihrem Tode nicht erhielten, gebe ich zur Sicherung den oben genannten Testamentsvollstreckern die volle Macht, dass sie die 100 Schock Groschen dazugeben für die fromme Zwecke, die sollen sie nehmen, wobei sie kein lebender Mensch hindern soll; und niemand soll ihnen irgendwelche Vorschriften in dieser Sache machen; also soll keinerlei weltliche noch geistliche Gewalt sie hierin hindern, das heißt meine bereits genannten Testamentsvollstrecker, nämlich Smil den Fleischer und Jan Kumpan, Bürger in Neu-Pilsen. Und ich glaube dem Herrn Bürgermeister und den Herren Ratsherren, die da jetzt sind und die da dereinst sein werden, sowie der ganzen Gemeinde, dass sie diesen meinen Brief aufbewahren, wie sie mir das versprochen haben. Und ich, die oben erwähnte Marketa Kantorowá, ändere kraft dieses Briefes nichts an meinem Geschäft, sondern es gilt, was ich darin angeordnet habe. Sollte einer von ihnen dies quittieren, dann sind sie also frei von anderen weltlichen und geistlichen Vorschriften und können frei entscheiden. Und ich will, dass keinerlei weltliches oder geistliches Recht noch irgendwelche Macht in die Ausführung meines Testaments eingreife. Dieses zur Festigung und zur weiteren Kenntnis habe ich mein eigenes Siegel diesem Brief beigefügt und auch die weisen und ehrenwerten Herren, den Herrn Bürgermeister und die Ratsherren der Stadt Neu-Pilsen, und auch den hochgeborenen Herrn Bušek von Wrtba und von Dolein sowie den hochgeborenen Edelmann Vilem von Chrzinow gebeten, dass sie ihre Siegel neben dem meinen diesem Briefe zur Sicherheit ohne Schaden beifügen mögen. Der gegeben und geschrieben ist im Jahre Eintausendvierhundertfünfundsechzig nach Christi Geburt, an diesem Montag nach St. Wenzel.

127. [1466, Mai 20]

Dorothea, Witwe des Olmützer Bürgers Andreas van Nimlans, errichtet ihr Testament und bestimmt ihren Sohn Caspar zum Haupterben. Dieser soll in der Stadtpfarrkirche St. Moritz einen Altar stiften und diesen mit immer brennenden Kerzen für das Seelenheil der Verstorbenen ausstatten. Weitere Familienangehörige werden mit Geldlegaten bedacht.

Státní okresní archiv Olomouc: archiv města Olomouce, Hdschr. 166, fol. 196rb-197vb (Abschrift).

Edition: Spáčilová/Spácil, Památná kniha olomoucká, S. 425-427.

In dem namen gotes amen. Noch Christi gepurt M°CCCC yn dem LXVI iare, am dinstag noch der aufersteung unsers lieben heren, bekennen ich Dorothea, des erbern Andreas van Nimlans gelossen eeliche frau, offentlichen, das ich erkant hab, das nichts gewissers ist, den der leiplich tod, und ungewissers, wen die stund des todes, dorumb ich mit gutter vornunft und mit wolbedachtem mut, mit krankemn leib, ader mit vornunftiger besinlichkait mein leczte maynung, geschafft und schickung meines guttes, das mir got der almechtig vorliehen hot in meinem leben, schick und schaff in solher weisse, als hernoch geschriben stet. Item zum ersten schick ich und mach meinen lieben son Caspar ein erbling udn ein besiczer aller meiner guͤtter, die ich hab, beweglich und auch unbewglich, varund und unvarund, stennde ader ligunde, erbe und dorczu alle gerad nichtsnicht ausgenommen, wie sie moͤgen genant werden und vortrau im, da ser dovon handlen und thun wirt, als ich hie schick und schaff. Item durch meinen sel selikait und auch mainen vorfodern schick und schaff ze stiften ain altare in der kirchen sand Mauricen, got dem heren zu lob und zu er auch dem heiligen zwelfpoten send Andrea und ander gotes heiligen, wo er beqwemlich stund stiften. Dorczu ich gib und benym 11 mark zinse, wie man diselbigen kaufen mag umb gulden adir kleine muͤncz, 10 mark dem alter heren ewiklich zu pleiben und die ein umb wachs zu beleichten den altar das gancze jor. Dorczu auch ich schick und schaff ein silberens ubirgoldens kepfel zu einem kelich und zway klaine kreuczel silberene, da sal man eins doraus machen und sal dasselbig auch geben zu dem altar und mein son Caspar sald as ausgeben noch meinem tod meinem bruder, da ser das gebrauche seine lebtag und dornach, wen got an meinem bruder ich thet und ruͤffet in von diesse werlt, so sal man das nyemand vorleihen wen dem Bernhardino, meinem enenkel, also verre al ser sich zu geistlichkait und ordenung der pristerschaft wurd halden. Geschech es adir nicht, so sollen die das zu vorleihen werden haben umb gotis willen geben einem armen prister, der das notdorft hiet und das lehen behald ich zum allerersten meinem son Caspar und seinen erben, ab im sie ymmer got geb, und dornoch meinem bruder und auch den andern erben, die aus meinem geslecht kummen werden. Wer es aber sach, das sie alle mit dem leiplichen tod von dieser werlt schiden, so will ich das das lehen anfallen al die erber bruderschafft des werden leichnam unsers heren zu send Mauricio der weinschenken. Item die wasserperl, die da sind in der truhen und auch an den praissen, und das gros kranczel, doraus sal man machen zway ader drey omeralia, als vil als mag doraus werden, eins zu dem roten ornat zu send Mauricio, den ich geczeuget hab, das andernzu dem altar, und ein spul golt, die auch dorpey lait, adir das kleine kranczel, das sal man geben der Katherina, meinem enenkel, wen sie derwu^{e}chs. Wer es aber sach, das sie abging in kindlichen iaren, so sald as an meinen sone Caspar kummen und gevallen, da ser domit hot zu thun und zu lassen nach seinem vornnft. Item noch gescheft seines vaters Stenczlaws seligen gedechtnuss benymbt ist im warden 100 mark vaterlichs erbtail und dorczu anfalsweise von seinen geswistern im Stanislao angevallen ist. Auch namlich hundert mark, wiewol im nicht als vil gepu^{e}ret umb des willen, ich meinen anfal und tail faren las, was die kinder, die vorschiden sein, an mich vorstorben hietten und dasselb vaterlich erbtail udn auch den anfal von seinen geswistern, das sal mein son Caspar lediklich ausgeben der Cordula und iren kindern. Item pey meinem leben noch meines liben sones tod, weil ich krank pin gewesen, hab ich, der Cordula, meiner snu^{e}r, geben vor erber leuten von meinem gitten willen ein silberen gu^{e}rtel ubirgolt mit engeln auf einen ploben porten. Im besunderlich hot sie enphangen noch meines sones tode funfczig guld. an groschen und phennig, vil ader wenig, das den als in die tailung sal sein gekummen von rechtis wegen. Das hab ich ir und iren kindern als gelassen besunderlich doch von meinem eigen gu^{e}tt, das mir erplich zugeho^{e}rt, dorein mir nyemends zu sprechen hot noch mag. Den zwaien kindern Andrea und Katherina schaff ich und schick 400 guld., das in die gegeben werden von meinem son Caspar, wen sie mundig wurden. Wer es aber sach, das ymmer abgingen yn kindlichen iaren mit dem tode, so sald as wider gevallen an meinen son Caspar ader an seine erben, als namlich die 400 guld. Item ich schick und schaff der Cordula, meiner snur, ein schol ader kachil silberen und funf silberen leffel und ein rotis decklach von gewant, ausgenet mit seiden. Item auch in der truhen sind zway par ermel, die sal man geben zu einem fu^{e}rhang zu dem altar. Wer es aber sach, das diesel wold behalden mein son Caspar, so sal man im sie lassen widerfaren in einer summa gelt und umb dasselbe ein andern fu^{e}rhangk kaufen. Item noch Stanislai, meines sones, tod, dem got genad, noch vorschickung seiner sel selikait hab ich ausgeben, was er vorschikt hot, wol be 60 mark., das ich hiet wol mo^{e}gen abcziehen an seinem tail, das hab ich als lassen varen und hab im dasselbig wol gegunt. Item ich schick und schaff, das mein son Caspar dem Bernhardino, meinen enenkel, von allem dem, was da ist, zu der lerungen zu hilf geb 40 guld. nicht miteinander, sunder zcu ainczig, wen im das not were. Dopey er auch gedenck seiner omfrau und pitt got vor sie, wenn ich im auch yeczund vorraicht hab 20 guld. Item der Barbara, die der Hlade hot genommen, die mein dienerin ist gewest, sal mein son Caspar geben 5 mark, da sir auch umb iren dienst genug geschech. Item der Ssindler ist mir schuldig 100 guld, die ich im geliehen hab zu sand Elzpeten tag, dovon nyemand wais, wen ich und er und seiner swager St(e)phan sneider, das ander, das in der gemain ist, das hot beschriben mein son Caspar und wen er dieselbigen zolen wirt, so sal man im doran ablassen 30 guld, dorumb, da ser unser diener nicht sey umb sunst gewesen. Item zu dem pettgewant, das die Cordula zu meinem sone gebracht hot, das sal man ir widergeben und dorczu zway pett, ein u^{e}ntters und ein u^{e}bers, zway ku^{e}ssen und ein polster und das uberig sal bleiben meinem sone Caspar. Item die klaider, die da sind gewesen meines sones Stanislai, dem got gnad, vil ader wenig, reck adir mantel, pelcz adir schauben, ioppen adir hossen, die sollen alle pleiben meinem son Caspar, pis das die waissen derwu^echsen, so sal er in genug dorumb thun. Item das ander hausgereith, ssu[e]sseln ader kondeln, pecken ader kessel, pfann ader reynn, wie dasselb mag genant werden, gros ader klein, nichts ausgenommen, das sal alles pleiben meinem sone Caspar. Item auch grosse pecken, das schaff ich meiner snu[e]r Cordula, da sir das gegeben wer von meinem sone Caspar. Item meine klaider, die ich hab, der nicht vil sind, ro[e]ck adir mantel, pelcz adir ku[e]rschen sal man vorkaufen und sal man dieselbigen anwenden zu meiner sel selikeit. Item ich schick und schaff, das die hergewett, panczer adir kragl, armbrust adir spiss, clain adir gross, wie es genant mo[e]cht werden, auch tisch und benk, almerain adir sidelen und as, was ir benumbt ist warden, das sal alles pey dem haus und meinem sone Caspar beleiben. Item ich hab der Cordula alles das gelassen, was ir zu der hochczeit ward, ist es sey vil ader wenig, wie das mag sunderlich genant werden adir ist, das sie dann in irer gewalt hot. Item ich schick und schoff das silbernen gereith, das da nymmer taug zu nu[e]tczen, das sal mein son Caspar vorkaufen da sim das zu hilf ku[e]ms zu ausrichten das geschafft. Item ich schick und schaff, das mein son Caspar zu dem pau der kirchen sand Mauricen geb 10 mark nicht miteinander, sunder alle sonnabent den arbeitern, als lang als wert. Item ich schick und schoff, das mein son Caspar noch meinem endt des vorgenglichen lebens gab 10 mark in den thumb zu einem iortag mi rund meinen vorfodern, wovon das gu[e]tt gekummen ist, wenn ich auch beger daselbst zu ruen und zu rosten. Item ich schick und schaff auch meinem bruder her Hanusen, pharrer zu send Peter, ein silberner kachil mi teinem vorgolten rannt auch dorczu 50 guld. und ich bephel im meinw sel, da ser meiner treuer capplan sey, und pitt got den herren treulich vor mich. Auch noch der gewonhait und ordenung und freiung der erbern stat von Olomuncz und noch irem rectr benym ich mir meine gescheftleut auszurichten meinen leczten willen udn meiner sel selikait. Das ich hab lassen beschreiben mit willen des stadtschreibers und hab das lassen lesen vor den erbern gesworen des ratis, der yczund sitczund ist, namlichen vor Andreas tuchmacher von Romhof und Erasimo Lichtenawer, fleischhacker, die ich sunderlich darczu gebeten begert und geru[e]fft hab und besunderlich yczund nenn die geschefftleuth, zum allerersten meinen lieben son Caspar, dornach den ersammen und weissen manne Schonhanussen messrer und auch den erbern manne Nicolaum Erlhaupt und Mathiam Ssindler und pitt sie umb gotis willen , das sie werden fu[e]rsteen und getreulichen raten meinem sone Caspar und auch den waissen. Und dorumb zu einer pesser sicherhait und bestetigung aller ding und ordenung, die in diesem brief sein geschriben, hab ich mit diemutikait gepeten den erbern rate der stat Olomuncz, das sie ir stat insigel mit wolbedachtem mut haben zu diesem brief gedrucket. Actum tempore Schonhannus, magistri civium, Wenceslai Krener, Stanislai Sskoch et Iohannis Link, consulum, ceterorumque iuratorum. Et signatum in librum civitatis es iussu dominorum et seniorum tempore Nicolai Strumphel, magistri civium, Nicolai Gersstner, Wenceslai Rudel et Nicolai Erlhaupt, consulum, ceterorumque iuratorum.

128. [1467, Oktober 16]
Testament des Vavřinec von Celkovice aus Tábor, der seinen letzten Willen freiwillig errichtet. Seine „liebe Gemahlin" Anna erhält u. a. 10 Schock Groschen, sämtliche Kleidung, die sich in der Kammer befindet sowie ein Pferd (!). Mehrere Personen sollen Militaria erhalten, u. a. ein Halsband (Teil der Schutzausrüstung), eine Soldatenbluse sowie eine Pavese.
Státní okresni archiv Tábor: Exzerpt K. J. Erben, fol. 3 (Abschrift).
Edition: HT 1 (1978), S. 64-65.

Wegmeno Bozie amen. Ja Wawrzinec z Celkowicz, znamo czinim tiemto listem zgewnie przede wssemi lidmi, aczkoli nemoczen gsem na tiele, wssak proto pamiety dobre a rozumu zdraweho, dobrowolnie toto me poslednie poruczenstwie a kssaft rziedim a zposobugi takto. Naiprwe Annie, manzelcze me mile, porucziem, odkazugi a mocznie dawam 10 kop tiech, kterez mam v Martina, otcze mého, gesstie otdielu mého; k tomu ssaty wsseczky, ty kterez w komorze gsu, a ten kon, kteryz v Woisstie mam; a k tomu tu službu, kteruz mam v pana Wnuczka, czoz po towarisczich zostane. Take y to gesstie, czoz gest w Sstyrste za službu, budeli czo moczi dobyto byti, y to take iakoz mi dluzen Kratosska 18 gr. a Micza 1/2 kopy to wsse, aby Annie, me manzelcze, wydano bylo, a ona z toho take czoz ja k tomu dluzen a powinen gsem to zprawila a dala. Item Gessowi, synu wnuczkowu, odkazugi a dawam pancierz, obojczek a czechel wyssity hedwabny. Item Koptowi, sswagru memu, odkazugi sukni tu, kteruz mam od Zawisse a zenie geho krawu. Item Martinowi towarowi dawam kussi a Martinowi, otczi memu, odkazugi a dawam pawezu a lebku. A on take, czoz ma Girowi za sluzbu dati, to aby dal. Item o dluziech Zawrziostowi sem dluzen dwadczeti neb 21 gr., a Zawissowi take nepomnim, czo to aby zena ma zaplatila. Take za poruczniky zwolil a vstawil sem opatrne muze Jana, wnuczka Mikulasse Wyssehradskeho, a Waczlawa Hrussku, gimzto wierzim, ma manzelka giz czastogmenowana w czemz by gich potrzebowala, ze gi budu radni a pomoczni. Toho na potwrzenie a pro lepssi gistotu prosil sem mudrych a opatrnych Waczlawa Hrussky, ty czasy richtarze, Wawry rzeznika a Mikulasse Wyssehradskeho, tehoz czasu consselow prziseznych a panow mych milych, aby peczeti swe dali przitisknuti k tomuto memu listu kssaftowniemu a gej aby twrditi a k drzeni geho raczli radni a pomoczni byti. Genz gest psan a dokanan leta po narozeni syna bozieho M°CCCC°LXVII° ten patek den swateho Hawla za purgmistra Matiege Krajczieho.

Im Namen Gottes Amen. Ich, Vavřinec von Celkovice, bekenne mit diesem Brief sichtbar vor allen Menschen, dass, wenngleich ich krank am Körper bin, ich dennoch über ein gutes Gedächtnis und einen gesunden Verstand verfüge und freiwillig diesen meinen letzten Willen und mein Geschäft errichte und nachfolgend regele. Zuvorderst vermache und gebe ich Anna, meiner lieben Gemahlin, zehn Schock von jenem Geld, das ich noch bei Martin, meinem Vater, als Erbteil besitze; und dazu alle meine Kleidung, nämlich jene, die sich in der Kammer befindet, sowie das Pferd, das ich bei den Soldaten [?] *habe, und dazu den Sold, den ich bei Herrn Wnuček habe, also das, was nach den Gesellen noch verbleibt. Hinzu kommt, was noch in Štyrste* [?] *für den Dienst ist, was noch erobert werden sollte, und das, was mir Kratoška schuldet, nämlich 18 Groschen, und Miča, nämlich einen halben Schock; dies alles soll Anna, meiner Gemahlin ausgehändigt werden; und Anna soll das, was ich anderen schuldig geblieben sein sollte, regeln. Item Ges, dem Sohn des Wnuček, vermache und gebe ich einen Halspanzer sowie einen seidenen bestickten Rock. Item Kopet, meinem Schwager, vermache ich den Rock, den ich von Záviš und dessen Frau bekommen habe. Item Martin Towarow gebe ich die Armbrust, Martin, meinem Vater, vermache und gebe ich eine Pavese und einen Helm. Und er soll auch, was Gira für den Dienst zusteht, diesem geben. Item die Schulden: Zawrziost schulde ich 20 oder 21 Groschen; und was Záviš anbelangt, das soll meine Gemahlin ihm aushändigen. Und als Testamentsvollstrecker habe ich die ehrenwerten Männer Jan Wnuček, Mikuláš Wyšehradský und Václav Hruška ausgewählt und bestimmt, denen ich vertraue und die meiner wiederholt genannten Gemahlin, sofern sie dies benötigen sollte, mit Rat und Tat zur Seite stehen mögen. Dies zur Bestätigung und zur besseren Sicherheit habe ich die weisen und ehrenwerten Václav Hruška, derzeit Richter, Vávra den Fleischer, und Mikuláš Wyšehradský, derzeit beisitzende Schöffen, meine lieben Herren, gebeten, dass sie ihre Siegel diesem Geschäftsbriefe beifügen mögen und mit Rat und Tat für dessen Einhaltung sorgen sollen. Der geschrieben und vollendet ist im Jahre M°CCCC°LXVII° nach Christi Geburt, diesen Freitag S. Galli, als Matěj der Schneider das Amt des Bürgermeisters bekleidet.*

129. [1468, April 9]

Testament der Barbora Puškařka, Bürgerin der Stadt Pilsen. Haupterbe von Haus, Hof und Land ist ihr Gemahl. Legate *ad pias causas* (u. a. soll aus einem vergoldeten Gürtel ein Kelch für den Altar des hl. Michael in der Batholomäuskirche gefertigt werden).

Archiv města Plzně, Hdschr. N 223, fol. 1 (Abschrift).

Edition: Strnad, Listář král. města Plzně 2, S. 156-158, Nr. 176.[132]

My Burian Richtarz Prokop Swiniak, toho czasu purgmistr, a Wit sukenik, przisezny conssiele a miesstiane miesta Noweho Plznie, znamo czinime tiemto listem obecznie przedewssiem a swiedczime, ze pani Barbora Pusskarzka, miesstzka nasse, lezeczi na smrtedlne posteli, aczkoliwiek gsuczi nemoczna na tiele, wssak dobreho rozumu y plne pamieti gessicze poziwagieczi, nas na swiedomie ktomu prziwolala a prziprosila a toho swe poslednij rozkazanie z statku, sweho gi od pana Buoha puoyczeneheo, tak aby pogegi smrti mezi przately gegiem a przibuznymi yzadnij swarowe ani ktere ruoznicze nebyli a ne znikli, vczinila a czini takoweto. Item nayprwe odkazuge pani Janowi, manzelu swemu milému, duom, dwuor, diediny y giny wesskeren statek, mowity y nemowity, kteryz by koli gmenen mohl gmenowan byti anebo w kterych by koli wierzech zalezel, budto na listech, na napadiech gessto by sprawedliwe przislussel, bud toho statku mnoho nebo malo, nicz nepozuostawiecz, odkazuge poruczi a mocznie dawa. A z toho gizdotrzeneho, aby wydano bylo Waczlawowi, purkrabkowi bratru gegiemu, miesstienin w Plzni, osm kop grossuow. Item dietem tehoz Wanka Purkrabka odkazuge a dawa puol piwowara, kteryz lezi w nassem miestie wedle klasstera Czrneho; a gestli zeby ktereho z tiech dieti pan Buoh nevchowal a vmrzelo, tehdy z gednoho na druhého, aby spadlo; a

[132] Online abrufbar unter http://147.231.53.91/src/index.php?s=v&action=jdi&cat=18&bookid=399&page=156 &action_button.x=0&action_button.y=0 (08.09.2017).

druhu polowiczi toho piwowaru odkazuge pannu Janowi, manzelu swemu gizpsanemu. A z toho piwowaru oboge strana magi a zawazanij gsu dati XX gross kazde suche dny kazdeho leta buducznie do fary, tak aby przi kazdych suchych dnech bylo sluzeno trzidczeti mssy za dussy panij Barborzinu, za panij Marthy dussy y za gegiho pana y za gich wssech przieyssi dussi, tak aby z toho domku a piwowaru ten plat wiecznie neschazel toho platu neprzewadiecz lecz na tak dobre a giste zbozie. Item odkazuge Katherzinie, przietelkini swe, deset kop gr. peniez drobnych obecznie bernych a suknij nowe barwy hrzbety podssitu. Item pak gegi wietssi pozlatity ten odkazuge k oltarzi swateho Michala tu w Plzni w kostele Swateho Bartholomiege, aby z nieho kalich vdielan byl a ktomu oltarzi zachowan. Item odkazuge a dawa setrze swe tietiene Barborze Ondrasskowe, a dietem gegim ssest kop gr. Item Martie do Manetince, sestrze swe Tatiene, a dietem gegim odkazuge IIII gr. Item Vrssule do Manietince, sestrze swe tetiene, odkazuge trzi kopy gr. Item kniezi Waczlawowi, fararzi do Gemneho, bratru gegiemu tetienemu, odkazuge ssest kop gr. Item na kostel swateho Bartholomiege odkazuge na dielo VII kop gr. Item zahradku, kteraz gest v przedmiesti sspitalskem, panu Janowi, manzelu gegiemu, odkazuge az do ziwota; a po smrti geho odkazuge gi a dawa do sspitala swate Marzi Magdaleny. Item na capplanstwie duolepsane k oltarzi swateho Michala a swateho Jana do fary przidawa deset kop gr., tak aby kopa byla platu wieczneho zggednawa a kupena, a tu wydana byla na wosk tehoz oltarze tu nynieyssimu y buduczimu letu kazdeho buducznie. A take odkazuge, aby ktomu caplanstwie przidano bylo a opraweno wedle wuole manzela gegieho, kteryz gest przednij slibil tomu kaplanstwie dosti vcziniti a przidati; a to wsseczko, czo swrchupsano stogi, pan Jan, manzel gegi, z toho statku dati a wyplniti ma. Item na caplanstwie k oltarzi swateho Michala a swateho Jana do fary, yakoz gest nebozka pani Martha, sestra gegi, widala a rozkazala, aby to caplanstwie widano bylo podle rozkazanie gegiho pani Barbora Pusskarzka dawa luku za hradu a chmelniczi kteremz caplanstwie. A to, aby bylo odprodano a plat, aby byl zato kupen a pan Jan Pusskarz, aby wierze platu kupil, a to caplanstwie tak nadal yakoz ktere v farze a kniez Thomass fararz nynieyssi y buduczi, aby ten oltarz drzel a caplana, aby knemu zgednal, aby buducznie tu wzdy sluzil za gegi dussi y za gegi sestry dussi y za gich wssiech przieyssich dussi, a ten plat aby nezssel a wiecznie przitom olatrzi zuostal. A to aby nayblyzssie przietele gegi to zprawowali. A kdyzby gich pan buoh wssech neuchowal, tehda purgmistr a conssiele nynieissi y buduczi magi to zprawowati, a toho gegieho rozkazanie moczne poruczniky czini pana Jana Panuossku a pana Procopa Resse, miesstiany w Plznye, wierzecz gim nadgine za pana Janowa to poruczenstwie k rucze geho zprawowati budu, awssak takowym obyczegem, ze pan Jan s porucznikuow wuoli ma wsseczko cziniti a w tom poruczenstwi yzadny ziwy czlowiek nadepsanych porucznikuow nema hyndrowati a zmatkuow cziniti yzadnym obyczegem ani prawem duchownim anizto swietskym, ale aby na tom kazdy dosti gmiel czo gest tuto rozkazala. Toho na lepssi swiedomie a ku prosbie nadepsane pani Barbory swe gsme wlastnij peczeti ktomuto listu prziwiesili. Genz gest dan y psan leta od narozenie syna bozieho tisiczeho cztyrsteho ssedesateho osmaeho tu sobotu przed kwietnu nedieli.*

* Am 14. Juli 1493 wird eine Verfügung getroffen, dass wöchentlich vier Messen am Altar des hl. Johannes in der Bartholomäuskirche, den Frau Barbora Puškařka am 9. April 1468 gestiftet hatte, abgehalten werden mögen.[133]

[133] Online abrufbar unter http://147.231.53.91/src/index.php?s=v&cat=18&bookid=399&page=338 (08.09. 2017).

Wir Burian, Richter, Prokop Swiniak, derzeit Bürgermeister, und Vít der Tuchmacher, beisitzende Schöffen und Bürger der Stadt Neu-Pilsen, bekennen mit diesem Brief allgemein vor allen und bezeugen, dass Frau Barbora Puškařka [= Büchsenmacherin – Th. K.], *unsere Mitbürgerin, auf dem Sterbebett liegt, doch, wenngleich sie körperlich krank ist, dennoch einen gesunden Verstand und ein volles Gedächtnis besitzt und uns zu sich gerufen und gebeten hat und ihren letzten Willen von allen ihren ihr von Gott dem Herrn verliehenen Gütern in nachfolgender Weise errichtet hat, damit nach ihrem Tode zwischen ihren Freunden und Verwandten keinerlei Streitigkeiten oder Unbill ausbreche und entstehe. Item zuvorderst vermacht und gibt sie Herrn Jan, ihrem lieben Gemahl, das Haus, den Hof, das Dorf sowie sämtlichen anderen beweglichen und unbeweglichen Besitz, wo immer der erfragt werden kann und wo immer der gelegen sei, sei es an Briefen oder an Heimfall, was gerechterweise dazu gehöre, sei es nun wenig oder viel, nichts ausgelassen. Und aus dem bereits erwähnten Besitz soll Václav der Burggraf, ihr Bruder, Bürger in Pilsen, acht Schock Groschen erhalten. Item dem Kind dieses Burggrafen Waněk* [!] *vermacht und gibt sie die Hälfte der Brauerei, gelegen in unserer Stadt neben dem Schwarzen Kloster; und sollte Gott eines der Kinder nicht am Leben belassen und es versterben, dann soll der Erbteil von einem auf das andere* [*Kind*] *übergehen; und die andere Hälfte dieser Brauerei vermacht sie Herrn Jan, ihrem bereits erwähnten Gemahl. Und vom Ertrag dieser Brauerei sollen beide ‚Parteien' sich verpflichten, zu allen Fastentagen XX Groschen fortan in die Pfarrei zu geben, damit eben zu diesen Fastentagen 30 Messen gelesen werden für die Seele der Frau Barbora, diejenige der Frau Martha, diejenige ihres Gemahls und diejenigen aller ihrer Vorfahren, dergestalt, dass von diesem Haus und der Brauerei dieser Betrag auf ewig gestiftet werde. Item vermacht sie Kateřina, ihrer Freundin, zehn Schock Groschen an gängigen Kleinmünzen sowie ihren Rock von neuer Farbe, am Rücken gefüttert. Item sodann den größeren vergoldeten, den vermacht sie an den St.-Michael-Altar hier in Pilsen in der Kirche St. Bartholomäus, damit daraus ein Kelch gefertigt und dieser bei dem genannten Altar aufbewahrt werde. Item vermacht und gibt sie ihrer Base Barbora Ondrašková sowie deren Kindern sechs Schock Groschen. Item Marta nach Manětín, ihrer Mutterschwester, und deren Kindern vermacht sie IIII Groschen. Item Uršula nach Manětín, ihrer Mutterschwester, vermacht sie drei Schock Groschen. Item dem Priester Václav, Pfarrer in Gemny, ihrem Cousin, vermacht sie sechs Schock Groschen. Item in die Kirche St. Bartholomäus gibt sie für deren Zwecke VII Schock Groschen. Item den Garten, der gelegen ist in der Spitals-Vorstadt, den vermacht sie Herrn Jan, ihrem Gemahl, bis an sein Lebensende; und nach seinem Tode vermacht und gibt sie diesen an das Spital der hl. Maria Magdalena. Item an die unten genannte Kaplanei gibt sie zum Altar des hl. Michael und in die Pfarrei zehn Schock Groschen. Und zwar dergestalt, dass ein Ewigzins erworben und gekauft werde und der soll für Wachs für den erwähnten Altar verwendet werden, der da jetzt ist und sein wird, immerfort. Und sodann gebietet sie, dass dieser Kaplanei entsprechend dem Wunsche ihres Mannes, der der Kaplanei zuvor versprochen hatte, Gutes zu tun; und alles das, was oben bereits erwähnt wurde, das soll Jan, ihr Gemahl, aus ihrem Besitz geben und erfüllen. Item an die Kaplanei zum Altar des hl. Michael und des hl. Johannes in die Pfarrei, was die selige Frau Martha, ihre Schwester, gegeben und geboten hat; nämlich entsprechend ihrem Testament gibt Frau Barbora Puškařka die Wiese hinter der Burg und das Hopfenfeld dieser Kaplanei. Diese solle verkauft und es soll ein Zins gekauft werden, und Herr Jan Puskař soll einen Zins erwerben und ihn der Kaplanei stiften, die da bei der Pfarrei ist; und der Priester Tomáš, der Pfarrer, der da jetzt ist und sein wird, dieser soll den Altar ehren und der Kaplan, der soll ihn fortan pflegen und hier stets für ihre Seele und diejenige ihrer Schwester und aller ihrer Vorfahren beten; und dieser Zins soll immerfort bei diesem Altar bleiben. Und ihre nächsten Freunde sollen dies überwachen. Und sollte Gott der Herr sie alle nicht am Leben belassen, dann mögen der Bürgermeister und die jetzigen und künftigen Ratsherren diese Funktion übernehmen. Und zu rechtmäßigen Testamentsvollstreckern dieses ihres letzten Willens ernennt sie Herrn Jan Panuoška und Herrn Prokop Reš, Bürger zu Pilsen, denen sie vor anderen Menschen vertraut; und Herr Jan* [= ihr Gemahl – Th. K.] *soll die Ausführung ihres letzten Willens beaufsichtigen, und zwar dergestalt, dass Herr Jan mit den Testamentsvollstreckern diesen ihren Willen gänzlich ausführt, wobei kein lebendiger Mensch die oben genannten Testamentsvollstrecker hindern oder Streit hervorrufen soll, durch keinerlei Recht begründet, weder weltliches noch geistliches, sondern es soll so ausgeführt werden, wie sie es geboten hat. Dies zur besseren Kenntnis und auf Bitten der oben genannten Frau Barbora, haben wir unsere eigenen Siegel diesem Brief beigefügt. Der gegeben und geschrieben ist im Jahre Eintausendvierhundertachtundsechzig nach Christi Geburt, an diesem Sonnabend vor Palmarum.*

130. [1468, s. d.]

Jan Tluksa, Bürger der Prager Altstadt, bestimmt seine Gemahlin Manda, die mit ihm treu gelebt und gearbeitet hat, zu seiner Haupterbin. Der Nachbar Duchek soll seiner Frau bei der Aufteilung des Erbes helfen, wobei u. a. die Vettern Matěj und Janek mit Geldlegaten bedacht werden.

Archiv hlavního města Prahy, Hdschr. 2119, fol. O 12 (Abschrift; Kriegsverlust). Edition: Teige, Základy 1, S. 207.[134]

Wegmeno Bozie amen. Ja Jan Tluksa, uzdarz, miesstienin Stareho miesta pražského, wyznawam tiemto listem etc., ze aczkoli z dopusstienie bozieho nemoczen gsem etc., tak aby pani Manda, manzelka ma, iakz gest podle mne a se mnu pracugicz ziwiti sie mi wiernie pomahala w domu y w ginem statku po mne zuostalem byla, prawu a mocznu hospodyni toho swobodnie a bez wsselike przekazky poziwala az do swe smrti. Nez kdyzby vmrzela, tehdy tomu chczi, aby Duchek sedlarz, sused muoy, gehoz tez manzelcze me przidawam k radie a ku pomoczi podielil po smrti gegie przatel mych y gegich nizegmenowanych tiemto obyczegem iakoz sie tuto pise. Naiprwe, aby Matiegowi a Jankowi, bratranam mym, kazdemu z nich dal po XXX kop ggr. A gestli, ze by ktereho z nich pan buoh w te mierze od smrti nevchowal, aby diel umrleho na ziweho przipadl plnym prawem. Item Benessowi, bratranu manzelky me, aby dal VI kop Katherznie, bratranie gegie, VI kop a Jankowi Robenczi, kterehoz gsem z mladosti

[134] Online abrufbar unter http://kramerius.mlp.cz/kramerius/MShowPageDoc.do?id=57398&mcp=&idpi=103365&author=Teige_Josef (08.09.2017).

zchowal VI kop. Tez take, ktereiz neb ktozby z nich w tom vmrzel, aby diel vmrleho na ziwe zuostale przipadl bez zmatku. Nez tohot przi tom wymienugi. Gestli, ze by snad pan buoh manzelcze me zdrawie neboli ziwnosti na tomto swietie poprzieti raczil, tak dluho ze by snad statku toho tak vtratila gessto by statek po mie zuostaly toho iakoz sie swrchu pise stacziti a postihnuti nemohl tehdy tomu chczi, aby Duchek, porucznik muoy, mym tiemto rozkazanim przatelom giz gmenowanym powinen nebyl, nez tak dluho a potud donizby a czoz by statek po manzelcze me zuostaly mohl postihnuti a iakz ge koli podle toho podieli przatele prwepsani geho z wiecze vpominati nemieite moczi izadne. Na potwrzenie etc.*

* Am 18. Dezember 1469 bestätigt Manda Tluksová, dass sie das geerbte Haus an ihre Brüder Beneš und Janek sowie Kateřina zu gleichen Teilen habe überschreiben lassen.[135]

Im Namen Gottes Amen. Ich Jan Tluksa, Riemenmacher, Bürger der Prager Altstadt, bekenne mit diesem Brief etc., dass, wenngleich ich durch göttliche Fügung erkrankt bin etc. [*meinen letzten Willen verfüge* – Th. K.], *dergestalt, dass ich will, dass Frau Manda, meine Gemahlin, die neben mir ist und mit mir arbeitet und mir treulich im Hause und auf meinem übrigen, von mir hinterlassenen Besitz geholfen hat, rechtmäßige Testamentsvollstreckerin dieses meines Besitzes sei und diesen, ohne alle Hindernis, bis zu ihrem Tode nutzen soll. Sollte sie freilich versterben, dann will ich, dass Duchek Sedlář, mein Nachbar, der meiner Frau zu ihren Lebzeiten mit Rat und Tat zur Seite stehen möge, nach ihrem Ableben, dem meiner nachfolgend genannten Freunde, meinen Besitz aufteile, und zwar wie nachfolgend beschrieben. Zuvorderst soll er Matěj und Janek, meinen Cousins, jedem XXX Schock Groschen aushändigen. Und sollte einer von den Cousins durch Tod abgehen von dieser Welt, dann soll dessen Erbteil auf den anderen, noch lebenden Cousin mit vollem Recht übergehen. Item Beneš, dem Cousin meiner Gemahlin, soll er VI Schock Groschen geben, des Weiteren Kateřina, ihrer Cousine, VI Schock und dem Jüngling Janek, den ich von Jugend auf erzogen habe, VI Schock. Und sollte eine der genannten Personen sterben, dann möge dessen Erbteil auf die noch Lebenden übergehen, ohne Hindernis. Allerdings gibt es eine Ausnahme. Sollte es geschehen, dass Gott der Herr meine Gemahlin gesund und am Leben belasse und sie den ihr anvertrauten oben beschriebenen Besitz, der nach meinem Tode übrigbleibt, verlieren sollte und er somit nicht mehr ausreiche, dann will ich, dass mein Testamentsvollstrecker Duchek kraft dieses meines letzten Willens meinen bereits erwähnten Freunden gegenüber keine Verpflichtungen habe, so lange, bis er den nach dem Tode meiner Gemahlin verbliebenen Besitz erfassen kann und meine genannten Freunde ihn in dieser Sache nicht ermahnen können. Zur Bestätigung etc.*

[135] Online abrufbar unter http://kramerius.mlp.cz/kramerius/MShowPageDoc.do?id=57398&mcp=&idpi=103365&author=Teige_Josef (08.09.2017).

131. [1469, Mai 13]
Testament des Kaadener Bürgers Caspar im Graben, der sein Haus, seine beiden Höfe, Weingärten etc. den drei Kindern seines Bruders vermacht. Verschiedene Personen werden mit Geldlegaten bedacht. Seelgerätschaften.
Státní okresní archiv Chomutov se sídlem v Kadani, sog. „4. Kaadener Stadtbuch", sign. 567a, fol. 376r (Abschrift).

Caspar im Graben hat sein leczt geschefte getan mit gutter vernunft vnd gewissen vor Steffan Melczer vnd Wenczeslao Zoczer, dieczeit gesworen schöpfen am sonnabent nach Stanislai Anno etc. LXIX°. Czum ersten schickt er sein hauß, sein höfe allepeide, seine weingärten, darczu all seine habe, farende vnd vnfarende, vnd all seine cleinot nichcz außgenomen nach hindan gesaczt; darczu seins pruders Hansen im Graben hauß vnd all seine weingärten, dy im vberreicht vnd außgegeben, vnd In disem guth Uschel sein vmb sulch schaczung dy er für in geben hat Jörgen Thomel vnd Walpurg, seins pruders kindern, auf gleichen teil, das sy dy alle besiczen der geniessen vnd gebrauchen sullen als ire erblichen habe vnd gut vngehindert vor allermäniclich. Auß sulchem gute sullen sy beczalen sulche hernach beschriebene schulde alle. Item er schickt auß dem gutte sechczig schock groschen in das closter, sy sullen sy in czweyen iaren außrichten, darvmb sol man den vnd allen czukünftigen brüdern diß closters ierliche czinße kauffen mit eins bu^{e}rgermeisters vnd rats willen vnd wissen. Mo^{e}chten sy aber sulch gelt so schik nicht außgerichten, so sullen sy alsdann nach den czweyen iaren so vil czinß auß iren henden von dem gutte geben, so lang piß sy sulch obgemelt haubtgut mit fuge mo^{e}chten abrichten vnd außrichten. So sullen widervmb dy vnd alle czuku^{e}nftige bru^{e}der czu ewigen czeiten allen wochen wo^{e}chenlich drey messen halden vnfersewmlich vf dem altare sand Francisci in dem winckel, den man sunst der heiligen vierczehen nothelfer altar genennet, vmb seiner, seiner haußfrawen vnd eldern sele selikeit willen sy in das totenbuch einschreiben vnd ir czu ewigen czeiten neben andern cristglaubigen selen gedencken. Item nach dem er fu^{e}nfczig schock gr. dem mynßlin gut auf czinß vf sich genommen hat vnd sich dorvmb im statbuch vßschreiben, dyselben sullen sy auch auß dem gute beczalen vnd dahin wenden nach laute ihres gescheftes. Item XII ß gr. der Franczen messe vnd X ß gr., dy herr Bartholomeus belesen hat als das stattbuch innheldet sullen sy auch beczalen; darczu X ß gr., dy er dem Sigmund von Hassenstein schuldig ist vnd Czedliczer dafür pu^{e}rgen werden sullen sy auch außrichten. Item dy Register vnd dy briefe sy über dy schulde leuten, was mai Im enhalb des waldes schuldig bleibt, dieselbe schuld alle schickt er Hannsen im Graben, seinem leiblichen bruder, das er dyselben schuld alle [schickt – *durchgestrichen*] einfordern sol vnd damit haben czuthun vnd lassen, als mit seinem erblichen gute vngehindert vor allerma^{e}niclich. Item er schickt dem Endecke, seinem melczer, V ß gr., der ko^{e}chin II ß gr., dem Heinczen haußknechte II gr. vnd der Ba^{e}rbel II ß gr. Item V ß gr. der Mu^{e}lssteynin schuld, dy vf irem hewsel vschel steen, dy sol man für sy vf in vnd seine gutter uberschreiben, auch ist er dem Humbrecht V ß gr. vnd X gr. schuldig vnd XV ß gr. dem Wenczeslao Zoger, dafu^{e}r sol er ein vberschreibung thun In das statbuch vnd In die schuld gein dem Behem entnemen. Item so sullen sy dy Micklin im Graben geben seine stifmuter bei in behalden ire lebetage vnverdrungen, vnd ir essen vnd trincken notdorfticlich geben. Actum feria quarta etc. ante festo S. Petri et Pauli appostolorum.

132. [1470, Juli 27]
Bürgermeister und Rat der Stadt Vodňany bestätigen, dass Katruše Koktanová ihr Testament hat aufsetzen lassen und darin u. a. 5 Schock Groschen an das Spital vermacht sowie umfangreiche Stiftungen *ad pias causas* (Geld, Fisch an Arme etc.) bestimmt hat.
Státní okresní archiv Strakonice: archiv města Vodňany – I/9 (Siegelurkunde).

We Gmeno bozie Amen. My, Krziz Skala, toho czasu purgmistr, Jan Perczlik, Mikulass Geniek, Petr Czerczlik, Jan Muchomozka, Marzik Sukennik, Woytiech pekarz, Matiey Przesnos, Waniek Patita, Jan Czatel, Waczlaw Kunczl, Waczlaw Credus, przisezni conssele miesstiane miesta Wodnian, znamo czinime tiemto listem obecznie przedewssemi, ze Kathrusse, dobre pamieti manzelka Petrowa Koktanowa, suseda nasse, aczkoli z bozieho nawsstiewenie tielesnu nemoczi na smrtedlne posteli gsucz polozena, wssak proto s dobru pamieti s rozumem a dobrowolnie, aby swarowe a nesnaze newznikli mezi przately a przibuznymi gegimi po gegie smrti, vczinila gest poruczenstwie a poslednie rozkazanie ze wsseho statku a gmenie sweho rzaden a obyczegem miesta našeho, iakoz tuto psano stogi, porucznikу tehoz rozkazanie vcziniwssy opatrne susede nasse Mikulasse Genka a Martina sladownika, tiech wieczi tutopsanych y ginych, kterychz gich wierze swierzila gest gim dawff i mocz, aby rziedili a dielili podle gegie wuole a rozkazanie. Nayprw rozkazala gest z statku nadepsaneho puolssesty kopy gr. na sspital wegmeno bozie, aby bylo dano Machowi, przibuznemu nebozcze Koktanowu; duom y czoz piwa gest w piwniczi odkazuge a odkazala gest takowie, aby z toho tyz Macha wydal na chude dwadczeti kop gr. podle toho, iakoz porucznikom swieczeno gest. Item Mikulassowi Genkowi odkazala gest rybnik s požitky, aby z toho kazde spusstienie a bez ryb rozdal we gmeno bozie chudym gey mocznie drze a poziwage y geho buduczi s prziczinu gizpawiedienu. Item wuole gegie gest a rozkazala, aby z tehoz gegieho statku osobam tutopsanym bylo dano a rozdano Marthie bratranie osm zberow sladu, k tomu piet kop gr. piwny sud piwa, druhy prazdny a trzi polupiwniky prazdne, plasst suknie, czepicze, sslogierz, dwie prostieradle a krawa. Item Marussy dwie kopie gr. perzina a duchna. Item diewcze sluzebnie na mzdu kopu gr. a k tomu dwie kopie, aby gie bylo przedany. Item Krzizowe do Chwaleticz sud piwa czeledniehо. Item Brzizowe newiestie piet kop a k tomu, aby gie Krzizowa wydala za dluh padessat gr. Item Brzikowe sud piwa czeledniehо. Item Byzikowe dietem dluh, kterymz gest powinna; pakli by dieti zemrzeli porucznicziobratte na chude. Item Ondrasskowi, rychtarzowu synu z Malessicz, piet kop gr., Pesskowi trzi kopy gr., Ffenczlowi, Hewlowu synu, trzi kopy. Item Jankowe na luzi trzi kopy, Machowi Czihlarzi trzi kopy gr. Item Jarmarkowi piet kop. Item Margrethie tkadliczi v Martina, aby tyz Martin na swoy dluh dal puol druhe kopy gr. Item Jan Perczlik, czoz gest dluzien, za to aby kazde spusstienie rybnika sweho wydawal czber ryb chudym we gmeno bozie, pokudz ten dluh staczi. Item Wankowi, kowarzowu bratru, dwie kopie odkazugie, na archu take kopu gr. odkazala gest. Item na wino k slawie bozie trzi kopie gr. na wosk trzi kopy gr. Item kniezi Jeremiassowi suknie a knezi Petrowi takez suknie, aby kupeny byly. Item Hayhowczowi kopa gr., aby dana byla. A czoz bylo statku gegieho, bud na dluziech neb na kterychkoli wieczech mimo to czoz giz gest powiedieno, to aby porucznicziobratili na chude podle opatrnosti swe s radu pansku. Tomu na swiedomie peczet nassy k tomuto listi dali sme prziwiesiti. Datum feria sexta postquam Iacobi apostoli et Christophori m. Anno domini M°CCCC°LXX°.

Im Namen Gottes Amen. Wir Kříz Skála, derzeit Bürgermeister, Jan Perczlik, Mikuláš Geniek, Petr Czerczlik, Jan Muchomozka, Marzik der Tuchmacher, Vojtěch der Bäcker, Matěj Przesnos, Waněk Patita, Jan Czatel, Václav Kunczl und Václav Credus, beisitzende Schöffen und Bürger der Stadt Vodňany, bekennen mit diesem Brief allgemein und vor allen, dass Katruše, Gemahlin des seligen Petr Koktan, unseres Nachbarn, wenngleich sie durch göttliche Heimsuchung mit schwerer Krankheit auf dem Sterbebett liegt, dennoch aber mit gutem Gedächtnis und Verstand sowie freiwillig ihr Testament und ihren letzten Willen von allen ihren Gütern und ihrem Besitz nach der in unserer Stadt üblichen Weise errichtet hat, damit nach ihrem Tode zwischen ihren Freunden und Verwandten keinerlei Streitigkeiten und Unbill entstehen. Zu Testamentsvollstreckern ihres letzten Willens hat sie, wie nachfolgend aufgeführt, die ehrenwerten Nachbarn Mikuláš Genek und Martin den Mälzer ernannt, denen sie im Hinblick auf die aufgeführten Bestimmungen besonders vertraut und von denen sie hofft, dass sie diese entsprechend ihrem Willen und Testament regeln und ausführen. Zuvorderst hat sie angeordnet, dass von dem erwähnten Besitz ein halber Schock Groschen an das Spital im Namen Gottes gehe. Macha, einem Verwandten des seligen Koktan, hat sie das Haus und das Bier vermacht, das sich in der Schenke befindet, und zwar dergestalt, dass Macha an Arme 20 Schock Groschen geben soll, wie sie das den Testamentsvollstreckern aufgetragen hat. Item Mikuláš Genek hat sie den Fischteich mit Zubehör vermacht, und er soll von jedem Ablassen [des Teiches] *Fisch im Namen Gottes an Arme geben, was auch für seine Nachfahren gelten soll. Item so ist es ihr Wille und hat sie angeordnet, dass von diesem ihrem Besitz nachfolgend aufgeführten Personen etwas vermacht werden soll. Martha, ihrer Cousine, acht* [Lesen?] *Malz und dazu fünf Schock Groschen, ein Fass mit Bier, ein weiteres leeres Fass sowie drei halbe leere Fässchen, einen Mantel, einen Rock, eine Mütze und einen Schleier, zwei Betttücher und eine Kuh* [?]. *Item Maruše zwei Schock Groschen, ein Federbett und ein Oberbett. Item dem Dienstmädchen als Lohn einen Schock Groschen und dazu zwei Schock zusätzlich, die sollen ihr ausgehändigt werden. Item der Křižová nach Chwaletice ein Fass Haus-Bier. Item der Braut Břizová fünf Schock Groschen und dazu soll ihr Křižová für die Schuld 50 Groschen geben. Item Břiková ein Fass Haus-Bier. Item den Kindern der Byziková die Schuld, die sie bei ihnen hat; sofern die Kinder versterben, sollen die Testamentsvollstrecker das Geld an Arme verteilen. Item Ondraš, dem Sohn des Richters aus Malešice, fünf Schock Groschen, Pešek drei Schock Groschen, Fencl, dem Sohn des Hewel, drei Schock Groschen. Item der Janková auf der Lacke drei Schock, Mach dem Ziegelbrenner drei Schock Groschen. Item Jarmark fünf Schock Groschen. Item Margretha Tkadlička, die bei Martin wohnt, der soll dieser Martin für seine Schuld einen halben Schock Groschen geben. Item Jan Perczlik, der bei ihr Schulden hat, der soll von jedem Ablassen seines Fischteiches einen Zuber Fische an Arme geben im Namen Gottes, bis die Schuld abgezahlt ist. Item Waněk, dem Bruder des Kowař, vermacht sie zwei Schock Groschen, für das Tabernakel hat sie ebenfalls einen Schock Groschen vermacht. Item Wein zum Lobe Gottes über drei Schock Groschen, Wachs für drei Schock Groschen. Item dem Priester Jeremiáš soll ein Rock und dem Pries-*

ter Petr ebenfalls ein Rock gekauft werden. Item Hayhowecz soll einen Schock Groschen erhalten. Und was darüber hinaus von ihrem Gut übrigbleiben sollte, sei es an Schulden oder irgendwelchen anderen Sachen, dies sollen die Testamentsvollstrecker mit Bedacht und herrschaftlichem Rat an Arme verteilen. Dies zu bezeugen haben wir unsere Siegel diesem Brief beigefügt. Datum feria sexta postquam Jacobi apostoli et Christophori m. Anno domini M°CCCC°LXX°.

133. [1470, August 25]
Der Töpfer Jan aus Tábor, Mitbürger der Prager Neustadt, setzt seinen letzten Willen auf, in dem die Gemahlin Maruše zur Haupterbin bestimmt wird. Mehrere Prager Kirchen werden mit Geldlegaten bedacht. Ein gewisser Tobiáš soll „einen Köcher mit Pfeilen" erhalten.
Archiv hlavního města Prahy, Hdschr. 2094, fol. E 14v-15r (Abschrift).[136]
Edition: TA 1, S. 66.

Pomoczy pana boha wssemohuczieho przedewssiemi wieczmi zadage. Ja Jan, hrnczierz z Tabora, a nynie spoluobywatel N[ového]. m[ěsta]. p[ražského]., aczkoli z dopusstienie bozieho nemoczij tiezku na mem tiele gsa obkliczen etc. A toho wsseho statku meho czinim a vstanowugi a zposobugi mocznu a naywyssij porucznicz pocztiwu zenu Marussy, manzelku mu milu, kteruzto odkazugi a mocznie oddawam po swe smrti wessken statek muoy, budto na peniezych a nebo giny kterizkoli. A nayprwe na Janowi, lazebnikowi z Neweklowa pod Taborem v rybnika, XL kop gr., kteraz mi gest dluzen tyz Jan za tu lazni a ostatecznych a poslednich XXIIII kop gr. za tauz lazni odkazugi Jankowi, synu Ondrzega lazebnika. Item teez Marussy, manzelcze me, odkazugi XXX kop gr. bez dwu kop gr., kterez mi gest dluzen Czech z Tabora za duom. Take stuol, stoliczy s truhlu y ginee wieczy, kterez su v tehoz Czecha, y take ginde dluhy take wssechny onichzto ona dobrze wie, to gie wsseczko odkazugi kuprawnemu diedecztwi. Item na wino s sluzbie bozie cztyrzy zlatte vherske k swatemu Gindrzychu, geden k swatemu Petru na Porzieczie, geden k swatemu Climentowi odtudz geden a k swatemu Miculassy na Malu Stranu geden. Item Miculassowi, synu Thobiasse sukennika z Tabora, odkazugi trzy kopy gr., a thaul s ssypy. Take oznamugi, ze Margretha s Kotna s Tabora ma vmne postaw sukna ssereho, kterez to take dluzen sem, cztyrzy kopy gr. bez pieti gr. wierzym take panu purgmistrowi se pany conssely, ze oni raczie byti dobrotiwi a milostiwy obrancze manzelky me czastopsane. Sigillum prudentum virorum Duchkonis iudicis de foro equorum, Martini Sartoris a Pavonibus et Georgii a Nigra Rosa, consulum iuratorum predicte Nove Civitatis Pragensis. Datum et Actum Sabbato ante festum sancti Augustini Anno Domini M°CCCC°LXX°.

Die Hilfe Gottes des Allmächtigen vor allem erbitte ich, Jan, Töpfer aus Tábor, jetzt Mitbürger der Prager Neustadt. Wenngleich ich durch göttliche Fügung schwer

[136] Online abrufbar unter http://katalog.ahmp.cz/pragapublica/permalink?xid=E1BD352FB72711DF820F00166F1163D4&scan=334#scan333 (08.09.2017).

am Körper erkrankt bin etc. Und so ernenne und bestimme ich zu meinem obersten Testamentsvollstrecker die ehrenwerte Frau Maruše, mein geliebtes Eheweib, der ich nach meinem Tode all mein Gut verschreibe und anvertraue, sei es an Geld oder irgendwelchen anderen Dingen. Und zuvörderst Jan dem Bader aus Neveklov, unterhalb von Tábor am Fischteich, 40 Schock Groschen, die mir dieser Jan für das Bad schuldet, und die übrigen und letzten 24 Schock Groschen für dieses Bad vermache ich Jan, dem Sohn des Baders Ondřej. Item der genannten Maruše, meinem Weibe, verschreibe ich 30 Schock Groschen abzüglich zwei Schock Groschen, die mir Čech aus Tábor für ein Haus schuldet. Ebenso Tisch, Stuhl und Truhe sowie andere Sachen, welche bei diesem Čech und anderswo sind, auch alle weiteren Schulden, über die sie gut unterrichtet ist, vermache ich ihr zu rechtem Erbe. Item für Wein zum Gottesdienst vier ungarische Gulden an die Kirche St. Heinrich, einen Gulden an die Kirche St. Peter am Poritsch, einen Gulden an die Kirche St. Clemens sowie einen Gulden an die Kirche St. Niklas auf der Kleinseite. Item Mikuláš, dem Sohn des Tuchmachers Tobiáš aus Tábor, vermache ich drei Schock Groschen sowie einen Köcher mit Pfeilen. Weiterhin gebe ich bekannt, dass Margretha von Kotna aus Tábor bei mir einen Ballen dunkles Tuch hat; dieser Frau bin ich vier Schock Groschen abzüglich fünf Groschen schuldig. Ferner glaube ich dem Herrn Bürgermeister und den Herren Schöffen, dass sie gütige und huldvolle Beschützer meiner mehrfach genannten Ehefrau sein wollen. Sigillum prudentum virorum Duchkonis iudicis de foro equorum, Martini Sartoris a Pavonibus et Georgii a Nigra Rosa, consulum iuratorum predicte Nove Civitatis Pragensis. Datum et Actum Sabbato ante festum sancti Augustini Anno Domini M°CCCC°LXX°.

134. [1471, Februar 28]
Jiřík Ovsík, Tuchmacher aus Soběslav, fertigt sein Testament. Haupterben sind die Gemahlin und das Kind, auch die Mutter des Testierers soll 10 Schock Groschen erhalten.
Státní okresní archiv Tábor: archiv města Soběslav, Sign. I B 3/10 (Siegelurkunde).
Edition: TA 4, S. 58.

Leta od narozenie Sina Bozieho M°CCCC°LXXI° ten cztwrtek po s. Matiegi opatrny muz Girzik O/vsi/k vczinil rozkazanie a kssafft gsa przidobre pamieti.
Nayprwe komu gest czo dluzen: Mikulassowy kupieczkowy IIII zlatte vherske.
Item za riby 1 1/2 zlateho Prokopowy zlaty.
Item Sirotkuom IX sex. a XIIII gr. Item Kozarzowy za dwuor zlatty vhersky.
Item ginim Sirotkuom V [?] sex. a zato gest rukoymie Andrle sukenik.
Item czo gsu gemv dluzni, o tom geho zena dobrze wie a zwlast, czo gest Hanus na Thaborze dluzen ten gest diel zaplatil, a czoz gest nezaplatil to stogi psano v Waczlawa na Teleczich Horach w raystrach, a za to by chtiel zprawiti kedy by mu mily buoh pomohl ze ginak nenie.
Item statek swuoy, mohwity y nemohwity, odkazugi zenie swe a dietem mym, a ztoho statku odkazuge materzi swe 10 sex. a to, aby gi bylo wydawano pomalu; a gestly zeby

gi buoh ne vchowal, aby miela mocz polowiczi dati komu chcze a polowiczi, aby przedietech zuostalo.
Item na chude nuzne odkazuge postaw a materzi geho, aby naprzed bylo wydano s rucho toh/.../*.
Item pakly by buoh dieti/.../ zadussi 20 sex.
Item moczne porucזniky /.../owicz Hawlika Sukenika Andrly Suken(nika)/.../
A przitom k kssafftu byl /.../hota Sukenik w ty czasy purgmistr a /.../czi kerzi [?] gsu swrchupsani y prosyl gest mudrych a op(atrnych)/.../ lozily ktomu to kssafftu.

* /.../ = Papier beschädigt bzw. herausgestrennt.

Im Jahre M°CCCC°LXXI° nach Christi Geburt, an diesem Donnerstag nach S. Matthäi, hat der ehrenwerte Mann Girzik O/vsi/k, der bei gutem Gedächtnis ist, sein Testament und sein Geschäft errichtet.
Zuvorderst wem er etwas schuldig geblieben ist: Nikolaus Kupieček IIII ungarische Gulden.
Item für Fische 1 1/2 Dukaten dem Prokop.
Item den Waisen IX sex. und XIIII gr. Item Kozarz für den Hof einen Dukaten.
Item den anderen Waisen V [?] *sex. und dafür bürgt Andrle der Tuchmacher.*
Item, was man ihm schuldig geblieben ist, davon besitzt seine Gemahlin Kenntnis; und insbesondere Hanuš in Tábor, der Schulden hatte, hat einen Teil beglichen; und was er noch nicht bezahlt hat, das hat verzeichnet Václav in Teleczi Hory [?] *in den Registern; diese soll er verwalten, wozu ihm der liebe Gott Hilfe gebe.*
Item seinen beweglichen und unbeweglichen Besitz, den vermacht er seiner Frau und seinen Kindern. Und von diesem Besitz vermacht er seiner Mutter 10 sex., die sollen ihr mit der Zeit ausgehändigt werden; und sollte Gott sie nicht am Leben belassen, dann soll sie das Recht haben, die Hälfte zu geben, wem sie wolle; und die andere Hälfte solle bei den Kindern bleiben.
Und an Arme und Bedürftige vermacht er einen Ballen; und seiner Mutter soll zuvor Wäsche [?] *gegeben werden.*
Item, wenn die Kinder /.../ für fromme Stiftungen 20 sex.
Item zu rechtmäßigen Testamentsvollstreckern [hat er bestimmt – Th. K.] */.../owicz, Havlík den Tuchmacher, Andrly den Tuchmacher /.../.*
Und bei der Errichtung des Testaments anwesend waren /.../hota der Tuchmacher, derzeit Bürgermeister, und /.../czi Kerzi [?], *die oben genannten* [?], *und er hat die weisen und ehrenwerten /.../ gebeten, sie* [*mögen ihr Siegel* – Th. K.] *diesem Briefe beifügen.*

135. [1471, Mai 3]
Testament der Kaadener Bürgerin Elisabeth Gerhartin, die bestimmt, dass von ihr zustehenden Geldern Seelenmessen gelesen werden. Ihr Bettgewand geht an ihre Wirtin.
Státní okresní archiv Chomutov se sídlem v Kadani – sog. „4. Kaadener Stadtbuch", sign. 567a, fol. 378v (Abschrift).

Elisabeth Gerhartin hat ir lecztes geschefte getan mit gutter vernunft vnd gewissen vor Lorencz Leymer vnd Lorencz Schu^{e}cz, die czeit gesworen scho^{e}pfen, am sonnabent sanct Vrbans tage Anno etc. LXXI°. Czum ersten nach dem ir Mathes, des Branczperken, son IIII ß gr. schuldig ist. Auß sulchem gelde schicke sy Nickel, seinem sone, I ß gr.; dy vbermasse schickt sy dem benannten Mathes. Also als er sy geherbergt hat, mit sulcher beschaidenheit, das er Ir sol XXX^{ig} selmeß lassen halden, davon ein wandel kerczen. In dy pfare außrichten vnd sy czu der erden bestaten. Item ir petgewant schickt sy irer wirtyn der' Linhard Smidyn Also das sy davon sol XXX^{ig} selmeß auch durch irer Sele selikeit leßen lassen vngehindert vor yedermaniclich. Item sy hat auch gemeldet, das ir der clein Iacob czu Closterlen schuldig sei II ß gr. selgeldes. Dieselben II ß gr. schickt sy gein Closterlein czum heiligen leichnam czum kirchen gepaw, wo dem am no^{e}tigsten erkant wirt danach dy kirchen va^{e}ter daselbst. Actum etc. feria quarta post Johannis Bap^{te} Anno etc.

136. [1471, August 2]
Die ehemalige Köchin des verstorbenen Priesters Petr, Katheřina, errichtet ihr Testament. Haupterbin ist ihre Tochter Marta. Der Priester Ondřej aus Malešice schuldet ihr einen Schock sowie einen ungarischen Goldgulden.
Státní okresní archiv Tábor, archiv města Soběslav, Sign. I B 3/11, Inv.-Nr. 265 (Siegelurkunde).
Edition: TA 4, S. 59.

Leta od narozenij syna bozieho tisiczieho CCCC°LXXI° tu nedyeli o letniczіech pocztiwa panij Katherzina, kucharzka nebozcze knyeze Petra, gsucz przi dobry pamyeti a rozumu strzielywieho, vczinila kssafft a rozkazanie swe.
A tak nayprw, kto gsu czo dluzni. Naiprw knyez Ondrzey, ffararz malssiczky, dluzen gij kopu a zlaty vhersky.
Item ty zlate, kterez ma v Jana Bechynky, ty odkazugge Martye, dczerzi swe, wedle kssafftu kteryz knyez Petr vczinil a zapsal.
A z teho, aby ona dala na zadussie, czoz gest w temz kssafftu zapsano.
Take y tu kopu a zlaty v knyeze Ondrzege Martye, dczerzi swe, odkazuge.
Item statek swuoy wessken, mohwity y nemohwity, iakzkoly gmenowany odkázala, mocznye tyz Marthye, dczerzi swe, s dyetmi Martinymi.
Przitom kssafftu byli gsu mudrzij a opatrnij pani pan Jan Bechynka, tee chwile purgmistr, a Martin Trals, rychtarz, a Silvester, pisarz. A prosyla gest mudrych a opatrnych panow purgmistra a raddy myesta Sobyeslawye, aby swu peczet myestsku ktomuto kssafftu na potwrzenie przitiskli.
Genz gest dan letha a dne iako swrchupsano stogij.

Im Jahre seit der Geburt des Gottessohnes Eintausend CCCC°LXXI1°. An diesem Pfingstsonntag hat die ehrenwerte Frau Katheřina, Köchin des seligen Priesters Petr, bei gutem Gedächtnis und gesundem Verstand, ihr Geschäft und ihren [letzten] Willen bestimmt.

Und zwar zuvörderst, wer bei ihr Schulden hat:
Zuerst der Priester Ondřej, Pfarrer von Malešice, er schuldet ihr [*einen*] *Schock und* [*einen*] *ungarischen Gulden.*
Item jene Goldgulden, die sie bei Jan Bechynka hat, diese vermacht sie Martha, ihrer Tochter, nach dem Geschäft, das der Priester Petr tätigte und festhielt. Und hiervon solle sie für die Seelenmesse etwas abgeben, wie dies in diesem Geschäft festgehalten ist. Auch vermacht sie jenen Schock [*Groschen*] *und jenen Goldgulden, den sie bei dem Priester Ondřej hat, ihrer Tochter Marta. Item ihr gesamtes Gut, beweglich und unbeweglich, welches aufgeführt ist, vermacht sie jener Martha, ihrer Tochter mit den Martin-Kindern.*
Bei jenem Geschäft waren die weisen und ehrbaren Herren, Herr Jan Bechynka, zu diesen Zeiten Bürgermeister, und Martin Trals, Richter, und der Schreiber Silvestr zugegen.
Und sie hat die weisen und ehrenwerten Herren Bürgermeister und Stadträte von Soběslav gebeten, dass sie ihr Stadtsiegel zu diesem Geschäft zur Bestätigung beifügen. Dies ist gegeben zu Jahr und Tag wie oben angeführt.

137. [1473, Februar 23]
Testament des Hanns Kursner aus Aussig, der u. a. 32 Schock für eine kirchliche Stiftung bestimmt. Darüber hinaus setzt er Vormünder für seine Tochter ein und verfügt über seine ausstehenden Forderungen und über seine Bergwerke bei Graupen.
Archiv města Ústí nad Labem, fond archiv města Ústí nad Labem 1325-1945, Inv.-Nr. 470 – Liber civitatis, 1438-1511, fol. 35r-36r (Abschrift; durchgestrichen).
Edition: UB Aussig, S. 124-125.[137]

Wir burgermeister vnd ratismanne der stat Awssigk vff der Elbe bekennen vor allen gemeynicklich, das fur vns komen ist Hannus Kursner mit Andrean, seyn bruder, vnd Meysner, seyn swager, vnd mit anderen seynen fru^{e}nden vnd hatt gegaben vnd beschiden zcu eynem ewigen selgereithe vnde gedechtnusse seyns gesslechtes XXXII ß. gr. den kirchevattirn; vnd sollen sollich gelt leyhen vff czinß, dor von zcu geben von XII ß gr. eyn ß gr. Item der sollich gelt czu ym nympt vff czinß, der sol es vorschriben vff ecker adir wißen; anders sol das gelt nicht awsgeligen werden, wenne es nicht also vorgewisset wirt. Vnd das sol man thuen mit ratte vnd hulffe der herren.
Item XXIIII ß sollen seyn zcu szingen alle jar jerlich in der vasten alle tage noch dem Sanctus „alma redentoris". Do von sol gegeben werden den schuleren eyn grossen zcu vischen adir heryngk und II d. zcu brothe alle tage. Item dornoch obir das gancz iar von osteren bis wider vff ffastnacht alle sonnetage werden sollen singen dy schuler „Alma

137 Online abrufbar unter http://147.231.53.91/src/index.php?s=v&action=jdi&cat=18&bookid=87&page=124 &action_button.x=0&action_button.y=0 (08.09.2017).

redentoris“ noch sanctus. Dovon sol man yn geben alle sontage I gr. zcu vleysche und II d. zcu brothe. Das macht alle Jar II ß czinß von den XXIIII ß.
Item her hatt owch gegeben VI ß zcu eynem ßelegereithe alle iar zcu singen vigilias mit dryen lectionen und mit III pristeren itzlichem prister I gr. vnd dem schulmeister II gr., dem glockner I gr. vnd dem pfarrer II gr. besunder. Das sol gescheen in vigilia sancti Laurencii, et in festo sancti laurencii missam. Vnd den armen lewtten sollen dy kirchevatter geben vor II gr. heller. Das oberige sollen dy kirche vattir behalden vor wachs vff das, das sy kerczen leyhen czu der vigilias vnd owch zcu der messe. Item dy II ß hat her gegeben zcu eynem ewigen gedechtnusse vff dem predigsstul vor alle libe ßele seyns geschlechtts, dem pfarrer ader wer eyner prediger ist, dovon X gr. zcu geben aller jar jerlichen, dy von den II ß zcu zcinß gevallen.
Sollichs obenbenantes selegereithe macht XXXII ß gr. hewptgutt vnd der czinß II 1/5 ß X gr., von sollichem czinß sollen dy kirchevattir awsrichten das obengeschriben ßelegereithe, vnd sollich gelt sollen dy kirche vattir awsleyhen mit bewust vnd ratte der herren vnd vorsorgen, noch dem alls oben berurt ist etc.
Item Hannus Kursner hot gemacht vnd gekoren zcu vormunden Andream, seynen bruder, Wanko Zelený vnd Walsa, seyn bruder, vnd Meysner, seyn schwoger, ab got allmechtiger obir yn gebitte, dem weyße, seyner tochter Vrssula vorzcusteen, noch dem her yn gancz vortrewet alls gutten lewtten vnd eyner an den anderen sol keyns thuen, dorczu sollen dy herren yn behulffen vnd berotten seyn. Doruff hat her den herrn eyn gewiss grossen gegeben zcu gedechtnusse. Item Hannus Kursner hat also bestetiget: were is sache, das her aussen blybe vnd allmechtiger got obir yn geboette, so soll dy schult, dy her noch awssen hot, eyngemanet werden von Andrean, seynem bruder, vnd Baltißar, seynem vetter, vnd Meysner, seyn sswager, mit rotthe vnd hölffe der herren vnd owch der vormundern.
Item vnd was obir blibe obir seyne schult, das sol geteilt werden in IIII teil.
Item seyner tochter Urssula eyn teil, dem bruder Andrea das ander teil vnd der sswester Urssula das dritte teil, dem Baltczar, seynem fetter, das ffirde teil, noch dem sy denne haben das register seyner schult beschriben eigentlich. Sundir aws aller schuld sollen sy geben zcu dem latare der bruderschafft vnsirer liben frawen czu foraws X ß gr. vnd den kirchvatteren X ß gr. das sollen sy anwenden, woran sy derkennen am allerbesten. Vnd obirige teile noch dem als oben berurt ist. Item mehe hat her bestetiget: were is ßache, das der weyße, seyne tochter Urssula, abegingk von des todes wegen, ee denne sy eeliche wurde adir kinder gewynne, so soll alles ir gutt geteilet werden in dreye teil:
Seynem bruder Andrea eyn teil.
Seyner schwester Urssula adir iren kinderen das ander teil.
Das dritte teil czu der kirchen zcu eynem ewigen selegereithe, noch dem dy vormunden das allirbesten irkennen werden mit rothe vnd hulffe der herren.
Sunder awsgenommen sollen dy vormunden geben seynen armen fru^e^nden X ß gr. noch dem sy erkennen werden czu dem besten.
Item owch hatt her bestetiget: ab allmechtiger got gebe, das seyn berigwerigk ansese, das herr hott vff den Grawppen, als nemlich eyn achtil in der Kolenkammer vnd czwee achtteil zcu den Eybener, das her hott bepfalen Erhart Mo^e^nczer vff den Grewppen zcu vorweßen.

Item mehe hott her eyn achtteil vff dem Geyersperge zcu sande Wenczil. Vnd was do wu^e^rde aws sollichen obenbenanten teilen zcu obirlauffte, soll alles geteilet werden volkommellich in drey teil, als oben berurt ist. vnd ab man solliche oben genante teil vorkcwffen welde, das sollen thuen dy vormunden owch mit rothe vnd hölffe der herren, vnd was vor solliche teil gegebin werde von gelde, das sol alles geteilet werden in drey teil noch dem alls oben berurt ist.
Item mehe, ab her abegingk vnd awssen blibe, so sol man bestellen XXX selemesse zcu leßen vnd XXX vigilias mit dreyen lectionen vnd sol schneiden armen lewtten eyn tuch gewandes, vnd dreye selebode sol man bestellen vnd armen lewtten bey enczil geben eyn ß gr. das was seyn begir. Es ist gescheen noch jaren vnsers herren Cristi geburth Millesimo CCCC LXXIII feria tertia post cathedram Sancti Petri.

138. [1473, Juli 30]
Der Neustädter Bürger und Pergamenthersteller Jan setzt seine Gemahlin Margretha als Testamentsvollstreckerin seines letzten Willens ein, in dem er u. a. seiner Frau sowie den beiden Kindern Blažek und Martha seinen gesamten Besitz vermacht. An die Kirche St. Martin in der Prager Altstadt gehen drei Schock Groschen.
Archiv hlavního města Prahy, Hdschr. 2094, fol. E 36r (Abschrift).[138]

Wegmeno Bozie Amen. Ja Jan Pargamennik, M[ěštěnín]. N[ového]. M[ěsta]. Pr[ažského]., znamo czinim listem tiemto zgiewnie, kdezkoli zten nebo ctucze slyssen bude, ze neduzyw a nemoczen sa natiele etc., toho poruczenstwie mocznu a naywyssi porucznicy vstawugi Margrethu, manzelku mu, przidawagie ku pomoczy opatrnee muze Ssymona kramarze, sswakra mého, a Jana Czardu, kozyssnika, wierze gim iako przateluom milym, ze oni manzelcze me pomoczni budu, aby kssafft tento k miestu skutecznemu prziwedu byl wedle wuole a zposobenie mého; wtom pak duom muoy, lezyczy mezy domy Ffenczlawa, niekdy pargamennika, a Jana Nadrzienka XX kop hottowych peniez; a giny wessken statek, mowity y nemowity, porucziem a mocznie oddawam pome smrti Margrethie, gyzpsane manzelcze me, Blazkowi a Marthie, dietem nassim, na rowny rozdiel tak, aby napad byl s vmrleho dietete przately sessleho nazywe a na matku az do poslednieho; a take vmrzelaliby Matie sedieczy na stoliczi wdowske, aby diel gegij nadieti przipadl. Pakli by se wdala, toliko na swuoy diel se wdaway, pakliby manzelka ma gyz czasto gmenowa vmrzela nezmienecz stawa s obiema dietmi przedlety gich dospielymi, tehdy duom naprzedpsany, peniezi y giny statek, ktery by zuostal pogich smrti, aby przipadl na Margrethu, matku mu, a Ssymona kramarze a naginee przately me przirozene beze wssech przekazek. Item odkazugi a porucziem Materzi me kopu gr. Bielych, aby gie hned pome smrti wydana byla. A take odkazugi na kostel swateho Martina w Stare miestie III kop gr. bielych. Dale oznamugi, ze sem dluzen Katherzinie pargamennikowe za duom III kop a XXVI gr., ty penieze chczy, aby byli zaplaczeny z statku meho swrchupsaneho. Sigilla testimonium Georgii Kosteczka, iudices tuttoris, et dominiorum consulum iuratores Wenceslai Myslik et Thobie olim

[138] Online abrufbar unter http://katalog.ahmp.cz/pragapublica/permalink?xid=E1BD352FB72711DF820F00166F1163D4&scan=377#scan378 (08.09.2017).

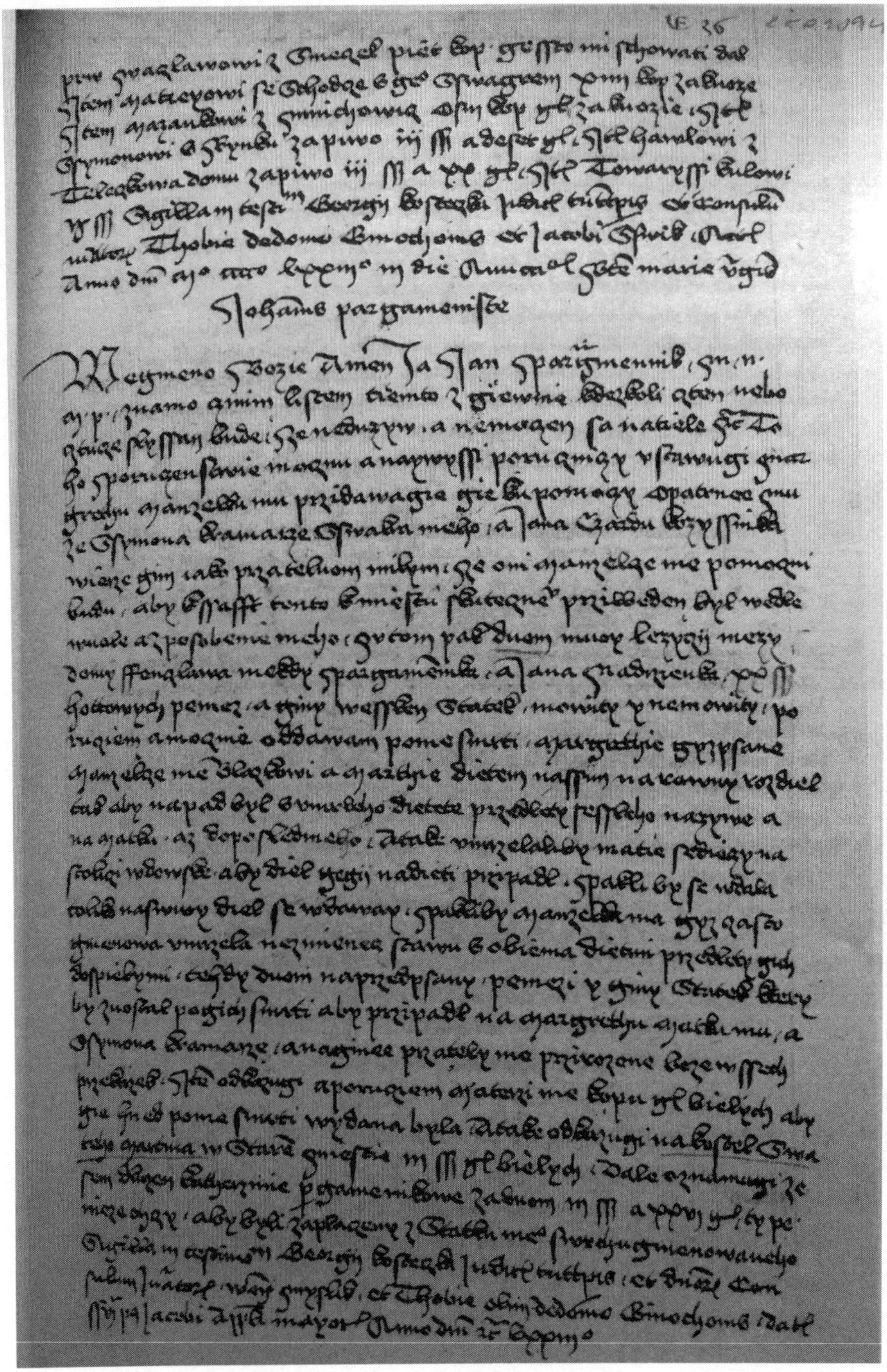

Testament des Bürgers der Prager Neustadt und Pergamentherstellers Jan – 1473, Juli 30.
Quelle: Archiv hlavního města Prahy, Ms 2094 (Testamentsbuch), fol. E 36r

de domo Binochonis. Datum feria sexta post Iacobi Appostoli Maioris. Anno Domini M°CCCC°LXXIII°.

Im Namen Gottes Amen. Ich, Jan Pergamentmacher, Bürger der Prager Neustadt, gebe mit diesem Brief öffentlich allen bekannt, die diesen lesen werden oder vorgelesen bekommen, dass ich dahinsiechend und krank am Körper bin etc. Zur rechtmäßigen und obersten Testamentsvollstreckerin dieses letzten Willens bestimme ich meine Gemahlin Margretha, der ich die ehrenwerten Männer Šimon Kramář [= Kaufmann/Krämer – Th. K.], *meinen Schwager, und Jan Čarda, Kürschner, zu Hilfe gebe, da ich ihnen als meinen besonders lieben Freunden vertraue, dass sie meiner Gemahlin helfen werden, damit dieses Geschäft zum richtigen Ort gebracht werde entsprechend meinem Willen und meiner Anordnung. Darin vermache und gebe ich mein Haus, gelegen zwischen den Häusern des ehemaligen Pergamentmachers Fencel und des Jan Nadrzienek, 20 Schock Barschaft sowie meinen gesamten übrigen Besitz, beweglich und unbeweglich, nach meinem Tode der bereits erwähnten Margretha, meiner Gemahlin, sowie Blažek und Martha, unseren Kindern, zu gleichen Teilen; und zwar dergestalt, dass, sollte ein Kind sterben, dessen Erbteil auf das noch lebende und auf die Mutter übergehe, von einem auf den anderen. Und sollte Margretha sofern sie auf dem Witwenstuhl sitzt, sterben, dann gehe ihr Erbteil auf die Kinder über. Sollte sie sich freilich verheiraten, dann soll sie lediglich den ihr zustehenden Teil erhalten. Sollte Margretha sterben und auch die Kinder noch vor Erreichen ihrer Volljährigkeit, dann sollen das erwähnte Haus, das Geld und sämtlicher weiterer Besitz, der nach ihrem Tode noch vorhanden ist, an Margretha, meine Mutter und den Kaufmann Šimon sowie an andere meine natürlichen Freunde fallen, und zwar ohne irgendwelche Hindernisse. Item vermache und gebe ich meiner Mutter einen Schock Weiß-Groschen, die ihr gleich nach meinem Tode ausgehändigt werden sollen. Und ich vermache sodann der Kirche St. Martin in der Altstadt III Schock Weiß-Groschen. Des Weiteren gebe ich bekannt, dass ich der Pergamentmacherin Kateřina für das Haus III Schock und XXVI Groschen schulde; diese Schuld, so ist es mein Wille, soll aus meinem oben genannten Besitz beglichen werden. Sigilla testimonium Georgii Kosteczka Judices tuttoris et dominiorum Consulum Juratores Wenceslai Myslik et Thobie olim de domo Binochonis. Datum feria sexta post Iacobi Appostoli Maioris. Anno Domini M°CCCC°LXXIII°.*

139. [1473, Februar 6]
Der Priester Jakub, Pfarrer zu St. Martin in der Prager Altstadt, errichtet sein Testament, in dem er eine gewisse Margaretha Zleniczka und deren Magd Dorota zu Testamentsvollstreckern einsetzt. Unter der Hinterlassenschaft nehmen Bücher den ersten Platz ein, die verkauft werden sollen. Der Erlös soll an Arme gehen. Weitere Bücher sind für bestimmte Personen vorgesehen, auch Kleidungsstücke gehen an verschiedene Personen.
Archiv hlavního města Prahy, Hdschr. 2119, fol. Q 7 (Kriegsverlust).
Edition: Teige, Základy 2, S. 97 (Auszüge).

Wegmeno Bozie Amen. Ja kniez Jacub, ffararz v sw. Martina w Starem miestie prazskem, wyznawam etc. ze aczkoli z dopusstienie bozieho etc., takze czinim a vstanowugi urozenu panij Margerathu Zleniczku a pannu Dorotu, sluzebniczi gegi, prawe a naiwyssie y moczne porucznicze wsseho statku mého, kterehozto mi Pan Buoh z dobroty swe nesmierne poprzieti gest raczil – przidawage gim k radie a ku pomoczi pocztiweho mistra Wawrzincze z Rokyczan, aby ony wsseczky wieczi mnu tuto poruczene a rozkazane s radu a wiedomim geho gednaly a posobily osobam dole psanym, komuz czo sie gmenuge wydaducz –: Naiprwe knihy me to gest Ryhardum Parisiensem a Liru na pargamenie na cztyrzy ewangelisty, zacz moczi budu nailepe prodaducze, penize ty na pokrm chudym y na gine skutky milosrdne – obratte –. Item mistru Janowi Libkowi – wydajte knihy me Liru na papirze w nowie psane na wsseczken nowy zakon. Item Remigium na papirze a troge knihy we dckach a cztwrte wietczie kazaczie kniezi Waczlawowi, rzeczenemu Korbesas. Item kniezi Janowi, bratru memu, knihy Floretum a niektere knihy gemu uziteczne iakoz by sie mistru Wawrziczowi zdalo. Item kniezi Walentinowi v sw. Gilgie ffararzi knihy Summam Pisanam a we dckach Isodora knihy troge a Pastoral. Item kniezi Hawlowi, ffararzi w Tuchorazi, knihy czerwenu kozij w nowie powleczenie ma troge knihy Decretalium. Item panu Mikulassi z Lansstejna zakon muoy nowy, mistru Wawrzinczowi nadepsanemu odkazugi Kroniku a Kompaktata. A knihy me Racionale diwinorum officiorum, kterez v knieze Walentina mam ty pannie Zleniczke wysspsane. I gine pak knihy me, kterezkoli poruczniczi czastopsani mezi kniezy chude wedle opatrnosti swe rozdajte. Item Matussowi zwoniku otkazugi sukni mu s kozichem lisym, kozich kralikowy Margaretie, materzi panie Zleniczke, pannie Dorotie sukni czrnu nowu, Lidmile kucharzce sukni harasowu czrnu a perzinu lepssi, sestrze me perzinu druhu a Janie kuecharcze perzinu trzeti. Dorotie pradli polstarz prassny a podussku a k tomu I s. gr. – Act. sabbato in die Dorothee.

Im Namen Gottes Amen. Ich Jakub, Pfarrer zu St. Martin in der Prager Altstadt, bekenne etc., dass, wenngleich ich durch göttliche Fügung etc. So bestimme und ernenne ich die hochgeborene Frau Margaretha Zleniczka und deren Dienstmagd, die Jungfer Dorota, zu rechtmäßigen und obersten Testamentsvollstreckerinnen meines gesamten Besitzes, den mir Gott der Herr in seiner unendlichen Güte zu verwalten anvertraut hat – und ich gebe ihnen den ehrenwerten Magisters Vavřinec von Rokycany zu Hilfe und zu Rat, damit sie meine ganze Hinterlassenschaft mit seinem Rat und Wissen verwalten und an die unten genannten Personen geben, wie nachfolgend aufgeführt –: Zuvorderst meine Bücher, und zwar Richardus Parisiensis und die pergamentene Lyra auf die Vier Evangelisten, die sollen vorteilhaft verkauft werden; und für das erzielte Geld soll Speise für die Armen gekauft und für weitere mildtätige Werke verwendet werden. Item Magister Johannes Libkow [von Lübeck – Th. K.][139] *sollen meine Bücher gegeben werden,*

[139] Johannes von Lübeck war von seiner Vaterstadt über Rostock nach Prag gelangt und dort im Januar 1467 in die Reihen der Magister der hussitischen Universität aufgenommen worden. Seit 1470 hielt er an der Carolina theologische Vorlesungen über das Sentenzenbuch des Petrus Lombardus und widmete sich der Bibelexegese, später den neutestamentlichen Episteln und seit etwa 1494 dem Psalter. Mehr als 35 Jahre blieb er der hussitischen Universität treu (er verstarb Anfang 1502). Johannes von Lübeck verdanken wir die niederdeutsche Übersetzung zweier tschechischer Schriften des Johannes Hus (1370/71-1415), der 1415 in Konstanz als Ketzer verbrannt wurde: die volkstümliche Einübung der drei augustinischen theologischen Tugenden Glaube, Hoffnung und Liebe sowie die ausführliche Auslegung des apostolischen Glaubensbekenntnisses, der Zehn

und zwar die neu geschriebene Lyra auf Papier und das gesamte Neue Testament. Item das Remigium und drei Folianten und ein viertes Predigtbuch [?] *dem Priester Václav genannt Korbesas. Item dem Priester Jan, meinem Bruder, die Bücher Floretum sowie einige für ihn brauchbare Bücher, wie es dem Magister Laurentius am vorteilhaftesten erscheint. Item dem Priester Valentin, Pfarrer zu St. Ägidii, die Summa Pisanae und als Folianten Isidors drei Bücher und ein Pastorale. Item dem Priester Hawel, Pfarrer in Tuchoraz, die Bücher in rotem Leder, neu eingebunden, und zwar meine drei Bücher der Dekretalen. Item Herrn Mikuláš von Landstein mein Neues Testament, dem zuvor genannten Magister Vavřinec vermache ich die Chronik und die Kompaktaten. Und meine Bücher, das Racionale divinorum officiorum, das ich im Buch des Valentin habe, die vermache ich der oben genannten Frau Zleniczka. Und meine anderen Bücher, die sollen die mehrfach erwähnten Testamentsvollstrecker unter armen Priestern bedachtsam verteilen. Item Matuš Zvoník* [Glöckner – Th. K.] *vermache ich meinen Mantel mit Fuchspelz, die Kaninchenfelle Margareta, meiner Mutter, Frau Zleniczka, Frau Dorota meinen neuen schwarzen Rock, Lidmila, der Köchin, den schwarzen Harras-Rock und das bessere Federbett, meiner Schwester das andere Federbett und Jana der Köchin das dritte Federbett. Dorota die Wäsche, das mit Flaumfedern gefüllte Kopfkissen und dazu einen Schock Groschen. – Actum sabbato in die Dorothee.*

140. [1473, April 13]
Martin Trals aus Soběslav errichtet seinen letzten Willen. Haupterbin ist seine Frau, die aus dem vererbten Besitz 20 Schock Groschen für Leinen an Arme ausgeben soll.
Státní okresní archiv Tábor: archiv města Soběslav, Sign. I B 3/13 (Siegelurkunde). Edition: TA 4, S. 60-61.

Leta od narozenie syna bozieho etc. LXXIII° ten vtery po kwietnie nedieli opatrny muz Martin Trals [*auf der Rückseite der Urkunde findet sich die zeitgenössische Zuordnung „Kssafft Hanussu“ – Th. K.*] vczinil gest kssaft a rozkazanie gsa przi dobriem rozumu a pamieti.
Item nayprw komu gest czo dluzen. Habartowi za duom 30 sex.
Item czo gsu gemu dluzni. Stanislaw Pechowicz XXXIII fl. vherskych. Item bratr muoy Linhardt XLVII fl., a ma dati polowicze toho, kdyz z Lincze przigede a ostatek na s. Iacub, a za to gsu rukojmie Jakess Czrny a Mikulass Kosarz z Hradcze; Vrban IIII sex. XII gr. Mezensky II sex. a ya gemu zasse XII wozuow kamene. Item Koczniek z Sobieslawi LXX gr. za postawy, a XL gr. bez gednoho, a za piwo VIII gr. dwa czbery owsa. Pan Sadlo zlaty vhersky. Item Ssunyakowa w Lesstniczy III fl. vherske. Item Hanussek z Hartmanicz II fl. vherske a XL gr., Wassek z Bukowina II kopy, Dworzakowa z Hlavatecz zlaty vhersky, Ffissl z Walu zlaty vhersky rukojmie Kwieton. Item Hassek

Gebote und des Herrngebets. Die Übersetzung erschien um 1481 in Lübeck, ohne dass verständlicherweise der als Häretiker geltende Autor sowie der Übersetzer genannt wurden. Vgl. http://www.gesamtkatalogderwiegendrucke.de/ (08.09.2017).

z Walu I sex. Item Ffyssl a Hossek z Walu za tramy wdal sem gim natramy a na krowy VI sex. a X gr. Kohut II fl. vherske a za V loket sukna loket po XIIII gr. Item za 1 1/2 lokte XV gr. Item Huorka II sex. bez XV gr. Hala z Walu XXVIII gr. vlyhrach zuostal XIIII gr.
Item chudym a nuznym, aby bylo kupeno postawuow az do XX sex. a to, aby ma zena zaplatila. Item statek swoy, mohwity y nemohwity, czoz mam malo y mnoho, to odkazugi mocznie zenie swe. Item bratr muoy Linhart, yakoz mi gest dluzen bez trzy padesat zlate tiech polowiczi, odkazugi otczi swemu, kterezby miel dati na swaty Iakub, a ostatek kdyz z Lincze przigede to at ma zenie da.
Item moczne poruczniky czinym zeny swe a statku sweho Ondrasska Kosarze a Vrbana, aby gi radni a pomoczni byli wczemby gich potrzebowala. AA przitom kssafftu byli gsu mudrzy a opatrni Iakub Pikus, te chwile purgmistr, Jan Nedolewka, te chwile richtarz, Waczlaw Ffaun, Martin s Rohu, te chwile conssele, Ondrassek Kosarz a Vrban, letha a dnie jakoz swrchu stogi. A prosie gest opatrnich panuow purgmistra a raddy, aby swu miestczku peczet ktomuto kssafft przitiskli na potwrzenie tohoto rozkazanie.

Im Jahre LXXIII° nach Christi Geburt etc., an diesem Dienstag nach Palmarum, hat der ehrenwerte Mann Martin Trals [auf der Rückseite der Urkunde findet sich die zeitgenössische Zuordnung „Geschäft des Hanussu" – Th. K.], *der bei gutem Verstand und Gedächtnis ist, sein Geschäft und seinen letzten Willen errichtet.*
Item zuvorderst wem er etwas schuldig geblieben ist: Habart für das Haus 30 sex.
Item was man ihm schuldig geblieben ist. Stanislav Pechowicz XXXIII ungarische Gulden. Item mein Bruder Linhardt XLVII Gulden; und er soll die Hälfte davon zahlen, wenn er aus Linz kommt, und den Rest zu St. Jakob; und dafür bürgen Jakeš Černý und Mikuláš aus Neuhaus. Urban IIII sex. XII gr., Mezenský II sex. und ich schulde ihm wiederum XII Wagen Stein. Item Koczniek aus Soběslav LXX gr. für Figuren [?], *und XL gr. weniger einen Groschen; und für Bier VIII gr., zwei Zuber Hafer. Herr Sadlo einen ungarischen Gulden. Item Šunyaková in Leštnice III ungarische fl. Item Hanušek aus Hartmanice II ungarische fl. und XL gr., Wašek aus Bukowino II Schock, die Dvorzaková aus Hlavatecz einen ungarischen Gulden, Fišl aus Wal einen ungarischen Gulden, dafür bürgt Kwěton. Item Hašek aus Wal I sex. Item Fyšl und Hašek aus Wal für die Balken, die ich ihnen für den Dachstuhl gegeben habe, VI sex. und X gr. Kohut II ungarische fl. und für V Ellen Tuch, die Elle zu XIIII gr. Item für 1 1/2 Ellen XV gr. Item Huorka II sex. weniger XV gr.; Hala aus Wal XXVIII gr. in Lyra* [?] *XIIII gr.*
Item Armen und Bedürftigen, denen sollen Ballen bis zu einem Wert von XX sex. gekauft werden, und dies soll meine Frau begleichen. Item meinen gesamten beweglichen und unbeweglichen Besitz, sei es viel oder wenig, den vermache ich meiner Gemahlin. Item mein Bruder Linhardt, der mir 50 ungarische Gulden weniger drei Gulden schuldet; davon vermache ich die Hälfte an meinen Vater, und er soll das Geld zu St. Jacobi erhalten, und den Rest soll er, sobald er aus Linz zurückkehrt, meiner Gemahlin geben.
Item zu rechtmäßigen Testamentsvollstreckern meiner Frau und meines Besitzes ernenne ich Indrasek Kosař und Urban, die sollen meiner Gemahlin mit Rat und Tat zur Seite stehen, wenn sie Hilfe benötigt. Und bei der Errichtung dieses Geschäfts waren anwesend die weisen und ehrenwerten Männer Jakub Pikus, derzeit Bürgermeister, Jan Nedolewka, derzeit Richter, Václav Faun, Martin von der Ecke, derzeit Ratsherren,

sowie Ondrášek Kosář und Urban; im Jahre und am Tag, wie dies oben geschrieben steht. Und er hat die ehrenwerten Herren Bürgermeister und den Rat gebeten, dass sie das Stadtsiegel diesem Briefe zur Bestätigung des letzten Willens beifügen mögen.

141. [1473, August 8]
Ein gewisser Valeš aus der Vorstadt in Soběslav errichtet seinen letzten Willen. Seinem Schwiegersohn Vávra vermacht der Testierer Häuschen, Garten, Wiese und Geräte. Geldlegate.
Státní okresní archiv Tábor: archiv města Soběslav, Sign. I B 3/14, Inv.-Nr. 269 (Siegelurkunde).
Edition: TA 4, S. 61.

Letha po narozenij syna bozieho M°CCCC°LXXIII° tu sobothu przed panny Marie na nebewzety opatrny muz Waless z przedmyestie vczinil kssafft a rozkazanie gsa przidobry pamyeti. A nayprw czo gsu gemu dluzni.
Mathauzow syn za kosu VIII gr. Item Jan z Kleczat dwa zlata vherska. Rukojmie Jan Polaczek odtud, Jan druhy z Kleczat wedle Jana dwa zlata vherska rukojmie zan Siga rzeznik.
A tak Wawrowi, zeti swemu, odkazal domek zahradu, luku a diel y s ginym hospodarzstwim, a oni, aby zeny me pocztiwe smrti dochowali, a ztoho aby take wydali Martinowj, wnuku geho, gestli ze leth doyde VI sex.
Item yakoz geho Ssturm [?] napomynal pro syrotka Frydlowa z tyech penyez sedm kop 6 1/2 sex. czeskych grossow a XX gr. myssenskych, ty gest wziel miliczinsky vrzednik panye milosti, a z tak Waless prawil pod swu wieru, ze od Ffrydle k wierny rucze wiecze newziel.
Przytom kssafftu byli gsu mudrzij a opatrnij muzie Waczlaw s Teleczych miesto, purgmistr tehdy, a Jan rychtarz. A prosyl tyech panow y ginych conssel, aby swu peczet myestsku ktomuto listu przitiskli na swydomie wyeczij swrchupsanych.

Im Jahre M°CCCC°LXXIII° nach Christi Geburt, an diesem Sonnabend vor Mariä Himmelfahrt, hat der ehrenwerte Mann Valeš aus der Vorstadt, der bei gutem Gedächtnis ist, sein Geschäft und seinen letzten Willen errichtet. Und zuvorderst die, die ihm etwas schuldig geblieben ist.
Der Sohn des Mathauz für die Sense VIII gr. Item Jan von Kleczaty zwei ungarische Gulden. Es bürgt Jan Poláček von dort; der andere Jan aus Kleczaty neben Jan zwei ungarische Gulden, wofür Siga der Fleischer bürgt. Und er hat Vávra, seinem Schwiegersohn, das Häuslein, den Garten, die Wiese und die Parzelle mit allem Zubehör vermacht; und sie sollen meine ehrenwerte Gemahlin vor dem Tod bewahren, und des Weiteren soll man Martin, seinem Enkel, sofern er seine Volljährigkeit erreichen sollte, VI sex. geben. Item, als ihn Šturm [?] *anstelle des Waisen Frydl ermahnt hat, von jener Summe sieben Schock 6 1/2 sex. böhmische Groschen und XX meißnische Groschen, die hat der Miltschiner Beamte seiner Gnaden genommen. Und so hat Valeš bei seinem Glauben bekannt, dass er von Frydl nichts zur rechten Hand genommen hat.*

Bei der Errichtung des Geschäfts waren anwesend die weisen und ehrenwerten Männer Václav von Teleczy, Bürgermeister der Stadt, und Jan der Richter. Und er hat diese Herren sowie die anderen Ratsherren gebeten, sie mögen das Stadtsiegel diesem Brief beifügen zur Bestätigung der oben beschriebenen Angelegenheiten.

142. [1473, August 13]
Johanka Prhošová, Bürgerin der Prager Altstadt, bestimmt in ihrem Testament zuvörderst, dass die genannten Testamentsvollstrecker 6 Schock Groschen Jahres- und Ewigzins der Kirche St. Valentin in der Prager Altstadt vermachen sollen, u. a. um Öl für die Lampe bereitzustellen. An diese Kirche gehen auch wertvolle Sachlegate, so u. a. ein Silberkelch, zwei Bücher und ein grünes Ornat. Geld, Schmuck und Möbel sind auch für die drei Töchter des Bruders Vavřinec bestimmt. Zahlreiche weitere Personen werden mit Geldlegaten und Kleidung bedacht.
Archiv hlavního města Prahy, Hdschr. 992, fol. 264r[140] *und 2119, fol. R 10 (Abschrift; Kriegsverlust).*
Edition: Teige, Základy 2, S. 235-236.

Wegmeno Bozie Amen. Ja Johanka Prhossowa, miesstka Stareho miesta pražského, wyznawam tiemto listem obecznie przede wssemi, kdez czten nebo cztucze slyssan bude, ze aczkoliwiek p[anu]. b[ohu]. diekugicz zdrawa sem na tiele a rozumu dobreho y pamiety zdrawe poziwam, wssak peczi na to magiczi by mne nemocz nahla aneboli hodina smrti me w niekterakem zpozdieni snad nezastihla, gessto bych poruczenstwie o statku mem, mnie od pana boha puoyczenem, tak iakz bych rada zrziediti a zposobiti nemohla a skrze to swarowe a nesnaze mezi przibuznymi a przately mymi wzniknuti by mohli po me smrti, protoz s dobrym mym rozmyslem toto me poslednie poruczenstwie a koneczny vmysl wuole me o temz o wssem statku mem, mnie od pana boha puoyczenem a po mnie zuostalem, moczi tohoto kssaftu meho rziedim a zposobugi obyczegem takowymto. Naiprwe a przede wssemi wieczmi czinim a vstanowugi opatrne lidi Ondrzege Maustitle, Procopa Waczkarze a Broze Beczwarze z Luze, miesstiany nadepsaneho St. m. pr. a pocztiwu pani Annu Parzizkowu, tehoz miesta take miesstku, przately me mile, a zwlasstie prawe a moczne porucznikу wsseho statku mého, mowiteho y nemowiteho, kdez by ten koli a na czemz koli zalezal a kterym neb kterakymkoli gmenem muoz a mohl by gmenowan byti, beze wssie wymienky. Gimzto nad gine wsseczky lidij a przately me wierzim vplne ze wsseczky wieczi mnu gim tuto poruczene a rozakazane tak zrziedie a zposobie y k miestu a konczi skutecznemu podle wuole a vmyslu meho prziwedu, kamz a komuz czo otkazugi wydaducze iakoz sie dole pise. Potom pak tymz porucznikom mym poruczim a rozkazugi, aby po smrti me ssest kop gr. platu rocznieho a wieczneho kupiecze, tak to wedle opatrnosti swe opatrzili, aby tyz plyt przi kostele sw. Walentina v swrchupsanem St. m. pr. zuostal wiecznie a budúcznie

[140] Online abrufbar unter http://katalog.ahmp.cz/pragapublica/permalink?xid=E1BD3C13B72711DF820F00166F1163D4&scan=518#scan519 (08.09.2017).

a na to, aby tu ffararz kazdy potrzeby miel a chowan byl; a k tomu take, aby gednu kopu platu take rocznieho a wieczneho zwlasst kupili na olej k lampie, aby swietlo horzalo przed boziem tielem w temz kostele. Otdawam take a otkazugi ornat zeleny aksamitowy s krzizem zlatym uncowym, omiral perlowy, sstuolu, mappule a albu se wssi prziprawu, k tomu przislussni kalich strziebrny s knoflikem pozlaczenym, pussku czrweneho damassku s perlami k tielu Boziemu knihy dwoge, antifonarz a mssal, vbrusy k oltarzom y s pallami, czoz gich gest komzi kmentowu a dwie kortenie malowane tak, aby ty wieczi wsseczky od tehoz kostela nikamz nebyly vtraczowany, ale aby gich ke czti a k chwale bozie vziwano bylo na pamatku dussi nebozcze manzela meho a me y nassich przedkuow. Item Johance, Aniczce a Dorothie, dczeram Wawrzincowym bratra meho z Hradcze, otkazugi sto kop gr. miss. a k tomu pas biely strziebrny, nailepssi wienczek perlovy menssi, dwie perzinie, nailepssi gednu spodni druhu, swrchnie polsstarz a cztyrzi podussky, take nailepssi ssest prostieradl mandlowanych, take nailepssich platienych sukni brykyssowu barwy nowe, czissku strziebrnu, paterz korzalowy s strziebrnymi zrny, dwadczeti lzicz strziebrem okowanych; to wsseczko na rowny diel. Neuchowalli by pak ktere z nich przed lety dospielymi od smrti buoh, diel vmrle na ziwe przipadni az do posledni. Pakliby gich wssech przed lety rozumnymi buoh od smrti neuchowal, tehdy tomu chczi, aby to wsseczko przi nadepsanem Wawrzincowi, otczi gich a bratru memu, zuostalo plnym prawem; a ty wieczi wsseczky giz wypsane poruczniczi mogi giz gmenowani temuz Wawrzincowi, bratru memu, w mocz wydati mohu s opatrzenim takowym, aby gim on to vgistil dobrze. Neuchowalli by geho buo prwe nezli dieti, aby tiz dieti let dojducze byli swym gisti. Pakliby on prwe a dieti potom let nedoiducz zemrzeli, tehdy aby to porucznikom zase w mocz ggich przisslo a oni to wsseczko wedle gineho na skutky milosrdne obrate iakoz dole gest wypsano. Item duom moy, w niemz bydlim, ten mocznie a diedeczky Girowi, pisarzi memu, a Dorothie, manzelcze geho s dietkami gich, kterez nynie magi nebo potom mieti budu, po smrti me otkazugi a otdawam plnym prawem, przidawagiczi gim k tomu perziny dwie dobre, swrchni a spodni polstarz weliky, podussky dwie, dobre prostieradla po puoltrzetie puole cztyrzi, dwie mandlowane a dwie nicz. Item pas, w kteremz na kazdy den chodila sem s strziebrnym zenklem a na tkaniczi niekolik zelezek, stare blany lysy a sukni czrnu harasowu s kozichem kralikowym teez Dorothie Girowe otdawam; a k tomu giem przidawam stoly, truhlicze, almary, kotly praczie, kotliky a gine wieczi domowite; nez konwe a misy czinowe, sslogicrze, ruczniky, prostieradla, perziny, cechly, czoz gich koliwiek gest, a ssaty me chodieczi wsseczky, kterez by przes toto me rozkazanie zuostaly, to wsse nadepsane pani Annie Parzizkowe bud wydano onat giz s tiem dale vczini, iakoz sem gi o tom poruczila vstnie; giezto pani Annie blany me lissczie nowe podbrzisskowe porucziem a otdawam mocznie Ondrzegowi Maustitlowi s Prokopem waczkarzem wyssepsanym koflik pozlaczeny. Brozowi beczwarzi take wyss psanemu czessi strziebrnu. Item mam dwanadczte lzicz fladrowych, strziebrem okowanych pozlatitym, kazdemu z giz psanych pp. porucznikuow cztyrzi lzicze za gich praczi otdawam. Oznamugi take, ze Gira, pisarz muoy nadepsany, dluzen mi gest trzi sta zlatych vherskych a ty ma na sw. Waczlawa naiprw przisstieho splniti a dati a Fridrich Chochol, Giruow ot Wieze sswagr, trzidczeti kop miss. ma dati na sw. Girzi naiprwe przisstie. Za to slibil gest Gira ot wieze giz psany se pani Dorothu sestru swu a tehoz Chochola manzelku ruku nerozdielnu; ty dluhowe, aby porucznikom mym wysspsanym wyplnieni byli beze wssech zmatkuow a nesnazi. Item Girowi Lysemu w kolegi v Wssech Swatych otkazugi deset kop gr. miss., Duchkowi, bratranu nebozcze manzela mého, take X kop gr. a Mandie, sestrze tehoz Duchka, X kop gr. wsse miss. Naposledy pak czastopsanym porucznikom mym porucziem a rokazugi, aby pas moy strziebrny pozlaczeny weliky druhy menssi, take pozlaczeny, trzeti strziebrny nepozlaczeny, dwa ssalky strziebrne, wienecz perlowy paterz korzalowy, na niemzto gsu dwa noble, a trzi zlate vherske; a k tomu take sklep moy, kteryz w kotczich podle panie Elssky Nozierky mam, ty wieczi giz wypsane wsseczky y take, czoz by przes toto me rozkazani zuostalo, to giz poruczniczi mohi rozprodaducz, obrate we gmeno bozie na almuzny y na gine skutky milosrdne za mu a manzela meho y nassich przedssich dusse, kdez a iakz sie giem wssem zespolka nailepe a naiuziteczniegi bude zdati, tak iakozto ja giem toho giz a swiedomi gich mimo wsseczky gine lidi swierzila sem a wierzim vplnie. Na potwrzenie y buduczi pamiet toho prosila gsem slowutneho Waczlawa z Strasseczieho, w ty czasy rychtarze, stateczniehi rytirze Pana z Radicze, hofrychterze miest kralowskych w Czechach, a opatrneho pana Jakuba Charamzy, konsseluow prziseznych czastopsaneho Stareho miesta pražského, ze gsu peczeti swe dali prziwiesiti k tomuto listu genz gest dan leta tisiczieho cztyrsteho sedmdesateho trzetieho w patek den sw. Ipolita.

Im Namen Gottes Amen. Ich Johanka Prhošová, Bürgerin der Prager Altstadt, bekenne mit diesem Brief allgemein vor allen, die diesen lesen werden oder vorgelesen bekommen, dass, wenngleich ich Gott dem Herrn dafür danke, dass ich mich körperlicher Gesundheit erfreue und über einen guten Verstand und ein gesundes Gedächtnis verfüge, ich dennoch Sorge habe, Krankheit könnte mich plötzlich heimsuchen oder ich stünde in der Stunde des Todes unverhofft ohne Testament da, errichte und verfüge ich dieses mein Testament und meinen endgültigen Willen über meinen mir von Gott dem Herrn verliehenen Besitz kraft dieses Geschäfts in nachfolgender Weise, damit nach meinem Tode zwischen meinen Verwandten und Freunden keinerlei Streitigkeiten und Unbill hierüber entstehen. Zuvorderst und vor allen Dingen ernenne und bestimme ich die ehrenwerten Leute Ondřej Maustitl, Prokop Waczkář und Broz Bečwař [= Böttcher – Th. K.] *von Luze, Bürger der oben genannten Prager Altstadt, sowie die ehrenwerte Frau Anna Parzizková, ebenfalls Bürgerin dieser Stadt, meine besonders lieben Freunde, zu rechtmäßigen und bevollmächtigten Testamentsvollstreckern meines gesamten beweglichen und unbeweglichen Besitzes, wo auch immer der gelegen sei und von wem auch immer der erfragt werden kann, ohne jegliche Ausnahme. Denn ich glaube und vertraue den Genannten, dass sie vor allen anderen Menschen und Freunden diesen meinen letzten Willen so regeln und ausführen und zu einem guten Ende führen; so sollen sie, entsprechend meinem Willen und meinen Absichten, den Personen etwas geben, denen ich, wie nachfolgend beschrieben, etwas vermache. Sodann gebiete ich diesen meinen Testamentsvollstreckern, dass sie nach meinem Tode sechs Schock Groschen an Jahres- und Ewigszins mit Bedacht erwerben und dafür Sorge tragen, dass dieser Zins bei der Kirche St. Valentin in der oben erwähnten Prager Altstadt fortan auf ewig bleibe und für die Bedürfnisse des Pfarrers gesorgt werde; und dazu sollen sie einen Schock Groschen, ebenfalls an Jahr- und Ewigzins, kaufen, damit Öl für die Lampe vorhanden sei und vor dem heiligen Grab in dieser Kirche ein Licht brenne. Auch gebe und vermache ich ein grünes Ornat aus Samt mit einem goldenen*

Unzen-Kreuz, einen Perlen-Omiral, einen Tisch, eine Mappule und eine Albe mit allem, was dazu gehört; und dazu einen silbernen Kelch mit vergoldetem Knopf, eine Büchse in rotem Damast[*bezug*] *mit Perlen hin zum Leib Christi, zwei Antiphonare und eine Missale, Altardecken sowie Pallae aus Battist und zwei bemalte Vorhänge, und zwar dergestalt, dass die aufgeführten Gegenstände von dieser Kirche niemals entfremdet werden sollen, sondern zur Preisung und zum Lob Gottes Verwendung finden mögen sowie zum Andenken an die Seele meines seligen Gemahls, meiner eigenen Seele und derjenigen unserer Vorfahren. Item Johanka, Anička und Dorotha, den Töchtern meines Bruders Vavřinec aus Neuhaus, vermache ich 100 Schock Meißner Groschen und hierzu den silbrig weißen Gürtel, den besten Perlenkranz, die beiden besten kleineren Federbetten, das untere und das obere, ein Kopfkissen, vier Kissen, ebenfalls die besten, sechs Bettlaken, ebenfalls die besten aus Leinen, den* [kurzen?] *Rock der neuen* [*aktuellen*] *Farbe, den silbernen Becher, einen Rosenkranz aus Korallen, silbern granuliert, 20 silberbeschlagene Löffel; dies alles zu gleichen Teilen. Sollten sie jedoch nicht ihre Volljährigkeit erreichen und eine von ihnen davor sterben, dann möge deren Erbteil auf die verbliebenen Mädchen übergehen, von einer zur anderen. Sollten freilich alle vor Erreichen ihrer Volljährigkeit versterben, dann soll alles bei ihrem Vater Vavřinec, meinem Bruder, verbleiben mit vollen Rechten; und meine bereits genannten Testamentsvollstrecker sollen dem genannten Vavřinec, meinem Bruder, die genannten Sachen aushändigen, wobei er ihnen versichern soll, der genannte Fall sei eingetreten. Sollte dieser Vavřinec jedoch vor den Kindern sterben, erben die Kinder, wenn sie volljährig werden, wie beschrieben. Sollte Vavřinec sterben und danach die Kinder, noch bevor diese ihr Volljährigkeit erreichen, sollen die Testamentsvollstrecker bezüglich des genannten Erbes wieder Macht erhalten und dieses für Mildtätigkeiten verwenden, so wie dies unten geschrieben steht. Item mein Haus, in dem ich wohne, dies vermache ich nach meinem Tode erblich an Gira, meinen Schreiber, und dessen Gemahlin mit ihren Kindern, die sie jetzt haben oder später einmal haben werden, mit allen Rechten; und dazu zwei gute Oberbetten sowie ein großes Unterkissen, zwei gute Kopfkissen, die Betttücher jeweils zur Hälfte, zwei mandelblütenfarbige und zwei ohne. Item den Gürtel, den ich jeden Tag benutzt habe, mit silberner Nadel und am Band mit mehreren eisernen. Die alten kahlen Häute* [dünnen Felle?] *und den schwarzen Kamelhaar-Rock mit Kaninchenfell gebe ich ebenfalls an Dorotha Girová; und hierzu gebe ich Tische, Truhen, Schränke, Kessel, Arbeitskessel und andere Haushaltsgegenstände; und was an Kannen und Zinnschalen, Schleiern, Handtüchern, Betttüchern, Federbetten und dergleichen, was über die in meinem Testament getroffenen Verfügungen hinaus übrigbleibt, sowie meine sämtliche Tragekleidung, all dies geht an Frau Anna Parzizková, die damit umgehen soll wie mit ihren eigenen Sachen. Und der Frau Anna auch meine Fuchsfelle; und die neuen Fuchswammenpelze, die vermache und gebe ich Ondřej Maustitl, und Prokop Waczkář die vergoldete Tasse. Broz Bečwař zudem den silbernen Becher. Item habe ich zwölf Fladerholzlöffel* [?] *mit Silber und Gold verziert; davon gebe ich jedem der bereits genannten Testamentsvollstrecker vier Löffel für deren Arbeit. Des Weiteren gebe ich bekannt, dass Gira, mein zuvor genannter Schreiber, mir 300 ungarische Gulden schuldig geblieben ist, die soll er zum nächsten Tag des hl. Wenzel begleichen; und Friedrich Chochol, Schwager des Gira von Wieze, 30 Schock Meißnische Groschen, die soll er zum kommenden Tag des hl. Georg begleichen. Dies hat der bereits erwähnte Gira ‚vom Turm' mit Frau Dorotha, seiner Schwester, versprochen, die zugleich die Gemahlin Chochols ist; und das kann nicht per Hand getrennt werden. Diese Schulden sollen bei meinen bereits erwähnten Testamentsvollstreckern ohne Zögern und Streit beglichen werden. Item Gira Lysy im Allerheiligenkolleg, dem vermache ich zehn Schock Meißner Groschen, Duchek, dem Cousin meines seligen Gemahls, ebenfalls X Schock Groschen und Manda, der Schwester des Duchek, zehn Schock Groschen, alles in Meißner Währung. Zuletzt trage ich meinen wiederholt genannten Testamentsvollstreckern auf und befehle ihnen, dass sie meinen großen versilberten und vergoldeten Gürtel, den kleineren, ebenfalls vergoldeten, und den silbernen, jedoch nicht vergoldeten dritten Gürtel, zwei silberne Tassen, den Perlenkranz, den Korallenkranz, auf dem zwei Nobel und drei ungarische Gulden angebracht sind, und dazu meinen Keller, den ich bei den Marktbuden neben Frau Elška Nozierka habe, die bereits genannten Sachen sowie das, was neben den Verfügungen in meinem Testament übrigbleiben sollte, dies sollen meine Testamentsvollstrecker verkaufen und den Erlös im Namen Gottes für Almosen und andere mildtätige Werke aufwenden für meine Seele, diejenige meines Gemahls sowie diejenigen aller unserer Vorfahren, und zwar so, wie es ihnen am vorteilhaftesten und besten erscheint. Hierin vertraue ich ihnen vor allen anderen Menschen, dass sie dies erfüllen. Zur Bestätigung und zu künftigem Gedächtnis habe ich zudem den ehrenwerten Václav von Strašice, derzeit Richter, den aufrechten Ritter Herrn von Raditz, Hofrichter der königlichen Städte in Böhmen, sowie den ehrenwerten Herrn Jakub Charamza, beisitzende Schöffen der wiederholt genannten Prager Altstadt, gebeten, dass sie ihre Siegel diesem Briefe beifügen mögen, der gegeben ist im Jahre Eintausendvierhundertdreiundsiebzig, an diesem Freitag St. Ippolit.*

143. [1473, September 11]
Apel Ficztum errichtet seinen letzten Willen in deutscher Sprache. Der Kanoniker und Pfarrer zu St. Wenzel auf der Prager Burg, ein gewisser Wenzel sowie der Altstädter Bürger Hanuš werden als Testamentsvollstrecker eingesetzt. Legate *ad pias causas*.
Archiv Pražského hradu: archiv metropolitní kapituly, Sign. 1036 XXXIV 30 (Siegelurkunde).

In dem name gotes amen. Ich Apel Fficztum, bekenne offentlich vnd thu kunt mit diesem meinem offen brife allen den, di in sehen horen adir lesen, das ich mit synnen, gutir vornuft, mit wolbedachtem mute, gutem rate vnd rechtem wissen, nicht betwungen nicht vorleitet noch betragen, sundir mit meinem guten freien willen gemacht habe, schaffe vnd mache mein lecztes gescheffte vnd vormundschaft von allen meinen vorenden gu^{e}te, teren dy ich hab wo vnd woran dy sint sunderlichen namen benennen mo^{e}chte, keines ausgenumen, dy mir der almechtig got von seinen gnaden gnadiclichen vorligen hat, wen ich dy vnvorende gutere vorvndir meine kyndere geteilt habe, wen worten, das czwischen meinen kyndern vnd anderen frunden vnd nachkumlihen keyne krige ader widerwertikeit (n)icht geschehen adir entsten, tun ich schaffe schicke vnd mache meines scheftes vorwesere vnd volender, dyse nachgeschribene manne, von ers-

Testament des Apel Vicztum – 1473, September 11. Quelle: Archiv Pražského hradu – Archiv metropolitní kapituly, Sign. 1036 XXXIV 30 (Siegelurkunde)

ten den erwirdigen heren, herren Wenczlaw Tumherre vnd pfarrer czu sant Wenczlaw uff dem Slosse czu Prag genant, Wenczlawes perg uff dem Tum vnd den ersammen vnd vorsichtigen man Hanuss genannt Behem, purger der Alden stat czu Prag, meynen lieben wirte, das sy dy genannte gutere noch meinem tode schicken geben vnd wenden czu einem selgerete vor nieme meiner hausfrawen selig vnd vnser beder vorwaren sele, wohin vnd wy in beczwarn listen dunken wirt, doch mit solicher macht, wen einer vndir den gescheft leuten von todes wegen, da got vorsey abginge, das her an seine stat einen andern kysen vnd seczen möchte an allir leute widir rede des czugeczenknis vnd groser sicherheit hab ich mein eigen insigl an diesen briff hengen losen vnd hab gebeten dy ernfeste vnd woltuchtige manne Otik, genannt Hromada von Borschicz, Vlrich Polenczk, Johannes Voplan, an stat des oberstes schreibers des konigreichis czu Behem, vnd Andres von Tyschnaw, Schreiber der lant taffel des konigreichis czu Behem, das sy mich ire insigele geben dem meinem czu bekentnis den aben berurten sachen in an schaden an den brif haben lassen hengen der geben ist am Sunnabend noch vnser lieben ffrawen geburde In dem iare da man czalte von Christi vnseres herrn geburde tausent virhundirt vnd in dem dreivnd sibenczigstem Jare.

144. [1473, Oktober 12]
Die seit langem in Böhmisch Brod ansässige Marketa Bazulka errichtet ihr Testament, damit zwischen ihrem Sohn Strachota und ihrem Neffen Jan Bonates kein Streit entstehe. Vermacht werden u. a. Kleidung und Geld.
Státní okresní archiv Kolín, fond Český Brod – Liber testamentorum 1444-1590, Sign. III. 2, fol. 75v (Abschrift).

Ja Marketa Bazulka, wdowa w Czeskem Brodie odpocziwagieczy z let mnohých, przisedlssy k starosti a wnie gsuczy nemoczy drahnu a smrtedlnu od mileho Boha slozena, y takowy zpuosob wedle rzadu miesta tohoto Brodu Czeskeho w swem stateczku, aczkoli dobrze maly, czinim gesstie panu Bohu diekugiczy, s dobru pamieti a rozumem zdrawym nechtieczy, aby ktery swar oten mezy synem mym Strachotu a synowczem Janem, rzeczenym Bonates, po me smrti wznikl kterakkoli a ho nazmatku, abych nepozuostawila opatrnee lidij Wita postrzihacze, hospodarze sweho, a Jana kraycziehо, spolumiesstiany, za prawcze a poruczniky swe, zwolugiczy plnu mocz dala sem a dawam iako lidem dobrym hodnowiernym a swym przatelom mimo ginee zwolenym douffagicz gim zwlasstnie, ze podle zpuosobu a poruczenstwie meho dolepsaneho, wtom pracze swe promie naloziti nelitugicze takto rzediti budu. Nayprw, aby Janowi Bonatessowi dali sukni zelenu, a Duorze Strzelczowe druhu sukni czrnu. Potom dluhy mee, gimz gsem ia lidem winnowata a zwlasst tiemto. Nayprwe Maretie, iakoz mi byla dala schowati horskych peniez Kaumarzow, cztyrzi kopy a XV gr., giz gsem gie nynie dala nato kopu gr. bielych, a bezczehoz dale byti nebude chtieti, aby gie bylo dano a zaplaczeno Ginochowe za 1 1/2 liber osku po X[ti] gsa panie Duorze Trubaczcze Mikulassowe za III libry osku po VIIII 1/2 gr., to wsse prwe, aby zplatili pak potom s zplaczeni tiech dluhow, czokoli ostane malo nebo mnoho, to aby bylo dano synu memu Strachotowi s geho dietmi, nebt ia gemu to wsseczko, czoz potom ostane, mocznie dawam a porucziem y s dluhy tiemito, na Dusskowe z Czrmnik XVII gr. a na Kowarzcze w Chotayssy, kteraz prwe byla w Bylanech XIII gr. Na swiedomie toho prosym pana Giru ssewcze, tee chwile purkmistra, y wssech panuow conssel, aby peczet miestczsku ktomuto memu poruczstwi a listu raczili przitisknuta. Genz gest psan tu strzedu przed swatym Hawlem lleta panie tissicziehi cztyrzisteho sedmdessateho trzetieho.

Ich Marketa Bazulka, Witwe, in Böhmisch Brod seit vielen Jahren gesessen, habe nun Sorge und befinde mich darüber in schwerer und tödlicher Krankheit, die mir

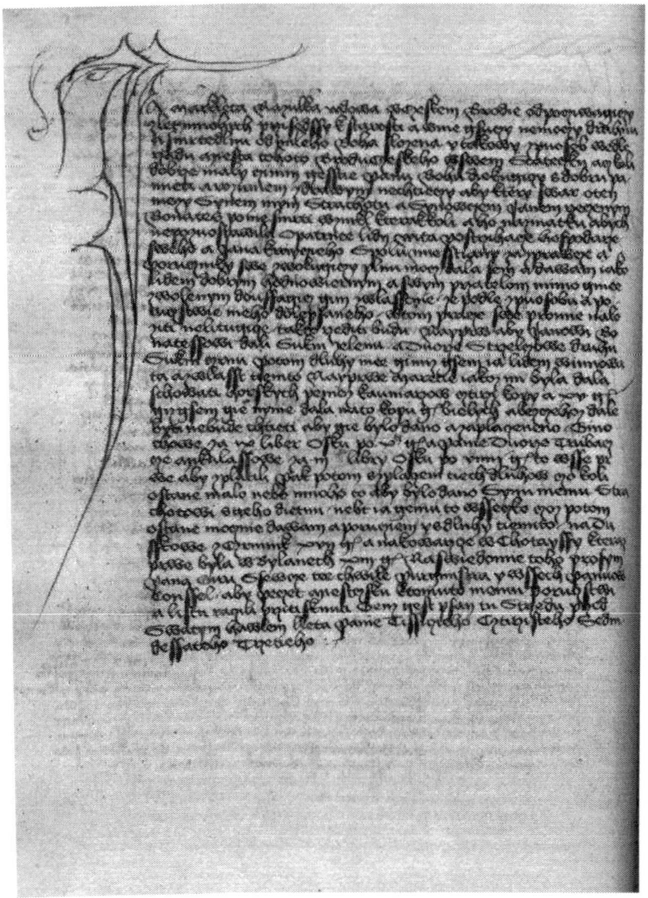

Testament der Bürgerin von Böhmisch Brod, Marketa Bazulka – 1473, Oktober 12. Quelle: Státní okresní archiv Kolín, Fond Český Brod, Liber testamentorum 1444-1590, Sign. III, 2, fol. 75v

der liebe Gott auferlegt hat; und deshalb errichte ich, gemäß dem Recht dieser Stadt Böhmisch Brod, meinen letzten Willen über meinen Besitz, für dessen Verleihung ich Gott dem Herrn noch einmal danke, mit gutem Gedächtnis und gesundem Verstand, da ich nicht möchte, dass nach meinem Tode hierüber irgendein Streit ausbreche zwischen meinem Sohn Strachota und dem Neffen Jan genannt Bonates. Und so habe ich die ehrenwerten Leute und Mitbürger Vít Postřiháč [= Tuchscherer – Th. K.], *meinen Wirt, und Jan den Schneider zu Verwesern und Testamentsvollstreckern bestimmt und ihnen die Vollmacht erteilt und ich gebe sie ihnen als guten glaubwürdigen Menschen und meinen Freunden, denen ich vor anderen Menschen vertraue, dass sie, gemäß meinen nachfolgend beschriebenen Bestimmungen, mein Testament ausführen und die damit verbundene Arbeit nicht scheuen. Zuvorderst sollen sie Johann Bonates den grünen Rock geben und Duora, der Gefährtin* [Dienerin?] *der Střelczova, den schwarzen Mantel. Und sodann die Schulden, die ich anderen Menschen schuldig geblieben bin, dies sind besonders folgende. Zuvorderst Mareta, die mir zur Erziehung anvertraut worden war, das Berggeld von Kaumař über vier Schock und XV gr., das ich ihr jetzt bereits ausgehändigt habe; und dazu einen Schock Weiß-Groschen, und darüber hinaus will ich nicht, dass ihr etwas gegeben werde. Und der Ginochová für 1 1/2 Pfund Wachs zu X* [Groschen?], *Frau Duora, Gemahlin des Mikuláš Trubaczek, für III Pfund Wachs zu VIII 1/2 gr., dies alles soll zunächst beglichen und bezahlt werden, und was dann übrigbliebt, sei es wenig oder viel, das soll meinem Sohn Strachota und seinen Kindern gegeben werden; und er soll auch die Schulden begleichen: der Dusková aus Črmnik XVII gr. und der Kowář in Chotayssy, die zuerst in Bylany wohnte, XIII gr. Zur Bestätigung dieses meines Testaments habe ich Herrn Gira den Schuster, derzeit Bürgermeister, und alle Herren Ratsherren gebeten, dass sie das Stadtsiegel diesem meinem Testament und Brief beifügen mögen. Der geschrieben ist am Mittwoch vor S. Gallus am Jahre des Herrn Eintausendvierhundertdreiundsiebzig.*

145. [1474, Juni 28]
Bietka aus Byšice errichtet ihr Testament, in dem als Testamentsvollstrecker der Pfarrer und Kanoniker Václav Hajdus sowie das gesamte Kapitel der St. Wenzelskirche eingesetzt werden. Unter anderem sind 7 Schock Groschen zur Reparatur der Kirche bestimmt.
Archiv Pražského hradu: archiv metropolitní kapituly, Sign. 1040 XXXIV 33 (Siegelurkunde).

Wegmeno Bozie Amen. Ja Bietka z Byssycz, oznamugi tiemto listem wssem lidem nynieyssym y buduczym a na wiedomie dawam, ze aczkoliwiek z dopusstienie bozieho gsuczy nemoczna na tiele, wssak proto s dobrym rozmyslem a pozywagicz swobody zdaweho rozumu tudiez y pamieti, nechtiecz by ostatek pomnie zuostaly mezy przibuznymi a przately mymi kterzi swarowe a nesnaze po me smrti znikli, toto swe poslednie poruczenstwie a koneczny vmysl wuole mee. Naiprw vstanowugi czynim a sposobugi swe prawe porucznikyy dustoyne a cztihodne knieze Waczlawa, fararzie, a kanowniky y gyne kanowniky a kapitola kostela prazskeho nynieyssie y buducze, gymzto mimo gyne wierzym, ze mee poslednie poruczenstwie a kssafft wedle slussnosti skutecznie naplnie. Item rozkazugi, kssafftugi a moczy tohoto listu dawam ten plat komornij na Dolanech dwanadczte kop, yakoz gsem drzala od dobre pamieti Hrocha, ggessto to ssyrzie dczkami od nieho zapsano stogi takto: sedm kop platu rocznieho a komornieho, aby porucznicy obratili na kostel swateho Waczlawa na ffabriku, totizto na oprawenie tehoz kostela, yakoz znamenitie toho welika potrzeba gest, a piet kop grossow platu rocznieho k swieti pannie Margrethie na Brziewnow. Item duom v swateho Hasstala se wssym prawem. Item listy s magestatem czesarzskym, to wsse odkazugi porucznikom, aby stiem domem y listy vczynili wdle swe opatrnosti. A prosym take pokornie vrozeneho pana pana, Jana z Hazenburka a z Kosti, aby toto me rozkazanie a poslednie poruczenstwie raczyl k miestu a prawenni a skutecznemu drzenij prziwesti, tak yakoz sie na horzie pisse, yakozto zapisnik semnu gsa spoleczny a yakoz nam gest swierzeno. A napotwrzenie y buduczy pamiet swu siem wlastnij pecziet przywiesyti kazala a pro ssyrssie swiedomie prosyla sem vrozenych panossy Allexandra Kapuna z Tymberka, ze gsu swe peczieti dobrowolnie podle mee kazali prziwiesyti ktomuto listu. Genz gest dan a psan leta bozieho tisiczeho cztyrsteho sedmdesateho cztwrteho w vtery v wigilgij swatych Petra a Pawla Aposstoluow bozych.

Im Namen Gottes Amen. Ich, Bietka aus Byšice, gebe mit diesem Brief allen jetzigen und künftigen Menschen bekannt und lasse wissen, dass, wenngleich ich durch göttliche Fügung körperlich krank bin, ich aber dennoch mit gutem Vorbedacht und die Freiheit eines gesunden Verstandes nutzend, dieses mein Testament und meinen endültigen Willen errichte, da ich nicht will, dass nach meinem Tode zwischen meinen Verwandten und Freunden irgendwelche Streitigkeiten und Unbill entstehe. Zuvorderst ernenne und bestimme ich zu meinen rechtmäßigen Testamentsvollstreckern den ehrwürdigen und ehrsamen Priester Václav, die Pfarrer und Kanoniker an der Prager Kapitelkirche, die da jetzt sind und die da sein werden, denen ich vor anderen Menschen vertraue, dass sie meinen letzten Willen und mein Geschäft mit wahrem Anstand erfüllen. Item so gebiete ich kraft dieses Briefes, dass von dem Kammer-Zins in Dolein über zwölf Schock, den ich von dem seligen Hroch habe und der in den Landtafeln verzeichnet ist, sieben Schock an Jahr- und Kammerzins von den Testamentsvollstreckern an die Kirche des hl. Wenzel für Baumaßnahmen an eben diesem Gotteshaus gegeben werden, da hieran ein großer Bedarf herrscht; und fünf Schock Groschen an Jahrzins an die Kirche St. Margarethen in Břevnov. Item das Haus bei St. Gastulus mit allen Rechten. Item die Briefe mit dem kaiserlichen Majestat, dies alles vermache ich den Testamentsvollstreckern, damit sie mit dem Haus und den Briefen nach ihrem Gutdünken verfahren mögen. Und ich bitte zudem demütig den hochwohlgeborenen Herrn Herrn Jan von Hasenburg und Kostí, dass er darauf achte, damit mein letzter Wille und mein letztes Geschäft zu rechtmäßiger Ausführung gelangen, so wie dies zuvor beschrieben ist, wofür ich ihm sehr verbunden bin. Zur Bestätigung und zu künftigem Gedächtnis habe ich mein eigenes Siegel diesem Briefe beigefügt und auch, zu größerer Sicherheit, die hochwohlgeborenen Edelleute Alexander und Kapun von Tymberg gebeten, dass sie ihre Siegel ebenfalls freiwillig diesem Briefe beifügen mögen. Der gegeben und geschrieben ist im Jahre Eintausendvierhundertvierundsiebzig nach Christi Geburt, am Dienstag zur Vigil für die heiligen göttlichen Apostel Petrus und Paulus.

146. [1476, Oktober 15]

Testament der Kaadener Bürgerin Margarethe, die verschiedenen Familienangehörigen, allen voran ihrer Tochter Margarethe Hellerin, ihren Besitz vererbt. Auch ihr Schreiber Friedrich wird bedacht. Tochter und Eidam sollen dafür Sorge tragen, dass die Testiererin eine ordentliche Erdbestattung erhält.

Státní okresní archiv Chomutov se sídlem v Kadani, sog. „4. Kaadener Stadtbuch“, sign. 567a, fol. 401r (Abschrift).

Margarethe dy alde hellerin hat ir leczt gescheft getan mit gutter vernunft vnd gewissen vor Lorencz Pinther vnd Veit Rudusch, die czeit gesworen scho^e^pfen, am sonnabent nach Dionisi anno etc. lxxvj°. Item sy schickt all ir habe, farende vnd vnfarende, woran sy dy hat Margerethe Hellerin, irer tochter, vnd Jo^{e}rgen Heller, irem eydem, vnd iren kindern, das sy da mit sullen haben czu thun vnd lassen vor allerma^{e}niglich vngehindert; auß sulcher habe sullen sy Friderico, irem schreiber, der des Hellers son czu der schule gefurt [*und gelernet hat ij ß gr. Geben wenn er vf dy weyhe czihen wird = durchgestrichen*], vnd sullen der Katharina Glaszer, schusterin, irer freyndin, i ß gr. Außrichten. Vnd seczt iren ganczen trawen czu der benannten irer tochter vnd czu irem eydem, das sy sie erlich werden czu der erden bestatten vnd legen lassen ir sele selikeit auch nicht in veracht stellen. [Actum etc.]

147. [1474, Oktober 26]
Testament des Brünner Mitbürgers Nicles Hannco. An erster Stelle stehen ein Geldlegat für die Stadtkirche St. Jakob sowie das Spital in Alt-Brünn. Die Gemahlin Christine erbt Haus und Hof zu freier Nutzung.
Archiv města Brna – Ms 48, fol. 140v.
Edition: Flodr, Pamětní kniha, S. 348-349.

Anno domini millesimo quadringentesimo septuagesimo quarto constituti coram nobis honesti viri Kacz Anderl et Andreas Swanczl pannifices, concives nostri et testamentarii Nicolai Hanconis, offerentes nobis dicti Hanconis testamentum, pecierunt presenti libro intitulari in hec veba, vt sequitur: In dem nomen der heiligen dryvaldikait des vaters vnd des suns vnd des heyligen geists amen. Ich Nicles Hannco, mitburger zu Bru^{e}nn, hab mit wolbedachtem muet, gutem willen vnd von den gnaden gots mit gueter vornufft vnd synnen, zu der zeit, als ich das wol gethun macht, ansehund dy vngewisse zeit der leczten stund de menschlichen lebens, vnd begerund den tag meins enndts furczukommen. Von allen meinem guet, das mir von mylder hanndt gots vorlihen ist worden, auch von trewr arbeit herkomen ist, damit zwischen den freundten vnd anderen lewthen, so ich an geschefft vorschid, kain krieg, zwitracht, noch vnwillen, von wegen solichs nachgelassens guets entstuenden, recht vnd redlich geordent vnd geschafft, orden vnd schaff, wissentlich mit der schrifft mein geschefft vnd leczten willen, als ich wil vnd main, daz es also nach meinem tod steet vnczeprochen vnd vnverwandelt volfu^{e}rt vnd verpracht werde. Darczu ich geru^{e}efft vnd durch gots willen mit fleiss gepeten hab dy fu^{e}rsichtig weisen meister vnsers Hanntwergs, mit nomen genant Kacz Andrle vnd Andres Swa^{e}nczel, paid tuchmacher, den ich sunderlich trawund, empfolhen hab, das gegenwurtig mein geschefft auszurichten vnd zuvolfuren in massen, als hie begriffen vnd beschriben ist. Von ersten schaff ich got dem allmechtigen vnd seinen lieben heiligen zu lob vnd ere durch meiner vnd aller meiner freundt selen hayls V mar. Zu sand Iacub hie zu Bru^{e}nn. Item V mar. Zu dem spital in der Altenbru^{e}nn zum gepewde. Item meines pruders kynderen, dem Hennsl, dem Bernardine vnd der Mergreth, XXIIII mar., ir yeclichen VIII mar. ledlclich. Item V mar. meinem vetter Benusch, dy schol man ym aber nich awsgeben in seine gewalt, dyweil er seinen stand zu der heyrath nicht vorkert, doch schol er macht vnd gewalt haben diselben V mar. so got den tod ee wennen erseinen stanndt, als vorgemelt ist, verkert hiet, vber in vorhieng, zuverschaffen, wo vnd wem er wold. Item all ander mein gu^{e}t, was vber solich vorgeschriben gelt, nach meinem tod mein guets u[e]berpleybt, haws, hof, allen hawsrath vnd alle wirtschafft, was in hawss vnd hof ist, clain vnd gross, vil ader wenig, wei man das benennen mag, gar nichts ausgenommen, schaff ich gancz vnd gar meiner lieben hawsfrawen Cristinen lediclich zuhaben, zubehalten, zugesprauchen, des zugeniessen fry vnd mechtig domit zuthuen vnd zulassen vnd zuhandelen, als mit irem aigen. Lediclichen vnd erblichen gu[e]t, neben yrem pessten bedunkken vnd wolgevallen, an alle hindernissse, yrrung vnd einfal meiner freundt vnd susst allermeniclich vngeverlich. Vnd ob sache wer, daz ir wider das mein geschefft, meines leczten willens, er sey freundt ader frembd, nach meinem tod in zukunfftigen zeiten, wolt irrung ader einfal machen, vil ader wenig, pit tich begierlich mit ganczem vleiss dy obgenannten geschefftlewth, daz sy des nymands gestatten vnd ir hulflichen vnd ratlichen peistandt trewlich thuen gegen yedermeniclich vnd sye wieder das geschefft nyemands, weder freundt noch frembd weder sust kain menschen dringen, noch besweren lassen wellen, als ich in glawb vnd traw also thuen werden. Geschehen am mitichen vor Simonis et Iude apostolorum, anno domini etc. LXXIIII°. Intitulatum anno vt supra, sub Nicolao Minsterperger, pro tunc magistro civium existente.

148. [1476, Dezember 29]
Testament des Prokop Reš, Bürger der Stadt Pilsen. Haupterben sind die Gemahlin Anna und der Sohn Jan. Vermacht werden neben Haus und Grundbesitz umfangreiche Seelgerätschaften, Vieh und wiederholt Hausrat.
Archiv města Plzně, Hdschr. N 223, fol. 17 (Abschrift).
Edition: Strnad, Listář král. města Plzně 2, S. 192-194, Nr. 225 (Auszüge).[141]

My Ssimon Blazku syn, richtarz, Wawrzinecz pekarz, toho czasu purgmistr, a Prokop pisarz, conssiele przisezni a miesstiane miesta Noweho Plznie, znamo czinime tiemto listem wssem wuobecz, kdez czten nebo cztucze slyssan bude, ze mudry a opatrny muz Prokop Ress, nass spolumiesstienin, leze na smrtedlne postely, aczkoliwiek gsa nemoczen na tiele, wssak gesstze dobreho rozumu y plne pamieti poziwage, nas na swiedecztwie ktomu prziwolaw y prziprosiw, toto swe poslednie rozkazanie z statku sweho, gemu od pana boha puoczeneho, tak aby po smrti geho mezi prziateli geho przibuznymi yzadnij swarowe ani strudy ani ruoznicze nebyli a newznikli, vczinil gest a czini takowe toto. Nayprwe yakoz list ma na tuto obecz pansku na cztrnadczte kop platu bez ssesti gr.; natom listu odkazuge kaplanu trzinadczte kop k oltarzi swateho Waczlawa pod Zwony w kostele v swateho Bartholomiege w Plzni, a ktomu oltarzi odkazuge na oprawu kopu bez ssesti gross; a ten oltarz s platem a sewssim przislussenstwim mocznie poruczi Janowi Cumpanowi, synu swemu, dawage gemu plnu mocz, aby on y geho diediczowe aneb ktomuzby oni dale na smrtedlne posteli poruczili a mocz dali, ten oltarz zprawili a zrziedili ke czti a chwale panu Bohu y swatemu Wacz-

141 Online abrufbar unter http://147.231.53.91/src/index.php?s=v&cat=18&bookid=399&page=213 (08.09. 2017).

lawu yakzby naaylepe mohli a rozumieli, aby to zadussie nezahynulo ani vmensseno bylo, nez ten plat, aby wiecznie przitom olatrzi zuostal a zadnym obyczegem od toho oltarze odtrzen nebyl. Item kniezim fararzowym odkazuge puol kopy platu od circuitu, kteryz w patek czini a ten plat, aby kupen byl. Item ma v Synku ssewcze kopu platu a v popelowe druhu kopu, ty dwie kopie platu odkazuge na circuit w patek zakom do sskoly. Item kniezi, kazateli nynieyssiemu y buducziemu v fararze, odkazuge puol kopy platu przi swatem Hawle patnaczt gross a przi swatem Girzy patnadczt gross; a to aby take kupeno bylo a kniez kazatel nynieyssi y buduczie ma a powinen bude, kazdy tyden na kazanij za dussi geho y za wsseczky geho prziessi dussi prositi. Item ma v Sichry puol kopy platu na domu geho, ktomu rozkazuge, aby puolkopy przikupili a chudym zaczkom, aby przi swatem Hawle, aby za puolkopy trzewiecz kupili a przi swatem Girzi za puolkopy a to, aby Jan, syn geho, zprawowal a wtom, aby gemu zadnyne przekazel ani geho diediczowe. Item na faru odkazuge deset kop na sklenutie. Item do sspitala, kdyzby sie slussnie od kamene dielalo a walnie odkazuge X kop; a to, aby Jan, syn geho, wydawal dielnikom a zednikom podle tiech, kterymzby bylo to dielo poruczeno az do tiech desieti kop. Item Jankowi Rybakowu, Ressowu synu, odkazuge V kop gr. a ty platy swrchugmenowane, kterez kupiti magi y to czoz gest swrchu odkazano komu, to wsseczko pani Anna, manzelka geho, y Jan Cumpan, syn geho, wyvpominagiecz dluhy, pakliby sie na dluziech nedostalo z toho statku geho magi zespolka kupiti a platiti. Item dale odkazuge a dawa pani Annie, manzelcze swe, wsseczken statek gegi, kteryz gest gemu przinesla, ten aby naprzed zdwihla a wzela krom klenutuow; a ktomu gi przidawa dwuor wsseczky, diediny, luky, konie, wuozy, krawy, owcze, swinie y wsseczken nabytek, bud mnoho nebo malo, krom gineho dobytka, ktery ma we wssech na puoly, bud ho malo nebo mnoho, ten dawa Janowi Cumpanowi, synu swemu. Item take pani Annie, manzelcze swe, dale odkazuge puol chmele letossieho, puol rucha postelnieho, wsseczky ssaty gegi chodieczi a wsseczky prsteny, krom genoho prstenu s zaffyrem, ten aby dala pani Dorothie, panie Hoffrychterzowie dczerzi. Dale rozkazuge, aby pani Anna, manzelka geho, z statku gi odkazaneho wydala porucznikom wdolepsanym sto kop gr. missen.; a oni porucznici wezmucze ty penieze kazaly dielati na weliky oltarz w kostele swateho Bartholomiege, czoz nayspiess budu moczi a wtom, aby zadny nerozkazowal nez porucznici wdolepsanij a Jan, syn muoy, yakoz pak pani Annie, manzelcze me, douffam a wierzim, ze ty penieze wyda na ten skutek milosrdny a na mu dussi y na me prwni manzelky tak pamatowati a cziniti bude podle toho, yakoz gsem gi to nad gine swierzil yakozto manzelcze me. Item dawa a mocznie odkazuge Janowi Cumpanowi, synu swemu milému, duom a podle toho dietem geho wssak takowym obyczegem a spuosobem, dieti geho ho zachowali a posluchali a geho wuoli czinily a protiwenstwie zadneho gemu neczinili ani snim o ten duom sie soudili ani kreych gemu hadrunkuw czinili ani nesnazie. Gestzly, zeby sie wtom nezachowali yakozto kotczi a k synu memu milemu podle meho zrziezenie a rozkazanie, tehdy gim nema nicz dati niez po trzech halerzech bud synom neb dczeram z toho dielu; a on ten duom bude moczi prodati zmieniti a vcziniti yakoz s swym wlastnim. A take, gestli zeby ktereho buoh dietete nevchowal nezby Jan Cumpan vmrzel syn muoy za zdrawi geho, napady wsseczky z dieti geho po smrti gich magi przipadnuti z toho na Jana Cumpana otcze gich bez przieckazky gich y wsselike czlowieka. A gestli, zeby ho wtom buoh nevchowal prwe nez gich, pokudby on koliwiek tu wiecz zrziedil a ge podielil, aby to oni przigieli bezewsseho saudu a bezewssie nesnaze a hardunkuow a pod pokutu swrchupsani. Take odkazuge Janowi, synu swemu, piwo, chmelniczi, rucha postelnieho, puol gemu sememu a pani Annie, manzelcze geho, aby sie o to rownym dielem. Item panu Janowi Hoffrichterzi odkazuge ssal weliky pozlatity. Item kniezi fararzi czessku strziebrnu odkazuge. Item pani Smilowi odkazuge ssal strziebrny. Item odkazuge panu Horzowskemu kofflik drziewieny na noziczkach strziebrem oblozeny. A czoz ginych ssaluow a kofflikuow zuostane mimo ty swrchupsane, aby pani Anna manzelka s Janem Cumpanem, synem mym, o to sie rownym dielem rozdielili. Item Janowi Cumpanowi przidawa perlowecz lepssi. Item Janowi Cumpanowi, swemu synu, odkazuge wsseczky ssaty chodieczi a ktomu tu proseczij, kteraz sie v patek diege gemu mocznie poruczi a diediczom geho, aby to zprawowali a ktomu dosti vczinili wyzdwihagiecz a gim paltierz a podle toho, aby to opatrzili tak, aby sie tomu dosti dielo podle rozkazanie gieho, yakoz gemu wierzi a douffage, ze na geho dussi y na geho prziedky pamatowati bude yako syn geho mily. A yakoz gest byl porucznikem v swateho Ondrzege, kteryz nebozka Berbetowa nadala a poruczila yako bratru swemu podle toho vrozenym panossiem Muchkowi a Tocznikowi, yakoz prawo dczkami ma, tu mocz a to poruczenstwi dawa v mocz porucznikom wdolepsanym gich prose a gim wierze a gim douffage, ze na geho dussi pamatowati budu a tak opatrzeno bude, aby to poruczenstwie dczkami zapsano a zawazanie bylo Janowi Cumpanowi, synu geho, a diediczom geho; a oni, aby potom dale wzdyczky mocz gmieli wloziti, komuzby sie gim zdalo widielo na smrti aneb na smrtedlne posteli. Item czubu swu Ssylherzem possitu tu odkazuge Martinowi, pisarzi miestskemu. Take porucznici wdolepsanij, aby ge dielili o ty wieczi swrchupsane okterez sie dieliti magi pokudz mezi nimi ty wieczi zdiely a zrziedi magi na tom dosti gmieti Anna, manzelka ma, a Jan Cumpan, syn muoy ,neb gim to wierzi yako przyatelom swym milym ze ty wieczi mezi nimi zrziedie a zdieli yakozto dobrzij lydee, kterehozto kssafftu a rozkazanie mocznie porucznikу vczinil gest a moczi listu tohoto czini krom zadussie yakoz nahorzepsano stogi yakoz gsem pak vczinil porucznikу slowutneho panossy Jana z Plznie, hoffrichterze kralowstwie Czeskeho, a mudre a opatrne muze Smila rzeznika a Ondrzege Horzowskeho, gich prose a gim wierze, ze to geho rozkazanie wiernie a prawie sprawowati budu tak yakoz gim toho nadgine swierzil gest, a wtomto poruczenstwi nizadny czlowiek nema gim wtom prziekazeti ani hyndrowati buduczych geho nizadni wieczi ani kterym prawem swietskym ani duchownim nanie sahati ,neb zadne moczi proti nim nema gmieti neb czoz gim tuto poruczil gest toho gest gim dal plnu moczi i prawo k sprawowanie a k zrziezeni bez przekazky wsseliyake; a gestli zeby gich buoh prwe nevchowal nez Jana, syna nieho, tento kssaft aby nebyl wydan zadnemu nezli Janowi Cumpanowi synu memu. Tomu gemu geho rozkazanie a kssaftu na pewnost y na swiedomie ku prosbie nadepsaneho pana Prokopa Resse swe gsme wlastni peczeti dobrowolnie ktomuto listi przivviesili. Gen gest dan y psan letha od narozenie syna bozieho tisyczeho cztyrzsteho Sedmdesateho ssesteho w nedieli po wanoczech.

Wir Šimon Blazka, Sohn des Richters, Vavřinec der Bäcker, derzeit Bürgermeister, und Prokop der Schreiber, beisitzende Schöffen und Bürger der Stadt Neu-Pilsen, bekennen mit diesem Brief allen, die diesen lesen werden oder vorgelesen bekommen, dass der weise und ehrenwerte Mann Prokop Reš, unser Mitbürger, auf dem Sterbebett liegt; doch wenngleich er körperlich krank ist, verfügt er dennoch über einen guten Verstand und ein volles Gedächtnis und er hat uns als Zeugen herbeigerufen und gebeten und seinen letzten Willen von seinem ihm durch Gott den Herrn verliehenen Besitz in nachfolgender Weise errichtet, damit nach seinem Tode zwischen seinen Freunden und Verwandten keinerlei Streit noch Unbill oder Zwist entstehe. Zuvorderst habe ich von [?] dieser herrschaftlichen Gemeinde einen Brief über 14 Schock Groschen Zins weniger sechs Groschen, davon vermache ich dem Kaplan 13 Schock für den Altar des hl. Wenzel unter den Glocken in der St. Bartholomäuskirche in Pilsen; und zu diesem Altar vermache ich zur Pflege einen Schock weniger sechs Groschen; und dieser Altar mit dem Zins und mit allem Zubehör, für den soll mein Sohn Jan Cumpan Sorge tragen, damit er und seine Nachfahren oder wer auch immer noch auf dem Sterbebett Anweisung gebe, damit dieser Altar gepflegt und umsorgt werde zum Lob und zur Ehre Gottes und des hl. Wenzel, und zwar so, wie es am vorteilhaftesten sei, und dabei soll sie niemand hindern noch schmälern; und dieser Zins soll bei dem genannten Altar verbleiben und in keinerlei Weise hiervon entfremdet werden. Item den Priestern und Pfarrern vermacht er einen halben Schock Zins in circuitu, der am Freitag erhoben wird; und diesen Zins, der erworben werden möge. Item er hat beim Söhnchen des Schusters einen Schock Zins und bei der Popelova einen weiteren Schock, diese beiden Zinse vermacht er in circuitu am Freitag den Schülern in die Schule. Item dem Priester, dem jetzigen und künftigen Pfarrer, in der Pfarrei, dem vermacht er einen halben Schock Zins, zu St. Gallus 15 Groschen und zu St. Georg ebenfalls 15 Groschen; diese sollen gekauft werden und der Priester und Prediger, der da jetzt ist oder später sein wird, der sei verpflichtet, jede Woche in der Predigt für seine Seele und diejenige seiner Vorfahren zu beten. Item hat er bei Sichra einen halben Schock Zins auf dessen Haus; diesbezüglich gebietet er, dass sie einen halben Schock hinzukaufen, und arme Schüler zu St. Gallus, die sollen für einen halben Schock Schuhe erhalten, und zu St. Georg einen halben Schock; und Johann, sein Sohn, soll dies beaufsichtigen; und hierin soll ihn und seine Erben niemand hindern. Item in die Pfarrei vermacht er zehn Schock für die Gewölbe. Item in das Spital, wenn hier Bauarbeiten notwendig sind, vermacht er zehn Schock, und zwar soll Jan, sein Sohn, den Arbeitern und Maurern geben, was für das Werk gedacht war, bis die zehn Schock erschöpft sind. Item Jan Rybanek, dem Sohn des Reš, vermacht er V Schock Groschen; und diese oben genannten Zinsen, die sie kaufen sollen, und das, was oben vermacht wurde, das alles sollen Frau Anna, seine Gemahlin, und Jan Cumpan, sein Sohn, erhalten, und sie sollen nicht vergessen, die Schulden zu begleichen; und wenn dies nicht ausreicht, dann sollen sie zusammen aus seinem Besitz dies bezahlen. Item sodann vermacht und gibt er Frau Anna, seiner Gemahlin, deren gesamtes Gut, das sie ihm [in die Ehe] gebracht hat, das soll zuvor erhoben und genommen werden, mit Ausnahme des Schmucks, und dazu gibt er ihr den Hof, sämtliches Erbgut, die Wiesen, Pferde, Wagen, Kühe, Schafe, Schweine sowie das gesamte Mobiliar, sei es nun viel oder wenig, mit Ausnahme des anderen Viehs, das er überall zur Hälfte besitzt [?], sei es nun viel oder wenig; dieses vermacht er Jan Cumpan, seinem Sohn. Item so vermacht er des Weiteren Frau Anna, seiner Gemahlin, die Hälfte des diesjährigen Hopfens, die Hälfte der Bettwäsche, ihre sämtlichen Tragekleider sowie alle Ringe, mit Ausnahme des einen Rings mit einem Saphir; den soll sie Frau Dorotha, der Tochter der Frau Hoffrychter geben. Des Weiteren gebietet er, dass Frau

Anna, seine Gemahlin, von dem ihr vermachten Besitz den unten erwähnten Testamentsvollstreckern 100 Schock Meißner Groschen auszahlt, und diese Testamentsvollstrecker sollen die Summe für den großen Altar in der Kirche St. Bartholomäus stiften; und darin soll niemand hineinreden, mit Ausnahme der unten genannten Testamentsvollstrecker und meines Sohnes Jan; Frau Anna, meiner Gemahlin, glaube und vertraue ich, dass sie die aufgeführten Gelder für einen mildtätigen Zweck verwendet und somit meiner Seele und der meiner ersten Gemahlin gedenkt, eben, wie ich ihr dies aufgetragen habe und worin ich ihr vor anderen Menschen vertraue, eben als meiner Gemahlin. Item gebe und vermache ich Jan Cumpan, meinem lieben Sohn, das Haus und danach seinen Kindern, dergestalt, dass seine Kinder ihm Gehorsam leisten und seinem Willen folgen und ihm keinerlei Schande bereiten und auch mit ihm nicht um das Haus streiten noch Zwist mit ihm vom Zaune brechen. Sollten sie sich also gegenüber dem Vater und meinem lieben Sohn nicht an meine Verfügungen und meinen Willen halten, dann soll ihnen nichts gegeben werden, sondern sie, also sowohl die Söhne als auch die Töchter, mögen lediglich jeweils drei Heller von diesem Erbe bekommen, und er [Johann Cumpan – Th. K.] *kann das Haus verkaufen oder aber damit verfahren, wie mit seinem Eigentum. Und auch für den Fall, dass eines der Kinder von Gott nicht am Leben belassen werde und es noch vor Jan Cumpan, meinem Sohn, versterbe, solange er gesund ist, dann soll dessen Erbteil jeweils auf die anderen Kinder übergehen und nach deren Ableben auf Jan Cumpan, ihren Vater, ohne alle Hindernis durch wen auch immer. Und sollte es passieren, dass Jan Cumpan zuerst stürbe und er zuvor alle Dinge geregelt und die Kinder am Erbe beteiligt hätte, dann sollen diese Kinder das Erbe antreten, ohne allen Zwist, bei Androhung der oben genannten Strafe. Auch vermacht er Jan, seinem lieben Sohn, das Bier, das Hopfenfeld, das Bettzeug zur Hälfte, und die andere Hälfte an Frau Anna, seine Gemahlin, jeweils zu gleichen Teilen. Item Herrn Jan Hoffrichter vermacht er die große vergoldete Schale. Item dem Priester, dem Pfarrer, vermacht er die böhmische versilberte [Schale]. Item Frau Smilová vermacht er eine silberne Schale. Item vermacht er Herrn Horzowský die hölzerne Tasse auf Füßen, mit Silber verziert. Und was die übrigen Schalen und Löffel betrifft, die über die zuvor aufgezählten übrigbleiben, die sollen Frau Anna, seine Gemahlin, und Jan Cumpan, sein Sohn, zu gleichen Teilen erhalten. Item Jan Cumpan gibt er den besseren Perlenschmuck hinzu. Item Jan Cumpan, seinem Sohn, vermacht er sämtliche Tragekleider und dazu den Wein, der am Freitag gemacht wird, den vermachte er ihm und seinen Erben, damit sie diesen verwalten; und hierzu sollen sie ausreichend Vorkehrungen treffen, diesbezüglich hat er sie erhoben und bezahlt, und zwar dergestalt, dass dies seinem letzten Willen entspricht; hierbei glaubt und vertraut er ihnen, dass sie seiner Seele und derjenigen seiner Vorfahren gedenken, eben wie sein lieber Sohn. Und als er Testamentsvollstrecker zu St. Andreas gewesen ist, da hat die selige Berbetová ihm als ihrem Bruder auferlegt, den hochwohlgeborenen Edelleuten Muchek und Točník durch die Landtafeln die Vollmacht zu übertragen und das Testament in die Obhut der unten aufgezählten Testamentsvollstrecker gelegt, die sie darum gebeten hat und denen sie glaubt und vertraut, dass sie seiner Seele gedenken werden und dafür sorgen, dass dieses Testament in die Landtafeln eingetragen wird auf den Namen Jan Cumpan, seines Sohnes, und seiner Erben und dass sie fortan Macht haben, damit auf dem Sterbebett zu beauftragen, wen sie dafür als geeignet empfinden. Item seine Schaube mit*

[Schaf-]Wolle besetzt, die vermacht er Martin dem Stadtschreiber. Auch sollen sich die unten genannten Testamentsvollstrecker um die oben genannten Sachen kümmern, die es zu regeln gilt; und hierbei sollen ihnen helfen Anna, meine Gemahlin, und Jan Cumpan, mein Sohn, da er ihnen wie seinen lieben Freunden vertraut, dass sie die Sachen untereinander regeln und aufteilen wie gute Menschen. Zu Testamentsvollstreckern dieses Geschäfts und letzten Willens hat er den ehrenwerten Landedelmann Jan von Pilsen, Hofrichter des Königreichs Böhmen, sowie die weisen und ehrenwerten Männer Smil den Fleischer und Ondřej Horzowský bestimmt, die er bittet und denen er vertraut, dass sie sein Testament gertreulich und rechtschaffend ausführen, weshalb er sie hiermit beauftragt hat; und hierbei soll sie kein anderer Mensch behindern; auch soll kein weltliches oder geistliches Recht Macht haben, hier einzugreifen, denn nur den genannten Testamentsvollstreckern hat er die Ausführung seines letzten Willens anvertraut. Und sollten die Testamentsvollstrecker noch vor Jan, seinem Sohn, versterben, dann soll man das Testament niemandem anders als Jan Cumpan, seinem Sohn, aushändigen. Deshalb haben wir dem zuvor genannten Prokop Reš sowie zur Sicherheit und zur Kenntnisnahme seines letzten Willens und Geschäfts unsere eigenen Siegel freiwillig diesem Brief hinzugefügt. Der gegeben und geschrieben ist im Jahre Eintausendvierhundertsechsundsiebzig nach Christi Geburt, am Sonntag nach Weihnachten.

149. [1478, November 5]
Die Ratsherren der Stadt Pilsen fällen ein endgültiges Urteil im Erbstreit um die Hinterlassenschaft der verstorbenen Appollona Myslínská.

Archiv města Plzně, Gerichtsbuch 2, fol. 223 (Abschrift).
Edition: Strnad, Listář král. města Plzně 2, S. 204, Nr. 247 (Auszüge).[142]

My purgmistr a conssele miesta Noweho Plznie, wyznawame tiemto zapisem obecznie wssem, zie iakoz byla nesnaz a ruoznicze wo duom, kterez lezy wedle Matiege Formana z gedne a Waczlawa Tesarze z strany druhe, mezy Mikulassem Myslynskem z gedne a Janem Stolczarem y syrotky Appollony, manzelky Myslinskeho z strany druhe tak, zie przed nami w plnem sudie stali zaloby a odpory proti sobie czyniecze. A my wyrozumiewsse gich zalobam a odporom podali gsme dobre lidy bez gichz prawa pohorzenie, aby o to mohli przatelsky smluweni byti; a oni sobie dobrowolnie przali a vbrmany suobu stim gmenowali a wolali Mikulass Milynsky z swe strany Mikulasse Vrlicha a Mikulasse Kacziczku a Jan Sstolczar a syrotky Waczlawa Ssatneho a Wawru Psseniczku, tak zie ty dobrzij lidee a vbrmane k gich prosbie praczi swee nelitugicz mezy nymi rokowali, chtiecze gie przatelsky smluwiti a stranam nadepsanym toho se przigieti nezdalo. A my chtiecze wzdy radi, aby przatelska smluwa mezy nymi byla, toho gsme gim podali, chtieli na nas dobrowolnie bez gich prawa pohorssenie o to przestati, a oni na to potaz wziwsse obie stranie toho na nas przestali, tak zie gsme mezy nymi przatelsku wypowied vczinili bez gich prawa pohorssenie, aby Mikulass

142 Online abrufbar unter http://147.231.53.91/src/index.php?s=v&action=jdi&cat=18&bookid=399&page=204 &action_button.x=0&action_button.y=0 (08.09.2017).

Mislynsky Janowi Sstolczarowi a tiem syrotkom z toho domu nadepsaneho cztyrzidczeti kop widal a gine wsseczky wieczy a zasstie, kterez mezy sebu mieli, bud mnoho nebo malo, nicz po sobie nepozuostawugicze, wiernie a prawie mezy nymi minuli a geden druhemu aby wiecz niczemz nespominal, any ktere zrzenie potom acz k sobie mieli, to Mikulass Myslynsky a Jan Sstolczar y Barbora, manzelka geho, magicz plnu mocz od bratra gegieho w plne raddie gi od nyeho danu czoz se geho dielu take dotycze dobrowolnie suobu stran przigieli wdieczni gsucze a to slibili obie stranie wiecznie a prawie drzeti, a niczimz sobie wiecze nespominati. A na to obie stranie w plnem sudie pamatne dali. Actum anno etc. LXXVIII° feria quinta post festum Omnium Sanctorum.

Wir Bürgermeister und Ratsherren die Stadt Neu-Pilsen bekennen mit diesem Eintrag allgemein vor allen, dass Ungemach und Streit ausgebrochen ist um das Haus, das gelegen ist neben Matěj Forman auf der einen und Václav dem Zimmermann auf der anderen Seite; und zwar [Streit] zwischen Mikuláš Myslynský auf der einen Seite und Jan Štolczar und den Waisen der Appollona dergestalt, dass sie vor uns im vollen Gericht Klage und Gegenklage gegeneinander vorgebracht haben. Und wir, die wir ihre Klagen und Gegenklagen vernommen haben, haben ihnen als guten Menschen empfohlen, ohne die Rechtsansprüche der jeweiligen Seite schmälern zu wollen, sie mögen ihren Streit freundschaftlich beilegen; und sie haben freiwillig hierin eingewilligt und Ubermannen ernannt, und die Partei des Mikuláš Myslynský hat von ihrer Seite Mikuláš Vrlich und Mikuláš Kačička sowie Jan Štolczar bestimmt, und die Waisen Václav Šatný und Vávra Pšenička, dergestalt, dass die guten Menschen und Ubermannen auf ihre Bitten hin der ihnen übertragenen Arbeit nachgehen und untereinander beratschlagen, damit ein freundschaftliches Einvernehmen gefunden werde und die zuvor genannten Parteien zufriedengestellt werden. Und wir sind froh darüber, dass sie eine freundschaftliche Absprache untereinander gefunden haben, so, wie wir ihnen dies anempfohlen haben, dass sie freiwillig, ohne Verschlechterung ihrer Rechte, in ihrem Streit enden mögen. Und sie haben dies in Erwägung gezogen, beide Parteien, und sind vor uns getreten, sodass wir den Streit zwischen ihnen friedlich beilegen konnten, ohne die Rechte irgendeiner Seite zu schmälern; so soll Mikuláš Myslynský Jan Štolczar und den Waisen von dem zuvor genannten Haus 40 Schock geben und sämtliche anderen Sachen und Gehässigkeiten, die sie untereinander ausgetragen haben, seien es nun größere oder kleinere, nichts ausgelassen, die sollen damit beigelegt sein; und der eine soll dem anderen nichts nachtragen und Rücksicht aufeinander zeigen, dies betrifft Mikuláš Myslynský und Jan Štolczar; und Barbora, seine Gemahlin, die hat Vollmacht durch ihren Bruder, wie sie ihr im vollen Rat von ihm erteilt worden ist, und was seinen Erbteil anbelangt, so haben beide Seiten freiwillig dies akzeptiert und beide Parteien haben gelobt, künftig das Recht einzuhalten und nicht nachtragend zu sein. Und dies haben wir im vollen Gericht beiden Seiten angemahnt. Actum anno etc. LXXVIII° feria quinta post festum Omnium Sanctorum.

150. [1478, November 20]
Die Testamentsvollstrecker des Jan Tomášek geben vor dem Rat Rechenschaft über die Erfüllung der ihnen übertragenen Aufgaben und werden daraufhin von ihren Pflichten entbunden.
Archiv města Plzně, Liber empt. 212, fol. 19v (Abschrift).
Edition: Strnad, Listář král. města Plzně 2, S. 205, Nr. 248 (Auszüge).[143]

My purgmistr a Consselee miesta Noweho Plznie znamo czynime tiemto miestskymi kniehami, zie przedstupiwsse przed nas do nasse plne raddy Wit sukenik a pani Katherzina Smilowa iakoz nebozczik Jan Thomassek, spolumiesstienin nass, poruczniky kssaftem zdielal Smila rzeznika a Wita sukenika nebozky Aniczky, dczery swe, a gi niektery statek odkazal zeymena luku, zahradu se, dwie postely, rucha dwa, pasy strziebrna, geden wietczi a druhy menssie, dwie suknie, gednu czrwenu a druhu zelenu, a plasst czrny takowymto obyczeggem, gestli zeby taz Anidczka prwe vmrzela nezli by lethy swych dossla, tehdy aby zahrada zase spadla na syrotky Jana Thomasskowicz, a luka y gine wieczy na skutky milosrdne, iakoz pak ta luka prodana gest za CXXX kop, rucho loznie za XVIII kop dwie suknie za VII kop, plasst za II kop a za XX[ti] gr., wietczy pas za XII[te] kop a menssi pasek za XXIII gr., iakoz pak Smil rzeznik ty wsseczky wieczy k sobie byl wzal a penieze widawal, a pani Katherzina Smilowa po smrti muze sweho s Witem sukenikem w plne raddie poczet vdielali z tiech peniez nadepsanych, zie gie na dielo kostelnie obratili iakoz pak ssirze w registrzich kostelnych zapsano stogi krom zie z tiech peniez dano gest do sskoly X kop, aby zato kopa platu kupena byla do skkoly a zaczy zato magi kazdy patek buducznie wo poledne Tenebre zpiewati, a druhych X kop chudym za sukno y za gine potrzeby rozdano gest skrze Wita sukenika a to zadussi Jana Thomasskowicz y za geho przeyssi. A my znagicze to, zie gsu rzadny poczet vczinili a tomu wssemu dosti sie stalo, pokudz gsu ty porucznicziy vcziniti mieli a zie gsu ty penieze vplnie a [*nicht entzifferbar – Th. K.*] widali poczet gsme od nych prawy przigieli a gie gsme tiemto [*nicht entzifferbar – Th. K.*] towali propustili a prazdnu toho wsseho vczinili, tak zie Wit sukenik a pani Katherzina Smilowa z tiech wieczy nahorzepsanych any od Syrotku Janowych Thomasskowych any od zadneho gineho czlowieka nemagi vpominanie byti ani kto proto knym any k gich statku w czasych buduczych y zadnym obyczegem zrzenie gmieti. Actum Anno Domini M°CCCC°LXXVIII° feria sexta post Elizabeth.

Wir Bürgermeister und Ratsherren der Stadt Neu-Pilsen bekennen durch diese Stadtbücher, dass vor uns in den vollen Rat getreten sind Vít der Tuchmacher und Frau Kateřina Smilová. Als der selige Jan Tomášek, unser Mitbürger, kraft seines Testaments Smil den Fleischer und Vít den Tuchmacher zu Testamentsvollstreckern bestimmt hat, hat er seiner seligen Tochter Anička einen Teil des Besitzes vermacht, insbesondere die Wiese, den Garten, zwei Betten, Bettzeug, zwei silberne Gürtel, einen größeren und einen kleineren, zwei Röcke, einen roten und einen grünen, sowie einen schwarzen Mantel, und zwar dergestalt, dass, sollte Anička sterben, bevor sie ihre Volljährigkeit

[143] Online abrufbar unter http://147.231.53.91/src/index.php?s=v&cat=18&bookid=399&page=226 (08.09. 2017).

erreicht, dann solle der Garten wieder an die Waisen des Jan Thomaškowitz fallen, und die Wiese sowie die anderen Dinge sollen für mildtätige Werke verwendet werden; und die verkaufte Wiese für CXXX Schock, das Bettzeug für XVIII Schock, die beiden Röcke für VII Schock, den Mantel für zwei Schock und XX Groschen, den größeren Gürtel für XII Schock und den kleineren dann für XXIII Groschen. Als dann Smil der Fleischer alle diese Sachen an sich genommen und das Geld ausgehändigt hat und Frau Kateřina Smilová nach dem Tode ihres Gemahls zusammen mit Veit dem Tuchmacher im vollen Rat die Rechnung über die oben genannten Gelder präsentierte, wurde festgestellt, dass sie nämlich für kirchliche Zwecke Geld aufgewendet haben, wie dies in den Kirchenregistern ausführlich vermerkt ist; dass nämlich von dieser Summe in die Schule X Schock gegeben wurden, damit dafür ein Zins erworben werde für die Schule, und dafür sollen sie an jedem Freitag fortan zur Mittagszeit ein Tenebre singen; und die anderen X Schock an Arme für Tuch und für andere Bedürfnisse verteilt worden sind durch Vít den Tuchmacher, und zwar um der Seele des Jan Thomaškowitz und seiner Vorfahren wegen. Und wir stellen fest, dass sie eine ordnungsgemäße Rechnung vorgelegt und alle Verpflichtungen erfüllt haben, die ihnen als Testamentsvollstreckern oblagen, dass sie also das Geld rechtens verwendet und wir von ihnen eine ordnungsgemäße Rechnung erhalten haben, sodass also Vít der Tuchmacher und Frau Kateřina Smilová von dem oben erwähnten Geld weder durch die Waisen des Jan Thomášek noch durch irgendeinen anderen Menschen diesbezüglich gemahnt werden können und dass niemand gegen sie oder aber ihren eigenen Besitz künftig in irgendeiner Art und Weise Anspruch erheben soll. Actum Domini M°CCCC°LXXVIII° feria sexta post Elisabeth.

151. [1479, März 9]

Die Witwe Magdalena Kernyn in Graupen errichtet vor dem sitzenden Rat ihr Testament, in dem sie u. a. der Bruderschaft Geld und Hausrat vermacht. Seelgerätschaften.

Státní okresní archiv Teplice, Fond: Archiv horního města Krupka 119, fol. 316r-v (Abschrift).

Edition: Quellen- und Urkundenbuch des Bezirkes Teplitz-Schönau, bearb. von A. Müller, Prag 1929, S. 262.[144]

Anno domini millesimo CCCC°LXX nono am nechsten dinstag nach Reminiscere ist komen vor vns ein sitczenden rate Magdalena Kernyn, nochgelassene wytwe, vnd hat vor vns gebracht eine czedtl ires testaments, das sy gemacht hat in kegenwertikeit der andechtigen herrn herrn Niklas Prauseners, herrn Matheszen auff dem slos, ern Jocoff Lange, dy czeit zcu er Mertem [!] wonhaftig, vnd ern Mertem Ylo, altaristen zcum Grawppen, in solcher meynung, das solch selegerethe vnd testament sol vest vnd stete gehalden werden, ap sy todeshalben abeginge, also hernach von worte zcu worte

144 Online abrufbar unter http://147.231.53.91/src/index.php?s=v&action=jdi&cat=18&bookid=441&page=262&action_button.x=0&action_button.y=0 (08.09.2017).

geschriben stehet: Item zcu dem ersten in dy bruͤderschafft vyr schok swertgeldes. Item Kuncz ir bruder ist ir schuldig ein ß gr.; sol auch in dy bruderschafft vnd eyne beslagene truhe vnd czwei czynene schüssel vnd czwen teler vnd ein bettuch kleyner leynwanth auff das leychczeichen. Item keen Kirchlicz czwey schok zcu dem gebewde, vnd eyn kanne von funff seydlein. Item in das closter czwey schok vnd eyne halbe pinth vnd ein beuͤchichts kennel zcu dem gebewde. Item ern Niklas ein bette vnd ein schok. Item ern Mertem ein oͤberbette vnd czwey schok vnd dy drey seydelichte kanne. Item hern Iocoff ein schok. Item hern Mathes ein pfoͤl vnd ein schok. Item drey szelpade. Item dem Snehweysz ein vnderbette vnd ein koͤssen vnd eyn Reynschen gulden. Item nach irem tod sol man halden dreissig szelmessen vnd drey begencknuͤs. Item was dann von kleydern ader slewern ader kitteln bleybet, das sol man vorkauffen vnd sol lassen selmessen halden, als vil vnd das gelt gereichen mag. Also hat dy selbige fraw Magdalena Kernyn alda vor vns zcu eym vormuͤnd gebeten vnd gekoren Mathes Joͤren, solchen iren geschicke vnd testament vor zcu sein vnd awszcurichten, als sy zcu ym eyn sundern vortrawen gehabt hat vnd hat vns in fleys gebeten, solch testament in das statbuch zcu schreiben.

152. [1479, März 16]
Die Krämerin Uršula, Witwe des Altstädter Bürgers Ulrich, verfasst ihren letzten Willen. Sie vermacht u. a. 16 Schock Meißner Groschen an den Leitmeritzer Pfarrer Matěj und den Rest an Arme.
Národní archiv Praha: L IV – R Krb Zderaz 291 (Siegelurkunde).
Edition: AČ 8, S. 484, Nr. 117.[145]

Wegmeno Bozie Amen. Ja Vrssula kramarzka, wdowa po nebozczi Vlrichowi kramarzi, niekdy miesstieninu Stareho miesta prazskeho, wyznawam tiemto listem obecznie przedewssemi kdez a przednimz czten neboli cztucze slyssan bude, ze aczkoli z dopusstienie bozieho nemoczna gsem a neduziwa natiele, wssak proto pamieti dobre a swobody zdaweho rozumu poziwagicz, nechtieczi czoz nannye gest by o muoy a pomnye zuostaly statek aczkoli maly po mee smrti mezi przibuznymi a przately mymi kterzij swarowe sie dali, toto mee poslednie porucznestwie a koneczny vmysl wuole mee tohoto listu moczij rziedim a zposobugij obyczegem takowymto. Tak se vcziniwssi a vstanowiwssi vmieleho mistra Jana Albi, lekarze, a opatrneho Ondrzege rzeczeneho Tich, hospodarze mého, prawee a mocznee poruczniky wsseho statku mého, kteryz v tehoz hospodarze meho y na kramie a kdezkoli ginde mam, naczemzby ten koli zalezel a kterymkoli gmenem muoz neb mohlby gmenowan byti, bez wymienky a wsselikeho pozuostawenie, poruczila sem gyz gmenowanym porucznikom mym k vczinieni s nim po smrti mee yakoz sie tuto pisse, neb tak gizpowiedienym porucznikom mym porucz iem a rozkazugi, aby nayprwe a przedewssemi wieczmi kniezi Mathiegowi, ffararzi w Litomierziczich, ssestnadczte kop grossuow missenskych z toho statku po

[145] Online abrufbar unter http://147.231.53.91/src/index.php?s=v&action=jdi&cat=10&bookid=798&page=484 &action_button.x=0&action_button.y=0 (08.09.2017).

mnye zuostaleho po smrti mee wydaducz; potom ostatek tehoz statku mezi chudee a nuznee lidi wegmeno bozie za mu a mych przedssich dusse rozdali, kdez akomuz sie gim naylepe a nayvczitecznie gie bude zdati. Na potwrzenie y buduczij pamiet toho prosila sem slowutneho Prokopa z Welewicz, rychatrze, mudrych a opatrnych panuow Martina od Bab a Hanusse konwarze, consseluow przisez nych Stareho miesta prazske-ho, ze gsu peczeti swe przi wiesiti dali ktomuto listu. Genz gest dan lleta od narozenie syna bozieho tisiczieho cztyristeho sedmdesateho dewateho ten vtery po swatem Rze-horzi.

Im Namen Gottes Amen. Ich Uršula, die Krämerin, Witwe des seligen Kaufmanns Ulrich, dereinst Bürger der Prager Altstadt, bekenne mit diesem Briefe allgemein vor allen, vor denen dieser verlesen wird oder die diesen zu lesen bekommen werden, dass, wenngleich ich durch göttliche Fügung krank bin und körperlich dahinsieche, ich den-noch über ein gutes Gedächtnis und die Freiheit eines gesunden Verstandes verfüge und nicht will, dass nach meinem Tode über den von mir hinterlassenen Besitz zwischen meinen Verwandten und meinen Freunden irgendwelche Streitigkeiten entstehen, ich kraft dieses Briefes mein Testament und meinen letzten Willen in nachfolgender Weise errichte und festlege. So bestimme und ernenne ich den kunstfertigen Magister und Arzt, Jan Albie, sowie den weisen Ondřej, genannt Tich, meinen Wirt, zu rechtmäßigen und bevollmächtigten Testamentsvollstreckern meines gesamten Besitzes, also des Ladens und der anderen Güter, wo immer die gelegen seien und von wem auch immer diese erfragt werden könnten, ohne Ausnahme und jegliche Zurückgelassenheit; den bereits genannten meinen Testamentsvollstreckern habe ich aufgetragen, dies nach meinem Tode zu regeln. Und ich gebiete ihnen, dass sie zuvorderst und vor allen Dingen dem Priester Matěj, dem Pfarrer in Litoměřice, 16 Schock Meißner Groschen aus dem von mir hinterlassenen Besitz nach meinem Tode aushändigen; sodann den Rest dieses Be-sitzes unter armen und bedürftigen Menschen im Namen Gottes um meiner Seele und derjenigen meiner Vorfahren wegen verteilen, so, wie es ihnen am vorteilhaftesten und sinnvollsten erscheint. Zur Bestätigung und zu künftigem Gedächtnis habe ich den an-gesehenen Prokop von Welewitz, Richter, die weisen und ehrenwerten Herren Martin von Baba und Hanuš Konvář, beisitzende Schöffen der Prager Altstadt, gebeten, dass sie ihre Siegel diesem Briefe beifügen mögen. Der gegeben ist im Jahre Eintausendvier-hundertneunundsiebzig nach Christi Geburt, am Dienstag nach S. Gregorii.

153. [1479, Mai 1]

Dorotha, Witwe des Jan Strupín und Bürgerin der Prager Altstadt, bestimmt mehrere Altstädter Bürger zu ihren Testamentsvollstreckern, u. a. den Arzt Magister Jan Albie. Ihr Haus vermacht die Testiererin einem gewissen Jan, der als „Verwandter und Freund" bezeichnet wird. Umfangreiche Bestimmungen regeln u. a. Legate an Hausrat, Möbeln etc. Gelder gehen an mehrere geistliche Personen. Der Arzt Jan Albie soll „für seine treue Arbeit, die er mir seit vielen Jahren leistete", eine vergoldete Tasse und einen Ring erhalten.

Archiv hlavního města Prahy, Hdschr. 2119, fol. T 5 (Kriegsverlust; Abschrift).
Edition: Teige, Základy 1, S. 164-165.[146]

We gmeno Bozie amen. Ja Dorotha, niekdy Jana Strupina dobre pamieti manželka, miesstka Stareho miesta prazskeh,o wyznawam tiemto listem etc., ze aczkoli z dopusstienie bozieho etc., takze czinim a vstanowugi vmieleho mistra Jana Albi, lekarze, mudre a opatrne lidij Girzika od puol kola, Michala Herbsta, kupcze, a Wita z domu Kbelskeho, Stareho miesta nadepsaneho prazskeho miesttiany, przately me mile a zwlasstnie, prawe a moczne porucznikу wsseho statku mého – gimzto nad gine lidij wierzim vplnie, ze toto me poruczenstwie a rozkazanie wedle wuole a vmysla meho zrziedie a zposobugie, kazdemu czoz komu odkazugi, wydaducze iakoz dole tuto gest wypsano. Naiprwe Janowi, przibuznemu a przieteli memu, kteryz se mnu obywa odkazugi duom muoy, w niemz bydlim se wssim swrchkem a s hospodarzstwim y s wssim, czoz w niem gest, budto od peniez, klenutuow od zbozie kupeczkeho, y ode wsseho gineho, czoz muoz nalezeno a gmenowano byti, aby on ke wssemu miel plne prawo bez kazdeho czlowieka wsselike przekazky a odpornosti. Chtieczi tomu, aby tyz Jan wydal z toho Majdalenie a Reginie, dietem Anninym podruhynie me, dwie perzinie s cychami barchanowymi, dwa polsstarze, dwie podussky, cztyrzy prostieradla, mis cinowych kowanych ssest, misky male cztyrzy, dwie konwe, miedienicyi umywaczi gednu a druhu malu lazebni. Pak z dluhuow mnie powinnych, kterez nadepsani porucznicczi magi s giz psanym Janem spolu wyupominagi a wybieru, odkazugi nadepsanym dietem totiz Majdalenie XXX zl. Vherskych, Reginie X zl. vherskych a Waczlawowi, bratru gich, X zl. vherskych. Tak, gestli zeby wyss dotczene Annie materzi gich zdalo sie a nahodilo domek kupiti, aby gie tiech L zl. bylo wydano kterazto s manzelem swym, aby to tymz dietem swym ugistila a zapsala na tom zakupu do let gich rozumu dosslych. A gestlizeby ktereho z tychz dieti pan buoh przed lety dospielymi od smrti neuchowal, aby to spadlo z gednoho na druheho. Pakli by wssech tre dyeti let rozumnych nedojducz zemrzelo, aby ty zlate nebo penieze wydany byly w mocz a w rucze porucznikom y Janowi, a to na roky rozdielne, wzdy w rocze po X^{ti} kop gr. az do te summy L^{ti} zl. vherskych wyplnienie konecznehо a oni ge dale obrate we gmeno bozie na skutky milosrdne. Item mistru Girowi, fararzi v Matky Bozi w Tynie, odkazugi X kop gr. a kniezim tehoz mistra y zakom do sskoly tudiez druhych X kop. Item mistru Martinowi w kollegi Wssech Swatych X kop gr. Item kniezi Janowi, fararzi Slanskemu,

[146] Online abrufbar unter http://kramerius.mlp.cz/kramerius/MShowPageDoc.do?id=57355&mcp=&idpi=103279&author=Teige_Josef (08.09.2017).

X kop gr. Item mistru Janowi Albiemu, lekarzi a porucziku nadepsanému, za geho wiernu praczi, kteruz se mnu miel od mnoho let, koflik pozlaczeny dwogity a prsten k tomu geden. Item knihy, kterez mam mistru Martinowi wyss psanemu porucziem, aby je rozdal lidem bohabojnym podle swe opatrnosti. Item Janowi Wrabczowi, przieteli memu, zahradku mu na Male Stranie na Piesku lezeczi, a k tomu X kop gr. Item Dorothie, dczerzi Wita Kbelskeho porucznika nadepsaného, X kop a k tomu blany sokolowe. Item pannie Dorothie perzinku spodni, kteraz gest o gedne cisse a druhu cychu, aby gie kupili dwie prostieradlcze a k tomu III kop gr. Item o Waczlawa sirotka, kterehoz chowam, aby poruczniczi peczi mieli we wssech potrzebach a geij k rzemeslu daducz y przipravicz, kdyzby k letom przisssel dali gemu X kop. Item Janie, sluzebniczi me, blany podbrzisskowe nowe a sukni harasowu czrnu s dluhymi rukawy nad gegi mzdu tak, wssak trwalali by se mnu. Pakli by odessla tehda gedinie samu mzdu, aby gie dali. Item Ssimonowi, bratru Jana swrchupsaneho, tyz Jan sam, aby kupil dwie krawie a kuon nebo dwa k geho ziwnosti. Item Katherzinie, sestrze tehoz Jana, blany nowe a kozich zagetczi, a k tomu sukni za dwie kopie gr. Take tyz Jan, aby otcze sweho y s matku swu k sobie przigma gich, pocztiwie chowal az do swe nebo gich smrti. Item panie Urssile Sstemberkowe klok muoy, sukna Astrdamskeho a dluh, kteryz mi gest dluzna wsseczken gie odpusstiem y ten, kteryz na winniczi mam a k tomu, aby gie dano bylo X kop gr. Item Wawrowi rzezniku, kmotru memu w nadepsanem Starem Miestie bydlegicziemu, zapis a dluh, kteryz na domku geho zapsan mam mocznie propusstiem. Item Ssimek krajczi w Sedlczanech, kteryz mi dluzen a powinnen gest, aby dal z toho Janowi swrchupsanemu XX kop gr. Pakli by vcziniti nechtiel, tehdy aby tyz Jan z toho vczinil czoz chcze iako z sweho wlastnieho. Item ten dluh, kterymzto powinnen gest, kotlarz w giz psanych Sedlczanech Janowi nadepsanemu mocznie take porucziem a odkazugi k vczinieni s tiem iako s geho wlastnim. Item Jakub Charousa od czrneho Gelena dluzen mi gest s manzelku swu XC kop bez I kop. o kterezto sie gest smluwil se mnu przed mistrem Giru nadepsanym a Girzikem kozissnikem tak ze tyz dluh platiti ma na roky rozdielne. Gemuzto y geho manzelcze tuto czinim w tom milost ze gim XL bez gedne odpusstiem a L kop aby wydali porucznikom. – Item k farze sw. Mikulasse, aby kupen byl plat diedicziny za sto kop gr. a z toho, aby bylo na zaky do sskoly dwie kopie a ostatek na kniezie wydawano. Item k sw. Gindrzichu na Nowem miestie ssedesat zl. Vherskych, aby take za nie plat byl kupen na wino k bozie sluzbie. Item dluhy, kterymiz bych ja komuzkoliwiek byla powina gessto by mohly podle rzadu a obyczege y prawa tohoto miesta pokazany byti acz ja gich nepamatugi wuole ma gest, aby ty a takowe porucniczi mogi zaplatili z meho statku. Take dluhowe, kterymiz gsu mi lide powinni iakoz registra ma Jana czastopsaneho pisarze a przietele meho ruku psana ukazugi kdezbykoliwiek optani byli, aby dani a zaplaczeni byli w rucze porucznikom a polowiczi Janowi czastopsanemu. Naposledy oznamugi, ze mam blany kuni Khelskeho w osmi zl. vvehrskych a pani Lukssowa dluzna mi gest XI kop XLIII gr. A na to mam koflik. Actum sabbato ante Stanislai.

Im Namen Gottes Amen. Ich Dorotha, einst Gemahlin des in guter Erinnerung gebliebenen Johann Strupin, Bürgerin der Prager Altstadt, bekenne mit diesem Brief etc., dass ich, wenngleich durch göttliche Fügung etc., und so bestimme und ernenne ich den in der Kunst fertigen Magister Johann Albie, von Beruf Arzt, die weisen und eh-

renwerten Männer Girzik vom ‚halben Rad', Michal den Kaufmann sowie Vít aus dem Hause Kbel, Bürger der eingangs erwähnten Prager Altstadt, meine besonders lieben Freunde, zu rechtmäßigen und bevollmächtigten Testamentsvollstreckern meines gesamten Besitzes – da ich ihnen vor allen anderen Menschen ganz vertraue, dass sie mein Testament und meinen letzten Befehl gemäß meinem Willen regeln und ausführen und einem jeden das aushändigen, was ich diesem entsprechend meinem nachfolgend aufgeführten Willen vermache. Zuvorderst Jan, meinem Verwandten und Freund, der bei mir wohnt, dem vermache ich mein Haus, in dem ich wohne mit allem Zubehör und dem gesamten Haushalt sowie mit allem, was sich darin befindet, sei es nun Barschaft, Schmuck, Kaufmannsware oder sonst etwas, was sich in dem Haus befindet und was benannt werden kann; und er hat hierüber volle Gewalt und kein Mensch soll ihm diesbezüglich irgendwelche Schwierigkeiten und Hindernisse in den Weg legen. Und darüber hinaus ist es mein Wille, dass eben dieser Jan von diesem Besitz Magdalena und Regina, den Kindern meines Mietsweibes Anna, zwei Federbetten aus Barchent, zwei Kopfkissen, zwei Polster, vier Bettlaken, sechs beschlagene Zinnschalen, vier kleine Schalen, zwei kupferne Kannen, eine zum Waschen und die zweite kleine zum Baden, gibt. Sodann von meinen mir noch zustehenden Schulden, über die die oben genannten Testamentsvollstrecker sowie der genannte Jan unterrichtet sind und für deren Begleichung sie Sorge tragen sollen, vermache ich den zuvor genannten Kindern, nämlich der Magdalena XXX ungarische Gulden und Regina X ungarische Gulden sowie Václav, ihrem Bruder, ebenfalls X ungarische Gulden. Und sollte es geschehen, dass es der oben bereits genannten Anna, ihrer Mutter, gelegen scheinen sollte, ein Häuslein zu kaufen, dann möge man ihr diese L ungarischen Gulden aushändigen, damit sie zusammen mit ihrem Gemahl und jenen Kindern abgesichert sei für diesen Kauf, und zwar noch bevor die Kinder ihre Volljährigkeit erreichen. Und sollte Gott der Herr eines der Kinder noch vor Erreichen der Volljährigkeit zu sich berufen, dann soll die Summe von einem Kind auf das nächste fallen. Sollten freilich alle drei Kinder noch vor Erreichen der Volljährigkeit versterben, dann sollen diese Goldgulden oder das ausgegebene Geld treusorgerisch an die Testamentsvollstrecker und an Jan fallen, und zwar jeweils X Schock Groschen per annum, bis die Summe von L ungarischen Gulden erreicht ist; und sie sollen sie im Namen Gottes für Mildtätigkeiten aufwenden. Item so vermache ich dem Magister Gira, Pfarrer in der Muttergotteskirche im Tein X Schock Groschen und den Priestern dieses Magisters sowie den Schülern in die dortige Schule ebenfalls X Schock. Item dem Magister Martin im Allerheiligen-Kolleg X Schock Groschen. Item dem Priester Jan, Pfarrer in Schlan, X Schock Groschen. Item Magister Jan Albie, dem Arzt und zuvor genannten Testamentsvollstrecker, für seine treusorgende Arbeit, die er mit mir seit vielen Jahren hatte, eine doppelt vergoldete Tasse und dazu einen Ring. Item die Bücher, die ich besitze, vermache ich dem zuvor genannten Magister Martin, damit er diese unter gottesfürchtigen Menschen bedachtsam verteile. Item Jan Wrabecz, meinem Freund, meinen Garten auf der Kleinseite, ‚na Piesek' gelegen, und dazu X Schock Groschen. Item Dorotha, der Tochter des Vít Kbel, des oben erwähnten Testamentsvollstreckers, X Schock Groschen und dazu die ‚Falkenhäute' [?]. *Item der Jungfer Dorotha das untere Federbett, welches zur Bettzieche gehört, und die andere Zieche, dazu sollen sie ihr zwei Betttücher kaufen und dazu III Schock Groschen geben. Item um den Waisenknaben Václav, den ich großziehe, um den sollen sich die Testamentsvollstrecker kümmern in allen Angelegenheiten und sie sollen ihn auf ein Handwerk vorbereiten; und wenn er seine Volljährigkeit erreicht, dann sollen sie ihm X Schock aushändigen. Item Jana, meiner Dienstmagd, die neuen Unterröcke und das schwarze Kamelhaarkleid mit den langen Ärmeln zusätzlich zu ihrem Lohn, sollte sie bei mir bleiben. Sollte sie freilich fortgehen, möge man ihr einzig den Lohn aushändigen. Item Šimon, dem Bruder des oben genannten Jan, dem soll Jan zwei Kühe kaufen sowie ein oder zwei Pferde für dessen Gewerbe. Item Kathеřina, der Schwester dieses Jan, die neuen Röcke sowie den Hasenpelz und dazu Tuch im Wert von zwei Schock Groschen. Auch soll der erwähnte Johann seinen Vater und seine Mutter zu sich nehmen und sich bis zu deren Tod fürsorglich um sie kümmern. Item Frau Uršula Stemberková meinen Mantel aus Amsterdamer Tuch; und die sämtlichen Schulden, die sie noch bei mir hat, die erlasse ich ihr, auch jene, die auf dem Weingarten ruht; und darüber hinaus soll man ihr X Schock Groschen aushändigen. Item dem Fleischer Vávra, meinem Paten, der in der bereits genannten Prager Altstadt wohnt, dem erlasse ich die verzeichnete Schuld für das Häuslein. Item Šimek dem Schneider in Sedlčany, der mir noch Geld schuldet, der soll von dieser Summe dem oben erwähnten Jan XX Schock Groschen geben. Sollte er dies nicht tun wollen, dann möge der genannte Johann damit nach eigenem Gutdünken verfahren. Item jene Schuld, die mir der Kesselschmied in dem erwähnten Sedlčany schuldig geblieben ist, die vermache ich ebenfalls dem oben genannten Jan, der damit verfahren möge, wie mit seinem eigenen Besitz. Item Jauob Charousa vom ‚Schwarzen Hirsch', der schuldet mir zusammen mit seiner Gemahlin XC Schock weniger einem Schock, wie er dies in Anwesenheit des zuvor genannten Magisters Gira sowie Girziks des Kürschners bezeugt hat; und diese Schuld soll er im Verlaufe mehrerer Jahre begleichen. Dabei erlasse ich ihm und seiner Gemahlin XL weniger ein Schock; und den anderen Teil der Summe, nämlich L Schock, die mögen sie den Testamentsvollstreckern geben. – Item für die Pfarrei St. Niklas soll ein Erbzins über 100 Schock Groschen gekauft werden, und davon sollen die Schüler zwei Schock erhalten, während der Rest für Priester aufgewendet werden soll. Item für die Kirche St. Heinrich in der Neustadt sechzig ungarische Goldgulden, damit auch für dieses Gotteshaus ein Zins erworben und davon Wein für den Gottesdienst gekauft werde. Item die Schulden, welche ich, wem auch immer, schuldig geblieben bin, die mögen nach Recht und Gewohnheit dieser Stadt angezeigt werden, sofern ich mich daran nicht mehr erinnern sollte; und es ist mein Wille, dass diese und jene von den Testamentsvollstreckern aus meinem Besitz beglichen werden sollen. Auch die Schulden, die mir andere Menschen schuldig geblieben sind, wie dies in den Registern Jan, der wiederholt genannte Schreiber, mein Feund, verzeichnet hat, und die, wo auch immer, angezeigt werden können, die sollen je zur Hälfte die Testamentsvollstrecker und der mehrfach genannte Johann erhalten. Zuletzt gebe ich bekannt, dass von Kbel Pferdehäute im Wert von acht ungarischen Gulden haben und Frau Luksová mir XI Schock XLIII Groschen schuldet. Und dafür habe ich eine Tasse* [als Pfand?]. *Actum sabbato ante Stanislai.*

154. [1481, März 27]
Die Witwe des Martin aus Kuttenberg und jetzige Freundin des Matěj Menšik, Anna, testiert. Der genannte Matěj wird zum Testamentsvollstrecker und Haupterben ernannt. Weitere Familienangehörige erhalten Geld.
Archiv hlavního města Prahy, Hdschr. 2094, fol. G 22v (Abschrift).[147]

Pomoczy Pana Boha wssemohuczieho naprzed zadagyczy. Ja Anna, wdowa po nebozczy Martinowi od Hory a przietelkyni Mathiege, rzeczeneho Menssik, kowarze, spolumiesstka Nowehomiesta pražského, aczkoli z dopusstienie etc., toho meho poruczenstwie czinim a vstanowugi moczneho porucznika naprzedgmenowaneho Mathiege Menssika, przietele mého, przidawagiczy gemu k raddie a ku pomoczy Prokopa od trzi kapruow, sauseda geho; wtom pak odkazugi a mocznie oddawam po me smrti czastopsanemu Mathiegowi Menssikowi, przieteli memu, wessken statek muoy y s dluhy, budto zde w Praze, v Hory neb kdez ginde koliwiek mohl by shledan a optan byti, a to kgmienij, k drzenij a k diedicznemu wladarzstwi tak, aby on s toho statku gemu s krze mne odkazaneho wydal a wyplnil po me smrti nayprw Barborze, sestzre me, piet kop gr. a Mathiegowi, sestrzenczy memu, trzi kopy wsse na missenske gr., poczitagicz czozby wiecze bylo statku mého, budto peniez neb ginych wieczij, to aby mocznie zuostalo przitom Menssikowi, przieteli mem, wierzim gemu y take plnee douffanie magiczy, ze pamatuge na tuto dobru wuoli bude cziniti almuzny a ginee skutky milosrdnee za dussi mu y za me przedssie. Actum Feria tertia postquam Assumptionem S. Marie virginis.

Die Hilfe des allmächtigen Gottes erbitte ich zuvor. Ich Anna, Witwe des seligen Martin aus Kuttenberg und Freundin des Matěj, gen. Menšík, des Schmieds, Mitbürgerin der Prager Neustadt, ernenne, wenngleich ich durch göttliche Fügung etc., zum rechtmäßigen Testamentsvollstrecker dieses meines letzten Willens den zuvorgenannten Matěj Menšík, meinen Freund, und gebe ihm zu Rat und Hilfe Prokop von den drei Karpfen, seinen Nachbarn. Sodann vermache und gebe ich rechtmäßig nach meinem Tode dem wiederholt genannten Matěj Menšík, meinem Freund, meinen gesamten Besitz und auch die Schulden, sei es hier in Prag, in Kuttenberg oder wo dies sonst der Fall sein und jedermann dies erfragen sollte, zu Besitz, Eigentum und erblicher Nutzung, und zwar dergestalt, dass er mit diesem ihm durch mich vermachten Besitz nach meinem Tode zuvorderst meiner Schwester Barbora fünf Schock Groschen und Matěj, meinem Cousin, drei Schock, alles in Meißner Groschen gerechnet, auszahlt. Was darüber hinaus an Besitz oder Geld oder anderen Sachen übrigbleiben sollte, dies soll bei meinem Freund Menšík bleiben, dem ich besonders vertraue und bei dem ich hoffe, dass er einen guten Willen zeigt und Almosen und weitere barmherzige Werke um meiner und meiner Vorfahren Seele wegen tätigt. Actum feria tertia postquam Assumptionem S .Marie virginis.

[147] Online abrufbar unter http://katalog.ahmp.cz/pragapublica/permalink?xid=E1BD352FB72711DF820F00166F1163D4&scan=512#scan511 (08.09.2017).

155. [1482, Januar 20]
In seinem Testament bedenkt der Kaadener Bürger Nickel Demus mehrere Kirchen in und um Kaaden mit Geldlegaten. Auch die Bruderschaft der Schuster wird berücksichtigt. Die verbleibende Barschaft ist für Seelgerätschaften vorgesehen.
Státní okresní archiv Chomutov se sídlem v Kadani, sog. „4. Kaadener Stadtbuch", Sign. 567a, fol. 414r (Abschrift).

Nickel Demus hat sein leczt gescheft getan mit gutter vernunft vnd gewissen vor Wenczeslaus Zager, Nicolas Frenckel vnd Martino Leymer, dieczeit gesworen schoͤpfen am Sontage sand Fabian vnd Sebastian tag anno etc. LXXXII°. Item er schickt czum ersten iiij ß gr. czu sand Bartholomeus kirchen czum Wistricz czum gepeude der XIV nothelfer. Item er schickt ij ß gr. czu der Pfarrkirchen, vnd ii ß gr. czu der newen monstrancz auch in dy pharr. Item er schickt j ß gr. czum gepeude des closters vnd j ß gr. den brudern für czwen tricesnii czu halden. Item er schickt ii ß gr. czu sand Johannes kirchen. Item auch sol man j selpad nach seinem tode halden lassen. Item er schickt i ß gr. in dy pfarrkirchen czu einer ewigen gedechtniß. Item er schickt ij ß gr. In dy bruderschaft der schuster. Item was vberig vor augen sein würde an gelde, das sol man wenden czu selgerethe wohin ein erber rat dißer stat erkennen würde. Actum atque inpositum feria secunda post Scolastice Anno etc.

156. [1483, Juli 7]
Der Altstädter Bürger Ondřej Kožišník, der zwar gesund ist, aber nicht weiß, zu welcher Stunde ihn der Tod ereilen wird, bestimmt in seinem letzten Willen, dass zuerst der Ägidikirche in der Prager Altstadt 10 Schock Groschen und dem Spital unterhalb des Vyšehrad 5 Schock Groschen gestiftet werden sollen. Die ernannten Testamentsvollstrecker sollen jedes Jahr für seine Seele, die seiner Vorfahren und diejenige armer Handwerker beten.
Archiv hlavního města Prahy, Hdschr. 1119, fol. V 12 (Abschrift).
Edition: Teige, Základy 2, S. 618 (Auszüge).

Wegmeno Bozie Amen. Ja Ondrzey kozissnik, miesstienin Stareho miesta pražského, wyznawam tiemto listem, – ze aczkoli pan buoh diekuge zdraw gsem na tiele a na rozumu zdraweho y pamiety dobre poziwam, wssak proto peczi na to wzdy mage, by mne z dopusstienie geho swate milosti nemocz tiezka w tento nynieyssi czas nebezpeczny rany geho bozske rychle snad nenawsstiwila anebo hodina smrti me nezachwatila w nahle, gezto bych poruczenstwie o statku mem – zrzediti nemohl a zposobiti – protoz – s dobrym rozmyslem toto me poslednie poruczenstwie – zposobugi obyczegem takowymto – takze czinim – poruczniky domu meho w niemz bydlim winicze take me nad Smiechowem wedle winicze Wratislawowy z domu Nastuoytowa leziczie –. Naiprwe na kostelnie potrzeby s. Gilgij X kop gr. m., na sspital pod Wyssehrad V kop –. Potom pak tymz porucznikom mym rozkazugi, aby kazdy rok we gmeno bozie za mu a mych przedssich dusse rzemeslnikom chudym a nadennikom, kteriz by radi dielali z statku meho pomahali y topenim lazni chudym a suknem z ginymi almuznami a skutky milosrdnymi na dussi mu a mych przedssich pamatowali – potud, pokudz by – statek muoy mohl stacziti –. Dan ten pondieli po sw.Prokopu.

Im Namen Gottes Amen. Ich Ondřej Kožišník [= Kürschner – Th. K.], *Bürger der Prager Altstadt, bekenne mit diesem Brief – dass, wenngleich ich – Gott dem Herrn dankend – gesund am Körper bin und auch einen gesunden Verstand und ein gutes Gedächtnis nutzend, ich dennoch aber stets Sorge darauf verwende, dass mich durch die Fügung seiner göttlichen Gnade eine schwere Krankheit in dieser augenblicklich gefährlichen Zeit nicht plötzlich ereile bzw. mich die Stunde des Todes nicht plötzlich überkomme und ich so den letzten Willen über meinen Besitz nicht zu verfügen und zu bestimmen in der Lage bin – deshalb – errichte ich mit gutem Vorbedacht auf nachfolgende Weise diesen meinen letzten Willen und ich bestimme zudem – zu Testamentsvollstreckern meines Hauses –, in dem ich jetzt lebe, und des Weingartens oberhalb von Smichov, neben dem Weingarten des Vratislaw aus dem Hause des Nastuoyt gelegen. Zuvorderst für kirchliche Bedürfnisse von St. Ägidii X Schock Meißner Groschen. Für das Spital unterhalb des Vyšehrad V Schock –. Sodann gebiete ich diesen meinen Testamentsvollstreckern, dass sie in jedem Jahr im Namen Gottes um meiner und der Seele meiner Vorfahren wegen arme Handwerker und Tagelöhner aus meiner Hinterlassenschaft unterstützen, desgleichen Arme mit einem warmen Bad und mit Tuch sowie weiteren Almosen und mildtätigen Werken um meiner und derjenigen Seele meiner Vorfahren wegen gedenken – solange, wie meine Hinterlassenschaft ausreichen mag. – Gegeben am Montag nach St. Prokop.*

157. [1483, Juli 15]
Jan Měsečník bestimmt, dass im Falle seines Todes seine Gemahlin und seine Kinder u. a. Bettzeug erben sollen.
Archiv hlavního města Prahy, Hdschr. 2094, fol. 280v-281r (Abschrift).[148]

Wegmeno Bozie Amen. Ja Jan Miessecznik, spolumiestienin Nowehomiesta pražského, znamenacze bieh czasu nynieyssieho, w kteremzto zadny czlowiek sebu nenie bezpeczen take gsa nemoczij tielesnu etc., oniemz takto zposobugi iakoz se wezpodpisse wtom pak nayprw oznamugi, ze Prokop dluzen gest mi gesstie za duom, kteryzto odemne kupil XXXVII kop gr.; a ya take zaten duom, wkteremz obywam, kteryzto gsem kupil v Pawka za XX kop gr., a ty mam gemu dati rozdielnie totizto na swateho Hawla nayprw przisstieho dewiet kop gr., a ostatnich deset kop gr. a piet na swateho Hawla w gednem rocze; kterezto pak penieze od naprzedgmenowaneho Prokopa gessto bych miel wyzdwihnuti y s tiem domem, wkteremzto obywam, kteryz lezi w Chudobicziech mezy domy Slanskeho s gedne a Benessowym s strany druhe, odka-

148 Online abrufbar unter http://katalog.ahmp.cz/pragapublica/permalink?xid=E1BD352FB72711DF820F00166F1163D4&scan=558#scan557 (08.09.2017).

zugi a mocznie oddawam Zuzanie, manzelcze me milee, gizto y naiwyssy a mocznu vstanowugi porucznicy przidawage gee k raddie a ku pomoczy Daniele, bratra meho milého, a to s dietmi nassymi rowny rozdiel s napadem, s diety przed lety dospielymi s tohoto swieta sesslych, na gizgmenowanu Zuzanu, matku gich, a teez take s matky na dieti zase, pakliby wsseczky dieti y s matku gich a manzelku mu s tohoto swieta sessli, tehdy ten wesskeren statek, czoz by geho koli pozuostalo, aby spadl na Daniela, bratra meho prwegmenowaneho, krom rucha loznieho a chodiczieho, to aby spadlo na Jana, sestrzencze mého, kteryz gest na Horach Cuthn., z kterehozto take statku gizpsane manzelcze me skrze mne odkázaného, aby zaplatila dluhy gessto sem zuostal tiemto osobam powinowat. Nayprw Matussowi strzelczy za kussi sto gr., Woytiechowi barwierzcze sedm kop gr. Sulkowi 40 gr. a Juronowi Hunterzi 40 gr. In testimonium Sigilla Johannis Cziharz Judices Simonis Binofifich [?] et Johannis Hladky Consulum Actum feria tertia ipso die divisionis Apostolorum Anno domini etc. LXXXIII°.

Im Namen Gottes Amen. Ich Jan Měsečník, Mitbürger der Prager Neustadt, wissend, dass der Lauf der gegenwärtigen Zeit, in der kein Mensch seiner sicher sein kann und auch durch körperliche Krankheit heimgesucht etc., errichte hierüber meinen letzten Willen in nachfolgender Weise. Zuvorderst gebe ich bekannt, dass Prokop mir noch für das Haus, das er von mir gekauft hat, 37 Schock Groschen schuldet und ich habe wiederum für das Haus, in dem ich wohne und das ich bei Pavek für 20 Schock Groschen gekauft habe, Außenstände; und dieses Geld habe ich ihm zu verschiedenen Terminen zu geben, und zwar zu St. Gallus zuerst im kommenden Jahr neun Schock Groschen und die verbleibenden zehn Schock Groschen sowie fünf zu St. Gallus in einem Jahr; das Geld freilich, welches ich noch von dem zuvor genannten Prokop erhalten soll, vermache und vererbe ich rechtmäßig zusammen mit dem Haus, in dem ich wohne und das gelegen ist in Chudobičy zwischen den Häusern des Slanský auf der einen und des Beneš auf der anderen Seite, meiner lieben Gemahlin Zuzana, die ich auch zur höchsten und bevollmächtigten Testamentsvollstreckerin ernenne und der ich zu Rat und Hilfe meinen lieben Bruder Daniel an die Seite stelle; und dieses Erbe zusammen mit unseren Kindern zu gleichen Teilen; und sollten die Kinder vor Erreichen der Volljährigkeit von dieser Welt gehen, dann falle der Besitz auf die bereits genannte Zuzana; und sollte auch sie von dieser Welt gehen, dann soll der Besitz auf meinen zuerst genannten Bruder Daniel fallen, mit Ausnahme des Bettzeugs und der Kleider, dies geht an meinen Cousin Jan, der in Kuttenberg lebt. Und von diesem an die schon erwähnte Gemahlin verschriebenen Besitz soll diese die Schulden bezahlen, die ich nachfolgenden Personen schuldig geblieben bin. Zuvorderst Matuš dem Schützen für Stücke [?] *100 Groschen, Vojtěch Barvíř sieben Schock Groschen, Sulek 40 Groschen und Juron Hunteř 40 Groschen. In testimonium Sigilla Johannis Cziharz Judices Simonis Binofifich* [?] *et Johannes Hladký Consulum. Actum feria tertia ipso die divisionis Apostolorum Anno domini etc. LXXXIII°.*

158. [1483, August 27]
Der Maler Petr Slowák, Bürger der Prager Altstadt, bekennt, dass er in seinem Testament sein Haus und seine Barschaft seiner Mutter Martha vermacht hat. Diese soll in dem Haus bis zu ihrem Tode leben, danach soll es in den Besitz der Ägidiikirche übergehen.
Archiv hlavního města Prahy, Hdschr. 2119, fol. U 15 (Kriegsverlust; Abschrift).
Edition: Teige, Základy 2, S. 894 (Auszüge).

Ja Petr Slowak, malerz, miesstienin Stareho miesta pražského, wyznawam etc., takze duom muoy, w niemz bydlim, a k tomu take penieze hotowe, kterez mam dal sem dobrowolnie a tiemto kssaftem mocznie po smrti me otkazugi a otdawam Martie, matcze me, tak totiž, aby ona w domu tom gsuczi geho bez przekazky poziwala az do swe smrti. Nez po smrti gegie wuole ma ta gest, aby tyz duom k kostelu swateho Gilgie przipadl plnym prawem. Gineho pak statku meho wsseho, kdez by a na czemkoli zalezal beze wssie wymienky czinim a vstanowugi opatrne lidi Patra kotlarze od mostu a Jana Zamberskeho, zlatotepce, etc., przatele me zwlasstnie prawe a mocne poruczniky, wierze gim nad gine, ze wsseczky wieczi mnu gim tuto poruczene tak zrziedie a zposobiegi kamz czo otkazugi wydaducz sie nize pise. Naiprwe k sw. Gilgi korouhwe dwie zelene prostrziednie. Item k Matcze Bozi do Tyna take dwie wietssie zelene pod [sic] nailepssimi. Item k sw. Hawlu take dwie, kterez nailepssie gsu. Item do Betlema dwie a k sw. Annie take dwie, aby mieli wuoli wzieti, kterych se gim barew bude zdati. Giny pak statek wsseczken na czemkoli zaleziczi poruczniczi nadepsani wegmeno bozie na skutky milosrdne obrate, kdez se gim nailepe a naiuzitecznieyssi bude zdati. Na potwrzenie –. Actum feria tertia post Bartholomei.

Ich Petr Slowák, Mitbürger der Prager Altstadt, bekenne etc., dass ich mein Haus, in dem ich wohne, und des Weiteren die Barschaft, die ich besitze, freiwillig und durch diesen meinen letzten Willen nach meinem Tode rechtmäßig meiner Mutter Martha vermache und gebe, und zwar dergestalt, dass diese in dem Haus wohne und dieses nutze bis zu ihrem Tode, ohne alle Hindernis. Nach ihrem Tode ist es mein Wille, dass dieses Haus mit vollem Recht an die Kirche St. Ägidii falle. Zu rechtmäßigen und bevollmächtigten Testamentsvollstreckern dieses meines gesamten übrigen Besitzes, egal wo dieser sich befindet, bestimme und ernenne ich die ehrenwerten Leute Petr Kotlář [Kesselschmied – Th. K.] *von der Brücke und Jan Zamberský, Goldschläger, etc., meine besonderen Freunde, denen ich vor allen anderen glaube, dass sie diese ihnen durch mich anvertrauten Aufgaben erfüllen und regeln, unabhängig davon, wem ich was, wie nachfolgend beschrieben, vermache. Zuvorderst zu St. Ägidien zwei grüne mittelgroße Banner. Item an die Kirche der Mutter Gottes in den Teyn ebenfalls zwei größere grüne von den besten* [Bannern]. *Item an die Kirche St. Gallus auch zwei der besten Banner. Item in die Bethlehemskapelle zwei und zwei an die Kirche St. Annen; auch sollen diese bestimmen, welche Farbe die Banner haben mögen. Meinen gesamten übrigen Besitz, was dies auch betreffen möge, sollen die zuvor genannten Testamentsvollstrecker für mildtätige Zwecke aufwenden, so, wie es ihnen am vorteilhaftesten und nützlichsten erscheint. Zur Bestätigung –. Actum feria tertia post Bartholomei.*

159. [1483, August 28]
Prokop, Pfarrer von Plaňany, errichtet sein Testament; u. a. sind 230 Schock Groschen zum Unterhalt für den Kaplan am Altar der Gottesmutter in Hohenmauth bestimmt sowie 200 Schock für die Kirche in Böhmisch Brod.
Archiv Národního muzea v Praze: F 159 – Planany (Siegelurkunde).

Wegmeno Bozie Amen. Ja kniez Prokop, ffararz planyansky, znamo czinim tiemto listem wssiem wuobecz, ktoz gey czisti nebo cztuczy slysseti budu. Iakoz sem vczinil poiczeczenie o swem statku a dal sem do Myta Wysokeho k costelu a k oltarzy Matky Bozie dwie stie kop a trzydczeti kop buducznie a wiecznie, aby kaplan nato byl chowan ktemuz oltarzy Matky Bozie, aby v tehoz oltarze sluzba bozie sie dala zadusse mrtwych. Item dal sem do Brodu Czieskeho dwie stie kop k costelu napotrzeby kostelnie a na winu a na wosk a na chudee, aby ztoho bylo nakladano a ginam, aby nebylo obraczowano buducznie. A to k gich wierze y gich dussem pusstiem. Item dal sem do Curzuma sto kop, s tiech sta kop magi wydawati k rathuzu osm kop na kazdy glok. K costelu polowiczy na potrzeby a take, aby sie sluzba bozie dala za dusse mrtwych. A na chudee polowiczy, a to tak buducznie a wiecznie a wtom, aby sie wiernie a prawie zachowali iakoz gim gich dusse mily; a nadto nadewsse porucziem pocztiwym mistruom welike Colege prazske nynieyssim y buduczym, aby tu wiecz zprawowali, aby sie tomuto zpusobu a rozkazani, kterez sem vczinil tiemto listem, nicz neobratilo. A was prosym pocztiwi mistrzy nynieyssich y buduczych naywyss prowssemohuczyeho pana boha, ze tu wiecz k pobie przygieti mocz plnu magicz tu wiecz rzediti, a k tomu przyhledati, aby sie tomu dosti stalo ke czti wssemohuczyeho pana boha y geho milee matcze. Na potwrzenie tohoto meho porziezenie a pro lepssi gistotu prosyl sem vrozenych a statecznych panuow pana Jana z Zasmuk a na Przehozech, pana Jana z Brzyestie a na Czrhenkach, pana Gindrzycha Amichy z Borowincze a na Swoissiczyech, a pana Oldrzycha z Crakowucz a na radimi, aby swe peczeti przytiskli ktomuto listu. A my swrchupsanij gsucz osobnie prosseni odpocztiweho knieze Prokopa a kgeho zadosti peczieti nasse przyrozenee sme ktomuto listu. Genz dan gest a psan lleta bozieho tisyczieho cztyrsteho osmdesateho trzetieho we cztwrtek swateho Augustyna.

Im Namen Gottes Amen. Ich der Priester Prokop, Pfarrer von Plaňany, bekenne mit diesem Brief vor allen, die diesen lesen oder hören werden, dass ich das Geschäft über mein Gut gemacht habe und nach Hohenmauth in die Kirche und zum Altar der Mutter Gottes 200 Schock und 30 Schock künftig und für ewig gegeben habe, damit ein Kaplan für den dortigen Altar der Mutter Gottes gefunden werde und dieser Kaplan dort seinen Gott geweihten Dienst versehe für die Seelen der Verstorbenen. Item so habe ich nach Böhmisch Brod 200 Schock für den Bedarf der Kirche gegeben und für Wein und Wachs sowie für Arme, damit fortan dieses Geld für die genannten Zwecke aufgewendet werde. Und darin vertraue ich ihnen um ihres Glaubens und ihrer Seele willen. Item habe ich nach Kouřim 100 Schock Groschen gegeben, und davon sollen sie zum Rathaus für jedes Jahr acht Schock geben. An die Kirche die Hälfte für entsprechende Zwecke und es soll ein Gottesdienst für die Seelen der Verstorbenen gehalten werden. Und für Arme die Hälfte, und dies soll künftig und immerfort geschehen; und dies soll man recht und getreu tun um der Seele willen, und über alles bitte ich die ehrwürdigen jetzigen und künftigen Magister des Großen Prager Kollegs zu wachen und auf diese Weise meinen letzten Willen, den ich ihnen anvertraut habe so und nicht anders zu erfüllen. Und Euch bitte ich, ehrwürdige Magister, die ihr jetzt und künftig seid, um des allmächtigen Gottes willen, dass Ihr diese Sache rechtmäßig und mit vollem Recht regelt und dabei darauf achtet, dass alles zur Ehre des allmächtigen Gottes und seiner lieben Mutter geschieht. Zur Bestätigung dieses meines letzten Willens und zur besseren Sicherheit habe ich die wohlgeborenen und aufrechten Herren Herrn Jan von Zasmuky und auf Přehozy, Herrn Jan von Břiestie und auf Črhenky, Herrn Jindřich Amicha [?] *von Borovinec und auf Svojczice und Herrn Ulrich von Krakovec und auf Radim gebeten, dass sie ihre Siegel diesem Brief beifügen mögen. Und wir, die oben Genannten, haben auf die persönliche Bitte des ehrwürdigen Priesters Prokop unsere Siegel diesem Brief beigefügt. Der gegeben und geschrieben ist im Jahre Eintausendvierhundertdreiundachtzig nach Christi Geburt, am Donnerstag St. Augustini.*

160. [1483, September 1]
Jan, Sohn des Mikuláš Jurista aus Budweis, wohnhaft in der Prager Altstadt, vermacht in seinem Testament u. a. eine Truhe.
Archiv Národního muzea v Praze: A (Siegelurkunde).

Wegmeno bozie amen. Ja Jan, syn nebozcze Mikulasse Juristy z Budiegiowicz, w Starem Miestie Prazskem obywagiczij, tiemto listem obecznie przedewssemi, kdez czten nebo cztucze slyssan bude, ze aczkoli z dopusstienie bozieho nemoczen gsem a neduziw na tiele, wssak proto pamieti dobree a swobody rozumu zdraweho poziwage, nechtie tomu radby o statek po mnie zuostaly, zdaru geho bozske milosti mnie poyczeny a po nadepsanem otczy mem nebo po komzkoli gmenem przisslussny, kterzi swarowe a nesnaze mezy przibuznymi a przately mymi po mee smrti se dali. Toto me posledinee poruczenstwiee a koneczny vmysl wuole mee o temz statku mem moczij tohoto kssafftu meho rziedim a zposobugi obyczegem takowymto. Tak, ze tu truhliczy mu, kteraz w Budiegiowiczych na rathuze polozena gest, se wssim tiem statkem, kteryz w nij gest, iak niemuzto gia po otczy mem mam prawo a sprawedlnost. Dal sem dobrowolnie, a tiemto kssafftem mym se wssim a plnym mym prawem po smrti mee otkazugi a mocznie oddawam slowutnemu panossi Waczlawowi Alderowi z Lazska a na Horach Cuthnach, przieteli memu, a slowutnemu Thomassowi od zlattee hwyezdy, miesstienina nadepsaneho Stareho miesta pražského, k dobywanij toho mocznemu a k vpominanij z toho statka y geho gmienij a poziwanij y s tiem se wssim, kdyz a czoz se gim nebo gednomu znich libij nebo libiti bude, iakozto s gych wlastnim vcziniti bez kazdych lidij wsselikeho otporu a przekazky. Na potwrzenie y buduczij pamiet toho prosil sem slowutneho Hawla Pstrosa, w ty czasy rychatarze, mudrych a opatrnych panuow Stanislawa Kaderzawka z Ssarky a Krzisstiana s Lizie, consseluow przisieznych swrchupsaneho Stareho miesta prazskeho, ze gsu peczeti swe dali prziwiesiti ktomuto listu. Genz gest dan od narozenie syna bozieho tisiczieho cztyrsteho osmdesateho trzetieho w pondielij den swateho Gilgie.

Im Namen Gottes Amen. Ich Jan, Sohn des seligen Mikuláš Jurista aus Budweis, wohnhaft in der Prager Altstadt, gebe mit diesem Brief allen, die ihn lesen oder vorgelesen bekommen, bekannt, dass ich, wenngleich ich durch göttliche Fügung krank bin und körperlich dahinsieche, dennoch aber über ein gutes Gedächtnis verfüge und die Freiheit eines gesunden Verstandes gebrauche, dieses mein letztes Geschäft und meinen letzten Willen über meinen Besitz kraft dieses Testaments errichtet und in nachfolgender Weise bestimmt habe, da ich nicht will, dass nach meinem Tode um meine Hinterlassenschaft, die mir durch Gottes Gnade verliehen wurde und die mir nach meines Vaters Tod bzw. in welchem Namen auch immer gehörte, irgendwelche Zwistigkeiten zwischen meinen Verwandten und Freunden entstehen. Diese meine Truhe, die sich auf dem Rathaus in Budweis befindet, zusammen mit allem darin befindlichen Inhalt, über den ich nach meinem Vater verfüge. Ich vermache und gebe dies freiwillig und durch dieses Geschäft zu vollem Recht nach meinem Tode dem ehrenwerten Edelmann Václav Alder von Lasko und zu Kuttenberg, meinem Freund, sowie dem ehrenwerten Tomáš vom Goldenen Stern, Bürger der oben genannten Prager Altstadt, zu rechtmäßigem Besitz und Eigentum; und sie mögen damit nach eigenem Gutdünken verfahren und niemand soll sie daran hindern. Zur Bestätigung und zu künftigem Gedächtnis habe ich den ehrenwerten Havel Pstros, derzeit Richter, sowie die ehrenwerten Herren Stanislav Kaderzavek von Šarka und Křistián von Lizie, beisitzende Schöffen der oben genannten Stadt Prag, gebeten, dass sie ihre Siegel diesem Brief beifügen mögen. Dieser ist gegeben im Jahre Eintausendvierhundertdreiundachtzig nach Christi Geburt, am Montag St. Ägidii.

161. [1483, September 12]
Testament des Brünner Baders Ianko. Zuerst sollen die ausstehenden 50 ungarischen Gulden für die Badestube an Bürgermeister und Rat zu Brünn beglichen werden. Legate an verschiedene Gotteshäuser. Die Gemahlin Elsbeth erhält zwei Viertel Weingarten, des Weiteren im Haus befindliche Gegenstände sowie alle „Wirtschaft, die sich im Haus befindet“; der Sohn Merten, die Töchter Regina und Katherina erhalten u. a. Geld, ebenso die Schwester Susanna. Merten erhält zudem eine Badestube und ein Haus.
Archiv města Brna – Ms 48, fol. 454r-v (Abschrift).
Edition: Flodr, Pamětii kniha, S. 450-451.

In dem Namen gots amen. Nach Cristi gepurdt tawsent vierhundert vnd in dem dreyvndachczigsten iar, den freytag nach vnser lieben frawntag der gepurdt, hab ich Iannko pader ein geschafft gethan, mit schwachem leyb, yedoch mit gueter vornufft vnd mit wolbedachten muet, von aller meiner narung, die mir der almechtig gott vorlihen hat, darwarten, das noch meinem tod czwischen meinen frewnden nicht geschach. Vnd darczue geru^{e}fft begert vnd fleissig gepeten hab den ersam weisen Vrban Lanng, burger zu Bru^{e}nn, vnd die czeitt des alten rats, vnd auch den erberen ffu^{e}rsichtigen Hannsen Trakchen, auch mitburger zu Bruen, das sie mein geschafft vnd mein leczten willen vorfoligen yn allermass, als hernach geschriben ist etc. Item von ersten pin ich schuldig den ersam weisen heren burgermaister vnd rath der stat Bruͤnn vomffczig Hungrisch guld. an der padstuben ader von dem wein vnd die wilkhier schol sten bey meinen herren des raats. Item meinem lasser, dem Frisch Hannsen, pin ich schuldig IIII sexag., die schol man ym beczallen. Item ich schaff gen Wistonicz zu einem ornat vier guld. Item zu sand Hanns awff den Gotsakkker zum paw, wo das nott ist, drey schok. Item zu sand Anna auch desgleichen drey schok. Item meiner hawsfrawen Elspeth zway viertl in Steyrwiczer perig neben dem Plewer. Item ein silbrein pecher, ein vbergolte guͤrtl, paternoster, beslagenes messer, beschlagene leffl, vnd alle wirtschafft, was ym haws ist, vnd czwanczig guld. von der padstuben. Item meinem sun Merthen schaff ich ein viertl weingarten, der da leytt neben der Materen pinteren, vnd auch X guld. darczue, wie wol er sich meines guets vorczigen hat vnd ym geben hat. Die potsuben zu Gurde, die ist sibenczig mar. werdt gewesen, vnd ein hawss darczu. Item meiner tochter Regina, die des Klokkerss sun hat, czehen guld., vnd vormals hab ich y mein halben weingartten geben, der da geschäczt ist worden vierczik mar. Item meiner tachter Katherina das weingarten neben der Rimsen, da man geet gen Gurde, vnd auch czehen guld. darczue. Item meiner sswester Susanna acht guld. Item ein guld. vmb wags in die czech. Item das abgeschriben geschafft schol man awsrichten von der podstuben, das man die vorkawffen schil vnd der von beczalen, yedoch schol mein hawsfraw der weil das holcz werdt vnd dornach so sy nicht vorkawfft wurdt. So schol sie die hin lassen vmb ein gewendlichen czynns ader sy schols selber halten als auff ein iar. Darnach haben die obmelten geschafftlewth vollen gewalt zuverkawffen vnd zu hinlassen, wie syn och dem pesten bedungkait, damit mein geschafft vnd mein leczter willen vofeligt wirt. Item es ist in beraitschafft dreyssig guld. in gold vnd Mynncz vnd yn groschen, damit man mich bestatten schol, vnd dy wein, damit ein vexnen vnd auch sein newnvndczwanczig sponungen silbrein, die hab ich bey meinem lembtigen leib geben, das sie ferrer geben schollen durich mein zel zelikait, ich beleib bey dem leben ader nicht. Vnd vber das, als wenn die podstuben vorkawfft wirdt, das yeder davon beczalt schol werden vnd das vbrig schollen meine geschefftlewth geben durich mein zel zelikait, w osy bedunken wirt. Das ist mein leczter will vnd nyemant dar wider reden sol. Des zu pesser sicherhait vnd geczgnuͤss hab ich vleissig gepeten die obgenanten geschefftlewth, das sy ir insigl auff meinem geschafft gedruckt haben, in vnd iren erben an schadn. Datum ut supra.

162. [1483, Dezember 2]

Martin, Pfarrer in Černitz, vermacht in seinem Testament u. a. an den Altar der hl. Katharina in der Kirche zu Krumau 5 Schock Groschen jährlich. Weitere Seelgerätschaften.

Státní okresní archiv Český Krumlov: Archiv prelátů Český Krumlov – Sign. C 94/26 – B 27 (Siegelurkunde).

Wegmeno swate anerozdielne trogicze amen. Ja kniez Martin, ffararz w Czerniczy, z daru bozieho zdraw gsa na tiele y namysli, ale znamenage tohoto nasseho biednieho wieku czas nestaly, a kterak gest gista smrt den otedne k zachwaczenij nassemu se prziblizigicz, ale negista hodina smrti, chtie spuosobiti statek swuoy, mnie od boha dany, aby tak zrziezen a opatrzen byl, aby on pomnie zmatkuow anesnazij nebylo, ale radiegi aby czest a chwala pana Boha wssemohuczieho puokudz moznie gest gim rozmnozena byla, s dobrym a waznym rozmyslem vczinil sem a moczy listu tohoto czinim gssafft, poruczenstwie a rozkazanie statku a gmienye sweho, hmowiteho y nehmowiteho dolepsaneho dolepsancho; a toho czinim moczne poruczniky welebneho v boze otcze knieze Janam arcziprzissta Bechinskeho, ffararze w Crumlowie, a dustoyneho otcze knieze Allexandra, doctora wprawiech a canownika kostela pražského, a vrozene panosse Cunrata z Petrowicz a Petra Stupenskeho z Huzne, Mathiasse z Wewerzij a Giru Petrlika z Stradowa, a mudre a opatrne purgmistra a raddu miesta Crumlowia nynieisse y buduczie prosse gich sewssij snaznosti, aby raczili tu praczy a peczi nase wzieti naprzed pro pana boha a pro vczasnost od platy, kteraz milosrdenstwim geho swate milosti z toho dobreho o kterez praczowati budu pogiti muoze. Item naiprwe iakoz mam w Stupnem piet kop platu rocznieho diedicznieho a wieczneho a w Blanskym gednu kopu grossuow bez ssesti peniez platu rocznieho diediczneho a wieczneho. Item iakoz mam kopu platu rocznieho v Jana Hrzebenarze, na kteruz sem puoiczil pietmezczietma zlatych vherskych. Item Petr Stupensky z Huzne dal mi napomocz k kaplanstwij gednu kopu platu rocznieho a diediczneho, ten plat swrchupsany rozkazugi k oltarzy swate panny Katherziny slawne muczednicze bozie v swateho Wita w kostele krumlowskym k caplanstwij. Item polozil sem k wierne rucze v pana purgmistra a consseluow miesta Crumlowa dewadesat kop grossuow peniez obecznie bernych, ty aby porucznicz wzali a zanie platu kupili k swrchupsanemu caplanstwij, puokudz muoz zato kupeno byti. Item dluzna mi gest panij Anna Petrowska na domu, kteryz sem gij prodal sedmnadczt kop, gestli ze by mne pan buoh smrti neuchowal prwe nezli bych ge odnye wybral, tehdy pani poruczniczy magi tu penieze take odnye wybrati, a k nadepsanemu caplanstwij naplat obratiti o patrzicze prwe matku mu milu, aby nedostatku nizadneho netrpiela podle potrzebnosti gegie stiech peniez. Take ja nadepsany kniez Martin pozuostawu gi sobie nadepsany plat a puozitky y take hotowe penieze swrchupsane, abych tiem wladl a toho vziwal iakz by mi se nailepe zdalo az do me smrti, wtom mage vmysl praczowati a wsseczku swu moznost przilozititi s raddu a pomoczy nadepsanych swych poruczniküow, abych platu wiecze przikupiti mohl tak, aby to caplanstwie dokonano mohlo byti. Pakliby mne mily pan buoh z tohoto swieta wzieti raczil prwe nezlibych toho platu ktomu caplanstwie nakupil, tehdy pani poruczniczy mogi nadepsany magi tiem platem y take tiemi peniezy hotowymi, kterzizby pozuostali, wladnuti a gegi ksobie przigimati a brati wzdiczky rok od roku nikam geho ginam neobraczucz, azby zaty penieze platu nakupili okteremzby kaplan mohl ziwnost mieti. A hned ktomu oltarzy a caplanstwij, aby kaplan poddan byl a geho skutecznie a rzadnie byl zmocznien, kterehozto oltarze a caplanstwie poddaczie czinim nadepsane pany poruczniky swe, ato toliko do gich wssech ziwotuow. A po smrti gich knieze ffararze crumlowskeho a purgmistra a conssely miesta krumlowskeho mage knim wieru a zwlasstnie douffanie, ze o tom caplanstwie_przi swu mieti budu aby nezahynule, ale w czasech buduczich wiecznie trwati mohlo a poniewadz wsseliky czlowiek, kteryz ktere dobrodienie przi swa powinen gest a iakozto zawazan netoliko zato diely wzdawati, ale czasem swym wedle moznosti swe y nieczo pracze podstupiti, chczi tomu moczij listu tohoto rozkazugi, aby caplan, kteryz ktomu nadepsanemu oltarzi poddan bude zawazan a powinowat byl nakazdy tyden trzy swate msse sluziti, totiz gednu mssy zadussnij zafundatory a dobrodiecze toho caplanstwie, druhu o swatych Cztrnadczti spomocznicziech a trzetie o pannie Marigi kterezto swate msse, aby se tak skrze tehoz caplana wiecznie bez opusstienie sluzili to magij opatrowati swrchupsanij pani porucznicz. Pakliby nadepsany caplan tiech giz psanych swatych mssy aneb ktere znich ktery tyden sluziti kterymzkoliwiek obmesskanij zanetbal, tehdy aby miesto kazde swate msse tak opusstiene powinowat byl dati pokuty dwa grosse. A wtom chczi, aby swiedomie tehoz caplana obtiezeno bylo, kterezto dwa grosse kniez ffararz krumlowsky aby odnieho wezma dal chudym zakom do sskoly. A kolik by se grossuow zakom takowym biehem vdalo wzieti, aby tolikrat salne powinowati byli se spiewati przed oltarzem swrchupsanym. Take poniewadz posluhowatele oltarze netoliko pro spasenie dussy, ale take pro ozdobu kosteluow vstanoweni bywagij. Protoz chczi tomu, aby przed rzeczeny caplan kazdu nedieli a gine swatky naprwnim y nadruhym nessporze na mssy a na wssech proczessiech wuodiewu swym, totiz w konczy tak iakozto ginij przitomen byl a nagitrzni venite lettij a werss, aby s ginymi spiewal toho neobmesskawage; pakliby kdy kteru netbacziwosti bez hodne a slussne prziczinу obmiesskal, z toho aby od knieze fararze crumlowskeho iakozto podaczieho byl trestan. Tomu na pewnost a na swiedomie prosil sem vrozeneho pana Woka z Rozmberka a welebneho v boze otcze knieze Jana, arcziprzissta Bechinskeho a fararze w Crumlowie, a mudrych a opatrnych purgmistra a raddy miesta Crumlowa Czeskeho, ze gsu swe peczeti raczili k prosbu me przedwu peczeti prziwiesiti na swiedomie ktomuto listu. Genz gest dan a psan na Krumlowie leta od narozenie syna bozieho tisiczieho cztyrsteho osmdesateho trzetieho ten vtery po Swate pannie Katherzinie.

Im Namen der heiligen und untrennbaren Dreieinigkeit Amen. Ich, der Priester Martin, Pfarrer in Černitz, erfreue mich dank göttlicher Fügung körperlicher und geistiger Gesundheit, doch kann es in dieser unserer armseligen Zeit geschehen, dass der sichere Tod von einem zum anderen Tag sich uns nähert und uns befällt, wobei die Stunde des Todes ungewiss erscheint; daher habe ich mit gutem und ernstem Vorbedacht kraft dieses Briefes mein letztes Geschäft, meinen letzten Willen und mein Testament von meinem beweglichen und unbeweglichen Besitz errichtet, den mir Gott verliehen hat, damit nach meinem Tode keinerlei Streitigkeiten und Unbill entstehen sollen, sondern vielmehr die Ehre und das Lob des allmächtigen Gottes gepriesen und vermehrt werden. Zu bevollmächtigten Testamentsvollstreckern habe ich ernannt den hochwürdigen Priester Gottes, Jan, Erzpriester zu Bechyně und Pfarrer zu Krumau, den ehrwürdigen Vater, den Priester Alexander, Doc[*tor*]. *decret*[*orum*] *und Kanoniker der Prager Kirche, den hochgeborenen Edelmann Kunrad von Petrowitz, Petr Stupenský aus Huzná, Matěj von Weweři sowie Gira Petrlik aus Stradow und darüber hinaus den weisen und ehrsamen Bürgermeister und Rat der Stadt Krumau, der da jetzt ist oder später sein wird; und ich bitte sie, mit allem Nachdruck und aller Sorgfalt diese unsere Aufgabe zu übernehmen und zwar zur Ehre Gottes sowie zur Teilhaftigkeit am Lohn, der durch die Gnade seiner heiligen Würde hieraus erwachse, worauf unser Tun und Schaffen gerichtet sein möge. Item zuvorderst die fünf Schock an ewigem Jahrzins, die ich in Stupná habe, und in Blansky den einen Schock Groschen an ewigem Jahrzins weniger sechs Groschen. Item so habe ich einen Schock an Jahreszins bei Jan Hřbenář bei dem ich mir 25 ungarische Gulden geliehen habe. Item Petr Stupenský aus Huzná hat mir zur Unterstützung der Kaplanei einen Schock ewigen Jahrezinses gegeben; diesen oben genannten Zins vermache ich an den Altar der hl. Katharina, der berühmten Märtyrerin Gottes, in der Veitskirche zu Krumau, und zwar an die Kaplanei. Item so habe ich zu treuen Händen beim Herrn Bürgermeister und den Ratsherren der Stadt Krumau neunzig Schock Groschen barer Münze hinterlegt, damit die Testamentsvollstrecker diese Summe nehmen und für diese Summe einen Zins für die genannte Kaplanei erwerben sollen, sofern dies möglich ist. Item so schuldet mir Frau Anna Petrowská für das Haus, welches ich ihr verkauft habe, 17 Schock; sollte mich Gott der Herr nicht am Leben belassen, ehe ich nicht diese Summe von ihr erhalten habe, dann mögen die Testamentsvollstrecker dieses Geld von ihr einfordern; und sie sollen diese Summe der genannten Kaplanei als Zins geben und zuvor dafür Sorge tragen, dass meine liebe Mutter keinerlei finanzielle Sorgen zu leiden habe. Und ich, der zuvor genannte Priester Martin, will dafür Sorge tragen, dass ich auf den zuvor genannten Zins und auch die Barschaften achte, so wie mir dies am günstigsten erscheint, und zwar bis zu meinem Ableben, mit Rat und Unterstützung meiner zuvor genannten Testamentsvollstrecker, damit nämlich der Zins so erworben werde, damit die Kaplanei vollendet werden kann. Wenn mich Gott der Herr aus dieser Welt abberufen sollte noch bevor ich den erwähnten Zins für diese Kaplanei gekauft habe, dann sollen meine genannten Testamentsvollstrecker auf den genannten Zins und die Barschaften aufpassen, damit hierfür ein Zins erworben und ein Kaplan versorgt werde. Und sofort soll für diesen Altar und die Kaplanei ein Kaplan angestellt werden, der sich hierum ordnungsgemäß kümmert, worauf die Testamentsvollstrecker unbedingt zu achten haben. Und nach ihrem Ableben sollen der Krumauer Pfarrer, Bürgermeister und Ratsherren diese Aufgabe übernehmen, dass niemand hier eingreife gegen meinen Willen, sondern dass fortan all das geschehe, was ich angeordnet habe, und ein jeder Mensch sei verpflichtet, hier entsprechend seinen Möglichkeiten seine Arbeit zu tun; und ich will kraft dieses Briefes, dass der Kaplan, der für diesen Altar Sorge tragen soll, die Aufgabe und Verpflichtung hat, dass in jeder Woche drei Heilige Messen gelesen werden mögen, und zwar eine Seelenmesse für die Fundatoren und Wohltäter dieser Kaplanei, eine zweite am Tag der Vierzehn Nothelfer und eine dritte zu St. Marien; und diese Messen, die soll der Kaplan auf ewig ohn Unterlass lesen, was die oben genannten Testamentsvollstrecker überwachen mögen. Sollte der vorgenannte Kaplan die bereits erwähnten heiligen Messen, die er Woche für Woche zu lesen hat, in irgendeiner Weise versäumen, dann soll die Stadt für jede Heilige Messe, die da nicht gehalten ward, dem Kaplan eine Strafe von zwei Groschen auferlegen. Und des Weiteren ist es mein Wille, dass dem belasteten Kaplan jene zwei Groschen der Pfarrer zu Krumau abnehme und das Geld für arme Schüler in der Schule verwende. Und die Schüler, die dieses Geld erhalten, die sollen vor dem oben erwähnten Altar verpflichtet sein, Lobgesänge zu halten. Auch sind die für den Altar zuständigen Diener nicht allein für das Seelenheil verantwortlich, sondern ebenso für die Ausschmückung der Kirche. Daher ist es mein Wille, dass der zuvor genannte Kaplan an jedem Sonntag und zu allen anderen Feiertagen bei den Messen und allen anderen Prozessionen anwesend sei und mit den anderen den Gesang anstimme ohne Versäumnis. Sollte der genannte Kaplan dieses versäumen, dann soll er vom Krumauer Pfarrer hierfür zur Rechenschaft gezogen und bestraft werden. Daher habe ich zur Sicherheit und zu Wissen den wohlgeborenen Herren Vok von Rosenberg sowie den ehrenwerten*

Priester des Herrn, den Erzpriester Jan aus Bechyně und Pfarrer zu Krumau, sowie die weisen und ehrenwerten Bürgermeister und die Ratsherren der Stadt Böhmisch Krumau gebeten, ihr Siegel auf meine Bitte hin diesem Brief anzuhängen. Der geschrieben und gegeben ist zu Krumau im Jahre Eintausendvierhundertunddreiundachtzig nach Christi Geburt am Dienstag nach St. Katharinen.

163. [1487, Januar 2, Nürnberg]
Uršula Hládková und Dorotha Šefranková errichten gemeinsam ihr Testament. Die beiden Schwestern wollen in der Pfarrei St. Bartholomäus in Pilsen beigesetzt werden. Sie beerben sich gegenseitig. Seelgerätschaften.
Archiv města Plzně, Hdschr. N 223, fol. 2v (Abschrift).
Edition: Strnad, Listář král. města Plzně 2, S. 242-243, Nr. 285 (Auszüge).[149]

Ja, Vrssula Hladkowa, a Ja, Dorotha Ssefrankowa z Plznie, wyznawame zgewnie tiemto listem, ze my s dobrym rozmyslem tento nass kssaft a posledni wuole rozkazugem a czinime, pokukd slowo od slowa duolepsano stogi. Nayprwe takto rozkazugem: Kdyz pan buoh na nas dopusti smrt a zebychom z tohoto swieta sessli, aby nas w Plzni w nassi farze v swateho Bartholomiege pochowali a sluzba s wigilgemi a mssemi swatymi, yakozto ginym dobrym lydem obiczeg gest vcziniti, aby sie nam dala. Potom za swrchugmeno Vrssula Hladkowa takto rozkazugi, gestli zeby Dorotha, sestra ma, dele ziwa byla nezli ya, tehdy dwie laucze v miesta Plznie na Madlinie a chmelniczi v Sskwrnian, a ta summa y s listem mnie Vrssule Hladkowe swiedcziczi na miesto Plzen, to wsseczko k oltarzi Matky Bozie v swateho Bartholomiege, kteryz my ozdobugem a zprawugem rocznie przislusseti ma a zuostato, wssak tak, ze panna Dorotha, sestra ma, a po gegi smrti Wolf, wnuk muoy, to do sweho ziwota przigmati a dotczenemu oltarzi wydawati magi; a potom to wsseczko tomu oltarzi zuostati ma wiecznie. A to ya, Dorotha Ssefrankowicz, tiemto listem podwolugi sie zachowati. Wiecze rozkazugi z hotowyzny me pro me dussi spasenie XX zlatych vherskych, aby od toho sestra ma bosakom w Plzni a do druheo classtera y chudym lydem to widala pokud sie gi naylepe zdati bude. A czoz ya, Vrssula Hladkowa, wiecze przesto czoz sem swrchu kssaftowala a rozkazala mam a posobie ostawim, budto clenoty, hospodarzstwie domowe, hotowe penieze a wsseczko gine, czoz pomnie ostane, nicz newymienugicz ani oddielugicz, v kohozkoli to mam, to wsseczko odkazugi a dawam swrchudotczene pannie Dorothie, sestrze me milee, k gmienie a k poziwanie do gegieho ziwota. A po gegi smrti spadnuti ma na Wolffu, wnuku meho. Tymz take obyczegem ya nadepsana panna Dorotha rozkazzugi, gestli zebych prwe nezli swrchugmenowana Vrssula Hladkowa smrti sesslu z tohoto swieta, tehdy wsseczken statek muoy, mowity y nemowity, kteryzbykoli pomnie ostal, ma sie gi dostati swrchdotczenym obiczegem a po gegi smrti Wolffowi, wnuku gegiemu, wssak tak, aby swrchupsane rozkazanie wsseczko pokud swrchudotczeno gest na zadussie skrze sestru mu tak w czelosti a dostatecznie gednano a zpuosobeno

149 Online abrufbar unter http://147.231.53.91/src/index.php?s=v&action=jdi&cat=18&bookid=399&page=242 &action_button.x=0&action_button.y=0 (08.09.2017).

bylo. Ale wssak proto zachowawame sobie to, abychom ten kssaft nass, posledni wuoli, wsseczko nebo diel niektery promieniti a zginacziti mohli kdyzkoli kterakkoli y kolikratkoli bychom chticli dokud gsme ziwy. Toho na swiedomie list tento przіwiesseni peczeti miesta Nornbergka zapeczetien gest. Toho gsu swiedkowe slowutny pan Markwart Mendl a Girzik Koeppel. Dan w vteri pohodu Noweho leta, po narozenie syna bozieho M°CCCC°LXXXVII° letha.*

* Das Testament ist als Abschrift unter dem Titel „Kssaftu Vrssule Hladkowe niemeczkeho, przіepis czesky" (Deutsches Geschäft der Ursula Hlaková, tschechische Übertragung) überliefert.

Ich, Uršula Hladková, und ich, Dorotha Šefranková, aus Pilsen bekennen mit diesem Briefe, dass wir mit gutem Vorbedacht dieses unser Geschäft und unseren letzten Willen gebieten und errichten, wie dies Wort für Wort nachfolgend geschrieben steht. Zuvorderst gebieten wir Folgendes: Sollte Gott der Herr uns dem Tode überantworten und wir von dieser Welt abgehen, dann wollen wir in Pilsen in unserer Pfarrei zu St. Bartholomäus begraben werden und man soll dort mit Vigilien und hl. Messen, wie dies bei anderen guten Menschen der Fall ist, unserer gedenken. Sodann gebiete ich, die oben genannte Uršula Hladková, dass, sollte Dorotha, meine Schwester, länger leben als ich, dann sollen die zwei Wiesen bei der Stadt Pilsen in Madlina und das Hopfenfeld bei Skvrniany und die Summe mit dem Brief, der mit Uršula Hládková für die Stadt Pilsen bezeugt ist, an den Altar der Gottesmutter zu St. Bartholomäus, den wir schmücken und jährlich pflegen, gehen und bleiben, jedoch dergestalt, dass die Jungfer Dorotha, meine Schwester, und nach deren Tod Wolf, mein Enkel, während seines Lebens dies übernehmen und dem erwähnten Altar zuführen; und dann soll alles auf ewig diesem Altar gehören. Und darin willige ich, Dorotha Šefranková, durch diesen Brief ein. Und ich ordne an, dass XX ungarische Gulden für mein Seelenheil bereitgestellt werden; und das Geld soll meine Schwester den Barfüßlern in Pilsen und in das andere Kloster sowie an arme Menschen geben, so, wie es ihr am vorteilhaftesten erscheint. Und neben dem, was ich, Uršula Hládková, oben angeordnet und geboten habe, vermache und gebe ich das Übrige, sei es Schmuck, Haushaltsgegenstände, Barschaft und alles weitere, was nach meinem Tode übrigbleibt, nichts ausgenommen oder abgetrennt, wo immer ich dies habe, an die oben erwähnte Jungfer Dorotha, meine liebe Schwester, zu Besitz und lebenslanger Nutzung. Und nach deren Tod soll dies an Wolf, meinen Enkel, fallen. In gleicher Weise ordne ich, die oben genannte Jungfer Dorotha, an, dass, sollte ich vor der oben erwähnten Uršula Hládková durch Tod von dieser Welt abgehen, dann vermache ich meinen gesamten beweglichen und unbeweglichen Besitz, der nach meinem Tode übrigbleibt, in gleicher Weise an sie und nach ihrem Ableben an Wolf, ihren Enkel, jedoch dergestalt, dass die oben aufgeführten letztwilligen Verfügungen, so weit sie das oben Erwähnte betreffen, für fromme Zwecke über meine Schwester insgesamt und ausreichend ausgeführt werden. Doch da wir noch am Leben sind, kann dieses unser Geschäft und unser letzter Wille insgesamt oder in einzelnen Teilen noch von uns beiden verändert werden, wie oft wir dies wünschen würden, solange wir am Leben sind. Dies zu Kenntnis haben wir diesen Brief durch das Siegel der Stadt Nürnberg petschieren lassen. Zeugen sind der ehrenhafte Mann Markwart Mendl sowie Georg Koeppel. Gegeben am Dienstag nach Neujahr im Jahre M°CCCC°LXXXVII° nach Christi Geburt.

164. [1487, Mai 5]
Hinterlassenschaft des Pfarrers Nikolaus. Der Testierer hinterlässt zahlreiche Gebrauchsgegenstände bzw. Hausrat, u. a. 12 Zinnteller, 12 neue deutsche Löffel, zwei größere und zwei kleinere Truhen und vier Sessel.
Státní okresní archiv Tábor: archiv města Soběslav II B 1/1, Inv.-Nr. 637, Buch Nr. 297 (Abschrift).
Edition: TA 4, S. 67-68.

Anno Domini 1487 dominico post festum Iacobi et Philippi. Iste remanserunt in dote post mortem domini Nicolai plebani.
Item mis czynowych wieczych X a II male ssalessne.
Item dwie konwie pynetnie. Item gedna trzizeydlykowa a zeydlykuow VI.
Item XII talyrzuow czynowych.
Item XII lzycz nowych niemeczkych s olowem.
Item lzycz ginych prostych wydlycznich patnaczte.
Item kotlyk miedieny. Item mozdyrz s palyczku.
Item medenyczka miediena. Item lopata zelezna. Item sekyra kladnie vel rubaczka.
Item dwie truhle wietczie, a dwie menssie. Item dwie stolycze zaydle.
Item trzy almary. Item dwa stloy dobra, a dwa lechczeyssie.
Item wuoz okowany.
Item cztyrzy prostieradla dobra. Item dwa polssstarze kozena.
Item polsstarz prachowy. Item perzyna, duchna prachowa.
Item dwie podusscze zlymy czychami.

Anno Domini 1487 dominico post festum Iacobi et Philippi. Iste remanserunt in dote post mortem domini Nicolai plebani.
Item X größere Zinnschalen und 2 kleine Saucenschüsseln.
Item zwei je eine Pinte fassende Kannen. Item eine drei Schoppen umfassende und VI je einen Schoppen fassende.
Item XII zinnene Teller.
Item XII neue deutsche Löffel mit Blei.
Item weitere schlichte Löffel und 15 Gabeln.
Item ein kupferner Kessel. Item ein Mörser mit Kopf [?].
Item ein kupfernes Becken. Item eine grüne Schaufel. Item eine Axt aus Holz oder Holzfälleraxt.
Item zwei größere Truhen und zwei kleinere. Item zwei Seitenbänke.
Item drei Schränke. Item zwei gute Tische und zwei leichtere.
Item ein beschlagener Wagen.
Item vier gute Betttücher. Item zwei Kissen aus Fell.
Item ein Kopfkissen mit Daunen. Item ein Oberbett, ein Daunen-Oberbett.
Item zwei Unterbetten mit schadhaften [!] *Bettbezügen.*

165. [1487, August 5]
Testament des Sigmund Adam aus Tepl, Bürger der Stadt Pilsen. Haupterben sind die Gemahlin Barbora und das Kind. Der Erblasser erklärt, neben zwei anderen Personen, seine Frau zur Testamentsvollstreckerin.
Archiv města Plzně, Hdschr. N 223, fol. 3v (Abschrift).
Edition: Strnad, Listář král. města Plzně 2, S. 254, Nr. 302 (Auszüge).[150]

y Blaha sladownik, richtarz Jan Ffegal, toho czasu purgmistr, a Martin Ovsik, conssielee prziseznij a miesstiane miesta Noweho Plznie znamo czinime tiemto listem wssem wobecz swiedczierze, ze opatrny muz Sigmund Adam, nass spolumiesstian, leze na smtrtedlne posteli, acz koli gsa nemoczen na tiele, wssak gesstie dobreho rozumu y plne pamieti poziwage, nas na swiedomie ktomu zawolaw a prosiw, toto swe poslednie rozkazanie z statku sweho, gemu od pana buoha puozczeneho, tak aby po geho smrti zadnij swarowe ani ktere ruoznicze nebyli a nevznikli, vczinil gest a czini takoweto. Item wsseczko czoz gest ktomu statku ku pani Barborze, manzelcze swe, przilozil na gmienie puoldruheho sta kop grossuow missenskych; y toho sedlaka, kterehoz ma na horze na Teple a diediny y luky, kterez gesstie ma diedicztwie na Teple, to mocznie wsseczko odkazuge a dawa pani Barborze, manzelcze swe, a dietem swym, kterez gest snij gmiel, aby sie oto rownym dielem dielili. A gestli, zeby ktereho dietete pan buoh neuchowal a vmrzel prwe, nezli by kletom swym przisslo, tehdy diel geho mu spadnuti na druhe; pakliby obu dietek pan buoh neuchowal nezli by swych leth rozumnych przissli, tehdy gich diel a statek ma spadnuti polowicze na panij Barboru, manzelku geho, a druha polowicze na skutky milosrdne a na bozie domy s wiedomim panskym, kam se porucznikom geho zdati bude a widieti; kterehozto kssaft a rozkazanie mocznu porucznikczi vczinil gest a moczi listu tohoto czini pani Barboru, manzelku swu, gi wierze nad gine, ze toho geho rozkazanie wiernie prawie sprawowati bude a na geho dussi pamatowati y za nieho vcziniti a take, ze ty dieti geho k dobrym mrawom westi bude a nanie sie starati a nakladati s nimi yakoz gich matie wierna a yakoz gi toho nadgine swierzil. A gi ku pomoczi a k raddie przidawa mudrych a opatrnych muzuow Mikulasse Franu a Matiege Pobiezowskeho gim wierze a gich prose wczemzby nahorzepsana manzelka geho gie potrzebowala, ze gi wtom radnij a pomocznij byli. A w tomto rozkazanie a poruczenstwie, aby porucznikom nadepsanym przekazano nebylo zadnym prawem duchownim anizto swietskym, neb czoz gim gest tuto poruczil toho gim gest dal plnu mocz a prawo k zprawowanie a k zrziezene bez prziekazky wsselikterake. Tomu kupewnosti a na swiedectwi ku prosbie nadepsaneho Sigmunda swe gsme wlastnij peczeti dobrowolnie prziwiesili ktomuto listu. Genz gest dan y psan letha od narozenie syna bozieho M°CCCC° osmdesateho sedmeho w nedieli przed swatym Wawrzenczem muczedlnikem boziem.

Wir Blaha der Mälzer, Richter, Jan Fegal, derzeit Bürgermeister, und Martin Ovsík, beisitzende Schöffen und Bürger der Stadt Neu-Pilsen, bekennen mit diesem Brief vor allen in der Gemeinde und bezeugen, dass der ehrenwerte Mann Siegmund Adam, un-

150 Online abrufbar unter http://147.231.53.91/src/index.php?s=v&action=jdi&cat=18&bookid=399&page=254 &action_button.x=0&action_button.y=0 (08.09.2017).

ser Mitbürger, auf dem Sterbebett liegt; wenngleich er jedoch körperlich krank ist, verfügt er über einen gesunden Verstand und ein volles Gedächtnis; so hat er uns als Zeugen zu sich gerufen und gebeten und seinen letzten Willen über seinen ihm von Gott dem Herrn verliehenen Besitz in nachfolgender Weise errichtet, damit nach seinem Tode keinerlei Unbill und Streitigkeiten entstehen und ausbrechen. Item alles, was er zu dem Besitz seiner Frau Barbora hinzugefügt hat, die 50 Schock Meißner Groschen sowie den Bauernhof, den er auf dem Berg bei Tepl hat, und die Felder und Wiesen, die er weiterhin besitzt in Tepl, dies alles überträgt und vermacht er Frau Barbora, seiner Gemahlin, und seinen Kindern, die er mit ihr gezeugt hat, damit sie diesen Besitz zu gleichen Teilen unter sich aufteilen. Und sollte es geschehen, dass Gott der Herr ein Kind nicht am Leben lassen und dies vor Erreichen der Volljährigkeit versterben sollte, dann möge dessen Erbteil auf das andere Kind übergehen. Sollte nun Gott der Herr beide Kinder abberufen, noch ehe sie ihre Volljährigkeit erreichen, dann wiederum sollen deren Erbteile zur Hälfte auf Frau Barbora, seine Gemahlin, fallen und die andere Hälfte soll für wohltätige Zwecke verwendet werden sowie für Gotteshäuser mit herrschaftlichem Wissen, so wie es den Testamentsvollstreckern am sinnvollsten erscheint. Zur rechtmäßigen Testamentsvollstreckerin dieses seines Geschäfts und letzten Willens hat er kraft dieses Briefes Frau Barbora, seine Gemahlin, bestimmt, der er vor allen anderen Menschen vertraut, dass sie seinen letzten Willen getreu erfüllt und sein Geschäft überwacht und dass sie für seine Seele beten wird; auch glaubt er ihr, dass sie die Kinder zu guten Sitten erziehen, sich um sie kümmern werde wie eine treusorgende Mutter; hierin vertraut er ihr vor allen anderen Menschen. Und zu Hilfe und Unterstützung stellt er ihr an die Seite die weisen und ehrenwerten Männer Mikuláš Frana und Matěj Pobězowský, denen er vertraut und die er bittet, dass sie seiner oben genannten Gemahlin hilfreich mit Rat und Tat, sofern sie dies benötigt, zur Seite stehen mögen. Und bei der Ausführung dieses letzten Willens und Geschäfts soll man den oben genannten Testamentsvollstreckern keinerlei Hindernisse in den Weg legen, weder durch geistliches noch durch weltliches Recht, da er allein sie für diese Funktion eingesetzt und bestimmt und ihnen volle Macht und Recht diesbezüglich verliehen habe, ohne jede Beschränkung. Dies zur Festigung und zu Gezeugnis haben wir auf Bitten des oben genannten Siegmund unsere eigenen Siegel freiwillig diesem Briefe beigefügt. Der gegeben und geschrieben ist im Jahre M°CCCC°siebenundachtzig nach Christi Geburt, am Sonntag vor St. Laurentius dem göttlichen Märtyrer.

166. [1487, September 21]
Richter, Bürgermeister und Rat der Stadt Pilsen erklären, dass der Tuchmacher Vít, Bürger ihrer Stadt, seinen letzten Willen verfasst hat. Seelgerätschaften (u. a. eine Lampe an den Altar des hl. Veit in der Pilsener Bartholomäuskirche).
Ehem. Museum Pilsen, Sign. 360/322, 47.
Archiv města Plzně, Sign. I 221 (Siegelurkunde).
Edition: Strnad, Listář král. města Plzně 2, S. 255-257, Nr. 303 (Auszüge).[151]

My Bartha Vtersky, richtarz, Ssimon Blazkuow, toho czasu purgmistr, a Herzman z Ziernownika, consselee przysezni a miesstiane miesta Noweho Plznie, znamo czynime tiemto listem wssem wuobecz, kdez czten nebo cztucze slyssan bude swiedcziecze, zie mudry a opatrny muz Wit sukenik, nass spoluobywatel, acz koly gsa nemoczen leze, wssak gesstie dobreho rozumu y plne pamieti poziwage, nas na swiedomie ktomu zawolaw y przyprosyw, toto swe poslednie rozkazanie z statku sweho, gemu od pana Boha puoczeneho, tak aby mezy przateli geho przibuznymi zadni swarowe ani ktere ruoznicze nebyli a newznikli, vczinil gest a czyni takoweto: Nayprwe iakoz ma list na pany plzenske y na wsseczku obecz na wes Sskwrnany na dwadczeti kop grossuow platu wieczneho na myssensky gross poczitagicze, iakoz list hlawni ssirzegi to oznamuge a wypisuge. Natom listu odkazuge a dawa patnadczte kop grossuow caplanu druhemu k swemu oltarzi nynieyssiemu y buducziemu takowymto obyczegem, aby oba caplane prwnieyssi y potomnieyssi wybierali ten plat spolu w Newrzemie patnadczt kop grossuow myssenskych a w Sskwrnianech, tolikez patnadczte kop gross do roka a o ten plat, aby se rownie a bez nesnaze dielili a rownali; a gestli zie by kdy platu czo w Newrzemie w czasych buduczych sesslo, aby ty oba caplane spolu hynuli. A na temz listu panuow plzenskych dawa wieczneho platu i temuz oltarzi swemu trzi kopy gross na lampu, aby tu przitom gieho oltarzi czasy buduczy horzela. A ktez s tu lampu praczowati a rozeti bude, aby tomu poruczniczy giego widawali kazdy rok cztyrzmiedczietma gross myssenskych, totizto kazde suche dny ssest gross; a to z toho platu kteryz zbywa mimo caplana w Newczemiech. Item dale na tom listu odkazuge a dawa zakom nynieyssim a buduczym do sskoli, kteryz gsu pod bazni, a kazni mistrowu wssem wespolek na nass a na gine potrzeby dwie kopie gross myssenskych platu rocznieho a wieczneho. A zaczy nynieyssie y buduczy magi a gmieti budu w czasiech buduczych kazdy den z rok do roka po mssie v toho gieho oltarze spiewati Salve regina nebo Cristi Virgo, a neb ginu antiphonu ke czti a k chwale mile pannie Marigi a po welicze noczy miesto Salve Regina celi do czasu toho pokudz se Regina celi spiewati. A ty antiphoni spiewati magi slussnie nechwatagicz a z zrziezenie iakoz na to slussie, dale take czoz wiecz platu zbywa a ostawa w Newrzemiech mimo caplany a od lampy rozczenie, to aby na ornaty na kalichy a na gine potrzeby tehoz gieho oltarze obraczeno bylo tak iakoz prwe w actach zapsano stogi. A toho druheho caplana nynie y buduczie pan purgmistr a radda magi byti padaczij tiem obyczegem iakozto prwnieho caplana. Take ten caplan poslednie nynieyssi y buduczy zawazan gest wiecznych czasuow y toho gieho opltarze

[151] Online abrufbar unter http://147.231.53.91/src/index.php?s=v&cat=18&bookid=399&page=276 (08.09. 2017).

piet mssie swatych do tehodne sluziti gednu mssy o Trogiczye swate, w pondieli zadussnie mssy, w strzedu pro peccatis totizto za hrziechy, w patek o vmuczenie boziem s menssi passigi swateho Jana. A w sobotu o mile matcze bozie; a ty swate mssie, aby se dali a sluzenie byly naprzed panu bohu ke czti a k chwale mile pannie Marigi a za Wita sukenika za Marthu, manzelku geho, za Jana Otiessina za pani Margrethu, manzelku geho, za gich dobrodincze a za wsseczky gich przedczie dusse; pakli by ten caplan nynieyssi neb budduczy z tiech pieti mssie kteru swewolnie obmesskal, tehdy za kazdu tu mssie tak obmesskanu pokuty dan ma geden gross mezy chude lecz by beze lsti sluziti nemohl. Pakli by na ty dny gizgmenowane ten caplan kteru mssy sluziti nemohl ale skrz giny den, aby se wzdy tomu dosti stalo. Pakli by k tomu oltarzi kdy nynie nebo potom caplana gmieti nemohli, bud to do roka puol leta nebo cztwrt leta, tehdy czoz by koli mielo widawano byti za ten czas caplanu, aby poruczniczy geho hned ty penieze rozdali mezy chude za sukno a na gine skutky milosrdne. A poniawadz pani plzenssti radda nynieyssi y buduczy gsu podaczi toho geho oltarze nadepsaného, mage nadepsany Wit Sukenik k gich optrnosti zwlasstnie wieru a doffanie iakozto ku panom swym milym gich wiernie prose a zadage, zie raczi byti radni a pomoczni porucznikom geho nynieyssim y buduczym wczem by gie koli potrzebowali, aby se tomu dosti stalo pokudz geho poslednie wuole gest a zwlasstie czoz se caplanstwie geho doby, kdy ktery porucznik geho vmrzel a miesto sebe gineho porucznika nepozuostawil a nezrziedil, aby pani miesto nyeho gineho dobreho a hodneho czlowieka k ginym porucznikom przidali. A ten, aby tez mocz miel wtom poruczenstwie podle ginych porucznikuow iakozto y prwny. A toho gieho kssaftu a rozkazanie mocznie porucznicky vczynil gest a moczy listu tohoto czyny mudrych a opatrnych muzuow Jana Fegali, Thuomu Lembergka a Jana Ryska, nasse spolumiesstiany, gich prose a gim wierze nad gine, zie toho geho rozkazanie wiecznie a prawie prawowati budu iakoz gim toho nag gine swierzil gest. A zwlasstie caplanstwie geho, aby klenoty, ornaty, humeraly, kniehy a gine wieczy k sobie przigieli a wzali y w swe moczy mieli. A caplanom geho kdiz by toho potrzebowali a sluziti chtieli widawati a zase k sobie przigiali, a to podle mudrosti swe opatrzili. Dale take czozkoli zbywa platu w Newrzemie, mimo caplana a lampy rozczenie, to aby caplane geho wybierali s pomoczy pansku a poruczniczku a ktomu oltarzi na potrzeby obratili a panom consselom z toho kazdy rok vczinili poczet, tak iakoz prwe actami gest zapsano. Dale take czoz koli gineho statku geho po smrti geho zuostane, bud mnoho nebo malo, aby geho s tiem k hrobu przipravili a ostatek, aby obratili na zadussie a na skutky milosrdne s wuoli a wiedomim panskym kde se gim zdati a libiti bude, a to za Witowu sukenikowu dussie za pani Marthu, manzelku geho, za Jana Otiessina, za pani Margetu, manzelku geho, y za wsseczky gich przedczie dussie. A porucznikom nadepsanym, aby tiem wietczi plnost mieli odkazuge po pieti kopach gross. A kazdy z nich, aby mohl nynie nebo potom a mocz miel bud to za zdraweho nebo na smrtedlne postely gineho porucznika miesto sebe woliti a vcziniti czlowieka dobreho a hodného, ten aby tauz mocz miel k zprawowanie a k zrzienie tohoto kssaftu geho podle ginych porucznikuow, kolikrat by koli toho potrzebie bylo. A gestli, zie by ktery z porucznikuow geho vmrzel boziem dopusstienim a miesto sebe gineho porucznika nepostawil, tehdy gini poruczniczy magi prositi a zadati panuow consseluow nynieyssich nebo buduczych, aby knim miesto toho vmrzeleho gineho dali a postawili, a to kolikrat by koli toho potrzebie bylo buduczych czasech. Item dluzen gemu gest pan Hoffmistr geho milost ssest kop gr. Item Dawid y Trzemssina cztyrzi kopy XV gr. Item Hynek w Kladrubczych 1 1/2 kop VI gr. Item Krczmarz z Lesstian II kop. XX gr., za to slibil richtarz gich z Lesstian. Item Adamowa II 1/5 kop. Item Leitolt za sukno I kop. Ite, Fenczl Probosstuow LV gr. Item stara Netoniczka II kop. Item Nikl z Hradcze wzel v nieho zbogi gieda do Polsky poklada gi naymenie cztyrzy kopy gr. A to gest sam k niemu pustil, aby sam od sebe o to sprawedliwe vczinil. To y gine dluhy nadepsane odkazuge a dawa na dlazdenie do kostela swateho Bartholomiege w Plzni. A w tomz poruczenstwie, aby porucznikom przekazeno nebylo zadnym prawem duchowniem anizto swiedskym, neb czoz gim gest tutcz poruczil, bud to nynieyssim tez take y buduczym, toho gim gest plnu mocz a prawo k zprawowanie a k zrziezenie bez przekazky wsselikterake. Tomu wssemu ku pewnosti a na swiedomie ku prosbie swrchupsaneho Wita sukenika peczeti nasse wlastnie dobrowolnie kazali gsme prziwiesiti k tomuto listu. Genz gest dan a psan letha bozieho tisiczieho cztyrsteho osmdesateho sedmeho w patek na swateho Mathusse Aposstola Bozieho.*

* Noch vor Abfassung seines Testaments hatte der Tuchmacher Vít am 8. Januar 1487 das durch ihn erbaute Haus gegenüber dem Schwarzen Kloster mit dem dazugehörigen Grundstück sowie allen Rechten mit Zustimmung des Vollen Rates den „Kaplanen“, d. h. an verschiedenen Altären der Pfarrkirche St. Bartholomäus wirkenden Geistlichen, überschrieben, die dafür des Donators und seiner Vorfahren gedenken sollten.[152]

Wir Bartha Uterský, Richter, Šimon Blazkuow, derzeit Bürgermeister, und Heřman von Zernownik, beisitzende Schöffen und Bürger der Stadt Neu-Pilsen, bekennen mit diesem Brief allen in der Gemeinde, die diesen lesen werden oder vorgelesen bekommen, und wir bezeugen, dass der weise und ehrenwerte Mann Vít der Tuchmacher, unser Mitbewohner, wenngleich er krank darniederliegt, doch noch über einen gesunden Verstand und ein volles Gedächtnis verfügt, uns zu Gezeugnis zu sich gerufen und gebeten hat und dabei seinen letzten Willen über den ihm von Gott dem Herrn verliehenen Besitz in nachfolgender Weise errichtet hat, damit zwischen seinen Freunden und Verwandten keinerlei Streit noch Unbill entstehe. Zuvorderst besitzt er einen Brief für die Stadtväter und die ganze Gemeinde über das Dorf Škwrnany, der über die Summe von zwanzig Schock Groschen Ewigzins, in Meißner Groschen gerechnet, zeugt; diesen Brief macht er hiermit bekannt. Von der in diesem Brief bezeugten Summe vermacht und gibt er 15 Schock Groschen dem anderen Kaplan für den von ihm gestifteten jetzigen und künftigen Altar, und zwar unter nachfolgender Bestimmung, dass beide Kapläne, der erstere und der nachfolgende, diesen Zins gemeinsam in Newrzemie [?] *einsammeln, nämlich 15 Schock Meißner Groschen, und in Škrwany ebenfalls 15 Schock Groschen binnen eines Jahres; und was diesen Zins betrifft, so sollen sie diesen zu gleichen Teilen ohne Streit untereinander aufteilen und verwalten; und für den Fall, dass man künftig von dem Zins in Newrzemie abkommen sollte, dann soll den beiden Kaplänen dieser Zins verlustig gehen* [?]. *Und von diesem Brief der Pilsener Stadtväter gibt er einen Ewigzins im Wert von drei Schock Groschen für den von ihm gestifteten Altar, und zwar für die Lampe, damit diese bei diesem Altar künftig brenne. Und wer sich um diese Lampe kümmert, dem sollen seine Testamentsvollstrecker jährlich vier-*

[152] Online abrufbar unter http://147.231.53.91/src/index.php?s=v&cat=18&bookid=399&page=278 (08.09. 2017).

undzwanzig Meißner Groschen geben, das heißt, zu den Quatembertagen jeweils sechs Groschen, und zwar was von diesem Zins übrigbleibt, außer dem für den Kaplan in Newrzemie bestimmten Geld [?]. *Item des Weiteren vermacht und gibt er von diesem Brief den jetzigen und späteren Schülern in die Schule unter der Aufsicht des Magisters, allen zusammen für unsere und weitere Bedürfnisse zwei Schock Meißner Groschen Jahr- und Ewigzins. Und die Schüler, die da jetzt sind und auch später sein werden, die sollen fortan an jedem Tag im Jahr nach der Messe an dem von ihm gestifteten Altar ein ‚Salve Regina' oder ein ‚Christi Virgo' oder aber ein anderes Antiphonar zum Ruhm und zur Ehre unserer lieben Jungfrau Maria singen und nach der Heiligen Nacht anstelle des ‚Salve Regina celi' ein ‚Regina celi', sofern man das ‚Regina celi' singt. Und die Antiphone, die sollen auch weiterhin ordnungsgemäß gesungen werden, so wie festgelegt; und was von dem Zins übrigbleibt und in Newrzemie verbleibt, von den Kaplanen und der Lampe abgesehen, das soll für Ornate, für Kelche und für andere Bedürfnisse dieses von ihm gestifteten Altars verwendet werden, so wie dies in den Akten verzeichnet ist. Und diesen zweiten Kaplan, den jetzigen und künftigen, den mögen der Herr Bürgermeister und der Rat auf die gleiche Weise wie den ersten Kaplan annehmen. Auch dieser letzte Kaplan, der jetzige und der künftige, ist für ewig verpflichtet an dem von ihm gestifteten Altar fünf Heilige Messen zu lesen, und zwar eine Messe am Tag der Heiligen Dreifaltigkeit, am Montag Seelenmessen, am Mittwoch pro peccatis, nämlich der Sünden wegen, am Freitag anlässlich des göttlichen Martyriums eine kleinere zu S. Johannis* [?]. *Und am Sonnabend für die liebe Mutter Gottes; und diese Heiligen Messen, die sollen gelesen werden, und zwar zum Ruhme Gottes des Herrn und zur Lobpreisung der lieben Jungfrau Maria sowie für Veit den Tuchmacher und für Martha, seine Gemahlin, für Jan Otiessin, für Frau Margaretha, seine Gemahlin, für deren gute Taten nämlich und für die Seelen aller ihrer Vorfahren; und sollte es passieren, dass dieser Kaplan, der da jetzt ist und der da künftig sein wird, diese fünf Messen mutwillig versäumen sollte, dann soll er für eine jede dieser Messen als Strafe einen Groschen unter Armen verteilen, es sei denn, er könnte dies nicht ohne List tun* [?]. *Für den Fall, dass dieser Kaplan an den genannten Tagen keine Messe zelebrieren kann, soll er umgehend an einem anderen Tag dies tun* [?]. *Sollte sich für diesen Altar jetzt oder später kein Kaplan finden im Verlaufe eines Jahres, eines halben oder eines Vierteljahres, dann soll man das Geld, das für diese Zeit eigentlich der Kaplan bekäme, umgehend unter Armen für Tuch und für andere gute und barmherzige Werke ausgeben. Und die Pilsener Herren des jetzigen und künftigen Rates mögen sich um den von ihm gestifteten Altar kümmern, hierin vertraut der zuvor genannte Tuchmacher Vít ihnen besonders und er glaubt ihnen als seinen lieben Herren, die er zugleich bittet, sie mögen seinen Testamentsvollstreckern, die da jetzt sind und sein werden, mit Rat und Hilfe zur Seite stehen, und zwar in allen notwendigen Angelegenheiten, wie dies eben sein letzter Wille ist; und besonders im Hinblick auf die Kaplanei. Und sollte einer der Testamentsvollstrecker versterben und nicht zuvor an seiner Stelle einen anderen Testamentsvollstrecker ernannt und bestimmt haben, dann sollen die Herren an seiner statt einen anderen guten und würdigen Menschen den übrigen Testamentsvollstreckern an die Seite stellen. Und dieser* [*neue Testamentsvollstrecker*] *soll bei seiner Tätigkeit die gleiche Macht haben neben den übrigen Testamentsvollstreckern wie der erste. Und zu rechtmäßigen Testamentsvollstreckern dieses seines Geschäftes und letzten Willens hat er kraft dieses Briefes die ehrenwerten und weisen Männer Jan Fegal, Thuoma Lembergk und Jan Rysek bestimmt, unsere Mitbürger, die er dazu gebeten hat und denen er vor allen anderen vertraut, dass sie diesen seinen Befehl ordnungsgemäß ausführen werden, mit dem er sie betraut hat. Und insbesondere was diese seine Kaplanei anbetrifft, so sollen sie Schmuck, Ornate, Humerale, Bücher und andere Sachen an sich nehmen und diese verwalten. Und sie sollen diese, wenn sie die genannten Gegenstände brauchen und verwenden wollen, aushändigen und wieder in Besitz nehmen. Dies sollen sie entsprechend ihrer Weisheit handhaben. Des Weiteren soll, was von dem Zins in Newrzemie übrigbleibt, außer dem Geld für den Kaplan und die Lampen, von den Kaplänen mit herrschaftlicher Unterstützung sowie derjenigen der Testamentsvollstrecker eingesammelt werden und für diesen Altar und seine Ausschmückung verwendet werden; und sie sollen den Herren Ratsherren diesbezüglich in jedem Jahr eine Rechnung machen, so wie dies in den Akten verzeichnet ist. Weiterhin sollen sie von dem übrigen Besitz, der nach meinem Tod übrigbleiben wird, sei es nun viel oder wenig, Aufwendungen für meine Grabstätte tätigen; und den Rest, den sollen sie für fromme Stiftungen und mildtätige Werke mit herrschaftlicher Zustimmung und Wissen verwenden, so, wie es ihnen am vorteilhaftesten erscheint, und zwar für die Seelen Veits des Tuchmachers, der Frau Martha, seiner Gemahlin, Johann Otiessins, Frau Margaretha, seiner Gemahlin, und um der Seelen aller ihrer Vorfahren wegen. Und den zuvor genannten Testamentsvollstreckern vermache ich, damit sie ihre Aufgaben voll erfüllen, einem jeden von ihnen fünf Schock Groschen. Und ein jeder von ihnen soll jetzt oder später die Macht haben, egal, ob er gesund ist oder auf dem Sterbebett liegt, einen anderen Testamentsvollstrecker an seiner statt zu wählen und einen guten und würdigen Menschen bestimmen für die Ausführung und Überwachung dieses seines Geschäftes neben den anderen Testamentsvollstreckern, so oft dies notwendig wäre. Und sollte es geschehen, dass einer der Testamentsvollstrecker durch göttliche Fügung stürbe und keinen anderen Testamentsvollstrecker an seiner statt ernannt hat, dann mögen die anderen Testamentsvollstrecker die jetzigen und künftigen Ratsherren bitten, dass sie einen anderen an die Stelle des Verstorbenen setzten, und zwar, so oft dies in künftigen Zeiten notwendig sein sollte. Item so sind ihm schuldig geblieben der Herr Hofmeister, seine Gnaden, sechs Schock Groschen. Item David und Třemšina vier Schock. Item Hynek in Kladrub 1 1/2 Schock sechs Groschen. Item der Schankwirt aus Leštiany II Schock XX Groschen, hierfür hat der Richter aus Leštiany gebürgt. Item Adamová II 1/5 Schock. Item Leitolt für Tuch I Schock. Fencl Proboštuow LV Groschen. Item die alte Netocnička II Schock. Item Nikl aus Hradec hat bei ihm nach Polen ausgeführte Waren für mindestens vier Schock Groschen in Empfang genommen. Und die hat er ihm gelassen, damit er selber damit rechtens umgehe. Und die anderen Schulden vermacht und gibt er zum Pflastern in die Kirche St. Bartholomäus in Pilsen. Und bei der Ausführung des Testaments soll den Testamentsvollstreckern niemand durch irgendein geistliches und weltliches Recht irgendein Hindernis in den Weg legen, da er sie* [= die Testamentsvollstrecker – Th. K.], *die jetzigen und künftigen* [*Testamentsvollstrecker*] *eingesetzt und ihnen entsprechende Vollmachten erteilt hat zur Verwaltung und Ausführung, ohne alle Einschränkungen. Dies alles zur Festigung und zur Kenntnis hat der genannte Veit der Tuchmacher uns zu Hilfe gerufen und wir haben freiwillig unsere eigenen Siegel diesem Schreiben beigefügt. Das gegeben und angefer-*

tigt wurde im Jahre des Herrn Eintausendvierhundertsiebenundachtzig, am Freitag S. Matthei des göttlichen Apostels.

167. [1490, März 7]
Testament des Kaadener Bürgers Lorenz Meinl, der seinen Besitz zwischen seiner Frau Margarethe und seinen Töchtern Katharina und Magdalena aufteilt.
Státní okresní archiv Chomutov se sídlem v Kadani, sog. „4. Kaadener Stadtbuch" sign. 567a, fol. 425r (Abschrift).

Lorencz Meinl, kürschner, hat sein leczt geschefte getan mit gutter vernunft vnd gewissen vor Lorencz schützen vnd Clemens cramer, diczeit gesworen, festum postquam Reminiscere anno ect. XC°. Item er hat gemeldet, das In sein son gein Sedlon czu Wylemitz versaczt hat. Item sach, das er in vnd seinen Bruder von demselben pehem löset mit XIII ß gr. So sol er mit der frawen vnd den anderen geswistern gleichen teil haben; wo er aber des nicht tet, so sol er keinen teil mit den anderen haben. Darnach schickt er sein hauß vnd weingart Margarethe, seiner haußfrawen, Katherine vnd Magdalene, seinen to^e^chtern, vf gleichen teil czu teilen mit aller farunden habe In sulichermaß, das sy Mathes Meinlen, seinen Bruder, sullen sulch abgemelten purgschaft gein Wylemicz an alle seine scheden benennen, denn wird sein son das gelt außrichten, so sol er mit In gleichen teil haben. Item er hat gemeldet er sei [*den kirchnern In dy Czeche 1 ß gr. schuldig dy sullen seine haussfraw vnd kinder vf gleichen teil außrichten – durchgestrichen*]. Actum etc. (Tutores Matthes Fecht, sein Brud., vnd Niclas fischer)

168. [1490, April 17]
Testament des Jan Dwořka, Nachbar in Kouřim, der sein Haus und sämtlichen Besitz seiner Gemahlin, und im Falle von deren Ableben der Tochter Dorotha, vermacht. Darüber hinaus werden die ausstehenden Schulden aufgeführt.
Státní knihovna Praha, Liber testamentum starý (Kouřim), sign. XI. C. 11, fol. 7v-8r (Abschrift).

Ssephmistrzi a radda na horach Cuthnach, mudrym a opatrnym panuom purkmistra a consielom miesta Gurzima, przatelum milym, sluzbu nassy wzkazugicz, oznamugeme listem tiemto, ze k snazne prosbie Waczlawa listu tohoto vkazatele, dali gsme gemv wypis kssaftu, kteryz neboztik Jan, rzeczeny Dworzka, niekdy saused, was na smrtedlnem postieli lezie w miestie nassem wedle rzadu a prawa nasseho zrziedil a zpuosobil, kteryzto slowo od slowa sie takto podpisuge. Ja, Jan Dworzka z Gurzima, lezie w kazni boha wssemohuczieho, proto wssak pamieti a rozumu zdraweho vziwage, czinim toho porziezenie o statku swem, kterymz gest mne mily buoh nadieliti raczil, aby kdyz bych s tohoto hrziezneho swieta skrze smrt wzat byl, mezy przibuznymi y ne przibuznymi mymi zadna prziczina ruoznicze wzniknuti by nemohla gest etc. A nayprwe toho oznamugi a konecznie tak mieti chtie, neuchowali mne pan buoh smrti, tehdy duom y wsseczek statekl swuoy mocznie poruczim manzelcze swe, Tak aby gij nato zadnij ziwy nesahal, ale aby ona geho vziwala bez przekazky do swe [*wuole = durchgestrichen*] smrti, a pakli by gie pan buoh smrti neuchowal, tehdy ten statek aby spadl na Dorothu, dczeru mu, wsseczck gest etc. Item oznamugi komu sem czo dluzen sspitalskych peniez dluzen gsem: XX ß missenskych. Item sskolnich X ß miss. Item Lipanskemu XXV ß miss. Item Clarzc XX ß miss. A s toho ma vziti kazdy rok po LXX gr. Miss. K sklepu kolik leth drzala. Item Krumpolczowi miss missen. Item Hromadkowi ii ß XXIV gr. miss. Item Barthakowi V ß gr. miss. Item Owsykowi V ß miss. Item Hawlowi ssewczy LXX gr. Bielych. Item Waczlawowi Strelczowi yakz se v cztu wedle toho bud zpraweno. Item Waczlawowi, zeti swemv, XXX ß missen. Item dale oznamugi, ze Thomsa z Hossticz dluzen mi VIII ß miss. Bez X gr. Takowemu geho zrziezeni na swiedomie pecziet miesta nasseho przitisknuti gsme dali k tomuto listu w sobotu przed nedieli prowodnij, leta etc. dewadesateho. Item take oznamil, aby manzelka geho z toho statku vczinila za dussi geho a obratila, kamz se gij koli zdati bude yako wierna etc.

Schöffenmeister und Rat zu Kuttenberg bieten den weisen und ehrenwerten Herren Bürgermeister und Ratsherren der Stadt Kouřim, unseren lieben Freunden, unseren Dienst zuvor. Wir geben mit diesem Brief bekannt, dass auf inständige Bitte des Václav, des Anzeigers dieses Schreibens, wir ihm eine Abschrift des Geschäfts gegeben haben, das der selige Jan genannt Dwořka, ehemals unser Nachbar, auf dem Totenbett liegend, in unserer Stadt gemäß unserer Ordnung und unseres Rechts errichtet und verfügt hat und das nachfolgend Wort für Wort wiedergegeben ist. Ich, Jan Dwořka aus Kouřim, der ich durch Gottes Fügung krank darniederliege, aber dennoch über ein gesundes Gedächtnis und einen ebensolchen Verstand verfüge, errichte und verfüge nachfolgende Ordnung über meinen mir vom lieben Gott zugeteilten Besitz für den Fall, dass mich der Tod von dieser sündhaften Welt holen sollte und da ich nicht will, dass zwischen meinen Verwandten und Nicht-Verwandten irgendein Grund für Streitigkeiten entstehen könnte etc. Und zuvorderst gebe ich bekannt und lege endgültig fest, dass, sollte Gott der Herr den Tod nicht von mir fernhalten, ich das Haus und sämtlichen Besitz meiner Gemahlin vermache. Daran soll kein lebender Mensch sie hindern, aber sie [die Gemahlin – Th. K.] *soll diesen Besitz ohne Schwierigkeiten bis zu ihrem Tode nutzen; und sollte Gott der Herr sie nicht am Leben belassen, dann möge der Besitz an Dorotha, meine Tochter, übergehen etc. Item gebe ich bekannt, wem ich Spitalgelder schuldig geblieben bin: XX Meißner Schock. Item an Schulgeld* [?] *X Meißner Schock. Item Lipanský XXV Meißner Schock. Item Clara XX Meißner Schock. Und davon soll sie in jedem Jahr je LXX Meißner Groschen nehmen. Zum Keller, die sie mehrere Jahre gehalten hat. Item Krumpolcz einen Schock Meißner Groschen* [?]. *Item Hromadka II Schock XXIV Meißner Groschen. Item Barthak V Schock Meißner Groschen. Item Owsyk V Meißner Schock. Item Hawel dem Schuster LXX gute Groschen. Item Václav dem Schützen wie dies geschrieben steht, so soll es geschehen. Item Václav, meinem Schwiegersohn, XXX Meißner Schock. Item des Weiteren gebe ich bekannt, dass Thomsa aus Hoštice mir VIII Meißner Schock weniger X Groschen schuldet. Dieser seiner Verfügung und seinem Brief haben wir zu Gezeugnis das Siegel unserer Stadt beige-*

fügt, am Sonnabend vor Quasimodogeniti, im Jahre etc. neunzig. Item so hat er auch bekannt, dass seine Gemahlin von diesem seinem Besitz etwas als getreue (Ehefrau) für seine Seele spenden soll, so wie es ihr am besten erscheint.

169. [1490, Juni 24]
Gira Kupczek aus Soběslav vermacht in seinem Testament u. a. einen Kelch für eine Kapelle. Die Mälzer sollen 4 Schock für die Zunft bekommen.
Státní okresní archiv Tábor: archiv města Soběslav, Sign. I – B – 3/21 (Siegelurkunde).
Edition: TA 4, S. 71-72.

Letha od narozenie syna bozieho M°CCCC°XC° na den swateho Jana krzsstitiele opatrny muz Gira Kupczek vczinil gest kssapht a rozkazanie gsa przi dobre pamieti a rozomu strzizliweho.
Item z statku sweho nayprw odkazugi na Caplu, kteru gest miel vmisl bratr muoy stawieti trzi sta kop y tiech sto kop, aby k tomu take bylo wydano, ktere gsem gesstie za sebu miel neboztika bratra sweho.
Item do hroby k Matcze Bozie, aby byl vdielan kalych ze dwu hrziwen a knofflik, aby byl pozlaczeny a od diela y wicz i czo ktomu trzeba.
Item na kyrchow odkazugi k mrzezym zeleza ke trzem dwierzuowim, czo bude trzeba, aby dali bez nedostatku y ku kapli zeleza, czo by trzeba bylo.
Item pani Annie, manzelcze swe, wieno ktere gsem vrczil dobrymi lydmy; nato gi odkazugi ten dluh, ktery mam v Kerowcze CCVI zlattych rynskych a X sex.; ktomu, aby bylo przidano na tiech LXXX kop ktere gsem miel poni wzieti.
Item duom swuoy s sudy kadmy y ginym hospodarzstwim, tten odkazugi bratru swemu Martinowy y s piwem y ssaty loznimy a z toho domu, aby wydal Martin, Synu memu, Janowy XL kop a take, aby manzelka neboztika bratra meho byla w tomto domu az do swe smrti.
Item Waczlawowy, aby bylo przidano XV kop, k tomu czoz mu neboztik bratr odkazal, aby gim pomohl dluhuow dobyti. A ten statek rozprodati.
Item Sladownikom do czechu na swiecze IIII kop.
Item, kto gsu gemu czo dluzni. Item Johannes Hayek XL kop. Item Mikulass Omasta XX kop. Item Ssemberska XII 1/2 kop. Item mlady Wytha XV sex., yakoz nan list nam.
Item Thuoma lazebnik slibil za sweho bratra za 31 sex. XX gr. y dal nato V sex. a czoz gest wiecze to gest w raystrach psano to gest dluh sprawedliwy.
Item czoz gest mydla a peprze kmenthuow y zeleza, kdyz sie to wssechno naplni czoz gsem rozkazal to wssechno odkazugi bratru swemu Martinowy.
Item Jankowy, synu swemu, czubu lyssczi.
Item kamen wapno to wsse odkazugi na tu kaplu.
Item ktomu zwonu, na ktery bratr odkazal 200 sex., aby bylo przidano 50 sex.
Item hotowych peniez 400 kop.
Item prosyl gest panuow conssel a mocznie gim to porucziem, aby oni radni a pomoczni byly porucznikuom, kteryz gest bratr muoy vczinil.

Item moczne porucznikу czinym Budaka Ssemberskeho a Slachta.
A przitom kssafftu byly gsu mudrzi a opatrnij MIkulass Absolon, tee chwyle purgmistr, a Hron Wawrzincowicz, Waczlaw Jarolym Slach, Mathuss Machowicz, Matey Bernarth, tee chwyle conssele.
A prosyl gest panuow purgmistra a conssel, aby swu peczet przitiskly ktomu kssafftu.
Dominica post Lamberti anno 90 Martin s domu Kupeczkowa zuostal panuom wssech zadussnich peniez XXXVI sex. a 10 gr.
Item Matussek z splnil gest tiech 62 sex.
Item <na Ha>ykowy XL sex.
Item wydaly gsu pani porucznikuom Budakowy Ssemeberskemu a Slachowy na tiech C kop, na ktere magi caplu stawieti LII sex.

Im Jahre M°CCCC°XC° nach Christi Geburt, am Tag des hl. Johannes des Täufers, hat der ehrenwerte Mann Gira Kupczek bei nüchternem Verstand verfügt, sein Geschäft und sein Testament errichtet.
Item von seinem Besitz vermache ich zuvorderst an die Kapelle, die mein Bruder zu errichten beabsichtigte, 300 Schock Groschen; und jene 100 Schock sollen ebenfalls dazu gegeben werden, die habe ich nämlich von meinem seligen Bruder noch gehabt.
Item für das Grab zur Kirche der Gottesmutter soll man einen Kelch anfertigen aus zwei Pfund und einen Knopf, der soll vergoldet sein, und von dem Werk und mehr, was dazu benötigt wird.
Item an die Kirche für Gitter vermache ich Eisen für drei Türen, die da gemacht werden müssen, die sollen sie ohne Mangel zu der Kapelle geben und das Eisen, das benötigt wird.
Item Frau Anna, meiner Gemahlin, ihre Morgengabe, die ich ihr mit Hilfe guter Menschen bestimmt habe, und ich vermache ihr jene Schuld, die ich bei Kerowcze habe, nämlich CCVI rheinische Taler und X Pfennige; dazu kommen jene LXXX Schock, die ich von ihr besitze.
Item mein Haus mit Fässern, Bottichen und anderem Wirtschaftsgerät, dies vermache ich meinem Bruder Martin, zusammen mit dem Bier und den Schlafkleidern; und von diesem Haus soll Martin meinem Sohn Jan XL Schock geben und zudem will ich, dass die Gemahlin meines seligen Bruders in diesem Hause bis zu ihrem Tode Wohnrecht genieße.
Item Václav, dem soll man XV Schock aushändigen und dazu, was ihm mein seliger Bruder vermacht hat, damit er seine Schulden bezahlen kann. Und das Gut soll verkauft werden.
Item den Mälzern in die Zunft für Kerzen IIII Schock.
Item wer ihm etwas schuldig geblieben ist. Item Jan Hayek XL Schock. Item Mikuláš Omasta XX Schock. Item Šemberská XII 1/2 Schock. Item der junge Vít XV Pfennige, worüber ein Brief existiert. Item Thuoma der Bader hat für seinen Bruder versprochen 31 Sex. XX Groschen und hat dafür gegeben V Sex.; und was diese Sachen anbetrifft, die sind in den Registern verzeichnet und diese Schuld ist gerecht.
Item was an Seife, Pfeffer, Battist und Eisen vorhanden ist, dies alles vermacht er seinem Bruder Martin.
Item meinem Sohn Jan die Fuchsschaube.

Item Stein und Kalk, dies alles vermache ich der Kapelle.
Item zu der Glocke, für die der Bruder 200 sex. gestiftet hat, sollen 50 sex. gegeben werden.
Item an Barschaft 400 Schock.
Item hat er die Herren Ratsherren gebeten, sie mögen den Testamentsvollstreckern, die mein Bruder bestimmt hat, mit Rat und Tat zur Seite stehen.
Item zu ordentlichen Testamentsvollstreckern hat er Budak Šemberský sowie Slacht ernannt.
Und bei der Errichtung des Testaments waren anwesend die weisen und ehrenwerten Mikuláš Absolon, derzeit Bürgermeister, und Hron Wawřincowicz, Václav Jarolym Slach, Mathuš Machowicz sowie Matěj Bernarth, derzeit Ratsherren.
Und er hat gebeten die Herren Bürgermeister und Ratsherren, sie mögen ihr Siegel diesem Brief anhängen.
Dominica post Lamberti anno 90 Martin aus dem Hause Kupczek blieb allen Herren schuldig XXXVI sex. und 10 Groschen an Kirchgeld.
Item Matušek hat eingelöst jene 62 sex.
Item für Hayek XL sex.
Item sind den Herren Testamentsvollstreckern Budak Šemberský und Slach für jene C Schock, für die sie eine Kapelle errichten sollen, LXX sex. ausgehändigt worden.

170. [1490, Juli 19]
Testament der Marketa Koštová. Ihr Bruder soll ihren Weingarten verkaufen und so ausstehende Schulden tilgen. Unter anderem erhält eine gewisse Maleřka einen Mantel dafür, dass diese die Testiererin, als Letztere krank darniederlag, besucht hat.
Archiv města Plzně, Hdschr. N 223, fol. 4 (Abschrift).
Edition: Strnad, Listář král. města Plzně 2, S. 273, Nr. 320 (Auszüge).[153]

My Matiey kramarz, toho czasu purgmistr, Bartha Vtersky a Blaha Horzowsky, conssiele przysezni i miestiane miesta Noweho Plznie, znamo czinime tiemto listem wssem wobecz swiedcziecze, ze pocztiwa zena Marketha Kosstowa, lezecz na smrtedlne posteli, acz koli gsucze nemoczna na tiele, wssak gesstie dobreho rozumu y plne pamieti poziwagiecz, nas na swiedecztwie ktomu przywolaw y przyprosiw vczinila a moczi listu tohoto czini kssaft a rozkazanie ze wsseho statku, gie od pana Boha puoyczeneho, chtiecz aby po gei smrti o to ruoznicze nebyli ani ktere nesnaze a takowu mieru. Item winiczi swu odkazuge a dawa bratru swemu, kteryz gest w Rakownicze a to, aby gi prodal a ztoho dluhy zaplatil duolepsane a czoz mimo dluhy ostane to, aby k swe ziwnosti obratil. Item Niemczi, richtarzi w Malesicziech, odkazuge truhlliczi swu prazdnu. Item Malerzcze odkazuge dczubku a plassczek, za to gessto gi wnemoczi hlidala. Item loznie ssaty a gine hospodarzstwiczko, bud geho mnoho neb malo, odka-

[153] Online abrufbar unter http://147.231.53.91/src/index.php?s=v&action=jdi&cat=18&bookid=399&page=273 &action_button.x=0&action_button.y=0 (08.09.2017).

zuge hospodarzi swemu, v kterehoz bydlela az do smrti. Item dluhy Girowi w Kothorowie dluzna I kop. Item hospodarzi swemu nadepsanemu II kop. Item Otczi, Lelkowe manželky, II kop. Item Fuxowe VIII gr. A toho kssaftu sweho a rozkazanie moczneho porucznika vczinila a moczi listu tohoto czini Jana Lelka, hospodarze sweho, gemu wierzecz nad gine, ze toto gegi rozkazanie wiernie a prawie rziediti bude a psrawowati yakoz gemu toho nad gine swierzila gest. A w tomto poruczenstwi, aby gemu prziekazeno nebylo zadnym prawem duchownim anizto swietskym. Tomu ku pewnosti a na swiedomie ku prosbie nadepsane Markety Kosstowe peczeti nassi wlastnie przywiesili sme ktomuto listu. Genz dan letha bozieho M°CCCC°XC° ten pondieli przed swatym Jakubem.

Wir Matěj Kramář [= Kaufmann – Th. K.], *derzeit Bürgermeister, Bartha Uterský und Blaha Horzowský, beisitzende Schöffen und Bürger der Stadt Neu-Pilsen, bekennen mit diesem Brief allen in der Gemeinde und bezeugen, dass die ehrenwerte Frau Marketa Koštová auf dem Sterbebett liegt, doch, wenngleich sie körperlich krank ist, verfügt sie dennoch über einen guten Verstand und ein volles Gedächtnis und hat uns zu Gezeugnis zu sich gebeten und gerufen und kraft dieses Briefes ihr Geschäft und ihr Testament von allen ihren ihr durch Gott den Herrn ausgeliehenen Gütern in nachfolgender Gestalt errichtet, da sie nicht will, dass nach ihrem Tode hierüber irgendwelche Streitigkeiten oder Unbill entstehen. Item ihren Weingarten vermacht und gibt sie ihrem Bruder, der in Rakonice wohnt, und zwar dergestalt, dass er diesen verkaufe und von dem Erlös ihre unten aufgeführten Schulden begleiche; und was darüber hinaus übrigbleiben sollte, dies möge er für eigene Bedürfnisse verwenden. Item Němec, dem Richter in Malešice, vermacht sie ihre leere Truhe. Item der Maleřka vermacht sie den Zuber und den Mantel, dafür, dass sie ihr, als sie krank war, geholfen hat. Item das Bettzeug und die anderen Haushaltsgegenstände, sei es nun viel oder wenig, die vermacht sie ihrem Wirt, bei dem sie bis zu ihrem Tode gewohnt hat. Item die Schulden: Gira in Kothorow schuldet sie einen Schock. Item ihrem zuvor genannten Wirt II Schock. Item Otka, der Gemahlin des Lelek, II Schock. Item der Fuxová VIII Groschen. Und zum rechtmäßigen Testamentsvollstrecker dieses ihres Geschäftes und Testaments hat sie kraft dieses Briefes Jan Lelek, ihren Wirt, bestimmt, dem sie vor anderen Menschen glaubt, dass er ihr Testament getreu und recht ausführen und veralten wird, da sie ihm dies anvertraut hat. Und bei der Ausführung dieses Testaments soll ihn niemand hindern, weder durch geistliches noch durch weltliches Recht. Dies zur Festigung und zur Kenntnis haben wir auf Bitten der oben genannten Marketa Koštová unsere eigenen Siegel diesem Brief beigefügt. Der gegeben ist im Jahre M°CCCC°XC° nach Christi Geburt, an diesem Montag vor S. Jacobi.*

171. [1490, November 22]

Bürgermeister und Rat der Stadt Schlan bezeugen, dass der erkrankte Peter der Bakkalar sein Testament zu Gunsten seiner Söhne und Töchter, die zu gleichen Teilen erben, verfasst hat.

Státní okresní archiv Kladno: archiv města Slaný, Sign. III Ba 19 (Siegelurkunde).

Przed purkmistrem, toho czassu Janem Smykalem, a conssiely priziseznymi tiemito Alssiem Lukssiem, Janem Wyzralowicz a richtarzem Mikulassem, Petr Baccalarz gsa nemoczen na tiele, ale vziwage dobreho a zdraweho rozumu, vczinil swe poslednie poruczenstwie, ginak kssaft, rzadem dolepsanym. Item wessken statek swuoy, mowity y nemowity, czoz gemukoli pan buoh radielil, dal mocznie synom a dczeram swym wssem spolu narowne diely. Item czoz gest dluhuow gesstie gsu gemu dluzni, ty gsu sepsany na tabulcze a Marta, dczera geho, wie oniekterych nez tito gest powiediel dluhy, zie gest gemu dluzen biedma 1 1/5 bez 14,5 gr. a krzmicze III sex. a rukoymie Waczlicz za ty III kop. Actum feria secunda die Sancte Cecilie virgine Anno M°LXXXX°.

Vor dem Bürgermeister, derzeit Jan Smykal, und den beisitzenden Schöffen, nämlich Aleš Lukeš, Jan Wyzralowitz und dem Richter Mikuláš, hat der Bakkalar Petr, der da krank am Körper ist, aber dennoch über einen guten und gesunden Verstand verfügt, seinen letzten Willen, auch Geschäft genannt, in nachfolgender Weise errichtet. Item seinen gesamten beweglichen und unbeweglichen Besitz, den ihm Gott der Herr zugeteilt hat, den vermacht er allen seinen Söhnen und Töchtern gemeinsam zu gleichen Teilen. Item, was die Schulden anbetrifft, die man ihm noch schuldet, die sind auf der Tabelle verzeichnet, und Martha, seine Tochter, besitzt von einigen Kenntnis; und zwar hat er ihr anvertraut, dass man ihm schuldig geblieben ist von Bědma 1 1/5 weniger 14,5 Groschen und die Krzmicze III sex., dafür bürgt Waczlicz für die III Schock. Actum feria secunda die sancte Cecilie virgine Anno M°LXXXX°.

172. [1491, Juni 29]
Testament des Krämers Jaroš, Bürger der Stadt Pilsen, der zu Haupterben seine getreue Gemahlin Anna sowie seinen Sohn Leonhard, der möglicherweise Priester werden soll, bestimmt. Geldlegate, Seelgerätschaften.
Archiv města Plzně, Hdschr. N 223, fol. 8v (Abschrift).
Edition: Strnad, Listář král. města Plzně 2, S. 285-286, Nr. 334 (Auszüge).[154]

My Bartha Vtersky, purgmistr toho czasu, Jan Fegal a Matiey kramarz, conssiele przyseznij a miesstiane miesta Noweho Plznie, znamo czinime tiemto listem wssem wobecz swiedcziecze, ze opatrny muz Jaross kramarz, nass spolumiesstienin, leze w kazni bozi na smrtedlne posteli, aczkoli gsa nemoczen na tiele, wssak zdraweho gesstze rozumu a dobre pamieti poziwage, nas na swiedecztwie ktomu zawolaw y przyprosiw, toto swe poslednie rozkazanie a kssaft z statku sweho, gemu od mileho pana boha puoyczeneho, tak aby po geho smrti yzadni swarowe ani ktere ruoznicze nebyli a newznikli, vczinil gest a czini takowy to. Nayprwe statek swuoy wesskeren, mowity y nemowity, bud geho mnoho nebo malo, ten mocznie porucznicz a odkazuge panij Annie, swe wierne manzelcze, a Linhartowi, synu swemu, tak aby sie o ten statek rownym dielem podielili, awssak manzelku swu nadepsanu czini naywyssie porucznicz toho

154 Online abrufbar unter http://147.231.53.91/src/index.php?s=v&action=jdi&cat=18&bookid=399&page=285 &action_button.x=0&action_button.y=0 (08.09.2017).

statku swrchupsaneho, chtie aby syn geho Linhart matherzi swe we wssech wieczech poslussen byl a zachowal gi yakoz nato slussie. A gestli, zeby gi poslussen nechtiel byti, aby ona gmiela mocz vcziniti gemu czoz sie gi zdati bude. A gestli, zeby ktereho znich pan Buoh neraczil smrti vchowati gehoz pane bozie zachoway, aby diel gedneho spadl na druheho. Item z toho take zewsseho statku odkazuge k oltarzi swateho Sstiastneho a zbozneho v kop gr. miss. A to, aby po geho smrti kazdy rok bylo caplanu toho oltarze wydano 1/5 kop gr. a to za deset leth, aby drzel mssy zpiewanu zadussni gednu w rok ten den, kteryzby z tohoto swieta zssel, a to kromie nediele a zakom od spiewanie te msse V gr. miss., a to aby bylo za geho dussy a za geho przieyssie. Item ktemuz oltarzi odkazuge ssamlat na ornath. Item wiencze perlowe na vmeral. Item dwa koffliky strziebrnu na kalich, gestli zeby Lynhart, syn geho, byl kniezem; pakliby nebyl, aby sie onie s matherzi rozdielili. Item odkazuge bosakom X kop gr. missenskych na gich potrzeby a to, aby byla wydano we trzech letech. Item odkazuge panij Elzcze Polaczkowe II kop gr., aby za geho dussy pana boha prosila. Item dluzen gest w Nornbercze Zieydlarowi XXXII zlatych rinskych a XII ssilinku. Item dluzen Rozmitaorowe L zlatych rinskych. Item Tuplarowi za dwie vnczi zlata II 1/5 zlatych rinskych. A to wsseczko manzelcze swe mile poruczil gest a poruczi, aby z toho zewsseho geho statku nayprw ten wsseczkeren dluh byl zaplaczen y to czoz komu odkazano, wierzecz gi nad gine ze to wsseczko vczini czozkoli swrchupsano stogi a ze toho geho zozkazanie zrziediti bude a sprawowati wiernie a prawie, yakoz geho wierna manzelka pokud gi toho nad gine swierzil gest. A na pomocz manzelcze swe a k raddie w tom poruczenstwi przidawa mudre a opatrne muze Jana Fegale a Jana Reyska, nasse spolumiesstiany, wierzecz gim yakozto swym milym przatelom, wczemz gich manzelka geho czastopsana zadati bude, ze gi radni budu a pomoczni a ze gi wniczemz neopustili yakozto dobrzi cztni lyde. A wtomto poruczenstwi, aby gi prziekazeno nebylo yzadnym prawem duchownim anizto swietskym neb czoz gi koli tuto poruczil gest toho gi dal plnu mocz a prawu k zrziezenie a k zpawowanie. Tomu ku pewnosti a na swiedomie k snazne prosbie nadepsaneho Jarosse swe gsme wlastnie peczeti wiedomie a dobrowolnie dali przywiesiti ktomuto listu. Genz dan letha etc. M°CCCC°XCI° tu strzedu przed swatym Prokopem opathem Boziem.

Wir Bartha Uterský, derzeit Bürgermeister, Jan Fegal und Matěj Kramář, beisitzende Schöffen und Bürger der Stadt Neu-Pilsen, bekennen mit diesem Briefe vor allen in der Gemeinde und bezeugen, dass der eherenwerte Mann Jaroš der Kaufmann, unser Mitbürger, der durch göttliche Fügung auf dem Sterbebett liegt, aber, trotzdem er körperlich krank ist, über einen noch gesunden Verstand und ein gutes Gedächtnis verfügt, uns zu Gezeugnis gerufen und gebeten hat und diesen seinen letzten Willen und sein Geschäft von allen seinen ihm durch den lieben Gott verliehenen Güter errichtet und in nachfolgender Weise festgelegt hat, damit nach seinem Tode keinerlei Streitigkeiten noch Unbill entstehen und ausbrechen. Zuvorderst vermacht er seinen gesamten beweglichen und unbeweglichen Besitz, sei es nun viel oder wenig, Frau Anna, seiner getreuen Gemahlin, und Leonhard, seinem Sohn, dergestalt, dass sie sich diesen Besitz zu gleichen Hälften teilen; doch bestimmt er seine zuvor genannte Gemahlin zur obersten Testamentsvollstreckerin dieses seines Besitzes, und er will, dass sein Sohn Leonhard seiner Mutter in allen Dingen Gehorsam leistet und erzogen werde, wie sich dies gehört. Und sollte es geschehen, dass er ihr keinen Gehorsam schulde, dann solle sie Macht haben, sich ihm gegenüber zu verhalten, wie ihr dies richtig erscheint. Und sollte Gott der Herr einen von beiden nicht am Leben belassen, dann möge dessen Erbteil auf den jeweils anderen übergehen. Item so vermacht er aus seinem gesamten Besitz für den Altar der hl. Felicis et Adaucti V Schock Meißner Groschen. Und zwar soll nach seinem Tode dem Kaplan an diesem Altar Jahr für Jahr 1/5 Schock Groschen gegeben werden, damit dieser über zehn Jahr hinweg gesungene Seelenmessen einmal im Jahr abhalte, genau an dem Tag, an dem er [Jaroš – Th. K.] *von dieser Welt abgegangen ist, und außer am Sonntag sollen die Schüler von dieser gesungenen Messe V Meißner Groschen erhalten, dafür, dass sie für seine Seele und diejenige seiner Vorfahren beten. Item an diesen Altar vermacht er einen Camelot für das Ornat. Item Perlenkränze für ein Vmeral. Item zwei Tassen, Silber für den Kelch, sollte Leonhard, sein Sohn, Priester werden; geschehe dies nicht, sollen seine Mutter und er sich dies teilen. Item vermacht er den Barfüßlern X Schock Meißner Groschen für deren Bedürfnisse; und diese Summe soll man ihnen in drei Jahren aushändigen. Item vermacht er Frau Elška Polačková II Schock Groschen, dafür soll sie zu Gott dem Herrn für seine Seele beten. Item er schuldet in Nürnberg Zieydlarz XXXII rheinische Taler und XII Schilling. Item er schuldet der Rozmitarová L rheinsche Taler. Item Tuplar für zwei Unzen Gold II 1/5 rheinische Taler. Und dies alles hat er seiner lieben Gemahlin vermacht und vermacht ihr dies, damit sie aus seinem gesamten Besitz diese Schulden vollständig begleiche, und das, was er den genannten Personen vermacht hat, das soll sie, der er vor allen anderen Menschen vertraut, überwachen und ausführen als seine getreue Gemahlin, da er ihr dies alles anvertraut hat. Und zu Hilfe und Rat seiner Gemahlin bei der Ausführung dieses letzten Willens bitte er die weisen und ehrenwerten Männer Jan Fegal und Jan Reysek, unsere Mitbürger, denen er als seinen lieben Freunden vertraut, dass sie seiner wiederholt erwähnten Gemahlin mit Rat und Tat zur Seite stehen und sie als gute Menschen nicht allein lassen. Und bei der Ausführung dieses Testaments soll seine Gemahlin durch keinerlei geistliches oder weltliches Recht gehindert werden, da er ihr allein die Vollmacht und das Recht hierzu erteilt hat. Dies zur Festigung und zur Kenntnis haben wir auf Bitten des zuvor genannten Jaroš unsere eigenen Siegel wissentlich und freiwillig diesem Briefe beigefügt. Der gegeben ist im Jahre etc. M°CCCC°XCI°, an diesem Mittwoch vor S. Procopii dem göttlichen Abt.*

173. [1491, August 19]
Testament des Lorencz Cichnar, Nachbar in Pilsen. Dieser vermacht u. a. an das Schwarze Kloster für das Bild der Gottesmutter einen Korallenkranz mit zwei Ringen.
Archiv města Plzně, Hdschr. N 223, fol. 9 (Abschrift).
Edition: Strnad, Listář král. města Plzně 2, S. 288, Nr. 338 (Auszüge).[155]

[155] Online abrufbar unter http://147.231.53.91/src/index.php?s=v&action=jdi&cat=18&bookid=399&page=288&action_button.x=0&action_button.y=0 (08.09.2017).

My Barta Vtersky, purgmistr toho czsau, a Matiey Pobiezowsky, conssiele przysezni a miesstianee miesta Noweho Plznie, znamo czinime tiemto listem wssechniem wobecz a swiedczime, ze opatrny muz Lorencz Czichnar, nass spolusused, leze na smrtedlne posteli, aczkoli gsa nemoczen na tiele, wssak dobreho gesstie rozumu tudiez y pamieti poziwagiecz, nas na swiedomie przywolaw y przyprosiw, toto swe poslednie rozkazanie a kssafft z statku sweho, gemu od pana boha milostiwe puoyczeneho, tak aby po geho smrti zadne ruoznicze ani ktere nesnaze oto nebyli a newznikli, vczinil gest a czini takowizto mieru. Item nayprwe odkazuge a dawa Dorothie, wnucze swe, IIII kop gr. Item k kostelu swateho Bartholomiege II kop gr. Item bratrzim bosakom na gich potrzeby II kop gr. Item do Czrneho klasstera na obraz Matky Bozie odkazuge koralowy paterz se dwiema prsteny. Item ostatek wsseho statku sweho, mowiteho y nemowiteho, bud geho mnoho nebo malo, ten wssecheren dawa a odkazugge manzelcze swe mile a dczerzi swe rownym dielem, kterehozto kssaftu a rozkazanie moczne porucznikу vczinil gest a moczi listu tohoto czini opatrnee muze Jana Pasierze a Henczle Kozeluha, wierze gim nad gine swe przateli, ze toto geho rozkazanie a posledni wuoli geho wiernie a prawie rzediti a zprawowati budu yakozto dobrzi lydee, pokud gim toho nad gine swierzil swierzil gest. A w tom poruczenstwi, aby gim przekazeno nebylo y zadnym prawem duchownim anizto swietskym ani kterymkoli ginym obiczegem neb czoz gim tuto poruczil gest toho gineho dal plni mocz a prawo k sprawowani a k zrziezeni bez przekazi wtom wsselikterake. Tomu ku pewnosti a na swiedomie ku prosbie nadepsaneho Lorencze Czichnara swe wlastnie peczeti s nassym plnym wiedomim dobrowolnie dala gsme prziwiesiti ktomuto listu. Genz dan etc. LXXXXI° feria sexta ante S. Bartholomei.

Wir, Bartha Uterský, derzeit Bürgermeister, und Matěj Poběžowský, beisitzende Schöffen und Bürger der Stadt Neu-Pilsen, bekennen mit diesem Briefe vor allen und bezeugen, dass der ehrenwerte Mann Lorencz Cichnar, unser Nachbar, auf dem Sterbebett gelegen ist; doch wenngleich er körperlich krank ist, hat er dennoch über einen guten Verstand und ein ebensolches Gedächtnis verfügt und uns zu Gezeugnis herbeigerufen und gebeten und diesen seinen letzten Willen und sein Geschäft von allen seinen ihm durch Gott den Herrn gnädig ausgeliehenen Gütern in nachfolgender Weise verfügt, damit nämlich nach seinem Tode keinerlei Streitigkeiten und Unbill hierüber entstehen. Zuvorderst vermacht und gibt er Dorotha, seiner Enkelin, IIII Schock Groschen. Item an die Kirche St. Bartholomäus II Schock Groschen. Item den Barfüßler-Brüdern für deren Bedarf II Schock Groschen. Item in das Schwarze Kloster für das Bild der Gottesmutter vermacht er einen Korallenkranz mit zwei Ringen. Item den Rest des gesamten beweglichen und unbeweglichen Besitzes, sei es nun viel oder wenig, dies alles gibt und vermacht er seiner lieben Gemahlin und seiner Tochter zu gleichen Teilen; und zu rechtmäßigen Testamentsvollstreckern dieses Geschäfts und letzten Willens hat er kraft dieses Briefes die ehrenwerten Männer Jan Pasíř und Henzl Kozeluh bestimmt, denen er vor allen anderen Freunden glaubt, dass sie dieses sein Testament und seinen letzten Willen getreu und wahrhaft erfüllen und überwachen werden, was er ihnen als guten Menschen vor allen anderen anvertraut hat. Und bei der Ausführung dieses letzten Willens soll sie niemand hindern, weder durch geistliches noch durch weltliches Recht oder in irgendeiner anderen Art und Weise, da er nämlich die zuvor genannten Perso-

nen damit beauftragt und ihnen diesbezüglich Vollmacht gegeben hat, dieses Testament zu verwalten. Und zur Festigung und zur Kenntnisnahme haben wir auf Bitten des oben genannten Lorenz Cichnar unsere eigenen Siegel mit vollem Wissen und freiwillig diesem Brief beigefügt. Der gegeben ist etc. LXXXXI° feria sexta ante S. Bartholomei.

174. [1491, August 19]
Testament des Wenzel Krčmař aus Třebovle, der aufgrund einer Verletzung mit großen Schmerzen darniederliegt und seinen Besitz seiner Gemahlin Anna vermacht.
Státní knihovna Praha, Liber testamentum starý (Kouřim), sign. XI. C. 11, fol. 67v (Abschrift).

Waczlaw krczmarz [= *Schankwirt – Th. K.*] z Trzebowle gsa ranien etc. gest [?], od kterezto ranij weliku bolesti gsa obkliczen, oczakawage smrti kazde hodiny, wssak rozomu zdraweho a pamieti dobre vziwage, kssafft a poruczentwie vczinil gest takto, ze statek swuoy wessken, mowity y nemowity, kterymz geho mily pan buoh raczil nadieliti z swe swate milosti, Annie, manzelcze swe, po smrti swe mocznie poruczil a odkazal bezewsse przekazky. Swiedkowe toho Bartak a Michalek spoluprzisediczy susede Forbereczniczi k miestu nassemv dalo sie gich wyznanie w raddie, ten patek po slawnem hodu matky bozie nanebewzetie leta iakoz nahorze za urzadu Thomasse Perziny.

Wenzel, der Schankwirt aus Třebovle, ist verletzt etc. worden [?], *wobei ihm diese Verletzung große Schmerzen zufügt und er mit jeder Stunde den Tod erwartet; dennoch hat er mit gesundem Verstand und gutem Gedächtnis sein Geschäft und seinen letzten Willen errichtet, und zwar dergestalt, dass sein gesamter beweglicher und unbeweglicher Besitz, der ihm von Gott dem Herrn durch dessen heilige Gnade verliehen worden ist, an Anna, seine Gemahlin, nach seinem Ableben vermacht hat, ohne jegliche Hindernis. Zeugen hierfür sind Bartak und Michalek, ebenfalls im Vorwerk niedergelassene Nachbarn, die dem Rat unserer Stadt hiervon Kenntnis gegeben haben, nämlich an diesem Freitag nach Mariä Himmelfahrt im Jahre wie oben angeführt, als Thomas Perzina das Amt des Bürgermeisters bekleidet.*

175. [1491, August 27]
Testament der Katruše Wyhlowčova, die u. a. ihrer Tochter Hilka Hausrat und ihrem Sohn Václav ihren gesamten anderen Besitz vermacht.
Státní okresní archiv Mělník, archiv města Mělník, Liber testamentum 1491-1533, fol. 2v (Abschrift).

Kathrussie Wyhlowczowa fecit testamentum sabbato ante solemnitatem S. Augustini coram dominis scabinis Johannem Trziesmak, magistram Johannem tonsore, Johanne, iudice, Martino notario.

Item zato Hilcze, dczerzi gegie, ssaty chodicze ktomu perzinu polsstarz prostieradle dwie.
Item Zaczpal dluzien gie XV ß gr., z toho aby dany byly zatoczilcze V ß.
Item sama dluzna Kobliznemv V ß VIII gr.
Item na kostel odkazala I ß miss.
Item statek swoy wssieczkeren odkazala mocznie Waczlawowi, synu swemu, bezprziekazky wssielikterakeho czlowieka.
Item toho take oznámila, zic gest wydala na poslednij rok naymu II ß XXI [gr.], a to geho wzala na dussy swu a nato vmrziela.

Katruše Wyhlowčová hat ihr Testament errichtet am Sonnabend vor Solemnitas S. Augustini vor den Herren Schöffen Johann Trziesmak, Magistram Johann Tonsor, Johann dem Richter und Martin dem Schreiber.
Item dafür gibt sie Hilka, ihrer Tochter, ihre Kleider und dazu das Federbett, das Kissen und zwei Bettlaken.
Item Zaczpal schuldet ihr VX Schock Groschen, davon soll Hilka V Schock erhalten.
Item sie selbst schuldet Koblizný V Schock VIII Groschen.
Item an die Kirche hat sie I Meißner Schock vermacht.
Item ihren gesamten Besitz hat sie Václav, ihrem Sohn, vermacht, daran soll ihn kein Mensch hindern.
Item so hat sie auch bekannt, dass sie für das letzte Jahr an Mietzins II Schock XXI Groschen eingenommen hat, und das hat sie genommen für ihre Seele und ist darauf verstorben.

176. [1491, August 27?]
Testament des Matuš Kramář aus Melnik, der Bargeld hinterlässt und seinen sonstigen Besitz seiner Gemahlin und seinen Kindern zu gleichen Teilen vermacht.
Státní okresní archiv Mělník, archiv města Mělník, Liber testamentum 1491-1533, fol. 3r (Abschrift).

Mathuss kramarz fecit testamentum coram dominis scabinis Johannes Smolik, magistram Martino Huba, Wenceslaus wowes, Johannem Iudice et Martino Notario.
Item hotowych XV zlatych vherskych.
Item III ß starych gr.
Item lzicz s strziebrem XV a gedna strziebrna.
Item grossow clustych V [?].
Item statek wssieczken, maly nebo welky, ten gest odkazal Katherzinie, manzelcze swe, s dietmi rownym podielem, krom Hawla; a kdyzby ktereho pan buoh neuchowal, aby diel geho nagine pak spolu s materzi.
Item Hawlowi, synu swemu, odkazal V zlatych vherskych, y giz gemu gest geden dan yakoz kniehy miestske vkazugi ote smluwie.
Item pak strziebrny same panie Katherzinie odkazal.

Item perlowcziek Duorze.

Sam dluzen
Item Johannesowi Kupczy XVII ß.
Item Passkowi z Vstie X ß.
Item Rybniczkowi IIII ß X gr.
Item Elisscze Plateniczy V ß.

Mathuš der Krämer hat sein Testament errichtet im Beisein der Schöffen Johannes Smolik, Magister Martin Huba, Wenceslaus Wowes, Johann der Richter und Martin der Notar.
Item an Barschaft XV ungarische Gulden.
Item III Schock alte Groschen.
Item XV versilberte Löffel und einen silbernen Löffel.
Item V Groschen [clustych?].
Item seinen gesamten Besitz, sei er klein oder groß, den hat er Kathěřina, seiner Gemahlin, und den Kindern zu gleichen Teilen vermacht, ausgenommen Hawel; sollte Gott der Herr eines der Kinder nicht am Leben belassen, dann soll dessen Erbteil an die anderen Kinder, zusammen mit der Mutter, übergehen.
Item Hawel, seinem Sohn, hat er V ungarische Dukaten vermacht, wovon er bereits einen erhalten hat, wie diesen Vertrag auch die Stadtbücher bezeugen.
Item einen Silber[dukaten?] *hat er Frau Katheřina selbst vermacht.*
Item eine kleine Perlenkette an Duora.

Er selbst ist schuldig geblieben:
Item Jan dem Kaufmann XVII Schock.
Item Pašek aus Aussig X Schock.
Item Rybniček IIII Schock X Groschen.
Item der Leinwandhändlerin Eliška V Schock.

177. [1492, Dezember 7]
Testament des Pilsener Bürgers und Mälzers Duchek. Die Ehefrau Martha und das Kind erhalten Haus und Gut. Seelgerätschaften. Silberner Kelch dafür, dass ein Sohn Priester wird, sonst für den Altar einer weniger vermögenden Kirche.
Archiv města Plzně, Hdschr. N 223, fol. 13v (Abschrift).
Edition: Strnad, Listář král. města Plzně 2, S. 310, Nr. 368 (Auszüge).[156]

My Prokop Malsa, toho czasu purgmistr, Bartha Vtersky a Waczlaw sukenik, conssiele prziseznij a miesstiane miesta Noweho Plznie, znamo czinime tiemto listem wssem

[156] Online abrufbar unter http://147.231.53.91/src/index.php?s=v&action=jdi&cat=18&bookid=399&page=310&action_button.x=0&action_button.y=0 (09.09.2017).

wobecz swiedcziecze, ze opatrny muz Duchek sladownik, nass spolumiesstienin, leze w bozie kazni a znamenage nebezpeczenstwie ziwota sweho, aczkoli nezdraw gsa na tiele, wssak gesscze swobody zraweho rozumu a plnee pamieti vziwage, toto swe posledni rozkazanie z statku sweho, gehozto gemu pan buoh puoycziti a poprzieti raczil, tak aby po geho smrti swarowe o to nebyli ani yake nesnaze, vczinil gest a czini takoweto. Nayprwe bratrzim bosakom na gich potrzeby odkazuge X kop. Item Kaczi, bratranie swe, odkazuge z statku sweho XX kop., aby gi wydany byli a ktomu wyprawa; item Martinowi, bratru swemu, w Berunie, odkazuge XX kop, a ty aby gemu w plnem rocze byli wypraweny z statku geho. Item duom swuoy a ostatek wsseho statku sweho, mowiteho y nemowiteho, kterymzby koli gmenem mohl gmenowan byti, odkazuge mocznie a dawa Marthie, manzelcze swe milee, a dietem swym, a to rownym dielem. A gestli, zeby buoh ktereho dietete smrti neuchowal prwe nezby let swych rozumnych dosslo, tehdy diel geho aby spadl na gine dieti ziwe, wssak tak, aby naprzed z kazdeho dietete dielu kterezby vmrzelo porucznikom dlepsanym bylo dano deset kop, a tak az do wssech dieti, pakliby pan buoh v wssech dieti smrti neuchowal prwe let rozumnych, tehdy ten statek wsseczkeren spadnuti ma na Marthu, manzelku geho nadepsanu, takowuto mieru, aby ona z toho zewsseho statku, kteryz by tak po smrti wssech dieti nani przissel, wydala na kostel swateho Bartholomiege na faru deset kop gr., bosakom na gich potrzeby XX kop gr. do Czrneho classtera na stawenie XX kop gr., a bratru geho swrchupsanemu LXXX kop gr., a to, gestli zeby sie chtiel sem przibrati do Plznie a zde bydleti ziwe sie pocztiwie podle dobrych lidij, pakliby toho vcziniti nechtiel tehdy, aby gemu toliko puolowicze toho totiz cztirzidczeti kop bylo dano a druhych XL kop, aby poruczniczi obratili na skutky milosrdne. Item czoz sie pak dluhuow do tycze ty wsseczky dluhy gimzto gemu lyde powinowati gsu, ty gest na czedule postawil; pokudz taz czedule wsobie odkazuge nez toho gest oznamil znamenitie, ze panij Fagelowa dluzna gemu gest X kop gr. a o ten dluh, aby gi tiezko nebylo vczinieno az do let syrotcziech. Item yakoz ma kalych strziebrny, ten gestli zeby ktery syn geho kniezem byl, aby tomu dan byl; pakliby zadny syn geho knezem nebyl, tehdy aby poruczniczi ten kalich obratili kniekteremu chudemu oltarzi za geho dussi, kdezby sie gim zdalo naylepe. A toho kssaftu sweho a rozkazanie poruczniky mocznie vczinil gest a moczi listu tohoto czini opatrnych muzuow Martina Pobozneho a Krzisstoffera, nasse spolumiesstiany, gim wierze nadgine, ze to geho rozkazanie rzediti budu a zprawowati wiernie a prawie, yakoz to dobrzi cztni lydee pokud gini toho nadgine swierzil gest. A w tom poruczenstwi, aby gim przekazeno nebylo yzadnym prawem duchownim anizto swietskym neb czoz gim koli tuto, poruczil gest toho gim dal plnu mocz a prawo k zprawowu a k zrziezeni bez prziekazi wtom wsselikterake. Toho na swiedomie a na pewnost swe wlastnij peczeti s nassim plnym wiedomim ku prosbie nadepsaneho Duchka dali gsme ktomutolistu prziwiesiti. Genz gest dan letha panie kristowie tisiczeho cztyrsteho dewadesateho druheho Feria sexta ante Conceptionis Sancte Marie Virginis.

Wir Prokop Malsa, derzeit Bürgermeister, Bartha Uterský und Václav der Tuchmacher, beisitzende Schöffen und Bürger der Stadt Neu-Pilsen, bekennen mit diesem Brief allen in der Gemeinde und bezeugen, dass der ehrenwerte Mann Duchek Sladovník [= Mälzer – Th. K.], *unser Mitbürger, krank darniederliegt und Gefahr für sein Leben sieht; doch trotzdem er körperlich krank ist, verfügt er noch über einen gesunden*

Verstand und ein volles Gedächtnis und er hat diesen seinen letzten Willen von seinem ihm durch Gott den Herrn verliehenen Besitz in nachfolgender Weise errichtet, und zwar dergestalt, dass nach seinem Tode darüber keinerlei Streit entstehe. Zuvorderst den Brüdern Barfüßern vermacht er für deren Bedürfnisse X Schock. Item Kača, seiner Cousine, vermacht er aus seinem Besitz XX Schock Groschen, die sollen ihr ausgehändigt werden; und dazu die Aussteuer. Item Martin, seinem Bruder in Beroun, vermacht er XX Schock, die sollen ihm nach Jahresfrist ausgezahlt werden. Item sein Haus und seinen übrigen beweglichen und unbeweglichen Besitz, wo immer der gelegen sei und genannt werden könnte, den vermacht und vererbt er Martha, seiner lieben Gemahlin, und seinen Kindern, und zwar zu gleichen Teilen. Und sollte Gott der Herr eines der Kinder nicht am Leben belassen und dieses vor Erreichen der Volljährigkeit versterben, dann möge dessen Erbteil auf die anderen noch lebenden Kinder übergehen, aber dergestalt, dass von jedem Kinde vom Erbteil des verstorbenen [Kindes] den unten genannten Testamentsvollstreckern zehn Schock gegeben werden sollen; dies gilt für alle Todesfälle der Kinder, vom ersten bis zum letzten. Und sollte Gott der Herr alle Kinder zu sich heimrufen, noch ehe sie ihre Volljährigkeit erreicht haben, dann soll deren Erbteil auf Martha, seine zuvor erwähnte Gemahlin, übergehen, und zwar dergestalt, dass sie von diesem ganzen Besitz, der nach dem Tode aller Kinder auf sie übergeht, an die Kirche St. Bartholomäus, an die Pfarrei, zehn Schock Groschen gibt, den Barfüßern für deren Bedürfnisse XX Schock Groschen, in das Schwarze Kloster für Baumaßnahmen XX Schock Groschen und seinem oben genannten Bruder LXXX Schock Groschen, und zwar wenn er die Absicht habe, hierher nach Pilsen zu kommen und sich hier wie ein ehrenwerter Mann niederzulassen; sollte er dies nicht wollen, dann möge man ihm die Hälfte der Summe, nämlich 40 Schock, aushändigen und die andere Hälfte, die sollen die Testamentsvollstrecker für mildtätige Werke verwenden. Item, was die Schulden anbetrifft, diese ganzen Schulden, die ihm andere Leute schuldig geblieben sind, die hat er auf der Czedula festgehalten, die sich in seinem Besitz befindet; und er hat bekanntgegeben, dass Frau Fagelová ihm X Schock Groschen schuldig geblieben ist, die braucht sie, solange sie Waise ist, nicht zu begleichen. Item so hat er einen silbernen Kelch, den soll derjenige seiner Söhne erhalten, welcher Priester wird; sollte aber keiner seiner Söhne Priester werden, dann sollen die Testamentsvollstrecker diesen Kelch irgendeinem armen Altar vermachen, um seiner Seele willen, so, wie es ihnen am vorteilhaftesten erscheint. Und zu rechtmäßigen und bevollmächtigten Testamentsvollstreckern dieses seines Geschäfts und letzten Willens bestimmt er kraft dieses Briefes die ehrenwerten Männer Martin Popozný und Křištof, unsere Mitbürger, denen er vor allen anderen Menschen vertraut, dass sie seinen letzten Willen getreulich und rechtens ausführen und vollenden, da er ihnen als guten Menschen dies anvertraut hat. Und bei der Ausführung des Testaments sollen sie durch keinerlei kirchliches oder weltliches Recht gehindert werden, da er ihnen die Vollmacht und das Recht zur Verwaltung und Ausführung des Testaments verliehen hat, ohne alle Hindernis. Dies zu Gezeugnis und zur Sicherheit haben wir unsere eigenen Siegel mit unserem vollen Wissen auf Bitten des zuvor genannten Duchek diesem Briefe beigefügt. Der gegeben ist im Jahre des Herrn Eintausendvierhundertzweiundneunzig Feria sexte ante Conceptionis Sancte marie Virginis.

178. [1494, Januar 30]
Bürgermeister und Rat der Prager Neustadt geben bekannt, dass der tödlich verwundete Jan Tretera, Nachbar, vor ihnen sein Testament verfasst hat.
Archiv hlavního města Prahy, Hdschr. 2094, fol. 339r (Abschrift).[157]

My purgmistr a radda Noweho miesta pražského, oynamugem tiemto listem pryedewssemi k buducyie pamieti, kterak kdzy neboytik Jan Tretera, rzeznik, suseda miesta nasseho, gsa od nesslechetnych lidij smrtedlni ranien, porzadal gest panuow purgmistra a niekterych consseluow miesta Brodu Czeskeho, wnymzto miestie gest lezal, gsa ranieny, przed nimiz take porziezenie statku sweho gest vczinil, gessto k radostem nassim gest na toho spis poslan wgich listu zawrzenem pod peczeti miestsku zpuosobem takowym, zie tyz Jan Tretera smrtedlne rany w sobie mage, dobre wssak pamieti a zdaweho rozumu vziwage poslednie swe wuole porziezenie kssaftownie gest takowe vczinil, wessken statek swuoy, mowity y nemowity, kteryzkoli ma, bud malo neb mnoho, s dluhy se wssemi poruczil gest a otkazal mocznie Janie, manzelcze swe, a Aniczie, dcerzi gich, na rowny a prawny rozdiel a to k gmienij, k drzenij a k wladarzstwi diedicznemu. Tak wssak, aby napad sprawedliwy ssel a byl drzan s Materze za wdowstwie gegieho, gestli zieby sessla na dietie ziwe zuostale a teez zase s dietek przedlety dospoielymi sessleho na materz. A dluhy, gemuz gest sprawedliwie winowat, totiz Radochowi V kop a Prokopowi Prasatowi piet kop, ty aby z toho zewsseho statku byli zaplaczeni; kterehozto sweho porziezenie porucznikу gest vstanowil opatrnee muze Jana Radocha a Jana Wodiczku, miesstiany swrchupsaneho Noweho miesta pražského, przately swe zwlasstnie, zadosti gich prosie, aby Janie, przed rzeczene manzelcze geho, a Aniczie, dietieti a dcerzi gich, w wieczech potrzebnych raddni a pomoczni byli, wniczemz gich neopusstiegicze a mimo sprawedlnost zadneho vtisknuti nedaducze, dluhowe pak gimiz gsu gemu powinowati gsu tito. Item Wawrowa v Wzsoczaniech 82 gr. Item Bezce w Dawliczieh 50 gr. Item Hrabal w Horzeliczy 46 gr. Item Wczesstiak w Sotaliczieh 70 gr. Item Pastruhu w Sotaliczieh 42 gr. Item Bolochowecz 106 gr. Benesse w Drzewcziczieh 10 gr. Sstiechowa w Libochlebieh 24 gr. Staniek z Miczicz 1 gr. Toho na potwrzenie peczet miesta nasseho swrchupaneho dali gsme ktomuto listu przіwiesiti kssaftnimu. Genz dan a tuczen Feria quinta ante festum Purificacionis Anno Domini XCIIII.

Wir, Bürgermeister und Rat der Prager Neustadt, bekennen mit diesem Brief vor allen zum künftigen Gedächtnis, dass der selige Jan Tretera, Fleischer und Nachbar in unserer Stadt, der von unehrenhaften Menschen tödlich verwundet wurde, die Herren Bürgermeister und einige Ratsherren der Stadt Böhmisch Brod, in der er verletzt darniederlag, gebeten und vor ihnen seinen letzten Willen über seinen Besitz errichtet hat; der Rat dieser Stadt hat zu unserer Freude diesen Testamentsbrief zu uns gesandt. Nach Öffnen des mit dem Siegel der Stadt petschierten Briefes haben wir gelesen, dass jener tödlich verwundete Johann Tretera über ein gutes Gedächtnis und einen gesun-

[157] Online abrufbar unter http://katalog.ahmp.cz/pragapublica/permalink?xid=E1BD352FB72711DF820F00166F1163D4&scan=674#scan673 (09.09.2017).

den Verstand verfügte und seinen letzten Willen und sein Testament dergestalt errichtet hat, dass er seinen gesamten beweglichen und unbeweglichen Besitz, wo immer der sei, sei es nun viel oder wenig, zusammen mit allen seinen Schulden Jana, seiner Gemahlin, und Anička, ihrer Tochter, zu gleichen Teilen zu Besitz, Eigentum und erblicher Nutzung vermacht hat. Diese Erb[auf]teilung soll gerecht vorgenommen werden, solange die Mutter [Jana – Th. K.] *ihren Witwenstand beibehält; sonst soll das Erbe auf das am Leben verbliebene Kind übergehen, und wenn das Kind vor Erreichen der Volljährigkeit verstürbe, dann falle das Erbe auf die Mutter. Und die Schulden, die er hat, sollen gerecht beglichen werden: nämlich Radoch V Schock und Prokop Prasat fünf Schock, die sollen aus seinem gesamten Besitz beglichen werden. Und zu Testamentsvollstreckern dieses seines letzten Willens hat er die ehrenwerten Männer Jan Radoch und Jan Wodička, Bürger der oben genannten Prager Neustadt, ernannt, seine besonderen Freunde, die er gebeten hat, dass sie Johanna, seiner zuvor erwähnten Gemahlin, und Anička, ihrer Tochter, in allen notwendigen Angelegenheiten mit Rat und Tat zur Seite stehen mögen, was ihre Pflicht ist und worin sie nicht bedrängt werden sollen. Bei den Schulden, die andere bei ihm haben, handelt es sich um nachfolgende: Item Vávrová in Vysočany 82 Groschen. Item Bětka in Dawlicze 50 Groschen. Item Hrabal in Hořelice 46 gr. Item Wčeštiák in Sotalicze 70 gr. Item Pastruha in Sotalicze 42 gr. Item Bolochowecz 106 gr. Beneš in Dřevčice 10 gr. Štiechowá in Libochlebie 24 gr. Staněk aus Miczicze 1 gr. Dies zur Bestätigung haben wir das Siegel unserer oben genannten Stadt diesem Testamentsbriefe beigefügt. Der gegeben und gesiegelt ist Feria quinta ante festum Purificacionis Anno Domini XCIIII.*

179. [1494, April 11]

Bürgermeister und Rat der Stadt Schlan bezeugen, dass Barbora Kršnáková ihren letzten Willen hat zu Papier bringen lassen, worin sie u. a. 50 Schock Groschen für eine Glocke spendet.

Státní okresní archiv Kladno – archiv města Slaný Sign. III Ba 20 (Siegelurkunde).

Regest: Soupis Nr. 4034.

Przed purkmistrem, toho czassu panem Martinem Gaudem, a conssiely przisieznymi tiemto Martinem Lyssanskym, Jakubem Kolesol, Pawlowi Girzikem Dynaussem, Waczlawem Wyzralem, Martinem Wutorym, rychtarzem Mikulassem, Barbora Krssnakowa gsuczi nemoczna vczinila swe poslednie poruczenstwie a kssaft rzadem dolepsanym. Nayprwe dluhy ktorym gsu gi powina a dluzni, bud za duom bud za diedinu neb gine wieczi, powiedieła a gmenowala, a ktere [?] gsu znameneny a sepsany na registrziku. Item z toho poruczila a odkazala tiemto dolepsanym. Nayprw, aby dano bylo z toho L[te] kop miessenskych na zwon. Item Girzowi beczwarzi X kop miessenskych. Item Beczniercze [?] dozizicz X kop a postel ssatuom. Item gine wsseczky wieczi poruczila a oddala na chude, aby sukno bylo ku powaru [?] laznie zadussne topeny. A tiech wieczi vczinila moczne porucznikу Petra v purgmistra a Petra [*nicht lesbar*], aby sie tomu poruczenstwi dosti stalo a ginak aby mienieno [?] nebylo a to przed ... [*nicht lesbar*] sie tak stalo byloby dobrzie. Actum feria sexta roli ... [?]. Anno Domini M°XCIIII°.

Vor dem Bürgermeister, derzeit Herr Martin Gaud, sowie den beisitzenden Schöffen, die da sind: Martin Lysanský, Jakub Kolesol, Pawel Girzik Dynaus, Václav Wyzral, Martin Wutorý und dem Richter Mikuláš hat die kranke Barbora Kršnáková ihren letzten Willen und ihr Geschäft in nachfolgender Weise errichtet. Zuvörderst die Schulden, die man ihr schuldig geblieben ist, sei es für das Haus, sei es für das Erbgut oder andere Dinge, die sie bekannt hat und die bekannt sind und im Verzeichnis eingetragen wurden. Item hiervon hat sie vermacht und bestimmt in nachfolgender Weise. Zuerst sollen hiervon L Schock Meißner Groschen für eine Glocke gegeben werden. Item Girzik Bečvvá X Schock Meißner Groschen. Item der Bečnieřká [?] *X Schock sowie das Bett mit den Kleidern. Item die gesamten anderen Sachen hat sie an Arme vermacht, damit Tuch gekauft werde sowie warme Seelenbäder gestiftet würden. Und zu ordentlichen Testamentsvollstreckern hat sie bestimmt Peter den Bürgermeister und* [nicht mehr lesbar], *die über dieses Testament wachen sollen und aufpassen mögen, dass hieran nichts geändert werde und dass* [nicht mehr lesbar]. *Actum feria sexta roli ...* [?] *Anno domini M°XCIIII°.*

180. [1494, Juli 18]
Testament der Pilsener Bürgerin Barbora Adamová. Zahlreiche Geld- und Sachlegate, v. a. an ihre beiden Töchter Markéta und Kathěřina. Markéta erhält u. a. einen beim Juden Mekl verpfändeten Perlenkranz.
Archiv města Plzně, Hdschr. N 223, fol. 19 (Abschrift).
Edition: Strnad, Listář král. města Plzně 2, S. 328-329, Nr. 397 (Auszüge).[158]

My Herzman z Zernownika, purgmistr toho czasu, Waczlaw sukenik a Thuoma Lembergk, conssiele przisezni a miesstiane miesta Noweho Plznie, znamo czinime tiemto listem obecznie wssechniem a swiedczime, ze pocztiwa zena Barbora Adamowa, nasse spolumiesstka, lezeczi na smrtedlne posteli, acz koliwiek gsuczi nemoczna na tiele, wssak gesstie rozumu dobreho y plne pamieti poziwagieczi, nas na swiedecztwie ktomu zawolawssi y prziprosiwssi, toto swe poslednie rozkazanie z statku sweho, gij od pana boha puoyczeneho, tak aby po smrti gegi yzadny swarowe ani ruoznicze nebyli a newznikli vczinila gest a czini takoweto. Nayprwe odkazuge a dawa z statku sweho na kostel swate Panny Margkety do Czrneho klasstera na stawenie piet kop. Item do Chylicz k swatemu Jakubu I kop. Item do sspitala k swate Marzi Magdalenie kopie. Item yakoz ma po Zikmundowi nebozczi muzi swem, czlowieka v Brzize k Tachowu, s Marketku, dczeru swu, spolu to swe prawo, ktere ma na tom czlowieku, odkazugge tez Margketcze, dczerzi swe, a gestli zeby gi buoh smrti neuchowal prwe, nezby k letom swym rozumnym przissla, tehdy to aby spadlo prawo gegi na tom czlowieku

[158] Online abrufbar unter http://147.231.53.91/src/index.php?s=v&action=jdi&cat=18&bookid=399&page=328 &action_button.x=0&action_button.y=0 (09.09.2017).

gizdotczenem na Katherzinku, druhu dczeru gegi, a pakliby y ta vmrzela prwe nezby let swych dossla, tehdy to ma spadnuti na Jana, manzela gegieho. Item Katherzincze a Margketcze, dczeram swym, odkazuge kazde z nich s posteli ssatuow a to naylepssich naprzed, a o ostatek, aby sie Jan, muz gegi, podielil se wssemi dietmi rownym dielem, wssak aby wuoli gmiel Jan, muz gegi, wybrati diel kteryzby chtiel. Item perlowecz, kteryz ma v Mekle Zida we cztyrzech kopach, ten odkazuge Margketcze, dczerzy swe, a k tomu paterz swuoy koralowy. Item tez Marketcze, dczerzi swe, kteruz gmiela s nebozczem Sigmundem, ktomu czozby gi z kssafu Zikmundowa, otcze gegieho nebozcze, przislusselo gesstcze z sweho dielu, przidawa a odkazuge pietmesczietma kop; a prstenek zlaty, kteryz w Zidech gest, a ktomu zelenu sukni swu a czrwenu drubku a blanky swe a plassczick kratky. Item druhy perlowecz swuoy, kteryz ma v Cardy we trzech kopach a w patnadczeti grossiech, ten odkazuge Katherzincze, dczerzi swe. Item strziebrne lzicze wseczky, kterezkoli tu gsu, odkazuge Janowi, muzi swemu, se wssemi dietmi na rowny diel. Item Zymowe, schowanczi swe, odkazuge I kop. Item Ffenczlowi, Zigmundowu synu nebozcze, odkazuge dwie niwie a dwie lucze a kram mastny, gessto to wsseczko na Teple ma po nebozczi Sigmundowi, muzi swem. Item ostatek pak wsseho statku sweho, czoz koli na gegi diel sprawedliwie przislussie a wsseczko prawo swe, kterez ma ktomu statku, odkazuge a dawa Janowi, manzelu swemu, s tiem dietetem, kterez s nim ma, a zada aby gednu po gegi smrti lazna byla ztopena za gegi dussi; a przes to wierzi muzi swemu milemu ze na gegi dussi zpominati bude yakozto manzel wierny. Item, czoz sie pak dluhuow dotycze gest, oznamila przed nami ze panu Bawuorkowi dluzna gest cztyrzidczet kop, yakoz gsu Adamowe stare doplatila z toho statku spolecznie s syrotkem nebozcze Girzikowym. A czoz sie pak ginych dluhuow dotycze, ze o tiech owssech Jan, muz gegi, dobrze wie. Item toto take oznamila gest przednami, ze po Girzikowi, muzi swem nebozcze, nechtieczi statek roztrhnuti platila dluhy s Sigmundem, muzem tehdaz swym, z toho statku, kteryz tyz Sigmund k ni przinesl sto kop a trziczeti kop. A to prawo swe, kterezby tudy gmiela nebo gmieti mohla k dielu toho syrotka Girzikowi nebozcze, to poruczi a odkazuge mocznie Janowi swemu, kterehozto kssaftu a rozkazanie sweho porucznikу a rzieditele mocznie vczinila gest a moczi tohoto listu czini mudre a opatrne muze Jana, muze sweho, Mathiege Pobiezowskeho a Jana Gilka, gich proseczi a wierzeczi gim, ze toho gegi rozkazanie wiernie a prawie sprawowati a rziediti budu tak yakoz gim toho nad ginym wierzim a vczila gest. A w tom poruczenstwi, aby gim przekazeno nebylo yzadnym prawem duchownim anizto siwetskym, nebo czoz gim koli tato poruczila gest, toho gest dala plnu mocz a prawo k sprawowanie a k rziezenie bez wsseliyake przekazky na swiedomie a na potwrzenie ku prosbie nadepsane Barbory Adamowe gsme wlastni peczeti dobrowolnie ktomuto listu dali przіwiesiti. Genz dan leta narozenie syna bozieho tisiczieho cztyrsteho dewadesateho cztwrteho ten patek przed S. Marzi Magdalenu.

Wir, Heřman von Zernowník, derzeit Bürgermeister, Václav der Tuchmacher und Thuoma Lembergk, beisitzende Schöffen und Bürger der Stadt Neu-Pilsen, bekennen mit diesem Brief allgemein vor allen und bezeugen, dass die ehrenwerte Frau Barbora Adamová, unsere Mitbürgerin, auf dem Sterbebett liegend, aber trotzdem sie körperlich krank ist, dennoch über einen guten Verstand und ein volles Gedächtnis verfügend, uns zu Gezeugnis gebeten und gerufen hat und diesen ihren letzten Willen von ihrem ihr durch Gott den Herrn verliehenen Besitz dergestalt errichtet hat, damit nach ihrem Tode keinerlei Streit und Unbill entstehen und ausbrechen. Zuvorderst vermacht und gibt sie von ihrem Besitz der Kirche der hl. Jungfrau Margarethe im Schwarzen Kloster für Baumaßnahmen fünf Schock. Item nach Chylice in die Kirche St. Jacobi einen Schock. Item in das Spital der hl. Maria Magdalena einen Schock. Item sie hat durch den seligen Zikmund, ihren verstorbenen Gemahl, einen Leibeigenen in Břiz bei Tachau, und zwar zusammen mit Markéta, ihrer Tochter; und dieses ihr Recht an diesem Leibeigenen vermacht sie eben dieser Markéta, ihrer Tochter; und sollte Gott sie nicht am Leben belassen und sie noch vor Erreichen ihrer Volljährigkeit versterben, dann gehe ihr Recht auf diese bereits erwähnte Person über und auf ihre zweite Tochter Kathеřina; sollte diese versterben, noch ehe sie ihre Volljährigkeit erreicht, dann soll ihr Erbteil auf ihren Mann Johann übergehen. Item Kathеřina und Markéta, ihren Töchtern, vermacht sie einer jeden die besten Betten und die beste Kleidung zunächst; und was den übrigen Besitz anbetrifft, so soll Jan, ihr Gemahl, daran Anteil haben, mit allen Kindern zu gleichen Teilen; doch soll Jan, ihr Gemahl, dabei das Recht haben, sich den Erbteil auszusuchen, den er haben möchte. Item einen Perlenkranz, den sie beim Juden Mekl im Wert von vier Schock hinterlegt hat, den vermacht sie ihrer Tochter Markéta, und dazu ihren Rosenkranz aus Korallen. Item derselben Markéta, ihrer Tochter aus der Ehe mit dem verstorbenen Zikmund, der gibt sie zusätzlich zu dem Erbteil aus dem Testament ihres Vaters Zikmund 25 Schock dazu sowie einen goldenen Ring, den sie bei den Juden hinterlegt hat und ebenfalls ihren grünen Rock, die schwarze Drubka und ihre Felle sowie den kurzen Mantel. Item ihren anderen Perlenkranz, den sie bei Carda im Wert von drei Schock und 15 Groschen hat, den vermacht sie ihrer Tochter Kathеřina. Item sämtliche silbernen Löffel, die sie besitzt, die vermacht sie Jan, ihrem Gemahl, mit allen Kindern zu gleichen Teilen. Item der Zymová, ihrer Pflegetochter, der vermacht sie einen Schock. Item Fenczl, dem Sohn des seligen Zikmund, vermacht sie zwei Äcker und zwei Wiesen sowie die Fleischbude, alles dies hat sie von ihrem verstorbenen Gemahl Zikmund in Tepl geerbt. Item das Verbleibende des gesamten Besitzes ihres Gemahls, wozu auch rechtens ihr Erbanteil gehört, und alle seine Rechte, die er bezüglich dieses Besitzes hat, das alles vermacht und vererbt sie Jan, ihrem Gemahl mit den Kindern, die sie von ihm hat; und sie bittet, dass nach ihrem Tode ein warmes Bad um ihrer Seele willen gestiftet werde; und darüber hinaus glaubt sie ihrem lieben Gemahl, dass er als ein getreuer Ehemann für ihre Seele beten wird. Item, was sodann die Schulden anbelangt, so hat sie vor uns bekannt, dass sie Herrn Bawuork 40 Schock schuldig geblieben ist, die hat sie der alten Adamová aus diesem Besitz gezahlt, zusammen mit dem Waisen, dem seligen Girzik. Und was die anderen Schulden betrifft, über diese ist ihr Gemahl Johann gut unterrichtet. Item auch hat sie vor uns bekannt, dass sie nach dem Tode des Girzik, ihres seligen Gemahls, den Besitz nicht hat teilen wollen, und sie hat die Schulden zusammen mit Zikmund, ihrem damaligen Gemahl, aus diesem Besitz beglichen, den dieser Zikmund zu ihr gebracht hat, nämlich 130 Schock. Und dieses ihr Recht, welches sie hier hatte bezüglich des Erbteils dieses Waisen Girzik, das vermacht und vererbt sie ihrem Jan. Und zu rechtmäßigen Testamentsvollstreckern dieses ihres Geschäfts und Testaments hat sie die weisen und ehrenwerten Männer Jan, ihren Gemahl, Matěj Pobězowský und Jan Gilek bestimmt, die sie gebeten hat und denen sie vertraute, dass sie ihren letzten Willen getreu und rechtmäßig ausführen und vollenden werden, da sie ihnen vor allen anderen Menschen diesbezüglich vertraute. Und bei der Ausführung des Testaments sollen sie von niemandem gehindert werden, durch keinerlei Recht, weder geistliches noch weltliches, da sie nur den genannten Personen Vollmacht erteilt habe. Und zu Gezeugnis und auf Bitten der zuvor genannten Barbora Adamová haben wir unsere eigenen Siegel freiwillig diesem Briefe beigefügt. Der gegeben ist im Jahre des Herrn Eintausendvierhundertvierundneunzig, an diesem Freitag vor S. Maria Magdalena.

181. [1494, Oktober 6]
Šeffenczl aus Budweis vermacht in seinem letzten Willen u. a. 11 Schock zu gleichen Teilen an die Kinder seines Bruders Tomášek sowie an seine Schwester Anička.
Státní okresní archiv České Budějovice: archiv města České Budějovice – Reg II Bb/5 (Siegelurkunde).

Nota. Sseffenczl vdielal gest rzadny wdolepsani kssafft. Nayprw odkazuge zbozi sweho Thomasskowy, bratra sweho, dietem Aniczcze, sestrze swe, XI kop w rowny diel, kterez ona ma v siebe; a gestli zeby gedno dietie przedleti rozumnemi smrti sesslo, tehdi diel tehoz dietete na zywe spadne; pakliby dieti wsseczkni przed leti rozumnymi smrti sessli, tehdi polowicze dielu tiech dieti na Thomasska, bratra geho, a Aniczku, sestru geho spadnuti ma. Item zgewil gest, ze v Petra pisarze w Trzeboni ma XVI kop a < V kop, kterez gest Matheo za kostelem na rathaus polozil a miestskymi kniehami gest zapsano tiech XVI kop, a V kop odkazuge Jankowi, synu swemu, a gestli zeby >[*] Syn geho bez kssafftu smrti sessel, tehdi polowicze tiech peniez na Aniczku, sestru geho, a polowiczi na Thomasska, bratra geho, spadnuti ma bez przekazky wsselikiterake. A tento kssafft poruczuge Jankowi bednarzi a Girowi Prazakowi, aby to zrzedili yakoz gym zwlasstie wierzi przitomnosti gsu bylo mudrzi a opatrni Mikulass Krutnar, tehdaz purkmistrem, Augustin Kamsthisl z przisieznych a porucznizi z obcze. Actum feria secunda postquam francisci festum. Anno Domini etc. LCCCCIIII°.

* durchgestrichen!

Nota. Šeffenczl hat sein nachfolgend aufgeführtes Testament ordnungsgemäß errichtet. Zuvorderst vermacht er seinen Besitz an die Kinder seines Bruders Thomášek und an Anička, seine Schwester zu gleichen Teilen, und dazu die XI Schock, die Anička bei sich aufbewahrt, ebenfalls zu gleichen Teilen. Und sollte eines der Kinder vor Erreichen der Volljährigkeit durch Tod abgehen, dann falle dessen Erbteil auf die noch lebenden Kinder; sollten freilich alle Kinder vor Erreichen ihrer Volljährigkeit sterben, dann gehe die Hälfte ihres Erbteils an Thomášek, seinen Bruder, und an Anička, seine Schwester. Item so hat er angezeigt, dass er bei Petr dem Schreiber in Wittingau XVI Schock hat und < V Schock, die hat er bei Matěj hinter der Kirche auf dem Rathaus hinterlegt; und in den städtischen Büchern sind jene XVI Schock und die V Schock verzeichnet, die vermacht er Janek, seinem Sohn; und sollte es geschehen, dass > sein Sohn ohne Testament durch Tod abginge, dann möge die Hälfte jener Summe an Anič-

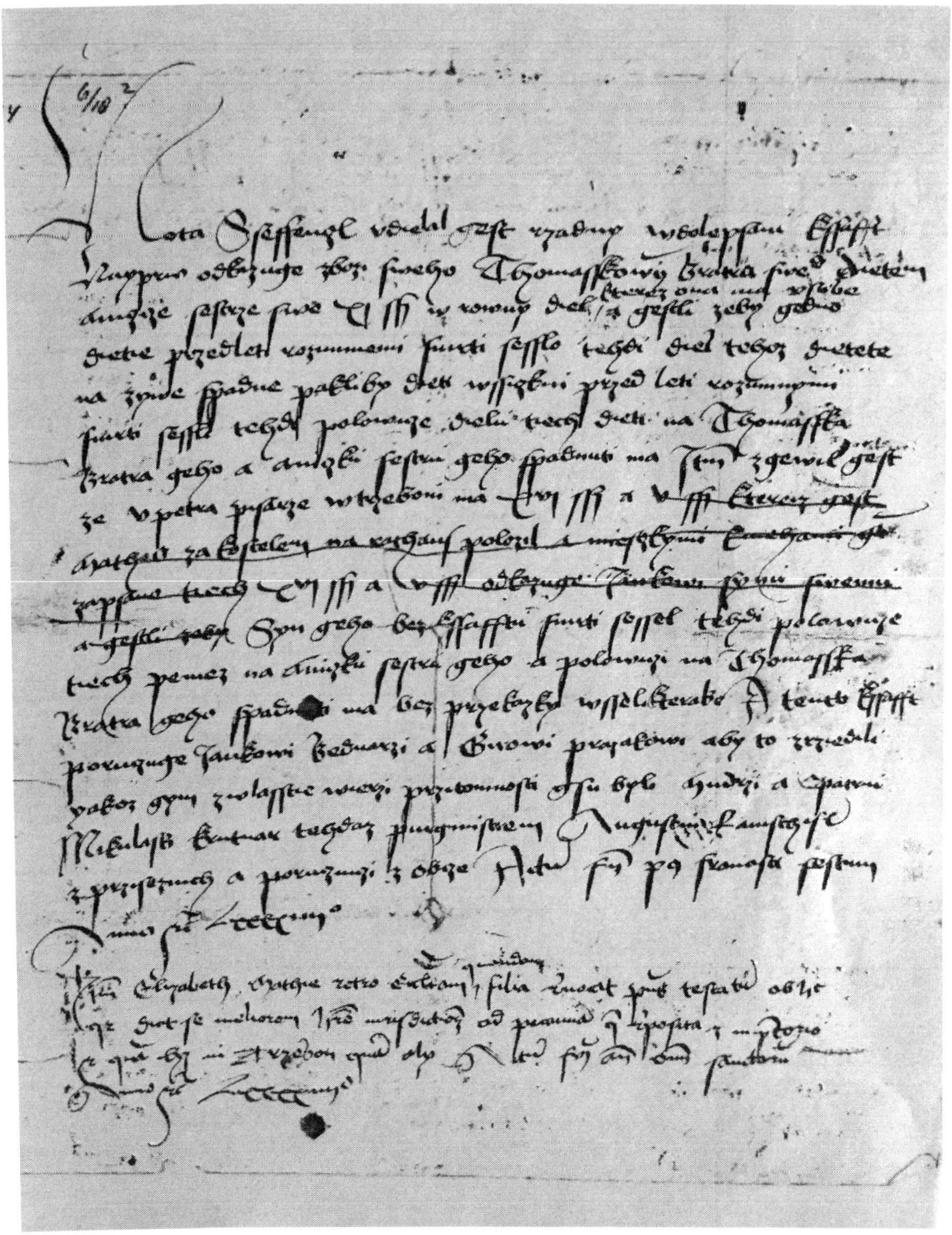

Testament des Šeffenczl aus Budweis – 1494, Oktober 6. Quelle: Státní okresní archiv České Budějovice, Archiv města Českých Budějovic, Reg. II Bb/5 (Siegelurkunde)

ka, seine Schwester, und die andere Hälfte an Thomášek, seinen Bruder fallen, ohne alle Hindernis. Und dieses Geschäft vertraut er Janek Bednář [= Böttcher – Th. K.] *und Gira Prazak an, die sollen es ausführen, da er ihnen besonders vertraut. Und anwesend waren bei der Testamentserrichtung die weisen und ehrenwerten Mikuláš Krutnar, zu dieser Zeit Bürgermeister, Augustin Kamsthil von den beisitzenden Schöffen und Vormünder aus der Gemeinde. Actum feria secunda postquam francisci festum. Anno Domini etc. LCCCCIIII°.*

182. [1494, Oktober 9]
Die Witwe Dorotha Bozkovcová aus Soběslav errichtet ihr Testament, in dem sie den Knappen der Zunft 2 Schock vermacht. Die Magd Alžběta erhält ihre Kleidung etc.
Státní okresní archiv Tábor: archiv města Soběslav, Sign. I-B-3/23, Inv.-Nr. 277 (Siegelurkunde).
Regest: Soupis 2/2, Nr. 4066.

Anno domini millesimo etc. Nonagesimoquarto Feria quinta ante festum Sancti Galli pocztiwa wdowa Dorotha Bozkowczowa vczinila kssaft a rozkazanie, gsucz przidobre pamieti a rozumu strziezliweho.
Item z statku sweho nayprw odkazugi knapuom do czechu II sex.
Item na tabuli k Matcze Bozi I sex. A na wosk I sex. a na wino k sluzbie bozi sex. Item Alzbietie diewcze modru sukni a klok czerny a trzi rauchy a dwuge rukawy a s posteli ssatuow, duchnu, perzinu, polsstarz kozenny a podussku.
Item kniezy Janowi dwa paterze koralowa VII lzicz s strziebrem konwe ... [*nicht mehr lesbar*] misy czynowe wsseczky a ktomu s loze ssatuow duchnu podussku [*nicht mehr lesbar*] wie perzinu dwa polsstarze russna a kozeny.
Item [*nicht mehr lesbar*] zuosttane statku meho potomto rozkazani, to wssechno porucz[im a] czinie kniezy Janowi a Jakubowi Pikussowi, toho czasu [*nicht mehr lesbar*]rzi, aby oni to rozdielili wedle rozkazanie meho komuz [*nicht mehr lesbar*], czo rozkazala a yakoz gim toho dobrze wierzim yako swym wiernym przatelom.
A [*nicht mehr lesbar*] kssaftu byli gsu mudrzi a opatrni pani Jakub Pikaus [*nicht mehr lesbar*] chwile rychtarz a Waczlaw z Telecziczych Hor conssel.
A p[rosila] gest mudrych a opatrnych panuow purkmistra a raddy aby swu peczet miestsku ktomuto kssaftu przitiskli.

Anno domini millesimo etc. Nonagesimoquarto feria quinta ante festum Sancti Galli hat die ehrenwerte Witwe Dorotha Bozkovcová, die bei gutem Gedächtnis und gesundem Verstand war, ihr Geschäft und ihr Testament errichtet.
Item aus ihrem Besitz vermacht sie zuvorderst den Knappen in die Zunft II sex.
Item an die Tafel zur Gottesmutter I sex. Und für Wachs einen sex. Und für Wein zum Gottesdienst einen sex. Item Alžběta, dem Dienstmädchen, den blauen Rock, den schwarzen Hut sowie drei Gewänder und zwei Ärmel [?], *dazu das Bett, Kleider, ein Oberbett, ein Kopfkissen aus Fell und ein Kissen.*

Item dem Priester Jan zwei Korallenkränze, VII versilberte Löffel, ... Kannen [Anzahl nicht mehr lesbar], *sämtliche Zinnschalen und dazu das Bett, Kleider, Ober- und Unterbett, ...* [nicht mehr lesbar], *ein Kopfkissen, zwei Kissen, Schleier und Fell* [?].
Item [nicht mehr lesbar] *was von meinem Besitz außer den im Testament festgehaltenen Sachen übrigbleibt, dies alles sollen der Priester Jan und Jakub Pikus, derzeit ...* [nicht mehr lesbar] *entsprechend meinen testamentarischen Verfügungen verteilen, so wie es ihnen* [nicht mehr lesbar] *am vorteilhaftesten erscheint, da ich ihnen als meinen guten Freunden besonders vertraue.*
Und die Testamentsvollstrecker [nicht mehr lesbar] *waren die weisen und ehrenwerten Herren Jakub Pikaus* [nicht mehr lesbar], *derzeit Richter, sowie der Ratsherr Václav aus Teleczy Hory.*
Und sie hat die weisen und ehrenwerten Männer, den Bürgermeister und den Rat, gebeten, dass sie das Stadtsiegel diesem Brief beifügen mögen.

183. [1494, November 30]
Der Böttcher Jan Bednář aus Budweis vermacht seine Hinterlassenschaften seiner Gemahlin Katheřina. Der Sohn Jiřík soll die Werkstatt führen.
Státní okresní archiv České Budějovice: archiv města České Budějovice – Reg. II Bb/5 (Siegelurkunde).

Nota. Jan bednarz vdielal rzadny gsa przi rozumu dobrym wdolepsany kssafft. Nayprwe, ze wesskeren statek swuoy, mowite y nemowite, kterymzkoliwiek gmenem muoz gmenowan biti, nicz newinimage, bud w miestie neb przed miestem, odkazuge manzelcze swe Katherzinie tak, aby ona moczna hospodina byla a wladla s tiem statkem az do smrti swe [*nicht mehr lesbar*] wssech dieti mich a Girzik, syn muoy, aby przi ni byl a wersstat drzel a gy pomahal a hospodarzstwi sprawowali gsa gye poslussen. Pakliby se sny ziweti nemohl, tehdi z statku toho ma gemu XX kop gr. missenskych wiplniti a gynie wssem dietem, kteriz by k lethom przissli po XX kop gr. missenskych; pakliby kteri przed lethi rozumnymi smrti sesslo, tehdi napad by na materz a na dieti w rowny diel; gestli pak, ze by manzelka prwe smrti sessla nez Girzik syn muoy, tehdi po gegi smrti Girzik mocznym hospodarzem a wladarzem beti ma do leth sirotssich; a kdyzby syrotczi k lethom nprzissli, wplnie gym po XX kop; ostatek, mnoho neb malo, aby przi niem zuostalo. A tento kssafft mocznie porucznicz Girzikowi Tamniczarowi, Mikulassowi Krottnarowi, aby [*nicht mehr lesbar*] zwlasstenie knym douffanie nam przitomnosti gsu byli mudrzi a opatrni Waczlaw Sserhakl, tedaz gsa purkmistrem, a swrchupsani porucznicz z przisesnych. Actum domicica post die sancti Andree Anno domini LXXXXIIII°.

Nota. Jan Bednář [= der Böttcher – Th. K.] *hat bei gutem Verstand ordnungsgemäß das nachfolgende Geschäft getätigt. Zuvorderst vermacht er seinen gesamten beweglichen und unbeweglichen Besitz, durch wen dieser auch immer genannt werden könnte, nichts auslassend, sei es nun in der Stadt oder vor den Mauern, seiner Gemahlin Katheřina, die soll aber eine gute Wirtschafterin sein und bis zu ihrem Tode diesen Besitz verwalten* [nicht mehr lesbar] *und sich um alle meine Kinder kümmern; und Jiřík, mein Sohn, der soll bei ihr bleiben, ihr bei der Verwaltung des Besitzes helfen und ihr Gehorsam entgegenbringen. Sollte er jedoch nicht bei ihr und den Kindern bleiben wollen, dann soll man ihm aus der Hinterlassenschaft XX Schock Meißner Groschen auszahlen und allen anderen Kindern, sofern sie ihre Volljährigkeit erreichen, einem jeden ebenfalls XX Schock Meißner Groschen. Sollte jedoch irgendeines der Kinder noch vor seiner Volljährigkeit versterben, so gehe dessen Erbteil an die Mutter und die übrigen Kinder zu gleichen Teilen. Sollte wiederum meine Gemahlin noch vor Jiřík, meinem Sohn, sterben, dann soll Letzterer nach ihrem Ableben rechtmäßiger Wirtschafter und Verwalter sein, bis die Kinder ihre Volljährigkeit erreichen; sollten die Waisen*[*kinder*] *ihre Volljährigkeit erreichen, dann soll man ihnen jeweils XX Schock auszahlen. Und das Übrige, sei es viel oder wenig, soll bei ihm* [Jiřík – Th. K.] *bleiben. Und rechtmäßige Testamentsvollstrecker dieses Geschäfts sind Girzik Tamniczar und Mikuláš Krottnar* [nicht mehr lesbar], *denen er besonders vertraut. Und bei der Errichtung des Testaments waren anwesend die weisen und ehrenwerten Václav Šerhakl, derzeit Bürgermeister, sowie die zuvor genannten Testamentsvollstrecker als beisitzende* [*Schöffen*]. *Actum domicica post die sancte Andree Anno domini LXXXXIIII°.*

184. [1495, Juni 26]
Der Radmacher Pavel Kolář aus Budweis vermacht seiner Gemahlin Kateřina, seinen Söhnen Štepán, Girzik und Vít sowie seinen Töchtern Maruše, Uršula und Martha Haus, Garten und sämtliches Eigentum.
Státní okresní archiv České Budějovice: archiv města České Budějovice – Reg. II Bb/5 (Siegelurkunde).

Znamenay, ze Pawel kolarz vdielal gest rzadny, gsa przi rozumu dobrym wdolepsany kssafft. Nayprw odkazuge Katherzinie, manzelcze swe, a synom swym Sstiepanowi, Girzikowi, Witkowi a dczeram Marussi, Vrssule a Marthie duom zahradu a wesskeren statek swuoy, mohwite y nemohwite, kteremz koliwiek gmenem muoz gmenowan byti, nicz newinimage, na rowny diel takowu wymienku, gestli ze by ktery z synuow a neb z dczer przed lethi rozumnemy smrti zssel a nebo z ssessla, tehdi z thoho mrtweho naprzed gdy na materz a na dieti swrchupsany; a ten kssafft mocznie poruczugie Thomanowi Striczlowi Bergowi Kemcziczarowi a Wanczlawi Ssuedlowi, aby to tak wirzidieli yakoz gim z wlasstie wierzi przitomnosti byli gsu mudre opatrnosti Girzik Jammizar, tehdaz purgmistr, Mikulass Krutnar, przisezny a porucznicz i swrchupsani z obcze. Actum Feria sexta post diem Iohanni et Pauli Anno domini M°CCCC°LXXXXVto.

Es sei vermerkt, dass Pavel der Radmacher ordnungsgemäß bei gutem Verstand sein nachfolgendes Geschäft getätigt hat. Zuvorderst vermacht er Kateřina, seiner Gemahlin, sowie seinen Söhnen Štepán, Girzik und Vít und seinen Töchtern Maruše, Uršula und Martha Haus, Garten sowie seinen gesamten beweglichen und unbeweglichen Besitz, durch wen auch immer dieser genannt sei, nichts auslassend, zu gleichen Teilen; jedoch unter der Ausnahme, dass, sollte einer der Söhne oder eine der Töch-

ter vor Erreichen der Volljährigkeit durch Tod abgehen, dann soll dessen Erbteil auf die Mutter und die anderen oben genannten Kinder übergehen. Und zu Testamentsvollstreckern dieses letzten Willens bestimmt er Thoman Striczl, Berg Kemcziczarow und Václav Šuedl, die sollen seinen letzten Willen ausführen. Und bei der Testamentserrichtung waren anwesend die weisen und ehrenwerten Jiří Jamničar, derzeit Bürgermeister, der beisitzende Schöffe Mikuláš Kruttnar und die oben genannten Testamentsvollstrecker aus der Gemeinde. Actum feria sexta post diem Iohanni et Pauli domini M°CCCC°LXXXXV[to].

185. [1495, August 25]
Testament des Messerschmieds und Bürgers der Stadt Pilsen Ambrož. Dieser vermacht u. a. seinem Sohn Janek, der sich „auf Wanderschaft" befindet, 5 Schock Groschen. Werkstatt, Hausrat, 6 Schock Groschen in einer Truhe sollen seinem Begräbnis dienen. Seelgerätschaften.
Archiv města Plzně, Hdschr. N 223, fol. 25 (Abschrift).
Edition: Strnad, Listář král. města Plzně 2, S. 349, Nr. 424 (Ausschnitte).[159]

My Waczlaw sukenik, purgmistr toho czasu, Waczlaw Ffenczl a Wawra zlatnik, conssiele przisezni a miesstiane miesta Noweho Plznie, znamo czinime tiemto listem wssiem wuobecz a swiedczime, ze opatrny muz Ambroz nozirz, nass spolusused, leze na smrtedlne posteli, aczkoli gsa nemoczen na tiele, wssak gesstie swobody dobreho rozumu tudiez y plne pamieti poziwage, nas na swiedecztwie ktomu zawolaw y prziprosiw, toto swe poslednij rozkazanie, aby po smrti geho swarowe aneb ruoznicze nebyli a newznikli o statek geho, gemu od pana puoczeny, vczinil gest a czini takowymto obyczegem. Nayprwe yakoz ma sedmdesat kop gr. hotowych, z tiech naprzed odkazuge Aniczcze, dczerzi swe, kteraz gest w Przessticzich piet kop. Item Jankowi, synu swemu, kteryz wandruge, take V kop naprzed. Item ostatek te summy totizto ssestdesat kop hotowych a giny wsseczken statek swuoy, puol domu Ssleyferny, puol wsseho nadobie, na kowadlen weliku a miechy przikterychz dielagi, to wsseczko, czoz gemu koli przislussie, odkazuge a dawa manzelcze swe a dietem swym wssiechniem spolu na rowny diel, aby sie oto o wsseczko rownie podielili. A gestli zeby ktereho dietete buoh neuchowal smrti prwe leth rozumných, tehdy diel geho spadni na gine dieti ziwe zuostale, kromie tiech desieti kop, kterez gest Aniczcze a Jankowi naprzed odkazal. Nebo gestli, zeby buoh tiech dieti neuchowal prwe nezby k swym letom przissli, tehdy aby ty penize tiech X kop przi kniezi Janowi vuczy zuostali. Pakliby wssech dieti geho buoh neuchowal prwe leth rozumnych, tehdy aby dano bylo na Czrny klasster na dielo X kop gr. missenskych a bosakom X kop; a ostatek, aby spadl na manzelku geho. Item z toho zewsseho statku geho, aby po smrti geho sluzeno bylo XXX mssy za geho dussi. Item dluzni gsu gemu w czechu II kopy, ty take zenie a dietem odkazuge, aby sie oto dielili. Item Duorze, sestrze swe, do Sstienowicz odkazuge IIII kopy, kterez gest puoczil do

[159] Online abrufbar unter http://147.231.53.91/src/index.php?s=v&cat=18&bookid=399&page=370 (09.09.2017).

vgezda swe zeny otczi. Item iakoz ma ssest kop w truhliczi, z tiech aby ku pohrzebu byl prziprawen a z tiech peniez VII liber wosku k matcze bozie k bosakom odkazuge. A toho kssaftu sweho mocznie porucznikу vczinil gest a czini tiemto listem pocztiweho knieze Jana, ffararze Wieczowskeho, a opatrneho muze Wylema sukenika, gim wierze nad gine, ze toho geho rozkazanie rzediti budu a sprawowati iakozto dobrzi lyde wiernie a prawie. A wtom poruczenstwi, aby gim przekazeno nebylo yzadnem prawem duchownim anizto swietskym. A toho na swiedecztwie a na potwrzenie prosseni gsucze od tehoz Ambroze nozerze swe gsme peczeti dali przіwiesiti ktomuto listu. Genz dan letha etc. XCV°. Ten vtery po s. Barthomiegi.

Wir Václav der Tuchmacher, derzeit Bürgermeister, Václav Fenczl und Vávra der Goldschmied, beisitzende Schöffen und Bürger der Stadt Neu-Pilsen, bekennen mit diesem Brief allen in der Gemeinde und bezeugen, dass der ehrenwerte Mann Ambrož der Messerschmied, unser Nachbar, auf dem Sterbebett liegt; doch trotzdem er körperlich krank ist, verfügt er noch über einen guten Verstand und ebenso über ein volles Gedächtnis, und er hat uns zu Gezeugnis gerufen und gebeten und seinen letzten Willen in nachfolgender Gestalt errichtet, damit nach seinem Tode keinerlei Streitigkeiten und Unbill entstehen und sich entwickeln über seinen ihm vom Herrn verliehenen Besitz. Zuvorderst vermacht er von den 70 Schock Groschen Barschaft Anička, seiner Tochter, die in Přeštice lebt, fünf Schock. Item Janek, seinem Sohn, der sich auf Wanderschaft befindet, ebenfalls fünf Schock zuvor. Item den Rest dieser Summe, nämlich sechzig Schock Barschaft, sowie seinen gesamten übrigen Besitz, die Hälfte des Hauses, der Schleiferei, die Hälfte aller Möbel, der großen Ambosse und die Blasebälge, auf denen alles, was ihm gehört, hergestellt wird, dies vermacht und gibt er seiner Gemahlin und seinen Kindern gemeinsam zu gleichen Teilen; hierin sollen sie alle gemeinsam beteiligt sein. Und sollte Gott eines der Kinder nicht am Leben belassen und es noch vor Erreichen seiner Volljährigkeit versterben, dann soll dessen Erbteil auf die anderen, noch lebenden Kinder übergehen, mit Ausnahme jener zehn Schock, die er Anička und Janek zuvor vermacht hat. Sollte Gott nun diese beiden Kinder [Anička und Janek – Th. K.] *noch vor Erreichen ihrer Volljährigkeit heimholen, dann sollen jene zehn Schock bei dem Priester Jan bleiben. Sollte Gott nun alle seine Kinder noch vor Erreichen ihrer Volljährigkeit heimholen, dann sollen an das Schwarze Kloster zehn Schock Meißner Groschen gehen und an die Barfüßler zehn Schock und der Rest, den soll seine Gemahlin erhalten. Item von diesem ganzen Besitz sollen nach seinem Tode XXX Messen für seine Seele gelesen werden. Item sind ihm schuldig geblieben in der Zunft II Schock, die vermacht er ebenfalls seiner Gemahlin und den Kindern, die sollen sich dieses Geld teilen. Item Duora, seiner Schwester in Štienowicz, vermacht er IIII Schock, die hat er nach Augezd dem Vater seiner Gemahlin geliehen. Item, was die sechs Schock in der Truhe anbelangt, davon soll sein Begräbnis vorbereitet werden und von jenem Geld vermacht er zudem VII Pfund Wachs an die Kirche der Gottesmutter bei den Barfüßlern. Und zu rechtmäßigen Testamentsvollstreckern dieses seines letzten Willens hat er kraft dieses Briefes bestimmt den ehrenwerten Priester Jan, den Pfarrer von Wieczowicze* [?], *und den ehrenwerten Mann Vilém den Tuchmacher, denen er vor allen anderen Menschen vertraut, dass sie dieses sein Testament ausführen und vollenden werden, so wie er ihnen als guten Menschen glaubt. Und bei der Ausführung dieses Testaments sollen sie durch keinerlei geistliches oder weltliches Recht gehindert werden. Und zu Gezeugnis und zur Bestätigung haben wir auf Bitten jenes Messerschmiedes Ambrož unsere Siegel diesem Briefe beigefügt. Der gegeben ist im Jahre etc. XCV°. An diesem Dienstag nach S. Bartolomäi.*

186. [1495, Oktober 4]

Barbora, Tochter des Hanuš, vermacht dem St. Annenkloster in Brünn 15 Schock. Bedacht werden auch die drei Schwestern, der Bruder sowie die Mutter. Legate *ad pias causas.*

Státní okresní archiv České Budějovice: archiv města České Budějovice – Reg. II Bb/5 (Siegelurkunde: Hierauf steht zu lesen: Testamentum virginis Barbare filie Hanussku Brieff.*).*

Znamenay, ze panna Barbora, dczera Hanusskowa, vczinila gest swe poslednie poruczenstwie. Item k swate Annie do Brna do klasstera XV kop. [*durchgestrichen!*] Do fary k S. Mikulassi X kop. Do klasstera V kop. Item giegimu bratru Prokopowi X kop. [*durchgestrichen!*] Item giegi sestrze Serwaczowie X kop. Item pro chudi lidi, aby kupeni byli IIII postawy sukna a to mezi nie rozdielili. Item chudym dieweczkam a nebo gynim chudym lidem, kterziz se potcztiwie chowagie a drzie X po II kop. Ostatek statku sweho, czoz ma, mohwiteho y nemohwiteho, nicz newinimagicz, odkazuge bratru a sestram swym Appolonie, Dorothee, Anthony a materzi giegi na rowny diel; a gestli ze by gedno dietie przed leti rozumnymi smrti sesslo, tehdi diel tehoz na zywe gdi pakli by wsssichni smrti przed lethi sessli tehdi do Brna k S. Annie do klasstera k patnaczti kopam odkazuge XXX kop a ostatek materzi giegi. A ten kssafft mocznie mocznie [*sic!*] poruczuge Martinowi Rauhowi, otczi giegimu, Waczlawowi Sserhallowi, Mikulassowi Krutnarowi a materzi swe, aby ony to wirziedili iakoz gym zwlasstie wierzi przitomnosti gsu byli mudrie opatrnosti Martin Rauh, tehdaz purgmistr, Waczlaw Ssertiak, Johannes Siechtuger a porucznicziz obczie. Actum Feria [*nicht lesbar*] post die Francisci conf. Anno domini etc. LXXXXV°to.

Es sei vermerkt, dass die Jungfer Barbora, Tochter des Hanuš, ihren letzten Willen errichtet hat. Item zu St. Annen nach Brünn in das Kloster XV Schock [durchgestrichen!]. *In die Pfarre zu St. Niklas X Schock. In das Kloster V Schock. Item ihrem Bruder Prokop X Schock* [durchgestrichen!]. *Item ihrer Schwester Serwaczová X Schock. Item für arme Leute sollen IIII Ballen Tuch gekauft und unter diesen verteilt werden. Item armen Mädchen oder aber anderen armen Leuten, die sich ehrsam benehmen und verhalten, X Mal je II Schock. Den Rest ihres beweglichen und unbeweglichen Besitzes, nichts ausgelassen, vermacht sie dem Bruder und den Schwestern Appolonia, Dorothea, Antonie sowie ihrer Mutter zu gleichen Teilen; und sollte eines der Kinder vor Erreichen der Volljährigkeit versterben, dann möge dessen Erbteil auf die noch lebenden Geschwister übergehen; sollten freilich alle noch unmündig sterben, dann vermacht sie XXX Schock nach Brünn zu St. Annen in das Kloster zu je 15 Schock und den Rest an ihre Mutter. Und zu Testamentsvollstreckern dieses ihres Geschäfts bestimmt sie Martin*

Rauh, ihren Vater, Václav Šerhall, Mikuláš Krutnar und ihre Mutter, die mögen dieses ausführen, da sie ihnen besonders vertraut. Und anwesend waren die weisen Martin Rauh, derzeit Bürgermeister, Václav Šertiak, Jan Siechtuger und Testamentsvollstrecker aus der Gemeinde. Actum Feria [nicht lesbar – Th. K.] *post die Francisci conf. Anno domini etc. LXXXXV*[oto].

187. [1495, November 1]
Der Fuhrmann Zdeněk aus Rožnovo vermacht seinen Besitz seiner Gemahlin Barbora, seinem Sohn Křištof sowie dem noch ungeborenen Kind (!).
Státní okresní archiv České Budějovice: archiv města České Budějovice – Reg. II Bb/5 (Siegelurkunde).

Wegmeno bozie amen. Letha bozieho M CCCC LXXXXV° tu nediely na wsseczky Swathe vczinil gest rozkazani takowe, leze wnemoczy, a wssak gsa prziedobre pamieti a rozumu Mathauss Zdeniek fforman z Roznowa.
Item nayprw Mathuss Zdeniek dluzen gest Wiczenczowi Sukenikowi z Budiegicz L kop.
Item Temuz Wiczenczowi XXX kop a VI kop a nato ma puol sedmy miry geczmene. A dwa kameny wlny a dwie libcze.
Item Mathaus Zdeniek dluzen gest Prokssowi Sladownikowi VI kop m. X gr.
Item Mathuss Zdeniek dluzen gest Canntarowi Pekarzy V kop. m. X gr.
Item Mathuss Zdeniek dluzen gest Pawlowi z Roznowa, swemv susedu, V kop m. X gr.
Item Mathuss Zdeniek dluzen gest Tuomowi 4 1/2 kop.
Item Mathuss Zdeniek dluzen gest Wodraczkowi za lechke piwo.
Item Mathuss Zdeniek dluzen gest Ffraknerzy X kop.
Item Behlowi dluzen gest I kop.
Item diewcze prziestawne dluzen mzdy I kop.
Item Michalowi dluzen gest LXXXIIII gr.

Tito wieczy gsu gemu za se dluzni
Item Jan rychtarz III kopy.
Item Sstendl z Czetwinu I kop.
Item Michal sukenik XLVI kop.

Mathuss Zdeniek wsseczko swe zboze, ktere gemu zuostane po zaplaczeni dluhuow to dawa a wodkazuge swe manzelcze Barborze a swemu synowy Krzysstofferowi, a poniewadz gest zena tiehotna gest ten statek geho, aby ssel na tyz strany; pakliby buoh nechowal Krzysstoffera, syna mého, neb dieti maych przwed letmi dosslymi, tehdy ten statek wsseczen aby spadl za se na materz; a przitom gsu byly Girzik k Ssmahal, Pawel Erhart, Matiey z Hawerowicz, Linhart z Dwericzsstie, Wolgan z Mahlowa, aby to w pamieti geho posledni rozkazani, gestly zeby geho pan buoh nechowal.
A tohoto meho rozkazani a poruczenstwie mocznu poruczniky dielam Wiczensa sukenika a Girzika Ssmachala, a geste sweho a przietom mem rozkazani byly Radek Hospodeny, Jan Vyczyk w milyczinie a Jan zamecznik.

Im Namen Gottes Amen. Im Jahre Eintausendvierhundertfünfundneunzig nach Christi Geburt, an diesem Sonntag Allerheiligen hat Mathauss Zdeněk, Fuhrmann aus Rožnovo, der da krank darniederliegt, jedoch bei gutem Gedächtnis und bei gutem Verstand ist, seinen nachfolgenden letzten Willen aufgesetzt.
Item zuvörderst ist Mathuss Zdeněk schuldig geblieben Vincenz dem Tuchmacher aus Budweis L Schock [*Groschen*].
Item demselben Vincenz XXX Schock und VI Schock [*Groschen*], *wofür er sieben Maß Gerste erhalten hat.*
Item zwei Seile aus Wolle und zwei Libcze [?].
Item Mathuss Zdeněk ist schuldig geblieben Prokess dem Mälzer VI Schock Meißner Groschen und X Groschen.
Item Mathuss Zdeniek ist schuldig geblieben Canntar dem Bäcker V Schock Meißner Groschen und X Groschen.
Item Mathuss Zdeněk ist schuldig geblieben Pavel aus Rožnovo, seinem Nachbar, V Schock Meißner Groschen und X Groschen.
Item Mathuss Zdeněk ist schuldig geblieben Tuoma 4 1/2 Schock.
Item Mathuss Zdeněk ist schuldig geblieben Fraknerz X Schock.
Item Behly ist er schuldig geblieben I Schock.
Item dem Mädchen Přitsawna ist er schuldig geblieben LXXXIIII Groschen.

Diese Sachen sind ihm schuldig geblieben
Item Jan der Richter III Schock.
Item Sstendl aus Czetwin I Schock.
Item Michal der Tuchmacher XLVI Schock.

Mathuss Zdeněk hat seinen gesamten Besitz, der ihm nach Begleichen der Schulden verbleibt, seiner Gemahlin Barbora und seinem Sohn Křištof vermacht; und da seine Gemahlin schwanger ist, verfügt er bezüglich seines Besitzes, dass dieser auf die genannten Personen übergehe. Sollte Gott meinen Sohn Křištof nicht am Leben belassen oder meine Kinder nicht ihre Volljährigkeit erreichen, dann sollte der ganze Besitz auf die Mutter übergehen. Und anwesend waren Girzik Kšmahal, Pavel Erhart, Matěj aus Haverovice, Linhart aus Dvericzštie und Wolgan aus Mahlov, die über seinen letzten Willen wachen sollen für den Fall, Gott sollte ihn selbst nicht am Leben belassen.
Und zu ordentlichen Testamentsvollstreckern dieses meines letzten Willens bestimme ich Vincenz den Tuchmacher und Girzik Šmachal; und des Weiteren waren bei der Errichtung des Testaments anwesend Radek Hospodený, Jan Uczyk aus Miličin sowie Jan Zamečník [der Schlosser – Th. K.].

188. [1496, Februar 3]
Wenczl Migal aus Budweis vermacht in seinem Testament dem Städtchen Volary in Südböhmen 10 Schock zum Bau einer Kirche, 5 Schock der Fleischerzunft für den Altar der Gottesmutter in Budweis. Die Nikolaikirche der Mutter Gottes, die Kirche St. Johannes und St. Prokop in der Altstadt erhalten je 5 Schock Groschen für Baumaßnahmen, das Spital 3 Schock. Die Gemahlin Barbora erhält die Habe, die Töchter Maruše und Kateřina 15 bzw. 3 Schock.
Státní okresní archiv České Budějovice: archiv města České Budějovice – Reg. II Bb/5.

Znamenay, ze Wenczl Migal vczinil rzadny, gsa przi rozumu dobrym nizepsani kssaft. Nayprw odkazuge z statku sweho, od boha gemv poyczeneho, do miesteczka Volarz X kop k kostelu k staweni. Item XV kop Marussi, dczerzi swe. *Item V kop do czechu rzezniczkeho k oltarzi Matki bozie do fary. Item V kop do fary k S.Mikulassi k staweni. Item do klasstera Matki bozie V kop. Item do Stareho miesta k S.Janu a Procopu V kop wsse k staweni. Item do Sspitala chudem lidem strawi gich na oprawu III kop* [*durchgestrichen!*] potom wesskeren statek swuoy, mohwitei y nemohwitei, bud malo nebo mnoho, nicz newynimage, odkazuge Barborze, manzelcze swe, aby ona toho wsseho statku moczni wladarz byla bez przikazi osob wsseliktarakych; kterehoz kssafftu naywyssi porucznicziczini naprzedpsani Barboru, manzelku swu, przitom prossie Sstiepana kozeluha a Ondrasska kraycziho, aby sucz porucniczi kssafftu tohoto byli a gy wzemzby mohli radni a pomoczni byli przitomnosti gsu byli muddre opatrnosti Mathias Wolherz, ty czasi purgmistr, Sigmund krayczi z przisezných, Michel Thauser a porucniczi z obcze. Actum Feria quarta post purificacione Marie Anno domini etc. LXXXXVI[to].
Item Katherzinie, dczerze swe, odkazuge III kopy a dluh kterzy gemu dluzna ten gy dopusstie.

Es sei vermerkt, dass Wenczl Migal ordnungsgemäß bei gutem Verstand sein Geschäft errichtet hat. Zuvorderst vermacht er aus seinem ihm von Gott verliehenen Besitz dem Städchen Volary *X Schock für Baumaßnahmen an der* [*dortigen*] *Kirche. Item XV Schock Maruše, seiner Tochter. Item V Schock in die Fleischerzunft zum Altar der Gottesmutter in die Pfarrei.* Item V Schock in die Pfarrei zu St. Niklas für Baumaßnahmen. Item in das Kloster der Gottesmutter V Schock. Item in die Altstadt in die Kirche St. Johannes und Prokop V Schock, alles für Baumaßnahmen. Item in das Spital an arme Leute für deren Versorgung und zur Ausbesserung III Schock [durchgestrichen!]; *sodann vermacht er seinen gesamten beweglichen und unbeweglichen Besitz, sei es viel oder wenig, nichts ausgelassen, Barbora, seiner Gemahlin, damit sie rechtmäßige Wirtschafterin dieses gesamten Besitzes sei, ohne Verfügungsgewalt durch irgendwelche anderen Personen. Zur obersten Testamentsvollstreckerin dieses Geschäfts bestimmt er die zuvor erwähnte Barbora, seine Gemahlin, der er Štepán Kozeluh und Ondřej den Schneider als weitere Testamentsvollstrecker zur Seite stellt, die er zugleich bittet, sie mögen seiner Frau mit Rat und Hilfe zur Seite stehen. Bei der Testamentserrichtung anwesend waren die weisen Matěj Wolheř, derzeit Bürgermeister, Zikmund der Schneider* *und Michal Thauser als beisitzende Schöffen sowie die Vormünder aus der Gemeinde. Actum Feria quarta post purificacione marie Anno domini etc. LXXXXVI^{to}.*

Item Katheřina, seiner Tochter, vermacht er III Schock; und die Schuld, die sie bei ihm hat, die erlässt er ihr.

189. [1496, Februar 9]
Prokop aus Nabdín bestimmt die Testamentsvollstrecker seines Gutes und die Vormünder seiner Gemahlin Barbora, die das Gut auch im Falle des Todes der Kinder nutzen soll. Sollte sie sich wieder verheiraten, fällt das Gut an zwei Freunde, die beide Petr heißen.
Archiv Národního muzea v Praze: H – z Nabdína (Siegelurkunde).

Weggmeno boze amen. Ja, Prokop z Nabdina, lezie w kazni bozi a gsa nemoczen natiele, ale dobreho a zdraweho rozumu vziwage, nechtie aby pome smrti ktera nesraczka a ruoznicze byla omuoy statek, kterymz gest mne pan Buoh wssemohuczi raczil nadieliti, y vczinil sem kssafft otom swem statku a zpuosob rzadem dolepsanym. Item, czoz sem dczkami zemskymi zpuosobil a zwlasstie o wieno manzelky me, to bud przitom nez yakoz sem sobie to pozuostawil dczami zapsanym, czo bych komu odkazal z sweho statku, gsa zdraw nebo nemoczen, aby to moczno a drzeno bylo y rozkazugi; a tomu chczi, aby pani Barbora, manzelka ma, byla mocznu poruczniczi statku meho y dietek tak, aby ona w tom statku mem z dietkami zuostala a dietky me swe wiernie opatrowala a odtud, aby hybana nebyla dokudz by stawu wdowskeho nezmienila, a to bezewsse prziekazky. Pakliby sie wdala, tehdy weno swe wezmi, a polowiczi nabytkuow ssattuow konwij gmielo. A gestli, zie by buoh neuchowal dieti prwe nezby staw zmienila, tehdi po gich smrti ona toho statku wsseho poziway, dokudz by stawu nezmienila. A pakli by gie Buoh neuchowal a nebo staw zmienila, tehdy ten statek przipadni na me przately na Petra z Gieradicz Hnydawskeho a na Petra z Gieradicz, tudiez sedienym; poruczniky tiech wieczi moczne czinym vrozene panosse Gyndrzicha Sestizwuka z Slamicz an na Telcziech a Petra Mladssieho, strycze sweho z Gieradicz, a prosym gich, aby radni a pomoczni byli manzelcze me y dietkam mym a gich aby neomisstieli a take, aby manzelka ma w swich potrzebach knym sie vtiekala a s gich radu czinila. Toho na potwrzenie swu gsem peczet wlastnu sem a dal sem przitisknuti ktomuto listu prosiw vrozenych panossi Petra Starssieho z Gieradicz, Jana z Hrziessicz a na Neprobyliczich, Stema z Hrziessicz a na Neprobyliczich zie gsu peczeti swe dali przitisknuti ktomuto listu na swiedomie. Genz gest dan w vtery den swate panny Appolonie lleta etc. XCVI.

Im Namen Gottes Amen. Ich, Prokop aus Nabdín, der ich gottesfürchtig darniederliege, körperlich krank bin, jedoch über einen guten und gesunden Verstand verfüge, habe, nicht wollend, dass nach meinem Tode irgendwelche Unstimmigkeiten und Streitereien um meinen Besitz entstehen, den mir der allmächtige Gott zuzuteilen geruht hat, mein Geschäft über meinen Besitz in nachfolgender Weise errichtet. Item was ich in den Landtafeln habe verzeichnen lassen, und zwar insbesondere die Morgengabe meiner Gemahlin, aber auch alles, was ich habe in die Landtafeln eintragen lassen und was ich, krank oder gesund, wem auch immer vermachen könnte, darüber soll, so ist dies mein Wille, meine Gemahlin Barbora als ordentliche Testamentsvollstreckerin meines Besitzes und dem meiner Kinder wachen, dergestalt, dass sie zusammen mit meinen Kindern bleiben und sich fürsorglich um sie kümmern soll. Und sie soll hierin keine Einschränkung erfahren, solange sie ihren Witwenstand nicht ändert. Sollte sie sich freilich erneut vermählen, soll man ihr die Morgengabe geben sowie die Hälfte der Möbel, der Kleidung und des Geschirrs. Und sollte Gott die Kinder nicht am Leben belassen, bevor sie [die Gemahlin – Th. K.] *ihren Stand ändert, dann soll meine Gemahlin den gesamten Besitz erhalten, solange, bis sie ihren Witwenstand aufgibt. Und sollte Gott wiederum sie* [die Gemahlin – Th. K.] *nicht am Leben belassen oder sollte sie ihren Witwenstand aufgeben, dann möge mein Besitz an meine Freunde übergehen, nämlich an Petr aus Gieradice und den anderen Petr aus Gieradice, ebenfalls in diesem Ort gesessen. Und zu ordentlichen Testamentsvollstreckern bestimme ich die wohlgeborenen Edelleute Gyndřich Sestizwuk von Slamice und auf Teltsch sowie Petr den Jüngeren, meinen Onkel, aus Gieradice, und ich bitte sie, dass sie meiner Gemahlin und den Kindern mit Rat und Tat zur Seite stehen mögen und sie nicht im Stick lassen, und meine Gemahlin soll sich bei Bedarf an sie um Hilfe wenden. Dies zu Gezeugnis habe ich mein eigenes Siegel diesem Brief beigefügt und darüber hinaus die wohlgeborenen Edelleute Petr den Älteren aus Gieradice, Jan von Hřiešice und auf Neprobylice sowie Stema von Hřiešice und auf Neprobylice gebeten, ihre eigenen Siegel diesem Briefe anzuhängen. Der gegeben ist am Dienstag der hl. Jungfrau Appolonia im Jahre etc. XCVI.*

190. [1496, März 13]

Der Fischer Wenzel aus Budweis vermacht seiner Gemahlin Elška das durch einen Vertrag garantierte Lehen, einen brauen Rock von seiner ersten Gemahlin, weitere Sachen (u. a. seiner Schwester Margaretha einen roten Rock seiner ersten Frau). 4 Jahre soll seine Gemahlin seinen Besitz nutzen, dann solle dieser, da sie jetzt schwanger sei, dem Kind bzw. den Kindern zufallen. An die Fischerzunft 2 Schock, es sollen aber Wallfahrten nach Ötting und nach Zell durchgeführt werden.

Státní okresní archiv České Budějovice: archiv města České Budějovice – Reg. II Bb/5 (Siegelurkunde).

Znamenay, ze Wenczl Ribarz vczinil, rzadny gsa przi rozumu dobrym, nizepsany kssafft. Nayprw chcze, *aby wieno ktereyz gy na smluwach wienyl a ktomv wiprawa giegi gy dana byla tazyssto manzelcze Elsscze swe, a potom sukny brunatni kteraz byla prwneyssi manzelky geho czerny plasst naylepssi truhlu naylepssi a II krawie to wsseczko Elssczo manzelcze swe odkazuge* [*durchgestrichen*]. Item czerweni sukny prwnieyssi manzelky sestrze Margarethie odkazuge. Item chcze, aby manzelka geho w domie zuostala az do cztirz leth po smrti geho, potom wesskeren statek swuoy, mohwitei y nemohwitei, bud malo nebo mnoho, nicz newynimage, odkazuge dietieti tomu kte, gestli ze by manzelka geho tiehotna byla snym, aby ta dietie neb dieti, kteremz by tiehotna byla. Toho wsseho statku gym odkazanym mocznu byli; a gestli ze by przed lethi rozumnymi smrti sessli, tehdi ten statek spadnuti ma na nayblissi przjateli; pakli by tiehotna manzelka geho nebyla, tehdi ten wsseczken statek ma spadnuti tez na nayblissi przateli. *Item II kopie k S.Janu a Procopu* [*durchgestrichen*]. Item II kopie do ribarzkeho czechu. Item dwie pauti do Etinku a do Czele, aby wirzidili; a ten kssafft mocznic poruczuge Mikssowi a Mathesowi ribarzom, aby to tak wirziedili yakoz k nym zwlasstnie douffanie ma przitomnosti gsu byli mudre opatrnosti Jan Fiechtingar ty czasy purgmistr Mathias Wolharz z przisezných a porucznici z obcze. Actum Sancti Letare anno domini LXXXXVI[to].

Es sei vermerkt, dass Wenzel der Fischer ordnungsgemäß bei gutem Verstand sein nachfolgend beschriebenes Geschäft errichtet hat. Zuvorderst ist es sein Wille, dass das Heiratsgut, dass er ihr vertraglich zugesichert hat und dass dazu gedacht ist, ihr gegeben werde, nämlich seiner Gemahlin Elška; und sodann den purpurroten Rock von seiner ersten Gemahlin, seinen schwarzen Mantel, die beste Truhe sowie II Kühe, dies alles vermacht er Elška, seiner Gemahlin [durchgestrichen!]. *Item vermacht er den roten Rock seiner ersten Gemahlin seiner Schwester Margaretha. Item ist es sein Wille, dass seine Gemahlin im Haus bleibe, und zwar für die Zeit von vier Jahren nach seinem Tode; sodann vermacht er seinen gesamten beweglichen und unbeweglichen Besitz, sei es wenig oder viel, nichts ausgelassen, dem Kind, das seine Gemahlin unter dem Herzen trägt bzw. den Kindern, mit denen sie schwanger geht. Diesen seinen gesamten Besitz vermacht er ihnen; und sollten die Kinder vor Erreichen ihrer Volljährigkeit versterben, dann soll deren Erbe an die nächsten Freunde fallen; sollte seine Gemahlin freilich nicht schwanger sein, dann soll der gesamte Besitz ebenfalls an die nächsten Freunde fallen.* Item II Schock an die Kirche St. Johannes und Prokop [durchgestrichen]. *Item II Schock in die Fischerzunft. Item zwei Wallfahrten nach Ötting und nach Zell, die soll man unternehmen; und zu rechtmäßigen Testamentsvollstreckern bestimmt er Mikeš und Matthes die Fischer, die sollen seinen letzten Willen ausführen und vollenden, da er ihnen besonders vertraut. Bei der Testamentserrichtung anwesend waren die weisen Johann Fiechtingar, derzeit Bürgermeister, Matthias Wolhař als beisitzender Schöffe und die Vormünder aus der Gemeinde. Actum Sancti letare anno domini LXXXXVI[to].*

191. [1496, September 26]
Margaretha, Mitbürgerin aus Brünn, bedenkt in ihrem letzten Willen eine der beiden Hauptkirchen der Stadt, St. Peter auf dem gleichnamigen Hügel, mit zahlreichen Geldlegaten (u. a. für Seelmessen). Auch andere Brünner Gotteshäuser werden reichlich bedacht, u. a. für Baumaßnahmen. Des Weiteren erhält auch die Bruderschaft der Goldschmiede Geld für ein Bild und Wachs.
Archiv města Brna: Ms 48, fol. 490v-491r (Abschrift).
Edition: Flodr, Pamětní kniha, S. 541-542.

In nomine domini amen. Nach Cristi gepurt tawsent CCCC vnd im XCVIt^{en} yaren, am Mantagan sand Iocubs tag, hab ich Margaretha vor den erbern maistern Andre Moler vnd Peter Schinku, goldsmid, wie wol mit schwachem leyb, yedoch mit guter vernu^{e}ft vnd mit wolbedachtem miut mein mu^{e}ndlichs geschafft gemacht vnd geordent, die ich mit vleiss durch gots willen gepeten hab, daz sie des zeugen sein sullen. Czu welichem gescheﬀt ich mir erwelt hab zu rechten geschafftlewthen vnd sie auch mit vleiss durch gots willen gepeten dy erbern Mert Ruebenganns fleischiker vnd Pernharth Mix, allpait mitburger zu Bru^{e}nn, daz sie da salso verfoligen schollen vnd meinen leczten willen also verpringen, als hernach foligt: Item am ersten schaff ich zu sand Peter V fert. Zu der tafel. Item mer I fert. Zu sand Peter den priestern fu^{e}r XXX seelmess vnd ain vigili. Item mer schaff ich zu sand Peter zu dem grab vnsers lieben herrn III fert. Item mer schaff ich zu sand Peter zu der kirchen XV lib. wachs. Item zu sand Michel schaff ich den pru^{e}deren vmb notdurfft V fert. Item mer schaff ich zu sand Michel I fert. Fuer XXX seelmess vnd ain vigili. Item mer schaff ich den pruedern zu sand Michel vmb gewant V fert. Im mer schaff ich zu sand Michel zu einem vartag X fert., albeg den zu sand Margrethen taf awszerichten, also daz mich dy prueder an dem tag desster ein pesser mal mogen haben zuemphahen. Vnd diselben X fert. der Pernhardth awsrichten sschol, alle yar I fert. Im mer schaff ich dem sakristán, dem vater Iorig zu sand Michel, meinen gueten schwarczen mantl zu einer kappen. Item mer schaff ich zu sand Michel ain hawppolsster, ain duchnat vnd dy pessten zway leylachen. Item zu sand Iohanns schaff ich den pru^{e}dern vmb notdurfft V fert., vnd I fert. Fu^{e}r seelmessen vnd ain schaff ich auch zu sand Iohannsen. Item mer schaff ich den bru^{e}dern zu sand Iohanns vmb gewant V fert. Item mer schaff ich X lib. wachs zu der kirchen. Item zu sand Bernardin, den bruedern vmb notdurfft schaff ich V fert., vnd I fert. vmb vigili vnd XXX seelmess. Item mer schaff ich den pruedern zu sand Bernardin vmb gewant V fert. Item mer schaff ich zu sand Bernardin X lib. wachs zu der kirchen. Item zu vnser lieben frawen in der Weitengassen zum paw schaff ich X fert. Item zu sand Anna zum paw schaff ich auch X fert. Item zu sand Iohanns auf dem Gotsagker zum paw schaff ich in V fert. Item zu sand Iocub den pristeren vmb XXX seelmess vnd ain vigili schaff ich I fert. Item zu sand Thoman den pru^{e}deren vmb XXX seelmess vnd ain vigili schaff ich fert. Item mein kwrszner rok, schlayer schol man verkauffen vnd darvon schol man armen lewthen in das spital in dy Altbru^{e}nn ein mal awsrichten. Item was u^{e}ber obgeschriben geschafft ueberpleibt schaff ich dorumb zukauffen zu sand Peter ein messgewannt vnd zwen sarrogh weiss. Item mer schaff ich in dy pruderschafft der goldschmid zu der tafel in sand Agnesen capellen III fert. vnd X lib. wachs. Item mer in dy pruderschafft sand Sebastian schaff ich auch X lib. wachs. Item mer schaff ich zu sand Michel XV lib. wachs zu der kirchen. Item mer auff san Petersperig zu vnser lieben frawen mess kerczen zumachen schaff ich X lib. wachs, also wann aine verprint, so schol man ein anderen geben, alslang das wachs wert. Item das ein pett mit einer gestraufften ziechen chol man geben ainem armen priesster, der sein notdurfftis ist. Item die obgeschriben summe, die ich verschafft hab, die ist in golt vorhannden.

Item hie ist vermerkt, was man mir, jungfrawen Margrethen allenthalben schuldig ist: Item Magdalena ffleischikerin zu Czokolnicz tenetur XLIIII fert., darczu hat sie tag V yar: die vier yar nacheinan der albeg zu Weynachten schol sie geben VIIII fert. vnd das fu^{e}nfft yar VIII fert. Vnd hat dy vorgemelt schuld bekennt vor denen obgeschriben geschafftlethen. Item Barbara des Paul fleischickers tochter tenetur II fert., dorumb hab ich zu phanndt ein perleins kranczel.

Welichs gescheff wir vns obgeschriben zeugen zu pesser gedechtnuss beschreiben vnd vermerken haben lassen vnd mit vnsern sigelen versigelen versigelt. Actum ut supra.

Suprascriptum testamentum oblatum, publicatum et cum nullus comparuit contradictor, ratificatum est et confirmatum feria II[a] ante Wenceslai, anno domini 1496.

192. [1497, Februar 21]
Der Schneider Sigmund aus Budweis vermacht seinem Pflegesohn Pavel sein kleines Haus, die Bettwäsche, auf der er liegt, zwei Pelze sowie Bücher etc. Bedacht werden darüber hinaus weitere Personen, Kirchen, Spital. Die Ehefrau erhält ein (weiteres) Haus etc.
Státní okresní archiv České Budějovice: archiv města České Budějovice – Reg. II Bb/5 (Siegelurkunde).

Znamenay, ze Sigmund krayczi vczinil gest rzadny, gsa przi rozumu dobrym nizepsany kssafft. [*Das Folgende ist durchgestrichen*] *Item odkazuge z statku sweho od boha gemv poyczeneho Pawlowi, schowanczi swemv, domczek swuoy malei a ktomv ty lozni spani, na ktereychz sam lezi, dwie ssubie gednu leppczi pod brzisskowi czernu a druhu spratkowu. Item Sswagru swemv Alssowi sukny czernu. Item Hanczlowi, tez Sswagru swemu, Harassowu brunatnu sukny, sestrze swe Marussi odkazuge XXXX kop gr.* myssenskych. *Item z gewie gest ze gest dluzen LX kop. Item II 1/2 kop odkazuge do sspitala k staweni a II 1/2 kop chudym lidem k oprawie gich straw* [*nicht mehr lesbar!*]; ostatek statku sweho, mohwiteho y nemohwiteho, duom nicz newynimagie odkazuge Katherzinie, manzelcze swe, a stoho aby, aby dluhy z platila a ty czoz gest swrchni odkazal wirziedila. Item, gestli zeby Pawel bez kssafftu smrti ssgel, tehdi to czoz gemv odkazano polowiczi ma spadnuti na manzelku Katherzinu geho a polowiczi na Marussi sestru geho. *Item II 1/2 kop odkazuge do klasstera k staweni a II 1/2 kop bratrziem do klasstera k pitanczi* [*durchgestrichen*], to aby tez manzelka geho wirziedila. *Item kniehy, kteryz ma, ty odkazuge Pawlowi* [*durchgestrichen*]. A ten kssafft mocznie poruczuge Thomanowi Glarowi a Hanusskowi Ssporugkowi, aby to tak wirziedili, jakoz gym zwlasstie wierzi; przitomnosti gsu byli mudre oppatrnosti Hanuss Auff, tehdaz purkmistr, Petr Possok a Thoma Eler, z prziseznych, Hanussek [*nicht mehr lesbar*] z obcze. Actum feria tertia post Reminiscere Anno dm. etc. LXXXXVII°.

Es sei vermerkt, dass Sigmund der Schneider ordnungsgemäß bei gutem Verstand sein unten beschriebenes Geschäft errichtet hat. [Das Folgende ist durchgestrichen] Item vermacht er aus seinem ihm von Gott verliehenen Besitz Pavel, seinem Pflegesohn, sein kleines Häuschen und dazu das Bettzeug, auf dem er selber liegt, zwei Schauben, die bessere mit schwarzem Unterkleid und die andere mit Jungfell. Item seinem Schwager Aleš den schwarzen Mantel. Item Hanczel, der ebenfalls sein Schwager ist, den purpurroten wollenen Mantel; seiner Schwester Maruše vermacht er XXXX Schock

Meißner Groschen. Item hat er offenbart, dass er LX Schock schuldig geblieben ist. Item II 1/2 Schock vermacht er in das Spital für Baumaßnahmen und II 1/2 Schock an arme Leute für deren Speisung [nicht mehr lesbar!]; *den Rest seines beweglichen und unbeweglichen Besitzes, das Haus, nichts ausgelassen, vermacht er Katheřina, seiner Gemahlin. Und diese soll davon seine oben angegebenen Schulden begleichen. Item wenn Pavel ohne Geschäft von dieser Welt gehen sollte, dann soll die ihm vermachte Hälfte auf seine Gemahlin Katheřina übergehen und die andere Hälfte an Maruše, seine Schwester.* Item II 1/2 Schock vermacht er in das Kloster für Baumaßnahmen und II 1/2 Schock den Brüdern in das Kloster für eine Pitanz [durchgestrichen], *dies alles soll seine Gemahlin regeln.* Item die Bücher, die er besitzt, die vermacht er Pavel [durchgestrichen]. *Und zu Testamentsvollstreckern bestimmt er Thoman Glar und Hanusch Sporugk, die sollen sein Geschäft ausführen, weil er ihnen besonders vertraut. Und bei der Testamentserrichtung anwesend waren Hanusch Auff, derzeit Bürgermeister, Petr Possok und Thoma Erler von den beisitzenden Schöffen und Hanuschek* [nicht mehr lesbar] *aus der Gemeinde. Actum feria tertia post Reminiscere Anno dm. etc. LXXXXVII°.*

193. [1497, Oktober 2]
Petr, Sohn des Schützen Hawel aus Budweis, vermacht u. a. dem Altar der Bäckerzunft im Kloster 20 Schock, dem Spital drei Schock und dem Siechenhaus zwei Schock. Dafür sollen Seelenmessen etc. gelesen werden.
Státní okresní archiv České Budějovice: archiv města České Budějovice – Reg. II Bb 5 (Siegelurkunde).

Znamenay, ze Petr syn Hawla strzelcze vczinil gest swe poslednie rozkazanie. *Item odkazuge k Pekarzsky tabuli do klasstera XX kop. Item do fari k swatemu Nikolassi X kop. Item V kop k swatemu Jani a Procopu. Item k wieczi klasstersky III 1/2 kop. do sspitala III kop* [*durchgestrichen*]. Item dwie zadussny laznie z piwem a chlebem, aby vczinieni byli gedna przi s. Girzi a druha przi s. Waczlawie. *Item sestrze swe Magdalene odkazuge XXX kop. Item II kopie III dy na strechen [?, durchgestrichen*] Ostatek wsseczko, czoz ma, nicz newynimage, odkazuge Markethe, manzelcze swe; a ten kssafft mocznie poruczuge mudree Andree Huczwanczel, Mothess, sladownikowi, a Jakubowi Hynkowi przitomnosti gsu byli mudre opatrnosti Martin Rauch, tehdaz purgmistr, a Vincenc Horziczky z prziseznich a porucniczi z obcze. Actum feria secunda post die Rem. Wyz. Festum Anno etc. 97to.

Item sei vermerkt, dass Petr, Sohn des Schützen Hawel aus Budweis, seinen letzten Willen errichtet hat. Item vermacht er dem Altar der Bäckerzunft im Kloster XX Schock Groschen. Item in die Pfarrei zu St. Niklas X Schock. Item V Schock in die Kirche St. Johannes und Prokop. Item für den Bedarf des Klosters III ½ Schock und in das Spital III Schock [durchgestrichen]. *Item zwei Seelenbäder und dazu Bier und Brot; und zwar dass eines zu St. Georg und das andere zu St. Wenzel abgehalten werde.* Item seiner Schwester Magdalena vermacht er XXX Schock. Item zwei Schock III Denare für das Dach [?, durchgestrichen]. *Den verbleibenden Rest, nichts ausgelassen, vermacht er Marketa, seiner Gemahlin. Und zu Testamentsvollstreckern dieses seines letzten Willens bestimmt er die weisen Andree Huchwanczl, Mothess den Mälzer und Jakub Hynek. Anwesend sind die weisen und ehrsamen Martin Rauch, derzeit Bürgermeister, sowie Vinzenz Hořičký von den beisitzenden Schöffen sowie die Testamentsvollstrecker aus der Gemeinde. Actum feria secunda post die Rem. Wyz. Festum Anno etc. 97.*

194. [1497, Oktober 3]
Ursula, Tochter des Kozlok aus Budweis, vermacht ihrer Mutter Ludmila zehn Schock etc. Drei Schock bestimmt sie für ihr eigenes Begräbnis.
Státní okresní archiv České Budějovice: archiv města České Budějovice – Reg. II Bb/5 (Siegelurkunde).

Znamenay, ze Vrsula, dczera Kozlokowa, vczinila swe poslednie poruczenstwie. Item Lidmile, Matherzi swe, odkazuge X kop Felixowi, bratra swemv, X kop II gr. do czechu rzezniczkeho k Matcze Bozi oltarzi do fara. Item I kop, aby Mathi giegi dala, jakoz dobrze wie kam, III kop na pohrzeb giegi, aby gi pochowali a ten kssafft poruczuge Sigmundowi krayczimv a Schperukazowi, przitomnosti gsu byli mudre opatrnosti Procopius Ssiterz, tehdaz purgmistr, Sigmu[n]d Kreyczi z przisieznich a poruczniczi z obcze. Actum feria secunda post die Rem. Wyz. Anno 97[to].

Es sei vermerkt, dass Ursula, die Tochter des Kozlok, ihren letzten Willen errichtet hat. Item Ludmila, ihrer Mutter, vermacht sie X Schock. Felix, ihrem Bruder, zehn Schock. II Groschen in die Fleischerzeche zum Altar der Gottesmutter in die Pfarrei. Item einen Schock an ihre Mutter [?], *die darüber gut unterrichtet ist, wohin diese Summe gehen soll. III Schock für ihr Begräbnis, damit sie aufbewahrt werde. Und zu Testamentsvollstreckern dieses ihres letzten Willens bestimmt sie Sigmund den Schneider und Schperukaz. Bei der Testamentserrichtung anwesend waren die weisen und ehrenwerten Procopius Šiteř, derzeit Bürgermeister, Sigmund der Schneider von den beisitzenden Schöffen* [?] *sowie die Testamentsvollstrecker aus der Gemeinde. Actum feria secunda post die Rem. wyz. Anno 97to.*

195. [1497, Oktober 14]
Václav, Sohn der Dochs aus Budweis, vermacht u. a. seiner Ehefrau Dorotha aus dem vom Vater ererbten Besitz ein Lehen, abgesichert durch einen Heiratsvertrag. Legate *ad pias causas*. Legate u. a. für die Orgel in der Pfarrei zwei Schock. Neben der Gemahlin werden auch noch ungeborene Kinder (Erben) bedacht.
Státní okresní archiv České Budějovice: archiv města České Budějovice – Reg. II Bb/5 (Siegelurkunde).

Znamenay, ze Waczlaw, Dochu syn, vczinil swe poslednie poruczenstwie. Item naprzed z dielu, ktereyz gemv przislussi od otcze geho, y odkazuge manzelcze swe Dorothie wieno, ktereyz gy na smluwach wienyl; potom Dorothie, swe sestrze, V kop. Item Magdalenie, take sestrze geho, V kop. Item kniezi Sigmundowi naylepssi sukny swu. Item k wieczi klassterzstwie II kopie. Item k Wachanowi do fari II kopie; i ostatek statku sweho mohwiteho y nemohwiteho, nicz newynimage, odkazuge Dorothie, manzelcze swe, a przisstimu diediczi nebo ktomu diediczom, ktereyz snym gmieti bude w rowny diel a stoho statku odkazuge do stareho miesta II kopie; a gestli zeby dietie przed lethi rozumnymi smrti sesslo, tehdi diel tehoz na manzelku geho spadni; a gestli statku toho stacziti by mohlo, tehdi do klasstera do Borowan odkazuge II kopie a ten kssafft mocznie poruczuge Gyrowi Wozowi a Rzehorzowi na rinku, przitomnosti gsu bili mudre opatrnosti Sigmund kreyczi, tehdaz purgmistr, Gyra Woyp z przizeznich a Rzehorz z obcze. Actum Sabatho post Dionysy Anno dm. etc. 97to.

Es sei vermerkt, dass Václav, Sohn der Dochs, seinen letzten Willen errichtet hat. Item vermacht er zuvor von dem Erbe, das ihm von seines Vaters Seite her zusteht, seiner Gemahlin Dorotha das Heiratsgut, welches dieser [sein Vater – Th. K.] *ihr im Heiratsvertrag zugedacht hatte. Sodann Dorotha, seiner Schwester, V Schock. Item Magdalena, seiner anderen Schwester, V Schock. Item dem Priester Sigmund seinen besten Rock. Item für den Bedarf des Klosters II Schock. Item an Wachan in die Pfarrei II Schock und den Rest seines beweglichen und unbeweglichen Besitzes, nichts ausgelassen, den vermacht er Dorotha, seiner Gemahlin, und dem künftigen Erben oder den Erben, die sie mit ihm haben wird, zu gleichen Teilen. Und von seinem Besitz vermacht er in die Altstadt II Schock; und sollte das Kind vor Erreichen seiner Volljährigkeit von dieser Welt gehen, dann soll dessen Erbteil auf seine Gemahlin übergehen. Und sollte darüber hinaus noch Besitz vorhanden sein, vermacht er in das Kloster nach Borovany II Schock. Und zu Testamentsvollstreckern bestimmt er Gira Woz und Řehoř vom Ring. Bei der Testamentserrichtung anwesend waren die weisen Sigmund der Schneider, derzeit Bürgermeister, Gira Woyp als beisitzender Schöffe sowie Řehoř aus der Gemeinde. Actum Sabatho post Dionysy Anno dm. etc. 97to.*

196. [1497, Oktober 23]
Der Töpfer Gira vermacht an erster Stelle den besten Schleier seiner Gemahlin der Gottesmutter in (Alt-)Ötting. Der Hausrat soll verkauft, für den Erlös sollen Seelenmessen gelesen werden.
Státní okresní archiv České Budějovice: archiv města České Budějovice – Reg. II Bb/5 (Siegelurkunde).

Znamenay, ze Gyra, hrnczierz z Kohnow, vczinil takowy kssafft. *Nayprw odkazuge naylepssi sslogierz manzelki geho k Matcze bozi do Etinku* [*durchgestrichen*]. Item druhy lechczeyssi sslogierz do Kayoweho. *Item bratru swemv Wawrzinowi naylepssi sukny modru a sestrze swe odkazuge sukny modru manzelki geho* [*durchgestrichen*]. Ostatek, czoz gest gmiel, nicz newinimage, a ssati loznie y gine wieczi chcze, aby pro-

dano bylo a zato swiecze dwie, aby vczinieni byli a do stareho miesta podany a zadussnie nasse, aby za dussi geho czteni byli a stoho aby dluzi zaplaczeni byli ktomv gest czo dluzen zuostal. A ten kssafft mocznie poruczuge Barthowi hrnczierzi,, aby to wirziedil jakoz gemv zwlasstie wierzi przitomnosti gsu byli mudre opatrnosti Sigmund kreyczi, ty czassi purgmistr, Bartha hrnczierz, Massek z Czessniowicz a Mathowy hrnczierzi. Actum feria secunda ante Sym. et Jude Anno dm. etc. 97to.
Item do czechi hrnczierskeho odkazuge I kopu [*durchgestrichen*].

Es sei vermerkt, dass Gira der Töpfer aus Kohnovy nachfolgendes Testament errichtet hat. Zuvorderst vermacht er den besten Schleier seiner Gemahlin der Gottesmutter in Ötting [durchgestrichen]. *Item den anderen leichteren Schleier nach Kajovy* [?]. Item seinem Bruder Vavřinec den besten blauen Rock und seiner Schwester vermacht er den blauen Rock seiner Gemahlin [durchgestrichen]. *Den übrigen Besitz, den er besaß, nichts ausgelassen, sowie Bettzeug und andere Sachen, die sollen, so ist es sein Wille, verkauft werden und für den Erlös sollen zwei Kerzen gekauft und in die Altstadt gebracht und Seelenmessen für seine Seele gelesen sowie die Schulden, die er bei anderen Personen hat, beglichen werden. Und zum Testamentsvollstrecker dieses Geschäfts bestimmt er Bartha den Töpfer, der soll dies ausführen, da er ihm besonders vertraut. Und bei der Testamentserrichtung anwesend waren die weisen Sigmund der Schneider, derzeit Bürgermeister, Bartha der Töpfer, Mašek aus Češnovice und Matthes der Töpfer. Actum feria secunda ante Syn. Et Jude. Anno dm. etc. 97to.*
Item in die Töpferzunft vermacht er I Schock [durchgestrichen].

197. [1499, Februar 7]
Testament des Gira Petrlík, Bürger in Krumau, der mit Zustimmung seiner Frau Elška und seiner Söhne (!) sein Eigentum den Söhnen Mikuláš und Dětřich sowie seiner Gemahlin Elška vermacht. Sollten die Söhne und die Mutter nicht zusammenbleiben, dann gehen an die Witwe 100 Schock Meißner Groschen und sämtlicher ihr zustehender Schmuck sowie von weiterem Schmuck der dritte Teil.
Státní oblastní archiv Třeboň – pobočka Český Krumlov: VS Nr. Krumau I 5 AE 32 (Siegelurkunde).
Edition: AČ 21, S. 507, Nr. 2.[160]

Ja, Gira Petrlik, miesstienin w Crumlowie, wyznawam tiemto listem wssem wuobecz, ktoz gey vzrzie nebo cztucze vslyssij, ze gsa na tiele nemeoczen, wssak przy dobre pamieti a rozumu dospieleho, s powolenim swe manzelky a s raddu synuow swych, gestly ze by mnie smrt zachwatila, aby o statek moy nyzadnych zmatkuw nebylo vczinil sem a moczi listu tohoto czinim kssafft a poruczenstwij wsseho sweho zbozie, mowiteho y nemowiteho y diediczneho y take hotoweho, y czoz geho take na dluzich mam kterezto statek. Nay-

160 Online abrufbar unter http://147.231.53.91/src/index.php?s=v&action=jdi&cat=10&bookid=272&page=507 &action_button.x=0&action_button.y=0 (09.09.2017).

prw odkazugi synom mym, Mikulassowi a Dietrzichowi, y pani Elsscze, aby ony toho wsseho spolu vziwaly po smrti me takowymto spuosobem. Gestly ze by synowe mogy s manzelku mu gmenowanu, pani Elssku, sie spolu zbyti nemohly w czasych buduczich, tehdy synowe dyate gy sto kop na myssensky gross z toho meho statku hotowich. A k tomv wsseczky klenoty gy przyslussiegiczy. A potom w gynych klenotech strziebrnych y w czynowych a take we wssech ssatuow loznijch trzeti diel tak, aby toho wsseho mocznie vziwala a kamzby gy zdalo obratila. A take, aby w domu w zadnich pokogich bez vplaczenie do smrti bydlela a to, gestly ze by sie nedala. Item take gmenowane swe manzelcze, kdyzby sie zbyti nemohly, odkazugy XII kop plattu roczniho w Metlinie, kterez sem od pana Waczlawa Pastowaczkeho kupyl, aby tohoto plattu vziwala po wsseczky czassy zywota gegiho se wssym panstwym. A po gegi smrti, aby ten plat zasie na syny me swrchupsane spadl. Paklyby swrchupsany pan Waczlaw Pastowaczky nebo geho diediczi ten plat wykupiti chtieli, tehdy synowe mogi przygmiete penieze k sobie. A manzelcze me gynde na swym takowy plat postupte swrchupsanym spuosobem. Item, gestly ze by synowe mogi swrchupsanij w czasych buduczich vmrzely bez diediczuow a zena ma, pani Elsska, giesstie ziwa byla, tehdy chczi tomv, aby gy ke wssemv czoz gy nahorze odkazano gest giesstie z meho statku a zbozie bylo dano dwie stie kop na myssensky gross. A potom toho wsseho y stiem, czoz gy koly nahorze odkazano gest, y ten plat wsseho mohla wedle swe vziwati a komuzbykoly chtiela dati y odkazati bez prziekazky wsselikterake. Item, ktoz mi czo dluzen gest, o tom owssem synowe dobrze wiedie a take komu sem dluzen, to oni wsse s pomoczi zeny me spuosobte, gyne wsseczky wieczi poruczil sem synom swym, kterez take mocznie porucznik y tiemto lystem czinim. A pana Waczlawa Canczlerze prosim, aby gim radden a pomoczen raczil byti w gych pocztiwych potrzebach; tomv wssemv na swiedomie a potwrzenie swu wlastni peczet ktomuto lystu kazal sem przitisknuti. Dan w Crumlowie ten cztwrtek po swate panny Dorothy Anno domini M°CCCC° XCVIIII°.

Ich Gira Petrlík, Bürger zu Krumau, bekenne mit diesem Brief vor allen in der Gemeinde, die diesen lesen werden oder vorgelesen bekommen mögen, dass ich körperlich krank, aber dennoch bei gutem Gedächtnis und wachem Verstand bin und mit Zustimmung meiner Gemahlin und mit dem Rat meiner Söhne mein Geschäft und meinen letzten Willen kraft dieses Briefes errichtet habe von allen meinen beweglichen und unbeweglichen Gütern, an Erb- und Barschaft sowie an Schulden, damit nach meinem Tode um meine Hinterlassenschaft keinerlei Streit ausbreche. Zuvorderst gebiete ich meinen Söhnen Mikuláš und Dětřich sowie Frau Ešska, dass sie sich nach meinem Tode gemeinsam in nachfolgender Weise verhalten mögen. Sollte der Fall eintreten, dass meine Söhne mit meiner erwähnten Gemahlin Elška künftig nicht zusammenleben wollen, dann sollen ihr die Söhne 100 Schock Meißner Groschen Barschaft aus meinem Besitz aushändigen. Und dazu sämtlichen Schmuck, der ihr gehört. Und sodann von den silbernen und zinnernen Kleinodien und auch von allen Kleidungsstücken den dritten Teil, damit sie diesen für sich verwende oder aber verkaufe, wie ihr dies beliebt. Und des Weiteren, dass sie in den hinteren Räumen des Hauses kostenfrei bis zu ihrem Tode ungehindert leben kann. Item der genannten meiner Gemahlin mögen sie, sollte sie hier nicht wohnen wollen, XII Schock Jahreszins in Mětlina [?] geben, *den ich von Herrn Václav Pastowaczký erworben habe; dieses Geld soll ihr bis zu ihrem*

Tode zustehen, zusammen mit der ganzen Herrschaft. Und nach ihrem Tode soll dieser Zins wiederum an meine obengenannten Söhne fallen. Sollte der erwähnte Herr Václav Pastowaczký oder aber seine Erben diesen Zins zurückkaufen wollen, dann sollen meine Söhne den Erlös erhalten. Und meiner Gemahlin soll man auf die vorgeschriebene Weise eben diesen Zins geben. Item wenn meine oben genannten Söhne dereinst ohne Erben sterben sollten und meine Gemahlin, Frau Elška, wäre noch am Leben, dann will ich, dass ihr zu all dem, was ihr, wie oben geschrieben steht, zusteht, aus meinem Besitz und Gut 200 Schock Meißner Groschen gegeben werden. Und sie möge dies alles zusammen mit dem oben beschriebenen Erbe, als auch jenen Zins, nutzen und vererben, wie ihr dies beliebt, ohne irgendwelche Hindernisse. Item, wer bei mir Schulden hat, darüber sind meine Söhne gut unterrichtet, ebenfalls über die Schulden, die ich bei anderen Personen habe. Dies alles sollen sie mit Unterstützung meiner Gemahlin richten; und die anderen Sachen habe ich meinen Söhnen vererbt, die ich zugleich zu rechtmäßigen Testamentsvollstreckern ernenne. Und Herrn Václav Kančléř bitte ich, dass er ihnen mit Rat und Tat in ihren Angelegenheiten zur Seite stehen möge. Dies zur Kenntnis und Bestätigung habe ich mein eigenes Siegel diesem Brief beigefügt. Gegeben in Krumau am Donnerstag nach St. Dorotheen Anno domini M°CCCC°XCVIIII°.

198. [1499, September 25]
Jakub, Bürger in Krumau, verfasst seinen letzten Willen. Er vermacht dem Pfarrer und Rat seiner Stadt 300 Schock Meißner Groschen; von diesem Geld soll für die Kaplanei bei St. Veit ein Zins gekauft werden. Sollte dieser nicht ausreichen bzw. sollte sich kein Kaplan bereitfinden, hierfür zwei Messen im Jahr zu lesen, dann möge man jährlich Tuch zur Bekleidung der Armen kaufen.
Státní okresní archiv Český Krumlov: archiv města Český Krumlov – A III, Nr. 105 (Siegelurkunde).

Wegmeno swate a nerozdielne trogicze amen. Ja, Jakub, miesstienin w Krumlowie, zdaru bozieho zdraw gsa na tiele y na mysli, ale znamenage tohoto nasseho biedneho wieku czas nestaly a kterak gest gista smrt den otedne k zachwaczenie nassemu se prziblizugicz, ale negista hodina smrti, chtie spuosobiti statek swuoy, mnie od boha dany, aby tak zrziezen a opatrzen byl, aby pome smrti o muoiy statek zmatkuow a nenazij zadnych nebylo, ale radiegi, aby czest a chwala pana boha wssemohuczieho, puokudz mozne gest gim rozmnozena byla s dobrym a waznym rozmyslem vczinil sem a moczij lista tohoto czinim gssafft poruczenstwie a rozkazanie statku a gmienie sweho. A toho czinim moczne a prawe porucznіky welebneho otcze knieze Waczlawa, fararze w Krumlowie, a mudre a opatrne purgmistra a raddu miesta Krumlowa nynieyssij y buduczij, prosse gich sewssij snaznosti, aby raczili tu praczy nasse wzieti. Naprzed pro pana boha a pro vczasnost od platy, kteraz milosrdnenstwim geho swate milosti z toho dobreho o kterez praczowati budu pogiti muoze. Item odkazugi z statku sweho zewsseho na domu na diedinach, na lukach trzista kop grossuow na missensky gross poczitagicze, aby pome smrti ztoho statku meho pani porucznіczy ty hlawnie penieze wezmucz oto pilnost raczili mieti, aby zanie plat diediczny k wiecznosti kupen byl, puokudz zanie muoze kupeno byti, a ten aby obraczen byl na kaplanstwie zde w Krumlowie, kdezby se panom porucznikom mym na mijestie niekterym nailepe a nayvziteczniegie zdalo, aby niektera msse swata zgednana a zpuosebena mohla byti nawiecznost, totiz gedna zadussnij zamie a zanie przeissij a druha p pannie Marugi; a zato panuow porucznikuow pokornie a snaznie prosim, aby wtom pilnost swu raczili mieti, aby ten plat zatu summu swrchupsanu kupen byl a k kaplanstwie obraczen; pakliby ten plat gestli ze by kupen byl na kaplanstwie malo bylo, ze by ztoho kaplan ziwnosti mieti nemohl, ale gestli ze by ktery kaplan tu praczy chtiel nasse wzieti, a ty dwie swate msse swrchugmenowane sluziti kazdy tyden, aby mu ti peniezi wydawani byli. A gestli, ze buoh by neuchowal toho kaplana ale ginemu, kteryzby to vcziniti chtiel, aby gemu wydawano byli; pakliby zadny kniez te pracze nase wzieti nechtiel, ale aby pani porucznicy kupicze niektery postaw sukna na kazdy rok, aby mezi chude rozdawano bylo, aby zamie a zanie wsseczky przeissij pana boha prosili, pakliby bezelsti pani porucznicy platu nikdyz kupiti nemohli, ale nieczo diedin a luk w swu mocz wezmucz z tiech grunthuow obile a trawu prodaducze, czoz by za trzista kop swrchupsanych platu rocznieho mohlo kupeno byti. Nayprwe vroky a lozunky kazdy rok z tiech grunthuow zprawicze, czoz by nanie polozeno bylo, tehdy czoz by gesstie przes vroky a lozunky peniez zuostale, aby zaty penieze niektery postaw sukna na kazdy rok kupen byl a mezi chude rozdano. A zato prosim swrchupsanych panuow porucznikuow sewssij snaznosti, aby w tiech wieczech pilnosti raczili mieti, aby to obmesskano nebylo. Tomu na swiedomie a lepssij gistotu prosil sem mudrych a opatrnych panuow purgmistra a raddy miesta Krumlowa Czeskeho, ze gsu swu peczet miestsku k prosbie me kazali a prziwiesiti ktomuto listu a gssafftu memu na swiedomie sobie a swym buduczim bez sskody. Genz gest dan w Krumlowie leta od narozenie syna bozieho tisiczieho cztyrsteho dewadesateho dewateho w Strzedu przed swatym Waczlawem.

Im Namen der heiligen und untrennbaren Dreifaltigkeit Amen. Ich Jakub, Bürger zu Krumau, der ich durch Gottes Geschenk mich körperlicher Gesundheit und eines klaren Denkens erfreue, aber weiß, dass die Zeit für unser armseliges Leben nicht stehen bleibt und dass der Tod sicher von einem Tag auf den anderen kommen und uns ergreifen wird, wobei freilich die Stunde des Todes nicht feststeht, ich will daher meinen mir von Gott verliehenen Besitz dergestalt regeln und Fürsorge treffen, dass nach meinem Tode um meine Hinterlassenschaft keinerlei Streitigkeiten und Unbill entstehe, sondern viel lieber Gott dem Allmächtigen Lob und Ehre zuteil werde; und so habe ich mit gutem und ernsthaftem Vorbehalt dieses mein Geschäft und meinen letzten Willen von meinem Hab und Gut errichtet. Und so bestimme ich zu bevollmächtigten und rechtmäßigen Testamentsvollstreckern den hochwürdigen Vater, den Priester Václav, Pfarrer zu Krumau, sowie die weisen und ehrenwerten Bürgermeister und den Rat der Stadt Krumau, die da jetzt sind und sein werden, und ich bitte sie mit aller Ehrfurcht, dass sie sich dieser unserer Angelegenheit annehmen mögen. Zuvörderst für Gott den Herrn und für die Teilhaftigkeit im Hinblick auf das Geld, das durch die Barmherzigkeit seiner heiligen Gnade von dem Guten, an dem ich arbeiten werde, vergeben werden möge. Item vermache ich von meinem ganzen Besitz an dem Haus, den Dörfern und Wiesen, 300 Schock Groschen, in Meißner Groschen gezählt, die sollen nach meinem Tode von diesem meinem Besitz die Herren Testamentsvollstrecker nehmen und fleißig von dem Hauptteil dieses Geldes, das sie verwalten, einen ewigen Erbzins kaufen, und dieser möge an die Kaplanei hier in Krumau gehen, so wie es den Herren, meinen Testamentsvollstreckern in der Stadt, am besten und geeignetsten erscheint, damit hiervon eine heilige Messe gelesen und gehalten werde fortan, nämlich eine Seelenmesse für mich und meine Vorfahren und eine weitere für Frau Maruše; und darauf sollen die Herren Testamentsvollstrecker sorgfältig achten, die ich bitte, beständig darauf zu achten, damit dieser Zins für die oben genannte Summe gekauft und der Kaplanei zugeführt werde. Sollte sich herausstellen, dass dieser erworbene Zins für die Kaplanei zu gering sei und der Kaplan davon seine Aufgabe nicht verrichten könne und dass aber ein Kaplan diese unsere Arbeit verrichten und diese zwei oben genannten heiligen Messen in jeder Woche lesen wolle, dann soll man ihm diese Gelder aushändigen. Und sollte Gott diesen Kaplan nicht am Leben belassen, und ein anderer diese Aufgabe übernehmen wollen, so möge man diesem die Gelder geben; sollte es freilich geschehen, dass kein Geistlicher sich dieser unserer Angelegenheit annehmen will, dann sollen die Herren Testamentsvollstrecker jährlich einen Ballen Tuch kaufen und unter Armen verteilen, damit diese für meine Seele und diejenige meiner Vorfahren beten. Wenn die Herren Testamentsvollstrecker [ohne List ?] *einen solchen Zins nicht erwerben könnten, dann sollen sie von den Dörfern und Wiesen etwas nehmen und Getreide und Gras verkaufen, damit eben von dem Erlös der oben genannte Zins über 300 Schock erworben werden kann. Zuvorderst die Zinsen und Losungen jährlich von demjenigen Grundbesitz, also von dem, was sich darauf befindet; und was darüber hinaus neben den Zinsen und Losungsgeldern übrigbleiben sollte, für diese Summe soll im jedem Jahr ein Ballen Tuch gekauft und unter Armen verteilt werden. Und ich bitte die oben genannten Herren Testamentsvollstrecker, dass sie ihr Bemühen darauf richten, diese Angelegenheiten fleißig zu verfolgen, damit es zu keinen Versäumnissen komme. Dies zur Kenntnis und zur besseren Sicherheit habe ich die weisen und ehrenwerten Herren Bürgermeister und den Rat der Stadt Böhmisch Krumau gebeten, dass sie das Stadtsiegel diesem Brief und meinem Geschäft beifügen mögen zu meinem und ihrem Wissen und um Vermeidung künftigen Schadens. Der gegeben ist in Krumau im Jahre Eintausendvierhundertneunundneunzig nach Christi Geburt am Mittwoch vor St. Wenzelstag.*

199. [1500, Februar 4]
Der Aussiger Bürgermeister Johann Pasca errichtet sein Testament. Sein Haus soll verkauft und der Erlös für seinen Enkel Franz bis zu dessen Volljährigkeit aufbewahrt werden. Zahlreiche Legate *ad pias causas*, u. a. an die Bruderschaft Unser lieben Frauen. Der übrige Besitz geht an seine Gemahlin Dorothea und seine Kinder.
Archiv města Ústí nad Labem, Fond archiv města Ústí nad Labem 1325-1945, Inv.-Nr. 470 – Liber civitatis, 1438-1511, fol. 156r-v (Abschrift; durchgestrichen). Edition: UB Aussig, S. 167-168.[161]

Jan Pasca, nynie purgmistr nass, yakoz gest sobie mocz zachowal w swem zdanie kssafft vcziniti, kteryzto kssafft w teto mierze a zpuosobem vdielal, aby ten po geho smrti naprzed skrze pany s gych pomoczij skuteczne wyprawen byl a wydan, a to nie-meczky [*Johann Pasca, derzeit unser Bürgermeister, den Gott bei Ausübung seines Amtes beschützen möge, hat sein Geschäft in nachfolgender Weise errichtet, damit dies nach seinem Tode durch die Herrn* [*Testamentsvollstrecker*] *mit deren Hilfe auch wirklich ausgeführt werde, und er hat dies in deutscher Sprache aufgesetzt*]:
Czum ersten das hawß sal man vorkewffen, vnd davon XXX ß swert gelt sal man davon nehmen vff das rathauß nemen vnd das seynen enenkil Ffranczen czu gute halden, vnd nicht ußczugeben, eß sey denn biß er czu seynen mundigen jaren kompt.
Item czu dem closter sancti Anthonii IIII ß, vnd dy sullen in eynen iare gefallen.
Item in das kloster zcu der Gabl vnser liben Frawen X ß.
Item in das kloster czu Liuthmericz czu sente Jocoff X ß.
Item czu dem Roßenkrancz czu Außik X ß.
Item XX ß czu der kyrchen vnser liben frawen czu Außik.
Item czu der bruderschaft vnser liben frawen czu Außik X ß.
Item X ß vor gewant armen lewten.
Item seyner swester czu der Leypen X ß Agneth genant.
Item was der uber bleibet, das sol seynem weibe Dorotheen vnd seynen kyndern bleiben vnd gefallen vnd das sullen sie gleichlich vnder einander teylen vnd ouch allis gleichlich von eynem off das ander kind vnd gefallen, alsso nol off dy mutter als off dy kynder.
Item vff das berkwerck, das man das vorlegen sal, do sal man von dem hawß X ß dorczu. Item off Charwaten hat er IIII kukus.
Item off Fuchzberg II kukus. Item czu Kryßen II kukus. Item czu Frawenstein bey Freyberg VIII kukus. Merten Wolkenstein der hat sie in seyner macht czu vorlegen in stolle czu sente Anna stat [?]. Item ap dy teil gut werden vnd gewinhaftig, ßo sal man davon armen lewten ein ewigis testament machen an gewand czu sneiden adder waran das wurde noch des rathis erkentnuße, des sullen sie gancz macht haben, das dohin czu wenden, als er in getrawet, in dem allirbesten czu seyner ßelen selikeit. Vnd dy weile er lebit, hat er im des allis gancz macht behalden, domite czu thuen vnd czu laßen ane alle hyndernuße allermenniclichen.
Datum feria tercia post f. purificacionis s. Marie virg. anno Domini M°CCCCC°.

[161] Online abrufbar unter http://147.231.53.91/src/index.php?s=v&cat=18&bookid=87&page=182 (09.09.2017).

200. [1500, Februar 20]
Testament der Witwe Svata Maternová. Diese bedenkt vor allem geistliche Institutionen. Geldlegate, u. a. an ein (befreundetes) Ehepaar, das die Erblasserin in deren Krankheit pflegte, 15 Schock Groschen und an den Stadtschreiber für dessen Ausfertigung des letzten Willens zwei Schock Groschen.
Archiv města Plzně, Hdschr. N 223, fol. 38v (Abschrift).
Edition: Strnad, Listář král. města Plzně 2, S. 405-406, Nr. 496 (Auszüge).[162]

My Waczlaw Kropacz, purgmistr toho czasu, Petr Frana a Linhart kramarz, conssiele prziseznij a miesstiane miesta Noweho Plznie, znamo czinime tiemto listem wssem wuobecz a swiedczime, ze pocztiwa wdowa Swata Maternowa, nasse spoluobywagiczi, lezeczij w bozie kazni a na smrtedlne postely, aczkoli nezdrawa gsuczi na tiele, wssak rozumu gesstie y pamieti dobre vziwagiecz, nas na swiedecztwi ktomu zawolawssi y prziprosiwssi toto swe poslednij rozkazanie z statku sweho, gi od pana boha puoyczeneho, tak aby po gegi smrti o to swarowe a ruoznicze nebyli aneb yake nesnaze vczinila gest a czini moczy tohoto listu takowymto spuosobem. Nayprwe Kanierzowi Rybakowi na tiech peniezich, kterez gest gij dluzen za zahradu, odkazuge gemu a dawa trzidczet kop grossuow na missensky gross, ty aby przi niem zuostali. Item do Czrneho klasstera odkazuge X kop wssie na missensky gross, a to piet kop na stawenie a druhych pieti kop bratrzim na gich potrzeby. Item na kostel s. Bartholomiege na ffaru odkazuge X kop wsse na missensky gross poczitagicz. Item do sspitala chudym na gich potrzeby odkazuge piet kop, a na stawenie tehoz sspitala odkazuge tak V kop. Item ke wssem na oprawu toho kostela III kopie. Item k swatemu Mikulassi tez na oprawu III kopie. Item dwiema wnukom swym Mikhanzowym z Strziebra odkazuge II kop na missensky gross poczitagicz. Item Smolakowie z Kotorowa odkazuge III kopie. Item Berankowi a zenie geho za gich praczy, kteruz snij gmieli w nemoczy odkazuge XV kop. Item porucznikom swym duolepsanym zagich praczy kazdemu III kopie. Item pisarzi miestskemu za geho praczy od kssaftu II kopie. Item Paterzowe z Dobrzan blany kralikowe hrzebtowe. Item Berankowe hospodyni swe odkazuge ssaty loznie a drzubku swu mysy czynowe a konwie y gine hospodarzstwie; a ktomu wczely swe gij odkazuge. Item, gestli zeby czo po gegi smrti zuostalo mimo to gegij rozkazanie, aby Berankowe k prwnim gesstie V kop. bylo przidano, a pakliby przes to gesstie wiecze zuostalo, tak zeby wystarziti moho tehdy, aby bratrzim bosakom na gich potrzeby bylo wydano V kop a ostatek, aby porucznicz i obratili na skutky milosrdne a zwlasstie lazna, aby byla ztopena brzy po gegi smrti. A toho kssaftu sweho a rozkazanie poslednieho porucznik y mocznie vczinila gest a czini tiemto listem opatrne muze Jana Gilka a Matiege Pobiezowskeho, nasse spolumiesstiany, wierziegy gim nadgine przziateli swe, ze toho rozkazanie rzediti budu a zprawowati wiernie a prawie pokud gim toho nad gine swierzila gest; a wtom poruczenstwi, aby gim przikazeno nebylo yzadnym prawem duchownim anizto swietskym, nebo czoz gim tuto koli tuto poruczila gest, toho gim dala mocz a plne prawo k sprawowanie bez przekazky w tom wssieltiake. Toho na swiedomie a

[162] Online abrufbar unter http://147.231.53.91/src/index.php?s=v&action=jdi&cat=18&bookid=399&page=405 &action_button.x=0&action_button.y=0 (09.09.2017).

na potwrzenie gsme swe wlastni peczeti ku prosbie nadepsane Swaty Maternowe dali prziwiesiti ktomuto listu. Genz dan leta od narozenie syna bozieho tisiczeho pietisteho ten cztwrtek przed nastolowanim swateho Petra.

Wir Václav Kropáč, derzeit Bürgermeister, Petr Frana und Linhart Kramář [= Kaufmann – Th. K.], *beisitzende Schöffen und Bürger der Stadt Neu-Pilsen, geben mit diesem Brief allen bekannt und bezeugen, dass die ehrenwerte Svata Maternová, unsere Mitbürgerin, durch Gottes Fügung krank auf dem Sterbebett liegt, doch trotzdem sie körperlich krank ist, noch gut ihren Verstand und ihr Gedächtnis nutzend, uns zu Gezeugnis dieses Briefes gerufen und gebeten hat, weil sie ihren letzten Willen von ihren ihr durch Gott den Herrn verliehenen Gütern bestimmt und kraft dieses Briefes in nachfolgender Weise geregelt hat, damit nach ihrem Tode hierüber keinerlei Zwistigkeiten und Unbill entstehen. Zuvorderst Kaněř Rybák zu dem Geld, das er ihr schuldig geblieben ist für einen Garten, vermacht und gibt sie ihm 30 Schock Meißner Groschen, die bei ihm bleiben sollen. Item ins Schwarze Kloster vermacht sie X Schock Meißner Groschen; und zwar fünf Schock für Baumaßnahmen und die anderen fünf Schock den Brüdern für deren Bedarf. Item der Kirche St. Bartholomäus in die Pfarre vermacht sie X Schock, alles in Meißner Groschen gezählt. Item in das Spital den Armen für deren Bedürfnisse vermacht sie fünf Schock Groschen, und für Baumaßnahmen in diesem Spital vermacht sie ebenfalls fünf Schock Groschen. Item zu allem für die Renovierung dieser Kirche III Schock. Item für die Kirche St. Michael ebenfalls für Renovierungsarbeiten III Schock. Item ihren beiden Enkeln des Mikhanz aus Mies vermacht sie II Schock in Meißner Groschen gezählt. Item Smolák aus Kotorov vermacht sie III Schock. Item Beránek und dessen Frau vermacht sie für deren Arbeit, die sie mit ihr* [der Testiererin – Th. K.] *in deren Krankheit hatten, XV Schock. Item ihren unten genannten Testamentsvollstreckern für deren Arbeit einem jeden III Schock. Item dem Stadtschreiber für dessen Arbeit bei der Testamentsanfertigung II Schock. Item der Paterzová aus Dobřany einen Pelz aus Kaninchen. Item ihrer Wirtin Beranková vermacht sie ihre Bettkleider, ihren Zuber, Zinnschalen, Kannen und weitere Haushaltsgegenstände. Item, was nach ihrem Tode des Weiteren noch übrigbleiben sollte; dann möge man den Beráneks weitere fünf Schock Groschen geben, und was darüber hinaus noch übrigbleibt; dann soll man den Barfüßlern für deren Bedarf noch fünf Schock geben; den Rest sollen die Testamentsvollstrecker für mildtätige Werke verwenden, insbesondere möge bald nach ihrem* [der Testiererin – Th. K.] *Tode ein warmes Bad gespendet werden. Und zu rechtmäßigen Testamentsvollstreckern dieses ihres letzten Geschäfts und Willens hat sie bestimmt und ernannt durch diesen Brief die ehrenwerten Männer Jan Gilek und Matěj Pobiezovský, unsere Mitbürger, denen sie vor allen anderen ihren Freunden vertraut, dass sie ihren letzten Willen ausführen und verwalten werden, weil sie ihnen mehr als anderen vertraut; und hierbei sollen sie von niemandem gehindert werden, weder durch geistliches noch durch weltliches Recht, da sie ihnen allein eine Vollmacht gegeben hat hierfür, ohne alle Hindernis. Dies zu bezeugen und zu bestätigen haben wir unsere eigenen Siegel auf Bitten der zuvor genannten Svata Maternová diesem Brief beigefügt. Der gegeben ist im Jahre Fünfzehnhundert nach Christi Geburt, diesen Freitag von Petri Incathedrati.*

Verzeichnis der Kurztitel

AČ = Archiv český, 39 Bde., Prag 1844 ff.

Flodr, Pamětní kniha = MILOSLAV FLODR (Hrsg.): Pamětní kniha města Brna z let 1391-1515, Brno 2010 (Prameny dějin moravských, 19).

HT = Historický Tábor (Sborník Muzea husitského revolučního hnutí/Sborník husitského muzea), Tábor 1978 ff.

J. Pelikán, Čechtice, ČSPS = JOSEF PELIKÁN: Čechtice, in: Časopis společnosti přátel starožitností 58 (1950), S. 189.

Kejř, Právní život = JIŘÍ KEJŘ: Právni život v husitské Kutné Hoře, Praha 1958.

Libri confirmationum = JOSEF EMLER (Hrsg.): Libri confirmationum ad beneficia ecclesiastica Pragensem per Archidioecesim, Praha 1879.

Libri Erect. = CLEMENS BOROVÝ (Hrsg.): Libri Erectionum archidiocesis Pragensis saeculo XIV. et XV., Pragae 1875 ff.

Mourek = VÁCLAV E. MOUREK: Zum Prager Deutsch des XIV. Jahrhunderts, in: Sitzungsberichte der Königl. Böhmischen Gesellschaft der Wissenschaften. Classe für Philosophie, Geschichte und Philologie 1901, Prag 1901, S. I-VIII, 1-84.

Neumann, Nové prameny = AUGUSTIN NEUMANN: Nové prameny k dějinám husitství na Moravě. Studie a texty k náboženským dějinám českým, Olomouc 1930.

Pátková, Liber vetustissimus = HANA PÁTKOVÁ (Hrsg.): Liber vetustissismus antiquae civitatis Pragensis 1310-1518, Praha 2011 (Documenta Pragensia Monographia, 25).

Schubert, Urkunden-Regesten aus den ehemaligen Archiven = ANTON SCHUBERT: Urkunden-Regesten aus den ehemaligen Archiven der von Kaiser Joseph II. aufgehobenen Klöster Böhmens, Innsbruck 1901.

Soupis = František Beneš, Karel Beránek (Hrsg.): Soupis česky psaných listin a listů do roku 1526, 4 Bde., Praha 1974 ff.

Spáčil, Nejstarší městská kniha olomoucká = Vladimír Spáčil (Hrsg.): Nejstarší městská kniha olomoucká z let 1343-1420, Olomouc 1982.

Spáčilová/Spáčil, Památná kniha olomoucká = Libuše Spáčilová, Vladimír Spáčil (Hrsg.): Památná kniha olomoucká z let 1430-1492, 1528, Olomouc 2004.

Strnad, Listář král. města Plzně = Josef Strnad: Listář královského města Plzně a druhdy poddaných osad (1300-1526), 2 Bde., Plzen 1891 und 1905.

TA = Táborský archiv (Sborník Státního okresního archivu v Táboře).

Teige, Základy 1, 2 = Josef Teige: Základy starého místopisu pražského (1437-1620), Bd. 1 und 2, Praha 1910, 1915.

UB Aussig = Wenzel Hieke, Adalbert Horčička (Hrsg.): Urkundenbuch der Stadt Aussig bis zum Jahre 1526, Prag 1896.

UB Krumau = Urkundenbuch der Stadt Krumau in Böhmen, 2 Bde., bearb. von Valentin Schmidt und Alois Picha, Prag 1908-1910.

UB Saaz = Urkundenbuch der Stadt Saaz bis zum Jahre 1526, bearb. von Ludwig Schlesinger, Prag 1892.

Uhlirz, Quellen zur Geschichte Wiens = Karl Uhlirz: Quellen zur Geschichte der Stadt Wien. Abt. 2: Regesten aus dem Archiv der Stadt Wien, Band 1-3, Wien 1898-1904.

Zilynskyj, Kolínsko a Kutnohorsko = Bohdan Zilynskyj: Kolínsko a Kutnohorsko v prvních dvou knihách kšaftů Nového Města pražského (1436-1494), in: Práce z muzea v Kolíně 4 (1987), S. 102-103.

Verzeichnis der benutzten Archive

Aussig (Ústí nad Labem)
- Stadtarchiv (Archiv města Ústí nad Labem)

Brünn (Brno)
- Stadtarchiv (Archiv města Brna)

Budweis (České Budějovice)
- Staatliches Bezirksarchiv Budweis: Stadtarchiv Budweis (Státní okresní archiv České Budějovice: Archiv města Českých Budějovic)

Eger (Cheb)
- Staatliches Bezirksarchiv (Státní okresní archiv)

Iglau (Jihlava)
- Staatliches Bezirksarchiv (Státní okresní archiv)

Kladno
- Staatliches Bezirksarchiv: Archiv der Stadt Schlan (Státní okresní archiv: Archiv města Slány)

Klattau (Klatovy)
- Staatliches Bezirksarchiv: Stadtarchiv Horažďowitz (Státní okresní archiv: Archiv města Horažďovice)

Kolin (Kolín)
- Staatliches Bezirksarchiv: Fond Böhmisch Brod (Státní okresni archiv: fond Český Brod)

Komotau (Chomutov)
- Staatliches Bezirksarchiv mit Sitz in Kaaden (Státní okresní archiv se sídlem v Kadani)

Krumau (Český Krumlov)
- Staatliches Bezirksarchiv: Stadtarchiv Krumau (Státní okresní archiv: Archiv města Krumlova)
- Prälatenarchiv Krumau (Prelátní archiv)

Kuttenberg (Kutná Hora)
- Staatliches Bezirksarchiv (Státní okresní archiv)

Laun (Louny)
- Staatliches Bezirksarchiv (Státní okresní archiv)
- Fond der Stadt Saaz (Fond města Zátce)

Melnik (Mělník)
- Staatliches Bezirksarchiv: Stadtarchiv Melnik (Státní okresní archiv Mělník: Archiv města Mělníka)

Olmütz (Olomouc)
- Staatliches Bezirksarchiv (Státní okresni archiv)
- Stadtarchiv (Archiv města)

Pilsen (Plzeň)
- Stadtarchiv (Archiv mesta)

Prag
- Archiv der Stadt Prag (Archiv hlavního města Prahy)
- Zentrales Staatsarchiv (Národní archiv)
- Archiv der Prager Burg – Archiv des Metropolitankapitels (Archiv pražského hradu – archiv metropolitní kapituly)
- Archiv des Nationalmuseums (Archiv Národního muzea)
- Staatsbibliothek (Státní knihovna)

Strakonitz (Strakonice)
- Staatliches Bezirksarchiv: Stadtarchiv Wodnian (Státní okresní archiv: Archiv města Vodňan)

Tabor (Tábor)
- Staatliches Bezirksarchiv: Stadtarchiv Sobieslau (Státní okresní archiv: Archiv města Soběslav)

Teplitz (Teplice)
- Staatliches Bezirksarchiv Teplitz: Archiv der Bergstadt Graupen (Státní okresní archiv Teplice: Archiv horního města Krupky)

Wien
- Wiener Stadt- und Landesarchiv

Wittingau (Třeboň)

- Staatliches Gebietsarchiv (Státní oblastní archiv)
- Außenstelle Neuhaus (Jindřichův Hradec)
- Außenstelle Krumau (Český Krumlov)

Znaim (Znojmo)

- Staatliches Bezirksarchiv (Státní okresni archiv)

Literaturverzeichnis

Allik, K.-Rutt: Revaler Bürgertestamente aus dem 15. Jahrhundert, in: Zeitschrift für Ostmitteleuropa-Forschung 46 (1997), 2, S. 178-204.

Archiv český čili staré písemné památky české a moravské z archivů domácích i cizích [Böhmisches Archiv oder alte böhmische und mährische Schriftdenkmäler aus einheimischen und ausländischen Archiven], 38 Bde., Prag 1844-1940. Online aufrufbar unter http://147.231.53.91/src/index.php?s=v&cat=10 (05.09.2017).

Bartoszewicz, Agnieszka – Karpiński, Andrzej u. a. (Hrsg.): Testamenty mieszczan warszawskich od XV do końca XVII wieku [Testamente Warschauer Bürger vom 15. bis zum Ende des 17. Jahrhunderts]. Katalog, Warszawa 2010.

Baur, Paul: Testament und Bürgerschaft. Alltagsleben und Sachkultur im spätmittelalterlichen Konstanz, Sigmaringen 1989 (Konstanzer Geschichts- und Rechtsquellen, 31).

Beer, Karl: Über Losungsbücher und Losungswesen böhmischer Städte im Mittelalter, in: Mitteilungen des Instituts für österreichische Geschichtsforschung 36 (1915), S. 31-95.

Begert, Alexander: Böhmen, die böhmische Kur und das Reich vom Hochmittelalter bis zum Ende des Alten Reiches. Studien zur Kurwürde und zur staatsrechtlichen Stellung Böhmens, Husum 2003 (Historische Studien, 475).

Beneš, František – Beránek, Karel (Hrsg.): Soupis česky psaných listin a listů do roku 1526 [Verzeichnis der tschechisch verfassten Urkunden und Briefe bis zum Jahre 1526], Bd. 1/1 (1378-1471), Bd. 1/2 (1378-1471), Praha 1974; Bd. 2/1 (1472-1500), Bd. 2/2 (1472-1500), Praha 1975.

Bisingerová, Marie – Vaněk, Voitěch: Pozdně středověké testamenty z Kutné Hory, Kaňku a Čáslavi a jejich dochování v kutnohorském archivu [Spätmittelalterliche Testamente aus Kuttenberg, Gang und Tschaslau und deren Überlieferung im Kuttenberger Archiv], in: Kateřina Jíšová, Eva Doležalová (Hrsg.): Pozdně středověké testamenty v českých zemích. Prameny, metodologie a formy využití, Praha 2006, S. 211-220.

Borovský, Tomáš: Kutná Hora 1437-1461, in: Časopis Národního muzea, řada historická 167 (1998), 1-2, S. 17-36 [Borovský, Kutná Hora].

Ders.: „Zu der Ere Gots und meiner Sele zu Selikeit“. Odkazy brněnských měšťanů církevním institucím v letech 1410-1530 [Vermächtnisse Brünner Bürger an kirchliche Institutionen in den Jahren 1410-1530], in: Sborník prací Filozofické fakulty brněnské univerzity 46 (1999), S. 79-96 [Borovský, „Zu der Ere Gots und meiner Sele zu Selikeit"].

Brandt, Ahasver von: Regesten der Lübecker Bürgertestamente des Mittelalters. Aufgrund der Vorarbeiten von Eduard Hach, Fritz Rörig u. a., 2 Bde., Lübeck 1964 und 1973 [Brandt, Regesten].

Ders.: Mittelalterliche Bürgertestamente: neuerschlossene Quelle zur Geschichte der materiellen und geistigen Kultur, in: Klaus Friedland, Rolf Sprandel (Hrsg.): Lübeck, Hanse, Nordeuropa. Gedächtnisschrift für Ahasver von Brandt, Köln – Wien 1979, S. 336-358 [Brandt, Mittelalterliche Bürgertestamente].

Brauneder, Wilhelm – Jaritz, Gerhard (Hrsg.): Die Wiener Stadtbücher 1395-1430. Teil 1: 1395-1400, Wien – Köln 1989 (Fontes rerum Austriacarum, Abt. 3: Fontes Iuris 10/1) [Brauneder/Jaritz, Die Wiener Stadtbücher, Teil 1].

Brauneder, Wilhelm – Jaritz, Gerhard u. a. (Hrsg.): Die Wiener Stadtbücher 1395-1430. Teil 2: 1401-1405, Wien u. a. 1998 (Fontes rerum Austriacarum, Abt. 3: Fontes Iuris 10/2) [Brauneder/Jaritz, Die Wiener Stadtbücher, Teil 2].

Bujnoch, Josef: Die Hussiten. Die Chronik des Laurentius von Březová 1414-1421. Aus dem Lateinischen und Alttschechischen übersetzt, eingeleitet und erklärt von dems., Graz u. a. 1988 (Slavische Geschichtsschreiber, 11).

Bystřický, Vladimír: Západní Čechy v husitských válkách [Westböhmen in den Hussitenkriegen], České Budějovice 2013.

Cermanová, Pavlína – Novotný, Robert u. a. (Hrsg.): Husitské století [Das hussitische Jahrhundert], Praha 2014.

Cohn, Samuel K. Jr.: The Cult of Remembrance and the Black Death, Baltimore – London 1997.

Čornej, Petr: Velké dějiny zemí koruny české [Große Geschichte der Länder der böhmischen Krone]. Bd. 5: 1402-1437, Praha – Litomyšl 2000.

Czyżak, Marta: Volens de bonis et rebus suis sibi a Deo collatis anime sue saluti providere. Testamenty kanoników i wikariuszy gnieźnieńskich w pierwszej połowie XV wieku [Testamente von Gnesener Kanonikern und Vikaren in der ersten Hälfte des 15. Jahrhunderts], in: Roczniki Historyczne 76 (2010), S. 103-140.

Daňhelka, Jiří: Směrnice pro vydávání starších českých textů [Richtlinien zur Edition älterer tschechischer Texte], in: Historický Tábor 8 (1985), S. 285-301.

Domenová, Marcela: K stavu a charakteru stredovekých testamentov v meste Bardejov [Zu Stand und Charakter mittelalterlicher Testamente in der Stadt Bardejov], Prešov 2006. Online abrufbar unter https://www.pulib.sk/web/kniznica/.../2svk06_domenova.pdf (04.09.2017).

Doušsa, Jaroslav – Malivánková-Wasková, Marie: Dějiny Plzně [Geschichte Pilsens], Bd. 1, Plzeň 2014.

Elbel, Petr: Testament olomouckého probošta Pavla z Prahy [Das Testament des Olmützer Propstes Paul von Prag], in: Časopis Matice moravské 133 (2004), 1, S. 3-46 [Elbel, Testament].

Ders.: Testamenty olomouckého kapitulního duchovenstva v pozdním středověku (1300-1526) [Testamente der Olmützer Kapitelgeistlichkeit im Spätmittelalter], in: Kateřina Jíšová, Eva Doležalová (Hrsg.): Pozdně středověké testamenty v českých zemích. Prameny, metodologie a formy využití, Praha 2006, S. 145-188 [ELBEL, Testamenty olomouckého kapitulního].

DERS.: Zbožné odkazy v testamentech olomouckých měšťanů [Fromme Vermächtnisse in Testamenten Olmützer Bürger], in: JINDŘICH SCHULZ (Hrsg.): Dějiny Olomouce, Olomouc 2009, S. 252-256 [ELBEL, Zbožné odkazy].

DERS.: Brno mezi katolickými pevnostni husitské Moravy [Brünn unter den katholischen Festungen des hussitischen Mährens], in: LIBOR JAN (Hrsg.): Dějiny Brna 2, Brno 2013, S. 119-184 [ELBEL, Brno].

EMLER, JOSEF: Vavřinec z Březové Kronika husitská [Laurentius von Brezová, Hussitenchronik], in: DERS. (Hrsg.): Fontes rerum Bohemicarum 5, Praha 1893, S. 327-534. Online abrufbar unter http://147.231.53.91/src/index.php?s=v&cat=11&bookid=178&page=373 (05.09.2017).

FLODR, MILOSLAV: Právní kniha města Brna z poloviny 14. století. Bd. 1: Úvod a edice [Das Rechtsbuch der Stadt Brünn aus der Mitte des 14. Jahrhunderts. Bd. 1: Einführung und Edition], Brno 1990 [FLODR, Právní kniha].

DERS. (Hrsg.): Pamětní kniha města Brna z let 1343-1376 (1379) [Das Memorialbuch der Stadt Brünn aus den Jahren 1343-1376 (1379)], Brno 2005 (Prameny dějin moravských, 8) [FLODR, Pamětní kniha, 2005].

DERS. (Hrsg.): Pamětní kniha města Brna z let 1391-1515 [Das Memorialbuch der Stadt Brünn aus den Jahren 1391-1515], Brno 2010 (Prameny dějin moravských, 19) [FLODR, Pamětní kniha, 2010].

FRANĚK, MICHAL: Jan Velvar. Diplomát husitské revoluce [Diplomat der hussitischen Revolution], Diplomarbeit, Praha 2007. Online abrufbar unter https://is.cuni.cz/webapps/zzp/download/120104502 (05.09.2017).

GROTEFEND, HERMANN: Taschenbuch der Zeitrechnung, 13. Aufl., Hannover 1991. Online abrufbar unter http://www.manuscripta-mediaevalia.de/gaeste/grotefend/kopf.htm (05.09.2017).

GRZELCZAK-MIŁOŚ, IWONA: Mieszczaństwo poznańskie w świetle Libri testamentorum [Die Posener Bürger im Lichte des Liber testamentorum], Poznań 2011. Online abrufbar unter https://repozytorium.amu.edu.pl/bitstream/10593/990/1/Mieszcza-%C5%84stwo%20pozna%C5%84skie%20w%20%C5%9Bwietle%20Libri%20testamentorum.pdf (04.09.2017).

GUZZETTI, LINDA: Venezianische Vermächtnisse: die soziale und wirtschaftliche Situation von Frauen im Spiegel spätmittelalterlicher Testamente, Stuttgart 1998 [GUZZETTI, Venezianische Vermächtnisse].

DIES.: Testamentsforschung in Europa seit den 1970er Jahren. Ein bibliographischer Überblick, in: MARKWART HERZOG, CECILIE HOLLBERG (Hrsg.): Seelenheil und irdischer Besitz. Testamente als Quellen für den Umgang mit den ‚letzten Dingen', Konstanz 2007, S. 17-33 [GUZZETTI, Testamentsforschung].

HEJNIC, JOSEF – POLÍVKA, MILOSLAV: Plzeň v husitské revoluci [Pilsen in der hussitischen Revolution], Praha 1987.

HIEKE, WENZEL – HOŘIČKA, ADALBERT: Urkundenbuch der Stadt Aussig bis zum Jahre 1526, Prag 1896.

HOFFMANN, FRANTIŠEK: Jihlava v husitské revoluci [Iglau in der hussitischen Revolution], Havlíčkův Brod 1961 [HOFFMANN, Jihlava].

Ders.: Rejstříky městské sbírky jihlavské z let 1425-1442 [Die Register der städtischen Steuersammlung aus den Jahren 1425-1442], Praha – Jihlava 2004 (Archiv český, XL/1, 2) [Hoffmann, Rejstříky].

Holzner-Tobisch, Kornelia: Das älteste Korneuburger Stadtbuch: „Geschafftpuech" (1401-1444), St. Pölten 2014 (Studien und Forschungen aus dem Niederösterreichischen Institut für Landeskunde, 57).

Howell, Martha C.: Fixing Movables: Gifts by Testament in Late Medieval Douai, in: Past and Present 150 (1996), 1, S. 3-45.

Hradilová, Marta: Soběslavské kšafty z let 1455-1523 [Sobieslauer Geschäfte aus den Jahren 1455-1523], in: Táborský archiv 4 (1992), S. 47-103.

Hrubá, Michaela: Možnosti (a limity) studia měšťanských testamentů 15. a 16 století na příkladu měst severozápadních Čech [Möglichkeiten und Grenzen des Studiums von Bürgertestamenten des 15. und 16. Jahrhunderts am Beispiel nordwestböhmischer Städte], in: Kateřina Jíšová, Eva Doležalová (Hrsg.): Pozdně středověké testamenty v českých zemích. Prameny, metodologie a formy využití, Praha 2006, S. 30-31.

Jaritz, Gerhard: Die realienkundliche Aussage der so genannten „Wiener Testamentsbücher", in: Harry Kühnel (Hrsg.): Das Leben in der Stadt des Spämittelalters, Wien 1977 (Sitzungsberichte der philosophisch-historischen Klasse. Veröffentlichungen des Instituts für Realienkunde des Mittelalters und der frühen Neuzeit, 2), S. 171-190 [Jaritz, Die realienkundliche Aussage].

Ders.: Österreichische Bürgertestamente als Quelle zur Erforschung städtischer Lebensformen des Spätmittelalters, in: Jahrbuch für Geschichte des Feudalismus 8 (1984), S. 249-264 [Jaritz, Österreichische Bürgertestamente].

Ders.: A végrendeletek és a városi mindennapi .élet a késö középkorban: a Duna-völgy példája [Testamente und städtisches Alltagsleben im späten Mittelalter: Das Beispiel des Donauraums], in: Soproni Szemle 53 (1999), S. 325-330 [Jaritz, A végrendeletek].

Ders.: Arme Jungfrauen, Betten und das Seelenheil, in: Thomas Olechovsky, Christoph Schmetterer (Hrsg.): Testamente aus der Habsburgermonarchie. Alltagskultur, Recht, Überlieferung, Wien 2011 (Beiträge zur Rechtsgeschichte Österreichs, 1), S. 78-84 [Jaritz, Arme Jungfrauen].

Jaritz, Gerhard – Neschwara, Christian (Hrsg.): Die Wiener Stadtbücher 1395-1430. Teil 3: 1406-1411, Wien u. a. 2006 (Fontes rerum Austriacarum, Abt. 3: Fontes Iuris 10/3) [Jaritz/Neschwara, Die Wiener Stadtbücher, Teil 3].

Dies. (Hrsg.): Die Wiener Stadtbücher 1395-1430. Teil 4: 1412-1417, Wien u. a. 2009 (Fontes rerum Austriacarum, Abt. 3: Fontes Iuris 10/4) [Jaritz/Neschwara, Die Wiener Stadtbücher, Teil 4]. Online abrufbar ist hierzu auch ein Register, das sich aus Personen- und Ortsregister sowie einem rechtshistorischen und einem realienkundlichen Register zusammensetzt, unter http://www.imareal.sbg.ac.at/wtb/wtb.html (05.09.2017).

Jíšová, Kateřina : Testamenty novoměstských měšťanů v pozdním středověku [Testamente Neustädter Bürger im Spätmittelalter], Praha 2008 [Jíšová, Testamenty]. Online abrufbar unter https://is.cuni.cz/webapps/zzp/detail/109144/ (06.09.2017).

DIES.: Novoměstský písař Prokop [Der Neustädter Schreiber Prokop], in: Historia Slavorum Occidentis (2012), 1 (2), S. 143-150 [JÍŠOVÁ, Novoměstský písař].

JÍŠOVÁ, KATEŘINA – DOLEŽALOVÁ, EVA (Hrsg.): Pozdně středověké testamenty v českých zemích. Prameny, metodologie a formy využití [Spätmittelalterliche Testamente in den böhmischen Ländern. Quellen, Methodologie und Formen der Nutzung], Praha 2006.

JORDÁNKOVÁ, HANA – SULITKOVÁ, LUDMILA: Zásady testamentární praxe královského města na jihoněmeckém právu (na příkladu Brna) [Die Grundlagen der Testierpraxis der königlichen Stadt im süddeutschen Recht am Beispiel Brünns], in: KATEŘINA JÍŠOVÁ, EVA DOLEŽALOVÁ (Hrsg.): Pozdně středověké testamenty v českých zemích. Prameny, metodologie a formy využití, Praha 2006, S. 39-53.

KADLEC, JAROSLAV: Studien und Texte zum Leben und Wirken des Prager Magisters Andreas von Brod, Münster 1982 (Beiträge zur Geschichte der Philosophie und Theologie im Mittelalter N. F., 22).

KARLOVÁ, ŠTEPÁNKA: Obraz středověké zbožnosti v plzeňských testamentech pozdního středověku [Das Bild mittelalterlicher Frömmigkeit in Pilsener Testamenten des Spätmittelalters], in: JIŘÍ STOČES, EVA MUŠKOVÁ (Hrsg.): Scamna super Misam. 2. Sborník prací studentů a absolventů katedry FPE ZČU, Plzeň 2010, S. 11-27.

KEJŘ, JIŘÍ: Právní život v husitské Kutné Hoře [Das Rechtsleben im hussitischen Kuttenberg], Praha 1958.

KILIÁN, JAN: Mělnické registrum kšaftovní z let 1491-1536 – dosud nevyužitý pramen [Das Melniker Geschäfts-Register aus den Jahren 1491-1536 – eine bislang nicht genutzte Quelle], in: KATEŘINA JÍŠOVÁ, EVA DOLEŽALOVÁ (Hrsg.): Pozdně středověké testamenty v českých zemích. Prameny, metodologie a formy využití, Praha 2006, S. 231-241.

KLASSEN, JOHN MARTIN: Gifts for the Soul and Social Charity, in: Materielle Kultur und religiöse Stiftung im Spätmittelalter, Wien 1990 (Veröffentlichungen des Instituts für mittelalterliche Realienkunde Österreichs, 12), S. 61-82 [KLASSEN, Gifts].

DERS.: Warring Maidens, Captive Wives and Hussite Queens. Women and Men at War and at Peace in Finfteenth Century Bohemia, New York 1999 [KLASSEN, Warring Maidens].

KLINE COHN, SAMUEL: Last Wills and Testaments. Renaissance and Reformation, Oxford 2011. Online in Auszügen abrufbar unter https://books.google.com/books?isbn=0199810893 (04.09.2017).

KLOSTERBERG, BRIGITTE: Zur Ehre Gottes und zum Wohl der Familie. Kölner Testamente von Laien und Klerikern im Spätmittelalter, Köln 1995.

KOŠAROVÁ, MICHAELA: Obraz pohusitské Chrudimi ve světle pozdně středověkých testamentů [Das Bild des nachhussitischen Chrudim im Lichte der spätmittelalterlichen Testamente], Diplom-Magisterarbeit, Brno 2014. Online abrufbar unter http://is.muni.cz/th/342226/ff_m_b1/KOMPLET.pdf (06.09.2017).

KRZENCK, THOMAS: Böhmische Testamente aus der Hussitenzeit, in: Bohemia 34 (1993), 1, S. 7-28 [KRZENCK, Böhmische Testamente].

DERS.: Böhmische Bürgertestamente des 15. Jahrhunderts. Das Beispiel der Prager Neustadt, in: Husitsví – Reformace – Renesance. Festschrift für František Šmahel zum 60. Geburtstag, Bd. 2, Praha 1994, S. 627-648 [Krzenck, Böhmische Bürgertestamente].

Ders.: Prager und Pilsener Frauentestamente im Vergleich, in: Mediaevalia Historica Bohemica 4 (1995), S. 265-278 [Krzenck, Prager und Pilsener Frauentestamente].

Ders.: Böhmische Bürgertestamente des 15. Jahrhunderts. Regestenverzeichnis, in: Archiv für Diplomatik 44 (1998), S. 141-186 [Krzenck, Böhmische Bürgertestamente, Regestenverzeichnis].

Ders.: Gottesfürchtig und um das Wohl der Familie besorgt. Stadtbürgerinnen in ihren Testamenten des hussitischen Zeitalters, in: Geist, Gesellschaft, Kirche im 13.-16. Jahrhundert, Praha 1999 (Colloquia mediaevalia Pragensia, 1), S. 145-167 [Krzenck, Gottesfürchtig].

Ders.: „Wider die keczer die hussen, die eer gotes ze retten". Geldlegate Wiener Bürger im Kontext des österreichischen Hussitenkrieges, in: Studia comeniana et historica 29 (1999), 62, S. 6-33 [Krzenck, Geldlegate].

Ders.: Books in Late Medieval Wills in Bohemia, in: Annual of Medieval Studies at CEU 7 (2001), S. 187-208 [Krzenck, Books].

Ders.: Bücher in böhmischen Bürgertestamenten des Spätmittelalters, in: Táborský archiv 11 (2002), S. 39-66 [Krzenck, Bücher].

Ders.: Methodische und methodologische Probleme bei der Erfassung und Auswertung spätmittelalterlicher Bürgertestamente unter besonderer Beachtung böhmischer Quellen, in: Mediaevalia Historica Bohemica 9 (2003), S. 211-243 [Krzenck, Methodische und methodologische Probleme].

Ders.: Die Hussitenkriege, Sachsen und Leipzig, in: Ulrich von Hehl (Hrsg.): Stadt und Krieg: Leipzig in militärischen Konflikten vom Mittelalter bis ins 20. Jahrhundert, Leipzig 2014 (Quellen und Forschungen zur Geschichte der Stadt Leipzig, 8), S. 51-70 [Krzenck, Die Hussitenkriege].

Kubicki, Rafał: Formy pobożności v mieście późnośredniowiecznym w świetle zapisów na rzecz kościoła i biednych w testamentach elbląskich (XV – początek XVI wieku) [Frömmigkeitsformen in der spätmittelalterlichen Stadt im Lichte von Legaten für Kirche und Arme in Elbinger Testamenten im 15. und beginnenden 16. Jahrhundert], in: Zapiski historyczne 76 (2011), 2, S. 7-26. Online abrufbar unter http://www.zapiskihistoryczne.pl/backend/uploads/ZH_2011_2N.pdf (04.09.2017).

Kubů, František: Cheb v době husitské [Eger in der Hussitenzeit], in: Soudce smluvený v Chebu, Praha 1983, S. 105-129 [Kubů, Cheb].

Ders.: Chebský městský stát – Počátky a vrcholně období do počátku 16. století [Der Egerer Stadtstaat – Anfänge und Hochzeit bis zum Beginn des 16. Jahrhunderts], České Budějovice 2006 [Kubů, Chebský městský stát].

Ladić, Zoran: Neki aspekti kasnosrednjovjekovne društvene i religiozne povijesti Poreča u zrcalu oporuka i kodicila [Einige Aspekte der Sozial- und Religionsgeschichte im spätmittelalterlichen Poreč auf der Grundlage von Testamenten und Kodizills], in: Lovorka Čoralić, Slavko Slišković (Hrsg.): Humanitas et Litterae, Zagreb 2009, S. 347-374 [Ladić, Neki aspekti].

Ders.: Last Will: Passport to Heaven. Urban Last Wills from Late Medieval Dalmatia with Special Attention to the Legacies pro remedio animae and ad pias causas, Zagreb 2012 [Ladić, Last Will].

DERS.: O procesu demokratizacije u Pisanju krasnosrednjovjekovnih privatno-pravnih bilježničkih isprava u istočno-jadranskim Komunama [Über den Prozess der Demokratisierung im Schreiben von spätmittelalterlichen privatrechtlichen Rechtsdokumenten in südadriatischen Kommunen], in: Zbornik Odsiekaza povijesne znanosti Zavoda za povijesne i društvene znanosti Hrvatske akademije znanosti i umietnosti 32 (2014), S. 39-66 [LADIĆ, O procesu]. Online abrufbar unter http://hrcak.srce.hr/136433 (05.09.2017).

LENTZE, HANS: Das Wiener Testamentsrecht im Mittelalter 1, in: ZRG, Germ. Abt. 69 (1952), S. 98-154.

LOOSE, HANS-DIETER (Bearb.): Hamburger Testamente 1351-1400, Hamburg 1970 (Veröffentlichungen aus dem Staatsarchiv der Freien und Hansestadt Hamburg, 11).

LUPESCU-MAKÓ, MARIA: „Item lego". Gifts for the Soul in late Medieval Transylvania, in: Annual of Medieval Studies at the CEU 7 (2001), S. 161-185 [LUPESCU-MAKÓ, „Item lego"].

DIES.: Spoken and Written Words in Testaments: Orality and Literacy in Last Wills of Medieval Transylvanian Burghers, in: MARCO MOSTERT, ANNA ADAMSKA (Hrsg.): Uses of the Written Word in Medieval Towns, Turnhout 2014 (Medieval Urban Literacy, 2), S. 271-297 [LUPESCU-MAKÓ, Spoken and Written Words].

DIES: Zis şi scris: Oralitate si, scriere în testament [Hören und schreiben. Der Gebrauch des gesprochenen und geschriebenen Wortes in Testamenten], in: SUSANA ANDEA (Hrsg.): Scriere şi societate în Transilvania (secolele XIII-XVII), Cluj 2015, S. 13-31 [LUPESCU-MAKÓ, Zis şi scris]. Online abrufbar unter http://www.historica-cluj.ro/suplimente/SuplimentHistorica2015/1.pdf (05.09.2017).

MACK, DIETRICH (Hrsg.): Testamente der Stadt Braunschweig. Teil 1-5: Altstadt 1314-1432, Göttingen 1988-1995.

MAJOROSSY, JUDITH: Archives of the Dead: Administration of Last Wills in Medieval Hungarian Towns, in: Medium Aevum Quotidianum 48 (2003), S. 13-28 [MAJOROSSY, Archives].

DIES.: Church in Town. Urban Religious Life in Late Medieval Pressburg in the Mirror of Last Wills, PhD Dissertation, Budapest 2006 [MAJOROSSY, Church in Town].

DIES.: ‚I wish, my body to hallowed ground': Testamentary Orders of the Burghers of Late Medieval Pressburg about their own Burial, in: CHRISTIAN KRÖTZL, KATHARINA MUSTAKALLIO (Hrsg.): On Old Age: Approaching Death in Antiquity and the Middle Ages, Turnhout 2012 (Studies in the History of Daily Life (800-1600), 2), S. 89-124 [MAJOROSSY, ‚I wish, my body to hallowed ground'].

DIES.: Gender Differences in Pious Considerations in Late Medieval Urban Wills: A Casy-Study of Pressburg (Bratislava) [MAJOROSSY, Gender Differences]. Online abrufbar unter http://www.saske.sk/cas/archiv/4-2006/Majorossy.html (04.09.2017).

MAJOROSSY, JUDIT – SZENDE, KATALIN (Hrsg.): Das Pressburger Protocollum Testamentorum 1410 (1427)-1529. Teil 1: 1410-1487, Wien u. a. 2010 (Fontes Iuris, Bd. 21/1); Teil 2: 1487-1529, Wien u. a. 2014 (Fontes Iuris, Bd. 21/2).

MALANÍKOVÁ, MICHAELA ANTONÍN: Testamentární strategie v pozdně středověkých městech (na příkladu Brna a Znojma) [Die Testierstrategie in spätmittelalterlichen Städten (am Beispiel Brünns und Znaims)], in: Časopis Matice moravské 133 (2014), 2, S. 253-272.

Mareš, František: Prokopa písaře Nového města Praxis cancellariae [Die Praxis cancellariae des Neustädter Schreibers Prokop], Praha 1908 (Historický archiv, 32). Online abrufbar unter http://147.231.53.91/src/index.php?s=v&cat=23&bookid=188 (06.09.2017).

Meyer, Gunnar: „Besitzende Bürger" und „elende Sieche": Lübecks Gesellschaft im Spiegel ihrer Testamente 1400-1449, Lübeck 2010 (Veröffentlichungen zur Geschichte der Hansestadt Lübeck, Reihe B, 48).

Mezník, Jaroslav: Praha před husitskou revolucí [Prag vor der hussitischen Revolution], Praha 1990.

Możejko, Beata: Gdański mieszcanin w obliczu śmierci. Zapisy testamentowe z II połowy XV w. (na podstawie księgi ławniczej) [Der Danziger Bürger im Angesicht des Todes. Testamentseinträge aus der zweiten Hälfte des 15. Jahrhunderts anhand des Schöffenbuches], in: Błażej Śliwiński (Hrsg.): Mieszcanie, wasale, zakonnicy, Gdańsk 2004 (Studia z dziejów średniowiecza, 10), S. 127-162 [Możejko, Gdański mieszcanin].

Dies.: Rozrachunek z życiem doczesnym. Gdańskie testamenty mieszcańskie u XV i początku XVI wieku [Abrechnung mit dem irdischen Leben. Danziger Bürgertestamente aus dem 15. und beginnenden 16. Jahrhundert], Gdańsk 2010 [Możejko, Rozrachunek].

Neumann, Augustín: Nové prameny k dějinám husitství na Moravě [Neue Quellen zur Geschichte des Hussitismus in Mähren], Olomouc 1930, S. 213-215. Online abrufbar unter http://147.231.53.91/src/index.php?s=v&action=jdi&cat=19&bookid=607&page=213&action_button.x=0&action_button.y=0 (06.09.2017).

Nodl, Martin: Dekret kunohorský [Das Kuttenberger Dekret], Praha 2010 (dt. Ausgabe: Das Kuttenberger Dekret von 1409. Von der Eintracht zum Konflikt der Prager Universitätsnationen, Köln u. a. 2017).

Nový, Rostislav: Soupis městských knih českých od roku 1310 do roku 1526 [Verzeichnis der tschechischen Stadtbücher von 1310-1526], Praha 1963 (Acta Universitatis Carolinae – Philosophica et historica, 4).

Olszewski, Wojciech: Testament jako zródło do badań życia miasta w średniowieczu [Das Testament als Quelle zur Erforschung des städtischen Lebens im Mittelalter], in: Archeologia Historica Polona 7 (1998), S. 79-92.

Pajcic, Kathrin: Frauenstimmen in der spätmittelalterlichen Stadt? Testamente von Frauen aus Lüneburg, Hamburg und Wien als soziale Kommunikation, Würzburg 2013.

Pátková, Hana (Hrsg.): Berní knihy starého města pražského 1427-1434 [Die Steuerbücher der Prager Altstadt 1427-1434], Praha 1996 (Documenta Pragensia, 2) [Pátková, Berní knihy].

Dies.: Liber vetustissimus Antiquae civitatis Pragensis 1310-1518, Praha 2011 (Documenta Pragensia Monographia, 25) [Pátková, Liber vetustissimus].

Piwowarczyk, Elżbieta – Tyszka, Przemysław: Przyczynek do pobożności mieszczan krakowskich na podstawiie XV-wiecznych legatów w Liber testamentorum (rkps 772) [Ein Beitrag zur Frömmigkeit Krakauer Bürger am Beispiel der Legate aus dem 15. Jahrhundert im Liber testamentorum (Ms 772)], in: Nasza Przesłość 105 (2006), S. 7-42.

Pohl-Resl, Brigitte: Rechnen mit der Ewigkeit. Das Wiener Bürgerspital im Mittelalter, Wien – München 1996 [Pohl-Resl, Rechnen mit der Ewigkeit].

Dies.: Vorsorge für die Hinterbliebenen als Verpflichtung. Zu einschlägigen Aussagen bürgerlicher Testamente des späten Mittelalters, in: Markus J. Wenninger (Hrsg.): Du guoter tôt. Sterben im Mittelalter. Ideal und Realität, Klagenfurt 1998 (Schriftenreihe der Akademie Friesach, 3), S. 181-202 [POHL-RESL, Vorsorge].

POLESNÝ, KAREL: Znojmo v r. 1442 (Statistická studie) [Znaim im Jahre 1442. Eine statistische Studie], Znojmo [o. J.].

POLÍVKA, MILOSLAV: Vzestup úlohy města Plzně v husitské době [Das Anwachsen der Rolle Pilsens in der Hussitenzeit], in: Západočeský sborník historický 1 (1995), S. 7-13.

PROKOSCH, MICHAEL: Bürgerliche Testamente aus dem Stadtarchiv Pressburg 1360-1500. Edition und Kommentar, Wien 2013. Online abrufbar unter http://othes.univie.ac.at/25820/1/2013-01-29_9806023.pdf (05.09.2017).

RAK, PETR: Kadaňské knihy trhů a testamentů z let 1465-1603 a testamentární praxe v Kadani od poloviny 15. do počátku 17. století [Die Kaadener Markt- und Testamentsbücher aus den Jahren 1465-1603 und die Testierpraxis in Kaaden seit der Mitte des 15. Jahrhunderts bis zum Beginn des 17. Jahrhunderts], in: Sborník archivních prací 48 (1998), S. 3-106.

REINHARDT, UTE (Bearb.): Lüneburger Testamente des Mittelalters 1323-1500, Hannover 1996.

RIETHMÜLLER, MARIANNE: ‚To troste miner sele'. Aspekte spätmittelalterlicher Frömmigkeit im Spiegel Hamburger Testamente (1310-1400), Hamburg 1994.

RÖSSLER, EMIL FRANZ (Hrsg.): Das Altprager Stadtrecht aus dem XIV. Jahrhundert, Prag 1845.

RÜTHER, STEFANIE: Prestige und Herrschaft. Zur Repräsentation der Lübecker Ratsherren in Mittelalter und Früher Neuzeit, Köln u. a. 2003 (Norm und Struktur, 16).

SCHILDHAUER, JOHANNES: Hansestädtischer Alltag. Untersuchungen auf der Grundlage der Stralsunder Bürgertestamente vom Anfang des 14. bis zum Ausgang des 16. Jahrhunderts, Weimar 1992 (Abhandlungen zur Handels- und Sozialgeschichte, 28).

SCHLESINGER, LUDWIG (Bearb.): Stadtbuch von Brüx bis zum Jahre 1526, Prag 1876 [SCHLESINGER, Stadtbuch von Brüx].

DERS: Urkundenbuch der Stadt Saaz bis zum Jahre 1526, Prag 1892 [SCHLESINGER, Urkundenbuch]. Online abrufbar unter http://147.231.53.91/src/index.php?s=v&cat=18&bookid=151&page=0 (06.09.2017).

SCHWARZ, ERNST: Volkstumsgeschichte der Sudetenländer. I. Teil: Böhmen, II. Teil: Mähren-Schlesien, 2., unveränderte Aufl., München 1987 (Handbuch der Sudetendeutschen Kulturgeschichte, 3,4).

SIEGL, KARL: Die Kataloge des Egerer Stadtarchivs, Eger 1900.

SIGNORI, GABRIELA: Vorsorgen, Vererben, Erinnern. Kinder- und familienlose Erblasser in der städtischen Gesellschaft des Spätmittelalters, Göttingen 2001 (Veröffentlichungen des Max-Planck-Instituts für Geschichte, 160).

ŠIMEČEK, ZDENĚK: České Budějovice a Staré město pražské. K dějinám městské jurisdikce 15. a 16. století [Budweis und die Prager Altstadt. Zur Geschichte der städtischen Rechtsprechung im 15. und 16. Jahrhundert], in: Právněhistorické studie 15 (1971), S. 115-139.

ŠMAHEL, FRANTIŠEK: Idea národa v husitských Čechách [Die nationale Idee im hussitischen Böhmen], 2., ergänzte Aufl., Praha 2000 [ŠMAHEL, Idea národa].

DERS.: Husitské Čechy. Struktury, procesy, ideje [Das hussitische Böhmen. Strukturen, Prozesse, Ideen], Praha 2001 [ŠMAHEL, Husitské Čechy].

DERS.: Die hussitische Revolution, 3 Bde., Hannover 2002 (MGH, Schriften, 43) [ŠMAHEL, Die hussitische Revolution].

DERS.: Basilejská kompaktáta [Die Basler Kompaktaten], Praha 2011 [ŠMAHEL, Basilejská kompaktáta].

SOWINA, URSZULA: Testamenty mieszczan krakowskich o przekazywaniu majątku w późnym średniowieczu i we wczesnej nowożytności [Testamente Krakauer Bürger über die Besitzvermachung in Spätmittelalter und früher Neuzeit], in: MARTIN NODL (Hrsg.): Sociální svět středověkého města, Praha 2006 (Colloquia mediaevalia Pragensia, 5), S. 173-183.

SPÁČIL, VLADIMÍR: Nejstarší městská kniha olomoucká (Liber actuum notabilium) z let 1343-1420 [Das älteste Olmützer Stadtbuch (Liber actuum notabilium) aus den Jahren 1343-1420], Olomouc 1982.

SPÁČILOVÁ, LIBUŠE: Deutsche Testamente von Olmützer Bürgern. Entwicklung einer Textsorte in der Olmützer Stadtkanzlei in den Jahren 1416-1566, Wien 2000.

SPÁČILOVÁ, LIBUŠE – SPÁČIL, VLADIMÍR: Památná kniha olomoucká z let 1430-1492, 1528 [Das Olmützer Memorialbuch aus den Jahren 1430-1492, 1528], Olomouc 2004.

STEINFÜHRER, HENNING: Braunschweiger Bürgertestamente als Quellen zur Frömmigkeitsgeschichte um 1500, in: ENNO BÜNZ, HARTMUT KÜHNE (Hrsg.): Alltag und Frömmigkeit am Vorabend der Reformation in Mitteldeutschland, Leipzig 2015 (Schriften zur sächsischen Geschichte und Volkskunde, 50), S. 307-324.

STOKLASKA, OTTOKAR: Die Testamente der Brünner Bürger, in: Zeitschrift des deutschen Vereins für die Geschichte Mährens 6 (1902), S. 95-134.

STRNAD, JOSEF: Listář královského města Plzně [Urkundenbuch der königlichen Stadt Pilsen], Bd. 1 (1300-1450), Pilsen 1891, Bd. 2 (1450-1526), Pilsen 1905. Online aufrufbar unter http://147.231.53.91/src/index.php?s=v&cat=18&bookid=398 (05.09.2017).

ŠTROBLOVÁ, HELENA – ALTOVÁ, BLANKA (Hrsg.): Kutná Hora, Praha 2000.

SVATOŠ, MICHAL: Jan Reček z Ledče a jeho písemná pozůstalost v archivu pražské univerzity [Jan Reček von Ledeč und seine schriftliche Hinterlassenschaft im Archiv der Prager Universität], in: Acta Universitatis Carolinae – Historia Universitatis Carolinae Pragensis 14 (1974), 1-2, S. 121-159.

SZENDE, KATALIN: A magyarországi városi végrendeletek helye az európai joggyakorlatban [Die Stellung der ungarischen städtischen Testamente in der europäischen Rechtspraxis], in: Soproni Szemle 53 (1999), S. 343-356 [SZENDE, A magyarországi városi végrendeletek helye].

DIES.: Testaments and Testimonies. Orality and Literacy in Composing Last Wills in Late Mediecal Hungary, in: GERHARD JARITZ, MICHAEL RICHTER (Hrsg.): Oral History of the Middle Ages. The Spoken Word in Context, Krems-Budapest 2001, S. 49-67 [SZENDE, Testaments].

DIES: ‚Nemzedékröl nemzedékre'. Tanulásra vonatkozó adományok aközépkori pozsonyi végrendeletekben [Von Generation zu Generation. Vermächtnisse bezüglich des Unterrichts in den mittelalterlichen Pressburger Testamenten], in: BALÁZS NAGY, ZSUZSANNA SZÁLKA u. a. (Hrsg.): „Az élet tanítómestere". Ünnepi tanulmányok Gyapay Gábor 80. születésnapjára, Budapest 2004, S. 119-142 [SZENDE, ‚Nemzedékröl nemzedékre'].

DIES.: Otthon a városban. Társadalom és anyagi kultúra a középkori Sopronban, Pozsonyban és Eperjesen [Zu Hause in der Stadt. Gesellschaft und materielle Kultur im spätmittelalterlichen Ödenburg, Pressburg und Eperies im Spiegel von Testamenten], Budapest 2004 (Társadalom- és müvelödéstörténeti tanulmányok, 35) [SZENDE, Otthon a városban]. Online abrufbar unter https://www.academia.edu/19698955/Otthon_a_v%C3%A1rosban._t%C3%A1rsadalom_%C3%A9s_anyagi_kult%C3%BAra_a_k%C3%B6z%C3%A9pkori_Sopronban_Pozsonyban_%C3%A9s_Eperjesen._At_home_in_the_town._Society_and_material_culture_in_medieval_Sopron_Pozsony_and_Eperjes_Budapest_MTA_T%C3%B6rt%C3%A9nettudom%C3%A1nyi_Int%C3%A9zete_2004._318_pp (04.09.2017).

DIES.: Gemainer Stadt Nutz, Ehren und Gefallen ... The Expression of Civic Consciousness in Late Medieval Testaments, in: GYÖRGYI KOVÁCS (Hrsg.): Quasi liber et pictura, Budapest 2004, S. 495-501 [SZENDE, Gemainer Stadt Nutz].

DIES.: Ital vagy pénzpótlék? Borhagyatékok a soproni és pozsonyi középkori végrendeletekben [Getränk oder Geldersatz? Weinlegate in den mittelalterlichen Testamenten aus Pressburg und Ödenburg], in: BEATRIX F. ROMHÁNYI (Hrsg.): Es tu scholaris. Ünnepi tanulmányok Kubinyi András 75. Születésnapjará, Budapest 2004, S. 77-85 [SZENDE, Ital vagy pénzpótlék?].

SZYMCZAK, ALICJA – SZYMCZAK, JAN: Legaty testamentowe kanonika krakowskiego Adama z Będkowa z 1451 roku dla rodziny [Testamentarische Legate des Krakauer Kanonikers Adam von Będkow aus dem Jahre 1451], in: Annales Academiae Paedagogicae Cracoviensis. Studia Historica 3 (2004), S. 421-429.

TANDECKI, JANUSZ: Die mittelalterlichen Thorner Bürgertestamente als Ego-Dokumente, in: RENATA SKOWROŃSKA u. a. (Hrsg.): Selbstzeugnisse im polnischen und deutschen Schrifttum im Spätmittelalter und in der Frühen Neuzeit (15.-18. Jahrhundert), Toruń 2014, S. 65-84. Online abrufbar unter https://www.academia.edu/11882690/Handelsbuch_Hausbuch_Gedenkbuch_B%C3%BCcher_mit_gemeinsamer_Genese_oder_mit_heterogenen_Schrifttumsformen_Das_Beispiel_einiger_Danziger_Handelsb%C3%BCcher (04.09.2017).

TEIGE, JOSEF: Základy starého místopisu pražského [Grundlagen der alten Prager Topografie], Teil 1, Prag 1910, Teil 2, Prag 1915.

TLAPÁKOVÁ, VĚRA: Testamenty znojemských měšťanů v pozdním středověku (do roku 1479) [Testamente Znaimer Bürger im Spätmittelalter (bis zum Jahr 1479)], Diplomarbeit, Brno 2004.

TOMEK, VÁCSLAV VLADIVOJ: Dějepis města Prahy [Geschichte der Stadt Prag], Bd. 4, 2. Aufl., Praha 1899.

URBÁNKOVÁ, KATEŘINA – WIHODOVÁ, VERONIKA (Hrsg.): Brněnské berní rejstříky z přelomu 14. a 15. století [Die Brünner Steuerregister an der Wende vom 14. zum 15. Jahrhundert], Brno 2008 (Prameny dějin moravských, 15).

VANDROVCOVÁ, LENKA: Soběslavské testamenty a písemnosti pozůstalostního řízení 1455-1550: možnosti jejich využití [Sobieslauer Testamente und Schriftquellen zur Nachlassregelung 1455-1550: Möglichkeiten der Auswertung], Diplomarbeit, Praha 2012.

VANĚK, VOJTĚCH: Oltářní fundace kutnohorských měšťanů v předhusitské době [Altar-Fundationen Kuttenberger Bürger in vorhussitischer Zeit], Dissertation, Praha 2011. Online abrufbar unter https://is.cuni.cz/webapps/zzp/detail/24997 (06.09.2017).

VAVRA, ELISABETH: *Pro remedio animae*. Motivation oder leere Formel. Überlegungen zur Stiftung religiöser Kunstobjekte, in: GERHARD JARITZ (Hrsg.): Materielle Kultur und religiöse Stiftung im Spätmittelalter, Wien 1990 (Veröffentlichungen des Instituts für mittelalterliche Realienkunde Österreichs, 12), S. 147-154.

VESELÝ, MARTIN: Zbožné odkazy olomouckých měšťanů ve světle Památné knihy olomoucké [Fromme Vermächtnisse Olmützer Bürger im Lichte des Olmützer Memorialbuches], in: Vlastivědný věstník moravský, Brno 1/2012, S. 18-25.

VIDMANOVÁ, ANEŽKA: K vydávání latinských textů české provenience ze 14. a 15. století [Zur Edition lateinischer Texte böhmischer Provenienz aus dem 14. und 15. Jahrhundert], in: Historický Tábor 8 (1985), S. 271-283.

VRTÁLKOVÁ, ANNA: Zbožné odkazy v testamentech olomouckých měšťanů v pozdním středověku [Fromme Vermächtnisse in Testamenten Olmützer Bürger im Spätmittelalter], Diplom-Magisterarbeit, Olomouc 2015. Online abrufbar unter https://www.academia.edu/12995300/Zbo%C5%BEn%C3%A9_odkazy_v_testamentech_olomouck%C3%BDch_m%C4%9B%C5%A1%C5%A5an%C5%AF_v_pozdn%C3%ADm_st%C5%99edov%C4%9Bku (06.09.2017).

WEGLAGE, SILKE: Menschen und Vermächtnisse. Untersuchungen zu den Braunschweiger Bürgertestamenten des 14. Jahrhunderts, Hamburg 2011 (Studien zur Geschichtsforschung des Mittelalters, 27).

WYSMUŁEK, JAKUB: Testamenty mieszczan krakowskich (XIV-XV wiek) [Testamente Krakauer Bürger im 14. und 15. Jahrhundert], Warszawa 2015.

ZACHARA-ZWIĄZEK, URSZULA: Legaty testamentowe mieszczan krakowskich na rzecz kościoła i klasztoru bernardynów na Stradomiu w drugiej połowie XV wieku [Legate Krakauer Bürger für das Kloster der Observanten in Stradom in der zweiten Hälfte des 15. Jahrhunderts], in: Kwartalnik Historii Kultury Materialnej 1 (2015), S. 29-40. Online abrufbar unter http://docplayer.pl/32309846-Legaty-testamentowe-mieszczan--krakowskich-na-rzecz-kosciola-i-klasztoru-bernardynow-na-stradomiu-w-drugiej-polowie-xv-wieku.html (04.09.2017).

ZAHND, URS MARTIN: Spätmittelalterliche Bürgertestamente als Quellen zur Realienkunde und Sozialgeschichte, in: Mitteilungen des Instituts für österreichische Geschichtsforschung 96 (1988), S. 55-78.

ZEHNHÄUSERN, GREGOR: Zeitliches Wohl und ewiges Heil. Studie zu mittelalterlichen Testamenten aus der Diözese Sitten, Sion 1992.

ŽIFKOVIĆ, VALENTINA: Medieval Concerns for Soul Salvation. Testamentary Bequests to the Franciscan Order in Kotor (Cattaro) 1326-1337, Belgrad 2012.

ZILYNSKÁ, BLANKA (Hrsg.): Universitäten, Landesherren und Landeskirchen. Das Kuttenberger Dekret von 1409 im Kontext der Epoche von der Gründung der Karlsuniversität 1348 bis zum Augsburger Religionsfrieden 1555, Praha 2010 (Acta Universitatis Carolinae – Historia Universitatis Carolinae Pragensis, 49/2).

ZILYNSKY, BOHDAN: Rukopis 992 archivu hlavního města Prahy. K problematice edičního zpřístupnění [Die Handschrift 992 im Archiv der Hauptstadt Prag. Zur Problematik der editorischen Veröffentlichung], in: Seminář a jeho hosté. Sborník prací k 60. Narozeninám doc. Dr. Rostislava Nového, Praha 1992, S. 89-94.

Register

Die Personennamen im Register werden analog zur Schreibweise im jeweiligen Testament wiedergegeben. Bei mehreren Familienangehörigen erscheint zunächst der Familienname und nachfolgend untergeordnet der jeweilige Vorname des Familienmitglieds.

Ortsregister

Personenregister

Die Namen moderner Historiker sind *kursiv* gesetzt.

Sachregister